A METADE QUE NUNCA FOI CONTADA

EDWARD E. BAPTIST

A METADE QUE NUNCA FOI CONTADA

A ESCRAVIDÃO E A CONSTRUÇÃO DO CAPITALISMO NORTE-AMERICANO

Tradução
Fernanda Miguens

Revisão de tradução
Francisco Araújo da Costa e
Natalia Klussmann

Revisão técnica
Tâmis Parron

1ª edição

Rio de Janeiro | São Paulo
2019

Copyright © 2014 by Edward E. Baptist
(Copyright notice exactly as it appears in Proprietor's edition of the Work)
First published in the United States by Basic Books, a member of the Perseus Books Group

(Aviso de direitos autorais exatamente como indicado na edição da Obra do Proprietário)
Originalmente publicado nos Estados Unidos por Basic Books, um membro de Perseus Books Group

Copyright da tradução © Paz e Terra, 2019

Título original: *The Half Has Never Been Told: Slavery and the Making of American Capitalism*

Todos os direitos reservados. É proibido reproduzir, armazenar ou transmitir partes deste livro, através de quaisquer meios, sem prévia autorização por escrito.

A editora agradece ao historiador Ricardo Salles pela indicação deste livro e pelo empenho em facilitar o processo de aquisição.

Direitos desta edição adquiridos pela
EDITORA PAZ & TERRA
Rua do Paraíso, 139, 10º andar, conjunto 101 – Paraíso
São Paulo, SP – 04103-000
http://www.record.com.br

Seja um leitor preferencial Record.
Cadastre-se e receba informações sobre nossos lançamentos e nossas promoções.

Atendimento e venda direta ao leitor:
sac@record.com.br ou (21) 2585-2002.

Texto revisado segundo o novo Acordo Ortográfico da Língua Portuguesa.

CIP-BRASIL. CATALOGAÇÃO NA PUBLICAÇÃO
SINDICATO NACIONAL DOS EDITORES DE LIVROS, RJ

B172m

Baptist, Edward E.
  A metade que nunca foi contada: a escravidão e a construção do capitalismo norte-americano/Edward E. Baptist; tradução Fernanda Miguens. – 1ª ed. – Rio de Janeiro/São Paulo: Paz e Terra, 2019.
  552 p.; 23 cm.

  Tradução de: The Half Has Never Been Told: Slavery and the Making of American Capitalism
  Inclui bibliografia e índice
  Inclui encarte
  ISBN 978-85-7753-377-0

  1. Escravidão – Estados Unidos – História. 2. Escravos – Emancipação – Estados Unidos. I. Miguens, Fernanda. II. Título.

18-49012
CDD: 973.7112
CDU: 94(73)

Leandra Felix da Cruz – Bibliotecária – CRB-7/6135

Impresso no Brasil
2019

Para Ezra e Lillian

Sumário

Introdução: O coração, 1937 — 9

1. Pés: 1783-1810 — 27
2. Cabeças: 1791-1815 — 71
3. Mão direita: 1815-1819 — 115
4. Mão esquerda: 1805-1861 — 157
5. Línguas: 1819-1824 — 201
6. Respiração: 1824-1835 — 231
7. Semente: 1829-1837 — 287
8. Sangue: 1836-1844 — 341
9. Costas: 1839-1850 — 399
10. Braços: 1850–1861 — 441

Posfácio: O cadáver, 1861-1937 — 505
Agradecimentos — 529
Abreviações — 533
Índice — 535

Introdução

O coração: 1937

É UM BELO DIA DO FIM DE ABRIL, 72 anos depois do fim da escravidão nos Estados Unidos. Claude Anderson estaciona o carro na rua Holbrook, em Danville. No pórtico que fica à entrada do número 513, ajeita os blocos de notas debaixo do braço. Deixa, então, o ar sair de seus pulmões e, em um ímpeto resoluto, caminha até a casa de madeira e bate à porta.

Danville fica na extremidade ocidental do Piemonte da Virgínia. Em 1865, ela havia sido a última capital da Confederação. Pelo menos foi isso o que Jefferson Davis proclamou no dia 3 de abril, após fugir de Richmond. Davis ficou por ali uma semana, mas então teve que continuar fugindo. Os soldados de uniforme azul do Exército do Potomac estavam em seu encalço. Quando chegaram a Danville, não encontraram o rebelde fugitivo. Mas descobriram centenas de prisioneiros de guerra da União trancafiados nos armazéns de tabaco do Centro da cidade. Os casacos azuis, tanto os salvadores quanto os que foram salvos, entraram em formação e desfilaram pela cidade. Ao redor deles, enchendo as ruas, dançando e cantando, havia milhares de afro-americanos. Que tinham sido prisioneiros por muito mais tempo.

Nas décadas seguintes ao ano do jubileu de 1865, Danville, assim como muitos outros povoados do Sul, havia se transformado em uma cidade que fabricava tecidos de algodão. Anderson, um estudante afro-americano do mestrado da Universidade de Hampton, não teria conseguido trabalhar na fábrica segregada. Mas a Works Progress Administration (WPA) – um departamento do governo federal criado pelo New Deal do presidente Franklin D. Roosevelt – o contrataria. Com o objetivo de reinserir as pessoas no mercado de trabalho após terem perdido emprego durante a Grande Depressão, a WPA organizou milhares de projetos, contratando trabalhadores da construção civil para fazer escolas e artistas para pintar murais. Além disso, muitos escritores e estudantes foram contratados para entrevistar norte-americanos mais velhos – como Lorenzo Ivy, o homem que agora cruzava o assoalho de pinho, arrastando-se com dor, para atender à batida de Anderson à porta.

Anderson havia encontrado o nome de Ivy nos arquivos da Universidade de Hampton, trezentos quilômetros ao Leste de Danville. Em 1850, quando Lorenzo nasceu, em Danville, não existia a universidade nem a cidade de Hampton – havia apenas um forte norte-americano nomeado em homenagem a um presidente senhor de escravos. A Fortaleza Monroe ficava em Old Point Comfort, um estreito triângulo de terra que dividia a baía de Chesapeake e o Rio James. Muito antes de o forte ser construído, em abril de 1607, o *Susan Constant* navegara além daquele ponto com uma batelada de colonos ingleses. Ancorando alguns quilômetros rio acima, eles haviam fundado Jamestown, o primeiro assentamento permanente de falantes da língua inglesa na América do Norte. Doze anos mais tarde, também passaram por ali as tripulações de dois navios corsários ingleses danificados pelas tempestades, buscando abrigo e um lugar para vender os vinte e tantos africanos escravizados[1] (capturados de um navio negreiro português), que se encontravam acorrentados em seus porões.

Depois desse primeiro carregamento, em 1619, cerca de outros 100 mil africanos escravizados navegariam rio acima, passando por Old Point Comfort. Deitados e acorrentados nos porões de navios negreiros, não podiam ver a terra até que fossem levados ao convés para serem vendidos. Depois que o comércio negreiro transatlântico legal para os Estados Unidos terminou, em 1807, mais centenas de milhares de pessoas escravizadas passaram por aquele ponto. Agora, elas estavam indo na direção contrária, embarcando nos navios em Richmond, o maior centro de comércio interno de escravos no Leste, para seguir pelo mar até o Vale do Mississippi.

Quando veio uma noite escura no fim de maio de 1861, a lua já havia crescido e minguado três mil vezes sobre a escravidão no Sul. Para proteger a escravidão, a Virgínia acabara de se separar dos Estados Unidos, escolhendo finalmente um lado após seis meses de indecisão, a contar da saída brusca da Carolina do Sul da União. A Fortaleza Monroe, construída para proteger o Rio James dos invasores que vinham do oceano, tornou-se o último ponto de apoio da União no Leste da Virgínia. Tropas rebeldes se entrincheiraram do outro lado do acesso terrestre ao forte. Fazendeiros locais, incluindo um que se chamava Charles Mallory, destacavam homens escravizados para a construção de bermas destinadas a abrigar os canhões dos sitiantes. Mas, mais tarde, naquela mesma noite, as sentinelas da União posicionadas na parte do forte voltada para o mar viram um pequeno barco a

---

1. Edward Baptist emprega *enslaved* (escravizado) e *enslaver* (escravizador) no lugar de *slave* (escravo) e *slaveholder* (proprietário escravista) em diversas passagens do livro. Essa opção lexical desnaturaliza o processo de escravização e a existência social do escravismo, uma vez que o sufixo "-izar" converte o substantivo "escravo", cuja conotação é estática e atemporal, no verbo "escravizar", que explicita o processo dinâmico da construção social do escravo. Esta tradução também emprega os termos "escravizado" e "escravizador", porém em número menor que o original, em favor da fluência da leitura. (*N. do R. T.*)

remo surgir lentamente da escuridão. Frank Baker e Townshend remaram com os remos abafados.[2] Sheppard Mallory segurou o leme. Eles estavam se libertando.

Alguns dias depois, Charles Mallory apareceu nos portões do forte da União. Ele exigia que o oficial federal no comando, Benjamin Butler, devolvesse sua propriedade. Butler, político de Massachusetts, era um comandante de campo de batalha incompetente, mas um advogado esperto. Respondeu que, se os homens eram propriedade de Mallory e ele os usava para fazer guerra contra o governo dos Estados Unidos, então, agora, pela lógica, esses homens passavam a ser contrabando de guerra.[3]

Esses três primeiros "contrabandos" causaram uma rachadura na muralha secular da escravidão. Ao longo dos quatro anos seguintes, outras centenas de milhares de pessoas escravizadas alargaram essa rachadura, transformando-a em uma fenda escancarada, ao escaparem para as fileiras da União. Tal movimento enfraqueceu o esforço de guerra dos confederados, e tornou mais fácil para os Estados Unidos e seu presidente reconhecerem a emancipação em massa como um instrumento de guerra. Depois de um tempo, o Exército da União passou a aceitar em suas fileiras homens antes escravizados, transformando os campos de refugiados em postos de recrutamento – e esses soldados afro-americanos fariam a diferença entre a vitória e a derrota para o Norte, que no fim de 1863 se encontrava esgotado e vacilante.

Depois da guerra, um oficial da União chamado Samuel Armstrong organizou os programas de alfabetização que surgiram no campo de refugiados de Old Point Comfort para criar o Instituto Hampton. Em 1875, Lorenzo Ivy viajou para estudar ali, no que foi o marco zero da história afro-americana. Em Hampton, Ivy obteve uma educação que possibilitou que ele voltasse a Danville como professor de escola. Ele educou gerações de crianças afro-americanas. Construiu – com as próprias mãos diplomadas em Hampton – a casa na rua Holbrook, onde abrigou o pai, o irmão, a cunhada, os sobrinhos e as sobrinhas. Em abril de 1937, Ivy abriu para Claude Anderson a porta que fizera com as próprias mãos, uma serra e uma plaina, e a porta se abriu franca, sem raspar na moldura.[4]

---

2. Remos embrulhados com tecido para abafar o som da fricção da madeira contra o metal do barco. (*N. da T.*)
3. No original, *contraband*. Um status para designar as pessoas escravizadas fugidas que passavam a servir às forças da União ou formavam comunidades autossuficientes no Sul. (*N. da T.*)
4. Robert F. Engs, *Educating the Disfranchised and Disinherited: Samuel Chapman Armstrong and Hampton Institute*, 1839-1893 (Knoxville, TN, 1999); Lorenzo Ivy: Charles L. Perdue Jr., Thomas E. Barden, and Robert K. Phillips, eds., *Weevils in the Wheat: Interviews with Virginia Ex-Slaves* (Charlottesville, VA, 1976), 151-154; comunicações pessoais com o rev. Doyle Thomas, janeiro de 2012.

Os blocos de notas de Anderson, porém, acumulavam evidências de duas histórias bastante diferentes sobre o passado norte-americano – eram metades que não se encaixavam perfeitamente. E ele estava prestes a escutar mais. Em algum lugar, em meio aos blocos de notas, havia uma lista datilografada com perguntas formuladas pela WPA. Perguntas costumam revelar a resposta desejada. Por volta dos anos 1930, a maioria dos norte-americanos brancos insistia em ouvir, como vinha fazendo havia décadas, apenas uma versão higienizada sobre o passado em que Lorenzo Ivy tinha nascido. Isso pode parecer estranho. Em meados do século XIX, norte-americanos brancos entraram em guerra entre si pelo futuro da escravidão em seu país, e a escravidão perdeu. De fato, durante alguns anos depois de 1865, muitos brancos nortistas celebraram a emancipação como um de seus triunfos coletivos. Ainda assim, nunca foi muito profunda a crença dos brancos na emancipação dos negros, que se tornou permanente pela Décima Terceira Emenda da Constituição Federal, e menos ainda a crença na concepção desracializada de cidadania que a Décima Quarta e a Décima Quinta emendas consagraram. Muitos nortistas só apoiaram os movimentos de Benjamin Butler e Abraham Lincoln contra a escravidão porque odiavam a arrogância de senhores de escravos como Charles Mallory. Depois de 1876, aliados do Norte abandonaram o eleitorado negro do Sul.

Meio século depois de Butler ter mandado Charles Mallory embora da Fortaleza Monroe de mãos vazias, os filhos dos brancos da União e dos soldados confederados se uniram contra a igualdade civil e política dos afro-americanos. Esse pacto da supremacia branca permitiu que os sulistas brancos impusessem a segregação oficializada pelas Leis Jim Crow no espaço público, privassem os cidadãos afro-americanos de direitos ao barrá-los nas urnas e usassem o baraço do linchamento para sujeitar os negros. Os norte-americanos brancos também se aproveitaram do aumento da supremacia branca fora do Sul. Nos estados não confederados, muitos restaurantes não serviam clientes negros. Lojas e fábricas se recusavam a contratar afro-americanos. Centenas de comunidades do Meio-Oeste expulsaram violentamente os moradores afro-americanos e se tornaram *"sundown towns"*[5] ("Não deixe o sol se pôr sobre você nesta cidade"). Enquanto isso, a maioria dos brancos acreditava que a ciência havia provado a existência de raças humanas biologicamente distintas, sendo os europeus os membros da raça superior. Os anglo-americanos também acreditavam que se distinguiam, porque eram superiores, aos judeus da Rússia, italianos, gregos, eslavos e outros que abarrotavam

---

5. Cidades no Sul e no Norte nas quais a população negra foi violentamente perseguida e, por fim, expulsa. São assim chamadas por não permitir que negros – e, em alguns casos também, outras populações, como hispano-americanos – circulassem pela cidade à noite (após o pôr do sol). (*N. da T.*)

Ellis Island, a porta de entrada dos imigrantes nos Estados Unidos, e transformavam a cultura dos centros urbanos do Norte.

No início do século XX, a primeira geração de historiadores profissionais norte-americanos justificava as exclusões causadas pelas Leis Jim Crow e pela privação de direitos contando uma história sobre o passado nacional de escravidão e guerra civil que parecia confirmar, para muitos norte-americanos brancos, que a supremacia branca era justa e necessária. Acima de tudo, os historiadores de uma nação branca reunificada insistiam que a escravidão era uma instituição pré-moderna não comprometida com a obtenção de lucro. Ao fazerem isso, estavam, até certo ponto, apenas repetindo os debates anteriores à Guerra Civil: os abolicionistas haviam retratado a escravidão não apenas como o reino psicopático das chibatadas, do estupro e da separação das famílias, mas também como um sistema econômico imperfeito e inerentemente menos eficiente que o capitalismo baseado no trabalho livre que se encontrava em desenvolvimento no Norte. Os escritores que defendiam a escravidão discordavam sobre a psicopatia, mas, por volta de 1850, concordaram que, acima de tudo, os escravocratas não estavam em busca de lucros. Para eles, os fazendeiros eram cuidadosos e consideravam seus escravos como membros da família, ainda que pertencentes a um nível inferior. Assim, embora as conclusões daqueles que eram contra ou a favor da escravidão fossem diferentes quanto à moralidade desse sistema, as premissas de ambos os grupos sobre a escravidão como um modelo de negócios coincidiam. Os dois lados concordavam que a escravidão era, inerentemente, não lucrativa. Tratava-se de um sistema antigo e estático que pertencia a tempos mais antigos. Para começo de conversa, o trabalho escravo era ineficiente, a produtividade escrava não aumentava o bastante para acompanhar a industrialização e os senhores de escravos não agiam como os empresários modernos em busca de lucro. Como sistema, a escravidão nunca havia se adaptado ou mudado para prosperar na nova economia industrial – muito menos desempenhara o papel determinante que teve na condução da expansão econômica – e não passara de um mero entrave para o crescimento explosivo que havia construído os Estados Unidos modernos. Na verdade, durante a Guerra Civil, os nortistas estavam tão convencidos disso tudo que acreditaram que a troca da força de trabalho escravo pela força de trabalho livre aumentaria de maneira dramática a produtividade da cultura algodoeira.

Não aumentou. Mas, ainda que os dados sobre o declínio da produtividade nos setenta anos seguintes sugerissem que a escravidão pode ter sido a forma mais eficiente para o cultivo do produto agrícola mais importante do mundo, as provas empíricas não fizeram ninguém mudar de ideia. Em vez disso, os historiadores da geração de Woodrow Wilson estamparam o selo da investigação acadêmica na ideia de que a escravidão estava separada das grandes transformações econômicas e sociais que aconteceram no mundo ocidental durante o século XIX. Afinal de contas, ela não dependia do sempre eficiente trabalho das máquinas. Suas estruturas econômicas não rentáveis reproduziam, supostamente, antigos arranjos sociais, e o mundo em processo de industrialização e urbanização olhava para tais arranjos com desprezo – ou, cada vez mais, com nostalgia. Muitos brancos, agora proclamando que a ciência provara que as pessoas de descendência africana eram intelectualmente inferiores e congenitamente propensas a um comportamento criminoso, olhavam com melancolia para um passado no qual os afro-americanos haviam sido comandados com chicotes e correntes. Certo, a escravidão como sistema econômico não era moderna, diziam eles, e também não havia se modificado para se adaptar à economia moderna, nem contribuído para a expansão econômica. Mas para a profissão abertamente racista dos historiadores – e um público branco que lia e pensava a História e era obcecado com todos os tipos de controle racial –, o desejo do Sul branco de atenuar a violência da escravidão no passado e de manter a segregação agora e para sempre serviu ao propósito de validar o domínio sobre as pessoas negras, que supostamente eram pré-modernas e semisselvagens.

Histórias como essas sobre a escravidão moldaram as perguntas que Claude Anderson estava para fazer nos anos 1930, pois é possível encontrar versões abertamente racistas delas na estrutura de cada livro didático norte-americano. Estavam nos romances populares, nos discursos dos políticos, na publicidade que aludia de maneira nostálgica às *plantations* e até mesmo no primeiro grande sucesso de bilheteria do cinema norte-americano: *O nascimento de uma nação*. Enquanto ocupava a presidência dos Estados Unidos, Woodrow Wilson – professor de História nascido no Sul – chamou tal tributo à supremacia branca de "História escrita por meio de relâmpagos" e exibiu o filme na Casa Branca. Ideias desse tipo saturaram a maneira como os Estados Unidos retrataram publicamente a escravidão. Mesmo muitos daqueles que acreditaram ter rejeitado o racismo escancarado retrataram a era anterior à emancipação como uma *plantation* idílica, com escravos felizes e senhores paternalistas. Os abolicionistas eram as cobras no jardim, responsáveis por uma Guerra Civil em que centenas de milhares de pessoas brancas morreram. Talvez a escravidão precisasse acabar para que o Sul atingisse a modernidade econômica, mas não precisava ter acontecido da maneira que foi, diziam eles.

A maneira como os norte-americanos recordavam a escravidão tinha mudado dramaticamente desde então. Com a dessegregação generalizada dos espaços públicos e a afirmação do poder cultural negro, no período entre a Segunda Guerra Mundial e os anos de 1990, surgiu uma nova compreensão da experiência da escravidão. Os historiadores não a descreviam mais como uma escola onde senhores e senhoras pacientes instruíam selvagens irresponsáveis para um futuro de servidão perpétua. A negação dos direitos causada pela escravidão agora prefigurava as Leis Jim Crow, enquanto a resistência do povo escravizado antecipava a autoafirmação coletiva que se desenvolveu, primeiro, no movimento pelos direitos civis dos negros e, posteriormente, no movimento Black Power.

Mas talvez as mudanças não fossem tão grandes quanto aparentavam superficialmente. O esforço de mostrar os afro-americanos como rebeldes assertivos, por exemplo, implicava um corolário incômodo. Se alguém deveria se impressionar com os que se rebelaram, porque resistiram, então não deveria se orgulhar dos que não o fizeram. E houve muito poucas rebeliões na História da escravidão dos Estados Unidos. Alguns acadêmicos tentaram preencher a lacuna deixada por esse dilema argumentando que, juntos, todos os afro-americanos criaram uma cultura de resistência, sobretudo nas senzalas e em outros espaços fora da fiscalização de homens brancos. No entanto, a insistência na ideia de que a resistência assertiva teria minado o poder dos senhores de escravos e o foco no desenvolvimento de uma cultura negra independente levaram algumas pessoas a acreditar que aqueles que foram escravizados conseguiram, na verdade, evitar que os brancos explorassem seu trabalho de maneira bem-sucedida. Essa ideia, por sua vez, criou uma simetria parcial com as memórias das fazendas da época posterior à Guerra Civil, as quais retratavam senhores gentis que mantinham a escravidão como um esforço sem fins lucrativos cujo objetivo era civilizar os africanos.

Desse modo, mesmo depois que os historiadores dos direitos civis, o movimento Black Power e as gerações multiculturais reescreveram as histórias dos segregacionistas sobre os cavaleiros, as damas e os negrinhos agradecidos, os historiadores ainda estavam contando a metade que sempre havia sido contada, dado que algumas das suposições fundamentais sobre a História da escravidão e a História dos Estados Unidos permanecem estranhamente inalteradas. A primeira grande suposição é que, como sistema econômico – um modo de produzir e comercializar mercadorias –, a escravidão americana era fundamentalmente diferente e apartada do restante da economia moderna. As histórias sobre a industrialização dão ênfase aos imigrantes brancos e aos inventores inteligentes, mas deixam de fora as fazendas de algodão e o trabalho escravo. Tal perspectiva não implica apenas que a escravidão não mudou, mas que tanto a escravidão quanto os afro-americanos escravizados tiveram pouca influência de longo prazo na ascensão dos Estados Unidos durante o século XIX, período em que a nação deixou de ser um parceiro menor no comércio com a Europa para se tornar a maior economia do mundo – uma das histórias centrais da História americana.

A segunda grande suposição é a de que a escravidão nos Estados Unidos contradizia fundamentalmente os sistemas político e econômico da república liberal e que, de maneira inevitável, essa contradição seria resolvida e o lado vencedor seria o Norte com seu trabalho livre. Cedo ou tarde, a escravidão teria terminado devido à operação de forças históricas; logo, a escravidão é uma história sem suspense. E uma história com um resultado pré-determinado não é, de modo algum, uma história.

Em terceiro lugar, a pior coisa da escravidão como experiência, dizem, foi ter negado aos afro-americanos escravizados os direitos e a subjetividade liberais dos cidadãos modernos. A escravidão teria feito isso como se fosse algo natural, e essa negação se classifica como uma das maiores injustiças da História moderna. Mas a escravidão também matou pessoas, em grandes quantidades. E roubou tudo daqueles que sobreviveram. No entanto, a engenharia massiva e cruel necessária para arrancar um milhão de pessoas de suas casas, levá-las com brutalidade para lugares novos assolados por doenças e fazê-las viver aterrorizadas e famintas enquanto seus captores construíam e reconstruíam, de maneira contínua, um império produtor de *commodities* – isso tudo desapareceu na história de uma escravidão supostamente focada, antes de tudo, não em produzir lucro, mas em manter seu status de elite semifeudal, ou em produzir ideias modernas sobre raça, com o fim de manter a unidade dos brancos e o poder da elite. E, uma vez que a violência da escravidão foi minimizada, outra voz pôde sussurrar, agora dizendo que os direitos dos cidadãos afro-americanos, tanto antes quanto depois da emancipação, lhes foram negados porque eles não lutaram por tais direitos.

Todas essas suposições trazem ainda mais implicações – implicações estas que moldam atitudes, identidades e debates sobre política. Se, por exemplo, a escravidão estivesse fora da História dos Estados Unidos – se, de fato, tivesse sido um entrave e não um propulsor do crescimento econômico norte-americano –, então ela não estaria implicada no crescimento, no sucesso, no poder e na riqueza dos Estados Unidos. Consequentemente, nenhuma parcela da quantidade imensa de riqueza e tesouro acumulada pelo crescimento econômico é devida aos afro-americanos. As ideias sobre a História da escravidão determinam os modos como os norte-americanos esperam resolver a longa contradição entre, por um lado, as afirmações de que os Estados Unidos são uma nação da liberdade e da oportunidade e, por outro, a falta de liberdade, o tratamento desigual e a oportunidade negada que, durante a maior parte da História norte-americana, constituíram a realidade encarada pelos afrodescendentes. É certo que, se a pior coisa na escravidão foi que ela negou aos afro-americanos os direitos liberais de cidadania, basta lhes oferecer o título de cidadão – e até mesmo eleger um deles à presidência – para reparar o passado. E então a questão será deixada de lado para sempre.

O modo como a história da escravidão é contada reforça todas essas suposições. Os livros didáticos segregam 25 décadas de escravidão em um capítulo, pintando um retrato estático. Todos os anos, milhões de pessoas visitam casas-grandes onde os guias tagarelam sobre a mobília e a prataria. Na qualidade de sítios históricos, tais casas escondem o propósito real desses lugares, que era fazer os afro-americanos labutarem sob o sol quente em prol do restante do mundo. Tudo isso constitui a "aniquilação simbólica" das pessoas escravizadas, como propõem dois acadêmicos a respeito desses lugares sombrios.[6] Enquanto isso, em outros momentos, contamos a história da escravidão exaltando aqueles que escaparam pela fuga ou pela morte em uma rebelião, deixando o ouvinte se perguntar se os que não escaparam nem morreram teriam de alguma forma "aceitado" a escravidão. E todos os que ensinam sobre a escravidão conhecem um segredinho sujo que revela uma falha coletiva dos historiadores: inúmeros estudantes afro-americanos lutam contra uma sensação de vergonha por muitos de seus ancestrais não terem conseguido escapar do sofrimento que experimentaram.

A verdade pode nos libertar, se conseguirmos formular as perguntas corretas. Mas, de volta à pequena casa em Danville, Anderson estava lendo uma lista com as questões indicadas, formuladas por oficiais brancos – alguns bem-intencionados, outros nem tanto. Ele certamente sentiu como a gravidade das perguntas o puxava para o planeta da nostalgia das *plantations*. "Os escravos se importavam de serem chamados de '*niggers*'?[7]", "De que maneira os escravos chamavam o senhor e a senhora?", "Você foi mais feliz como escravo ou livre?", "A casa-grande era bonita?" Escapar das correntes é muito difícil. Contudo, Anderson buscou obedientemente respostas às perguntas determinadas e segurou o lápis para tomar notas.

Ivy escutou com educação. Ele estava sentado imóvel. Então, começou a falar:

— O senhor da minha mãe se chamava William Tunstall. Era um homem mau. Só teve uma coisa boa que fez... e não acho que tenha sido de propósito. Ele vendeu nossa família para o proprietário de meu pai, George H. Gilman.

Talvez o vento que soprava pela janela tenha mudado conforme uma nuvem passou diante do sol de primavera:

---

6. Stephen Small and Jennifer Eichstedt, *Representations of Slavery: Race and Ideology in Southern Plantation Museums* (Washington, DC, 2002); cf. Stephanie E. Yuhl, "Hidden in Plain Sight: Centering the Domestic Slave Trade in American Public History", JSH 79, n. 3 (2013): 593-625.

7. Os termos inglês *black*, *negro*, *negroe* e *nigger* possuem sentidos múltiplos, cuja definição depende do contexto linguístico em que ocorrem. Algo semelhante acontece com os vocábulos *negro* e *preto* no Brasil. Neste livro, *negroe* e *negro* foram traduzidos como preto; *black*, como negro. O étimo *nigger* é um fenômeno sócio-linguístico tão particular dos Estados Unidos que optamos por mantê-lo, em itálico, nesta tradução. (N. do R. T.)

— O velho Tunstall pegou a "febre do algodão". Existia uma febre circulando, ou pelo menos parecia uma febre. Todo mundo estava morrendo de vontade de ir para o Sul e cultivar algodão para vender. Então, o velho Tunstall separou famílias a torto e a direito. Pegou duas tias minhas e deixou os respectivos maridos por aqui, e separou, no total, sete maridos de suas esposas. Uma das mulheres tinha 12 filhos. Sim, senhor. Ele levou todo mundo com ele lá para o Sul, para a Geórgia e para o Alabama.

Separações por todos os lados. Lágrimas esculpindo linhas nos rostos. Lorenzo se lembrou do alívio que sentiu ao escapar do pior, mas também se lembrou de saber que havia sido apenas um golpe de sorte. Da próxima vez, poderia ter sido sua mãe. Nenhuma pessoa branca era confiável, porque o dinheiro conduzia suas decisões. Não, não era essa a história que os livros contavam.

Então, Anderson passou para a questão seguinte. Será que Ivy sabia se algum escravo havia sido vendido ali? Naquele momento, talvez a sala tenha ficado ainda um pouco mais escura.

Por mais de um século, os brancos nos Estados Unidos trataram os comerciantes de escravos como uma exceção: estrangeiros inescrupulosos das classes mais baixas que romperam os laços paternalistas. Os bodes expiatórios tinham um precedente nobre. Em seu primeiro rascunho da Declaração da Independência, Thomas Jefferson tentou culpar o Rei George III por usar o comércio transatlântico de escravos para impor a escravidão sobre as colônias. Nas narrativas dos historiadores, a abolição do comércio negreiro, em 1808, trouxe estabilidade para a escravidão, celebrando o começo do "Velho Sul", como era chamado desde antes da Guerra Civil. É claro que alguém pode se perguntar como alguma coisa nova em folha, criada *após* uma *revolução*, e que crescia mais rapidamente do que qualquer outra economia produtora de *commodities* na História até então, poderia ser considerada "velha". Mas não importa. Os historiadores descreveram o comércio de escravos após 1808 como irrelevante, tanto para o que significava a escravidão no "Velho Sul" quanto para o modo como os Estados Unidos foram moldados como um todo. A modernização norte-americana dizia respeito aos empresários, à criatividade, à invenção, aos mercados, ao movimento e à mudança. A escravidão não tinha relação com nenhuma dessas coisas – nem com o comércio de escravos, nem com afastar as pessoas de todos os seus conhecidos para que elas produzissem algodão. Portanto, os Estados Unidos modernos e a escravidão não tinham nada a ver um com o outro.

Mas Ivy despejou uma torrente de palavras muito diferentes:

— Eles vendiam escravos aqui e em toda parte. Eu vi multidões de pretos trazidos aqui a pé indo em direção ao Sul para ser vendidos. Cada um deles carregava nas costas um velho saco de estopa com todos os seus pertences dentro. Eles vinham enfileirados pelas montanhas e essas filas iam até onde a vista alcançava. Caminhavam em filas duplas, acorrentados de dois em dois. Eram trazidos para a estrada de ferro e depois embarcados rumo ao Sul feito gado.

Depois, Lorenzo Ivy disse:

— A verdade, meu filho, é que a metade nunca foi contada.

E continua não sendo contada. Pois essa metade é a história de como a escravidão mudou, cresceu e se desenvolveu ao longo do tempo: o tempo de Lorenzo Ivy e o tempo de seus pais e avós. Depois de 1780, no período equivalente à vida de uma pessoa, o Sul deixou de ser uma estreita faixa de *plantations* decadentes e se transformou em um império subcontinental. Escravistas empreendedores forçaram mais de um milhão de pessoas escravizadas a romperem os laços com as comunidades que os sobreviventes do comércio negreiro transatlântico tinham construído no Sul e no Oeste, transferindo-as para os vastos territórios tomados – também à força – de seus habitantes nativos norte-americanos. De 1783, fim da Revolução Americana, até 1861, o número de escravos nos Estados Unidos aumentou cinco vezes, e todo esse aumento produziu uma nação poderosa, pois os brancos senhores de escravos conseguiam forçar os imigrantes afro-americanos escravizados a colherem algodão com mais eficiência e rapidez do que fariam as pessoas livres. Suas práticas logo transformaram os estados do Sul na força dominante do mercado global de algodão. E o algodão era a *commodity* mais amplamente comercializada do mundo na época, pois constituía a matéria-prima fundamental durante o primeiro século da Revolução Industrial. Os rendimentos do monopólio do algodão proveram a modernização do restante da economia norte-americana e, na época da Guerra Civil, os Estados Unidos haviam se tornado a segunda nação a passar por uma industrialização em larga escala. Na verdade, a expansão da escravidão deu forma a cada aspecto crucial da economia e da política da nova nação – não apenas aumentando seu poder e tamanho, mas também, por fim, dividindo a política dos EUA, diferenciando as identidades e os interesses regionais e ajudando a tornar a Guerra Civil possível.

As pessoas não gostam muito de ouvir que a mercantilização, o sofrimento e o trabalho forçado dos afro-americanos tenham tornado os Estados Unidos poderosos e ricos. Ainda assim, é a verdade. E essa verdade foi a metade da história que sobreviveu, na maioria das vezes, protegida por aqueles que sobreviveram à expansão da escravidão tanto os que foram trazidos através das montanhas quanto os que ficaram para trás. A imigração forçada moldou sua vida e também moldou o que essas pessoas pensavam sobre a vida, assim como a história maior na qual estavam enredadas. Mesmo enquanto lutavam para permanecer vivas em meio às rupturas, elas criaram maneiras de falar sobre a metade não contada. Mas o que os sobreviventes experimentaram, analisaram e nomearam era uma escravidão que não cabia nas caixas confortáveis nas quais outros norte-americanos tentavam acomodá-la desde que ela chegara ao fim.

Li as palavras de Lorenzo Ivy e elas me inquietaram. Senti que a verdadeira narrativa tinha sido deixada de fora da História – não apenas da História norte-americana em geral, mas até mesmo da História da escravidão. Comecei a procurar ativamente pela outra metade da história, aquela que conta como a escravidão cresceu de maneira contínua, mudando e reconfigurando o mundo moderno. Que conta como ela era tanto modernizadora quanto moderna e o que isso significava para as pessoas que passaram por sua expansão espantosa. Quando comecei a procurar, descobri que os rastros da outra metade estavam em todos os lugares. Os destroços da febre do algodão que infectou os empresários brancos e que separou homens e mulheres, pais e filhos, direita e esquerda cobriam com sua poeira cada conjunto de cartas, jornais e documentos judiciais do período anterior à Guerra Civil. Acima de tudo, a metade não contada corria, como uma camada de irídio deixada por um asteroide assassino de dinossauros, por cada fragmento de testemunho que ex-escravos como Lorenzo Ivy deixaram nos registros históricos: milhares de estrofes de uma epopeia de separações forçadas, violência e novos tipos de trabalho.

Durante muito tempo, eu não sabia ao certo como contar a história deste processo vigoroso e dinâmico em um único livro. O maior desafio era simplesmente o fato de que a expansão da escravidão havia moldado, de muitas maneiras, *tudo* na história pré-Guerra Civil nos Estados Unidos. Os documentos remanescentes dos senhores de escravos mostravam os cálculos dos rendimentos das vendas e das aquisições de escravos, bem como os custos para fundar novos campos de trabalho escravo nos estados algodoeiros. Os jornais estavam repletos de especulações sobre terras e pessoas, bem como sobre as mercadorias que aquelas pessoas produziam; reportavam mudanças dramáticas sobre como se ganhava dinheiro e quanto se podia ganhar; mostravam a violência dramática que acompanhava tais práticas. A contabilidade dos comerciantes, banqueiros e donos de fábricas do Norte revelou que eles investiam na escravidão, que compravam de proprietários de escravos e vendiam para eles, e tiravam da expansão da escravidão suas fatias de lucro. Os acadêmicos e os estudantes descreveram a política como uma batalha sobre os direitos dos estados ou pelos princípios republicanos, mas, observados sob uma luz diferente, os conflitos podem ser entendidos como uma disputa entre regiões sobre como as recompensas da expansão da escravidão seriam alocadas e se essa expansão poderia continuar.

A história parecia grande demais para ser retratada apenas de uma maneira. Mesmo Ivy não tinha ideia de como contar as filas de acorrentados que viu indo para o Sudoeste em direção às montanhas no horizonte e aos vastos espaços abertos além delas. Entre os anos de 1790 e 1860, os proprietários de escravos transferiram um milhão de pessoas dos antigos estados escravistas para os novos. Os estados que antes, por volta de 1790, não produziam nada de algodão passaram a produzir 900 quilos do produto em 1860. Estendendo-se para além do Sul escravista, a história não abrangeu apenas os políticos de Washington e eleitores por todos os Estados Unidos, mas também fábricas de Connecticut, bancos de Londres, viciados em ópio na China e consumidores na África Oriental. E seria possível que um único livro fizesse justiça ao conhecimento de Lorenzo Ivy? Para isso, o livro teria de evitar os velhos chavões, assim como a tentação fácil de contar a história como uma reunião de tópicos – aqui um capítulo sobre a resistência de escravos, ali outro sobre as mulheres e a escravidão, e assim por diante. Esse tipo de abstração arranca o coração pulsante da história. Pois a metade não contada era uma narrativa, um processo de movimento, mudança e suspense. As coisas aconteceram em função de outras que haviam sido feitas antes – e por conta do que as pessoas escolheram fazer em resposta.

Não, precisava ser uma *história*, e não seria possível contá-la apenas da perspectiva dos atores poderosos. É verdade que os políticos, os fazendeiros e os banqueiros deram forma à política, ao deslocamento das pessoas, ao cultivo e à venda de algodão, transformando, inclusive, a própria terra. Mas quando alguém toma as palavras de Lorenzo Ivy como ponto de partida, toda a História dos Estados Unidos caminha pelas montanhas atrás de uma fila de pessoas acorrentadas. As mudanças que reconfiguraram o mundo inteiro começaram nos palanques dos leilões sobre os quais os imigrantes escravizados ficavam de pé ou nas fronteiras das fazendas de algodão onde eles labutavam. Seu drama individual era uma luta pela sobrevivência. Sua recompensa, suportar uma transição brutal para as novas formas de trabalho que os obrigavam a se reinventar todos os dias. A criatividade das pessoas escravizadas permitiu que sobrevivessem, mas, roubada delas na forma de uma sempre crescente produtividade da cultura algodoeira, tal criatividade também aumentou a escravidão no Sul a uma taxa sem precedentes. Os afro-americanos escravizados construíram os Estados Unidos modernos, e, na verdade, todo o mundo moderno, tanto de maneiras óbvias quanto ocultas.

Um dia, encontrei uma metáfora que ajudou. Ela veio de Ralph Ellison, um grande autor afro-americano. Você deve conhecer seu romance chamado *Homem invisível*. Mas, nos anos 1950, Ellison também produziu ensaios incríveis. Em um deles, escreveu assim: "No nível moral, proponho que vejamos a totalidade da vida norte-americana como um drama encenado no corpo de um gigante negro que, ao encontrar-se deitado e amarrado como Gulliver, forma o palco e a cena sobre os quais, e dentro dos quais, a ação se desdobra".[8]

---

8. Ralph Ellison, "Twentieth-Century Fiction and the Black Mask of Humanity", *Shadow and Act* (Nova York, 1964).

A imagem se encaixa na história que as palavras de Ivy trouxeram à tona dos anos submersos. O único problema era que a imagem de Ellison sugeria um gigante sem movimento. Nos mitos antigos, a *plantation* imóvel e quintessencialmente imutável era o lugar da história da vida afro-americana desde o século XVII até o XX. Mas Lorenzo Ivy havia descrito um mundo em movimento. Depois da Revolução Americana – que parecia, naquele momento, pressagiar a morte iminente da escravidão –, porém, haviam começado a transformação metastática e o crescimento do corpo gigantesco da escravidão. Os senhores de escravos e outras pessoas livres obtinham novos tipos de poder moderno com a exploração, a mercantilização e a tortura do corpo das pessoas escravizadas. O suor e o sangue do sistema em crescimento – uma rede de indivíduos, famílias e campos de trabalho que se tornava maior a cada ano – abasteceram a mudança econômica massiva. Enquanto isso, as pessoas escravizadas, transportadas e torturadas, tiveram que encontrar maneiras de sobreviver, resistir ou suportar. E, com o tempo, o problema de sua liberdade ou servidão passou a ocupar o centro da política dos Estados Unidos.

Na verdade, o gigante amarrado estendido na roda de tortura dos Estados Unidos cresceu, como uma pessoa que passa por provações para atingir uma nova maturidade. Dividi os capítulos deste livro com o gigante imaginário de Ellison em mente, em uma estrutura que permitiu que a história tomasse como ponto central a experiência dos próprios afro-americanos escravizados. Antes de passarmos pela porta que Lorenzo Ivy abriu, segue a apresentação dos capítulos. O primeiro é "Pés", pois a história começa com o movimento sem liberdade pelos caminhos até as fronteiras escravizadas que foram estabelecidas entre o fim da Revolução Americana, em 1783, e o início dos anos 1800. "Cabeças" é o título do segundo capítulo, que cobre a aquisição norte-americana dos pontos-chave do Vale do Mississippi através da violência, um ganho que também consolidou a forte influência dos escravocratas na fronteira. E então, seguem "A mão direita" e "A mão esquerda" (capítulos 3 e 4). Eles revelam os segredos mais profundos do poder dos senhores de escravos, segredos estes que enriqueceram todo um mundo de pessoas brancas.

"Línguas" (capítulo 5) e "Respiração" (capítulo 6) vêm em seguida. Esses capítulos descrevem como, em meados de 1820, os senhores de escravos não tinham apenas encontrado maneiras de silenciar a língua de seus críticos, como também haviam construído um sistema de comércio de escravos que funcionavam como os pulmões da expansão. A maioria das formas de resistência era impossível de ser levada a cabo com sucesso. Então uma pergunta permaneceu no ar. Será que o espírito no corpo amarrado morreria, deixando que as pessoas escravizadas vivessem como mortas-vivas a serviço de seus captores? Ou o corpo viveria e se levantaria? Cada alma transportada, ao descobrir que sua antiga vida morrera, também encarou essa questão individualmente: trabalhar com os companheiros cativos ou competir com eles pela subsistência individualista. Os afro-americanos escravizados escolheram muitas coisas. Mas, talvez, o mais importante tenha sido que eles escolheram sobreviver. E a verdadeira sobrevivência, em tais circunstâncias, exigia a solidariedade. A solidariedade permitiu que eles enxergassem sua experiência em comum, que iluminassem o próprio caminho construindo uma crítica ao poder dos senhores de escravos, que se tratava de uma história alternativa sobre as coisas e seus significados.

Essa história se vale de milhares de narrativas pessoais, como a que Lorenzo Ivy contou a Claude Anderson. A escravidão existiu em muitas sociedades, mas nenhuma outra população de ex-escravos conseguiu registrar os testemunhos de seus membros como aqueles que sobreviveram à escravidão nos Estados Unidos. As narrativas começaram com os que escaparam da expansão da escravidão no século XIX como fugitivos. Mais de uma centena desses sobreviventes publicaram suas autobiografias ao longo daquele século. Conforme o tempo foi passando, tais memórias encontraram um mercado, em grande parte porque os fugitivos cativos do Sul estavam fazendo alguns dos brancos do Norte mudarem de ideia sobre o que significava para eles a expansão da escravidão. Então, durante os anos de 1930, pessoas como Claude Anderson conduziram em torno de 2.300 entrevistas com ex-escravos que viveram naquela década. As entrevistas permitiram que as pessoas mais velhas contassem o que tinham visto ou o que tinham ouvido de seus antepassados nos anos que antecederam a Guerra Civil, por isso, tais entrevistas nos levavam de volta ao mundo da exposição e da contação de histórias que cresceu em volta das fogueiras, nos pórticos e entre as fileiras de algodoeiros. Nenhuma autobiografia ou entrevista é pura e objetiva como um balanço de tudo aquilo que os livros de história deixaram de contar. Mas leia todas elas e você verá como cada uma colabora para um quadro mais detalhado e claro do todo. Uma história preenche as lacunas deixadas por outra, permitindo que se leia nas entrelinhas.

Entender um pouco de como era o sofrimento, e o custo de suportá-lo, é crucial para compreender o curso da História dos Estados Unidos, pois o que as pessoas escravizadas fizeram juntas – estabelecendo novas relações umas com as outras, novas maneiras de compreender o próprio mundo – teve o potencial de ajudá-las a sobreviver física e psicologicamente. Em última análise, seu espírito e sua fala lhes permitiram criar novos aliados na forma de um movimento abolicionista, que ajudou a desestabilizar os poderosos senhores de escravos, possuidores de milhões de cativos. Mas a estrada pela qual as pessoas escravizadas estavam sendo levadas era longa. Ela os conduzia ao inferno descrito em "Semente" (capítulo 7), que conta o período horrível que durou quase uma década, compreendido entre 1829 e 1837. Nesses anos, os empresários abriram as fronteiras da escravidão sem qualquer controle. Seus atos criaram as dinâmicas política e econômica que elevavam os escravistas a seu mais alto grau de poder. Enfrentando os desafios de outros homens brancos que queriam afirmar sua igualdade masculina por meio da democracia política, os empresários espertos encontraram maneiras de alavancar não apenas esse desejo, mas também outros. Com a criação de ferramentas financeiras inovadoras, o mundo ocidental era, cada vez mais, capaz de investir diretamente na expansão da escravidão. Essa criatividade multiplicou as já incríveis produtividade e rentabilidade do trabalho escravo, permitindo que senhores de escravos transformassem corpos em mercadorias, com as quais eles mudaram a história financeira do mundo ocidental.

Escravistas, juntamente com os eleitores brancos comuns, os investidores e os escravos, fizeram da década de 1830 o principal ponto de articulação da História dos Estados Unidos. De um lado estava o mundo da Revolução Industrial e as inovações iniciais que deram início ao mundo moderno. De outro, os Estados Unidos modernos. Assim, em 1837, o sucesso exuberante dos escravistas levou a uma enorme crise econômica. Essa devastação autoinfligida, tratada no capítulo 8, "Sangue", impôs novos desafios ao poder dos proprietários de escravos, espalhou destruição humana entre os escravos e criou confusão e discórdia nas famílias brancas. Quando os atores políticos do Sul tentaram usar a guerra contra o México para recomeçar a sua expansão, encontraram uma oposição nova por parte de nortistas cada vez mais convictos. Como explica o capítulo 9, intitulado "Costas", por volta de 1840 o Norte havia construído uma economia complexa e industrializada nas costas das pessoas escravizadas e de seu trabalho altamente lucrativo com o algodão. Ainda assim, embora os brancos do Norte tenham se beneficiado da intensificada exploração das pessoas escravizadas, muitos deles estavam desejosos de usar a política para fazer oposição a mais expansões da escravidão. As palavras que os sobreviventes da expansão do escravismo tinham tirado do ventre da besta mais faminta da nação se tornaram ferramentas realmente importantes para estimular essa oposição.

É claro que, em troca dos benefícios que receberam da expansão da escravidão, muitos nortistas ainda desejavam permitir o poder desproporcional dos senhores de escravos. Com a ajuda de tais aliados, como "Braços" (capítulo 10) detalha, a escravidão continuou a progredir na década posterior ao Compromisso de 1850. No entanto, por ora seria preciso crescer dentro de fronteiras potencialmente fechadas. Esse é o motivo pelo qual brancos do Sul empreenderam, então, uma campanha agressivamente pró-escravista, insistindo em políticas e em interpretações constitucionais que comprometeriam todos os Estados Unidos com a nova expansão geográfica da escravidão. O país inteiro se tornaria a próxima fronteira para a escravidão. Ao pressionarem, acabaram gerando uma resistência maior. Forçaram demais, e tentaram fazer com que os seus aliados do Norte se submetessem – mas, como os escravos, eles reclamaram. E foi assim que os brancos finalmente pegaram em armas uns contra os outros.

No entanto, mesmo quando os brancos do Sul se separaram, alegando que formariam uma nação independente, bombardeando o Forte Sumter e fazendo o presidente da União, Abraham Lincoln, formar uma milícia de 100 mil homens, muitos norte-americanos brancos queriam manter seu apoio nessa disputa o mais limitado possível. A maioria dos unionistas do Norte se opunha à emancipação dos escravos. Talvez as batalhas dos norte-americanos brancos uns com os outros não fossem, em determinado nível, dirigidas por uma disputa de ideais, mas sim a melhor maneira de manter o curso do algodão e das receitas financeiras fluindo: manter a escravidão dentro de suas fronteiras usuais ou permitir que ela consumisse ainda mais fronteiras geográficas. Mas o barulho crescente do canhão prometeu a outros uma chance de forçar uma decisão mais dramática: escravidão para sempre ou nunca mais. Então, foi assim que Frank Baker, Townshend e Sheppard Mallory se esgueiraram pelas águas escuras do mesmo Rio James cujas águas levaram tantos cascos repletos de corpos humanos – o futuro se preparava, incerto entre os caminhos alternativos. Entretanto, aqueles três homens carregavam uma coisa poderosa: a mesma metade da história que Lorenzo Ivy poderia contar. Tudo o que aprenderam os ajudaria a conduzir o futuro por um caminho que levaria à liberdade. Também é isso o que a história deles pode fazer por nós. Para ouvi-la, devemos nos colocar no lugar de Lorenzo Ivy ainda menino em Danville – vendo as filas de acorrentados andando pelas montanhas – ou no lugar de Frank Baker e dos outros – assistindo aos navios partirem das docas de Richmond e descerem o Rio James rumo ao Mississippi. Em seguida, precisamos nos virar e continuar marchando, ao mesmo tempo em que escutamos o murmúrio da metade que nunca foi contada.

1

Pés
1783-1810

NÃO MUITO TEMPO DEPOIS DE TEREM OUVIDO o primeiro tilintar de ferro, os meninos e as meninas no milharal puderam sentir o cheiro dos corpos dos adultos, talvez até mesmo antes de verem a fila dupla que vinha pela curva. Caminhando rápido e com passos sincronizados, mais ou menos trinta homens desceram pela estrada de terra como se fossem uma máquina gigante. Cada um arrastava quase dez quilos de ferro, correntes drapejando de pescoço em pescoço, de punho em punho, amarrando todos juntos. As tiras de suas roupas rasgadas pendiam rígidas feito flâmulas numa tarde de ar desmaiado. Na cabeça dos homens, os cabelos se destacavam em dreads alongados ou se emaranhavam endurecidos pela poeira. Enquanto se moviam, alguns olhavam para o chão, como se estivessem catatônicos. Outros olhavam para alguma coisa que estava a mil metros de distância. E agora, atrás dos homens barulhentos, seguia uma multidão de mulheres que marchavam frouxamente amarradas por cordas, com o mesmo vazio retratado em suas expressões, e a resistência se destacando nas linhas rígidas de músculos que substituíram suas panturrilhas naquelas semanas, desde que deixaram Maryland. Atrás de todos eles vinha um homem branco balançando sobre um cavalo Tennessee marchador cinza.

Os meninos e as meninas permaneceram parados, segurando o cabo das enxadas, esquecidos da própria tarefa. Em 1805, os comboios de escravos acorrentados uns aos outros não eram novidade na rota do Sul que atravessava o condado de Rowan, ali no Piemonte da Carolina do Norte, mas não passavam todos os dias. Talvez uma das meninas próximas da estrada, uma mocinha esbelta de 12 anos, tenha olhado fixamente para o homem solitário que, brilhando de suor e de dentes cerrados, ditava o ritmo na dianteira da fila dupla. Talvez ele lhe lembrasse o pai, que, em sua memória, era alto. Há alguns anos, ele havia deixado passar as noites de sábado com elas. A mãe da menina disse que ele tinha sido vendido para a Geórgia. Agora, por um instante, esse homem notava os olhos fixos da menina ao examiná-la enquanto passava por ela. E, talvez, embora nunca tenha quebrado o ritmo, algum tipo de reconhecimento tenha brilhado em seu rosto tão pétreo quanto a gargalheira em seu pescoço. Esse homem, Charles Ball, com 25 anos de idade e pai de duas crianças, não pôde deixar de ver nela a própria filha dali a dez anos, anos que ela passaria longe dele. Então, seguiu pela estrada, arrastando o resto da centopeia humana diante da menina. À medida que os pés descalços das mulheres se afastavam – o homem branco a cavalo, seguindo por último, olhando para baixo, avaliando-a –, o capataz, que estava do outro lado do campo, gritou "Ei!" para a menina petrificada. E ela, com certeza, teria percebido que o comboio também carregava seu próprio futuro.[1]

Há mil metros em um quilômetro – quase 1.500 passos. Quarenta mil é a jornada de um dia cansativo. Duzentos mil é uma semana difícil. Por oitenta anos, de 1780 até 1865, os migrantes escravizados caminharam por quilômetros, dias e semanas. Levados para o Sul e para o Oeste através de planícies e montanhas, foram a cada passo se afastando mais e mais de casa. Tropeçando de fadiga, cambaleando de uísque, e até mesmo algumas vezes pisando firme nas manhãs iluminadas de primavera quando se recusavam a pensar no que os puxava pra baixo, muitos percorreram mais de mil quilômetros antes de deixar a estrada aberta pelos próprios pés. Mil quilômetros são quase 1,5 milhão de passos. Depois de semanas atravessando os rios, cruzando as fronteiras dos estados, escalando

---

1. Neste livro, algumas das passagens contadas da perspectiva de pessoas escravizadas incorporam não apenas o conteúdo específico dos documentos históricos citados, mas também detalhes de outras fontes, como costuma acontecer com a história evocativa. Com base em uma ampla variedade de fontes, tento fornecer uma descrição mais rica da paisagem, das práticas de trabalho e das práticas culturais da época, um retrato mais íntimo dos afro-americanos escravizados, cuja experiência é o centro desta história. Essas fontes incluem o testemunho de outras pessoas anteriormente escravizadas que passaram por experiências virtualmente idênticas. Essa história específica, por exemplo, foi extraída de Charles Ball, *Slavery in the United States: A Narrative of the Life and Adventures of Charles Ball...* (Nova York, 1837), mas foi escrita à luz de dezenas de outros relatos, incluindo descrições das reações das pessoas aos comboios, descrições da escravidão no Piemonte da Carolina do Norte no início do século XIX, relatos da demografia familiar de pessoas escravizadas durante o início do comércio doméstico de escravos e histórias de pessoas escravizadas sobre a sua experiência durante a era do tráfico doméstico de escravos. Todas essas referências são citadas, copiosamente, nas páginas a seguir, mas para relatos em primeira mão das reações das pessoas escravizadas ao comércio de escravos, ver Charity Austin, AS, 14.1 (NC), 59; Ben Johnson, AS, 14.1 (NC); Dave Lawson, AS, 15.2 (NC), 49; Lila Nichols, AS, 14.1 (NC), 147-150; Mary Hicks, AS, 14.1 (NC), 184; Josephine Smith, AS (NC); Alex Woods, AS, 15.2, (NC), 416-417; Jeremiah Loguen, *The Rev. J. W. Loguen, As Slave and Free* Man (Syracuse, 1859), 65-67; "Recollections of a Runaway Slave", *Emancipator*, September 20, 1838; Isaac Williams, *Aunt Sally: The Cross, the Way of Freedom* (Cincinnati, 1858), 10-15; ASAI, 76; e, para uma rica documentação sobre a escravidão e o comércio doméstico de escravos na área da Carolina do Norte pela qual Ball foi levado em correntes, ver Tyre Glen Papers, Duke; Jarratt-Puryear Papers, Duke, e Isaac Jarratt Papers, SHC. Salvo quando indicada alguma exceção, palavras e/ou trechos destacados são reproduzidos do original.

as estradas pelas montanhas e ainda embarcando e desembarcando em navios e barcos, eles haviam levado seus corpos para além da fronteira entre a velha e a nova escravidão.

Ao longo de oitenta anos, quase 1 milhão de pessoas foram arrebanhadas e levadas pela estrada rumo à nova escravidão (ver Tabela 1.1). Este capítulo é sobre como essas pessoas em marcha forçada começaram, enquanto andavam por aquelas estradas, a mudar as coisas no Leste e no Oeste dos Estados Unidos, como grãos que passam de um lado para o outro da balança. Isso mostra como as primeiras migrações forçadas começaram a trilhar os caminhos que, juntamente com 1,5 trilhão de passos de outros 1 milhão de caminhantes, moldariam as sete décadas de expansão escravista nos novos Estados Unidos. O que mostra, por sua vez, como os caminhos que eles abriram na terra, na política e na economia – as pegadas que os escravos conduzidos, e aqueles que os conduziam, deixaram nos principais documentos e negócios da nação – mantiveram a nação unida e em crescimento.

Isso porque, no fim da Revolução Americana, os líderes vitoriosos da nação recém-independente não estavam certos sobre a possibilidade de sustentar sua precária coalizão de estados. Os Estados Unidos reivindicaram vastos territórios a Oeste da Cordilheira dos Apalaches, mas essas terras eram uma fonte de vulnerabilidade. Outras nações as reivindicavam. Os norte-americanos nativos se recusavam a desocupá-las. Os colonos do Oeste consideravam se separar e formar suas próprias alianças. Ao Leste dos Apalaches, as divisões internas ameaçavam separar o novo país. A Revolução Americana havia sido financiada pela impressão de papel-moeda e títulos de dívida pública. Mas isso gerou inflação, dívidas e reduziu o preço das mercadorias, que, na década de 1780, estavam gerando uma enorme crise econômica.

Tabela 1.1
Migração forçada interna líquida por década

Estado importador	1790-1799	1800-1809	1810-1819	1820-1829	1830-1839	1840-1849	1850-1859	Totais
Alabama	–	–	35.500	54.156	96.520	16.532	10.752	213.460
Arkansas	–	–	1.000	2.123	12.752	18.984	47.443	82.302
Flórida	–	–	1.000	2.627	5.833	5.657	11.850	26.967
Geórgia	6.095	11.231	10.713	18.324	10.403	19.873	-7.876	68.763

Estado importador	1790-1799	1800-1809	1810-1819	1820-1829	1830-1839	1840-1849	1850-1859	Totais
Kentucky	21.636	25.837	18.742	-916	-19.907	-19.266	-31.215	-4.173
Louisiana	–	1.159	20.679	16.415	29.296	29.924	26.528	124.001
Mississippi	–	2.152	9.123	19.556	101.810	53.028	48,560	234,229
Missouri	–	–	5.460	10.104	24.287	11.406	6.314	57,571
Carolina do Sul	4.435	6.474	1.925	-20.517	-56.683	-28.947	-65.053	-158.366
Tennessee	6.645	21.788	19.079	31.577	6.930	4.837	-17.702	73.154
Texas	–	–	–	–	–	28.622	99.190	127.812
Total da década	38.811	68.641	123.221	134.365	211.241	140.650	128.791	845.720

Fonte: Michael Tadman, *Speculators and Slaves: Masters, Traders, and Slaves in the Old South* (Madison, 1989), 12. Alguns estados não estão incluídos.

Não existia moeda estável. O governo federal – tal como era – não tinha a capacidade de tributar; portanto, também não podia agir como um Estado Nacional.

Entre a chegada dos primeiros africanos em 1619 e a eclosão da Revolução em 1775, a escravidão foi um dos motores do crescimento econômico colonial. O número de africanos levados para Maryland e para a Virgínia antes do fim da década de 1660 era muito pequeno – algumas dezenas por ano. Mas, junto com os trabalhadores brancos engajados por contrato, esses africanos escravizados construíram um imenso complexo para a produção de tabaco ao longo da baía de Chesapeake e seus afluentes. Ao longo desses cinquenta anos formativos, os colonos importaram conceitos de escravidão racializada de outras colônias (como as do Caribe, onde os africanos escravizados já ultrapassavam numericamente os outros habitantes em meados do século XVII). Até 1670, os costumes e a lei sustentavam que os filhos eram escravos se suas mães fossem escravas, que os africanos escravizados deveriam ser tratados como eternos estrangeiros, sem direitos (mesmo quando se convertiam ao cristianismo), que poderiam ser açoitados para trabalhar e também vendidos e transportados. Eles eram propriedades móveis. E todos aqueles que possuíam visível ascendência africana eram tomados por escravos.[2]

---

2. Edmund Morgan, *American Slavery, American Freedom: The Ordeal of Colonial Virginia* (Nova York, 1975); Kathy Brown, *Good Wives, Nasty Wenches, and Anxious Patriarchs: Gender, Race, and Power in Colonial Virginia* (Chapel Hill, NC, 1996); Lorena Walsh, *Motives of Honor, Pleasure, and Profit: Plantation Management in the Colonial Chesapeake, 1607-1763* (Chapel Hill, NC, 2010).

Mais ou menos depois de 1670, o número de africanos escravizados levados para a América do Norte aumentou. Até 1775, os navios negreiros carregaram 160 mil africanos para as colônias em Chesapeake, 140 mil para novas colônias de escravos que foram abertas nas Carolinas e na Geórgia e 30 mil para as colônias no Norte. No entanto, esses números eram pequenos quando comparados com as miríades levadas para as colônias de açúcar. Os navios negreiros desembarcaram mais de 1,5 milhão de africanos cativos nas ilhas caribenhas britânicas (principalmente na Jamaica e em Barbados) até o fim dos anos 1700, e levaram mais de 2 milhões para o Brasil. Na América do Norte, porém, o número de escravizados cresceu, exceto nas planícies litorâneas produtoras de arroz na Carolina do Sul que foram mais atingidas pela malária. Por volta de 1775, 500 mil dos 2,5 milhões de habitantes das 13 colônias eram escravos, quase o mesmo número dos que viviam nas colônias britânicas do Caribe na ocasião. O trabalho escravo era crucial para as colônias norte-americanas. As remessas de tabaco de Chesapeake financiaram os circuitos comerciais de todos. Os fazendeiros das planícies litorâneas da Carolina do Sul eram a elite mais rica da república revolucionária. Os setores comerciais das colônias do Norte lucravam enormemente com o transporte dos produtos das fazendas para a Europa, ao passo que os comerciantes de escravos da Nova Inglaterra foram responsáveis por 130 mil seres humanos do total submetido à travessia atlântica antes de 1800.[3]

As consequências da guerra e da independência, entretanto, ameaçavam o futuro econômico dos escravizados. Os exércitos em marcha tinham destruído a infraestrutura do plantio de arroz nas planícies sulistas. Até 25 mil escravizados das Carolinas partiram com os britânicos. A Grã-Bretanha bloqueou o comércio norte-americano de seus mercados domésticos e imperiais. Embora os mercados ainda estivessem abertos para o tabaco na Europa continental, o preço do produto entrou em queda livre na década de 1780.[4]

A escravidão também foi tomada pelas questões políticas mais polêmicas levantadas pela Revolução. O fraco governo federal estava soterrado de dívidas com credores em

---

3. Mais uma vez, alguns pontos de partida: Philip Curtin, *The Rise and Fall of the Plantation Complex: Essays in Atlantic History* (Cambridge, UK, 1990); Richard Dunn, *Sugar and Slaves: The Rise of the Planter Class in the English West Indies*, 1624-1713 (Chapel Hill, NC, 1972); Peter Wood, *Black Majority: Negroes in Colonial South Carolina from 1670 Through the Stono Rebellion* (Nova York, 1973); Leonardo Marques, "The United States and the Transatlantic Slave Trade to the Americas, 1776-1867" (PhD diss., Universidade de Emory, 2013).
4. Robert Olwell, *Masters, Slaves, and Subjects: The Culture of Power in the South Carolina Low Country, 1740-1790* (Ithaca, NY, 1998), 270.

toda a nação e na Europa, mas representantes do Sul e do Norte no Congresso Continental discordavam se a repartição da receita tributária pela população deveria contar os escravos do Sul. De maneira mais ampla, a Revolução levantou a questão se a escravidão deveria sequer existir, uma vez que a rebelião tinha se justificado pela reivindicação de que os seres humanos tinham direito à liberdade concedido por Deus. Nas décadas de 1770 e 1780, petições alegando que a escravidão violava direitos naturais inundaram as Assembleias Legislativas do Norte. E Thomas Jefferson, que admitiu que "não há atributos no Todo-Poderoso que possam se alinhar a nós" contra as demandas dos escravizados, não era o único sulista eminente que reconhecia as contradições.[5]

Contudo, durante os anos 1780 e 1790, as possibilidades que as pessoas escravizadas representavam, a fortuna que encarnavam e a maneira como poderiam ser forçadas a se mover realmente forjavam laços que superavam as divisões internas. Os pés em marcha aumentaram o poder dos senhores de escravos, e o início do deslocamento forçado, para o Sul e o Oeste, criou novas relações financeiras e tipos de influência. E, mesmo entre um milhão de pares de pés, é possível encontrar os primeiros passos: os movimentos e as decisões que abriram novos territórios para a escravidão depois da Revolução Americana. No Kentucky e no Mississippi poderia ter sido proibida a escravidão. Em vez disso, durante a década de 1780, nos primeiros dias da república norte-americana, os tomadores de decisões na Filadélfia, em Nova York, Monticello e em outros lugares deram os primeiros passos cruciais para permitir que a escravidão se espalhasse.

O VAIVÉM DAS INCURSÕES DURANTE a Revolução interrompeu abruptamente a colonização branca nas montanhas da Carolina do Sul e da Geórgia. Poucos colonos tinham cruzado os Apalaches em direção aos distritos da Virgínia e da Carolina do Norte que se transformariam no Kentucky e no Tennessee. Mas os potenciais migrantes sabiam alguma coisa sobre o que se encontrava além da margem sangrenta dos assentamentos. Desde o início do século XVIII, os comerciantes brancos haviam se embrenhado nas profundezas das florestas da região que hoje são a Carolina do Sul, a Geórgia e o Alabama, com as mulas carregadas de miçangas, armas e bebidas. Às vezes, esses comerciantes andavam com assistentes africanos ou afro-americanos escravizados. Os que voltavam vivos contavam sobre solos férteis e rios caudalosos. Mais ao norte, uns poucos colonos

---

5. David Brion Davis, *The Problem of Slavery in the Age of Revolution, 1775-1820* (Ithaca, NY, 1975); Donald Robinson, *Slavery in the Structure of American Politics, 1765-1820* (Nova York, 1970); Christine Heyrman, *Southern Cross: The Beginning of the Bible Belt* (Nova York, 1997); Thomas Jefferson, *Notes on the State of Virginia* (Nova York, 1984 [Library of America]), 289.

começaram a buscar as terras férteis que, segundo os relatos do caçador Daniel Boone, ficavam do outro lado das montanhas que se erguiam a Leste do Vale do Shenandoah.[6]

Foi só depois da vitória norte-americana que as ondas migratórias começaram a surgir a Oeste, do outro lado das montanhas. No começo da década de 1780, os colonos espalhavam a notícia de que os acres a Leste de Kentucky produziam, cada um, mais de uma centena de alqueires de milho, era como um "Elísio... o jardim onde não existia fruto proibido". Mas os norte-americanos nativos chamavam a região de "solo escuro e sangrento", uma terra com caça farta pela qual lutaram durante muito tempo. Em 1782, os índios começaram a atacar os assentamentos, levando consigo escravos quando batiam em retirada. Os potenciais colonos ficaram desconfiados da terra e da viagem até lá. A Wilderness Road (Estrada Selvagem) através das passagens nas montanhas era lenta, difícil e perigosa. Os shawnees e os cherokees matavam dezenas de viajantes todos os anos na Wilderness Road. No inverno, havia menos grupos indígenas guerreiros por perto. Mas em uma viagem durante o inverno de 1780, John May e um homem escravizado passaram por milhares de carcaças de cavalos e de gado que descongelavam nas montanhas "duras e sombrias", baixas de travessias malsucedidas no frio.[7]

Naquele ano, Thomas Hart, um proprietário de escravos da Carolina do Norte, se perguntou se deveria mandar seus escravos limparem as terras que ele reivindicava no Kentucky: "mandar uma parcela de pobres escravos para onde eu mesmo não ouso ir" parecia ser um tipo de exigência extrema e sem precedentes, em desacordo com os ideais da Revolução em curso. Mas Hart mudou de ideia. Trouxe os pioneiros escravizados através da estrada que corta a montanha, ainda que a labuta que planejara que fizessem nas florestas, derrubando árvores e plantando milho e tabaco nas clareiras, os tenha exposto ao perigo. "Lexington, Kentucky, 22 de agosto", diz uma história de jornal de 1789, baseada em uma carta da fronteira ocidental. "Duas crianças pretas mortas e dois

---

6. Rachel Klein, *Unification of a Slave State: The Rise of the Planter Class in the South Carolina Backcountry* (Chapel Hill, NC, 1990); Richard Beeman, *The Evolution of the Southern Backcountry* (Philadelphia, 1984); Allan Gallay, *The Indian Slave Trade: The Rise of English Empire in the Colonial South* (New Haven, CT, 2002); James Merrell, *The Indians' New World: Catawbas and Their Neighbors from European Contact Through the Era of Removal* (Chapel Hill, NC, 1989).
7. John Filson, *Adventures of Colonel Daniel Boone* (Norwich, CT, 1786), and his *Discovery, Settlement, and Present State of Kentucky* (Nova York, 1793), 74; Daniel Blake Smith, "'This Idea in Heaven': Image and Reality on the Kentucky Frontier", in Craig Thompson Friend, ed., *The Buzzel About Kentuck: Settling the Promised Land* (Lexington, KY, 1998), 78; *Massachusetts Spy*, January 27, 1785; *Philadelphia Gazetteer*, November 27, 1784; Ellen Eslinger, "The Shape of Slavery on the Kentucky Frontier", *Kentucky Historical Society Register* 92 (1994): 1-23, esp. 4; Steven Aron, *How the West Was Lost: The Transformation of Kentucky from Borderland to Daniel Boone* (Baltimore, 1996).

pretos adultos feridos em Coronel Johnson." Algumas vezes os shawnees escalpelavam os prisioneiros, outras vezes os levavam com vida. Em 1794, três índios capturaram um homem escravizado de uma forja no Rio Slate, no Kentucky. Amarraram seus braços, fizeram com que ele andasse e lhe disseram que o estavam levando para Detroit (onde os britânicos ainda mantinham um forte, em desafio ao Tratado de Paris, que reconhecera a Independência dos Estados Unidos em 1783), para trocá-lo por *taffy* – tafiá, rum barato. Quando pararam para descansar perto de Ohio, desamarraram-no e mandaram que coletasse lenha. Foi quando ele escapou.[8]

Ao longo da década de 1780, os invasores provenientes das regiões costeiras lutaram centenas de batalhas. Uma dessas lutas aconteceu em 1786. O migrante nascido na Virgínia chamado Abraham Lincoln (avô do décimo sexto presidente dos Estados Unidos) estava abrindo um campo em suas terras a Oeste de Louisville. De repente, a batida regular do machado foi interrompida pelo estalo de um mosquete. Lincoln caiu. O índio saiu, com cuidado, da floresta. Thomas, o filho de Abraham que estava brincando no campo, se agachou atrás de um tronco. O atirador olhou em redor. Onde estava o pequeno menino branco de cabelos escuros? De repente, mais um estalo. O índio também caiu morto. O filho adolescente de Lincoln, Mordecai, atirara nele da janela de uma cabana de madeira na extremidade da clareira. E conforme os colonos venciam mais e mais batalhas do tipo, cada vez menos shawnees vinham para o Sul atravessando o Rio Ohio.[9]

Enquanto isso, de volta ao Leste das montanhas, a escravidão na velha Virgínia e nos distritos produtores de tabaco de Maryland era cada vez menos lucrativa, e alguns senhores de escravos começavam até mesmo a admitir que a escravização contradizia toda a nova retórica da nação a respeito de direitos e liberdade. Em seu *Notes on the State of Virginia*, de 1782, o governador da Virgínia, Thomas Jefferson, lamentou que a escravidão transformava brancos "em déspotas". O primeiro esboço de Jefferson da Declaração de Independência de 1776 já havia protestado contra o apoio britânico ao comércio de escravos pelo Atlântico. Apesar de possuir inúmeros afro-americanos escravizados, Jefferson reconheceu que a venda de seres humanos poderia transformar

---

8. Thomas Hart to [N. Hart], August 3, 1780, "Shane Collection, n. 22"; *Philadelphia Gazetteer*, November 27, 1784, May 16, 1788; *Massachusetts Spy*, May 29, 1782; *Connecticut Journal*, November 4, 1789; *New York Packet*, October 22, 1789; *New York Weekly*, June 20, 1792; *Philadelphia Advertiser*, October 4, 1792; *Norwich Western Register*, May 20, 1794.
9. Abraham Lincoln to Jesse Lincoln, April 1, 1854, in LINCOLN, 2:217; cf. Richard L. Miller, *Lincoln and His World: The Early Years* (Mechanicsburg, PA, 2006), 5n17.

sua ascendente retórica sobre direitos naturais em uma mentira tão amarga quanto a hipocrisia dos tiranos corruptos da velha Europa. Por fim, Jefferson abraçou a hipocrisia, deixando de libertar até mesmo a mulher escravizada que carregava o filho dele. "Sally – uma mulher velha que valia 50 dólares", de acordo com o inventário de propriedades feito depois da morte do político. No entanto, em 1781, sua afirmação de que todos seriam dotados do direito natural à liberdade, na Declaração, forneceu uma base para a Suprema Corte de Massachusetts admitir – no caso de um escravo fugido chamado Quock Walker – que a escravidão era incompatível com os princípios fundamentais do Estado.[10]

Os políticos da Virgínia derrubaram as tímidas sugestões de emancipação gradual do governador Jefferson, mas quando ele passou a ocupar um assento no Congresso da nova nação, ainda esperava garantir que a parte ocidental dos Estados Unidos fosse colonizada e governada por agricultores livres e autossuficientes – e não por uma oligarquia de fazendeiros escravistas. Em 1784, um comitê do Congresso Continental, comandado por Jefferson, propôs uma "ordenança" para governar os territórios do outro lado dos Apalaches. Muitos no Congresso temiam que as colônias ocidentais pudessem se separar ou, ainda pior, que caíssem nos braços de impérios europeus. Enquanto os aliados indígenas dos britânicos faziam incursões no Sul a partir de sua base em Detroit, a Espanha reivindicava as colônias que falavam inglês nas proximidades de Natchez. Em 1784, a Espanha também fechou a embocadura do Mississippi em Nova Orleans, a principal rota de comércio para os territórios do Oeste dos Estados Unidos. Os estados do Leste também discordaram veementemente sobre como resolver suas conflitantes reivindicações pelas terras do Oeste, as quais os legisladores esperavam vender para pagar os títulos de dívida pública emitidos durante a Revolução. Na área que se tornou o Kentucky, ainda tecnicamente parte da Virgínia, a confusão gerada por um governo vacilante dificultou que pequenos agricultores, como os Lincoln, tornassem lucrativas suas propriedades rurais duramente conquistadas. Não existia um sistema lógico de mensuração agrária, então as reivindicações se sobrepunham "como telhas". Advogados da Virgínia, lidos nas

---

10. Joanne Pope Melish, *Disowning Slavery: Gradual Emancipation and "Race" in New England, 1780-1860* (Ithaca, NY, 1998); Arthur Zilversmit, *The First Emancipation: The Abolition of Slavery in the North* (Chicago, 1967); Eva Sheppard Wolf, *Race and Liberty in the New Nation: Emancipation in Virginia from Jefferson to Nat Turner* (Baton Rouge, LA, 2006); Jefferson, *Notes on the State of Virginia*, 288; cf. Annette Gordon-Reed, *Thomas Jefferson and Sally Hemings: An American Controversy* (Charlottesville, VA, 1997).

complexas e arcanas leis de terras de seu estado, aglomeraram-se do outro lado das montanhas para resolver os conflitos – em favor de quem pagasse melhor.[11]

Assim, as questões ocidentais que o Congresso Continental enfrentou em 1784 tiveram implicações em tudo, desde a grande estratégia de relações internacionais até o poder econômico e legal cotidiano. A Ordenança de Jefferson de 1784 destinava-se a defini-las em favor do jovem Thomas Lincoln e de todos como ele. Ela propunha que o território entre os Apalaches e o Rio Mississippi se tornasse 16 novos estados, cada um como os 13 originais. E um segundo ato que Jefferson redigiu – a Ordenança de 1785 – criou um sistema unificado de identificação, mensuração e registro dos terrenos agrários. O projeto impediu que os territórios para além do Kentucky se recobrissem de reivindicações fundiárias contraditórias.[12]

O pequeno agricultor imaginado por Jefferson como principal beneficiário das expansões ocidentais era tão branco quanto Abraham Lincoln, mas a proposta de 1784 também declarava "que depois do ano 1800 da Era Cristã, não haverá escravidão nem servidão involuntária em nenhum dos estados mencionados". Isso teria colocado o Kentucky e o que viria a ser o Tennessee no caminho para a eventual emancipação dos escravos, talvez na mesma linha das emancipações estaduais já em curso na Nova Inglaterra. O conjunto de sítios e fazendas nas proximidades de Natchez, no Mississippi, dependia mais fortemente da escravidão. Até 1790, existiam mais de 3 mil africanos escravizados no disputado Distrito de Natchez. Se a proposta de Jefferson tivesse passado, provavelmente a emancipação também teria sido mandatória ali. No entanto, segundo os Artigos da Confederação, uma lei orgânica feita durante a Guerra de Independência que moldou o governo federal pré-constitucional, a maioria das delegações estaduais no Congresso deveria dar seu consentimento para que qualquer proposta se tornasse lei. A maioria das delegações, incluindo a da própria Virgínia de Jefferson, rejeitou sua cláusula contra a escravidão mesmo aceitando seus outros princípios – que o Congresso deveria formular regras para os territórios, que os territórios poderiam se tornar estados

---

11. Patricia Watlington, *The Partisan Spirit: Kentucky Politics, 1779-1792* (Nova York, 1972), 17-18; Janet A. Riesman, "Money, Credit, and Federalist Political Economy", in Richard Beeman, Stephen Botein, and Edward C. Carter II, eds., *Beyond Confederation: Origins of the Constitution and American National Identity* (Chapel Hill, NC, 1987), 128-161.
12. Peter Onuf, *Statehood and Union: A History of the Northwest Ordinance* (Bloomington, IN, 1987); Robinson, *Slavery in American Politics*, 379-380; Malcolm C. Rohrbough, *Land-Office Business: The Settlement and Administration of American Public Lands* (Nova York, 1968), 8-14.

e que sistemas racionais de mensuração e distribuição de terras deveriam prevalecer. Frustrado, Jefferson partiu para a França na posição de diplomata norte-americano.[13]

Jefferson retornou da França em setembro de 1789. Ele tinha presenciado a queda da Bastilha pedra por pedra, assim como tinha visto indícios sinistros de que a Revolução Francesa se tornaria sanguinária. Também havia começado uma relação com uma jovem escravizada. Mas as mudanças políticas que encontrou após seu retorno lhe deram incentivos perversos para repensar a questão de estabelecer a escravidão no Oeste dos Estados Unidos. O apoio à expansão da escravidão já havia se tornado uma das melhores maneiras de unir políticos do Sul e do Norte – e Jefferson queria construir uma aliança política nacional que desafiasse as velhas redes de poder dominadas pela aristocracia agrária e mercantil dos federalistas.

Nesse meio tempo, o Congresso tomou uma iniciativa para evitar a expansão da escravidão. Em 1787, reconsiderou a ordenança de 1784 de Jefferson, aprovando-a para os territórios ao Norte de Ohio, com a cláusula contra a escravidão incluída. Talvez não tenha sido nenhum grande feito moral ou político. Poucos escravos, se é que de fato houve algum, tinham sido levados para Ohio. Ademais, um punhado de pessoas permaneceria escravizado no Noroeste por mais algumas décadas, e a ordenança continha contradições internas que deixavam aberta a possibilidade de estender a escravidão para os estados criados a partir da divisão do território.[14] Apesar disso, a ordenança se tornou um precedente importante para que o Congresso tivesse o poder de proibir a escravidão nos territórios federais.[15]

Ainda assim, nos quatro anos entre o fim da Revolução Americana, em 1783, e o estabelecimento do território Noroeste pelo Congresso, em 1787, este realizou muito pouco para estabilizar os problemas, tanto do lado ocidental quanto do oriental das

---

13. David Libby, *Slavery and Frontier Mississippi, 1720-1835* (Jackson, MS, 2004); Walter LaFeber, *The American Age: United States Foreign Policy at Home and Abroad Since 1750* (Nova York, 1989), 30-31; Andrew R. L. Cayton, "'Separate Interests' and the Nation-State: The Washington Administration and the Origins of Regionalism in the Trans-Mississippi West", *JAH* 79, n. 1 (1992): 39-67; Jefferson to Madison, April 25, 1784, *Jefferson Papers: Digital Edition*, ed. Barbara Oberg and J. Jefferson Looney, http://rotunda.upress.virginia.edu/founders/TSJN-01-07-02-0129 (acessado em 24 de fevereiro de 2014).
14. Segundo a administração do espaço político norte-americano, território é uma área pertencente à União sem população suficiente para pleitear a soberania legislativa de um estado. Nas décadas seguintes à independência de 1783, o território transapalachiano do nororeste dos Estados Unidos converteu-se gradualmente nos estados de Ohio, Indiana, Illinois, Michigan e Wisconsin, ao passo que o território transapalachiano do Sudoeste deu origem a Kentucky, Tennessee, Alabama e Mississippi. *(N. do R. T.)*
15. Paul S. Finkelman, "Slavery and the Northwest Ordinance: A Study in Ambiguity", *JER* 6, n. 4 (1986): 343-370.

montanhas. O caos reinava: os 13 diferentes estados possuíam 13 políticas de comércio, 13 moedas e 13 sistemas judiciais diferentes. Os Artigos da Confederação, criados como uma solução paliativa para gerir um esforço de guerra das 13 diferentes colônias contra a metrópole, nunca haviam permitido que o governo federal tivesse poder real: o poder de coagir os estados, o poder de controlar a moeda, o poder de cobrar impostos. O resultado não foi apenas o caos econômico, mas também – como os homens ricos, com muito a perder, temiam – o colapso iminente de toda autoridade política e social. Na parte rural de Massachusetts, ex-soldados continentais fecharam tribunais depois que juízes executaram a hipoteca de agricultores que não podiam pagar as dívidas ou os impostos devido ao caos econômico. Em outros estados, maiorias enraivecidas elegeram legislaturas que estavam dispostas a aliviar as dívidas dos pequenos agricultores e de outras pessoas comuns, mesmo que isso significasse um desastre econômico para os credores.

Então, após a dissolução do Congresso, no início de 1787, delegados de 12 estados (os de Rhode Island boicotaram o encontro) se reuniram na Filadélfia. Sua missão era criar um governo federal mais forte. Entre os participantes, estavam os futuros presidentes George Washington e James Madison; Alexander Hamilton, que fez mais para dar forma ao governo dos Estados Unidos do que a maioria dos presidentes; e Benjamin Franklin, o norte-americano mais famoso do mundo. Quando maio chegou ao fim, eles entraram no Independence Hall, fecharam as cortinas e trancaram as portas. Quando saíram de lá, no fim do verão, tinham criado a Constituição dos Estados Unidos, um plano para unir os 13 estados em uma nação federal. Uma vez aprovada pelos estados, a estrutura centralizadora finalmente daria ao Congresso a autoridade necessária para executar as funções de um governo nacional: recolher a receita, proteger as fronteiras, extinguir as reivindicações sobrepostas dos estados em relação aos territórios ocidentais, criar uma política de comércio estável e regular a economia. Um acordo firmado entre os grandes e os pequenos estados permitiu a representação proporcional à população de cada um na Câmara, enquanto dava a todos o mesmo número de delegados no Senado.[16]

Mas a Constituição também foi construída sobre as bases de outra barganha. Nesta, os principais traficantes de influência do Norte e do Sul forçaram seus colegas mais relutantes a consentirem tanto com a sobrevivência quanto com a expansão da escravidão. O primeiro ponto do debate e do compromisso tinha sido se pessoas escravizadas deveriam ser levadas em conta para que se determinasse a representação na Câmara. Representando

---

16. Woody Holton, *Unruly Americans and the Origins of the Constitution* (Nova York, 2007); Pauline Maier, *Ratification: The People Debate Their Constitution, 1787-1789* (Nova York, 2010).

a Pensilvânia, o governador Morris advertiu que isso encorajaria o comércio de escravos vindos da África, uma vez que os estados importadores seriam recompensados com mais influência no governo nacional. Por fim, todos os estados do Norte, com exceção de um, concordaram que um escravo poderia contar como três quintos de uma pessoa na alocação da representação. O chamado Compromisso dos Três Quintos afetou não apenas a composição da Câmara, mas também a eleição para a presidência, uma vez que o número de votos dos estados no Colégio Eleitoral seria determinado pelo número de suas respectivas bancadas na Câmara adicionado de dois (referentes aos senadores). Um dos resultados foi o domínio do Sul na presidência ao longo dos setenta anos seguintes. Quatro dos cinco primeiros presidentes norte-americanos seriam senhores de escravos da Virgínia. Oito dos doze primeiros possuíam pessoas.

A longo prazo, esses presidentes ajudaram a moldar a política de crescimento geográfico e econômico da nação em torno da expansão da escravidão. Mas tais políticas não foram possíveis apenas graças às consequências do acordo sobre a cláusula constitucional dos três quintos. Suas raízes nasceram da própria Constituição. Como o governador Morris sugerira, a convenção deveria considerar a questão do comércio de escravos no Atlântico, a causa de um afluxo contínuo de pessoas destinadas à escravidão na sociedade do Novo Mundo. Até a década de 1780, muitos norte-americanos brancos e um quadro crescente de reformistas britânicos acreditavam que as nações civilizadas modernas não poderiam mais se comprometer com as brutalidades do travessia atlântica. Na própria Convenção Constitucional, George Mason, um senhor de escravos da Virgínia, vangloriou-se de que a Virgínia e Maryland já haviam banido o "tráfico infernal" de seres humanos. Mas, afligia-se ele, se fosse permitido que a Carolina do Sul e a Geórgia importassem escravos, a ganância desses estados "traria o julgamento dos Céus" sobre a nova nação. Mason fazia a acusação de que "todo senhor de escravos é um tirano mesquinho nato" e assim a maldição poderia se espalhar. "As pessoas do Oeste" – como se referia aos habitantes do Kentucky e de outras áreas recentemente colonizadas – "já estão clamando por escravos para suas novas terras", disse, "e vão encher aquela região de escravos se puderem obtê-los através da Carolina do Sul e da Geórgia".[17]

A crítica de Mason enfureceu os políticos das áreas costeiras do Sul mais distante, que se levantaram por seus direitos. Mason alegou ser um amante da liberdade e oponente da escravidão, mas estava falando por interesse próprio, como acusou Charles C. Pinckney, da Carolina do Sul: "A Virgínia ganhará se as importações pararem. Seus escravos aumentarão de valor, e ela tem mais do que quer." Pinckney sugeria uma coisa

---

17. *The Founders' Constitution*, ed. Philip Kurland and Ralph Lerner (Chicago, 1987), 3:280.

nova na história da escravidão do Novo Mundo: a possibilidade de encher uma nova zona de *plantation* com trabalho escravo advindo das reservas americanas. Isso foi possível porque a população escravizada de Chesapeake passara a se autorreproduzir. Pinckney, então, defendeu a escravidão em abstrato. "Se a escravidão é errada", disse ele, "está justificada pelo exemplo de todo o mundo... Em todas as eras, metade da humanidade foi escrava." As Carolinas e a Geórgia ameaçaram abandonar a Convenção Constitucional.

Assim que o já quente e apinhado salão se aproximou do ponto de ebulição, Oliver Ellsworth, de Connecticut – futuro ministro da Suprema Corte –, levantou-se para despejar água gelada nos delegados de Chesapeake. Não tendo "nunca possuído um escravo", Ellsworth disse que "não poderia julgar os efeitos da escravidão no caráter". Em vez de simplesmente atacar a moralidade do comércio internacional de escravos ou lamentar os efeitos da escravidão no plano moral, as pessoas deveriam deixar que o interesse econômico dos norte-americanos brancos ditasse se o comércio de escravos no Atlântico deveria acabar. E "como os escravos também se multiplicam tão rápido na Virgínia e em Maryland a ponto de ser mais barato criá-los do que importá-los... não nos meteremos também" com as migrações internas forçadas. Concordando com Ellsworth, John Rutledge, da Carolina do Sul – outro futuro ministro da Suprema Corte – insistiu que "a religião e a humanidade nada [tinham] a ver com essa questão". "Só o interesse é o princípio governante das nações", disse. "A verdadeira questão atualmente é se os estados do Sul devem ou não fazer parte da União. Se os estados do Norte considerarem seu interesse, não se oporão ao aumento de escravos, que, por sua vez, aumentará as mercadorias das quais se tornarão portadores." Novas fazendas nas fronteiras dos Estados Unidos poderiam desempenhar o papel das ilhas açucareiras britânicas às quais os comerciantes do Nordeste haviam perdido acesso na Revolução Americana. Então, a convenção fez um acordo: o Congresso baniria o tráfico negreiro transatlântico, mas não nas duas décadas seguintes, pelo menos.[18]

Anos depois, o político de Illinois Abraham Lincoln, batizado em homenagem ao avô que havia sido morto no campo de Kentucky, argumentaria que uma possível proibição do comércio de escravos – ainda que atrasada – era uma concessão feita por homens que se sentiam envergonhados com a escravidão. A Constituição, apontou ele, sequer incluía as palavras "escravidão" ou "escravos". Em vez disso, usava circunlocuções, tais como "pessoa mantida para serviço ou trabalho". Entretanto, talvez Ellsworth e Rutledge estivessem certos: o interesse era o princípio que governava e dava forma à Constituição.

---

18. *Founders' Constitution*, 3:279-281. Cf. George Van Cleve, *A Slaveholders' Union: Slavery, Politics, and the Constitution in the Early American Republic* (Chicago, 2010).

No interesse tanto do lucro quanto da unidade nacional, eles e a maioria dos outros norte-americanos brancos se mostraram dispostos a permitir o deslocamento forçado de pessoas escravizadas. Em palavras diretas ou nas entrelinhas, o resultado era claro: as partes mais altas e mais baixas do Sul conseguiriam expandir a escravidão tanto através do comércio no Atlântico quanto por meio do comércio interno. Enquanto isso, o Nordeste lucraria transportando as mercadorias geradas pelo crescimento da escravidão.

Havia muitos norte-americanos, até mesmo muitos brancos, cujos interesses não eram contemplados por essas decisões, pelo menos não diretamente. No entanto, a consequência de não aceitar o acordo seria a desunião, que, por sua vez, seria devastadora para seus interesses de outras maneiras. Permitir que a escravidão continuasse e até mesmo que se expandisse significava unidade política. Assim, os pés negros caminharam acorrentados para o Oeste e para o sul, e o compromisso constitucional ajudou a imprimir uma economia baseada na exportação de mercadorias produzidas por escravos no caminho aberto a facão que se alargava de maneira regular pelo continente. A expansão da escravidão logo produziu um governo mais unificado e uma economia mais forte e baseada em novos mercados de capital em todo o país. Na verdade, em vez de julgarem que expansão da escravidão era alguma coisa que apenas tinham que aceitar, para evitar iniciar um tipo de conflito que poderia romper os vínculos incipientes da nação, os norte-americanos brancos logo encontraram nela a base para uma união mais perfeita. O empreendedorismo do Sul e o interesse do Norte ainda permaneceriam entrelaçados por muito tempo.

NO INÍCIO DE 1792, UM PROPRIETÁRIO de escravos da Virgínia, John Breckinridge, estava preocupado. Ele possuía uma extensão de terra considerável do outro lado das montanhas, no Kentucky. Ele sabia que ali estava reunida uma convenção encarregada de redigir uma Constituição que permitiria que o Kentucky emergisse de sua crisálida territorial e se tornasse um novo estado da União. E ficou sabendo que algumas pessoas na convenção poderiam ter as mesmas dúvidas que Thomas Jefferson e George Mason tiveram.

Breckinridge não tinha tais dúvidas. Certa vez, aconselhou uma parente assim: "Sua terra e seus negros, não deixe pessoa alguma nesse mundo convencê-lo a abrir mão deles." No entanto, ela não seria forçada a fazer isso por decisões federais. Após a ratificação da Constituição dos Estados Unidos, em 1789, o primeiro Congresso se reuniu em Nova York e começou imediatamente a tentar estabilizar os territórios caóticos. O Congresso confirmou a Ordenança do Noroeste, que proibia a escravidão no que viria a ser Ohio, Indiana, Illinois, Michigan, Wisconsin e Minnesota. Ninguém pensou que essas áreas produziriam as mercadorias que John Rutledge prometera na Convenção da Filadélfia. Ao Sul de Ohio, o novo Congresso deixou aberta uma imensa nova região para os senhores de escravos, organizando o território do Tennessee em 1790 ao aprovar uma Ordenança do Sudoeste que era uma cópia exata daquela do Noroeste – exceto por deixar de fora a cláusula que bania a escravidão.[19]

No Distrito de Natchez, ao longo do Mississippi, os escravos já estavam cultivando quantidades expressivas de índigo. E no Kentucky, o primeiro censo nacional, de 1790, contou 61 mil brancos e mais de 12 mil africanos escravizados. O Kentucky não estava se tornando a república dos sonhos de Jefferson, que seria formada por pequenos proprietários brancos – especialmente desde que a convenção constitucional do território decidiu que todas as disputas de terra seriam encaminhadas a um tribunal de apelação estadual composto por três juízes de elite. Os 21 especuladores que possuíam um quarto das terras do Kentucky certamente o aprovaram. Enquanto isso, um deputado da convenção, David Rice – proprietário de escravos e ministro presbiteriano –, disse à convenção que a escravidão inevitavelmente produzia o roubo, o sequestro e o estupro. Embora um determinado proprietário pudesse ser um homem bom, as dívidas poderiam forçá-lo a destruir famílias. Rice também insistia que a escravidão enfraquecia a nova república ao incorporar um grupo de pessoas contra as quais os cidadãos haviam efetivamente declarado guerra. Mas os outros delegados rejeitaram sua proposta de emancipação concluindo que a escravidão, na verdade, fortalecia o Kentucky, uma vez que atraía os colonos ricos que comprariam terras dos especuladores.[20]

Tendo ouvido as boas notícias, John Breckinridge se preparou para transferir seus escravos para o Oeste, levando-os pelas montanhas. Não sabia se deveria alugar seus escravos em vez de encarar "a complicação de uma fazenda". Ouvira que, no Oeste faminto de mão de obra, "o aluguel de seus negros e o arrendamento de sua terra vão extrapolar, e muito, qualquer rendimento anual do qual já tenha usufruído". Relutante em fazer o trabalho por si mesmo, Breckinridge convenceu o vizinho, John Thompson, a

---

19. Hazel Dicken-Garcia, *To Western Woods: The Breckinridge Family Moves to Kentucky in 1793* (Rutherford, NJ, 1991); 177-178; CHSUS, 1:Aa3644-3744.
20. Aron, *How the West Was Lost*, 82-95; Frederika Teute, "Land, Liberty, and Labor in the Post-Revolutionary Era: Kentucky as the Promised Land" (PhD diss., Universidade Johns Hopkins, 1988), 102-130, 185, 227-275; Watlington, *Partisan Spirit*, 220-222; David Rice, *Slavery Inconsistent with Justice and Good Policy; Proved by a Speech Delivered in the Convention, Held at Danville, Kentucky* (Philadelphia, 1792); John Craig Hammond, *Slavery, Freedom, and Expansion in the Early American West* (Charlottesville, VA, 2007); John Craig Hammond, "Slavery, Settlement, and Empire: The Expansion and Growth of Slavery in the Interior of the North American Continent, 1770-1820", *JER* 32, n. 2 (2012): 175-206.

conduzir seus escravos pelas montanhas até suas propriedades no Kentucky. Na manhã do dia 3 de abril, Thompson estava no condado de Fluvanna, no Rio James, pronto para partir com os 18 escravos de Breckinridge a reboque.[21]

Francis Fedric se lembrava de uma manhã daquelas – uma manhã em que ele também iniciou uma marcha forçada rumo ao Kentucky. Conforme os que seriam levados faziam fila antes do amanhecer, Fedric viu homens e mulheres caírem no chão úmido atrás da velha casa no estilo colonial norte-americano: "de joelhos[,] implorando para serem comprados, para irem com suas esposas ou seus maridos". Alguns eram "maridos de fora", homens pertencentes a outros senhores de escravos, mas que tinham recebido permissão para visitar suas esposas no sábado à noite – e que agora viam a aurora pôr fim a seus casamentos. Algumas eram esposas de fora, que haviam se levantado às três da manhã para caminhar até a fazenda, trazendo a última muda de roupa que lavariam para seus maridos. Segurando as mãos do pai ou da mãe que ficaria, estavam os filhos e filhas chorosos. Implorar "não tinha serventia", lembrou Fedric. O homem que guiava os escravos no caminho para o Kentucky – bem, essa não era a sua primeira vez. Quando ele se aprontou, foram andando pela estrada afora em direção a Blue Ridge, que aparecia ao longe.[22]

E de fato caminharam. Se John Breckinridge era proprietário de pessoas nos dois lados da montanha, também era dono das conexões entre eles. A mão que acariciava era a mesma que apedrejava. Herdara do sogro, Joseph Cabell, por exemplo, um homem chamado Bill. Breckinridge decidiu que Bill teria de ir para as fazendas do Kentucky. Assim como Sarah, a irmã de Bill. Bill e a mãe de Sarah, Violet, foram até sua dona, Mary Cabell, sogra de Breckinridge. Não deixe Sarah "ir pro Cantucky", Violet implorou, a não ser que "Stephen, seu marido", que pertencia a outro senhor, pudesse ir junto. Violet foi ouvida por Mary Cabell. Entretanto, Stephen custava mais dinheiro do que Breckinridge queria gastar. Manter Sarah na Virgínia foi a maneira de Breckinridge poupar a si mesmo de haver tristeza em sua própria família. Então Sarah ficou. Mas Bill marchou pela Wilderness Road, sabendo que, se fugisse no meio da trilha, não haveria escapatória. Sarah, e qualquer filho que ela pudesse ter, seriam arrancados da vida de Violet. O melhor que poderia fazer eram os cálculos práticos dos que não têm liberdade. Assim, trocou a si mesmo pelo casamento da irmã e pelos últimos anos da mãe.[23]

---

21. Dicken-Garcia, *To Western Woods*, 177-178; Marion Nelson Winship, "Kentucky *in* the New Republic: A Study of Distance and Connection", in Craig Thompson Friend, ed., *Buzzel About Kentuck: Settling the Promised Land* (Lexington, KY, 1998), 100-123; Gail S. Terry, "Sustaining the Bonds of Kinship in a Trans-Appalachian Migration: The Cabell-Breckinridge Slaves Move West", *Virginia Magazine of History and Biography* 102 (1994): 455-476.
22. Francis Fedric, *Slave Life in Virginia and Kentucky, Or, Fifty Years of Slavery...* (London, 1853), 15.
23. Terry, "Sustaining the Bonds of Kinship", 465-466.

Thompson conduziu os escravos de Breckinridge através das montanhas Blue Ridge, pela mesma passagem onde a Interestadual 64 agora sobe a montanha, conectando Charlottesville, no Piemonte, até Staunton, no Vale do Shenandoah. Em seguida, marcharam pelo vale até que, como Fedric se lembrou de sua própria jornada, viram os Montes Allegheny surgirem "ao longe, parecendo o céu azul". Procurando pelo caminho mais curto entre as montanhas que se desdobravam até o Rio Monongahela, na Pensilvânia, os habitantes das terras mais baixas subiram "pelo que parecia ser um longo e sinuoso vale". "Por todos os lados, as pedras enormes e azuladas pareciam prestes a cair", pensou Fedric – que temia que "caso se soltassem, cairiam sobre nós e nos esmagariam". Era abril, mas o sopro de um inverno tardio desceu sobre os migrantes forçados de Breckinridge. A neve e a chuva fria vinham quase todos os dias e, durante a noite, os corpos cansados tremiam em volta das fogueiras na beira da estrada. Os lobos uivavam a uma distância incerta. Nas manhãs, a raiva das separações forçadas aumentava. "Nunca até então", escreveu Thompson, "eu soube o valor do uísque". Realmente, a bebida tinha valor o dia inteiro: "Quando os pretos estavam molhados e quase prestes a esgotar suas forças, então eu aparecia com meu bom amigo, o uísque, e uma vez a cada hora, a menos que estivessem dormindo, eu era obrigado a lhes dar uísque."[24]

O sono, no entanto, era interrompido. Fedric se lembrava que "duas ou três vezes durante a noite... um dos dois capatazes chamava nossos nomes, e todos eram obrigados a acordar e responder". Os homens não estavam acorrentados juntos, e os escravistas ainda receavam que algum deles aproveitasse a chance para escapar – mesmo com todas as cartas que tinham na manga contra as famílias dos migrantes que permaneciam ao Leste de Blue Ridge. Uma escrava chamada Mary, por exemplo, fugiu de Jonathan Stout, do Kentucky, depois de ser levada por ele até o Rio Ohio. Ela escapou com um mulato, os dois atravessaram juntos o rio e chegaram ao território do Noroeste. As causas de sua fuga para a liberdade estavam escritas na pele, como o anúncio de seu proprietário (em um jornal chamado *Herald of Liberty*) revelava: "Ela é robusta, com uma cicatriz sobre um dos olhos e as costas cheias de escarificações."[25]

Alguns migrantes forçados marchavam pelas montanhas até Wheeling (na época, pertencente à Virgínia e, agora, ao estado da Virgínia Ocidental), pelo Rio Ohio, enquanto outros navegavam o Monongahela, na Pensilvânia. Embora o moroso plano de emancipação escrava da Pensilvânia tenha permitido que a escravidão existisse por décadas, até

---

24. Fedric, *Slave Life*, 15-17; Dicken-Garcia, *To Western Woods*, 116-118, 173; Daniel Drake, *Pioneer Life in Kentucky: A Series of Reminiscential Letters* (Cincinnati, 1870), 176-177.
25. Fedric, *Slave Life*, 16; Washington (PA) *Herald of Liberty*, September 2, 1799.

os anos de 1790 alguns de seus cidadãos brancos ao longo da rota do Kentucky haviam supostamente organizado um "clube preto" que buscava libertar as pessoas escravizadas. Em 1791, três proprietários de escravos da Virgínia, Stevens, Foushee e Lafon, em um barco de carga com um grupo de homens e mulheres escravizados, escutaram alguém na margem chamá-los para "tomar um trago". A chance de virar uma dose de uísque e trocar notícias na região selvagem parecia uma ideia muito boa. Logo o fundo do barco estava raspando o cascalho na margem do rio. Foi quando o homem branco na beirada puxou um dos escravos para fora da embarcação e correu com ele para a floresta. Os proprietários de escravos impulsionaram o barco corrente abaixo, enquanto assobios ressoavam das árvores. Em outra ocasião, quando o as condições climáticas do inverno aprisionaram um grupo de escravos e seu proprietário em uma estalagem em Redstone, na Pensilvânia, três pessoas escravizadas escaparam. O senhor dos escravos, natural da Virgínia, acusou os brancos locais de "seduzirem" os afro-americanos para que escapassem. Ele voltou a Redstone com aliados e as autoridades locais o prenderam por tentar recapturar as pessoas que haviam sido "sequestradas" dele. O episódio em Redstone transformou-se em um confronto entre a Virgínia e a Pensilvânia em nível federal. Em 1793, os sulistas no Congresso resolveram a crise aprovando o primeiro ato que dizia respeito aos escravos fugitivos.[26]

Quando os escravistas conseguiam atravessar as montanhas e o Rio Ohio com seus cativos, essas tentativas de fuga diminuíam. Os barcos de carga não paravam até que alcançassem o cada vez maior porto fronteiriço de Louisville. Dali, os viajantes seguiam caminho até Lexington e a região do Bluegrass. Essa área estava começando a parecer um Piemonte da Virgínia mais próspero, cheio de vencedores e perdedores econômicos. Nos condados ao redor de Lexington, 60% de todos os brancos não possuíam terra. Havia dois escravos para cada homem branco acima de 20 anos. As pessoas escravizadas labutavam em campos que eram mais exuberantes que os da Virgínia, cultivando tabaco, milho e trigo. E também plantavam cânhamo, que os trabalhadores escravizados transformavam em cordéis e cordames nas fábricas de corda nas proximidades de Lexington e Louisville. O governo dos Estados Unidos, recentemente empoderado pela Constituição Federal, recompensou os escravistas do Kentucky, pelo desejo de permanecer na União, abrindo a embocadura do Rio Mississippi ao comércio norte-americano. O Tratado de San Lorenzo, assinado com a Espanha em 1795, permitiu que os fazendeiros do Kentucky escoassem carregamentos de tabaco, cordas e outros produtos pelo Rio Mississippi e os exportassem para o mercado mundial por Nova Orleans.

---

26. Stanley Harrold, *Border War: Fighting over Slavery Before the Civil War* (Chapel Hill, NC, 2010); *Philadelphia Advertiser*, February 17, 1792.

A Constituição Estadual de 1792 havia tornado ilegal trazer escravos para o Kentucky apenas para vendê-los, mas essa proibição se tornou tão inócua quanto as dezenas de outras similares que a seguiriam. Em 1795, William Hayden – um menino de 9 anos de idade que passaria os próximos trinta anos no comércio de escravos, primeiro como mercadoria, e depois como empregado de um comerciante de escravos – foi vendido em Ashton's Gap, na Virgínia. Seu comprador o levou pela Wilderness Road e o vendeu para Francis Burdett, do condado de Lincoln, no Kentucky. Na casa de seu novo senhor, Hayden se confortava vendo o reflexo do sol nascente em uma lagoa todas as manhãs, como fazia com sua mãe na Virgínia. Dizia a si mesmo que em algum lugar ela também estaria assistindo o nascer do sol. Enquanto isso, os compradores de escravos se espalhavam pelo Sudeste e chegavam até Charleston, onde os compradores que estavam estabelecidos no Kentucky adquiriam africanos do comércio Atlântico e os faziam marchar rumo ao Oeste para labutar nas minas de chumbo ao Norte de Lexington.[27]

O fato de que a escravidão agora estava prosperando no Kentucky permitiu que o novo estado atraísse mais pessoas como John Breckinridge, gente que George Nicholas, uma das forças-chave por trás da Constituição Estadual de 1792, chamava de "migrantes valiosos dos cinco estados sulistas". Tais migrantes regularam as instituições do estado a fim de ajudá-los a manter um laço cada vez mais estreito com a propriedade humana. As "associações" – grupos regionais batistas e de membros de outras igrejas – começaram a punir os ministros que pregavam contra a escravidão. Os agricultores brancos comuns se mudaram, desencorajados pelo controle dos colonos ricos sobre os processos envolvendo a lei de terras. Thomas Lincoln, cujo pai havia sido assassinado no campo enquanto o menino brincava, agora estava crescido e esperava ter uma fazenda própria. Mas, repetidas vezes, perdeu as reivindicações das terras onde limpara o terreno e plantara em ações judiciais empreendidas por especuladores que moravam em lugares tão distantes quanto a Filadélfia. Em 1816, mudou com sua jovem família, incluindo o filho de 7 anos, Abraham, para o outro lado de Ohio. A retirada de Thomas fazia parte de uma derrota mais ampla, a derrota de uma visão que considerava o Kentucky um lugar para os pequenos produtores em vez de uma região para a especulação do grande capital sobre a terra e os corpos humanos. E enquanto pessoas jovens como Francis Fedric e William Hayden marchavam para o Oeste, outro conjunto de migrações forçadas começou a sair de Maryland e da Virgínia.[28]

---

27. William Hayden, *Narrative of William Hayden, Containing a Faithful Account of His Travels for Many Years Whilst a Slave* (Cincinnati, 1846), 20-26; Teute, "Land, Liberty, and Labor", 209-210.
28. Teute, "Land, Liberty, and Labor", 212; Monica Najar, "'Meddling with Emancipation': Baptists, Authority, and the Rift over Slavery in the Upper South", *JER* 25, n. 2 (2005): 157-186.

EM UMA BELA MANHÃ ENSOLARADA em Maryland, em 1805, Charles Ball cavalgava confortavelmente sobre o assento de tábua de uma carroça, segurando nas mãos a corda com a qual seu patrão subjugava os bois. Conduzia o grupo para uma cidadezinha nas margens do Rio Patuxent. O último proprietário de Ball – ele tivera cinco, em 25 anos de vida – era um homem duro: o sr. Ballard poderia fazer um escravo trabalhar na floresta sem botas no dia que tivesse nevado mais. Mas Ball tinha esperanças. Toda a vizinhança o conhecia como um trabalhador forte e inteligente, com um temperamento equilibrado, diferente do avô africano irascível ou do pai fugitivo. Charles Ball fora contratado pela Washington Navy Yard – e havia voltado, em vez de fugir como tantos outros fizeram quando foram trabalhar "fora". Ball era capaz de descobrir as maneiras mais inteligentes e rápidas de se fazer qualquer trabalho. Ele tinha incentivo: uma mulher e filhos, propriedades de outro homem branco. As horas extras de Ball abasteciam a família com comida e vestimentas. Embora mais tarde fosse rir de si mesmo quando mais jovem, o Charles Ball de 25 anos esperava conseguir a própria liberdade e a da família. E não estava sozinho nessa esperança. Na decadente economia de tabaco de Maryland, os senhores de escravos estavam permitindo que muitos afro-americanos comprassem a própria liberdade. Os livres constituíam 5% das 111 mil pessoas de ascendência africana que habitavam o estado em 1790, e 22% das 145 mil em 1810. Maryland estava se tornando um "meio termo" entre uma sociedade escravista e uma sociedade livre.[29]

Quando Ball chegou à cidadezinha, seguiu as instruções de seu senhor, amarrando os bois na loja que Ballard possuía ali. Seu proprietário finalmente apareceu montado a cavalo, entrou e se sentou para tomar café da manhã com o gerente. Logo Ballard apareceu e disse a Ball que entrasse e acabasse com as sobras. Quando Ball se sentou, pôde ver, através do vidro ondulado da janela da cozinha, seu senhor conversando enfaticamente com outro homem branco.

Engolindo a última mordida com dificuldade, Ball se levantou e foi saindo devagar. Começou engatando os bois, atrapalhado com o couro e com a corda. De repente, sentiu a presença de várias pessoas surgirem a seu redor. Ele se virou. Como se tivessem saído do nada, uma dúzia de homens brancos o havia cercado. Antes mesmo de conseguir olhar para todos os rostos severos ali, sentiu um tranco na cabeça como se alguém o tivesse

---

29. Barbara Fields, *Slavery and Freedom on the Middle Ground: Maryland During the Nineteenth Century* (New Haven, CT, 1985); Seth Rockman, *Scraping By: Wage Labor, Slavery, and Survival in Early Baltimore* (Baltimore, 2009); Max Grivno, *Gleanings of Freedom: Free and Slave Labor Along the Mason-Dixon Line, 1790-1860* (Urbana, IL, 2011); Jennifer Hull Dorsey, *Hirelings: African American Workers and Free Labor in Early Maryland* (Ithaca, NY, 2011); US Bureau of the Census, *Negro Population, 1790-1815* (Washington, DC, 1918), 57.

puxado por trás pela gola da camisa. "Você é minha propriedade agora!", gritou uma voz na orelha de Ball, e quando ele girou rápido a cabeça, viu o homem com quem Ballard estava sussurrando. "Você tem que ir comigo para a Geórgia!", rosnou o estranho.[30]

Ball ficou em choque. Os homens brancos agarraram e dobraram seus braços. Rapidamente, alguém amarrou suas mãos nas costas. O sr. Você é Minha Propriedade Agora empurrou Ball para a frente com brutalidade, e ele tropeçou. A multidão riu. O homem escravizado de repente estava desamparado e mal era capaz de permanecer de pé. Tentando desesperadamente ganhar algum tempo, Ball pediu para ver a esposa e os filhos. "Você pode arrumar outra mulher na Geórgia", rebateu seu captor. Ball se sentiu "incapaz de chorar" e, como disse mais tarde, "no meu desespero, gargalhei alto".

Ideólogos da escravidão zombaram, mais tarde, dos reformistas que descreviam as transações da escravidão como tragédias sentimentais, como que para dizer: "Eles riem quando são vendidos – será que é tão ruim?" Em seu cotidiano, os senhores de escravos entendiam que uma gargalhada podia ser a única maneira de manter viva a capacidade de expressar alguma coisa, qualquer coisa. Mas, por trás da gargalhada, a palavra "Geórgia" corria desembestada na cabeça de Ball. Todo afro-americano em Maryland conhecia essa palavra. Por volta de 1805, quase todo escravo tinha uma história pessoal da Geórgia. A de Ball era a única lembrança que guardava sobre a mãe. Em 1784, quando Charles tinha 4 anos, o senhor de sua mãe faliu porque os preços do tabaco desabaram. Fazendo a única coisa que podia para escapar das dívidas, o homem morreu. Então, quando chegou o dia de vender a propriedade do falecido, Charles, sua mãe e seus irmãos e irmãs mais velhos ficaram de pé no pátio, em frente à velha casa no condado de Calvert, em Maryland.

O pai de Ball, que era propriedade de outro homem, não recebeu permissão para deixar o trabalho e ir vê-los antes que fossem vendidos. Era assim por questões de segurança. Um homem que precisasse ver seu filho nu na frente dos compradores era capaz de fazer qualquer coisa. Mas, entre os que apareceram, havia muitos homens que tinham percorrido um longo caminho até Maryland. Vieram da Carolina do Sul e da Geórgia. Esses homens queriam comprar trabalhadores para labutar nos alagadiços de arroz, nos campos de índigo e para derrubar a mata enquanto os índios catawba recuavam. Embora, por volta de 1784, eles ainda não tivessem resolvido o que plantariam no solo novo e bruto do interior do país, tais compradores podiam pagar um preço mais alto do que qualquer comprador de Maryland – o que os vendedores locais chamavam de "preço estrangeiro". Vários homens da Carolina dividiram Ball, seus irmãos e irmãs.

---

30. Ball, *Slavery in the United States*, 36.

Um homem da Geórgia comprou a mãe. Charles era jovem demais para que valesse a pena carregá-lo por mais de oitocentos quilômetros. Um homem de Maryland comprou o menininho e o vestiu com a roupa extra do próprio filho. O homem acomodou Charles na sua frente e virou a cabeça do cavalo na direção de sua casa. Antes que pudesse partir, a mãe de Charles veio correndo e chorando. Ela pegou o filho nos braços, abraçou-o e implorou ao homem, entre lágrimas, que comprasse a família toda. Não teve mais que um instante para argumentar. Veio o homem da Geórgia, correndo com suas botas pesadas, avançando sobre ela com seu chicote, batendo em seus ombros até que ela soltasse Charles. O comprador da Geórgia a arrastou em prantos em direção ao pátio. O garoto se agarrou chorando ao homem de Maryland, seu novo proprietário.[31]

Apenas cerca de 5 mil pessoas escravizadas foram forçadas a percorrer a velha rota das trilhas de comércio indígena para a Carolina do Sul e para a Geórgia durante a década de 1780. Mas seu significado foi maior do que os números sugerem. Eram as primeiras gotas antecipando a enchente. Quando os preços do tabaco despencaram, na década de 1780, os preços do algodão de fibra longa, também conhecido como "Sea-Island", subiram. Então, no começo da década de 1790, os senhores de escravos da Carolina e da Geórgia começaram a usar uma nova máquina chamada "descaroçador de algodão". A máquina possibilitava o processamento veloz do algodão de fibra curta, uma variedade mais resistente e flexível que cresceria no interior, onde o algodão de fibras longas não pegaria. De repente, os senhores de escravos souberam o que plantar no interior da Carolina e da Geórgia. Mais para o Sul, as pessoas escravizadas em Maryland e na Virgínia começaram a cochichar entre si, você tinha que comer semente de algodão. Ser vendido para lá "era a pior forma de punição", escreveu um homem que fugiu depois de escutar que um "homem da Geórgia" o havia comprado.[32]

Esses eram os rumores nas fazendas, não depoimentos de testemunhas. Os negros não voltavam da Geórgia. "Homens da Geórgia" como John Springs voltavam – e com

---

31. Leonard Black, *The Life and Sufferings of Leonard Black, a Fugitive from Slavery* (New Bedford, CT, 1847), 24-26; Ball, *Slavery in the United States*, 15-18; Thomas Culbreth to Gov. Maryland, February 21, 1824, 818-819, in "Estimates of the Value of Slaves, 1815", *AHR* 19 (1914): 813-838.
32. David Smith, *Biography of the Rev. David E. Smith of the A.M.E. Church* (Xenia, OH, 1881), 11-14; William Grimes, *Life of William Grimes, Written by Himself* (Nova York, 1825), 22; cf. Abraham Johnstone, *The Address of Abraham Johnstone, a Black Man Who Was Hanged at Woodbury, N.J.* (Philadelphia, 1797); Michael Tadman, "The Hidden History of Slave-Trading in Antebellum South Carolina: John Springs III and Other 'Gentlemen Dealing in Slaves,'" *South Carolina Historical Magazine* 97 (1996): 6-29, esp. 22. Para as complexas origens do descaroçador de algodão, ver Joyce Chaplin, *An Anxious Pursuit: Agricultural Innovation and Modernity in the Lower South, 1730-1815* (Chapel Hill, NC, 2013); Angela Lakwete, *Inventing the Cotton Gin: Machine and Myth in Antebellum America* (Baltimore, 2003).

tanto ouro para comprar escravos que seus alforjes abarrotados feriam o cavalo dos dois lados. Os homens da Geórgia também traziam informação sobre as oportunidades que existiam ainda mais longe no Sudoeste. A Geórgia, por exemplo, reivindicava o território que viria a se transformar nos estados do Alabama e do Mississippi. A partir do fim da década de 1780, os oficiais do Estado e os investidores do Norte empreenderam múltiplos esquemas para vender milhões de acres no Sudoeste para uma variedade de interessados. Empresários do Sudoeste e do Nordeste estavam aproveitando o fascínio do investimento nas futuras fronteiras mercantis do algodão – desenvolvidas pelo trabalho escravo – e, durante o processo, criaram um mercado financeiro nacional para a especulação de terras. A North American Land Company, propriedade do financista norte-americano Robert Morris, um dos signatários da Constituição, comprou 2 milhões de acres do que, na melhor das hipóteses, eram terras inférteis e, na pior, simplesmente não existiam. No entanto, esquemas ainda maiores viriam em seguida, e alguns especulavam sobre a terra que era rica e real – embora as múltiplas reivindicações dos estados, dos impérios e dos nativos norte-americanos se contradissessem. A terra em jogo era constituída pelos 65 milhões de acres que se tornaram o Alabama e o Mississippi. Na estenografia informal dos especuladores de terras e vigaristas, a região era chamada de "o Yazoo", em homenagem a um rio que existe onde hoje é o Mississippi.[33]

Existiam dois esquemas principais no Yazoo. O primeiro foi lançado em 1789, quando começou a parecer que a Geórgia entregaria a terra ao Sul do Tennessee para o governo federal. Na verdade, a ratificação da Constituição dos EUA e a renúncia do Tennessee, por parte da Carolina do Norte, em favor do governo federal fizeram com que esse passo parecesse prestes a acontecer. Para estabelecer uma reivindicação da maior quantidade possível de terra, os financistas reuniram três empresas de investimento: a South Carolina Yazoo Company, a Tennessee Yazoo Company e a Virginia Yazoo Company. A última era dirigida (no papel) pelo agitador revolucionário Patrick Henry. Cada uma delas era, como os especuladores reivindicavam, a empresa de um cavalheiro "respeitável", cujos esforços abririam um vasto e "opulento" território para a "honra" dos Estados Unidos. As companhias chegaram a um acordo com o Legislativo da Geórgia, adquirindo 16 milhões de acres por 200 mil dólares: 12,5 centavos de dólar por acre. E que terra diziam ser. Os propagandistas afirmavam que ela poderia produzir todas as safras que seus leitores norte-americanos desejassem em 1789. O índigo, o arroz e a cana-de-açúcar cresciam luxuriantes no Yazoo da imaginação: duas colheitas por ano! O solo mais fértil do mundo! Um clima como o da Grécia clássica! Os compradores de terra

---

33. Cf. *New York Advertiser*, September 24, 1790.

se juntariam ali! E, "supondo que cada pessoa comprasse apenas um preto", escreveu certo "Charleston", como se autointitulava em um jornal da Filadélfia, finalmente se criaria "uma imensa abertura para o comércio africano". Charleston deu a entender que cada fazendeiro de tabaco e índigo podia trocar as safras colhidas pelos escravos por mais escravos: "Depois de comprar um preto, no ano seguinte essa pessoa pode comprar dois e assim ir aumentando."[34]

Em 1789, as expectativas dos investidores já estabeleciam as fronteiras do Yazoo para a escravidão e, atraídos pelas expectativas da região, contavam com a capacidade da escravidão de gerar riquezas para reunir os interesses de muitos grupos, além das fronteiras regionais. Pessoas dos estados livres que talvez não gostassem das ramificações políticas do Compromisso dos Três Quintos tinham algum receio de injetar investimento em um país escravista; esperavam fazer mais dinheiro com o lucro das especulações de terra, com o financiamento e o transporte de escravos e com a venda de mercadorias em geral. Investidores de toda a nação compraram ações dessas companhias de terra e colocaram seus títulos em circulação como moeda corrente.[35]

Por fim, as vendas do Yazoo de 1789 entraram em colapso, mas dentro de seis anos os legisladores da Geórgia encontraram um novo grupo de trouxas. Ou, talvez, os influenciadores da Geórgia é que tivessem sido passados para trás. Ou, ainda quem sabe, os cidadãos da Geórgia estivessem sendo extorquidos. Em 1795, o governo espanhol assinou o Tratado de San Lorenzo, renunciando a sua reivindicação das terras Yazoo. Uma companhia recentemente formada – a Georgia-Mississippi Land Company – agiu rapidamente para fazer um novo acordo. O rol dos líderes da companhia incluía um juiz da Suprema Corte dos EUA, um governador de território, dois congressistas, dois senadores (Robert Morris, da Pensilvânia, e James Gunn, da Geórgia) e Wade Hampton, da Carolina do Sul, que estava a caminho de se tornar o homem mais rico do país. Uma vez que o governo federal certamente extinguiria em breve as reivindicações da parte ocidental da Geórgia, os especuladores, consequentemente, lidariam com uma legislatura que seria mais cara para subornar do que a de um estado. Então, a companhia despachou o senador Gunn para Augusta, a capital do estado da Geórgia, com capangas cheias de dinheiro.[36]

---

34. "Charleston" from *Pennsylvania Packet*, February 25, 1790; C. Peter Magrath, *Yazoo: Law and Politics in the New Republic: The Case of Fletcher v. Peck* (Providence, RI, 1966), 2-5.
35. Jane Kamensky, *The Exchange Artist: A Tale of High-Flying Speculation and America's First Banking Collapse* (Nova York, 2008); "Charleston" from *Pennsylvania Packet*, February 25, 1790.
36. Shaw Livermore, "Early American Land Companies: Their Influence on Corporate Development" (PhD diss., Universidade da Colúmbia, 1939).

Em poucos dias, Gunn persuadiu a Assembleia Legislativa Estadual a vender 35 milhões de acres de terra entre os rios Chattahoochee e Mississippi por 500 mil dólares em ouro e prata. A Georgia-Mississippi Land Company vendeu imediatamente os títulos para outras entidades especulativas, destacando-se a New England-Mississippi Land Company, estabelecida em Boston. Essa companhia, bem-dotada de capital de risco, desmembrou a terra em parcelas menores, que vendeu como títulos de ações para os investidores. Essas fianças do Yazoo criaram uma grande contenda em Boston, subindo o preço das ações na New England-Mississippi Land Company e criando fortunas de papel. Mas na Geórgia as pessoas estavam furiosas. James Jackson, colega do senador Gunn e seu rival político, declarou que toda a operação era uma fraude. Embora ele mesmo fosse um notório especulador de terras, Jackson fez do ressentimento da venda do Yazoo uma maré que subiu até as eleições legislativas estaduais seguintes. Em 1796, novos representantes aprovaram um estatuto derrubando a concessão de terras da legislatura anterior. Eles literalmente expungiram com fogo o registro das vendas de 1795 do livro de sessão da Assembleia Legislativa Estadual.[37]

As consequências legais da venda propriamente dita permaneceram incertas. O que estava claro, entretanto, era que as pessoas nos Estados Unidos queriam despejar dinheiro na fronteira da escravidão. Elas anteviram que as mercadorias feitas por escravos encontrariam um mercado lucrativo. Assim também pensaram os migrantes escravistas, e então exigiram mais escravos. Em 1786, John Losson escreveu para um fazendeiro da Virgínia, cuja terra na Geórgia ele administrava. As colheitas estão bem, ele contou, a guerra iminente com os índios promete mais aquisições de terra e "provavelmente os pretos são a melhor negociação por terra que pode existir", dizia.[38]

De fato, o acesso a grandes suprimentos de escravos "excedentes" da baía de Chesapeake era a melhor forma de moeda para comprar terra que alguém poderia possuir. Para conseguir terras no condado de Wilkes, na Geórgia, o virginense Edward Butler negociou a promessa de "três pretos provavelmente jovens" que ainda estavam na Virgínia. O comprador desejava, como Butler lembrou em seu diário, "que um dos ditos três pretos fosse uma garota ou criada jovem". De volta à Virgínia, Butler contratou Thomas Wootton para transportar mais 13 pessoas escravizadas para a Geórgia. Wootton entregou três "pretos provavelmente jovens" a seu comprador e estabeleceu os demais na terra assim comprada de Butler. Nesse tipo de processo, homens brancos de menores posses, como Wootton, perceberam uma crescente oportunidade para os

---

37. Magrath, *Yazoo*, 6-19; Kamensky, *Exchange Artist*, 35-36.
38. John Losson to John Smith, 1786, Pocket Plantation Papers, RASP. Series E.

que estavam querendo comprar escravos em Chesapeake e fazer com que marchassem rumo ao Sul para ser vendidos. Esses homens brancos começaram a atuar por conta própria em números que aumentavam a cada ano nas décadas de 1780 e 1790. Então, o "homem da Geórgia", um bicho-papão muito real, se tornou um tipo específico de perigo na enciclopédia oral dos afro-americanos escravizados.[39]

Assim, quando se sentou, mudo e amarrado, na proa de um barco a remo que havia sido contratado para levá-lo das terras de Ballard pelo Rio Patuxent, Charles Ball já sabia seu destino. A forma como os afro-americanos falavam da "Geórgia" e dos "homens da Geórgia" era sua maneira de descrever as novas realidades econômica, social e política que estavam destruindo o mundo que haviam construído em Chesapeake. E ainda assim, os vinte anos que Ball passou temendo os homens da Geórgia não tornaram nem um pouco mais fácil a demolição instantânea de sua família e de seu futuro. E embora tenha sempre temido o comércio de escravos, Ball apenas começava a entender que o homem da Geórgia que o encarava por trás do corpo suado do remador estava construindo uma máquina ainda mais hábil do que ele tinha imaginado.

Então, conforme se aproximavam do outro lado, Ball viu um grupo de afro-americanos amontoados na margem. Eram seus 51 companheiros cativos. Dezenove mulheres estavam amarradas umas às outras por uma corda enlaçada numa espécie de cabresto em volta do pescoço. Trinta e dois homens, aos quais Ball estava prestes a se juntar, estavam em uma situação diferente. Um ferreiro esperava por ele com o ferro: a gargalheira, algemas e correntes. O comprador cortou as cordas apertadas dos pulsos de Ball. Ele permaneceu "indiferente" a seu "destino", como se lembrou depois, enquanto os dois homens brancos encaixavam o colar em seu pescoço e deslizavam pela tranca da frente o gancho de um cadeado de latão aberto. Então, passaram uma corrente pesada pela parte de dentro do gancho de metal e empurraram a tranca contra o corpo do cadeado. Clique.

---

39. G. Melvin Herndon, "Samuel Edward Butler of Virginia Goes to Georgia, 1784", *GHQ* 52 (1968): 115-131, esp. 123; "The Diary of Samuel E. Butler, 1784-1786, and the Inventory and Appraisement of his Estate", ed. G. Melvin Herndon, *GHQ* 52 (1968): 208-209, 214-215; *Heads of Families at the First Census of the United States Taken in the Year 1790* (Washington, DC, 1908), 32; Grimes, *Life*, 25; cf. Thomas Johnson, *Africa for Christ: Twenty-Eight Years a Slave* (London, 1892), 10-11; Moses Grandy, *Life of Moses Grandy, Late a Slave in the United States of America* (Boston, 1844), 55-56; Hayden, *Narrative*, 57-59; Julius Melbourn, *Life and Opinions of Julius Melbourn* (Syracuse, NY, 1847), 9-10; James Pennington, *The Fugitive Blacksmith* (London, 1849), vi, 24, 82; James Watkins, *Narrative of the Life of James Watkins, Formerly a "Chattel" in Maryland* (Bolton, UK, 1852), 26; Lewis Charlton, *Sketches of the Life of Mr. Lewis Charlton* (Portland, ME, n.d.), 1; James Williams, *Life and Adventures of James Williams, a Fugitive Slave* (San Francisco, 1873), 11.

A mesma estrutura de ferro pesado agora unia Ball aos outros 32 homens, que se moviam como peixes puxados pelas brânquias. Então, para terminar o processo, o ferreiro pegou duas argolas de ferro, colocou-as em torno dos pulsos de Ball e martelou nas cavilhas para fixar as algemas. Ele prendeu, com uma corrente curta, a algema no pulso direito de Ball à algema esquerda do próximo homem daquele colar humano. Os dois deveriam andar no mesmo ritmo e próximos um do outro. Ball agora estava se tornando uma parte em movimento de algo chamado "comboio" (*coffle*), um termo africano derivado da palavra árabe *cáfila*: uma caravana de escravos amarrados. O martelo bateu com força e a cavilha beliscou o pulso do companheiro acorrentado a Ball, que começou a chorar. Ball se manteve estoico, mas por dentro suas emoções eram selvagens. Seus pensamentos corriam descontroladamente, do "sofrimento que esperava" por ele em um lugar que, como acreditava desde muito tempo, havia matado sua mãe, até elocuções internas ainda mais desesperadas: *Eu queria nunca ter nascido. Quero morrer. Não posso nem mesmo me matar, por causa dessas correntes.*[40]

Eles esperaram na margem. O ferreiro bocejou. No momento em que um barco de carga se aproximou da beirada, o coração de Ball tinha parado de saltar. "Eu concluí", disse quando já era mais velho, condensando o processo de recuperação da razão duramente conquistada, "que as coisas não poderiam ficar piores – e como a vida do homem não é nada além de um círculo contínuo de mudanças, as coisas deveriam, por necessidade, virar a meu favor em algum dia futuro. Encontrei alívio nessa vaga e indefinida esperança."

No barco estava o georgiano que havia regressado e que mandou que todos embarcassem. As mulheres – Ball então notou que duas estavam visivelmente grávidas – e as 16 duplas de homens mais um subiram no barco em um coro de metais tinindo. A barcaça partiu em direção à margem Sul do Patuxent. Os escravos remadores arrancaram. Provavelmente não cantavam aquela música que um viajante branco ouviu dos barqueiros de Chesapeake: "Ir para a Geórgia, ó, temos, ó! / O sinhô tem que vender o pobre preto, ó, tem, ó! Deixar a pobre mulher e filhos, ó, tem ó!"[41]

Um homem ou uma mulher que descobrisse estar sendo levado para o Sul poderia ficar desesperado a ponto de fazer qualquer coisa. Alguns fugiam. Alguns lutavam como tigres. William Grimes tentou quebrar a própria perna com um machado. Não é de se admirar que vendedores e compradores planejassem pegar desprevenidos homens como Charles Ball. E, uma vez que os compradores os compravam, não é também de se admirar que

---

40. Para uma definição de *coffle*, ver o Oxford English Dictionary Online, www.oed.com.
41. James Kirke Paulding, *Letters from the South, Written During an Excursion in the Summer of 1816* (Nova York, 1817), 126-127.

lhes aparafusassem grilhões e corressem correntes de ferro pelos cadeados. Os homens podiam marchar juntos carregando suas correntes. Mas não existia a possibilidade de correrem todos juntos. Não tinha como pularem de um barco e nadarem para a costa, e de jeito nenhum 33 homens carregando quase 500 quilos de ferro poderiam se esconder silenciosamente nas florestas. Os comboios acorrentados permitiam aos homens da Geórgia obrigar que os pés escravos caminhassem em sentido contrário ao dos corações e que as pessoas escravizadas trabalhassem diretamente contra o amor-próprio, contra o amor que sentiam pelos filhos, parceiros; contra o amor que sentiam pelo mundo, pela liberdade e pela esperança.[42]

Quando a barcaça raspou o fundo nas águas rasas do outro lado do rio e as pessoas saíram estranhamente cambaleantes, o homem da Geórgia as levou da margem para uma estrada na qual caminharam até a noite cair, em direção ao Sudoeste. Pararam em uma espelunca. O proprietário os colocou em um quarto grande. Cinquenta e dois pares de mãos, quase todas algemadas, conseguiram compartilhar um pote grande de mingau de milho antes que ficasse muito escuro para se ver qualquer coisa.

Naquela noite, Ball, aninhado entre os dois homens acorrentados mais próximos dele, permaneceu acordado por muitas horas. Quando finalmente dormiu, seu filho apareceu. No sonho de Ball, o garotinho tentava quebrar a corrente entre as algemas do pai para libertar suas mãos, para que o pai pudesse, então, consertar o mundo quebrado do menino. Mas o ferro permaneceu firme. O filho de Charles desapareceu. Então surgiu seu avô. Nascido na África na década de 1720, tinha sido sequestrado quando adolescente e vendido para homens que o trouxeram pela água salgada até Maryland. Lá eles o rebatizaram e, na época em que Charles o conheceu, o "velho Ben" estava grisalho depois de meio século na escravidão. Ben nunca renunciou à própria visão do Islã ou a seu desprezo tanto pelos senhores de escravos quanto pelos escravizados que se comportavam de maneira submissa. O pai de Charles, em contraste, havia tentado desempenhar um papel menos desafiador. Mas em 1785, depois da venda de sua mulher e de seus filhos, o pai mudou. Passava o tempo livre na cabana do velho Ben, falando sobre a África e os erros da escravidão. O proprietário ficou cada vez mais preocupado que o homem mais novo fugisse. Organizou um grupo para ajudar a pegar de surpresa o pai de Charles e levá-lo a um comerciante da Geórgia. Mas o velho Ben, por acaso,

---

42. Grimes, *Life*, 22; *Alexandria Gazette*, June 22, 1827; Damian Alan Pargas, "The Gathering Storm: Slave Responses to the Threat of Interregional Migration in the Early Nineteenth Century", *Journal of Early American History* 2, n. 3 (2012): 286-315; Frederic Bancroft, *Slave-Trading in the Old South* (Baltimore, 1931), 23-24. Algumas das correntes foram literalmente reaproveitadas dos navios de comércio de escravos do Atlântico. Ver Gardner, Dean, para Phillips, Gardner, April 10, 1807, Slavery Collection, NYHS.

escutou dois homens brancos falando sobre o plano. Atravessou quase 5 quilômetros de floresta no escuro até a cabana do pai de Charles. Dando ao filho uma sacola de milho seco e um jarro de cidra, Ben o mandou partir na direção da Pensilvânia. Ninguém no condado de Calvert jamais ouviu falar do pai de Charles novamente.

Ben também teria ido buscar seu neto. Mas o velho estava morto havia dez anos e aqueles cadeados e correntes teriam derrotado até mesmo sua capacidade de sobrevivência. Quando o sol se levantou, encontrou Ball seguindo em frente aos tropeços, tentando manter o ritmo do restante do comboio.

Nos dias que se seguiram, Ball e outros arpoados pelo homem da Geórgia marcharam firmemente para o Sudoeste, cobrindo de 15 a 30 quilômetros por dia. As mulheres grávidas reclamavam desesperadamente. O homem da Geórgia seguiu cavalgando. Depois de atravessar o Potomac, ele passou Ball, que era o mais forte fisicamente entre os homens, do meio da corrente para a frente da fileira. Com Ball apertando o passo, as duas filas de pessoas desceram velozes a estrada de rodagem, um caminho de terra nos campos de grãos da Virgínia que hoje jaz sob a rota da Rodovia 301 dos Estados Unidos.

As emoções de Ball continuaram a oscilar. Mas, aos poucos, ele conseguiu alinhar seu interior com a expressão que os homens nos comboios tentavam mostrar. "O tempo não me reconciliou com minhas correntes", lembrou Ball, mas "me familiarizou com elas." Realmente familiarizado – à noite, enquanto todos os outros dormiam, Ball rastejava entre os companheiros aprisionados, manipulando cada elo, procurando pelo mais fraco. Não encontrou nenhum. Entretanto, algumas vezes os comerciantes de escravos eram descuidados – como os que estavam levando Jack Neal pelo Rio Ohio em 1801. Algemaram-no à lateral do barco, mas, certa noite, Neal se esforçou para soltar o grampo que prendia a corrente de ferro na madeira. Ele rastejou ao longo do convés até alcançar seu captor, que dormia, puxou devagar a pistola carregada do bolso do homem branco e estourou seus miolos. Então, Neal foi para uma extremidade do barco, onde outro homem branco seguia na condução e anunciou "Maldito, já foi sua vez, mas agora é a minha."

Neal foi recapturado na Costa de Ohio e executado. Outros já tinham tentado a mesma coisa, como por exemplo os homens escravizados que, no outono de 1799, mataram um georgiano chamado Speers, na Carolina do Norte. Ele tinha gastado 9 mil dólares comprando pessoas no Norte da Virgínia – dinheiro que foi desviado do tesouro do estado da Geórgia por um legislador, como foi descoberto mais tarde. Se Speers tivesse levado os homens por todo o caminho até o fim da trilha e os tivesse vendido, talvez o dinheiro fosse reposto e ninguém teria sido o mais esperto. Mas, em uma noite, ele se esqueceu de fechar um cadeado e, de acordo com um jornal: "Os pretos se rebelaram e cortaram a garganta do sr. Speers e de outro homem que o acompanhava." Dez escravos foram mortos durante as tentativas das autoridades locais de recapturá-los.[43]

Todo prisioneiro escravizado queria "se rebelar" em algum momento. Cadeados fechados de maneira adequada descartavam essa opção. As mãos presas pelos punhos impedindo o ataque ou a defesa. A corrente nos homens também tornava mais difícil para as mulheres resistirem. Isoladas dos aliados homens, as mulheres eram individualmente vulneráveis. Certa noite, em uma taberna no condado de Greenbrier, na Virgínia, um viajante viu quando um grupo de comerciantes colocou um comboio de pessoas em um único quarto. Então, o viajante escreveu que cada homem branco "levou uma mulher do rebanho para dormir consigo, como é a prática comum". O migrante escravizado de 10 anos John Brown viu o comerciante de escravos Starling Finney e seus assistentes estuprarem coletivamente uma moça em uma carroça, em uma estrada da Carolina do Sul. As outras mulheres choravam. Os homens acorrentados permaneceram sentados em silêncio.[44]

As correntes também permitiam que outro tipo de violência acontecesse. Elas evitavam que os brancos não se preocupassem em aplacar a mãe de um, ou comprar o filho de outro. Uma vez que os homens escravizados estivessem no comboio, não escapariam, a menos que encontrassem um elo quebrado. Por mais de 800 quilômetros, ninguém precisaria fazer chamada no meio da noite para garantir que não tivessem fugido.

Os homens acorrentados não podiam atuar como indivíduos; nem como um coletivo, exceto ao se moverem para a frente e em uma única direção. Até mesmo isso custava algum aprendizado. Bastava um tropeço para uma pessoa puxar a outra para baixo pelo cadeado que trazia balançando na garganta. Muitas pernas feridas e ânimos destruídos depois, eles se tornariam uma única fila longa, se movendo na mesma velocidade, no mesmo ritmo, não mais balançando as mãos presas pelos elos na direção errada.

É claro que, embora formassem uma unidade, não estavam completamente unidos. As relações entre os escravizados poderiam se desenrolar em conflito, aliança ou ambas as coisas. As pessoas estavam com raiva, deprimidas, desesperadas, enjoadas do cheiro e dos ruídos umas das outras, de como andavam muito rápido ou devagar, e de como ninguém podia mijar ou cagar sozinho. À noite, deitados muito perto uns dos outros, com os punhos em carne viva e os pés ulcerados, os homens acorrentados ou as mulheres amarradas discutiam, se empurravam, tentavam impor suas vontades. John Parker, acorrentado no comboio quando pré-adolescente, se lembrava de um menino mais fraco

---

43. *New Hampshire Gazette*, October 13, 1801; *Alexandria Times*, January 10, 1800.
44. ASAI, 69-70; John Brown, *Slave Life in Georgia* (London, 1855), 17-18.

chamado Jeff que foi maltratado até John chegar em seu socorro, ajudando-o a se impor contra um adolescente maior que pegava a comida dos mais novos.[45]

Nada disso importava para o homem da Geórgia desde que a corrente se mantivesse em movimento, e que Ball conduzisse a fila através da Virgínia e em direção à Carolina do Norte em um ritmo constante. Conforme os dias passavam, os homens, que nunca eram tirados das correntes, ficavam cada vez mais imundos. Os piolhos saltavam de cabeça em cabeça durante a noite. Linhas pretas e vermelhas das crostas das feridas acompanhavam as algemas. Não importava: o georgiano deixaria que as pessoas se limpassem antes que chegassem ao mercado. Enquanto isso, os homens eram os propulsores do comboio acorrentado, que era mais do que uma ferramenta, mais do que simples metal. Era uma máquina. Os seus elos e anéis de ferro forçavam as pessoas negras a fazer exatamente o que os senhores escravistas empreendedores e os investidores que estavam bem longe da fronteira da escravidão precisavam que eles fizessem para transformar uma compra de 300 dólares em Maryland ou na Virgínia em uma venda de 600 dólares na Geórgia.

Em algum ponto depois de terem cruzado o Potomac, Ball decidiu que, enquanto estivesse no comboio, só podia fazer duas coisas. A primeira era carregar a corrente adiante como se fosse um par de pés obedientes e desencarnados. É claro que isso beneficiava o homem da Geórgia e todo um conjunto de vendedores de escravos, compradores de escravos e financiadores do comércio, ao mesmo tempo que o levava para longe de casa e da família, e ele precisava fazer isso, querendo ou não. A segunda coisa, diferentemente da primeira, era algo que ele podia escolher fazer ou não. Charles decidiu aprender sobre seu caminho, pois entendê-lo poderia vir a beneficiá-lo. Então, observou com cuidado as estradas de chão da Virgínia e da Carolina do Norte passarem sob seus pés. Sussurrou o nome dos rios enquanto se deitava acorrentado durante a noite. Observou quão maduras estavam as espigas nos milharais, à medida que maio se arrastava até virar junho. E tentou formar uma imagem do homem nefasto que cavalgava ao lado da fila. Dia após dia, Ball despejava uma torrente de tagarelices com segundas intenções nos ouvidos do homem da Geórgia, falando sobre costumes de Maryland, plantio de tabaco e seus tempos na Navy Yard.

As pessoas escravizadas treinavam, a vida toda, a arte de extrair informações das pessoas brancas. Mas Ball não poderia arrancar nem mesmo o nome do homem que fazia o papel de "homem da Geórgia". Aquele papel já não tinha a melhor reputação

---

45. Parker Autobiography, Rankin-Parker Papers, Duke; "Aaron," *The Light and Truth of Slavery* (Springfield, MA, 1845).

entre os brancos na Virgínia e em Maryland. Alguns se ofendiam com a maneira como os comboios, que passavam diretamente pelas cidades, esfregavam a parte mais desagradável da escravidão bem em sua cara. Outros se ressentiam com o constrangimento que os comerciantes poderiam infligir. Nas eleições para a presidência de 1800, Thomas Jefferson derrotou John Adams, e o governo federal se mudou para o distrito de Colúmbia – então, o coração dos Estados Unidos se deslocou para Chesapeake. As correntes tilintando na capital de uma república fundada no direito inalienável à liberdade se tornaram um constrangimento, sobretudo para os líderes políticos da Virgínia. Jornais federalistas do Norte se queixavam que Jefferson havia sido eleito pelos votos gerados pela cláusula dos Três Quintos da Constituição – afirmando, em outras palavras, que o poder da Virgínia não tinha vindo da defesa da liberdade, mas da escravização de seres humanos.[46]

Algumas vezes, tanto os homens da Geórgia quanto os escravizados mexiam intencionalmente naquela ferida. Alguns anos depois de Ball ter sido arrebanhado para o Sul, um comerciante de escravos marchou com um comboio em frente ao Capitólio dos Estados Unidos exatamente quando um bando de congressistas tinha tirado uma pausa para o charuto nos degraus da frente. Um dos homens cativos levantou suas algemas e, com ironia, cantou "Hail Columbia", uma música patriótica popular. Outra ocasião semelhante teve apelo emocional não devido ao sarcasmo dos cativos, mas à imprudência dos captores. Jesse Torrey, um médico da Filadélfia, visitava o Capitólio quando viu um comboio passar acorrentado. Um passante lhe explicou que os "condutores" brancos da caravana eram "homens da Geórgia". O médico caminhou até um deles e inquiriu (no que deve ter sido um tom acusatório): "Ainda não tem o suficiente dessa gente lá no Sul?", "Ainda não", foi a resposta sarcástica.[47]

Outro incidente chegou mesmo a se tornar uma espécie de escândalo midiático. No início do século XIX, os norte-americanos estavam redefinindo o papel da mulher, argumentando que as mães precisavam ensinar a seus filhos os princípios do autossacrifício, para que os jovens crescessem e se tornassem cidadãos virtuosos da jovem república. Em dezembro de 1815, uma mulher escravizada chamada Anna dramatizou o modo como a expansão da escravidão não a permitia fazer isso. Vendida para um homem da Geórgia, separada do marido e de quase todos os filhos, com exceção de dois, ela havia

---

46. Matthew Mason, *Slavery and Politics in the Early American Republic* (Chapel Hill, NC, 2006); John C. Hammond and Matthew Mason, eds., *Contesting Slavery: The Politics of Bondage and Freedom in the New American Nation* (Charlottesville, VA, 2011).
47. Jesse Torrey, *A Portraiture of Domestic Slavery in the United States* (Philadelphia, 1817), 39-40, 33-34.

sido trancada em um quarto no terceiro andar na taberna de George Miller, na rua F, em Washington, DC. Espremendo-se para passar por uma janela no sótão, tentava escapar ou pular de desespero. Fosse o que fosse, a gravidade assumiu o controle e Anna caiu de mais de 7 metros, quebrando a coluna e os dois braços. Tendo sido arrastada para uma cama, disse antes de morrer: "Agora me arrependo de ter feito isso, carregaram meus filhos com eles para a Carolina."[48]

Jefferson e seus aliados queriam neutralizar a discussão sobre a escravidão. Com a ajuda dos habitantes do Norte, finalmente eram capazes de fazer isso. Jefferson e seus aliados haviam brigado com os oponentes federalistas por muitas coisas na década de 1790: o significado da Revolução Francesa; se o governo federal devia ser mais centralizado; ou se a oposição política ao presidente era traição. Mas eles quase nunca discutiam sobre a escravidão. Durante a eleição de 1800, alguns federalistas do Norte acusaram Jefferson de manter um "harém" de amantes escravizadas em Monticello, mas os federalistas do Sul – e a maioria dos do Norte – mantiveram a questão da escravidão salvaguardada. Agiram assim por interesse. A expansão da escravidão era um tópico sobre o qual os líderes políticos de todos os lados podiam encontrar um interesse comum. No Congresso, notáveis federalistas do Sul, liderados por Robert Goodloe Harper, da Carolina do Sul, barraram a tentativa da Geórgia, em 1796, de anular a venda do Yazoo. Junto com defensores nortistas do capital financeiro, assim como o adversário de Jefferson, Alexander Hamilton, Harper insistiu que um contrato era um contrato, e uma venda era definitiva. Tanto os investidores quanto a causa do desenvolvimento do Sudoeste dos Estados Unidos deveriam ser protegidos de uma legislatura eleita por demagogia popular e para derrubar uma transação legal.[49]

O debate sobre as reivindicações do Yazoo pode parecer simples: grandes fortunas *versus* pequenos agricultores significava federalistas *versus* jeffersonianos, nacionalistas *versus* defensores dos direitos dos estados. Ainda assim, as coisas não eram tão simples. Muitos republicanos do Norte haviam investido nas promessas de venda do Yazoo. Muitos georgianos reconheceram que se beneficiariam enormemente se as vendas continuassem de pé. E existia um potencial quiproquó sobre a mesa. Em 1798, o Congresso estava debatendo se organizaria o território do Mississippi – a terra vendida pela Assembleia Legislativa da Geórgia em 1795. Vários federalistas do Norte tentaram acrescentar o artigo VI da Ordenança do Noroeste ao projeto de lei, propondo declarar

---

48. Jesse Torrey, *American Slave-Trade* (London, 1822), 66-71.
49. Robert Goodloe Harper, *The Case of the Georgia Sales Reconsidered* (Philadelphia, 1797); Abraham Bishop, *The Georgia Speculation Unveiled* (Hartford, CT, 1797).

a escravidão ilegal em uma terra onde ela já existia – especialmente em torno de Natchez. Apesar do fato de que o território obviamente se tornaria, no mínimo, um estado alinhado com Jefferson, o federalista Robert Goodloe Harper reuniu uma aliança inter-regional de federalistas e republicanos para derrubar a emenda. Esses não eram apenas sulistas, mas também nortistas cientes de que tentar banir a escravidão no território poderia colocar em risco a renúncia das reivindicações de terra da Geórgia em favor do governo federal. Isso atrasaria a avaliação e a venda da terra e, portanto, o tempo em que os investidores do Yazoo poderiam recuperar seus investimentos. E os investidores sabiam que esses milhões de acres renderiam valores muito maiores se os compradores pudessem contar com o emprego de escravos para trabalhar naquelas terras.[50]

Muitos congressistas examinaram seus interesses financeiros diretos e escolheram garantir que o Mississippi se tornasse um território escravista. Para aliviar a consciência, alguns dos seguidores de Jefferson começaram a alegar que a expansão da escravidão tornaria, na verdade, mais provável que ela fosse finalmente eliminada. "Se os escravos dos estados sulistas fossem permitidos na parte ocidental", argumentava William Branch Giles, um congressista da Virgínia, "diminuindo o número nesses estados [mais velhos] e espalhando-os por uma grande superfície do país, existiria uma probabilidade muito maior de melhorar sua condição, o que nunca poderia ser feito se estivessem amontoados como estão agora nos estados do Sul." Se os escravos estivessem "difusos", os senhores de escravos estariam mais propensos a libertá-los, pois, do contrário, os brancos teriam medo de viver cercados por um número grande de pessoas negras livres. Assim, deslocar as pessoas escravizadas para novas regiões, onde sua escravização era mais rentável, faria com que elas fossem conduzidas à liberdade. Aumente a escravidão para poder diminuí-la. Espalhe-a para conter seus efeitos. E os mais ansiosos para comprar essa mentira eram os próprios virginenses. Jefferson se tornou o mais eminente defensor da difusão. Essa ideia forneceu uma capa de denegação para os proprietários de escravos liberais que se constrangiam com a habilidade de a escravidão minar suas autocongratulações. A difusão foi uma resposta às figuras ruidosas que cantaram "Hail Columbia" e à conhecida anedota do homem da Geórgia que sabia o preço de cada alma.[51]

Em 1798, a Geórgia cedeu suas terras para o governo federal e o Congresso organizou as terras entre os rios Chattahoochee e Mississippi, no território do Mississippi,

---

50. "Charleston" from *Pennsylvania Packet*, February 25, 1790.
51. Thomas Hart Benton, *Abridgement of the Debates of Congress, from 1798 to 1856*, 223 (March 1798).

incluindo a escravidão. O Congresso provou ser incapaz de decidir se os que reivindicavam o Yazoo tinham direito às terras compradas em 1795. No debate da Câmara, John Marshall, um federalista da Virgínia, foi um dos defensores mais vigorosos dos requerentes. Depois de um longo tempo advogando em favor dos investidores que especulavam nas terras do Sudoeste, Marshall logo seria indicado a chefe de justiça da Suprema Corte, pelo presidente Adams.[52]

Uma vez eleito, tentou acalmar as águas turbulentas da nação política ao proclamar, em seu discurso inaugural de 1801: "Nós somos todos federalistas, nós somos todos republicanos." Poderia muito bem ter argumentado: "Somos todos a favor da difusão, somos todos especuladores do Yazoo." E então poderia ter acrescentado, para tranquilizar a todos: "Nenhum de nós é um homem da Geórgia." Ainda assim, em 1805, o homem montado a cavalo guiou Charles Ball e seu comboio no entorno de Richmond, capital da Virgínia. Talvez ele tenha feito isso para poupar os olhos e a consciência dos que não estavam completamente persuadidos pela lógica furada da difusão. Mas os homens da Geórgia não tinham que se explicar para tipos como Charles Ball. Nem para ninguém, enquanto os senhores de escravos quisessem fornecer uma torrente de homens e mulheres para as regiões inexploradas. E a existência dos homens da Geórgia permitia aos que reagiam contra a feiura da difusão – de fato, na prática – desperdiçar energia com um inimigo que não se importava com o que diziam.

Então Ball e o comboio atravessaram o rio em uma balsa a Oeste da cidade. As duas filas, homens acorrentados e mulheres amarradas, caminharam durante semanas para o Sudoeste vindo de Richmond. Um dia, na Virgínia sulista, passaram por uma estrada que levava a uma casa térrea cercada por campos arenosos de tabaco. Uma centena de homens, mulheres e crianças trabalhavam lá fora sob o olhar de um homem branco com um longo chicote. O homem da Geórgia parou outro homem branco que seguia pela estrada. "De quem são essas terras?", perguntou. "Do sr. Randolph, um membro do Congresso."

O comboio continuou se movendo. Atravessaram o Rio Roanoke, chegando ao Piemonte da Carolina do Norte. Em seguida, veio uma semana de marcha pesada por essa região de pequenas fazendas, passando pelos milharais e pelos meninos e meninas que labutavam neles. Depois, a água esparrinhava ao redor dos pés de Ball no convés de uma balsa sobrecarregada quando um balseiro do Rio Yadkin amarrou a corda: uma viagem para os homens e outra para buscar as mulheres. Depois de três dias de marcha, o homem da Geórgia contou que haviam entrado na Carolina do Sul – o nome

---

52. Magrath, *Yazoo*, 34-35.

de um lugar que fazia parte da Grande Geórgia na geografia de Ball. A noite caiu. Os pensamentos sobre a morte voltaram.

Pela manhã, apenas para ter certeza de que todos entendiam que haviam marchado para uma parte diferente do mundo, os homens da Geórgia abriram seus lábios cerrados e fizeram um pequeno discurso. Agora estavam longe demais para voltarem algum dia para a Virgínia ou Maryland, disseram. Deveriam abandonar toda a esperança de retorno. E existia muita verdade no que o homem da Geórgia dissera. Esses 52 afro-americanos escravizados haviam entrado em um lugar que as correntes do comboio tinham riscado no mapa com as marcas de óxido de ferro das algemas suadas e sujas. Além da estrada, começavam a ver uma estranha colheita crescendo nos campos que abriam o verão: "Não era muito diferente do trigo sarraceno antes de florescer", lembrou Ball. Aquela era a produção de algodão. Naquele lugar, onde acorrentados passavam em marcha em meio a plantas que pareciam alimento mas se transformavam em fibra, eles estavam presos a uma escravidão mais profunda, uma escravidão gestada por duas décadas de homens da Geórgia indo e vindo de Chesapeake. Quando a Revolução Americana terminou, 20 mil pessoas escravizadas haviam vivido nos rincões da Carolina do Sul. Agora, 75 mil estavam lá. Enquanto isso, a população escrava da Geórgia também estava crescendo, passando de 30 mil para 107 mil em 1810.[53]

No dia seguinte, ao caminharem, um estranho veio cavalgando, acertando o passo com o homem da Geórgia. "*Niggers* à venda?" Ele queria comprar duas mulheres. Os dois homens negociaram, discutiram e trocaram alguns insultos. O recém-chegado olhava para as mulheres e dizia o que pensava em fazer com elas. O comboio continuou se movendo. Os homens brancos cavalgaram juntos, barganhando. Talvez houvesse um jeitinho, concedeu o homem da Geórgia, se o da Carolina do Sul pagasse para tirar as correntes dos homens. Mil dólares o par, mais os encargos do ferreiro. Pararam em uma forja e lá continuaram discutindo. Para impressionar a todos, o comprador afirmou que havia feito africanos trabalharem até a morte com a gargalheira. O ferreiro apareceu e perguntou a respeito do que "os dois cavalheiros estavam fazendo tanta *galhofa*", como Ball contou mais tarde. Galhofar. Naquele lugar, como Ball percebeu, a brincadeira dos carolinenses, o momento em que estavam completamente à vontade, era certamente quando estavam discutindo, negociando, fazendo acordos e intimidando os escravizados.

---

53. Klein, Unification, 252-254; John Cummings and Joseph A Hill, *Negro Population 1790-1915* (Washington, 1918), 45, disponível em http://www2.census.gov/prod2/decennial/documents/00480330_TOC.pdf; Watson Jennison, *Cultivating Race: The Expansion of Slavery in Georgia, 1750-1860* (Lexington, KY, 2012).

Por 2,50 dólares o ferreiro tiraria as correntes. Conforme ele arrancou as cavilhas e o homem da Geórgia destrancou os cadeados, o comprador da Carolina do Sul levou embora as duas mulheres. Uma delas era de Calvert, mãe de quarto filhos. Ball fora próximo dela durante a maior parte de sua vida. Ele esperava ir com um homem menos assustador que aquele que a havia levado.

Liberto dos ferros pesados, Ball se sentiu tonto, mas não estava feliz. Cinco semanas acorrentado certamente o haviam transformado tanto quanto haviam mudado sua posição no mapa. As pessoas escravizadas labutando nos campos mantiveram a cabeça baixa enquanto os pés vindos de Maryland passavam. Ball pôde ver que havia mais poder sobre elas, e agora sobre ele também.

As pessoas brancas tratavam Ball, agora, como um tipo diferente de propriedade. Sob as leis da Virgínia e de Maryland, os escravos eram bens móveis desde o século XVII. Podiam ser vendidos, trasladados e separados dos demais por seus proprietários. A Geórgia e a Carolina recortaram e colaram muitos aspectos do código de escravos da Virgínia em suas leis. Mas, na prática, as leis eram cumpridas de modo diferente. Quase todos os escravos por ali eram novos para os brancos que os possuíam, que os usavam sem constrangimentos. Os senhores de escravos de Chesapeake estavam comprometidos com uma série de considerações quando se tratava de comprar ou vender seres humanos: laços de família entre pessoas escravizadas que eram importantes para outros brancos, o medo dos escravos revoltados, o medo das consciências evangelizadas, o medo da crítica estrangeira sobre a terra da liberdade. Ainda assim, em 1805, as correntes do comboio estavam quebrando esse padrão, até mesmo ali na Virgínia. Ao longo de todo o caminho, de Leste a Oeste, de Norte a Sul, as correntes faziam com que os pés de uma pessoa caminhassem contra sua vontade. Essa pessoa presa a ferros se tornava, de fato, mais propriedade de outro, era mais facilmente separada da família e também mais facilmente comercializável e transformada em mercadoria.

O comboio ajudou a tornar a escravização de Ball mais profunda e flexível; ela vinculou a marcha dos pés de Ball às necessidades das pessoas mais bem-sucedidas da nação. E forneceu defesas para aqueles que não queriam lidar com seu próprio fracasso moral ao permanecerem indiferentes diante da inclusão da escravidão nas novas constituições estaduais. A existência dos "homens da Geórgia" e do "Yazoo" como opções também transformou um Ball acorrentado em uma peça removível no quebra-cabeça político dos jovens Estados Unidos. Isso porque, embora os comboios estivessem tão longe da avenida Pensilvânia quanto da sala na qual John Marshall leu a decisão do caso *Fletcher versus Peck*, em 1810, suas pegadas acorrentadas caminharam por todo o arquivo do caso. A questão técnica diante da Suprema Corte era se o Legislativo do estado da Geórgia poderia anular um contrato de venda autorizado por uma sessão anterior. Marshall e a Corte determinaram que as pessoas da Geórgia não poderiam anular a venda. O contrato poderia ter sido realizado por suborno. Poderia ter violado o desejo da maioria dos georgianos brancos. Mas a venda para a as companhias que investiam na terra era uma venda de propriedade da mesma maneira, e os direitos de propriedade, de acordo com a interpretação do chefe de justiça da cláusula do contrato da Constituição, eram absolutos. As pessoas que investiram na companhia – em sua maior parte, banqueiros e figuras do mercado financeiro da Nova Inglaterra – deveriam ser ressarcidas da venda das terras, que agora eram mantidas pelo governo federal.

Os federalistas estavam satisfeitos. Mas assim também estavam muitos do partido de Jefferson. Em Massachusetts, na cidade de Nova York e na Filadélfia existiam grandes grupos de jeffersonianos cujas fortunas eram investidas no incremento dos mercados de ações e títulos do mesmo modo que faziam seus rivais federalistas locais. O Congresso agora tinha que compensar os compradores de títulos do Yazoo. O pagamento dos especuladores que haviam levantado os títulos iria, em contrapartida, fortalecer a confiança em todos os mercados de capital norte-americanos. A Corte estava fornecendo uma segurança que traria mais dinheiro para os territórios do Sudoeste com o passar do tempo. Alguns jeffersonianos sulistas se sentiram traídos pelos republicanos nomeados pela Corte. Os políticos da Geórgia estavam publicamente furiosos. Entretanto, é impressionante que nem Jefferson, nem seu protegido, o presidente James Madison, tenham tentado influenciar o resultado da situação do Yazoo em favor do desejo da Geórgia de invalidar a venda de metade do Alabama e do Mississippi, aprovada na legislatura anterior.

O princípio de que um contrato é inviolável e de que a propriedade é absoluta era a conclusão então aceita em relação à Constituição Federal. Na decisão do caso *Fletcher versus Peck*, o ministro da Suprema Corte não mencionou a escravidão em nenhum momento. Mas a decisão da Corte tornou possível a medição e a venda de mais de 20 milhões de acres em prol da crescente expansão da escravidão. A decisão de Marshall forneceu ainda uma ferramenta incrível para todo futuro defensor da escravidão. Considere isso: se as pessoas da Geórgia não podiam anular um contrato originado de uma corrupção óbvia, como poderia o Legislativo estadual ou qualquer outra entidade governamental tirar os escravos de seus proprietários? Os afro-americanos escravizados eram propriedade adquirida através de contrato, de acordo com a lei dos estados escravistas. Nem as Assembleias Legislativas Estaduais, a decisão sugeria, poderiam restringir o direito dos escravocratas de tratar a propriedade como um bem absoluto, móvel e inalienável, como eles queriam.

A expansão interligada tanto da escravidão quanto do capitalismo financeiro era agora a força motriz de um sistema econômico nacional emergente que beneficiou as elites e outras pessoas em toda a Costa Atlântica e no interior. Da perspectiva de Jefferson e Madison, os futuros estados do território do Mississippi renderiam votos no Colégio Eleitoral e no Congresso, votos a serem usados contra os federalistas – e a quantidade era maior do que teriam ganhado cortejando os defensores radicais dos direitos estaduais. Um desses radicais era o ex-aliado de Jefferson, o cada vez mais errático inimigo do Yazoo John Randolph – cujo feitor, de chicote, parecera, para Charles Ball, um presságio da Geórgia que assomava no fim da estrada. Como alternativa, os republicanos agora formavam uma aliança pró-finanças e pró-expansão que engoliu muitos federalistas daquele tempo e dominou a política dos Estados Unidos até que, por volta da década de 1820, tal aliança se tornou uma vítima do próprio sucesso. Randolph era um dos poucos escravistas do Sul com consistência suficiente para insistir que tanto a estigmatização dos homens da Geórgia quanto o esquema da difusão eram hipocrisias. Esse tipo de verdade, quando contada, deixa certos homens enlouquecidos, e Randolph, na condição de orador da Câmara, consequentemente, atingiu um nível de insanidade memorável até mesmo para um político da Virgínia.

Bushrod Washington, sobrinho de George e magistrado da Suprema Corte, era um hipócrita mais típico. Esse clássico cavalheiro da Virgínia, que herdou Mount Vernon em 1799, quando seu tio morreu, concorreu com Marshall em 1810. Talvez o tenha feito devido à doce razoabilidade dos argumentos do chefe de justiça. Mas, mais provavelmente, o princípio da propriedade e do contrato oferecia a homens como Washington uma série de "saídas" imbatíveis. Tais justificações foram úteis em 1821, por exemplo, quando veio a público que Washington tinha vendido 54 pessoas de Mount Vernon para um comerciante de escravos que, então, as havia levado pelos territórios do Yazoo. Em resposta ao editor de um jornal que reclamou que o sobrinho do Pai da Nossa Nação havia vendido seres humanos como se fossem "gado com chifres", Bushrod Washington escreveu: "em meu próprio nome e em nome dos concidadãos do Sul, protesto solenemente contra a presunção de qualquer pessoa para questionar nosso direito, *legal ou moral*, de dispor de bens que nos são assegurados por leis tão válidas quanto aquelas que sustentam todas as outras espécies de propriedade".[54]

---

54. *NR*, September 29, 1821; Gerald T. Dunne, "Bushrod Washington and the Mount Vernon Slaves", *Supreme Court Historical Society Yearbook* (1980); Robert Gudmestad, *A Troublesome Commerce: The Transformation of the Interstate Slave Trade* (Baton Rouge, LA, 2003), 6-8.

Homens como o mais jovem Washington poderiam usar a história da propriedade evidenciada pelo caso *Fletcher versus Peck* para escapar de uma confrontação das contradições da expansão da escravidão, mesmo que comboios cantantes e os risos sarcásticos de homens da Geórgia esfregassem as contradições na cara do Congresso. Tendo dito para si mesmo, em 1788, que "ninguém vai estar mais disposto a enfrentar todo sacrifício" para trazer a emancipação, em 1814 Jefferson balançou a cabeça, com pesar, e disse que a velha geração tinha mudado muito devagar. Agora, em vez de achar que "temperamento generoso dos jovens" engrandecia a nova geração "acima das propostas da avareza", entendeu que a juventude dos novos tempos que se anunciavam tinha aprendido as lições dos companheiros da Geórgia e estava correndo para criar fortunas com a expansão da escravidão.

Bushrod Washington também conseguiu um bom raio de ação com a história da difusão de Jefferson. Sua decisão de vender pessoas escravizadas era, como insistia, não um conto de ganância, mas uma demonstração de como a migração forçada protegia as vidas brancas. À medida que os afro-americanos que viviam em Mount Vernon cresciam em número, afirmou, se tornavam insubordinados. Um casal de escravos escapou para o Norte, usando os próprios pés para minar o direito de propriedade que ele possuía. Os demais passaram a acreditar que quando ele morresse seriam libertos. E o magistrado começou a temer que estivessem especulando sobre onde estariam as facas mais afiadas e como poderiam envenenar sua comida. Com o fim de Bushrod, viria o fim da escravidão. Jefferson havia verbalizado temores semelhantes, falando notavelmente de uma possível "virada de sorte" e descrevendo a situação dos proprietários de escravos de Chesapeake como sendo semelhante à de ter um "lobo [preso] pelas orelhas [;]... não podemos segurá-lo nem deixá-lo ir com segurança". Mesmo que os brancos tivessem concordado com a emancipação geral, tinham "preconceitos profundamente enraizados", e os negros, "10 mil lembranças". "Novas provocações" iriam dividi-los e espicaçá-los até entrarem numa apocalíptica guerra de raças. Essas "convulsões" terminariam apenas com "o extermínio de uma raça ou de outra".[55]

Então, Jefferson, Washington e outros virginenses brancos agarram-se a uma terceira saída, uma que era financeiramente lucrativa: a "difusão" dos afro-americanos escravizados pelo Sul e pelo Oeste. E a existência dos homens da Geórgia permitia que tais líderes respeitáveis traçassem supostas distâncias emocionais e morais entre si mesmos

---

55. Thomas Jefferson to John Holmes, April 22, 1820; *Founders' Constitution*, 1:156; Jefferson, *Notes on the State of Virginia*, 264.

e o lado desagradável da "difusão". Trocavam apertos de mão enquanto os comboios e os homens da Geórgia passavam. Ou declaravam que os escravos viviam melhor nos novos estados do que nos antigos. Mas enquanto Washington sustentou que a migração forçada era executada para o benefício das pessoas escravizadas, um observador, que estava em Leesburg em agosto de 1821 e que assistiu quando o comboio de Bushrod Washington passou, viu "desgraçados infelizes", entre os quais havia "maridos [que] tinham sido arrancados das respectivas esposas e dos filhos, e muitos parentes deixados pra trás". Os que foram deixados em Mount Vernon sussurravam palavras amargas para turistas que visitavam a casa do patriarca da nação.[56]

ENTRE O FIM DA REVOLUÇÃO AMERICANA e a decisão de *Fletcher versus Peck*, em 1810, a expansão da escravidão uniu a nação. As necessidades da nação encorajaram o crescimento de um complexo de instituições e modelos – e, de maneira igualmente significativa, de desculpas – que possibilitou as alianças nacionais políticas e financeiras. As necessidades individuais dos senhores de escravos e de outros que esperavam lucrar com a expansão de todos os tipos de oportunidades econômicas encorajaram o crescimento de um conjunto mais poderoso das virtualidades da república, mais leis favoráveis ao mercado e mais mercados unificados. Por causa das necessidades da expansão nacional, somadas à habilidade das pessoas acorrentadas de caminhar, aprisionaram os escravizados, como propriedade totalmente controladas em acordos políticos, alianças políticas e esquemas financeiros dos Estados Unidos, e também no próprio mapa do jovem país. A escravidão e, especificamente, o direito dos escravizadores de vender ou mover seus escravos para um novo território se tornaram uma prática nacional: como uma definição rigorosa de propriedade sob a lei constitucional, como um hábito e uma expectativa e como um padrão de compromisso político.

Girando essa roda de causa e efeito estavam os pés em movimento – os de Charles Ball, os dos 32 outros homens aos quais ele estava ligado, os das 19 mulheres amarradas juntas atrás deles e os daqueles que ainda cresciam até alcançar uma altura que permitisse que fossem vendidos. Das velhas Maryland e Virgínia, que desmoronavam sob o verniz brilhante que seus políticos mostravam, as correntes dos comboios, e as pessoas que a elas se somavam, retiniam por centenas de quilômetros rumo a um novo mundo onde tudo era fluxo constante e zombaria. A migração forçada e a expansão da escravidão se tornaram elementos aparentemente permanentes e inevitáveis da estrutura de mentiras mutuamente acordadas que, defendida pelo realismo jurídico ágil de Marshall

---

56. *NR*, September 1, 1821.

e pelo mito da difusão, construíram a nação. Para colocar a máquina em movimento, Washington agora podia contar com um conjunto de especialistas em acorrentamento, os homens da Geórgia que assumiram os riscos financeiros e físicos do transporte de pessoas escravizadas. Charles Ball agora podia ser transferido mais facilmente em todos os sentidos: com menos resistência política, ideológica, legal e pessoal.

Foi assim que os comboios acorrentaram a jovem república norte-americana. Na Carolina do Sul, o pescoço e as mãos de Charles Ball finalmente se libertavam das correntes do comboio, mas só assim seu proprietário poderia terminar o trabalho de converter Charles e os demais escravos de Maryland em bens de mercado. Como haviam deixado na estrada o suor dos poros, o pus das bolhas e acabado com as reservas escassas de gordura corporal, os homens da Geórgia os fizeram descansar por vinte dias em uma fazenda de algodão. Ball e seus companheiros receberam manteiga para comer, para que ficassem macios e "gordos". As repetidas lavagens arrancaram os piolhos do corpo e das roupas. E logo as pessoas brancas começaram a examiná-los, fazer-lhes perguntas, especular sobre esses corpos. Ali, o homem da Geórgia estava entre as pessoas que o respeitavam, chamando-o de "negociante" em vez de "condutor de pretos" ou "comerciante da Geórgia". Ali ele era necessário, e não um bode expiatório para os pecados de outros proprietários de escravos. Ele até deixou seu nome escapar dos lábios cerrados: "meu nome é M'Giffin, senhor", disse em resposta ao inquérito de um potencial comprador.[57]

Depois de duas semanas, M'Giffin moveu o comboio de escravos para o Sul, em direção à Colúmbia. Naquele lugar, no 4 de Julho (Dia da Independência dos Estados Unidos), o carcereiro local os leiloou em frente a centenas de pessoas que tinham acabado de comer um banquete fino e de escutar um discurso patriótico. A venda avançou até sobrarem três, os homens mais robustos, incluindo Ball. O carcereiro, então, anunciou de maneira teatral que, se M'Giffin não conseguisse 600 dólares por cada um dos homens, ele os levaria para a Geórgia e os venderia lá. Um "cavalheiro mais velho" anunciou que pagaria essa quantia pelo "carpinteiro". Ball não era realmente um carpinteiro, mas muitas mentiras foram contadas nesse dia em que se celebrava a libertação da tirania: nenhum dos escravos à venda jamais havia fugido, roubado de seus senhores ou sido chicoteado. Cada um deles foi vendido por um cavalheiro elegante de Maryland ou da Virgínia que, infelizmente, havia contraído dívidas.

---

57. Ball, *Slavery in the United States*, 86-91.

Os outros brancos agiram com deferência em relação àquele "homem mais velho". Ball concluiu que era um grande senhor de escravos. Na verdade, ele era um Wade Hampton, entre outras coisas, um dos principais investidores do Yazoo. Tendo herdado a riqueza de uma fazenda de arroz nas partes baixas do interior, Hampton estava no processo de transferir seus escravos para o algodão – por ora, em acres que possuía perto da Colúmbia e da Carolina do Sul. Mais tarde, sua busca por perspectivas mais amplas o levaria a empreendimentos na Geórgia, no Mississippi e na Louisiana. Entretanto, naquele dia, Hampton estava bebendo e celebrando o 4 de Julho. Ele disse a Charles que encontrasse um canto em um estábulo e fosse dormir. No dia seguinte, fariam uma viagem para as propriedades de Hampton nas proximidades – um último passo da jornada que os pés de Ball fizeram entre o velho e o novo.

2

Cabeças
1791-1815

OS TRONCOS BALANÇARAM EM VOLTA das palafitas da Alfândega. A cabana aguentou de pé, como um frango enfiado até as coxas na água rasa temendo virar ensopado. Qualquer coisa que resistisse um mês na água acabava ali, na "Balize", as planícies na foz do Mississippi: cascas, paus e árvores inteiras, se não ficassem presos em mais de 1.500 quilômetros de obstáculos. Veados e gado selvagem que tivessem se afogado não conseguiam chegar, pois os bagres e as tartarugas os comiam muito antes que conseguissem chegar tão longe. A carga mais pesada de todas flutuou sob o veludo ondulante dos despojos da floresta: uma corrente subaquática poderosa, de água potável, mas não doce, enfraquecida por sua carga. Havia ferro do longínquo Norte, prata dos veios das Montanhas Rochosas e, sobretudo, terra. O húmus, que escorria das margens de 10 mil rios afluentes da floresta, derramando-se pelo que viriam a ser os 16 estados de Jefferson, misturava-se com o solo negro do delta. Por uma eternidade, o rio havia acumulado sedimentos, que corriam sozinhos em um canal em direção ao Sul. Mas, durante a última década, a lama do escoamento vinha engrossando. Rio acima, alguém estava lavrando, plantando e colhendo.

Era o começo de 1807. Olhando para além da lateral do *Adventine*, enquanto ele balançava ancorado no canal do navio, estava um homem baixo e de pele escura, o único escravo a bordo desde Charleston. A tripulação não prestou atenção nele. Não era uma ameaça, nem a carga principal. Ainda não entendia o que diziam e eles também não entendiam o que ele dizia. Mas não temiam mais que ele pudesse pular, como fizeram os africanos que eles puxavam de volta para o navio, nas travessias atlânticas. Duas coisas sobre ele eram surpreendentes. Uma era que quando dormia sempre se encolhia na mesma posição. A outra, uma gargalheira em volta de seu pescoço, onde estava gravado "Propriedade de Hugh Young".[1]

---

1. Benjamin Latrobe, *Impressions Respecting New Orleans: Diary and Sketches, 1818-1820*, ed. Samuel Wilson Jr. (Nova York, 1951), 13-14; Frances Trollope, *Domestic Manners of the Americans*, ed. Pamela Neville-Sington (repr. London, 1997), 9-11; John Pintard to Sec. Treasury, September 14, 1803, TP, 9:52-53. Cf.

Seus olhos ainda se lembravam. Ao vir da África para a Carolina do Sul, passou pelo mesmo que os outros 10 milhões de migrantes forçados já tinham sobrevivido ao irem para o Novo Mundo: capturados, sequestrados ou simplesmente comprados, marcharam para a costa e foram vendidos por homens estranhos para homens mais estranhos ainda (alguns de cor leitosa, alguns de um tom vermelho-irritadiço, outros bronzeados, com cabelos escuros e encaracolados). Fora da escuridão do calabouço com correntes nas mãos e nos pés, um dos muitos grupos de homens africanos amontoados pelos marinheiros brancos em uma grande canoa costeira. Sentiam as borrifadas de sal conforme a água espirrava nas bordas do navio. Esses homens atravessaram fortes ondas até alcançarem uma estrutura flutuante e então foram levados a bordo do navio de Rhode Island. Arrebanhados para baixo aos empurrões, deram passos cuidadosos e rápidos para conseguir se manter em equilíbrio sob um teto com cerca de 1,2 metro altura, baixo demais até mesmo para aqueles homens, que mal alcançavam a estatura média de 1,5 metro. No ar havia um fedor vindo dos outros homens que já estavam encolhidos no chão em frente. O sufoco no qual se achavam ensinava aos recém-chegados como deitar: de conchinha, virados para a esquerda. Assim era mais fácil para o coração, como os capitães acreditavam.

Em 1787, a Convenção Constitucional tinha permitido que o comércio prosseguisse. Nos vinte anos que se seguiram, os cidadãos da nova nação arrastaram mais 100 mil pessoas da Costa Africana. Como sempre, alguns lutaram. Agarravam-se nos batentes das portas dos calabouços e dos barracões. Eles se jogavam, acorrentados em grupos, das bordas dos navios, para se afogarem juntos na arrebentação. Agarravam os porretes que os marinheiros usavam para bater neles no convés dos escravos. Investiam contra a barricada quando a tripulação os deixava sair para fazer exercícios. Dez por cento das viagens pelo Atlântico conheceram grandes rebeliões. Mas a resistência quase sempre falhou. Os marinheiros disparavam canhões carregados de metralha nas massas crescentes de homens e mulheres desesperados nas meias-naus. Os embornais se cobriam de sangue. Os tubarões se alimentavam.[2]

Amos Stoddard, *Historical Sketches of Louisiana* (Philadelphia, 1812), 159-160; James Pearse, *Narrative of the Life of James Pearse* (Rutland, VT, c. 1826), 16; H. Bellenden Ker, *Travels Through the Western Interior of the United States* (Elizabethtown, NJ, 1816), 36; Pierre-Louis Berquin-Duvallon, trans. John Davis, *Travels in Louisiana and Florida in the Year 1802* (Nova York, 1806), 8.
2. TASTD; James McMillin, *The Final Victims: Foreign Slave Trade to North America, 1783-1810* (Colúmbia, SC, 2004), 23; Stephen Behrendt, David Eltis, and David Richardson, "The Costs of Coercion: African Agency in the Pre-Modern Atlantic World", *Economic History Review* (n.s.) 54, n. 3 (2001): 454-476.

Agora o homem recordava como havia se deitado sobre vômito, merda e mijo. Como havia comido do balde que lhe traziam. Ouviu as mulheres, no outro convés, chorando por um bebê ou irmã que morria; ouviu-as lutar enquanto os marinheiros as levavam, uma a uma, até os alojamentos da tripulação para estuprá-las. Ele também viu os marinheiros arrastarem para fora homens que haviam se tornado intransigentes e debochados. As mãos do destino também o apanharam. Vomitou tudo, até a bílis, e mal sobreviveu à disenteria que esvaziou as entranhas de uma centena de outros, suando dessas febres típicas de navios mercantes. Esperou ofegante pela concha do balde de água. Poderia ter morrido, como milhões de outros. Mas sobreviveu.

Talvez tivesse sorte. Finalmente, a embarcação ancorou no porto de Charleston. Foi quando o venderam para o agente local de um comerciante de Nova Orleans, que o prendeu na gargalheira que trazia o nome do comerciante. Outro homem branco o levou pela rua East Bay, em direção às docas do *Adventine*. Tabuletas rangiam com o vento, que trazia do cais de Gadsden o cheiro pestilento de seu velho navio. Os bútios, planando e batendo as asas no outro lado do Rio Cooper, sabiam onde a corrente do porto empilhava os corpos na faixa de areia. Só naquele ano, setecentos africanos morreram nos 25 diferentes navios que aguardavam ali em quarentena.[3]

Agora, depois de outra viagem, o barco a remo seguiu até o casco do *Adventine*. O funcionário da alfândega, que era branco, subiu com dificuldade pela escada de corda. O homem da gargalheira assistiu a tudo. Podia notar que o escravo que descansava nos remos também havia atravessado águas obscuras. Por trás de olhos que não piscavam, o remador devolveu o olhar do homem encoleirado e lembrou-se da sensação da madeira do convés dos escravos molhada de suor, pressionando sua bochecha ritualmente escarificada.

No entanto, a experiência desta nova chegada seria diferente. A própria escravidão estava mudando, transformando-se a partir da primeira história, do modelo das ilhas açucareiras que haviam dado forma a tudo no Novo Mundo até então. Esse homem carregaria o ferro de seu colar não para uma ilha ou para um cinturão isolado de assentamentos aferrados à orla. Estava indo para um vasto continente. Atrás da névoa das planícies alagadiças, a escravidão não encontraria limites geográficos, apenas políticos – e os senhores de escravos haviam estruturado a política a seu favor. Agora eram cidadãos, não colonos, que seriam seus proprietários. Os interesses dos senhores de escravos em suas propriedades – que conseguiram votar e se candidatar para cargos administrativos

---

3. Approval Alex. Clark, Bill of Lading, March 9, 1807, Reel 1, Inward Manifests, New Orleans, RG 36, NA; John Lambert, *Travels Through Canada and the United States of America, In the Years 1806, 1807, and 1808* (London, 1816), 2:166.

e para o governo – é que conduziriam as decisões sobre ele, não os planos de burocratas distantes e imperialistas. E porque o homem da gargalheira e todos os que o seguiram nas profundezas do continente não constituiriam um produto de luxo, mas a mercadoria mais básica em um novo tipo de economia em expansão incessante, também não existiria um limite para o mercado do produto de seu trabalho. Isso significava que não havia limite numérico para o número de proprietários escravistas ou para o número de investidores que quereriam ir atrás das recompensas da escravidão. Apenas a consciência ou a inabilidade dos mercados financeiros globais em usar suas reservas poderiam impedir a transferência do capital para as novas fronteiras da escravidão.

Tudo isso era certo, exceto pela dúvida levantada por uma grande questão: se os Estados Unidos e todos os empreendedores que queriam expandir a escravidão no Vale do Grande Rio, no meio do continente, poderiam de fato se estabelecer no interior da América do Norte. Ainda não se sabia qual seria o resultado disso, mesmo em 1807. Na verdade, essa dúvida existia desde a década de 1790, e ainda continuaria a existir por mais uma década. Por essa razão, a expansão da escravidão não era uma decisão previamente determinada. Além disso, quatro grandes episódios de violência, tendo três deles se desdobrado ao longo do sistema fluvial, cuja corrente embalou o *Adventine* ancorado, decidiriam seu destino.

A partir de 1807, quatro em cada cinco pessoas que vieram do Velho Mundo para o Novo eram provenientes da África, não da Europa; vieram acorrentadas no porão de um navio, e não livres em seu convés. As massas amontoadas na terceira classe, ansiosas para respirar livres da fome e da pobreza da Irlanda, da Itália ou dos guetos da Rússia, vieram depois. Os 10 milhões de cativos africanos que sobreviveram à travessia atlântica moldaram o Novo Mundo e suas interações com o Velho. A única outra mudança de escala similar foi a morte de milhões de habitantes nativos do hemisfério. Das realidades gêmeas da catástrofe demográfica e da travessia atlântica surgiram impérios para dominar os primeiros três séculos da história norte-americana: o espanhol, o português, o francês e o britânico. Uma vez que todo o ouro e a prata haviam sido roubados, os impérios encontraram fontes ainda maiores de riqueza, assentando um cinturão de enclaves coloniais de *plantation* do Norte do Brasil até a Virgínia. Muitas eram pequenas em tamanho, mas todas eram enormes em termos de relevância econômica e política. Em 1763, no Primeiro Tratado de Paris, a França trocou todo o Canadá pela Ilha de Guadalupe.[4]

---

4. David Eltis, *The Rise of African Slavery in the Americas* (Nova York, 2000); Joseph C. Miller, *Way of Death: Merchant Capitalism and the Angolan Slave Trade* (Madison, WI, 1988); Robin C. Blackburn, *Origins of New World Slavery: From the Baroque to the Modern, 1492-1800* (London, 1997).

O que foi produzido nessas ilhas, e o que gerou grande parte da nova riqueza da Europa antes de 1807, foi o açúcar. Os portugueses trouxeram cana-de-açúcar para o Brasil no começo do século XVI. Já haviam aprendido a espremê-la, a ferver o seu caldo e a cristalizá-la nas Ilhas do Atlântico, como Madeira ou São Tomé. Lá, os europeus haviam combinado pela primeira vez os ingredientes voláteis da cana-de-açúcar, da terra fértil, da escravidão e dos africanos escravizados transportados para longe de suas terras. No Brasil, essa solução precipitou não apenas a sacarose cristalizada dos tachos de caldo de cana borbulhante em uma *safra* brutalmente exigente, ou a colheita do açúcar, mas também em um faturamento imenso. Consumidores de prestígio nas economias da Europa Ocidental do final do século XVI comeram açúcar e mais açúcar. O Brasil foi, por um tempo, o Vale do Silício da Europa moderna, a incubadora de técnicas geradoras de lucros gigantescos, um sinônimo de riqueza súbita. Robinson Crusoé estava prestes a se tornar um fazendeiro no Brasil quando um naufrágio o lançou em sua ilha deserta.[5]

Dentro do período de cinquenta anos, Barbados desbancou o Brasil do topo do grande negócio do açúcar. O auge de Barbados durou apenas algumas décadas, pois a Jamaica foi a próxima a ascender e dominar o crédito e a fama. Ilha após ilha, os europeus e seus patógenos mataram os nativos, os navios negreiros apareceram no horizonte e a cana brotou nos campos. Cascatas de sobreviventes se arrastaram para fora dos navios negreiros, para recompor os grupos de trabalho nos campos, conforme outros homens e mulheres morriam. Mas os proprietários de escravos ficaram fabulosamente ricos. Em cada uma das ilhas, os mais ricos dominavam tudo e não deixavam os outros se aproximarem. Então, uma nova ilha entrou em operação, oferecendo aos empresários a chance de começar com o solo mais descansado, oferecendo aos investidores uma novidade que atraiu novos créditos. O processo de destruição e implantação das ilhas açucareiras moldou a geopolítica, a economia e a cultura dos primeiros três séculos do Novo Mundo. A Virgínia e a Carolina do Sul eram diferentes das ilhas, mas eram canais da mesma corrente. As colônias do Norte eram irrelevantes até o momento em que desenvolveram os comércios dos quais as ilhas precisavam – construção naval, cultivo de grãos e criação de gado – e começaram a destilar o melaço da cana-de-açúcar para fazer rum, transportar escravos e comercializar os produtos feitos por escravos.[6]

---

5. Sidney Mintz, *Sweetness and Power: The Place of Sugar in Modern History* (Nova York, 1985); Stuart Schwartz, *Sugar Plantations in the Formation of Brazilian Society: Bahia, 1550-1835* (Nova York, 1985).
6. M.L.E. Moreau de St. Méry, *Description topographique, physique, civile, politique et historique de la partie française de l'isle Saint-Domingue...*, 2 vols. (Paris, 1797); Antonio Benitez-Rojo, *The Repeating Island: The Caribbean and the Postmodern Perspective*, trans. James Maraniss (Durham, NC, 1992).

Nas lojas e cozinhas europeias, o açúcar começou como um item de luxo para os ricos. Por volta de 1700, já começava a se tornar o adoçante para o chá e o café da classe média, e também para os gostos imperiais. Por volta de 1800, os pobres ingleses podiam por vezes se dar ao luxo de um torrão de açúcar, como um estimulante que se conseguia depois de um dia árduo de trabalho ou um agrado para acalmar uma criança chorando. O açúcar e a escravidão estimularam o comércio europeu, ampliaram o capital financeiro disponível para os empresários, aguçaram o apetite por lucros e aumentaram tanto a receita quanto o poder dos estados centralizadores. Mas o açúcar e a escravidão não haviam colocado definitivamente as economias da Europa acima do restante das economias do planeta. A China, que também consumia açúcar, permaneceu como o grande centro gravitacional do comércio mundial durante grande parte do século XVIII. Como o resto do mundo, a maioria dos europeus estava separada da fome apenas por uma estação ruim. Todos cultivavam alimentos de acordo com as tradições locais de agricultura que, tanto na complexidade tecnológica quanto na eficiência e na produtividade, estavam mais próximos do ano 0 do que de 1900. As grandes massas de pobres e camponeses tinham a estatura tão baixa quanto o homem com a gargantilha, pois os padrões de vida não haviam se elevado para a maioria das pessoas desde o despontar da era agrícola.[7]

No tombadilho, o funcionário branco da alfândega se juntou ao capitão. Eles passaram e olharam, ao mesmo tempo, para o homem da gargalheira, enquanto falavam em uma linguagem sem nexo. O capitão assinou um papel e o funcionário da alfândega desceu com dificuldade. O homem ainda não possuía nome nos documentos dos brancos, mas a tinta tinha capturado sua presença mais uma vez. O barco a remo deslizou de volta à aduana. Os marinheiros do *Adventine* puxaram e içaram. As âncoras tiniram e as velas se agitaram. O leme girou. O brigue deslizou para o canal do navio.

O homem da gargalheira assistiu da balaustrada. A névoa recuou e surgiu uma paisagem baixa e plana. Durante os poucos dias que se seguiram, o *Adventine* bordejou pelas curvas sinuosas do rio através da nova terra criada pelo Mississippi. As margens se ergueram lentamente. Diques baixos protegiam a terra plana que ficava para trás. A lama deu lugar à cana verde. Primeiro, ele viu as cabanas que apareciam ocasionalmente e, por fim, as casas-grandes cercadas por cabanas. Três dias depois,

---

7. Mintz, *Sweetness and Power;* Kenneth Pomeranz and Steven Topik, *The World That Trade Created: Society, Culture, and the World Economy, 1400 to the Present,* 2nd ed. (Armonk, NY, 2000); Kenneth C. Pomeranz, *The Great Divergence: China, Europe, and the Making of the Modern World Economy* (Berkeley, CA, 2000), 31-68; David Eltis, "Nutritional Trends in Africa and the Americas: Heights of Africans, 1819-1839", *Journal of Interdisciplinary History* 12 (1982): 453-475.

o rio virou à direita e tornou-se mais retilíneo, e um pequeno bosque de árvores nativas apareceu. Estavam em Nova Orleans.

Em 1800, o viajante francês Pierre-Louis Duvallon tinha visto um bosque menor. Mas vira o suficiente para profetizar que Nova Orleans estava "destinada por Natureza a se tornar uma das principais cidades da América do Norte e, talvez, o lugar mais importante de comércio no Novo Mundo". Os projetistas, visionários e investidores que foram para esta cidade, fundada pelos franceses em 1718 e cedida aos espanhóis em 1763, podiam sentir o mesmo imenso possível futuro. Sentado na foz de um sistema fluvial com maior potencial econômico (segundo Duvallon) do que o Nilo, o Reno, o Danúbio ou o Ganges, Nova Orleans seria "o grande receptáculo" da "produção" de metade do continente. Mesmo a "fantasia, no melhor de seus humores, não consegue combinar todas as felicidades da natureza e da sociedade em um grau mais absoluto do que será realmente combinado" em Nova Orleans, disse Duvallon.[8]

No entanto, impérios poderosos estavam dispostos a evitar que a cidade fizesse parte dos Estados Unidos desde que as 13 colônias alcançaram a sua independência. Entre 1783 e 1804, a Espanha revogou, repetidamente, o direito dos colonos norte-americanos de subir o rio para exportar seus produtos através de Nova Orleans. Cada vez que o faziam, os colonos começavam a pensar em mudar suas lealdades. Preocupados, os oficiais dos Estados Unidos tentaram negociar muitas vezes a venda e a cessão da cidade próxima à foz do Mississippi, mas a Espanha, tentando proteger o próprio império ao conter o crescimento da nova nação, também as repeliu na mesma proporção.[9]

O controle obstinado da foz do Mississippi pela Espanha manteve viva a possibilidade de que os Estados Unidos se despedaçassem. No entanto, algo inesperado mudou o curso da história. Em 1791, os africanos escravizados em São Domingos, colônia francesa no Caribe, explodiram em uma revolta sem precedentes na história da humanidade. São Domingos, o terço ocidental da então Ilha de Hispaniola, era, na época, a perfeita ilha açucareira, a máquina imperial do crescimento econômico francês. Mas, em uma única noite de agosto, o moinho da primeira expansão escravista parou de girar. Por todo o território açucareiro de São Domingos, o trecho mais lucrativo do setor imobiliário no planeta, as pessoas escravizadas irromperam nas casas-grandes. Os revoltados assassinaram os senhores, queimaram com tochas o complexo produtivo e os canaviais e então

---

8. Berquin-Duvallon, *Travels in Louisiana*, 35-37.
9. Alexander DeConde, *This Affair of Louisiana* (Nova York, 1976), 61-62, 107- 126; William Plumer, *William Plumer's Memorandum of Proceedings in the U.S. Senate, 1803-1807*, ed. Edward Sommerville Brown (Ann Arbor, MI, 1923).

seguiram, reunidos aos milhares, para o Cap-Français, a sede do domínio colonial. Repelidas, essas pessoas se reagruparam. A revolta se espalhou por toda a colônia.[10]

Até o fim daquele ano, milhares de brancos e negros morreram. Conforme os campos de cana queimavam, a fumaça soprava nos ventos do comércio do Atlântico. Os refugiados fugiram para uma Charleston já queimada por seu próprio medo da revolta dos escravos, para Cuba e para todos os cantos do mundo atlântico. Levaram as narrativas apavorantes de uma terra virada de cabeça para baixo. Os europeus, em meio ao sofrimento do caos epistemológico por causa da Revolução Francesa, que derrubou um trono de mais um milênio, reagiram a esses eventos com uma confusão diferente, mas ainda assim profunda. Pequenas rebeliões de escravos eram uma coisa. A vitória africana total era outra completamente diferente – era tão incompreensível, na verdade, que os pensadores europeus, que não conseguiam parar de falar sobre a revolução na França, se calaram sobre São Domingos. O filósofo alemão Georg Hegel, por exemplo, que estava no processo de construir um sistema inteiro de pensamento em torno da imagem clássica, idealizada, de um escravo se rebelando contra seu senhor, nunca falou da rebelião de escravos que acontecia no mundo real. Mesmo com relatos de incêndio e o sangue espalhados em cada jornal semanal que ele lia, Hegel insistia que os africanos eram irrelevantes para um futuro que seria moldado pelos novos cidadãos livres dos Estados-Nação europeus.[11]

No entanto, a revolução em São Domingos estava forjando um mundo moderno. Hoje, São Domingos se chama Haiti e é a nação mais pobre no hemisfério ocidental. Mas o nascimento do Haiti revolucionário foi a mais revolucionária revolução da época. Quando terminou, essas pessoas, uma vez aparentemente esmagadas pelo rolo compressor do império europeu, governaram o país no qual haviam sido escravizadas. Sua cidadania seria (ao menos em teoria) a mais radicalmente igualitária até então. E os eventos que haviam impulsionado no Caribe levaram os revolucionários franceses da Assembleia Nacional a tomar posições cada vez mais radicais – tais como emancipar todos os escravos franceses em 1794, em uma tentativa de manter a potência econômica de São Domingos ao lado dos novos líderes em Paris. No entanto, a própria revolução de escravos já havia extinguido a escravidão na ilha. Um ex-escravo chamado Toussaint Louverture havia reunido os bandos de rebeldes enfurecidos em um exército capaz de

---

10. Carolyn Fick, *The Making of Haiti: The St. Domingue Revolution from Below* (Knoxville, TN, 1990).
11. Michel-Rolph Trouillot, *Silencing the Past: Power and the Production of History* (Boston, 1995); Susan Buck-Morss, "Hegel and Haiti", *Critical Inquiry* 26 (2000): 821-865; Alfred N. Hunt, *Haiti's Influence on Antebellum America: Slumbering Volcano in the Caribbean* (Baton Rouge, LA, 1988).

defender sua revolução dos poderes europeus que queriam acabar com ela. Entre 1794 e 1799, seu exército derrotou uma invasão de dezenas de milhares de antirrevolucionários, os casacas-vermelhas britânicos.[12]

Até cerca de 1800, Saint-Domingue, ainda que nominalmente fizesse parte da República Francesa, era, em essência, um país independente. Em suas cartas para Paris, Toussaint Louverture se autointitulava o "Primeiro dos Negros". Na ocasião, estava se comunicando com um homem classificado como o Primeiro na França – Napoleão Bonaparte, primeiro cônsul da República, outro homem carismático cujas origens eram obscuras. Napoleão, um empreendedor no mundo da política e da guerra, mais do que fazer negócios, usou suas vitórias militares para destruir as velhas maneiras de se fazer as coisas. Então, tentou criar novas maneiras: uma nova ordem internacional, uma nova economia, um novo conjunto de leis, uma nova Europa – e um novo império. Mas depois que concluiu o Tratado de Amiens com a Grã-Bretanha, em 1800, o republicano ostensivo se tornou monarquista. Napoleão estabeleceu um novo objetivo: restaurar a joia mais fina da coroa imperial, a São Domingos perdida. Em 1801, enviou a maior frota invasora que já cruzou o Atlântico, em torno de 50 mil homens, para a ilha, sob a liderança de seu cunhado Charles LeClerc. Sua missão era decapitar o ex-escravo líder de São Domingos. "Chega de africanos folheados a ouro", ordenou Napoleão. Subjugar toda e qualquer resistência por meio de ardis e uso da força. E devolver para a escravidão todos os africanos sobreviventes.[13]

Napoleão também tinha montado um segundo exército, com uma segunda tarefa. Em 1800, ele havia assinado um tratado secreto que "devolvia" a Louisiana ao controle francês depois de 37 anos em mãos espanholas. Esse segundo exército deveria ir para a Louisiana e lá fincar a bandeira francesa. E, contando com a força de 20 mil homens, tal grupo era maior do que o exército inteiro dos Estados Unidos. Napoleão já havia conquistado uma república revolucionária por dentro. Estava mandando um exército poderoso para tomar outra na força bruta. E quanto à terceira república, quando seu segundo exército desembarcou na Louisiana, sua presença na cabeça do Mississippi desestabilizaria os Estados Unidos ao longo da linha de ruptura que dividia o Oeste e o Leste.[14]

---

12. C. L. R. James, *The Black Jacobins: Toussaint Louverture and the San Domingo Revolution* (Nova York, 1963).
13. Stephen Englund, *Napoleon: A Political Life* (Nova York, 2004); Laurent DuBois, *Avengers of the New World* (Nova York, 2004); Robin Blackburn, *The Overthrow of Colonial Slavery* (London, 1988).
14. Roger Kennedy, *Mr. Jefferson's Lost Cause: Land, Farmers, Slavery, and the Louisiana Purchase* (Nova York, 2003).

Em Washington, Jefferson ouviu boatos sobre o tratado secreto. Com a intenção de manter vivos os planos utópicos de uma república de homens brancos independentes se expandindo a Oeste, ele já havia se comprometido com a expansão da escravidão. Agora via outra escolha assomar entre o compromisso hipócrita e a destruição. Nenhuma memória amargurava Jefferson mais do que a humilhação que passara em 1786, quando ele e John Adams foram apresentados à corte real britânica como embaixadores da república rebelde. Quando um arauto de peruca vociferou os nomes dos enviados norte-americanos, George III, ainda furioso, se virou ostensivamente, afastando-se de maneira desajeitada enquanto os cortesãos davam risadinhas. E ainda, como Jefferson havia então instruído seu enviado em Paris, Robert Livingston, "existe no globo uma única mancha, sendo que quem a possui é nosso inimigo natural e habitual. Trata-se de Nova Orleans". Jefferson precisava abrir o Mississippi de um jeito ou de outro. Se um exército francês ocupar Nova Orleans, escreveu Jefferson, "devemos nos casar com a frota e a nação britânicas".[15]

Napoleão tinha suas próprias visões. E ignorou a oferta inicial de Jefferson pela cidade na foz do Mississippi. Então, o presidente mandou o futuro presidente, James Monroe, com um lance mais alto: 10 milhões de dólares pela cidade e suas cercanias imediatas. Ainda assim, no fim das contas, Paris não faria esse acordo. Quando o exército gigantesco de LeClerc desembarcou em São Domingos, o que os franceses encontraram em Cap--Français foi uma ruína ardente, incendiada como parte da estratégia de terra queimada. LeClerc teve sucesso ao capturar Toussaint em uma emboscada, e o embarcou para a França, para ser preso em uma fortaleza nas Montanhas Jura. A resistência, entretanto, não cessou. O exército que Louverture tinha montado começou a vencer as batalhas contra aquele enviado por Napoleão. Os generais franceses recorreram ao genocídio, assassinando milhares de suspeitos rebeldes e suas famílias. O terror provocou uma resistência mais violenta, que – juntamente com a febre amarela e a malária – matou milhares de soldados franceses, incluindo LeClerc.

Em meados de 1802, a primeira onda de forças francesas havia enfraquecido. Napoleão, relutantemente, desviou o exército de Louisiana para São Domingos. E então essa segunda expedição para as ilhas caribenhas também foi destruída. Assim, ainda que Toussaint Louverture estivesse tremendo em sua cela do outro lado do oceano, o exército que deixou para trás foi o primeiro a conduzir as ambições de Napoleão a uma derrota decisiva. "Maldito açúcar, maldito café, malditas colônias", ouviram o primeiro dos

---

15. Jefferson to Robert Livingston, April 18, 1802; Jon Kukla, *A Wilderness So Immense: The Louisiana Purchase and the Destiny of America* (Nova York, 2003), 235-259.

brancos resmungando para seu cálice em um jantar de Estado. Em 7 de abril de 1803, o carcereiro de Louverture entrou na cela do velho guerreiro e encontrou o primeiro dos negros sentado ereto, morto em sua cadeira. No mesmo dia, o navio de Monroe surgiu na Costa Francesa. No dia 11 de abril, antes que a diligência de Monroe pudesse alcançar Paris, um ministro francês convidou Livingston a comparecer em seu escritório.[16]

O subordinado de Napoleão fez a Livingston uma proposta de tirar o fôlego: não apenas Nova Orleans, mas toda a Louisiana francesa – toda a margem ocidental do Mississippi e seus afluentes. Agora os Estados Unidos receberam uma oferta – por meros 15 milhões de dólares – de 2,1 milhões de quilômetros quadrados, 530 milhões de acres, a 3 centavos por acre. Essa vasta extensão dobrou o tamanho da nação. Por fim, a terra resultante da compra da Louisiana se tornaria, mais tarde, a área integral ou parcial de 15 estados. Ainda hoje representa quase um quarto da área territorial dos Estados Unidos. Por volta do final do século XX, a sorte inesperada de Jefferson estaria alimentando a maior parte do mundo. Imagina-se que Livingston tenha achado difícil sustentar a fisionomia inexpressiva. Ele concordou com o acordo imediatamente.[17]

Foi assim que, quando 1804 começou, duas cerimônias importantes aconteceram. Cada uma formalizou as consequências da derrubada bem-sucedida, pelas próprias pessoas escravizadas, do mais rentável e mais plenamente desenvolvido exemplo da escravidão imperial europeia do açúcar. Uma das cerimônias aconteceu em Porto Príncipe e foi realizada por um grupo de líderes que sobreviveram à travessia do Atlântico, à escravidão, à revolução e à guerra. No dia 1º de janeiro, proclamaram a independência de um novo país, que chamaram de Haiti – o nome que acreditavam que os taino, habitantes originários, usavam antes de serem totalmente exterminados pelos espanhóis. Embora a história do país seja marcada por massacre, guerra civil, ditadura e desastre – e ainda que as nações brancas tenham sempre encontrado maneiras de excluir o Haiti da comunidade internacional –, sua primeira Constituição independente criou um conceito de cidadania radicalmente novo: apenas pessoas negras poderiam ser cidadãs haitianas. E quem era negro? Todos os que rejeitassem tanto a França quanto a escravidão e aceitassem o fato de que o povo negro governasse o Haiti. Assim, mesmo uma pessoa "branca" poderia se tornar um cidadão "negro" do Haiti, desde que rejeitasse a suposição de que os brancos deveriam governar e os africanos servir.[18]

---

16. DeConde, *Affair of Louisiana*, 161-166.
17. P. L. Roederer, *Oeuvres du Comte P. L. Roederer* (Paris, 1854), 3:461; Comté Barbé-Marbois, *The History of Louisiana: Particularly of the Cession of That Colony to the United States of America*, trans. "By an American Citizen (William B. Lawrence)" (Philadelphia, 1830), 174-175, 263-264.
18. Dubois, *Avengers of the New World*, 297-301.

A independência haitiana não só acabou com os planos de Napoleão para o hemisfério ocidental como também soou o alarme para a primeira forma de escravidão do Novo Mundo. Nas ilhas açucareiras, a produtividade dependia do reabastecimento contínuo de trabalhadores cativos arrancados das entranhas da África. Muitos europeus que não haviam sido convencidos da imoralidade do comércio de escravos africanos agora estavam convencidos de que isso havia trazido destruição a São Domingos, por encher o lugar de homens e mulheres raivosos que tinham experimentado a liberdade em algum momento de suas vidas. O ativismo britânico contra o comércio de escravos, acuado a ponto de fazer uma pausa em 1791 por conta das cabeças cortadas pelos rebeldes de Saint-Domingue e das guilhotinas de Paris, tornou-se a ideia comum em Londres. Em 1807, o Parlamento britânico aprovou uma lei que colocava fim ao tráfico negreiro transatlântico em seu império. Em um futuro próximo, o governo da Grã-Bretanha e sua classe dominante – confiantes de que sua própria abolição do comércio lhes havia proporcionado o que o historiador Christopher Brown chamou, apropriadamente, de "capital moral" – usariam o peso de sua crescente influência econômica para pressionar a Espanha, a França e Portugal a abolir seus respectivos comércios de escravos no Atlântico.[19]

Enquanto isso, o Congresso dos Estados Unidos já vinha levando adiante seu próprio projeto de lei para banir o comércio internacional de escravos para os Estados Unidos – a começar em 1808, o primeiro ano que a Constituição o permitiu. Mas essa proibição do comércio de escravos, instada por Thomas Jefferson em sua mensagem anual para o Congresso em 1806, era uma possibilidade política, em parte porque a travessia atlântica já não era mais vista como uma necessidade econômica. Pés marchando para o Oeste, o Sul e o Sudoeste permitiram que os senhores de escravos nos novos distritos ocidentais da Carolina do Sul, Geórgia e de outros lugares comprassem de um comboio sem fim de pessoas como Charles Ball. Deste modo, a aprovação do projeto de lei não significava que os representantes do Sul que votaram a seu favor acreditassem que a escravidão era errada. Como um deles orgulhosamente insistiu: "A grande maioria das pessoas dos estados do Sul não considera a escravidão um crime."[20]

Em todo caso, a Revolução Haitiana havia tornado possível para os Estados Unidos abrir o Vale do Mississippi para o comércio interno de escravos da nova nação. Cerca de dez dias antes da declaração de independência em Porto Príncipe, em 22 de dezembro

---

19. Christopher Brown, *Moral Capital: Foundations of British Abolitionism* (Chapel Hill, NC, 2006).
20. *Annals of Congress*, 1806, 238; Donald Robinson, *Slavery in the Structure of American Politics, 1765-1820* (Nova York, 1970), 331; David Brion Davis, *Slavery and Human Progress* (Nova York, 1984), 162-163.

de 1803, o novo governador do território da Louisiana havia aceitado a transferência oficial de autoridade em Nova Orleans. A aquisição norte-americana foi possível graças aos sacrifícios das centenas de milhares de homens, mulheres e crianças africanas que se levantaram em São Domingos contra a única instituição social cuja proteção parecia estar escrita na Constituição dos Estados Unidos: a escravização de povos africanos. Essa fé no sucesso da Revolução Haitiana foi uma ironia profunda. Jefferson, cujo argumento a favor da "difusão" se baseava em parte na exploração do medo que os brancos sentiam de haver uma revolta dos escravos, não reconheceu que a vitória póstuma de Toussaint fez com que a expansão da nação – e também da escravidão – se tornasse possível. A única voz denunciando que o presidente republicano era um imperador disfarçado veio de um velho rival de Jefferson, Alexander Hamilton, que escreveu: "estamos em dívida com o clima mortal de St. Domingo [São Domingos] e com a coragem e a resistência obstinada de seus habitantes negros – [A] verdade é que Bonaparte se viu absolutamente obrigado" – e não por Jefferson – "a abandonar o seu ousado plano de colonizar as margens do Mississippi".[21]

Ainda hoje, a maioria dos livros de História dos Estados Unidos conta o episódio da compra da Louisiana sem admitir que a revolução dos escravos em São Domingos a tornou possível. E aqui há outra ironia. Os haitianos haviam iniciado o ano de 1804 anunciando sua grande tentativa de fundar uma sociedade cuja base para a cidadania era a renúncia do privilégio branco, mas, ao mesmo tempo, o sucesso de sua revolução entregou o Vale do Mississippi a um novo império da escravidão. O grande continente incubaria uma segunda escravidão exponencialmente maior que a primeira em termos de poder econômico.

Assim, o homem da gargalheira era um sinal não do fim de uma velha migração forçada, mas do surgimento de uma nova. Contudo, a aquisição do território não se traduz automaticamente em controle. A riqueza potencial não se traduz automaticamente em rios de dinheiro. Para converter a possibilidade em realidade no Vale do Mississippi, os senhores de escravos teriam que trabalhar além das diferenças linguísticas e culturais,

---

21. DeConde, *Affair of Louisiana*, 205-206; Jared Bradley, ed., *Interim Appointment: William C. C. Claiborne Letter Book, 1804-1805* (Baton Rouge, LA, 2003), 13; Alexander Hamilton, in *New-York Evening Post*, July 5, 1803, *Papers of Alexander Hamilton*, 26:129-136. An exception to historians' cover-up: Henry Adams, *History of the Administrations of Jefferson and Madison* (Nova York, 1986 [Library of America]), 1:2, 20-22. Cf. Edward E. Baptist, "Hidden in Plain View: Haiti and the Louisiana Purchase", in Elizabeth Hackshaw and Martin Munro, eds., *Echoes of the Haitian Revolution in the Modern World* (Kingston, Jamaica, 2008).

encontrar novas fontes de escravos, especialmente depois de 1807 e derrotar os desafios a seu poder. E, se pudéssemos ter entrevistado William C. Claiborne, governador do território de Orleans, em 15 de maio de 1809, ele poderia ter tido uma avaliação pessimista sobre as próprias chances. Naquele dia, ele estava rabiscando uma carta em sua mesa, em Cabildo, uma estrutura de pedra branca que ficava na Place d'Armes em Nova Orleans. Construído pelos espanhóis, o Cabildo agora abriga o Museu do Estado de Louisiana, mas nos anos que sucederam a "mudança das bandeiras" de 1804, esse era o centro nevrálgico do governo na fronteira do império.

Claiborne tinha pressa. O ritmo vertiginoso de sua carreira política havia acelerado freneticamente com a expansão dos novos Estados Unidos. Nascido na Virgínia, em 1775, se mudou para o Tennessee e foi eleito, em 1795, o mais novo representante na História dos Estados Unidos. Aliados poderosos na Virgínia haviam-lhe garantido a nomeação como governador federal do território recém-adquirido de Nova Orleans, como era então denominada a Louisiana. Mas parecia que tudo o que queria realizar ali encalhava. Em parte, era por sua culpa. Ele se recusou a aprender francês, por exemplo. Era rude e sem tato, em uma urgência existencial semelhante à de sua nação. Mesmo naquele momento, saltou da cadeira para olhar o rio pela janela, depois caminhou apressadamente de volta à mesa para rabiscar, se contorcendo mais uma vez.[22]

Isso porque o governador havia acabado de receber a notícia problemática de que navios carregados de escravos tinham chegado de Cuba e tentavam atracar no Porto de Nova Orleans, em violação à proibição de importar escravos nos Estados Unidos. A questão da importação de escravos ameaçava ampliar as rivalidades inerentes à natureza daquele território. Residentes francófonos, conscientes da diferença cultural, lutaram nas ruas de Nova Orleans com protestantes anglófonos sobre quais danças deveriam ser executadas em um baile – as que eram moda na Inglaterra ou as populares na França. Mulheres "americanas" (e alguns homens) queixaram-se de que ali os homens brancos e ricos algumas vezes viviam com mulatas até chegar a hora de se casarem com uma branca respeitável. Coisas assim aconteciam na Virgínia – Claiborne conhecia Thomas Jefferson muito bem –, mas geralmente eram mantidas por debaixo dos panos. Enquanto isso, norte-americanos recém-chegados usavam o capital de fora do território para dominar os negócios que agora vinham do livre acesso de Nova Orleans aos produtos

---

22. Peter J. Kastor, *Nation's Crucible: The Louisiana Purchase and the Creation of America* (New Haven, CT, 2004); Lawrence Powell, *The Accidental City: Improvising New Orleans* (Cambridge, MA, 2012); Plumer, *Proceedings*, 223-224, menciona as visitas de três fazendeiros franceses ao Congresso levando queixas sobre Claiborne.

e lucros do interior. Os franceses da Louisiana podiam apenas recorrer ao controle do capital fixo do território, e alguns tentaram excluir os emigrantes norte-americanos recusando-se a lhes vender terras.[23]

O conflito cultural manteve viva a incerteza sobre as lealdades dos povos recentemente incorporados à Louisiana. O império espanhol ainda avultava de maneira ameaçadora tanto nas fronteiras ocidentais quanto nas orientais, recusando-se a abandonar a parte ocidental da Flórida. Boatos sobre conspirações para tirar o Vale do Mississippi do controle de Washington envolviam os espanhóis, os franceses da Louisiana que eram desleais aos Estados Unidos e os anglófonos excessivamente ambiciosos. O mais notório foi o esquema de 1806, supostamente organizado pelo ex-vice-presidente Aaron Burr e pelo General James Wilkinson – um plano para estabelecer uma república separatista na Louisiana. Apesar de Wilkinson ser um agente pago a serviço da Espanha, ele não foi preso. Burr sim, mas seu julgamento posterior por traição se transformou em um desastre para Jefferson. O presidente saiu da situação como um homem ansioso por distorcer as evidências para se vingar de um rival (nomeado candidato a vice-presidente de Jefferson na campanha para as eleições presidenciais de 1800, Burr havia declaradamente tentado roubar a presidência ao cooperar com os federalistas para conduzir as eleições na Câmara dos Deputados).[24]

O mais incerto de tudo na revolução de São Domingos era o futuro da escravidão na Louisiana. Os registros legais do território de Orleans, de 1804 a 1810, mostram uma contagem de 15.927 pessoas escravizadas, e os acadêmicos encontraram informação suficiente para fazer uma identificação étnica em 5.527 casos. Desses, 61% parecem ter nascido na África, 27% na Louisiana, 6% no Caribe e 6% na América do Norte anglófona (ver Tabela 2.1). Dezenas de línguas africanas entraram pelos ouvidos dos que frequentavam os mercados de Nova Orleans. Os olhos notaram estranhas "cicatrizes étnicas", escarificações tribais feitas no rosto de homens e mulheres vindos dos campos de cana-de-açúcar. Os "pretos estranhos" da África pareciam particularmente propensos à resistência. "Nosso amigo de Quondam, o *Mandingo Charles*, também conhecido como

---

23. Berquin-Duvallon, *Travels in Louisiana*, 28-29, 80; Vincent Nolte, *Memoirs of Vincent Nolte* (Nova York, 1934); Sarah P. Russell, "Cultural Conflicts and Common Interests: The Making of the Sugar Planter Class in Louisiana, 1795-1853" (PhD diss., Universidade de Maryland, 2000); Kenneth Aslakson, "The 'Quadroon-Placage' Myth of Antebellum New Orleans: Anglo-American (Mis)binterpretations of a French-Caribbean Phenomenon", *Journal of Social History* 45 (2012): 709-734; Jennifer Spear, *Race, Sex, and Social Order in Early New Orleans* (Baltimore, 2009).
24. Peter C. Hoffer, *The Treason Trials of Aaron Burr* (Lawrence, KS, 2008); James Madison to Gov. Claiborne, 12/1/1807, TP, 9:702.

Golias, fugiu novamente da fazenda[;] também um homem de Ebo chamado *Cracker*", escreveu John Palfrey, em 1810, de sua propriedade Cannes Brûlées (Cana Queimada), na paróquia de St. Charles, a 80 quilômetros rio acima de Nova Orleans. Palfrey, um comerciante de Massachusetts, havia se mudado para a Louisiana, na década de 1790, para assumir a atividade açucareira do cunhado. No final de 1810, incapaz de tirar a empresa das dívidas, vendeu-a para dois empreendedores de Nova Orleans, William Kenner e Stephen Henderson, e deu início a uma atividade de cultivo de algodão na região de Attakapas, na Louisiana. Cracker permaneceu nos bosques de St. Charles.[25]

Tabela 2.1
Origem das pessoas escravizadas encontradas nos registros de Nova Orleans, 1804-1810

Origem*	Quantidade	Porcentagem dos identificados
Africana	3.387	61,3
Crioula da Louisiana	1.482	26,8
Anglo	338	6,1
Caribenha	304	6,1
Outra	16	–
Não identificada	10.400	–
Total	15.927 [5.527]	100

Fonte: Hall Database, www.ibiblio.org/laslave/.
* Busca pela "Origem" variável, exceto para alguns grupos africanos, nos quais um "Local de nascimento" variado era usado.

São Domingos estava presente, em espírito, na Louisiana que Claiborne tentava governar. A maioria dos policiais brancos nas ruas de Nova Orleans havia nascido na ilha francesa. O açúcar e os especialistas em açúcar também haviam ido da colônia incendiada para a Louisiana. Em 1794, um trabalhador do açúcar refugiado, Antoine Morin, ajudou Étienne Boré a se tornar o primeiro fazendeiro da Louisiana a granular açúcar a partir da

---

25. J. P. to J. Johnston, 1º/2/1810, Folder 1, PALF; Adam Rothman, *Slave Country: American Expansion and the Origins of the Deep South* (Cambridge, MA, 2005).

cana. Uma pequena São Domingos brotou ao longo dos grandes rios da "Costa Alemã", que se estendia da paróquia de St. James até a cidade propriamente dita. Os canaviais substituíram os milharais. Setenta e cinco engenhos de açúcar estavam em operação em 1804. Ao longo desses 160 quilômetros de desenvolvimento, o oficial do exército Amos Stoddart viu "cenas de miséria e angústia". E acrescentou, fazendo coro com Jefferson: "Feridas e lacerações ocasionadas por senhores e carrascos degenerados, que, em sua maioria, exibem uma combinação estranha de ignorância e depravação, torturam os sentimentos do estrangeiro e espremem o sangue de seu coração... Bom Deus! Por que dorme a Tua vingança!"[26]

Aparentemente incapazes de pensar além de um livro de histórias que já tinha terminado em vingança, os refugiados de São Domingos e seus compatriotas francófonos ou hispanófonos exigiam mais escravos. Da perspectiva deles, a colônia da Louisiana estava há muito faminta de africanos escravizados, tendo importado menos de 2 mil na década anterior à aquisição norte-americana. Quando Claiborne chegou, em 1804, trazendo a notícia de que o Congresso provavelmente bloquearia o comércio internacional de escravos para o território, descobriu "um sentimento quase universal a favor desse comércio desumano". "A proibição daquilo", relatou, foi "uma grande fonte de descontentamento" entre os francófonos, mas mesmo os residentes anglófonos concordaram que *precisavam importar mais escravos ou ficariam arruinados para sempre*".[27]

Arruinados! E para sempre! "Nenhum assunto parece ser tão interessante para sua mente", escreveu um dos deputados de Claiborne, "como o das importações de pretos brutos da África". *Nègres bruts*, pessoas recentemente roubadas ou, como também os chamavam: *têtes*, cabeças. Claiborne informou que uma reabertura do comércio iria "reconciliar melhor" os residentes franceses "com o governo dos Estados Unidos do que qualquer outra permissão que pudesse ser estendida" – embora se preocupasse com que os africanos escravizados pudessem transformar a Louisiana em "outra São Domingos". Em julho de 1804, entretanto, os brancos da Louisiana descobriram que o Congresso também estava planejando proibir o comércio interno de escravos de outras partes

---

26. J. Carlyle Sitterston, *Sugar Country: The Cane Sugar Industry in the South, 1763-1950* (Lexington, KY, 1953), 3-11; Ira Berlin, *Many Thousands Gone: The First Two Centuries of Slavery in North America* (Cambridge, MA, 1998), 325-357; Stoddard, *Sketches*, 332-333; C. C. Robin, *Voyages dans L'Intérieur de la Louisiane*, (Paris, 1807), 109-110; Russell, "Cultural Conflicts", 55.
27. James Pitot, *Observations of the Colony of Louisiana, from 1796 to 1802* (repr. Baton Rouge, LA, 1979), 9; Claiborne to President Jefferson, November 25, 1804, TP, 9:340; Gilbert Leonard to Claiborne, January 25, 1804, TP, 9:172. Sobre a Louisiana ter importado apenas alguns milhares de **escravos antes de 1801 a 1804**: TASTD; Rothman, *Slave Country*, 89-91.

dos Estados Unidos para a Louisiana. Nova Orleans explodiu. Nas reuniões públicas, ressoavam ameaças de secessão. Os líderes comunitários cercaram Claiborne: "Os personagens mais respeitáveis não conseguiam, *mesmo em minha presença*, acalmar seus ânimos, quando uma repressão para esse comércio foi sugerida."[28]

Antes da implementação das proibições ao comércio de escravos, em outubro, os empreendedores se apressaram em trazer negros africanos, não os "milhares" que Claiborne havia previsto, mas 463, em seis navios vindos da África, e 270 em outros três, da Jamaica e de Havana. Entretanto, no ano seguinte, o Congresso aprovou uma lei elevando Nova Orleans ao mesmo status territorial do Mississippi. O procurador-geral do território, James Brown, um virginense que possuía uma fazenda açucareira na Costa Alemã, lançou-se sobre a brecha aberta pela lei. O Mississippi podia importar pessoas escravizadas de outros estados, e até mesmo importar escravos africanos baldeados em outros portos. Portanto, insistiu Brown, os proprietários de escravos do território de Nova Orleans também poderiam. Jefferson permitiu que a decisão sobre o território se mantivesse. As importações de escravos foram retomadas.[29]

Um a um, como o homem da gargalheira, dois a dois, ou por carregamentos inteiros de navios enviados da África através de Charleston, os comerciantes levaram centenas, ou talvez até mesmo milhares de *nègres bruts* para Nova Orleans antes do fechamento do comércio legal de escravos pelo Atlântico no fim de 1807. Além disso, os senhores de escravos – incluindo um juiz do Tennessee chamado Andrew Jackson – estavam mandando pessoas escravizadas que falavam inglês pelo Rio Mississippi. Os novos fluxos de escravos para Nova Orleans começaram a atender as demandas dos recém-chegados, os fazendeiros refugiados e também os velhos empresários de ascendência francesa [*creole*]. Em um único ano, de 1804 a 1805, o número de pessoas vendidas em Nova

---

28. John Watkins to Claiborne, February 2, 1804, WCCC, 2:10-11; Claiborne to Madison, July 5, 1804, March 10, 1804, ibid.; cf. Claiborne to Albert Gallatin, May 8, 1804, ibid., 2:235-237, 25-26, 134; *Annals of Congress*, vol. 14, 1595-1608; W. E. B. DuBois, *Suppression of the African Slave-Trade to the United States* (Nova York, 1896), 89-90; James E. Scanlon, "A Sudden Conceit: Jefferson and the Louisiana Government Bill", *Louisiana History* 9 (1968): 139-162; Sarah P. Russell, "Ethnicity, Commerce, and Community on Lower Louisiana's Plantation Frontier", *Louisiana History* 40 (1999): 396-399; Robinson, *Slavery in American Politics*, 398; Claiborne to President Jefferson, November 25, 1804, TP, 9:340; "Act for Organization of Orleans Territory", March 26, 1804, TP, 9:202-213. Os sulistas e os seus aliados do Congresso, incluindo John Quincy Adams, derrotaram um esforço para libertar todos os escravos importados para o território.
29. McMillin, *Final Victims*, Appendix B; Claiborne to Madison, May 8, 1804, WCCC, 2:134, 358-361; Claiborne to President Jefferson, November 25, 1804, TP, 9:340; Rothman, *Slave Country*, 92-95; Brown to Gallatin, December 11, 1805, TP, 9:545-547.

Orleans aumentou quase cinco vezes, e a média dos preços baixou conforme a oferta aumentava (ver Tabelas 2.2 e 2.3). Nem todos os vendedores – ou compradores – eram brancos. O feitor de John Palfrey relatou que havia comprado uma "mucama" de "um mestiço chamado John Chassier". Chassier era, como Palfrey notou, muito persistente na cobrança de sua dívida.[30]

Tabela 2.2
Escravos vendidos em Nova Orleans, de 1800-1819, por incrementos a cada cinco anos

	Homens Percentual	Homens Contagem	Mulheres Percentual	Mulheres Contagem	Total Percentual	Total Contagem
1800-1804	54,0%	1.036	46,0%	882	100,0%	1.946
1805-1809	56,4%	3.103	43,6%	2.399	100,0%	5.632
1810-1814	56,3%	4.119	43,7%	3.196	100,0%	7.458
1815-1819	51,9%	6.497	48,1%	6.022	100,0%	12.771
Total	54,1%	14.755	45,9%	12.499	100,0%	27.807

Fonte: Hall Database, www.ibiblio.org/laslave/.

Graças a decisões tomadas em Londres e Washington, a explosão não durou. A Grã-Bretanha insistiu em buscar e apreender navios mercantes norte-americanos cujo destino era a França inimiga, muitas vezes sequestrando alguns dos marinheiros dos navios para trabalharem na marinha britânica. Em 1807, Jefferson proibiu todo o comércio exterior. Sua teoria era de que a França e a Grã-Bretanha sofreriam tanto que concordariam em respeitar a navegação neutra e permitiriam que as embarcações norte-americanas transportassem carregamentos de tabaco, açúcar e outros gêneros sempre que pudessem encontrar o melhor mercado.

Durante 18 meses, o governo lutou para reforçar a política de Jefferson. O contrabando desenfreado furou o embargo e minou a afirmação da autoridade presidencial internamente e no estrangeiro. Mas o contrabando não conseguia preservar a economia

---

30. Frederic Bancroft, *Slave-Trading in the Old South* (Baltimore, 1931), 300n19; Claiborne to A. Jackson, 23/12/1801; John Hutchings to Jackson, December 25, 1801, CAJ, 1:265, 266.

dependente de exportações de Nova Orleans e, durante 1808, o embargo arrefeceu as vendas de escravos. Finalmente, três dias antes de Jefferson deixar o cargo, no dia 1º de março de 1809, o Congresso substituiu o embargo pela Lei de Não Intercurso, que tentou proibir o comércio dos Estados Unidos apenas com a França e a Grã-Bretanha.

Então, agora estamos de volta ao dia 15 de maio de 1809, com Claiborne à beira do pânico em seu escritório, pois, como a carta que escrevia informava a seus superiores em Washington, um navio que veio de Santiago, Cuba, "com um número de passageiros franceses e 36 escravos" estava perto da cidade. Muitos refugiados de São Domingos tinham se mudado para a Cuba espanhola. Alguns desses franceses ajudaram a incubar a nova indústria açucareira cubana. Mas, no começo de 1809, quando Napoleão invadiu a Espanha, a retaliação do Império Espanhol foi expulsar os refugiados de suas possessões. Agora, um carregamento dessas pessoas, duas vezes refugiadas, havia atravessado a barra de Balize procurando por asilo. Um barco mensageiro veloz tinha dado a notícia e estava esperando por instruções do governador.

Tabela 2.3
Escravos vendidos na paróquia de Orleans,[31] 1804-1811: vendas individuais

	Escravos homens	Preço médio em dólares	Escravas mulheres	Preço médio em dólares	Total do número vendido	Preço médio em dólares
1804	75	537	53	486	128	514
1805	340	489	296	469	636	480
1806	241	564	199	520	440	544
1807	341	576	288	536	629	558
1808	255	599	222	503	477	555
1809	627	575	414	494	1.041	539
1810	521	568	446	507	967	539
1811	420	562	396	525	816	544

Fonte: Hall Database, www.ibiblio.org/laslave/.

---

31. "Paróquia" é, na Louisiana, a subdivisão político-administrativa estadual equivalente ao condado. (N. do R. T.)

Claiborne não sabia o que fazer. Muitos dos ex-refugiados da cidade seriam extremamente favoráveis a esta última onda, pois tinham deixado fazendas de café e engenhos de açúcar em Cuba. Mas alguns trouxeram escravos e, por isso, receber-lhes de braços abertos seria violar a lei federal. E, antes que o governador pudesse até mesmo finalizar sua primeira carta para Washington – uma carta irrelevante, já que não traria uma resposta a tempo de resolver a crise imediata –, o cônsul francês local chegou com a notícia de que outras 6 mil pessoas estavam a caminho. Claiborne mandou o cônsul de volta o mais rápido que pôde, violou o selo da primeira carta para Washington e rabiscou um pós-escrito desesperado: "Tão grande e súbita, uma emigração para este território será uma fonte de graves inconvenientes e embaraços para nossos próprios cidadãos."[32]

Claiborne poderia facilmente assinalar as dificuldades que a situação apresentava. Havia o problema de encontrar comida, abrigo e emprego para 9 mil pessoas em uma cidade que normalmente suportava 15 mil. Existia o problema legal de trazer escravos. E, ainda, havia o fato de que um terço dos refugiados eram pessoas de pele escura livres, proibidas de imigrar para os Estados Unidos e indesejadas pelos brancos de Nova Orleans – principalmente pelos anglófonos, que preferiam a clareza ostensiva de seu próprio padrão norte-americano, segundo o qual todos os negros eram presumidamente escravos. No entanto, nos dias que se seguiram, as pessoas brancas de Nova Orleans organizaram reuniões e escreveram petições insistindo que Claiborne admitisse os refugiados.[33]

A simpatia os impeliu, mas assim também o fizeram outras forças de atração. "Eu não tenho dúvida", escreveu o prefeito de Nova Orleans para Claiborne, pressionando-o com cuidado a admitir os refugiados e seus escravos, "que o resultado seria o assentamento de muitas fazendas novas, que dariam grandes culturas de algodão e outros produtos em menos de três anos." Mais comércio, mais conexões com outros mercados, e – isto estava implícito – mais unidade entre os cidadãos brancos, independentemente de sua

---

32. Claiborne to R. Smith, 15/5/1809, WCCC, 4:354-355; Paul Lachance, "The 1809 Immigration of the St. Domingue Refugees", in Carl Brasseaux and Glenn Conrad, eds., *The Road to Louisiana: The Saint-Domingue Refugees, 1792-1809* (Lafayette, LA, 1992), 246-252; Paul Lachance, "The Foreign French", in Arnold Hirsch and Joseph Logsdon, eds., *Creole New Orleans: Race and Americanization* (Baton Rouge, LA, 1992), 101-130; Extrait des documents, 1804; Dautouville to Miltenberger, julho de 1806, ambos Miltenberger Papers, SHC. Alguns dos cidadãos franceses foram de São Domingos para Cuba pouco depois de 1791, e outros, mais tarde, em 1803. Alguns daqueles denominados como "escravos" na imigração para a Louisiana haviam sido transportados de São Domingos para Cuba, enquanto outros haviam sido levados para lá como escravos nos 18 anos que os franceses passaram em Cuba. Ver Rebecca J. Scott, "Paper Thin: Freedom and Re-Enslavement in the Diaspora of the Haitian Revolution", *Law and History Review* 29, n. 4 (2011): 1061-1087.
33. Claiborne to R. Smith, July 29, 1809, WCCC, 4:391-393.

língua nativa. Permitir a expansão da escravidão, como o prefeito e outros ricos da Louisiana insistiram, tornou os brancos de Nova Orleans e dos Estados Unidos mais prósperos e unidos, ligando estados e facções. Então Claiborne se rendeu. Os refugiados se derramavam ao longo do rio. O Congresso iria (quando ciente) se esquivar, mas recuou e consentiu essa exceção retroativa à proibição do comércio internacional de escravos em 1807. O próprio governador fez cumprir apenas uma única lei. Seguindo as regulamentações territoriais ao pé da letra, expulsou todos os homens de cor livres e com idade superior a 15 anos que haviam entrado nos navios de refugiados. As mulheres e as crianças poderiam ficar.[34]

"Para os chegados de Cuba". Foi assim que A. Bonamy, um proprietário escravista da Louisiana, direcionou seu anúncio no jornal de Nova Orleans chamado *Moniteur de la Louisiane*. "Contratarei trinta *nègres de la hache*" – "escravos do machado" pode ser uma tradução grosseira – "e um número de negros da lida para os arrendamentos mais longos". Em 1809, o número de escravos vendidos em Nova Orleans subiu acentuadamente. Perto de um terço daqueles trazidos de Cuba foram comprados por senhores que precisavam imediatamente de fundos para recomeçar. Como sempre acontecia nas histórias de deslocamento, as pessoas que estavam preparadas e eram capazes de tirar proveito da dificuldade conseguiram se sair bem. Uma delas era Christian Miltenberger, um médico de origem francesa que havia sido expulso de Cuba em 1809. Pouco antes de embarcar no navio que o levaria à Louisiana, tinha comprado, de um colega refugiado chamado Marie François, um homem que se chamava Pierre Louis. Este havia nascido escravo em São Domingos e sido transportado para Cuba quando seu proprietário fugira de lá em algum momento entre 1791 e 1804, durante a revolução. Miltenberger vendeu algumas pessoas assim que chegou a Nova Orleans, o que lhe permitiu recomeçar sua carreira como fazendeiro, mas não vendeu Pierre Louis. Usando o dinheiro das vendas de outros escravos, Miltenberger fundou uma pequena fazenda de açúcar, onde colocou Pierre Louis para trabalhar duro.[35]

---

34. James Mather to Claiborne, 18/7/1809, WCCC, 4:387-409; Claiborne to Julien Poydras, 29/5/1809, ibid., 4:371-372; Claiborne to R. Smith, 20/5/1809, ibid., 4:363-367; Claiborne to William Savage, November 10, 1809, ibid., 5:4-6; *Annals of Congress*, 11th Cong., Pt. 1, 462-465, "House Debate on Emigrants from Cuba".
35. "Aux Arrivans de Cuba: On prendrait à loyer.... une trentaine de nègres de hache & quelques négresses de travail", *Moniteur de la Louisiane*, 5/8/ 1809; "Vente a L'Encan", ibid., 7/10/1809; HALL, 60131, 54165; F. Carrere a Miltenberger, 18/4/1809, e Miltenberger para N. Fournier, 27/9/1809, Arquivos de Miltenberger, SHC. Itálicos do autor.

A chegada dos refugiados injetou novos trabalhadores escravizados e novos compradores de terras nas partes baixas da Louisiana. As grandes dificuldades e a dissonância cultural entre os ingleses e os franceses, assim como a distância de Washington, retardaram a incorporação da parte mais nova do Oeste aos Estados Unidos. A incorporação dos refugiados ajudou a apaziguar as fontes de atrito. Os escravos dos refugiados foram responsáveis pelo crescimento da população escrava em um quarto do crescimento, de 22.701 pessoas para mais de 34 mil no território de Orleans, entre 1806 e 1810. Do mesmo modo, configuravam 16% das 3 mil pessoas vendidas como escravas em Nova Orleans entre 1809 e 1811 (ver Tabela 2.4). O império norte-americano se expandiu em vez de recair em uma disputa entre os senhores de escravos locais pelos recursos escassos.[36]

Tabela 2.4
Escravos importados para a Louisiana, 1809-1811

Origem	Número listando um ponto de origem para a viagem*	Porcentagem
Louisiana	176	19,9
Estados Unidos Orientais	251	28,3
Estados Unidos Ocidentais (não incluindo a Louisiana)	287	32,4
Caribe (não incluindo Cuba e São Domingos)	28	3,2
Refugiados de São Domingos	144	16,3
Total	886	99,9

Fonte: Hall Database, www.ibiblio.org/laslave/.
* A variável usada foi "Via", que registra o lugar do qual, ou por onde, o vendedor levou o escravo para Nova Orleans; outras 9.157 vendas e/ou os registros de sucessões não contêm nenhuma entrada para essa variável.

NEM TODO MUNDO NO VALE DO MISSISSIPPI estava disposto a cooperar. O império rival espanhol ainda esperava impedir o crescimento dos Estados Unidos. Assim como a Grã-Bretanha. E 50 mil norte-americanos nativos, que não pretendiam entregar o solo

---

36. Don Dodd e Wynelle Dodd, *Historical Statistics of the United States* (Tuscaloosa, AL, 1973-1976); R. Claiborne para Madison, 31/12/1806, TP, 9:692-702.

fértil que tinham sob os pés, ainda viviam nos milhões de acres que as companhias do Yazoo e outros especuladores haviam, com sucesso, transformado em papel nas transações financeiras das cidades do Norte dos Estados Unidos. Esses conflitos aconteceriam, e rápido. Ainda mais rápido, em 1811, as pessoas escravizadas que haviam sido trazidas em tamanha diversidade ao Vale do Mississippi, como "cabeças" e "escravos do machado", fariam sua própria tentativa de mudar o curso das coisas.

Ao longo da margem Leste do rio, acima de Nova Orleans, na Costa Alemã, dezenas de campos de trabalho escravo se espalhavam, a partir do rio, em "lotes longos" esquadrinhados por franceses, tiras estreitas de terra que se estendiam por cerca de 2 ou 3 quilômetros em um terreno limpo até alcançar um denso cinturão de pântanos cercados por florestas. Seu padrão, que ainda hoje pode ser visto quando a região é sobrevoada, deu acesso ao Mississippi para o maior número possível de grandes proprietários de terra. Cada herdade possuía uma fatia do solo incrivelmente fértil que ficava entre o dique e os pântanos, que eram quase intransponíveis, cheios de jacarés, cobras, panteras e ursos. Os fugitivos tentaram se refugiar ali, se escondendo de feitores e dos negros alforriados que trabalhavam como apanhadores de escravos. Aos 40 anos, Phillip, também conhecido como Coles, fugiu da nova propriedade de Kenner e Henderson – a velha Cannes Brûlées de John Palfrey – no início de novembro de 1810, quando teve início o intenso trabalho da colheita de açúcar. Ele havia sido trazido de Natchez, pelo rio, em um barco retangular a remo, e vendido a Kenner e Henderson naquele mesmo ano. Alguns quilômetros mais perto da cidade, ficava um imenso campo de trabalho que ainda sobrevive como uma fazenda-modelo, "Ormond". Richard Butler da Pensilvânia e seu parceiro de negócios, Samuel McCutcheon, tinham comprado recentemente dezenas de novas pessoas escravizadas de Ormond, uma das quais era John, com seu 1,80m de altura. Ele também correu para a floresta em novembro, e não retornou. E em algum lugar por ali, à medida que 1811 raiou, o fugitivo de John Palfrey, "Cracker", ainda estava à espreita.[37]

A colheita de açúcar terminou no início de janeiro. Durante semanas, os feitores e os senhores pressionaram os capatazes escravizados, que, por sua vez, pressionaram os cortadores de cana, os carregadores e as mulheres que alimentavam o moinho com cana, dia e noite, em jornadas duplas. Os fabricantes de açúcar, os artesãos (livres ou escravos) que supervisionavam o processo artesanal de ferver, escumar e cristalizar o caldo de cana em açúcar também coagiam seus subordinados dia e noite. Então, alguns dos escravizados passavam os dias carregando tonéis de açúcar e melaço para barcaças e pirogas, com o fim de transportá-los até Nova Orleans. A maioria dos milhares de escravizados trazidos da África e do Caribe nos dez anos anteriores, os nascidos na

---

37. *LC*, 19/11/1810; *LG*, 612/1810, 24/7/1810.

Louisiana e também alguns da Virgínia e de Maryland trabalharam nas monótonas tarefas de janeiro, como desenterrar campos minados de restolhos afiados e cortantes de cana-de-açúcar, para que a próxima safra pudesse ser plantada.

Se você estivesse dando uma volta lá fora perto da meia-noite, no sábado, dia 5 de janeiro de 1811, teria ouvido, do lado do rio, onde os diques protegiam as terras de Manuel Andry das enchentes de primavera, um murmúrio de homens que misturavam um francês colonial [*creole*] e um inglês mal falado. Eles não estavam apenas sentados, tomando uns tragos de uma jarra de tafiá – o rum cru e desagradável do caldo de cana. Também não estavam simplesmente reclamando com grunhidos grosseiros ora sobre as mulheres, ora sobre esse feitor ou aquele proprietário de escravos. Aqueles homens planejavam o que se tornaria a maior rebelião de escravos nos Estados Unidos antes da Guerra Civil.

Eles vinham de muitos lugares. Com base em seu nome, por exemplo, poderíamos supor que Amar tinha nascido na região de influência muçulmana de Sahel, na África Ocidental. O mulato Harry, propriedade de William Kenner e Stephen Henderson, provavelmente vinha de Chesapeake. Quamana, pertencente ao procurador do território, James Brown, pode ter vindo da atual Gana, e provavelmente havia sido levado até ali devido ao sucesso de seu proprietário em abrir o comércio internacional de escravos para a Louisiana. Quanto a Charles Deslondes, que levaria o crédito e seria culpado como líder e instigador da revolta, não sabemos com precisão quem foi. Pode ter sido um "crioulo" – ou, em outras palavras, alguém nascido na Louisiana. Mas muitos relatos contemporâneos diziam que ele nasceu em São Domingos e serviu como *commandeur*, ou feitor escravizado, de Andry. O que de fato sabemos é que em 1809, antes de deixar Santiago como refugiado, Auguste Girard comprou um homem chamado Charles. Esse Charles nascera em São Domingos, em 1787, e, portanto, tinha idade suficiente para se lembrar um pouco de 1791. Quando Girard chegou a Nova Orleans, vindo de Cuba, vendeu 11 escravos. Um deles era Charles, e Manuel Andry foi o comprador. Talvez esse Charles, criado tanto no turbilhão da escravidão quanto da revolução açucareira, fosse o mesmo a quem Andry dera a tarefa de organizar seus escravos de campo no processo coordenado de colheita e refinamento da cana-de-açúcar. Talvez o Charles de Girard fosse o Charles Deslondes, que supostamente convocou a reunião no dique naquela noite do dia 5.[38]

---

38. Quartier Générale, January 13, 1811, "Interrogation du Cupidon", January 13, 1811, SCPOA; HALL; Thomas Marshall Thompson, "National Newspaper and Legislative Reactions to Louisiana's Deslondes Slave Revolt of 1811", *Louisiana History* 33 (1992): 5-29; James H. Dormon, "The Persistent Specter: Slave Rebellion in Territorial Louisiana", *Louisiana History* 18 (1977): 389-404; *Richmond Enquirer*, 22/2/1811, relatou como líder "Charles, um rapaz pardo, propriedade de sr. Andre"; LG, 11/1/1811; Albert Thrasher, *On to New Orleans! Louisiana's Heroic 1811 Slave Revolt* (New Orleans, 1996), 297; Rothman, *Slave Country*.

Como quase sempre acontece com as revoltas de escravos e as alegações de conspirações de revoltas, só sabemos qualquer coisa a partir de confissões feitas por alguns dos rebeldes capturados. Talvez "saber" não seja o verbo correto a se utilizar quando a informação vem de pessoas torturadas, desesperadas para salvar a própria pele. No entanto, pelo que se pode concluir, parece que depois da reunião sob o dique, os líderes – Amar, Quamana, Harry e outros na fraternidade dos *commandeurs* e refinadores de açúcar de cima a baixo da Costa Alemã – voltaram para suas respectivas fazendas para espalhar a notícia entre os que confiavam. Exceto Charles – ele seguiu pelo rio em direção ao longo lote pertencente a Etienne Trepagnier. Dois quilômetros e meio depois, Charles chegou às terras de Trepagnier, onde "sua mulher" vivia. Charles, como um *commandeur*, teria sido escolhido pelo carisma, pela força da mente e do corpo para impor sua vontade sobre quem deveria segui-lo, pela inteligência e pela discrição em saber quando pressionar e quando parar de pressionar. Essas qualidades provavelmente o tornaram atraente para muitas mulheres. E as mesmas qualidades também fizeram dele a liderança ideal para uma revolta.[39]

No domingo à noite, Charles e alguns outros viajavam, encobertos pela escuridão, subindo o rio até as terras de Andry. Augustin, um dos escravos de Trepagnier, mais tarde alegou que só foi com Charles porque o *commandeur* apontou uma arma contra ele. Talvez Charles temesse que Augustin fosse um traidor. Ou talvez Augustin tenha inventado a história da arma para salvar a própria pele. Qualquer que seja o caso, a maior parte desse núcleo se escondeu nos bosques próximos às terras de Andry, enquanto Charles voltava para trabalhar debaixo do nariz de Manuel Andry e Gilbert, seu filho adulto. Enquanto os fugitivos esperavam, talvez tenham discutido um acontecimento sobre o qual todos sabiam um pouco: a revolta no Plaine-du-Nord de São Domingos. Aquela revolta também havia sido planejada por escravos de status elevados, como os *commandeurs*. Lá, os líderes também tinham se reunido em uma cerimônia noturna. E, da mesma maneira, os rebeldes esperavam reunir uma força poderosa nas fazendas de açúcar para superar a oposição dos brancos antes que estes formassem uma coalizão.

A chave da estratégia dos insurgentes em 1811 foi uma marcha direto para Nova Orleans. Ao que parece, eles acreditavam superar os brancos em um número suficiente na Costa Alemã para varrer o que se colocasse em seu caminho. Então, poderiam conquistar a cidade, a articulação do poder dos senhores de escravos no Sudoeste dos Estados Unidos e tomá-la como o coração da costa escrava em revolta. Alguns dos *commandeurs*

---

39. Trial Augustin, 25/2/1811, SCPOA, 1811, n. 20; Glenn Conrad, *The German Coast: Abstracts of the Civil Records of St. Charles and St. John the Baptist Parishes, 1804-1812* (Lafayette, LA, 1981), 108.

e empregados da casa teriam entendido que 1811 era um momento particularmente propício, devido ao confronto da Louisiana com a Espanha nas fronteiras da "Flórida Ocidental", a terra de Mobile no Alabama até a Costa Norte do Lago Ponchartrain. Os Estados Unidos reivindicavam aquela propriedade como sua. O governador Claiborne havia ordenado ao general Wade Hampton – o mesmo Hampton que comprara Charles Ball na Carolina do Sul agora estava em busca de glória e acesso a novas terras como um oficial recentemente mobilizado do exército dos Estados Unidos – para marchar com suas tropas para longe de seu posto usual em Nova Orleans e plantar a bandeira dos Estados Unidos na Flórida Ocidental. No entanto, no dia 6 de janeiro, alguém – rebeldes precipitados ou um fugitivo – atacou uma carroça do serviço postal. Quando escutou a notícia, Claiborne ordenou a Hampton que atrasasse a marcha em direção à Flórida Ocidental. Na tarde de segunda-feira, dia 7, enviou outra nota a Hampton, descrevendo o que sabia "em relação ao movimento dos Insurgentes" e ordenando que Hampton mantivesse as suas tropas perto da cidade.[40]

O sol nasceu e se pôs na terça-feira, dia 8 de janeiro. Rio acima, atrás das casernas de Andry, Charles reuniu as pessoas escravizadas que o seguiriam. Quando deu meia-noite, marcharam para a entrada da casa de Manuel Andry. Arrombaram a porta com um machado e invadiram. Procuraram por Manuel, o homem que se dizia senhor deles. O filho de Manuel bloqueou o caminho, então os revoltados cortaram o jovem. Um oblíquo golpe de machado perseguiu o pai enquanto este se jogava janela afora, mas ele conseguiu se safar e chegou a um barco próximo ao dique. Andry se lançou no rio pela margem ocidental do Mississippi, onde planejava disparar o alarme.[41]

No Leste, os rebeldes já estavam indo em direção a Nova Orleans pela estrada do rio. Em toda propriedade que passavam, agregavam mais recrutas. Nas terras de Andry, Júpiter estava entre os primeiros. Por quê? Mais tarde, diria que queria "ir para a cidade para matar brancos". Duas paróquias os separavam da cidade, um pouco mais de 80 quilômetros depois da curva do rio. Em seguida, os rebeldes invadiram a terra do juiz local, Achille Trouard, que os ouviu chegando e se escondeu no canavial com suas sobrinhas enquanto o grupo passava. Quando o sol surgiu, os rebeldes atravessaram uma a uma das fazendas da paróquia de St. Charles: Picou, Kenner e Henderson, Trepagnier e Delhomme.[42]

---

40. Claiborne to Wade Hampton, January 7 (1 & 2), 1811, WCCC, 5:91-92.
41. Interrogation "Koock", 14/1/1811, SCPOA; Mary Ann Sternberg, *Along the River Road: Past and Present on Louisiana's Historic Byway* (Baton Rouge, LA, 1996), 130; *Moniteur*, 15/1/1811; Thrasher, *On to New Orleans*, 268.
42. Interrogatório de Jupiter de "Jugement du Nègre de M. Andry", 20/2/1811, nº 17, SCPOA.

Às 6h30 do dia 9 de janeiro, o *commandeur* Pierre acordou seu senhor Hermogène Labranche. Os escravos que vinham de Delhomme, logo acima do rio, informaram a Pierre que um exército rebelde estava em marcha. Mais tarde, Pierre diria que os mensageiros teriam desertado do exército dos rebeldes, mas poderiam ser batedores querendo sondar se Pierre teria preparado os escravos da fazenda para se juntar a eles quando os "bandidos" aparecessem nas senzalas dos escravos de Labranche. Em vez disso, Pierre optou por alertar Labranche, que saltou da cama e fugiu para o bosque com sua esposa e um escravo chamado François. Ainda assim, quando os rebeldes arremeteram contra o engenho de açúcar de Labranche, dez escravos se juntaram a eles.[43]

Seguiram marchando. Lindor (que era propriedade de Kenner e Henderson) caminhava na frente tocando tambor. Mathurin, reivindicado pelos Broussard, segurava sua espada como se fosse um oficial. Assim também o fazia Dagobert, o *commandeur* dos canaviais de Joseph Delhomme. Hyppolite encontrou um cavalo e o montou. Raimond, que se juntou aos outros na casa de Labranche, levava um mosquete. Outros amarraram facões de cortar cana em longas varas, como chuços. Alguns improvisaram estandartes. Nascidos na Louisiana, no Kentucky, em São Domingos, na Jamaica, no Congo, nas aldeias de Ibo a Leste do Delta do Níger e na Virgínia, os quinhentos rebeldes marcharam rio abaixo deixando atrás de si uma nuvem de fumaça que subia das casas e do complexo produtivo incendiados.

Durante a década anterior, os homens brancos carregaram "cabeças" pelas ruas de Nova Orleans em fileiras de *nègres bruts*. Agora os papéis tinham mudado. À tarde, a maioria dos brancos da Costa Alemã já havia fugido ou estava em processo de fuga. Quando um proprietário de escravos teimoso – Jean-François Trepagnier, parente de Etienne – não arredou pé, um de seus escravos domésticos, um jovem chamado Cook, decepou sua cabeça com um machado. Os rebeldes atiraram o corpo sobre o dique e seguiram em frente. Quando a noite caiu, tinham invadido a propriedade de Destrehan, a Oeste da cidade que hoje leva o mesmo nome. Montaram acampamento nas terras de Jacques Fortier, um pouco depois da fronteira da paróquia de Jefferson, a menos de 30 quilômetros do único ponto na Terra que tanto eles quanto os Estados Unidos precisavam controlar.[44]

O primeiro caixeiro-viajante em pânico galopou pelas ruas de Nova Orleans às 10h do dia 9 de janeiro. Depois de soltar as rédeas na Place d'Armes, correu pelas escadas do Cabildo, socou a porta de Claiborne e despejou as notícias. O governador imediatamente

---

43. Número de HALL; Deposition of Hermogène Trepagnier, SCPOA, n° 20.
44. Thrasher, *On to New Orleans*, 119n42, n46, n49, 52-53.

ordenou um toque de recolher depois das 18h, fechou os portões do Bairro Francês e o arsenal – onde hoje fica o US Mint Museum. (Um historiador da Louisiana argumenta que Claiborne fez isso porque os aliados dos rebeldes baseados na cidade tinham tentado invadir o bairro e tomar suas armas). Claiborne também despachou vários grupos diferentes de homens armados pela River Road em direção ao exército rebelde.

Dia 10 de janeiro, bem cedo, antes do raiar do dia. O acampamento dos rebeldes estava gélido. As fogueiras acesas no começo da noite tinham se apagado mais cedo, quando alguns tiros soaram no meio da noite. Durante o resto da madrugada, os rebeldes se posicionaram atrás de uma cerca de estacas que cercava o engenho de açúcar e os armazéns de Fortier. Mas, agora, um murmúrio mais alto avisava a Charles e seus homens para se prepararem: o barulho vinha da River Road, mas também do dique e do norte. Os homens observavam por cima da cerca. Na luz débil, viram os soldados e os "voluntários" de Wade Hampton que vinham de Nova Orleans. Dos diques, à direita, vinham os marinheiros a pé, e do pântano, à esquerda, mais voluntários. De repente, ouviram cavalos resfolegando e o ruído de cascos atrás deles. Caíram em uma armadilha. Obedecendo a um comando ou a um plano previamente acertado, os rebeldes se puseram de pé por trás da cerca. Os poucos que tinham cavalos montaram. O restante se virou e correu a toda velocidade, mas sem gritar, de volta à River Road. Tiros eram disparados desenfreadamente, e a cavalaria montada que vinha da margem ocidental se espalhou à medida que os rebeldes passavam por eles e desapareciam na névoa.[45]

A cavalaria desconcertada tentou se reagrupar. A infantaria de Hampton já estava marchando em perseguição aos rebeldes. Haviam percorrido mais de 24 quilômetros, caminhando a noite toda, mas ele estava determinado a acabar com a rebelião antes que ela pudesse se espalhar. Os bandos de soldados partiram pela estrada, passando rapidamente por um corpo caído em frente à casa de Fortier: tratava-se de Télémacque, um *vieux nègre* (velho negro), que havia sido escravizado por Destrehan até se juntar à rebelião na tarde anterior.[46]

Os rebeldes correram por mais de 24 quilômetros, tropeçaram, andaram e correram novamente durante as quatro horas que se seguiram. Alguns escorregaram pelos campos irregulares e se dirigiram para os pântanos, mas os que se perdiam corriam o risco de ser atropelados pelos cavalos dos governantes da Costa Alemã em seu encalço. Muito atrás dos rebeldes e da cavalaria que os perseguia, caminhavam Hampton e seus homens: armados (ao contrário de muitos dos rebeldes, que tinham deixado seus chuços de lado), treinados e determinados.

---

45. *Moniteur*, 17/1/1811.
46. Destrehan's compensation claim, SCPOA, 160.

Por fim, a cavalaria voltou até Hampton com notícias. Os rebeldes, cansados demais para continuar correndo, tinham feito uma parada em uma pequena mata na fazenda de Bernard Bernoudy. Apenas cerca de cem haviam sobrado. Os demais estavam escondidos, haviam sido capturados ou mortos ao longo da estrada. As tropas de Hampton apertaram o passo. Logo estavam na casa de Bernoudy. Entraram em formação ao lado da cavalaria e então atacaram a linha improvisada dos rebeldes, que se espalharam, esquivando-se das balas e dos golpes de sabre. Cracker, o antigo fugitivo de Ibo; Dawson, o refinador de açúcar de Butler e McCutcheon; e mais uma dúzia caíram. Outros se renderam – alguns foram mortos pelos brancos no local, outros, amarrados. Cutucaram Amar para que entrasse na fila com os demais. Ele sobrevivera ao ataque da milícia, mas tinha um corte na garganta.[47]

A milícia marchava com os cativos de volta pela River Road em direção à fazenda de Destrehan, enquanto um residente branco de St. John the Baptist, chamado Charles Perret, conduzia um grupo de homens a cavalo, que iam fazendo varreduras rio acima, de campo de trabalho em campo de trabalho.[48] Ordenavam aos *commandeurs* que não haviam se juntado aos rebeldes que conduzissem suas forças escravas para os campos para trabalhar. Fazê-los agir como se nada tivesse acontecido, mesmo quando esquadrões de milícias vasculhavam a mata em busca de fugitivos, forçando aqueles que encontrassem a denunciar os companheiros rebeldes que tentavam se misturar novamente nas fileiras de trabalhadores.[49]

No dia 12, Perret e seus homens retornaram de uma dessas expedições para a casa de Andry, carregando as cabeças dos rebeldes Pierre Griffe e Hans Wimprenn. Andry mostrou para Perret e suas tropas – que contava vários homens de cor livres – seus próprios troféus. À luz de um lampião, cercado por um quintal escuro cheio de homens brancos com mosquetes e baionetas, Andry mantinha três outros homens amarrados: Barthelemy, que havia sido o artesão do açúcar de Trepagnier, um homem chamado Jacques Beckneil (Jack Bucknall?) e, o prêmio dos prêmios, Charles Deslondes. Havia ali quantidade suficiente de brancos proprietários de terra para um "tribunal", disse Perret.

---

47. *Moniteur*, January 17, 1811; Manuel Andry to Claiborne, LC, 15/1/1811; Hampton to Sec. of War, January 16, 1811, TP, 9:918-919; Hampton to Claiborne, January 12, 1811, TP, 9:916-917.
48. O autor usa a expressão "campo de trabalho" (*labor camp*) como sinônimo de *plantation*, estabelecendo uma associação semântica indireta entre as fazendas escravistas dos Estados Unidos e os campos de concentração nazistas destinados ao trabalho forçado, chamados de Arbeitslager ou "campos de trabalho". (N. do R. T.)
49. Conrad, *German Coast*.

Um homem da marinha dos Estados Unidos que esteve presente relatou o que aconteceu em seguida. Deslondes "teve as mãos decepadas" com um machado – podemos imaginar Andry, que tinha perdido seu filho para um deles tão recentemente, golpeando aqueles pulsos até o cepo onde estavam colocados. "Então levou um tiro em uma coxa, depois na outra, até que as duas quebraram – foi quando atiraram em seu tronco." Mas o que mais se poderia fazer? Rapidamente, antes que Charles sangrasse até a morte, alguém abriu um feixe de palha. Jogaram o homem que se contorcia sobre a palha, espalharam-na sobre ele e atearam fogo com as tochas – e assim Charles Deslondes morreu com as chamas crepitando sobre sua pele.[50]

No dia seguinte, dia 13, os proprietários de escravos da Costa Alemã convocaram um mecanismo mais organizado de julgamento na fazenda de Destrehan. Nas 48 horas seguintes, os 32 rebeldes capturados foram trazidos, um por um, diante deles no chão de tijolos. Alguns tentaram se defender se colocando como parte de um grande grupo – tão grande que seria impossível executar a todos. Guiau, outrora propriedade de John Palfrey, e que agora pertencia a Kenner e Henderson, foi delatado por outros, que o acusaram de ter roubado um cavalo e liderado outros para fora da fazenda. Ele tentou se livrar da culpa dizendo que "todos os pretos... de Kenner e Henderson haviam seguido os bandidos". A mensagem daqueles que se sentaram no julgamento foi clara: delate outros rebeldes, dê seus nomes e, assim, salve sua vida. Alguns falaram. Cupidon, propriedade dos irmãos Labranche, e Louis, de Trepagnier, denunciaram dezenas de homens, alguns mortos e outros vivos. E uma vez que Cupidon e Louis delataram muitos dos que agora estavam sob custódia, os outros tinham menos para delatar.

Um último grupo jogou suas cartas de maneira bastante diferente. Quamana ficou de pé diante do tribunal no dia 14. De acordo com as anotações do próprio tribunal, "ele confessou que havia figurado de maneira relevante na insurreição". O que significava para ele "confessar" não está claro. Será que o fez voluntariamente? Foi torturado? Ou disse outra coisa e os juízes simplesmente escreveram o que queriam? Apenas uma coisa é certa, "*Il n'a denoncé personne*". Ele não denunciou ninguém. Nem Robin, Harry, Hyppolite, Cook, Ned ou Etienne denunciaram. Foi quando trouxeram Amar diante dos juízes. Acusavam-no de ser "um chefe dos bandidos, denunciado por muitos". O

---

50. *Moniteur*, 17/1/1811; Barthelemy compensation list from SCPOA; Samuel Hambleton to David Porter, 15/1/1811, in Stanley Engerman, Seymour Drescher, and Robert L. Paquette, eds., *Slavery* (Nova York, 2001), 326.

homem não disse nada em resposta. Talvez não pudesse falar, mesmo que tentasse. Talvez nada saísse dele, com exceção do vento assobiando no buraco de sua garganta enquanto lutava para respirar.[51]

Na manhã do dia 15, os juízes deram as sentenças. Vinte morreriam. Nem Cupidon e Louis se salvaram. Eles também seriam executados, assim como os que se mantiveram em silêncio. A morte viria pelo pelotão de fuzilamento. Cada rebelde condenado seria levado para sua respectiva fazenda de origem, para ser executado diante de todos os escravos reunidos. No dia seguinte, a milícia executou as sentenças, atirando nos condenados e decapitando seus cadáveres enquanto as multidões silenciosas assistiam. Enquanto isso, em Nova Orleans, oito eram enforcados por suposta cumplicidade na insurreição. Outros sete, incluindo Charles Deslondes, já haviam sido executados pelo "tribunal" reunido na propriedade de Andry. Os proprietários de escravos reivindicaram uma indenização de no mínimo outros dez executados, somando pelo menos 45 condenados e mortos pelo Estado. Contabilizando os mortos durante e depois das batalhas de 10 de janeiro, pelo menos 66 pessoas escravizadas perderam suas vidas, mas provavelmente este número chegou próximo de cem. Gilbert Andry e Jean-François Trepagnier talvez tenham sido os únicos brancos mortos pelos rebeldes.[52]

Tanto a rebelião de 1811 quanto a Revolução Haitiana começaram como conspirações organizadas por alguns *commandeurs* na área mais densamente cultivada do distrito de açúcar. As duas começaram em um momento em que os escravistas andavam divididos e enfrentavam ameaças internas e externas. No entanto, a despeito do alto preço pago em vidas, os rebeldes de 1811 não conseguiram capturar Nova Orleans ou ameaçar seriamente o governo dos senhores de escravos ou dos Estados Unidos no Vale do Mississippi. E falharam por razões que profetizavam bastante coisa da segunda grande era da escravidão na história do mundo moderno, uma era que não apenas seria muito diferente da primeira, mas que também moldaria um mundo diferente, mais amplo e moderno.[53]

A resposta rápida e implacável à rebelião de 1811 nos diz que os escravistas no Sudoeste dos Estados Unidos não eram como os do Caribe. Exerciam o poder com maior

---

51. 14/1/1811, SCPOA: "*Amar, chef de brigandes, dénoncé comme tel par tous les autres brigandes, n'a pas peu répondre aux questions quand lui a adressées, parce qu'il l'était bless'e à la gorge, de manière à être pincé de l'usàge de la parole.*" ("Amar, líder dos rebeldes, denunciado enquanto tal por todos os outros rebeldes, não foi capaz de responder às perguntas que lhe foram feitas, pois havia sido ferido na garganta, de maneira que ficou impedido de falar.")
52. SCPOA, "State of the Work Forces"; Thrasher, *On to New Orleans*, 64-65.
53. SCPOA Act 2, 3-4.

sabedoria, pois haviam aprendido muitas lições: com a Revolução Haitiana, vista de longe pela maioria (embora alguns dos senhores de escravos da Louisiana tivessem passado por lá); com a Revolução Americana, que acontecera não muito tempo antes; e com as guerras aparentemente sem fim contra os nativos norte-americanos. Estavam em maior número do que os que sustentavam posições semelhantes nas Antilhas, e também guerreavam melhor, eram mais talentosos em sua crueldade. Em uma crise, eram impiedosos e resolutos. E os brancos, na maioria dos distritos dominados pela escravidão, podiam recorrer a dois elementos-chave de força que faltavam aos brancos de São Domingos. O primeiro era a maioria branca nas cenas internacionais e nacionais. Ainda que o número de pessoas escravizadas superasse o de brancos livres em muitos distritos de fazendas nos Estados Unidos – como na Costa Alemã, por exemplo, onde constituíam 70% dos moradores –, nunca chegaram a formar as supermaiorias de 90% frequentes nas ilhas açucareiras. O segundo elemento consistia em um governo federal que, dominado por escravistas, estava comprometido a reprimir a resistência coletiva dos escravos. As tropas federais foram fundamentais para suprimir a revolta de 1811. O governo protegia os empreendimentos dos escravistas que, por sua vez, ampliavam o poder do Estado norte-americano, ocupando e desenvolvendo o território.[54]

Os senhores de escravos tinham a reputação de tradicionalistas teimosos que não se esqueceram de nada e não aprenderam nada. Mas a verdade é que continuaram a aprender e a se adaptar para promover os próprios interesses. Depois da revolta de 1811, reforçaram a regulação e a vigilância da população escrava, levando-as a outro nível. A milícia local treinava mais intensamente. As patrulhas varejavam as senzalas com mais regularidade. Claiborne, ansioso como sempre, agora colocava a área em alerta toda vez que ouvia algum rumor de revolta – como o que chegou a seus ouvidos logo antes do Natal de 1811. O governo do estado da Louisiana recompensou os informantes com a liberdade. As pessoas de pele escura livres sempre formaram uma minúscula minoria nos Estados Unidos, que se aliava à maioria branca durante as crises, em contraste com São Domingos, onde muitos se juntaram à rebelião.[55]

Os congressistas que defendiam a elevação da Louisiana à condição de estado usaram a insurreição como um argumento em favor de sua causa, sugerindo que um território

---

54. TP, 9:923, 702; e um ponto-chave de Rothman, *Slave Country*.
55. Claiborne to Andry, 24/12/1811, WCCC, 6:15; Junius P. Rodriguez, "Always 'En Garde': The Effect of Rebellion upon the Louisiana Mentality, 1811-1815", *Louisiana History* 33, n. 4 (1992): 399-416. Para ter certeza de que as pessoas de pele escura livres não poderiam auxiliar a rebelião, a Louisiana aprovou novas leis que aumentavam os impostos sobre os homens de cor livres e que os proibiam de carregar armas, até mesmo as bengalas, que poderiam esconder sabres.

exposto a perigos particulares, mas que era produtor de grandes riquezas para a nação, deveria ter voz soberana nos conselhos da república. Como alguns poucos congressistas do Norte alertaram, isso significava que toda a nação agora estava mais compelida do que nunca a defender a escravidão na Louisiana. Mas o Congresso concordou em assumir a responsabilidade e a Louisiana passou de território a estado em 1812. Esse passo, assim como todas as medidas tomadas e as lições aprendidas, seria de importância crucial nos anos seguintes.

A violência em São Domingos converteu o Vale do Mississippi aos Estados Unidos e à nova forma dinâmica da escravidão, cuja expansão iria, por sua vez, conduzir o crescimento da nação. A violência, marchando pela estrada que levava a Nova Orleans, havia culminado nas ameaças aos sonhos dos novos empreendedores de uma escravidão transformada. A violência externa estava prestes a desafiar os escravistas e seus aliados novamente.[56]

A MILÍCIA COLOCOU AMAR DE PÉ no pátio da propriedade da viúva Charbonnet. Arrebanhados para formar uma plateia, homens, mulheres e crianças que o conheciam foram obrigados a assistir. Os homens brancos miraram e fizeram o corpo de Amar dançar com uma saraivada de chumbo. Em sua cabeça, quando despencou e caiu, estavam 50 bilhões de neurônios. As células guardavam o segredo de como transformar o caldo da cana-de-açúcar em cristais brancos, detinham as memórias que o fizeram sorrir como se estivesse ouvindo uma piada, conservavam a habilidade com que buscava os desejos da amante e mantinham os nomes de todas as pessoas que estavam ali em um círculo silencioso. Sua face pressionou a terra que seus próprios pés ajudaram a comprimir, sua boca expelia sangue lentamente, enquanto a fumaça da pólvora se se aglutinava em uma nuvem e soprava para o Leste. As botas de um oficial branco andaram a passos largos em sua direção. Os elétrons dançando no cérebro de Amar afagaram 45 anos de palavras, imagens, sentimentos, o imame da aldeia com seu velho livro, a mãe o chamando da porta de uma casa de tijolos de barro. A memória de um navio negreiro, ou talvez de mais de um, o rumor de São Domingos – tudo isso estava ali, era ele – mas essas células estavam em uma cascata rumo à morte abrupta. Houve um último sibilo involuntário quando um soldado levantou um machado afiado e separou a cabeça de Amar do corpo.

Seis semanas depois, um comerciante que descia o rio em uma barcaça espiou um fruto estranho crescendo. "Entre Cantrell e a Red Church vi certa quantidade de cabeças

---

56. Matthew Mason, *Slavery and Politics in the Early American Republic* (Chapel Hill, NC, 2006); Speech of Josiah Quincy, *Annals*, 11° Cong., 3° sess., 525, 540.

negras enfiadas em estacas no dique", escreveu. Preso em um chuço, o rosto de Amar encarava para além da água. Os urubus e os corvos já tinham tirado o que podiam. Devagar, conforme sua mandíbula perdia a rigidez, a boca se escancarou. Aterrorizados com o que aconteceria se fossem pegos retirando o corpo dali e temerosos de seu espírito inquieto, seu povo o deixou pendurado. Talvez alguns julgassem que ele tinha agido mal, que suas escolhas, assim como as de dezenas de outros cujas cabeças agora ondulavam espetadas por 80 quilômetros ao longo do dique, haviam desgraçado a si mesmos e a seu povo. Talvez outros pensassem nele como um mártir, uma encarnação da revolução, do orgulho e da resistência.

Amar não fez mais do que responder ao chamado que recebeu, escolheu quando teve uma escolha. E meio século se passaria antes que uma pessoa como ele encontrasse uma oportunidade assim para escolher novamente. Até lá, o seu crânio já tinha se despedaçado sob o sol havia muito tempo. Mas, antes que se transformassem em poeira, as órbitas vazias de Amar talvez tenham olhado para outro grupo de barcaças, o qual desceu o rio nas últimas semanas de 1814. As embarcações estavam carregadas até as bordas, não com a carga usual de carne de porco, tabaco e milho, mas com um exército de homens brancos do Tennessee, uma força oito vezes maior do que a que seguiu os *commandeurs* até a derrota.

No dia 1º de dezembro, Andrew Jackson, comandante das forças do Exército dos Estados Unidos na região Sudoeste, já havia cavalgado rumo a Nova Orleans pela estrada de Old Chef Menteur, que percorria a Costa do Golfo em direção a Biloxi. Chegava de Mobile, depois de dez dias de marcha forçada, com mil soldados e uma série de vitórias pelo caminho. Ao entrar em uma cidade que mais uma vez se via na iminência de se tornar o prêmio disputado através da violência em massa, meninos jovens, pretos e brancos, correram gritando a notícia de que o general Jackson finalmente estava ali.

Na Place d'Armes, onde Cesar, Daniel Garret e Jerry haviam sido enforcados por participar da insurreição de 1811, os residentes brancos de Nova Orleans se reuniam mais uma vez – agora atraídos mais pelo medo do que pelo espetáculo. Depois que Claiborne (que havia sido confirmado mais uma vez como governador pelos eleitores, depois que a Louisiana alcançou a categoria de estado) disse algumas palavras, Jackson deu um passo à frente, assistido por Edward Livingston, um político ardiloso – que estava pronto para traduzir as observações do general para o francês, idioma ainda preferido pela maioria das pessoas na cidade.[57]

---

57. Robert Remini, *Andrew Jackson and the Course of American Empire*, 1767-1821 (Nova York, 1977), 247-250; Alexander Walker, *Jackson and New Orleans: An Authentic Narrative of the Memorable Achievements of the American Army* (Cincinnati, 1856).

O uniforme azul com dragonas douradas parecia vestir no homem alto de uma maneira que ia além da medida e do corte, mas não porque era uma pessoa bonita. Ele não era. O rosto repleto de linhas finas de Jackson – os índios creeks o chamavam de "Faca Afiada" – era coroado por um tufo de cabelo grisalho, que alguma vez fora ruivo. Era alto para a época, com 1,85m, mas extremamente magro – 64 quilos nos primórdios de sua vida, e menos agora. Jackson havia passado os últimos 18 meses em pé de guerra e contraiu uma disenteria terrível no caminho. Ainda passou alguns dias se sentindo enjoado para comer. As brigas de rua e os duelos deixaram balas de pistola enterradas em sua carne. Pedaços de seu úmero, que havia sido estilhaçado pelas balas, tinham forçado caminho através das fibras nervosas de seu bíceps alguns meses antes.

Fisicamente, Jackson estava um caco. Mas um desejo incrível de dominar, que Jackson canalizou em uma determinação para derrotar todo mundo que via como inimigo, mantinha-o em riste como uma lança. Nem um pingo de dúvida passou pelos olhos de Jackson. Uma anedota do tempo que ele atuou como juiz no Tennessee dizia que um criminoso havia se recusado a comparecer à sala de julgamento para enfrentar as acusações, depois intimidou um pelotão que Jackson enviou atrás do homem. Por fim, Jackson desceu da cadeira de magistrado e saiu sozinho. Encarou o homem, um valentão gigante de uma aldeia, que então entrou humildemente na sala do tribunal. Por quê?, perguntaram ao réu mais tarde. Porque, respondeu, "quando olhei ele nos olhos, eu vi *tiro*".

Thomas Jefferson conheceu um Andrew Jackson mais jovem, durante o breve mandato de Jackson como senador, e notou que a paixão o controlava: "Ele nunca conseguia falar por conta do turbilhão de sentimentos. Eu o vi tentando falar muitas vezes, e ele sempre se engasgava com a raiva." Parte da ferocidade de Jackson vinha de fontes internas misteriosas. Outra parte vinha da raiva gerada em 1781, quando uma varredura britânica dos redutos de guerrilha mais remotos da Carolina do Sul acabou com a captura de Andrew, aos 14 anos de idade, e de Robert, seu irmão mais velho. Andrew foi espancado com a lateral de um sabre de cavalaria por se recusar a limpar as botas de um oficial britânico como se fosse um escravo, e Robert morreu na prisão. Mas Andrew sobreviveu. E cresceu. Agora empunhava sua raiva como uma arma disciplinada. O hábito de Jefferson de comandar também foi reforçado pelo fato de que possuía dezenas de afro-americanos escravizados em seu campo de trabalho fora de Nashville. A labuta de tais pessoas havia construído a fortuna de Jackson e o elevado à proeminência que lhe garantiu a vitória nas eleições para encabeçar a milícia do Tennessee. Ele agora ostentava uma patente regular do exército e era a única esperança do governo para proteger a Costa do Golfo contra a invasão no terceiro ano de uma guerra que tinha se tornado extraordinariamente miserável.[58]

---

58. Remini, *Jackson and American Empire*, 133-216; James Parton, *Life of Jackson* (Nova York, 1860), 1:88-94.

Jackson disse à multidão reunida na praça, – lugar que um dia carregaria seu nome – que ele salvaria a cidade. Os rumores sustentavam que dezenas de milhares de veteranos britânicos chegavam e que Lord Wellington, que derrotou Napoleão, estava no comando. Os brancos de Nova Orleans temiam não apenas uma invasão britânica massiva pelo mar, mas também as rupturas e revoltas de escravos que poderiam vir junto caso o local se tornasse o palco de uma guerra. E temiam que as divisões entre os franceses, espanhóis e anglófonos, grupos que permaneciam costurados por acordos de negócios que trouxeram mais escravos e por reprimirem mutuamente os rebeldes escravos, pudessem se abrir como velhas chagas sob o estresse da invasão. Mas Jackson disse a eles que atiraria o inimigo ao mar ou morreria tentando.[59]

A animação aumentou. Não foi apenas a confiança obstinada de Jackson ou sua retórica patriótica que acalmaram a plateia ansiosa. Desde que a Guerra de 1812 começara, as vitórias foram inesperadamente poucas e espaçadas. Em 1812, depois de tentar várias estratégias para pressionar a Grã-Bretanha a dar mais liberdade ao comércio norte-americano nos altos mares, o Presidente James Madison cedeu à pressão exercida por congressistas republicanos e pediu que a guerra fosse declarada. Os congressistas mais veementes eram os chamados Falcões de Guerra, em sua maioria representantes jovens dos estados ocidentais. Acreditavam que agora, enquanto as frotas e os exércitos da Grã-Bretanha estavam comprometidos na luta contra Napoleão, era o momento de terminar de desmembrar o Império Britânico na América do Norte e anexar o Canadá. (Como ficou claro mais tarde, os canadenses não queriam isso). Os congressistas do Sul também imaginaram que a guerra com a Grã-Bretanha permitiria o confisco de mais territórios da Espanha. Haviam acabado de anexar a "Flórida do Oeste", a faixa de terra que ia de Mobile até as "Paróquias da Flórida" na Louisiana. Agora miravam o restante da Flórida.

Até 1814, os nacionalistas norte-americanos haviam sofrido muitas decepções. A imensa Royal Navy encurralara a diminuta frota norte-americana em seus portos. Tropas canadenses e britânicas infligiram uma série de derrotas pungentes nas forças armadas dos Estados Unidos na fronteira ao norte. Uma tentativa de golpe (mais tarde dourada com o nome de "Guerra dos Patriotas"), liderada por fazendeiros anglófonos da Costa Atlântica da Flórida governada pela Espanha, falhou. A irritação com a posição dominante dos interesses do Oeste na decisão pela guerra levou os estados do Nordeste a minarem abertamente os esforços de guerra. E, em 1813, dezenas de aldeias creek, da Geórgia e do Alabama se revoltaram contra os colonos brancos em um confronto chamado de

---

59. Remini, *Jackson and American Empire*, 246-254.

"Guerra dos Bastões Vermelhos" em homenagem à insígnia que os combatentes levavam de cidade em cidade. No dia 20 de agosto, mil guerreiros irromperam em uma enorme prisão militar localizada na fronteira e chamada Forte Mims, onde se abrigavam 700 colonos brancos e afro-americanos escravizados. Em menos de uma hora, os guerreiros mataram 250 homens, mulheres e crianças. Apenas alguns brancos escaparam, embora os creeks – dos quais os mais poderosos possuíam escravos descendentes de africanos e fazendas de algodão – tenham mantido os prisioneiros negros vivos.[60]

No Tennessee, Andrew Jackson reagiu à notícia sobre o Forte Mims reunindo a milícia do estado e marchando para o Sul, em direção ao Alabama. A campanha brutal que se seguiu mostrou tanto a personalidade autoritária de Jackson quanto a determinação dos brancos do Sul em fazer qualquer coisa que fosse necessária para assegurar solos férteis para a expansão da escravidão. Jackson manobrou para manter seu comando fora do controle dos rivais políticos no Tennessee, matou os desertores e acabou cercando 2 mil creeks em uma curva do Rio Tallapoosa chamada Horseshoe Bend (curva da ferradura). No dia 27 de março de 1814, suas tropas romperam as muralhas de toras de madeira do inimigo e correram cheias de fúria, matando novecentos guerreiros creek ao custo de apenas setenta vidas do lado dos invasores. Então, Jackson convocou todas as lideranças creek – incluindo os que se opuseram à Guerra dos Bastões Vermelhos – para uma reunião no Forte Jackson. Ali, ele os intimidou para que assinassem um tratado que concedia 23 milhões de acres (93 mil quilômetros quadrados), uma área tão grande quanto o estado de Indiana. Os creeks amigáveis protestaram, mas Jackson tinha o exército, a vitória e o poder. Eles cederam por escrito metade de suas terras no Alabama, grande parte delas com os solos escuros e férteis da área central do território. A região, já reivindicada várias vezes como parte do vasto Yazoo, poderia ser agrimensada e vendida novamente – desta vez para colonos brancos e reais.[61]

A vitória de Jackson em Horseshoe Bend foi um dos dois triunfos norte-americanos reais da Guerra de 1812, embora o fato de ter sido contra os índios e nas profundezas do interior do Sudoeste signifique que muitos se esquecem de pensar nela como parte dessa mesma guerra. Medida pelo número de mortos – quase mil, somando os dois lados –, foi a batalha mais mortal travada na guerra. É claro que as baixas de Horseshoe Bend não se comparam àquelas causadas pelos exércitos gigantescos que, por um quarto de

---

60. Sobre senhores indígenas de escravos, entre outros trabalhos excelentes, ver Christina Snyder, *Slavery in Indian Country: The Changing Face of Captivity in Early America* (Cambridge, MA, 2010); Tiya Miles, *Ties That Bind: The Story of an Afro-Cherokee Family in Slavery and Freedom* (Berkeley, CA, 2005).
61. Remini, *Jackson and American Empire*, 187-233.

século, lutaram na Europa, ainda que estivesse entre as cem batalhas mais mortíferas das guerras napoleônicas. E, considerando seu resultado, está entre as mais significativas. O Tratado do Forte Jackson entregou, de maneira permanente, mais terras, e mais terras valiosas, para os proprietários de escravos dos Estados Unidos do que todo o sangue e o tesouro derramados conseguiram conquistar para a França. O roubo violento sofrido pelos creeks definiu o palco para milhões de outras transações lucrativas que se seguiriam pelo próximo meio século. A dominação militar dos colonos brancos proprietários de escravos sobre os índios do Sudoeste tornou inevitável a perda que estes viriam a sofrer de todas as terras indígenas remanescentes no Alabama, na Geórgia e no Mississippi.

O que Jackson estava prestes a realizar então seria tão significativo quanto. A derrota do invencível exército francês pelo Haiti abriu todo o Vale do Mississippi para uma expansão norte-americana impulsionada pela força produtiva da escravidão. Na supressão da revolta de 1811, os proprietários de escravos e o governo dos EUA mostraram-se dispostos a defender essa oportunidade de maneira implacável. No novo ambiente das regiões do Sudoeste recém-abertas, a escravidão estava mudando, tornando-se uma coisa diferente do que havia sido nos antigos estados ou no velho Caribe. Mas, do ponto de vista da Grã-Bretanha, o Tratado de San Ildefonso era ilegítimo e, consequentemente, a compra da Louisiana também. Napoleão não tinha o direito de vender um território ao qual não tinha direito. Agora – depois de invadir a Costa de Chesapeake e reduzir Washington a cinzas –, o Almirante britânico Sir Alexander Cochrane estava a caminho do golfo para apreender Nova Orleans, devolver a grande Louisiana para a Espanha e deixar os Estados Unidos enjaulados atrás do Mississippi.

Já humilhado por sua fuga às pressas da Casa Branca, o Presidente Madison necessitava desesperadamente de ajuda se quisesse impedir as forças britânicas de anular a realização mais significativa de seu mentor. Jackson era o homem certo para o trabalho. Depois de impor seu tratado sobre os creeks em agosto, perseguiu os bastões vermelhos restantes até uma Flórida espanhola ostensivamente neutra. Capturou Pensacola, fazendo recuar, atordoadas, a infantaria da marinha britânica e uma esquadrilha de navios de guerra. Além disso, fortificou Mobile, outro alvo nos planos da invasão britânica. Enquanto isso, os britânicos deslocaram as tropas para uma base de concentração de tropas na Jamaica. Acreditavam que a Louisiana estava madura para apanhar: dividida pelos conflitos étnicos e cheia de proprietários que se renderiam antes de arriscar uma briga que pudesse atrapalhar seus "acordos de propriedade". Quando Jackson ouviu, no final de novembro, que uma grande força de invasão estava prestes a deixar a Jamaica, mandou uma mensagem para as unidades do Tennessee e do Kentucky, ordenando que descessem o Mississippi e chegassem a Nova Orleans o mais rápido possível. Ele havia deixado Mobile no dia 22. Agora estava ali. Nas semanas que se seguiram, reuniria mais tropas, fortificaria os acessos para a cidade e continuaria a fortalecer a determinação por vezes vacilante dos residentes mais ricos. Mas os britânicos estavam chegando.

SE VOCÊ SE AFASTA DE CARRO DO VIEUX CARRÉ, o Bairro Francês em Nova Orleans, a rua Rampart vira a avenida St. Claude quando você entra "na Marigny" – a velha *faubourg*, um termo arcaico do francês para "subúrbio", estava literalmente fora da cidade na época de Jackson. Uma vez que se atravessa o canal, a vizinhança de St. Claude muda de branca para negra. Você então cruza a Andry e a Deslonde, ruas que, a alguns quarteirões ao Norte dali, percorrem uma paisagem onde as casas foram outrora levadas pela força explosiva da água. Mas continue andando. Já havia bastante coisa codificada nos nomes das ruas da Lower Ninth Ward para fazer você chorar sem nem precisar pensar, também, nos blocos de concreto e nas calçadas vazias. Logo a rua se torna a autoestrada St. Bernard e, em apenas um minuto, você está no campo de batalha. E, ainda assim, está a apenas 8 quilômetros do Bairro Francês.

Hoje os pântanos estão cheios, mas, nos primeiros dias de 1815, a propriedade Chalmette, onde aconteceu a Batalha de Nova Orleans, era uma estreita língua de terra de 900 metros tomada por restolhos de cana-de-açúcar que cobriam os retalhos de chão entre os pântanos praticamente intransitáveis e o Mississippi. A frota dos invasores fracassou na tentativa de levar suas tropas acima do rio sinuoso e fortificado. Em vez disso, o exército britânico desembarcou nos confins de Nova Orleans, no Lago Borgne, passou pelo canal e caminhou através da floresta no curso dos dias 22 e 23 de dezembro. Cerca de 5.500 soldados sob as ordens de Edward Pakenham, um veterano das guerras napoleônicas de 37 anos, quase conseguiam ver Nova Orleans. Estavam a 8 quilômetros da destruição do império norte-americano localizado a Oeste dos Apalaches.[62]

Embora Jackson pudesse posicionar em torno de 4 mil homens no gargalo do caminho de Pakenham rumo a Nova Orleans, a milícia norte-americana tinha um histórico de desempenho ruim nas batalhas armadas contra soldados de linha treinados da Europa. No entanto, essas unidades não haviam sido comandadas por Andrew Jackson. Ele lastimava a falta de firmeza de caráter dos patriarcas de Nova Orleans, que (quando o exército britânico chegou a seus portões) imploraram para que ele recuasse rio acima e

---

62. Arsène Latour, *Historical Memoir of the War in West Florida and Louisiana in 1814-1815*, ed. Gene Smith (Gainesville, FL, 1999), 294-297; Caryn Cossé Bell, *Revolution, Romanticism, and the Afro-Creole Protest Tradition in Louisiana, 1718- 1868* (Baton Rouge, LA, 1997), 51-59.

declararam a cidade aberta, a fim de que não sofressem incêndios e saques por causa da resistência. A maioria de suas tropas veio do Tennessee e do Kentucky. Havia também dois batalhões de homens de cor livres vindos das partes mais baixas da Louisiana, uma das quais se compunha de refugiados de São Domingos. Jackson avisou a todos que o inimigo, que supostamente havia prometido liberdade para as centenas de escravos que tinham escapado de suas fileiras ao longos das duas semanas desde a sua chegada, "declara abertamente uma guerra de vingança e desolação, proclamada e marcada pela crueldade, pela luxúria e pelos horrores desconhecidos pelas nações civilizadas". Apenas a vitória, como sugeriu, poderia impedir o desencadeamento dos incêndios de São Domingos na sociedade escravista do Vale do Mississippi.[63]

Jackson escolhera bem seu terreno, ancorando suas linhas na melhor posição defensiva que alguém poderia encontrar entre os Apalaches e as Montanhas Rochosas. Na passagem do dia 7 para o dia 8 de janeiro, ele e suas tropas permaneceram atrás do canal Rodriguez, que media 3 metros de largura e separava as terras de Chalmette e de Benjamin Macarty. À 1h da manhã, Jackson acordou seus ajudantes. Podia pressentir o ataque. Quatro anos e um dia depois do dia em que os *commandeurs* haviam atacado o mais densamente enraizado centro do poder dos senhores de escravos, as tropas de Pakenham se agitaram e se moveram.

O amanhecer revelou 4 mil homens em formação ameaçadora ao longo do vasto lote de Chalmette. Então, com os tambores batendo e os canhões disparando, a linha vermelha começou a avançar em direção às linhas de Jackson a passos perfeitos, ameaçadores e bonitos. Encarnavam a disciplina que havia governado os campos de batalha europeus durante o último século. Mas quando entraram no raio de alcance, bifurcando-se para evitar um enorme atoleiro no meio do campo de Chalmette, as tropas de Jackson começaram a descarregar uma tempestade de chumbo cuidadosamente mirada nas fileiras britânicas. O fogo dos canhões abriu buracos na formação vermelha. O próprio Pakenham, cavalgando adiante para ver por que suas fileiras haviam estremecido e parado, foi atingido várias vezes. Ele sangrou até a morte na beira do pântano.[64]

Por volta das 8 da manhã, estava tudo terminado. Dois mil soldados britânicos jaziam na planície de Chalmette, dos quais pelo menos trezentos estavam mortos. Os norte-americanos tiveram apenas 13 mortos. Ainda assim, Jackson sabiamente se recusou a atender aos pedidos de seus subordinados para que perseguissem o exército britânico em retirada, que ainda mantinha 2 mil homens treinados na reserva. Em

---

63. Parton, *Life of Jackson*, 2:63; CAJ, 2:118-119.
64. Latour, *Historical Memoir*, 137-152; Remini, *Jackson and American Empire*, 276-289.

vez disso, deixou que o inimigo arrumasse as malas. No dia 25 de janeiro, os invasores partiram, levando com eles quase oitocentas pessoas escravizadas que haviam efetivamente se emancipado.

Embora os exércitos poderosos tenham ameaçado o poder dos senhores de escravos de uma maneira mais eficiente do que a revolta dos escravos, os escravistas haviam vencido mais uma vez. A perda de oitocentos escravizados – pelos quais, depois de muitos anos, a Grã-Bretanha consentiria em reembolsar os proprietários da Louisiana – não foi sequer um arranhão na solidez da escravidão na poderosa cabeça do rio. Poucas horas depois do triunfo norte-americano, um cavaleiro com notícias da vitória norte-americana mais importante entre a Revolução e a Guerra Civil galopou pelo Forte St. Charles, virou à esquerda, onde uma última cabeça permanecera por muito tempo sobre uma lança, e subiu pela estrada Chef Menteur. Um outro foi pela River Road, passando pelos postos que ainda estavam de pé. Levou semanas – até 4 de fevereiro, na verdade – para que as notícias chegassem à capital nacional a cavalo. Quando chegaram, uma imensa cascata de alegria se derramou entre os moradores.

A alegria não foi diminuída pela chegada simultânea da notícia, vinda da Europa, de que negociantes norte-americanos haviam assinado um tratado de paz com a Grã-Bretanha na cidade neutra de Gante no dia 22 de dezembro de 1814, nem mesmo quando as tropas britânicas desembarcaram de seus navios no Lago Borgne. Os termos do tratado, essencialmente, fizeram com que tudo retornasse à posição inicial de 1812, devolvendo o território capturado ao proprietário. Alguns alegaram que o tratado tornou a vitória de Jackson em Nova Orleans irrelevante, exceto por consagrar Jackson como um ícone nacionalista. Entretanto, com o prêmio do território da Louisiana nas mãos, os britânicos teriam sido incumbidos, segundo suas próprias interpretações, de mantê-lo ou devolvê-lo para a Espanha. Na verdade, o Artigo IX do Tratado de Gante obrigava os Estados Unidos a devolverem a terra tomada dos aliados britânicos indígenas – que incluíam os creeks bastões vermelhos. Mas, graças à vitória de Jackson, os Estados Unidos não estavam em posição de se sentirem compelidos a reverter o Tratado do Forte Jackson e colocar sob a custódia dos creeks 93 mil quilômetros quadrados. Assim, a Batalha de Nova Orleans protegeu os frutos que os Estados Unidos receberam quando os sacrifícios da Revolução Haitiana sacudiram a árvore do império, e também confirmou a grande captura das terras dos creeks por Jackson. A expansão da escravidão agora poderia prosseguir sem ser controlada.

O homem da gargalheira tinha chegado à nova fronteira da escravidão, um lugar criado pela violência. A revolução em São Domingos destruiu o velho padrão do início da escravidão moderna, que tinha impulsionado um tipo de desenvolvimento econômico no mundo atlântico. Os revolucionários haitianos ofereceram ao mundo um conceito radicalmente novo de direitos humanos, o direito que todos possuíam de se tornarem cidadãos iguais. Mas essa visão não se transformou em realidade, nem no Haiti independente, nem em qualquer outro lugar. Na verdade, a morte da velha escravidão abriu espaço para uma coisa bastante diferente: uma segunda nova escravidão. Construída primeiro no Sudoeste dos Estados Unidos, esse processo moderno e modernizador trouxe benefícios e direitos para grupos cada vez mais amplos de pessoas, enquanto arrancava-os de outras, com grande violência, e de maneira ainda mais radical. Na foz do Mississippi, a força brutal defendeu esse processo incipiente contra o esforço das pessoas escravizadas para bloqueá-lo, marcando as trincheiras de seu território com as cabeças cortadas dos rebeldes. Em seguida, Jackson completou a posse norte-americana da fronteira Sudoeste com vitórias que abriram milhares de quilômetros quadrados. Agora, um império continental era possível, um império com vastos recursos a seu alcance. Mas para criar vastos e arrebatadores domínios no caos que sua própria violência amplificara, os vencedores ainda precisariam de muitas coisas: crédito, terras, comércio, artigos agrícolas, autoridade e mãos – acima de tudo, mãos. Mãos para escrever, comprar, alcançar, agarrar, plantar e colher.

3

Mão direita
1815-1819

Do convés do brigue *Temperance* até o solo salpicado de grama do dique de Nova Orleans, estendeu-se uma longa e estreita prancha. Ela vergou sob o peso dos quatro homens que a atravessaram. Curvou-se sob o corpo de Rachel também, quando ela seguiu os outros.

Durante a manhã de 28 de janeiro de 1819, homem branco atrás de homem branco havia embarcado, conversado com o capitão Beard e descido de volta pela prancha de desembarque. Um deles tomara dois dos 24 passageiros escravizados do brigue. Rachel, de pé ao lado da balaustrada do convés com suas roupas novas, observara-os desaparecer entre as enormes pilhas de fardos de algodão no dique.

A balaustrada do outro lado do convés mostrara-lhe o rio. Era possível ver centenas de mastros, brigues saindo para o mar, barcas, saveiros e escunas atracados ao longo do dique, como o *Temperance*. As barcaças estavam ali às centenas para descarregar o milho e os porcos de Ohio, o algodão do Mississippi e o tabaco do Kentucky. Ela podia ver as chaminés de uma dezena de barcos a vapor. E, atravessando um trecho turbulento e barrento do Mississippi, vinha um pequeno barco a remo. Um homem franzino, branco e vestido de preto estava sentado na popa. E um homem negro puxava os remos.[1]

Agora, no final da prancha, Rachel pôs os pés na Louisiana. Com as pernas instáveis, ela subiu o dique em direção ao Sudoeste. Fazia seis semanas que ela estava na água, desde que o *Temperance* havia deixado Baltimore. Fora lá que o comerciante David Anderson a havia comprado em consignação para seu parceiro de Nova Orleans, Hector McLean. Anderson também tinha comprado William (alto, escuro, 24 anos), George, Ellis e Ned Williams. Rachel agora os seguia pela encosta. Sua cabeça se ergueu acima

---

1. Manifestos do *Temperance* de Reel I, Manifestos Internos de Nova Orleans, RG 36, NA; *LC*, 25 de janeiro de 1819; para McDonogh sendo rebocado através do rio, cf. "McDonogh's Last Trip", Litografia de Dominique Canova, c. 1850, Coleção Histórica de Nova Orleans, Nova Orleans, Louisiana; Ari Kelman, *A River and Its City: The Nature of Landscape in New Orleans* (Berkeley, CA, 2003).

da barragem. Quando estendeu a mão para se equilibrar, encontrou um poste liso fincado na terra, um dos muitos que se estendiam rio acima, cada um separado do outro por mais ou menos um quilômetro e meio.

Pregado nele estava o que parecia ser um cartaz. Suas palavras estavam em toda parte de Nova Orleans: presas nas paredes e nos postes, impressas em catálogos e jornais. "NA CASA DE CAFÉ DE MASPERO... PETER MASPERO LEILOEIRO, *Informa a seus amigos e ao público que continua a vender todos os tipos de* MERCADORIAS, IMÓVEIS E ESCRAVOS... *na rua Chartres.*" E na parte inferior: "*Fabricação de espelho de vidro e moldura dourada. P. Maspero.*"[2]

Do dique, Rachel podia ver uma cidade se desenvolvendo a todo vapor. Habitada por 7 mil pessoas na época da aquisição norte-americana, em 1803, Nova Orleans agora afirmava ter 40 mil habitantes. Essa já era a quarta maior cidade dos Estados Unidos, atrás de Nova York, da Filadélfia e de Baltimore. Em termos de dinamismo comercial, o "ponto na Terra" de Jefferson foi igualado apenas por Nova York. Em todos os quarteirões, os martelos retiniam nos ouvidos, pregando as madeiras das barcaças avariadas em frente às lojas. Ao Leste, descendo o rio do ponto em que o *Temperance* estava atracado no Bairro Francês, estendia-se o Distrito de Marigny, uma *faubourg*, ou subúrbio, de maioria francófona. A Oeste se espalhava o "Bairro Americano" de rápido crescimento, ou *faubourg* St. Mary. Quando Rachel seguiu os outros na vertente oposta do dique, passaram por uma corrente de "escravos das galés", como os residentes de Nova Orleans os chamavam. Eram escravos que haviam cometido o crime da fuga e que, durante a noite, ficavam trancados nas masmorras atrás do Cabildo e, de dia, eram levados para trabalhar na construção do dique. O governo da cidade poderia punir a resistência ao mesmo tempo em que usava o trabalho dos escravos rebeldes para proteger a cidade do rio gigante que chegava ao volume máximo toda primavera.[3]

Ao pé do dique, paralelo a ele, corria uma avenida de terra – a rua do Dique – e, quando pisaram nela, os cinco entraram em uma cidade cujo vórtice tinha sugado seus pés desde que saíram de Maryland. Ali, mulheres de todas as cores gritavam em

---

2. As propagandas e os anúncios de Maspero eram onipresentes em Nova Orleans entre 1806 e 1833. Ver John Adems Paxton, *The New-Orleans Directory and Register* (New Orleans, 1822), frontispício e vários jornais, por exemplo, *LG*, 10 de fevereiro de 1816.

3. *LG*, 2 de abril de 1818; Henry C. (Henry Cogswell) Knight, *Letters from the South and West* (Boston, 1824), 115-124; James Pearse, *Narrative of the Life of James Pearse* (Rutland, VT, c. 1826), 17; Timothy Flint, *Recollections of the Last Ten Years... in the Valley of the Mississippi* (Boston, 1826), 218; Darla Jean Thompson, "Circuits of Containment: Iron Collars, Incarceration, and the Infrastructure of Slavery" (PhD diss., Universidade Cornell, 2014).

francês, inglês, espanhol e choctaw, vendendo comida e bugigangas; mas sob o tagarelar estava outro zumbido, aquele dos grandes negócios – e o som estava crescendo. Nas esquinas, sob os toldos dos novos edifícios de tijolos, os homens brancos se reuniam para conversar. As cabeças se viravam, avaliando preços. Antes da Guerra de 1812, as pessoas escravizadas de outros estados dos Estados Unidos tinham sido relativamente escassas em Nova Orleans. Mas de 1815 a 1819, entre os vendidos, cerca de um terço eram recém-chegados do Sudeste – Virgínia, Maryland e Carolina do Norte (ver Tabela 3.1). Outros 20% vieram do Kentucky pelo rio. Algumas poucas centenas vieram dos estados do Norte, como Nova Jersey e Pensilvânia, e eram contrabandeadas ao arrepio das leis de emancipação gradual que continham disposições para evitar que os senhores fizessem uma liquidação geral de escravos nos estertores do escravismo no Norte.[4]

Quando viraram à esquerda, eles enveredaram por uma rua enlameada. No meio: um zigurate de fardos de algodão, mais alto do que os homens que os empilhavam com a força dos músculos, muito largo para que os carrinhos passassem. Como era janeiro, a colheita estava descendo copiosamente, carregada em barcaças e navios a vapor. Mesmo quando os empregados dos negociantes de algodão empilhavam os fardos alto, os condutores de parelhas contratados pelos compradores de algodão os desbastavam, puxando os fardos para fora, verificando letras marcadas na embalagem do algodão e transportando os cubos de 180 quilos de fibra comprimida em direção ao rio.

Se Rachel pudesse ter seguido o fardo, teria visto quando foi carregado dos diques para os navios que cruzavam os oceanos. Esses carregariam os fardos através do Atlântico até Liverpool, na Costa Noroeste da Inglaterra, onde os trabalhadores portuários os moviam para os armazéns. Após serem vendidos no mercado de algodão de Liverpool, iam de barca pelo canal até chegar às novas fábricas de Manchester. Os trabalhadores têxteis – geralmente ex-operadores de teares manuais ou trabalhadores agrícolas desenraizados – abriam os fardos. Usando novas máquinas, transformavam as fibras de algodão limpas em fio. Usando outras máquinas, teciam o fio em longas peças de pano. Liverpool enviava os rolos de tecido e eles encontravam seu caminho em quase toda cidade, grande ou pequena, no mundo conhecido, incluindo aquela onde estava Rachel.

---

4. Henry C. Castellanos, *New Orleans as It Was* (New Orleans, 1978), 146-148; Christian Schultz, *Travels on an Inland Voyage* (repr. Ridgewood, NJ, 1968), 190- 191; Knight, *Letters from the South and West*, 115-123; Flint, *Recollections*, 222-223; HALL; *New-York Columbia*, August 6, 1818; *Westchester Herald*, August 11, 1818.

Tabela 3.1
Escravos importados para Nova Orleans e vendidos na cidade, 1815-1819

Origem	Número indicando um ponto de origem da jornada*	Porcentagem do total
Chesapeake e Velho Sul	705	32,9
Kentucky, Tennessee e Missouri	423	19,7
Sudoeste (Arkansas, Missouri, Alabama)	314	14,7
Nordeste e Noroeste	22	1,0
Caribe	89	4,2
Outra Louisiana	591	27,6
Totais	2.144	100

Fonte: Hall Database, www.ibiblio.org/laslave/.
*A variável usada foi "Via", que registra o lugar do qual, ou através do qual, o vendedor levou o escravo para Nova Orleans; outras 6.698 vendas não contêm uma entrada para essa variável ou registro na Paróquia de Orleans.

O tecido de algodão era o motivo pelo qual Nova Orleans estava crescendo e o mundo mudando. Os empresários brancos dali – assim como os clientes nas lojas pelas quais Rachel estava passando, os homens nos cantos, os vendedores e compradores nos navios ao longo do dique – estavam participando, até mesmo comandando, essa mudança histórica mundial. Com base nos processos de migração patrocinados pelo governo, na construção de um mercado na Geórgia e nas batalhas travadas pelos milicianos dos senhores de escravos para abrir o Vale do Mississippi, depois de 1815, um novo conjunto de empresários começou a usar Rachel e todos os outros levados até ali contra sua vontade para gerar um aumento súbito nos negócios sem precedentes. A iniciativa unia as revoluções tecnológicas nas fábricas têxteis distantes às revoluções tecnológicas nos campos de algodão, e isso foi feito combinando as novas oportunidades com as ferramentas financeiras necessárias para fazer o crescimento econômico acontecer mais rapidamente do que nunca. Esse crescimento rápido estava mudando o futuro do mundo e os empreendedores que usavam Rachel estavam se estabelecendo, e a todos os que eram como ele, como um dos grupos mais poderosos criados pelo algodão na modernização do mundo ocidental.

ANTES DO FIM DO SÉCULO XVIII, todas as sociedades tinham uma economia pré-industrial. Quase todos os habitantes eram produtores ou trabalhadores rurais. Fossem europeias, asiáticas, americanas ou africanas, tais economias raramente cresciam mais de 1% ao ano.

Assim era desde que as mulheres e os homens tinham inventado a agricultura, há dez milênios. A maior parte do que as pessoas produziam recaía em poucas categorias: alimento, combustível e fibras. As inovações se desenvolviam em ritmo glacial. E quando as sociedades pré-industriais começaram de fato a crescer – fosse através de avanços tecnológicos, de aumento do acesso a recursos por conta de conquistas ou do comércio ou por meio de mudanças nas condições climáticas, tais como o aquecimento que aconteceu na Europa entre os anos 800 e 1300 d.C. –, a prosperidade crescente fez com que as pessoas tivessem mais bebês. Bebês cresciam e se transformavam em mais agricultores, que podiam cultivar mais alimento, e em mais compradores, que adquiririam seus produtos. Mas o número crescente de bocas para alimentar começou a exceder a produção máxima possível dentro dos métodos pré-industriais de produção agrícola. A lenha facilmente acessível estava sendo consumida; e os acres necessários para produzir o linho ou a lã para vestir a população crescente estavam sendo transferidos para uma agricultura marginal de subsistência. Os custos aumentaram. Os padrões de vida caíram. A fome, as doenças epidêmicas, a guerra, a instabilidade política e um colapso social completo eram os passos seguintes.

O clérigo inglês Thomas Malthus escreveu sobre esse ciclo em um famoso panfleto de 1798. A produção de alimento, como argumentou, na melhor das hipóteses, aumentaria aritmeticamente, enquanto a população se expandiria geometricamente. Assim, nenhum aumento no padrão de vida era sustentável. Ele sempre iria de encontro aos recursos limitados. As sociedades ocidentais adquiriram novos e vastos recursos entre 1500 e 1800. Os conquistadores roubaram o ouro e a prata dos incas e dos astecas. A criação do primeiro complexo de escravidão, com os seus "alimentos entorpecentes" – açúcar, tabaco, chá, café e chocolate – estimularam o desejo da Europa Ocidental de explorar e consumir ainda mais recursos. O imenso tráfico transatlântico de escravos exigiu navios, mercadorias comercializáveis e novas estruturas de crédito, de modo que setores menos diretamente ligados ao açúcar também se desenvolveram. Muitos na Europa Ocidental começaram a trabalhar longas horas para obter novas mercadorias no que algumas vezes é chamado de "Revolução Industriosa" do século XVIII.[5]

Contudo, nem a primeira escravidão, as prolongadas horas de trabalho ou o roubo de recursos poderiam aliviar permanentemente as pressões malthusianas. Mesmo Thomas Jefferson, que esperava que a Compra de Louisiana atrasasse o colapso de seu paraíso

---

5. Kenneth C. Pomeranz, *The Great Divergence: China, Europe, and the Making of the Modern World Economy* (Berkeley, CA, 2000); Joel Mokyr, *The Enlightened Economy: An Economic History of Britain, 1700-1850* (New Haven, CT, 2009); Frederick Engels, *The Condition of the Working Class in England* (Nova York, 1987); Immanuel Wallerstein, *The Modern World-System*, 3 vols. (Berkeley, CA, 1974-1989); Charles Tilly, *Coercion, Capital, and European States*, 990-1992 (Cambridge, MA, 1992); C. A. Bayly, *The Birth of the Modern World, 1789-1915: Global Connections and Comparisons* (Malden, MA, 2004).

de pequenos proprietários rurais por cem gerações, sabia que, em algum momento, a aritmética de tais soluções se esgotaria. A leitura pessimista de Malthus e Jefferson da história humana desde 10 mil a.C. até 1800 era a realista.[6]

Mas exatamente no momento em que Rachel subiu a barragem, as bases estava mudando. A economia global inaugurava um processo inesperado e sem precedentes de crescimento que continua até os dias atuais. A renda *per capita* do mundo ao longo dos últimos 3 mil anos mostra que algumas sociedades, começando com a Grã-Bretanha, estavam em um caminho de expansão econômica prolongada que produziria padrões de vida mais elevados e aumentaria enormemente a riqueza para uns e a pobreza para outros (ver Figura 3.1). A nova trajetória criou vencedores e perdedores nas diferentes sociedades do mundo. Até o final do século XX, poderíamos simplesmente defini-los com um clichê: o Ocidente e o Resto.[7]

Figura 3.1.
Crescimento da renda per capta e da desigualdade no mundo

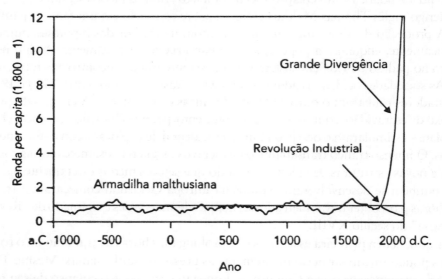

Fonte: Gregory Clark, A Farewell to Alms: A Brief Economic History of the World (Princeton, NJ, 2008).

---

6. Thomas R. Malthus, *An Essay on the Principle of Population* (London, 1798); Drew McCoy, *The Elusive Republic: Political Economy in Jeffersonian America* (Chapel Hill, NC, 1980), 108.
7. No original, a expressão contém uma paronomásia: the West and the Rest. *(N. do R. T.)*

As pessoas chamaram essa mudança incrível na história humana de uma infinidade de nomes: modernização, revolução industrial, Grande Divergência. Nas sociedades que mais se beneficiaram, essa transformação se baseou fundamentalmente em uma mudança-chave: aumentar a quantidade de bens, como alimentos ou roupas, produzidos com uma determinada quantidade de mão de obra e de terra. Isso foi o que permitiu não apenas que o padrão de vida se ajustasse à população crescente, mas que, para muitos, ele também aumentasse. Até 1819, era evidente, de maneira dramática, que inovações mecânicas e uma nova divisão do trabalho poderiam resultar em uma produção maior do que nunca de bens a custo mais baixo em termos de trabalho e recursos. E o exemplo número um foi a indústria têxtil de algodão do Noroeste da Inglaterra.

Até o final do século XVIII, o tecido de algodão tinha sido um bem de luxo produzido em teares manuais em aldeias indianas. Mas, em 1790, os inventores britânicos começaram a criar novas máquinas que transformavam o algodão em fios a um ritmo que as mãos humanas não conseguiam alcançar. As máquinas também eram menos dispendiosas de adquirir e operar do que as mãos humanas. Dentro de sete décadas, os trabalhadores de Manchester que manuseavam as novas máquinas poderiam fazer o tecido a uma velocidade cinco ou dez vezes maior do que os trabalhadores que só usavam as próprias mãos. Surgiu uma nova classe de empresários proprietários de fábricas. Eles extraíam lucros vultosos da indústria têxtil, mas os rendimentos têxteis também aumentaram e transformaram toda a economia britânica. Os proprietários rurais ricos tomavam empréstimos de capital de investimento gerado pelo algodão e os invertiam na produção agrícola voltada para o mercado. Os trabalhadores rurais excedentes, obrigados a irem para as cidades industriais, tornaram-se os trabalhadores assalariados das fábricas.[8]

A evidência da transformação estava ao redor dos clientes brancos que Rachel viu nas lojas. Imagine um deles, os dedos conferindo um rolo de tecido após o outro, observando seu peso, a textura, a elaborada variedade despejada em grandes quantidades pelas fábricas de Manchester e promovida nas propagandas de jornal: "Tecidos requintados e de qualidade", "flanelas brancas", "cambraias e musselinas leves". Existiam as "camisas para pretos", de tamanho padrão e feitas com tecido de baixa qualidade, "tecido para pretos". Empilhados nos fardos dos cobertores dos escravos estavam panelas de ferro e barris de "tamoeiros" usados para jungir as mulas aos arados. Empilhados nos balcões estavam serras, correntes grossas, balanças de braços conhecidas como "balanças romanas" para pesagem de algodão. Empilhadas nos cantos estavam as enxadas da "Índia

---

8. D. A. Farnie, *The English Cotton Industry and the World Market, 1815-1896* (Oxford, 1979), 3-44.

Ocidental" e da "Carolina" usadas, respectivamente, para a cana-de-açúcar e o algodão. Essas mercadorias não têxteis eram fabricadas sobretudo nas oficinas britânicas. Projetadas para as cidades em expansão e os novos mercados das fazendas, eram o que os economistas chamam de "efeito dominó", empurradas pelos pistões do motor que fazia os tecidos de algodão. Nas prateleiras, havia produtos frágeis destinados ao consumo e não à produção: centenas de "encomendas" de "cerâmica (a maior parte pintada de azul)", talvez feitas por Wedgewood, o primeiro fabricante britânico de "porcelana" em larga escala, "relógios de ouro de primeira linha", dezenas de coldres para armas, "dois espelhinhos de mão" (tirando o Maspero de um dos negócios), "pianos elegantes" e decantadores de "cristal e vidro cortado".[9]

Em enclaves como essa loja, essa cidade, essa rede que se estendia para Nova York, Liverpool, Londres, e assim por diante, homens como aquele estavam mudando suas visões de mundo. Cada vez mais, eles anteciparam que o progresso os levaria, com sua sociedade, sempre para cima e adiante até posições de poder sem precedentes. E, pelos próximos oitenta anos, eles usariam o poder industrial e a tecnologia para subjugar o resto do mundo. Até o final do século XIX, apenas meia dúzia de nações independentes não ocidentais sobreviveriam no globo à medida que o colonialismo se expandia. Até mesmo a natureza se rendeu, como William N. Mercer, um médico que viajou para Nova Orleans em 1816, previu. A "navegação com o barco a vapor" conquistaria "as paragens do Oeste", domando as imensas distâncias e as correntes "profundas e impetuosas" dos rios Ohio e Mississippi. A melhoria contínua na tecnologia das máquinas se tornou uma metáfora popular que retratava a mudança como um progresso sem fim – uma mudança na qual as máquinas extraíam o poder da natureza e o entregavam aos seres humanos.[10]

Mas a passagem do crescimento econômico aritmético para o geométrico não foi causada apenas pela maior eficiência das máquinas britânicas. Todas as novas eficiências, todas as curvas de crescimento aceleradas teriam entrado em curto-circuito se as indústrias embrionárias tivessem ficado sem fibras de algodão. E isso quase aconteceu. Antes de 1800, a maior parte da fibra vinha das produções em pequena escala na Índia, no Caribe e no Brasil. O preço do algodão cru era elevado e provavelmente subiria ainda mais porque a terra e a mão de obra disponíveis para a produção de algodão eram limitadas e sua produtividade, baixa. Os custos elevados das matérias-primas limitavam a expansão da indústria têxtil britânica.

---

9. *LC*, January 1, 13, 22, 29, 1819, February 10, 15, 18, 22, 1819.
10. Edwin A. Davis and John C. L. Andreassen, eds., "From Louisville to New Orleans in 1816: Diary of William Newton Mercer", *JSH* 2 (1936): 390-402, qu. 396.

O interior norte-americano, por outro lado, tinha milhares de acres de potenciais campos de algodão, milhares deles para cada acre no Caribe. E a invenção do descaroçador automático de algodão, no início da década de 1790, ajudou a desafogar um dos gargalos para a produção ao permitir a fácil separação da fibra de algodão das sementes. Mas, mesmo com o subsequente aumento dramático da quantidade de algodão produzido na Carolina do Sul e na Geórgia – e mesmo com a crescente força de trabalho fornecida pelos comboios e pelos pés em marcha –, os senhores de escravos do Sudeste ainda estavam longe de atender à crescente demanda do mercado mundial por algodão cru. Em retrospectiva, vemos que o grande Vale do Mississippi era a solução óbvia. No entanto, era típico pensar, antes de 1815, como o mississippiano que escreveu que Nova Orleans seria o "porto de saída para o produto excedente das regiões rio acima– o açúcar, o tabaco, o algodão, o cânhamo" –, que o algodão viria em terceiro lugar. Ele imaginou que a principal função da Louisiana seria substituir São Domingos no circuito mundial da sacarose. Antes de 1815, Nova Orleans estava muito atrás de Charleston na disputa pelo título de principal porto de algodão da América do Norte.[11]

Em 19 de maio de 1815, quatro meses após a vitória de Jackson, o empresário de algodão de Nova Orleans, William Kenner, relatou que "mais de trinta embarcações estavam no rio" a caminho da cidade, porque "a Europa precisa ter, e terá[,] algodão para seus fabricantes". Os comissários de algodão de Liverpool previam que os preços do algodão "não recuariam". Antes da metade do ano de 1815, 65 mil fardos de algodão, produzidos em campos de trabalho escravo nos bosques ao longo do Mississippi e seus afluentes, chegaram em Nova Orleans pelas barcaças. Isso representava 25% do total da produção algodoeira dos Estados Unidos. Além disso, a terra e o domínio que os senhores de escravos do Sudoeste ganharam em batalhas contra os escravizados, contra os nativos norte-americanos e contra os britânicos os prepararam para produzir algodão cru em escalas ainda maiores.[12]

Na verdade, o suprimento de algodão estava prestes a aumentar ainda com mais rapidez. Quando mais quatro anos se passaram, e Rachel chegou em Nova Orleans, mais 60 mil pessoas escravizadas haviam sido deslocadas do Velho Sul para a Louisiana, o Mississippi e o Alabama. Em 1819, a rápida expansão dos campos de trabalho escravo

---

11. W. N. Mercer to J. Ker [1816], Fol. 4, Ker Family Papers, SHC; Robert G. Albion, *The Rise of New York Port, 1815-1860* (Nova York, 1939), 390-391; Pierre-Louis Berquin-Duvallon, trans. John Davis, *Travels in Louisiana and Florida in the Year 1802* (Nova York, 1806), 127-129.
12. W. Kenner to S. Minor, May 19 and 29, 1815, Wm. Kenner Papers, LLMVC; Barclay, Southeld, to S. Minor, September 14, 1815, Minor Papers, SHC; Albion, *Rise of New York Port*, 390-391; *LG*, September 2, 1815, January 1, 1818.

do Vale do Mississippi tinha permitido que os Estados Unidos controlassem o mercado mundial de exportação de algodão, a mais crucial das primeiras *commodities* industriais.

E o algodão se tornou a principal força motriz do crescimento econômico dos Estados Unidos. Em 1802, o algodão já representava 14% do valor de todas as exportações norte-americanas, mas em 1820, representava 42% – em uma economia dependente das exportações para adquirir bens e crédito necessários ao crescimento. Nova Orleans se tornou o pivô da expansão econômica, "o ponto de união", como escreveu um visitante, entre a Europa e a América do Norte, a indústria e as regiões de fronteira. Suas prolíferas colunas de jornais eram repletas de longas listas de desembarque e embarque de navios, anúncios de mercadorias importadas, pedidos dos comissários por mais algodão, ofertas de crédito comercial e avisos de reuniões de diretores de bancos. A aceleração econômica pairou sobre Rachel como uma cordilheira de fardos de algodão.[13]

ESSAS FORAM AS MUDANÇAS QUE PASSARAM pelas mãos do homem como a urdidura e a trama do algodão fino, e essas foram as mudanças que arrebataram Rachel e os outros, cinco gotas em uma enchente humana, diante dele e ao virar da esquina em direção a Chartres. A catedral assomava acima dos telhados das lojas à direita. Mais dois quarteirões e eles alcançavam o cruzamento com a rua St. Louis. À direita deles, ficava um sobrado de estuque. Uma caixa de madeira, da altura de um banco, esperava junto à parede externa. O homem branco que os conduzia abriu a porta e entrou passando por baixo de uma placa que dizia simplesmente: "Maspero". Por fim, Rachel segurou a porta com a mão esquerda e passou pela soleira.

Em 1819, era difícil ir para a cidade sem ser levado para a "Casa de Café" de Maspero. Se Nova Orleans era o pivô da expansão do Sudoeste, e até mesmo da expansão nacional, grande parte do comércio da cidade girava em torno desse ponto específico – uma "casa de café", que em nada se parecia com a Starbucks. Um visitante se queixou de que "embora seja um café, você pode encontrar aqui todos os estimulantes, menos café". Os vapores de uísque cortavam a névoa do tabaco, revelando a Rachel o balcão de bar que se estendia ao longo de toda a parede dos fundos, e se erguia até a altura da cintura. Atrás do bar, andando de um lado para o outro, estava um homem de meia-idade e origem mediterrânea. Sua fábrica de óculos se encontrava na porta ao lado, mas Maspero passava a maior parte de seu tempo perseguindo o dinheiro do lado de cá. Ele venderia um copo de vinho ou de destilado. Ele venderia até você, se tivesse uma oportunidade. Apenas um ano ou dois depois de Rachel chegar ao café Maspero,

---

13. Flint, *Recollections*, 222; *LC*, January 29, 1819, February 22, 1819.

quando um imigrante alemão *redemptioner*, ou trabalhador sob contrato, morreu na Louisiana rural, a pequena filha branca do homem seria supostamente vendida como escrava ali – como centenas de outras filhas.[14]

Ao longo dos últimos anos, o principal negócio de Maspero tinha sido oferecer um lugar para as pessoas se encontrarem e especularem. E hoje, várias dezenas de homens brancos estavam sentados nas mesas espalhadas pelo chão coberto de areia, que eliminava a necessidade de escarradeiras. Alguns dos homens se voltaram para os recém-chegados quando a porta se abriu. Rachel fez o inventário do lugar. Alguns estavam com seus 20 anos, outros eram mais velhos. Alguns usavam chapéus, outros não. A maioria estava vestida no estilo da época: calça comprida, casaco escuro sobre camisa branca com lenço. Um homem de compleição magra se vestia todo de preto. Talvez Rachel o tenha reconhecido de antes. Ele era o homem no barco a remo.

Rachel também teria visto como eles *olhavam* – como pregavam os olhos *nela*, e ainda, também, através e para além dela, avaliando-a e fazendo cálculos que se estendiam no horizonte do futuro. Vejamos como William Hayden se sentiu no lado que recebia esse olhar. Vendido para o Kentucky quando menino na década de 1790, Hayden foi negociado novamente em 1812, para um homem chamado Phillips. Esse novo proprietário, uma versão do Vale do Mississippi de um homem da Geórgia, descia o rio com pessoas para vendê-las, de sua barcaça, a fazendeiros em Natchez, Nova Orleans e em pequenas cidades da Louisiana. Um dia, um comerciante chamado Castleman veio falar com Phillips. Castleman "estava ansioso para me adquirir", lembrou Hayden, e seu sorriso revelava "a alegria que o lobo sente ao atacar um cordeiro".[15]

Lobos. Rachel sentia seus olhos. A principal de todas as mercadorias vendidas no Maspero, até mesmo algodão, era carne humana. Quando Rachel embarcara no *Temperance*, já sabia que seria vendida em Nova Orleans. Os afro-americanos em Maryland estavam aprendendo sobre "Nova Orleans" assim como tinham aprendido sobre a "Geórgia". Rachel agora conseguia ver a fila de homens, mulheres e crianças se posicionando contra a parede distante, e ela viu que o Maspero era o lugar onde a venda aconteceria. Mas, mesmo que estivesse cega, a expectativa palpável no ar teria revelado a natureza do lugar. Aquele desejo não era apenas o de possuí-la como uma

---

14. Knight, *Letters*, 117; *LC* and *LG* for 1815-1820, passim; Thomas H. Whitney, *Whitney's New-Orleans Directory and Louisiana and Mississippi Almanac for the Year 1811* (New Orleans, 1810), 38; Carol Wilson, *The Two Lives of Sally Muller: A Case of Mistaken Racial Identity in Antebellum New Orleans* (New Brunswick, NJ, 2007).
15. William Hayden, *Narrative of William Hayden, Containing a Faithful Account of His Travels for Many Years Whilst a Slave* (Cincinnati, 1846), 54-58.

escrava, ou como uma mulher – embora ambos os desejos fossem parte de uma mistura explosiva. A expectativa fazia parte da identidade daqueles homens brancos específicos que esperavam no salão. Eles não eram comerciantes de escravos no mesmo sentido que o termo descreve um homem da Geórgia, como M'Giffin ou um Phillips, ou ainda como seus sucessores, que trabalhariam em Nova Orleans nos anos posteriores. Aqueles homens ali eram especializados em comprar pessoas escravizadas em um lugar, levá-las para outro e ali vendê-las. Por volta de 1819, os comerciantes de escravos profissionais eram raros em Nova Orleans. Nenhum especialista mantinha uma cela privada, como as dezenas que se aglomerariam na década de 1850 ao longo das ruas Gravier e Baronne, bem ao Sudeste de onde o Superdome de Nova Orleans se encontra hoje. Nem ninguém encontraria naquele dique, em 1819, navios especializados em transportar escravos como aqueles que mais tarde singrariam as águas entre Chesapeake e o Mississippi.[16]

Em 1817, em uma jornada descendo o Mississippi, um inglês notou que as tabernas onde os homens de negócios se encontravam ao longo do caminho para Nova Orleans, "existem muitos homens de verdade, mas a maioria não tem realmente dinheiro. Em suas ocupações, não se restringem a um propósito único, muitas vezes a mesma pessoa é agricultor, funcionário de loja ou hotel, especulador de terras, cervejeiro, proprietário de barcos a vapor e negociante de escravos". O mais importante: "Todos são especuladores e cada homem espera fazer uma fortuna, não pela paciência industriosa e pela conduta elevada, mas por 'um lance de sorte'." Assim eram os homens que se reuniam no Maspero. Vejamos, por exemplo, aquele vestido de preto, bebendo água gelada, pois John McDonogh era um presbiteriano abstêmio. McDonogh tinha vindo da própria Baltimore de Rachel, duas décadas antes – não como um bem à venda, mas com a carga dos mercadores para quem trabalhava. Ela a vendeu, remeteu os lucros e abriu seu próprio negócio. Os rivais alegavam que McDonogh e seu parceiro comercial, Richard Shepherd, plantaram intencionalmente no Maspero rumores sobre a venda de terras, um falatório que aumentou o preço das propriedades de McDonogh, que cobriam boa parte da Louisiana. Ainda assim, McDonogh nem era um senhor de terras, nem – embora comprasse e vendesse escravos – um comerciante de escravos. McDonogh era um empreendedor. Ele vestia seus desejos modestamente em roupas

---

16. Josiah Henson, *The Life of Josiah Henson, Formerly a Slave*... ... (Boston, 1849), 37-41; William Grimes, *Life of William Grimes, Written by Himself* (Nova York , 1825), 22; Hayden, *Narrative*, 124. A ideia de que os vendedores de escravos eram anomalias é demolida por Michael Tadman, *Speculators and Slaves: Masters, Traders, and Slaves in the Old South* (Madison, WI, 1989); Frederic Bancroft, *Slave Trading in the Old South* (Baltimore, 1931), 314-320; and Walter Johnson, *Soul by Soul: Life Inside the Antebellum Slave Market* (Cambridge, MA, 1999).

pretas e de pano grosso. Mas ele era uma força disruptiva e destrutiva que quebrou e reconstituiu o mundo, assim como o homem mais extravagante cujo olhar cruzou com o de Rachel.[17]

Nenhum homem foi mais influente na transformação que fez do comércio de algodão de Nova Orleans o maior do mundo do que Vincent Nolte. Ele veio pela primeira vez sob o comando da empresa anglo-holandesa Hope and Company, antes de 1812, trazendo 500 mil libras em letras de câmbio do Bank of England. Com o montante, ele construiu um circuito de algodão e capital entre o Velho e o Novo Mundo. Depois que a Guerra de 1812 terminou, ele se uniu ao Baring Brothers, o enorme banco comercial de Londres que havia financiado a compra norte-americana da Louisiana, e cuja pressão convencera os negociantes norte-americanos e britânicos a engolirem o orgulho e assinarem o Tratado de Gante no final de 1814. O dinheiro dos Baring permitiu que Nolte acumulasse enormes pilhas de algodão no dique depois de 1815, e, em 1819, ele estava comprando de 20 mil a 40 mil fardos por ano – 4% a 8% das exportações dos Estados Unidos, e até um quarto do que passava por Nova Orleans.[18]

Alguém poderia argumentar que, tanto quanto qualquer grande inventor, dono de fábrica ou banqueiro, foi Vincent Nolte que tornou a modernização possível. Ele moldou os padrões e as instituições do comércio da *commodity* mais importante do século XIX, aquele que alimentou as fábricas da Grã-Bretanha com a matéria-prima mais importante da revolução industrial. As enormes quantidades de dinheiro que canalizou da Grã-Bretanha para aquela sala no Maspero estimularam uma produção de algodão cada vez maior ao longo dos vales dos rios que alimentavam Nova Orleans. A modernização promovida por Nolte fez com que o comércio se tornasse tanto mais eficiente quanto mais aberto a novos jogadores. Ele reuniu e divulgou informações sobre o estado dos mercados do Vale do Mississippi, criando uma circular impressa que citava o preço final de todos os tipos de mercadorias em Nova Orleans, o que seus contemporâneos chamavam de "preço-corrente".[19]

---

17. Vincent Nolte, *Memoirs of Vincent Nolte* (Nova York, 1934), 86-87; Henry B. Fearon, *Sketches of America: A Narrative of a Journey of Five Thousand Miles Through the Eastern and Western States of America* (London, 1819), 279; Lewis E. Atherton, "John McDonogh – New Orleans Capitalist", *JSH* 7 (1941): 451-481; McDonogh Papers, Tulane.
18. George Dangerfield, *The Era of Good Feelings* (Nova York, 1952), 80-81; Nolte, *Memoirs*, 268-280; Ralph Hidy, *The House of Baring in American Trade and Finance: English Merchant Bankers at Work, 1763-1861* (Cambridge, MA, 1949), 35.
19. Nolte, *Memoirs*; Robert Roeder, "New Orleans Merchants, 1790-1837" (PhD diss., Universidade de Harvard, 1959).

Geralmente pensamos nos arquitetos do capitalismo moderno como racionais. Eles podem ser gananciosos e podem estar atrás dos lucros, mas rejeitam apostas e alcançam a acumulação através da autonegação e da eficiência. Os relatórios de economia geralmente ensinam que as pessoas são impulsionadas por cálculos sobre a "utilidade" e o preço e que o comportamento do mercado é previsível e racional. Nolte, no entanto, era inquestionavelmente um apostador. Não se importava com a eficiência. Ele queria pilhas de dinheiro, e queria ganhar. Não se engane: ele não achava que estava confiando na sorte. Ele acreditava que entendia o jogo da especulação o suficiente para conhecer seus segredos. Mas jogava os dados. Ao longo das décadas, Nolte ganhou e perdeu grandes somas de dinheiro. E até mesmo colocou sua vida em risco diante da perspectiva do ganho, lutando quatro duelos com rivais de negócios em 1814 e 1815.[20]

Se Nolte queria fazer uma fortuna incomparável, não era porque pensava que o sucesso se igualava à salvação, ou porque o lucro não era exatamente um fim em si mesmo. Os leilões de Nolte impeliram a modernização econômica – exploração cada vez mais eficiente de um número cada vez maior de recursos – ao estimular a produção de quantidades gigantescas de algodão. Na verdadeira história do mundo moderno real, a mudança vinha sendo propulsionada repetidas vezes por pessoas como Nolte, que, ao buscar lucros como os jogadores de cassino, perturbam os equilíbrios existentes através da introdução de novos elementos. Os novos elementos, que chegam como alavancas de controle, poderiam ser inovações tecnológicas, mas os empreendedores raramente são as pessoas que criam essas inovações. Em vez disso, eles descobrem como tirar proveito de seus benefícios, a fim de arrancar a quota do mercado e os lucros de outros capitalistas que investiram em tecnologias padrão e em modelos de negócio antiquados. Eles são os arquitetos da dinâmica da "destruição criativa" que o economista iconoclasta Joseph Schumpeter identificou como o motor central do crescimento do capitalismo. A destruição criativa produz choques trágicos, depressões devastadoras seguidas de expansões dramáticas, guerras, conquistas e escravidão. Ali, em Nova Orleans, o algodão – e os escravos – permitiram que a destruição criativa produzisse a economia moderna.[21]

Nolte disse que fez o que fez por causa de algo que queria sentir – o que ele chamava de "charme", o feitiço que lançava sobre si mesmo ao costurar uma "vasta rede de comércio estendido" da qual era o próprio centro. E o café Maspero era uma sala cheia

---

20. O enunciado clássico do capitalista como espécie de puritano está em Max Weber, *The Protestant Ethic and the Spirit of Capitalism* trans. Talcott Parsons (Nova York, 1930).
21. John Cassidy, *How Markets Fail: The Logic of Economic Calamities* (Nova York, 2009); Joseph Schumpeter, *Capitalism, Socialism, and Democracy* (Nova York, 1947).

de Noltes, para quem a destruição criativa era tanto a motivação quanto o processo. Junto com McDonogh, Shepherd e Nolte, suas fileiras nas mesas incluíam homens como Beverley Chew e Richard Relf, William Kenner, Stephen Henderson e francófonos, como o comerciante Louis Lecesne e o comissário de algodão P. F. DuBourg, que fechava negócios com os fazendeiros crioulos. Eles também amavam a sensação de poder que obtinham de exercer o que Nolte chamava de "espírito mercantil empreendedor": desbancar rivais, sabendo que pessoas distantes estavam se curvando a suas vontades. Eles compravam algodão do interior e o enviavam para Liverpool. Eles compravam cargas da Inglaterra e da Alemanha e vendiam seu conteúdo para lojas enfileiradas nos rios, como se fossem contas de um colar, por todo o caminho até Louisville.[22]

Com base na posição geográfica, no conhecimento especial e no acesso especial às mercadorias essenciais, esses empresários flexíveis e não especializados organizaram, desde o início, um aumento maciço da matéria-prima mais importante da economia global. Ao longo dos cinco anos que se iniciaram em 1815, o algodão do Sul se tornou a *commodity* mais negociada do mundo, e Nova Orleans se transformou no centro gravitacional desse sistema de compra e distribuição. A cidade duplicou a quantidade de algodão que embarcava, logo ultrapassando os portos de Charleston e Savannah, a sudeste.

O café Maspero era o primeiro centro do comércio de algodão de Nova Orleans. Também era o local em torno do qual outro mercado novo estava se amalgamando. Como a *Gazette de la Louisiane* reportou, no Maspero você poderia comprar um carregamento de tecido irlandês e inglês, um barco-piloto, um pedaço de terra na rua Chartres, uma casa de tijolos, uma fazenda (na verdade, aquela de Madame Andry, viúva de Manuel) e *les esclaves*. Era possível comprar pessoas ali, em qualquer dia que não fosse domingo, por meio de lances nos leilões ou negociando com esses empreendedores. Além de suas outras atividades, todos esses homens vendiam e compravam números substanciais de escravos ali. Kenner e Henderson venderam pelo menos 150 escravos no Maspero entre 1815 e 1820. O parceiro comercial de McDonogh, Shepherd, vendeu 97. O mercador de algodão escocês Thomas Urquhart vendeu 76 pessoas. E assim por diante. E, como no caso do algodão, no Maspero, esses destruidores criativos estabeleceram o acesso à oferta, estimularam a demanda e criaram um local onde um comprador poderia sempre esperar encontrar o que queria. Em outras palavras, criaram um mercado que, embora centrado no Vale do Baixo Mississippi, estendia-se muito além desse local específico,

---

22. Nolte, *Memoirs*, 69, 274-275, 311-313; Stephen Palmié, "A Taste for Human Commodities", in Palmié, ed., *Slave Cultures and the Culture of Slavery* (Knoxville, TN, 1995), 40-54; Roeder, "New Orleans Merchants."

esticando os braços do incentivo até alcançarem as fazendas de Maryland, as docas de algodão do Alabama, os bancos de Nova York e os salões de Londres. Esse mercado de escravos continuaria a se desenvolver ao longo das quatro décadas seguintes, em uma relação dinâmica com o desenvolvimento da economia algodoeira.[23]

Conforme traçamos o caminho de Rachel, podemos ver como esse mercado se formou. O transporte dela dependia das ações dos governos federal e estadual. Os compromissos da Constituição permitiam o transporte de escravos através das linhas estaduais. O Congresso também protegia o transporte com sua lei de 1793, que impedia os estados não escravistas de abrigar os fugitivos. Enquanto isso, como a maioria das outras pessoas escravizadas transportadas do Sudeste para Nova Orleans no período anterior à década de 1820, Rachel veio por uma rota que lembrava os caminhos de outras mercadorias até o dique. Os empreendedores do Sudoeste pediam a seus contatos no Sudeste que lhes comprassem escravos. Algumas vezes, eram pedidos específicos – um ferreiro de Maryland para Stephen Minor de Natchez, por exemplo –, mas, normalmente, eram pedidos mais gerais, como este: "Adquira [para mim] mãos da Virgínia".[24] Em tais circunstâncias, então, as pessoas adquiridas eram enviadas nos navios mercantes regulares, como o *Clio*, no qual Benjamin Latrobe navegou partindo de Norfolk, em 1818. O *Clio* também carregava mercadorias comuns e um médico chamado Day, que estava se mudando para o Rio Vermelho para se tornar um fazendeiro de algodão. Enquanto Day transportava 12 de seus próprios escravos, o navio também carregava Tom, que havia sido consignado, do mesmo jeito que Rachel, pelo mercador de Baltimore David Anderson. Tom custou a Anderson 800 dólares, mais uma tarifa de 30 dólares, mas ele morreu na Costa da Flórida. Assistindo aos marinheiros do *Clio* atirarem seu corpo na água, os passageiros brancos especularam que ele teria chegado a valer 1.200 dólares em Nova Orleans. O consignatário de Anderson em Nova Orleans havia perdido um grande investimento.[25]

---

23. George Green para J. Minor, 15 de janeiro de 1820, Minor Papers, SHC. Em lugar de escritórios, muitos mercadores carregavam papéis comerciais em maletas. Cf. *LC*, 17 e 20 de janeiro de 1817, 28 de fevereiro de 1817, 14 de março de 1817, 15 e 29 de março de 1819.
24. No Brasil, os escravos eram chamados de braços; nos Estados Unidos, de mãos. Nesta tradução, o termo "mão" será mantido por causa do sentido que o vocábulo adquire dentro da organização geral da narrativa. (N. do R. T.)
25. J. Wetherstrandt to S. Minor, November 23, 1814, and J. Minor to Kitty, May 24, 1816, Minor Papers, SHC; R. Claque to Dear Major, February 26, 1821, William Kenner Papers, LLMVC; *LG*, October 23, 1816; Benjamin Latrobe, *Impressions Respecting New Orleans: Diary and Sketches, 1818-1820*, ed. Samuel Wilson Jr. (Nova York, 1951), 9-10; *LG*, September 30, 1815, December 13, 1817, April 28, 1818; W. Flower to J. Vinot, 1818, Flower to Dugue Bros. & Harang, 1820, and Flower to C. Bouchon, 1820, HALL, 85325, 96018-96022, 97346-97348.

Depois de chegar a Nova Orleans, escravos como Rachel e o alto William eram mantidos a bordo dos navios até que pudessem ser vendidos. Em outros casos, os empresários trancavam os cativos em estábulos, na prisão da cidade ou com outras mercadorias nos escritórios comerciais e armazéns. William Kenner mantinha as pessoas em seu próprio campo de trabalho escravo até que as considerava "maduras" o suficiente para vendê-las. Os vendedores de escravos também trancavam as pessoas no Maspero – no salão de baile adjacente ao bar ou na sala de reuniões do andar de cima, a mesma onde Andrew Jackson repreendera os patriarcas da cidade que ali se reuniram por estarem intimidados pelos casacas-vermelhas de Pakenham. Mas o Maspero era bem ruim como prisão. Em outubro de 1819, os irmãos Roman, proprietários escravistas locais que marcavam qualquer pessoa que comprassem, adquiriram uma mulher chamada Maria pelo alto preço de 1.500 dólares. Eles a deixaram no Maspero enquanto terminavam seus negócios na cidade. Relutante em suportar o ferro quente que os Roman estavam pagando tão caro para marcá-la, Maria escapou. Sete semanas depois, ela ainda estava fugindo.[26]

No entanto, apesar de servir mal como cela, o Maspero era o polo em torno do qual o mercado de pessoas escravizadas orbitava entre 1815 e 1819. Mesmo se o homem ou mulher não estivesse fisicamente presente, o comprador poderia ler o nome da pessoa escravizada no *Louisiana Courier* enquanto estava sentado ali. Ele compararia mentalmente a descrição com os outros que eram exibidos ali. O vendedor iria até ali para encontrá-lo e organizar a venda. Os papéis mudariam de mãos ali no bar. As forças geradas ambiente extenso, de teto baixo e esfumaçado mudaram a vida de milhares de Rachels e Williams. Os atos de empresários de Nova Orleans também mudaram a vida de cada um deles, e não simplesmente enriquecendo os saldos de suas contas. Para homens como os empresários do Maspero, o nascimento do mundo moderno abriu o acesso a poderes que poucos – que não eram monarcas absolutos – tinham gozado antes.

Essas sensações geralmente só estavam disponíveis para aqueles com a sorte de terem nascido brancos, homens, no lugar e na família certos. Ainda assim, as velhas alianças mercantis e as velhas famílias estavam sendo ultrapassadas conforme novos homens criavam novos impérios de produção de dinheiro. Imagine a sorte de um menino como Henry Palfrey, filho de um pai falido, que se tornou caixeiro de Beverley Chew e Richard Relf, de Nova Orleans, quando tinha 12 anos. Como Palfrey chegou à idade adulta no ambiente do Maspero, internalizando seus desejos, era capaz de escrever ordens e solicitações. Ele as enviava como cartas e, consequentemente, aconteceram coisas que seu pai, um mercador frustrado de uma geração anterior, não poderia fazer acontecer. Enormes

---

26. *LC*, October 4, 18, 1819, November 24, 1819; HALL, 93012.

quantidades de algodão foram movidas. As pessoas eram vendidas e levadas para longe de suas famílias, pilhas de tecido e ferro eram carregadas, o dinheiro era transferido.[27]

A maneira como os empresários assimilaram os valores desse ambiente e chegaram a ver esses valores como normais revela muito sobre por que eles dedicaram suas vidas à criação de um "comércio ampliado" no Sudoeste dos Estados Unidos. Eles falavam como se o corpo deles estivesse fazendo as coisas que seus negócios – vendas de algodão, compras de terras ou de escravos, pagamentos em dinheiro do outro lado do oceano – realizavam. No entanto, não o corpo inteiro. Havia uma parte específica do corpo da qual falavam como se a estivessem usando. Eles escreviam notas e cartas nas quais informavam aos correspondentes que mantinham escravos "à mão" e dinheiro "na mão". As cartas importantes "chegavam às mãos". Eles tiravam o algodão "das [suas] mãos" e colocavam-no no mercado. Em 1815, esperando que os preços subissem, John Richards apresentou ao Bank of the State of Mississippi uma nota para garantir que ainda não teria de vender "o algodão que agora tenho em mãos". Promessas individuais de pagamento que se baseavam no crédito de outros comerciantes – notas promissórias – eram "notas de mão" [*notes of hand*].[28]

Poucas partes do corpo têm uma conexão mais íntima e direta com a mente do que as mãos. Além disso, quando os empresários usavam palavras para segurar as rédeas da nova economia, descreviam a sensação como se os poderes do novo mundo estivessem em suas mãos como as cordas de uma marionete. Eles produziam resultados concretos a distância, usando palavras que suas mãos escreviam em pedaços de papel. Os dedos no final do braço do escritor podiam não sustentar de fato a coisa material – os fardos de algodão, as pilhas de moedas, o navio cujo capitão e tripulação estavam destinados a transportá-los – que a linguagem figurada do comércio dava a entender que sustentavam. Mas, em um sentido muito real, o escritor controlava essas coisas, essas pessoas.

---

27. Henson, *Life*, 41-45; *LG*, April 28, 1818, May 13, 1818; LC, January 29, 1818. em geral, os escravos locais eram vendidos privativamente. Cf. *LC*, January 31, 1817, November 3, 1819.
28. Escravos "à mão": J. Garner to A. Cuningham, February 1, 1830, and Brown and Armistead to E. B. Hicks, August 1, 1821, Alexander Cuningham Papers, Duke. Slave-sale money "in hand": Brown and Armistead to E. B. Hicks, August 1, 1821, Alexander Cuningham Papers, Duke; Kenner & Co. to J. Minor, January 26, 1826, Minor Papers, SHC. "Cotton": David Ker to Mary Ker, May 7, 1812, Ker Family Papers, SHC. Letter "come to hand": E. Fraser to M. White, August 28, 1806, Maunsel White Papers, SHC; Fol. 1834-1835, Jarratt-Puryear Papers, Duke. Slaves also "came to hand": e.g., Tyre Glen to Isaac Jarratt, December 23, 1833, Jarratt-Puryear Papers, Duke; J. Richards to Cashier of Bank of United States, March 14, 1815, Box 2E949, Bank of State of Mississippi Records, Natchez Trace Collection, RASP; Abijah Hunt to R. Sparks, June 14, 1809, Ker Family Papers, SHC.

As mãos desses escritores podiam segurar muito mais do que as mãos de negociantes e comerciantes no passado, porque o novo crescimento dinâmico do capitalismo ocidental estava produzindo enormes quantidades do que o grande teólogo do século XX Robert Farrar Capon chamou de "poder da mão direita": o poder para forçar um resultado. Capon identificou o poder da mão direita como sendo a ideia de Deus mantida por muitos crentes de muitas religiões: uma divindade trabalhando com retidão, exercendo uma força esmagadora, jogando os ímpios nas chamas, afogando a terra pecaminosa. O poder da mão direita é o poder da dominação, dos reis, das armas e da letra da lei. No início do século XIX, aquelas sociedades e aqueles indivíduos que eram vencedores quando se tratava de distribuição do poder e do status acumulavam uma força sem precedentes da mão direita. Eles tinham mais armas e balas, mais soldados, a capacidade de derrubar as defesas de outros povos e forçá-los a negociar nos termos mais favoráveis para o Ocidente. Eles dominaram outros povos em um grau sem precedentes na história da humanidade e, dentro das novas nações vitoriosas modernizadas, o poder da mão direita foi cada vez mais distribuído de uma maneira assimétrica. Os membros das novas classes dominantes – pessoas como os homens no Maspero, mas também os donos das fábricas de algodão de Manchester, os comerciantes de Nova York, os banqueiros de Londres – tinham a maior parte desse poder nas próprias mãos.[29]

Assim, se tivéssemos que escolher a mão a que se referiam aqueles que escreviam cartas e ficavam sentados no café Maspero, seria possível dizer "direita". Mesmo que os efeitos das decisões dos empresários às vezes se fizessem sentir muito longe dos locais onde as decisões eram tomadas, ainda eram efeitos diretos. A carta é escrita e enviada, o parceiro comercial em Maryland a lê, deposita a letra de câmbio, vai para o leilão homologado, compra uma mulher anunciada como empregada doméstica e a leva para o próximo navio com destino à Louisiana. Assim, os intercâmbios da economia do algodão, escreveu um homem branco (a quem o sucesso da Louisiana, segundo ele mesmo, tinha dado um novo "sentido de independência"), "coloca sob o *seu* poder" – em suas mãos, como ele disse a um parente – "a capacidade de você enriquecer". Um homem pressiona um botão (com o dedo indicador *direito*) na máquina do mundo comercial, com seus novos mercados e oportunidades, e as coisas acontecem em seu benefício: coisas que envolvem notas de libras esterlinas, uma enorme pilha de algodão ou uma longa lista de escravos. O mundo moderno emergente fortaleceu as mãos direitas desses homens, oferecendo-lhes a oportunidade de tornar tudo novo e diferente, de moldar esse mundo de acordo com seus desejos".[30]

---

29. Robert Farrar Capon, *The Parables of Grace* (Grand Rapids, MI, 1988).
30. M. Tournillon to Nicholas Trist, February 28, 1821, Nicholas Trist Papers, SHC.

Grande parte do poder muscular nas mãos direitas era animado pelo crédito, em si um fenômeno que parecia ser quase tão mágico quanto a ideia de que se poderia dirigir eventos longínquos com as mãos. O crédito é a *crença* (a palavra vem do latim *credere*) que proporciona uma quantia hoje em troca de uma promessa de pagamento futuro. O crédito permitiu aos empresários e a outros que gastassem hoje o dinheiro de amanhã, realizando negócios e investimentos que (como o devedor acreditava) produziriam mais riquezas futuras. Quando concedido em termos favoráveis, o crédito era o que permitia que o comércio se espalhasse, se movesse suavemente e enriquecesse pessoas ao redor da Bacia Atlântica.

O empresário de Nova Orleans William Kenner, por exemplo, poderia usar letras de câmbio, promessas de pagamento originadas com uma firma mercante britânica, para comprar fardos de algodão de seu sócio comercial, o fazendeiro John Minor. Kenner poderia então enviar os fardos para Liverpool e lá vendê-los para uma casa comercial que, por sua vez, creditaria o valor na conta de Kenner e "descontaria" as letras de câmbio da empresa original. A casa comercial poderia permitir que Kenner fizesse um "saque" em sua conta escrevendo cheques ou "ordens de pagamento". Era possível também, se os sócios acreditassem no futuro financeiro de Kenner, permitirem que ele escrevesse suas notas promissórias e as "negociasse" nos Estados Unidos, usando-as como fonte de crédito. Kenner poderia vender tal nota por dinheiro ali no Maspero, ou trocá-la por bens – ou pessoas –, se o vendedor acreditasse que a empresa de Liverpool "honraria" a promessa de Kenner. O quanto a pessoa que aceitou a nota promissória acreditava nela – o quanto ele ou ela *creditava* sua magia – determinava não apenas se ele ou ela a aceitaria como dinheiro, mas também quanto dinheiro ela acreditava que essa promessa valia. Os títulos eram negociados com um "desconto" sobre o valor nominal da nota, um valor flutuante que também servia como uma taxa de juros. (Alguém poderia dar 96 dólares por um título que, em seis meses, poderia ser trocado por 100 dólares. Esse alguém tinha acabado de conceder um empréstimo e ser reembolsado com cerca de 8% de juros anuais, em outras palavras.) A compra e venda de promessas de pagamento constituiu um negócio em si mesmo. Os anúncios nos jornais de Vincent Nolte proclamavam sua disposição de comprar "câmbio" em Paris, Nova York ou Londres – notas que eram pagáveis nessas cidades, que Nolte poderia enviar para pagar suas próprias contas nos locais.[31]

---

31. *LC*, January 25, 1819, February 10, 15, 1819; Thomas Henderson to Stephen Minor, June 4, 1819, Minor Family Papers, SHC; John Minor in Acct. with Kenner and Henderson, 1816-1818, William Kenner Papers, LLMVC.

Mas a crença no crédito deve ser criada. As pessoas devem passar a confiar em suas instituições e na confiabilidade de seus parceiros comerciais para que o crédito ganhe vida como dinheiro e sirva de combustível para um crescimento explosivo. E como qualquer outra fé, o crédito tem uma história, e Rachel chegou ao Maspero em um momento importante daquela história.

Em 1811, os republicanos favoráveis a Jefferson tinham aniquilado o First Bank of the United States. Entretanto, durante a Guerra de 1812, o caos financeiro tornou muito difícil para o governo de James Madison levantar o dinheiro necessário para travar a guerra. Após o país ter escapado por pouco do desastre, em 1816, os republicanos licenciaram (durante vinte anos) o Second Bank of the United States. O "B.U.S." (sigla em inglês para Bank of the United States) destinava-se, de fato, a ancorar o amplo programa econômico avançado pela facção "Republicana Nacional" – um grupo de jovens líderes que estava jogando os velhos jeffersonianos para escanteio. Eles incluíam Henry Clay, do Kentucky, e John Calhoun, da fronteira do algodão da Carolina do Sul, e seu plano de usar o poder federal para criar uma economia moderna nos Estados Unidos baseada na capacidade do banco de atrair investimentos estrangeiros sobre seus títulos, estabilizar o sistema financeiro e alimentar o crédito nas mãos dos empresários. Seu "sistema norte-americano", como Clay o denominou, também incluía uma rede planejada de "melhorias internas": canais, estradas e projetos de liberação de rios para abaixar o custo de transporte e incentivar a produção para mercados distantes. Uma tarifa que protegesse a produção têxtil nacional permitiria à economia norte-americana seguir o modelo britânico de industrialização.[32]

O novo B.U.S., com sede na Filadélfia, também se expandiu com filiais nos principais centros comerciais, como Nova Orleans. Mas a maior parte das agências locais ignoraram as ordens que tinham para regular os fluxos financeiros. Em vez disso, conforme os bancos locais se espalhavam como fungo – a Assembleia Legislativa Estadual do Kentucky licenciou quarenta bancos só em 1818 –, o B.U.S. permitiu que o crédito se entranhasse em cada fissura da nação em expansão. A curto prazo, uma explosão descontrolada de prosperidade silenciou os tradicionalistas, que advertiam que o papel-moeda e os bancos eram esquemas. Em abril de 1814, havia 38 barcaças que, tendo descido o rio, estavam amarradas ao longo do dique de Nova Orleans; quatro anos depois, eram 340. Os gigantes financeiros Baring Brothers, Hope and Company e outros compradores de

---

32. Sean Wilentz, *The Rise of American Democracy: Jefferson to Lincoln* (Nova York, 2005), 205-209; W. Meriwether to Brother, September 28, 1814, Meriwether Family Papers, SHC; Daniel Walker Howe, *What God Hath Wrought: The Transformation of America, 1815-1848* (Nova York, 2007).

algodão europeus injetaram milhões de libras de crédito para pagar Nolte e seus companheiros. Mercadores têxteis e de outros tipos, procurando se livrar do acúmulo dos bens causado pela guerra, adiantaram mais milhões em mercadorias para os distribuidores norte-americanos. O B.U.S. liberou enormes quantidades de crédito diretamente para os especuladores de terras, e os diretores e empregados do banco pegaram empréstimos do caixa para dar conta de suas próprias iniciativas.[33]

Para pessoas escravizadas, como Rachel, o súbito crescimento na confiança econômica não significava uma libertação, mas o contrário. O banco ajudou tanto norte-americanos brancos quanto investidores de além-mar a terem fé em um futuro no qual os débitos dos compradores de escravos seriam quitados por receitas em franco crescimento das mercadorias lucrativas que a Grã-Bretanha em processo de industrialização queria. Era possível notar os sinais visíveis da aceleração desse poder da mão direita por todas as regiões do Sudoeste dos Estados Unidos – não apenas no Maspero, mas também, por exemplo, em Huntsville, no Alabama, uma vila na fronteira, para onde um virginense coberto de poeira chamado Francis E. Rives cavalgou no mesmo dia de janeiro de 1819 em que Rachel e William chegaram ao dique. Não demoraria para que Rives se estabelecesse na Assembleia Legislativa Estadual em Richmond, mas naquele dia estava conduzindo uma fileira de mais ou menos vinte pessoas escravizadas com quem ele e seus empregados haviam marchado do Condado de Southampton, na Virgínia. Rives e os empregados que o ajudaram a guardar o comboio eram exploradores de uma nova região de crédito e comércio. Buscando maneiras de extrair um novo rendimento da energia humana armazenada nas cabanas escravas do Sul da Virgínia, sua expedição estendeu por centenas de quilômetros a Oeste o comércio da Geórgia. Seguindo as trilhas dos cherokee da extremidade esquerda da Carolina do Norte, através da espinha das Grandes Montanhas Fumegantes, eles agora haviam descido até o Vale do Rio Tennessee, que corria ao longo de Huntsville.[34]

O Tennessee podia carregar barcos cheios de algodão para o Mississippi. Desse modo, Huntsville era um local conectado ao cinturão invisível de comércio e de crédito ligado a Nova Orleans. E graças aos investimentos canalizados através do Bank of the United States e às possibilidades de comércio, o vale que se estendia diante do comboio de Rives,

---

33. Martha Brazy, *An American Planter: Stephen Duncan of Antebellum Natchez and New York* (Baton Rouge, LA, 2006), 15-16, 21; Collector, Port of New Orleans, 1806-1823, v. 2, Mf #75-109, NOPL; Dangerfield, *Era of Good Feelings*, 180; Bray Hammond, *Banks and Politics in America: From the Revolution to the Civil War* (Princeton, NJ, 1957), 282; *New York Courier*, September 24, 1816.
34. Jesse Hunt to Jeremiah Hunt, April 1, 1815, Folder 4, Ker Papers, SHC; F. E. Rives Ledger, Rives Papers, Duke.

de uma hora para outra, estava vicejando com iguais proporções de esquemas e algodão. Anne Royall, uma mordaz autora de relatos de viagem nascida na Pensilvânia e que foi para o Alabama em 1818 a fim de conseguir material para seu novo livro, viu sua voz autoral, normalmente desdenhosa, falhar quando ela subiu os mesmos cumes que os migrantes forçados de Rives agora desciam, rumo a Huntsville. "Os algodoais agora começam a aparecer. São absurdamente grandes; de 400 a 500 acres cada um! – É uma coisa sem comparações! A fantasia não daria conta de conceber uma visão mais grandiosa!"

"Não houve uma única... pessoa se estabelecendo nessa região com pouquíssimo capital que não tenha se tornado rica em poucos anos", afirmou John Campbell, um migrante nascido da Virgínia. Ele claramente sofria da "Febre do Alabama", como as pessoas a chamavam – a crença fervorosa de que toda pessoa branca que conseguisse arrumar uma terra na fronteira e colocar as pessoas escravizadas para trabalhar na produção de algodão inevitavelmente se tornaria rica. E era o crédito que aumentava a temperatura. A maioria dos colonos no Alabama estava se apossando de terras que, outrora, tinham sido incluídas na compra do Yazoo, depois, entregues pelos creeks em Forte Jackson e agora estavam sendo vendidas pelo escritório da Repartição Federal de Terras Públicas (Federal Land Office) em Huntsville para compradores que tipicamente contavam com crédito. No fim de 1818, o escritório local da Repartição havia negociado quase 1 milhão de acres, os quais renderam, oficialmente, 7 milhões de dólares. Mas os compradores especuladores, incluindo Andrew Jackson, James Madison e os principais empregados do escritório local pagaram apenas 1,5 milhão de dólares adiantado. Dessa quantidade, 1 milhão foi na forma de títulos que o governo federal dera para os investidores que tinham recebido uma compensação depois da decisão de 1810 (caso *Fletcher versus Peck*). Assim, o crédito fornecido pelo governo tinha financiado 93% do custo das terras no vale antes de Rives – dinheiro que teria de ser reembolsado por vendas de algodão ainda não plantado por escravos ainda não comprados. Não é de se admirar que Rives tenha levado essas pessoas escravizadas para Huntsville. Ali havia um campo privilegiado para as vendas de escravos.[35]

---

35. John Read to Josiah Meigs, April 17, 1817; TP, 18:83-84; J. Brahan to J. Meigs, February 18, 1818; TP, 18:260-261; Israel Pickens to W. Lenoir, December 18, 1816, C. S. Howe Papers, SHC; J. W. Walker to L. Newby, February 28, 1817, Larkin Newby Papers, Duke; M. E. Williams to Mary K. Williams, September 10, 1823, Hawkins Family Papers, SHC; *New-York Columbian*, April 21, 1818; J. Mills Thornton, *Politics and Power in a Slave Society: Alabama, 1800-1860* (Baton Rouge, LA, 1978); NSV, 249; Anne Royall, *Letters from Alabama* (Washington, DC, 1830), 114; J. Campbell to D. Campbell, December 16, 1817, Campbell Papers, Duke; Daniel Dupre, *Transforming the Cotton Frontier: Madison County*, Alabama, 1800-1840 (Baton Rouge, LA, 1997), 41-86; Carolina Republican, March 8, 1817; cf. Thomas Chase Hagood, "'I Looked Upon the Long Journey, Through the Wilderness, with Much Pleasure': Experiencing the Early Republic's Southern Frontier", *Journal of Backcountry Studies* 6, n. 1 (2011), www.partnershipsjournal.org/index.php/jbc/issue/view/25 (acessado em 26 de dezembro de 2013).

Parecia que o crédito estava transformando os sonhos dos escravistas do Alabama em realidade. O Alabama já ocupava o terceiro lugar no total de algodão produzido e o primeiro na produção *per capita* nos Estados Unidos. E não apenas os escravistas do Alabama: entre 1815 e 1819, os colonos transportaram aproximadamente 100 mil imigrantes desprovidos de liberdade para o Sul da Louisiana, para a região central do Tennessee e para a área ao redor de Natchez, no Mississippi. Esses escravos abriram os campos comprados durante a especulação, cultivaram o algodão para pagar os juros e manter o fluxo dos novos empréstimos e ainda serviam de hipoteca ou colateral. O aumento dramático na habilidade dos futuros empreendedores para pegar dinheiro emprestado havia estendido o alcance de sua mão direita no tempo e no espaço, sobre as montanhas e através dos mares.[36]

DE VOLTA A NOVA ORLEANS, onde muito crédito estava disponível para as mãos direitas daqueles que compravam e vendiam, os sinos da Catedral de St. Louis na Place d'Armes – logo na esquina do Maspero – tocaram ao meio-dia, ressoando através do burburinho conspiratório na casa de café. Em seguida, um dos magos do processo de crédito se levantou. Era Toussaint Mossy, um dos leiloeiros mais populares da cidade. Até aquele momento, estivera sentado em uma mesa, soprando no seu cachimbo e olhando algumas vezes para uma folha de papel, observando as pessoas que encostavam na parede em uma fila desorganizada. No papel, estavam escritos nomes, idades e frases, alguns dos quais poderiam ser verdadeiros. Pondo-se de pé, ele se virou para todos. Em um inglês com sotaque francês, explicou para o público à espera que 23 escravos estavam prestes a ser vendidos no leilão. O jornal havia dito apenas que "os termos serão divulgados no momento da venda". As pessoas escravizadas vendidas como parte de uma propriedade muitas vezes eram vendidas a um crédito de longo prazo, de um ano ou mais, subvencionado por um vendedor local para um comprador local, tendo, normalmente, uma hipoteca como garantia. Vendedores como McLean, que provavelmente tinha comprado seus escravos em Chesapeake com créditos de curto prazo que em breve seriam devidos, queriam notas de banco ou crédito facilmente financiáveis na forma de letras de câmbio. Mossy então explicou que o leilão aconteceria do lado de fora. Ele se virou e saiu pela porta.[37]

Rachel e William apertaram os olhos à luz do sol que batia na parede da rua St. Louis. A primeira pessoa a ser puxada para fora pode ter sido John – com cerca de 50

---

36. Ver Tabela 1.1.
37. *Baltimore Patriot*, July 16, 1819; LC, April 15, 1817, March 12, 1819; LG, June 14, 1817, June 9, 1818.

anos, o mais velho do grupo. Mossy lhe indicou o banco baixo. Alto e de pele clara, John ficou de pé em cima da caixa enquanto os brancos saíam em fila do Maspero e o rodeavam em um semicírculo. Os transeuntes pararam: mulheres com balaios, homens saindo de outras lojas, crianças brancas e negras, jangadeiros vindos do alto Mississippi. As pessoas escravizadas ficavam na parte de trás da multidão, com os rostos vazios. Um silêncio se estabeleceu, quebrado pelos rangidos das rodas do vagão e pelos gritos abafados dos estivadores no dique. Aquele era o momento que fazia as árvores caírem, as cordas apertarem os fardos de algodão, as lojas se abarrotarem de mercadorias, os títulos navegarem pelo oceano, indo e vindo, o momento que fazia o mundo acreditar.[38]

Mossy começou a falar. Mas não em um tom coloquial. Os leiloeiros perduraram por muito tempo depois do dia de Mossy. Todos sabem como eles soam, mas suas habilidades parecem antiquadas em um tempo em que a maioria dos leilões acontecem de maneira impessoal, online. Mas há duas coisas importantes a serem lembradas sobre o trabalho de Mossy. Primeiro, um leilão é o momento mais puro do encontro entre oferta e demanda e, portanto, da regulação de preços em uma economia de mercado capitalista. John, de frente para a multidão, serviu para testar a demanda por um homem de 50 anos de idade em Nova Orleans, em uma quinta-feira de janeiro, quando as vendas de algodão tinham sido prósperas e o crédito, flexível. Os compradores e os vendedores que ouviram os resultados de tal teste iriam propor uma série de valores até a quantia a ser paga por ele. Essa lição daria forma às vendas privadas, afetaria as ofertas nos leilões posteriores, determinaria os números escritos ao lado dos nomes dos escravos nos inventários das propriedades. A adulação de Mossy, as maquinações sussurradas entre os potenciais compradores na multidão, as cabeças assentindo e as mãos levantadas que significavam lances, preços de crédito e do algodão: tudo era moldado ao mesmo tempo que moldava a nuvem de informação e crença que definia o mercado de escravos.

Em segundo lugar, se esperava que os leiloeiros da época – como também se espera dos de agora – expressassem ânimo com o ato da compra. Mossy queria conseguir o mais alto preço possível, mas ele também criava uma comunidade de compradores e vendedores no Maspero. Essa invenção do ambiente de mercado treinava os compradores a pensarem nos escravizados de determinadas maneiras. Quando Mossy anunciou os principais números de John e de cada um dos outros sujeitos à venda que o seguiriam naquele banco – altura, idade e preço –, ele também ensinou os compradores a verem as características que aquela comunidade considerava mais valiosas em uma pessoa escravizada. A altura era a mais fácil de se saber. Era possível vê-la. Os escravistas

---

38. *Baltimore Patriot*, July 16, 1819.

normalmente pagavam mais por homens altos do que pelos baixos. A altura era menos importante para determinar o preço das mulheres, mas a idade importava tanto para eles quanto para elas. Os proprietários de escravos geralmente pagavam preços mais altos por homens jovens, entre 18 e 25 anos, ou por mulheres entre 15 e 22 anos. De acordo com as cotações aplicadas em janeiro de 1819, McLean poderia obter entre 900 e 1.100 dólares por Ned ou William, enquanto as mulheres da mesma idade normalmente eram vendidas por cerca de 100 ou 200 dólares a menos. Mossy teria de se esforçar para conseguir 400 dólares por um homem de 50 anos como John.[39]

Embora fosse considerado menos provável que as pessoas escravizadas nascidas no Sudoeste dos Estados Unidos morressem de doenças do que os novos migrantes levados para a região, os afro-americanos da Virgínia e de Maryland também já eram importantes para esse mercado. Simplesmente não havia homens e mulheres locais no auge da idade para suprir a demanda. E, diferentemente dos experientes, porém espertos, moradores locais, um jovem da Virgínia poderia parecer uma peça maleável para os sonhos de alguma mão direita: Alexander McNeill, por exemplo, disse ao homem que vendia o adolescente Henry Watson que ele "queria criar um garoto para atender às suas necessidades". Além disso, por volta daquela época, em Maryland, os homens escravizados em torno dos 20 anos eram vendidos por mais ou menos 500 dólares. Em Nova Orleans, Ned ou William poderiam chegar ao dobro do preço pelo qual seriam vendidos em Chesapeake. Os custos com transporte chegavam, em média, a menos de 100 dólares por escravo, então os empresários que adquiriam pessoas escravizadas dos estados mais velhos podiam vender mais barato que negociantes locais e ainda embolsar um lucro enorme.[40]

---

39. Lawrence J. Kotlikoff, "The Structure of Slave Prices in New Orleans, 1804 to 1862", *Economic Inquiry* 17 (1979): 496-518; Jonathan Pritchett, "Quantitative Estimates of the U.S. Interregional Slave Trade, 1820-1860", *Journal of Economic History* 61, n. 2 (2001): 467-475; e minha análise (com o auxílio de Jordan Suter) das vendas de escravos reportadas em HALL.

40. Henry Watson, *Narrative of Henry Watson: A Fugitive Slave* (Boston, 1848), 12; J. Sain to Obadiah Fields, May 25, 1821, O. Fields to Jane Fields, November 29, 1822, Acct. O. Fields, 1822, Obadiah Fields Papers, Duke; Certificado emitido para William Haxall, Petersburg Insurance Company, 1823, Mss 1H3203d, Haxall Papers, VHS; Avó Trist para Nicholas Trist, April 25, 1822, N. P. Trist Papers, SHC; Adam Hodgson, *Remarks During a Journey Through North America in the Years 1819, 1820, 1821* (Nova York, 1823), 55-56. James Kirke Paulding, in *Letters from the South, Written During an Excursion in the Summer of 1816* (Nova York, 1817), 124-125, reporta o pagamento de 500 dólares de um comerciante por uma mulher mulata da Virgínia. De acordo com Robert W. Fogel e Stanley L. Engerman (in *Slave Sales and Appraisals, 1775-1865*, ICPSR07421-v 3 [Rochester, NY: Universidade de Rochester (produtor), 1976; Ann Arbor, MI: Inter-University Consortium for Political and Social Research (produtor e distribuidor)], 2006-10-11, doi:10.3886/ICPSR07421.v3), 23 homens foram vendidos em Maryland (1815-1819) a um preço médio de 220 dólares e com idade média de 21 anos. HALL indica que o preço médio dos homens em

As transações do leilão, e na verdade de todas as vendas, eram mais complicadas do que uma simples venda do bem x pelo vendedor (1) para o comprador (2) pelo preço y ou z. Fosse às cinquentenas, dezenas ou ainda em um número menor, os licitantes competiam uns com os outros de modo que, algumas vezes, pareciam se preocupar mais em se destacar do que em comprar um escravo. O ministro metodista Wilson Whitaker reportou o que aconteceu no leilão da Carolina do Norte, quando John Cotten lutou com um homem que o pregador conhecia apenas como "Dancy". Primeiro, os dois se confrontaram sobre quem ganharia um milharal. Depois, eles aumentaram o preço de um homem escravizado para 1.400 dólares – aplicando os preços de Nova Orleans na Carolina do Norte. Dancy não podia fazer um lance mais alto. Só que, nesse momento, ele chamou Cotten de "maldito patife" e foi até o vencedor com um chicote. Então, Cotten sacou sua pistola e atirou nele. O vencedor fugiu, deixando um amigo para tomar posse do homem escravizado.[41]

Ao mesmo tempo, o leilão era um lugar para descobrir o quanto uma pessoa escravizada seria maleável na mão direita do comprador, o quão bem se encaixaria nos esquemas do comprador. O jovem Louis Hughes se lembrava de como os compradores pressionaram a ele e a dezenas de outros escravos, que permaneceram em formação no cercado onde ficavam os escravos, em Richmond. Os compradores "passaram de um lado a outro entre as fileiras olhando as pobres criaturas e perguntando [às mulheres,]... 'O que você sabe fazer?' 'Você é boa cozinheira? costureira? leiteira?'... [e para os homens,] 'Você sabe arar? Você é ferreiro?'".[42]

As vendas privadas, que não eram feitas nos leilões públicos, mas nas negociações individuais, algumas vezes davam a uma pessoa a chance de avaliar seu suposto comprador ou sua suposta compradora. Por outro lado, se os boatos no armazém lhe dissessem que um comprador em potencial vivia próximo de onde possivelmente estariam sua esposa, seus filhos ou pais – bem, nesse caso você se transformaria naquele com os olhos mais brilhantes e o mais complacente do grupo. Por outro lado,

---

Nova Orleans de 1815 a 1819 foi de 810 dólares (idade média de 25 anos). Jonathan Pritchett and Herman Freudenberger, "The Domestic United States Slave Trade: New Evidence", *Journal of Interdisciplinary History* 21 (1991): 447-477, apontam um frete de 17 dólares por escravo, 1830s, p. 473.
41. *A Narrative of the Life and Labors of the Reverend G. W. Offley* (Hartford, CT, 1859), 5-6; W. C. Whitaker para J. Whitaker, 16 de janeiro de 1835, Coffield-Bellamy Papers, SHC. Sobre os lances competitivos, ver Ariela J. Gross, *Double Character: Slavery and Mastery in the Antebellum Courtroom* (Princeton, NJ, 2000); Johnson, *Soul by Soul*.
42. Louis Hughes, *Thirty Years a Slave: The Institution of Slavery as Seen on the Plantation and in the Home of a Planter* (Milwaukee, WI, 1897), 7-8.

você também poderia não querer ser percebido em alguns casos. Para o assustado adolescente Henry Watson, Alexander McNeill parecia "o próprio homem... diante do qual eu deveria me encolher e ter medo... olhos acinzentados e penetrantes um nariz pontiagudo e os lábios comprimidos". "Ele era um homem de aparência muito ruim", disse Watson anos depois, e que "desejo[ei] nunca mais olhar de novo em seu rosto". Mas tenha cuidado: se o vendedor percebesse que você "não estava se vendendo", você seria chicoteado.[43]

Nos leilões, o número de olhos dos brancos concentrados sobre o corpo de um escravo encorajava os interrogadores e intimidavam os interrogados. Os questionamentos substituíram os flertes tímidos: "Que tipo de trabalho você sabe fazer? Você já fugiu?" O vendedor podia ter instruído o escravo com respostas, mas uma sala cheia de empreendedores agressivos pressionava, tentando fazer com que os escravos hesitassem e soltassem a verdade: "Quem ensinou você a assentar tijolos?" John talvez tenha sido arrematado em cinco minutos, de maneira que Mossy obtivesse as partes mais deleitáveis do faturamento, mas outros tinham que resistir meia hora, ou até mais, antes que pudessem descer. Era muito tempo para se manter um jogo de perguntas e respostas. Para aumentar a pressão, quando os brancos sentiam o cansaço, pressionavam um escravizado em cima do caixote a dividir um falso e amigável gole de conhaque, forçando-o a baixar a guarda e engolir com submissão a saliva daqueles que o vendiam.[44]

Não, no caixote apenas os jogadores mais desesperados tinham alguma chance. Aos 15 anos, Delicia Patterson fez este discurso como se estivesse num palanque: "Velho juiz Miller", disse, "não faça um lance por mim, porque, se fizer, eu não viverei em sua fazenda, eu vou pegar uma faca e cortar minha garganta de orelha a orelha antes que o senhor seja meu proprietário." Outros se lamuriavam nas fileiras onde esperavam: Deixe-me perto de meus filhos; me compre, homem que não é tão duro quanto o outro, eu serei um bom trabalhador. Alguns tentavam uma abordagem com bravata, rindo e fazendo piadas – veja, você não pode me quebrar. Mas, enquanto o Juiz Miller desistia de sua oferta por Delicia, quando o pai da jovem implorou a seu presente senhor para que comprasse sua filha, o homem mencionou o desafio público que ela fizera e se recusou. A teimosia também podia resultar em ataques físicos. Martha Dickson, vendida em um leilão em St. Louis, se recusou a falar quando lhe ordenaram que descrevesse a si mesma. O leiloeiro a chicoteou até que falasse.[45]

---

43. Watson, *Narrative*, 12-13; L. M. Mills, ST, 502-503.
44. ST, 503, 507, 727, 744. Johnson, *Soul by Soul*, enfatiza o "toma lá, dá cá" entre o escravo e o comprador.
45. Delicia Patterson, AS, 11.2 (MO), 270-271; Dickson, ST, 507.

Portanto, os leilões não apenas estabeleceram os preços, mas também destruíram a fachada de negociação com as pessoas escravizadas e estabeleceram uma comunidade do poder da mão direita. O conselho mais útil foi o que o avô de Charlotte Willis descobriu sobre um caixote no Mississippi: "Melhor esconder [seus] sentimentos." Alguns canalizaram a dor e o medo em uma fúria silenciosa: conforme ele "progrediu com o leilão sobre o caixote", lembrou um homem, "havia ódio misturado com minha humilhação". A satisfação cruel de focar em uma semente firmemente controlada de ódio – era esse o proveito que quase todos os sobreviventes escravizados do leilão podiam tirar da venda do corpo e do futuro. Mas a incerteza, a humilhação e as ameaças atordoavam a maioria das mentes sobre os caixotes. Por fim, o corpo deles revelava o terror. As mães gemiam. Alguns, fisicamente sobrecarregados, não conseguiam acompanhar direito o que estava acontecendo. Incoerentes, eles mal podiam permanecer de pé diante dos olhos que os mediam e que faziam planos para eles. "Vi escravos" na rua Napoleão, em Nova Orleans, lembrou Elizabeth Hile, companheiros escravos "que tinham acabado de descer do caixote de leilão". Saindo do Maspero, cambaleantes, atrás dos novos senhores, "estavam suando e pareciam doentes".[46]

Nesse dia, quando Mary, de 17 anos, subiu no banco depois que John desceu, um murmúrio provavelmente atravessou a multidão. Em Mary, a multidão procurava um tipo particular de complacência e entretenimento. Ela estava embrulhada em um conjunto de códigos diferentes daqueles que um homem indicava. Pescando na memória o leilão de sua meia-irmã meio branca, o qual teve que testemunhar em 1830, Tabb Gross se lembrou que "a aparência dela excitou toda a multidão de espectadores". "Que bela rapariga!", foi o que uma mulher se lembrou de ter escutado, em outra ocasião: "Quem vai comprar? Quem vai comprar?"[47]

Rachel assistiu. Ela também tinha sido cobiçada com olhares lúbricos – não só quando atravessou a porta, mas por todo o caminho que percorreu desde sua venda em Baltimore. Tinha sido assim desde que atingiu a puberdade, mas o tempo das vendas era quando a sexualização forçada dos corpos das mulheres escravizadas ficava mais explícita. Antes da década de 1830, e algumas ocasiões depois, os brancos normalmente forçavam as mulheres a se despirem. Robert Williams viu mulheres obrigadas a tirarem o vestido: cada uma "tinha apenas uma peça de roupa em torno da cintura... seus seios

---

46. MW, 103; Hodgson, *Remarks*, 55-56; Maria Clemons, AS, 8.2 (AR), 17; Charlotte Willis, AS, 11.1 (AR), 198; Sella Martin, ST, 727.
47. Charles L. Perdue Jr., Thomas E. Barden, and Robert K. Phillips, eds., *Weevils in the Wheat: Interviews with Virginia Ex-Slaves* (Charlottesville, VA, 1976), 14-15; Knight, *Letters*, 78.

e partes íntimas estariam nus". No meio do campo de Smithfield, na Carolina do Norte, disse Cornelia Andrews, os vendedores de escravos "desnudavam totalmente as *niggers* e galopavam com elas pela praça". Em Charleston, as mulheres escravizadas ficavam de pé, embrulhadas apenas em cobertores, em um tablado de leilão na rua. O pregoeiro descrevia seus corpos e um licitante branco que levasse uma mulher de volta até a casa do pregoeiro poderia tirar o cobertor.[48]

Os leiloeiros e aqueles que davam os lances costumavam virar a mulher, levantar a sua blusa, bater "e golpear suas carnes para mostrar o quanto era gorda". William Johnson se lembrou de que "os licitantes subiam e sentiam as pernas das mulheres – levantavam suas vestimentas e avaliavam seus quadris, sentiam seus seios e as examinavam para ver se poderiam ter filhos". Para as pessoas brancas, ver Mary em cima do banco era uma das recompensas de pertencer a uma fraternidade de empreendedores. Os homens perguntavam às mulheres coisas que não queriam saber de John ou William, questões que tentavam forçá-las a reconhecer tudo o que estava sendo comprado e vendido. As mulheres que se recusavam a entrar no jogo podiam esperar a raiva dos brancos, como um observador notou: "Quando foram exigidas respostas para as perguntas que os licitantes normalmente faziam aos escravos que estavam em cima do caixote, as lágrimas rolavam pelas bochechas dela, e sua recusa em responder àquelas perguntas asquerosas acabava em xingamentos apavorantes." É claro que nem todos os licitantes brancos se importavam com a resistência. Alguns sentiam prazer em superá-la. Era tudo parte do jogo.[49]

ELA SABIA QUE A SUA VEZ ESTAVA CHEGANDO. Mas enquanto Rachel esperava, ouviu, atravessando o tagarelar do leiloeiro, através das perguntas investigativas dos homens na multidão, uma palavra recorrente nos murmúrios dos possíveis compradores alinhando o crédito com os credores que os bancariam. Essa palavra estranha, porém comum,

---

48. Tabb Gross, Lewis Smith, ST, 347; Paulding, *Letters*, 1:124-130; Perdue et al., eds., *Weevils in the Wheat*, 325-326; Henson, *Life*, 44; Allen Sidney, ST, 522; John Lambert, *Travels Through Canada and the United States of America, In the Years 1806, 1807, and 1808* (London, 1816), 1:167-169; William N. Blane, *An Excursion Through the United States and Canada During the Years 1822-1823, by an English Gentleman* (London, 1824), 226-227; ASAI, 153-155; Bancroft, *Slave Trading*, 108-112; Thomas Hamilton, *Men and Manners in America* (Philadelphia, 1843), 347. Knight, em *Letters*, 101-102, 127, se refere aos vendedores como *slave-jockies* [Na época, o termo *jockie* designava também um comerciante de cavalos, não apenas quem cavalga em corridas. (N. do R. T.)]
49. Bancroft, *Slave Trading*, 106; Edward E. Baptist, "'Cuffy,' 'Fancy Maids,' and 'One-Eyed Men': Rape, Commodification, and the Domestic Slave Trade in the United States", *AHR* 106 (2001): 1619-1650; ST, 503-507, 727, 744; Perdue et al., eds., *Weevils in the Wheat*, 48-49, 166; Cornelia Andrews, AS, 14.1 (NC), 29.

flutuou e zuniu a seu redor até atravessar seus ouvidos e atingir sua mente. Da mesma forma, a palavra escorria dos bicos de pena direto para os papéis nos quais escreviam alguns dos homens sentados no Maspero. Ela repousava silenciosa na escuridão das cartas dobradas, navegando em bolsas de couro postais nos porões dos navios, selada com cera, mas pronta para sair da folha e explodir no mundo. Ela falava de uma ordem mais profunda, um valor que estruturava a efervescência da manutenção e da mudança dos preços. Mas também carregava seu próprio caos: sonhos de criação, destruição, grandeza, ordem e progresso; máquina, metal, suor de temor e do trabalho nos campos, desejo entre os fardos quentes de algodão empilhados no galpão.

Mão. No momento em que o leiloeiro terminou com Mary e anunciou que William era o próximo, Rachel tinha ouvido essa palavra mais vezes do que conseguia contar naquele dia. É uma palavra muito comum. Estava sendo usada de uma forma diferente da que os empresários a usavam quando se referiam a suas promissórias ("notas de mão") – diferente, mas tão entrelaçada àquele significado quanto um punho. Parecia "normal" o uso da palavra "mão" pelos senhores de escravos como uma metáfora do poder da mão direita que a participação na modernização lhes propiciava. Puxemos o fio da "mão" na lábia usada por Mossy no leilão e nós descobriremos que ela se enraizou tão profundamente na linguagem e nas práticas do mercado negreiro emergente que, desde então, nós a incorporamos a nossa história da escravidão como se fosse um termo natural. Perdemos sua não neutralidade em nosso primeiro contato em uma frase, pois fomos embaraçosamente alfabetizados no "discurso da mão". Depois de dois séculos, ainda traduzimos sem pensar a oferta de John Brandt, em 1818, de "Cinco indivíduos pretos, mãos de primeira para o campo".

Você vê cinco homens como William, enfileirados ao lado do banco, não vê? Mas tente ler a propaganda de William Robertson, em 1816, de maneira literal. Ele está planejando um leilão, na igreja de Nova Orleans, de "vinte ou trinta pretos, que acabaram de chegar do Tennessee, consistindo principalmente em mãos trabalhadoras". Ou considere, literalmente, a linguagem precisa usada na descrição incentivadora, feita por *Louisiana Gazette,* das riquezas que aqueles que, entre seus leitores, tomaram a decisão de se tornar fazendeiros já haviam conquistado. Nicholas Lorsselle tinha "apenas sete **mãos**" e, ainda assim, "ele" produziu quarenta fardos de algodão e 593 dólares por mão. Um homem com *apenas* sete mãos. Imagine os carpos, os metacarpos, as unhas juntas e revestidas com sete camadas de músculos e pele. Vemos as mãos sem corpo trabalhando, mas nunca sendo estendidas para receber o pagamento.[50]

---

50. *LG,* April 2, 1816, November 20, 1817, June 3, 1818; *NR,* April 26, 1817, 144; J. Perkins to J. Minor, August 20, 1814, Minor Papers, SHC.

Quando Mossy disse a palavra "mão", as pessoas brancas não viram um apêndice com cinco dedos, mas três letras simples que carregavam o peso de uma metáfora e os efeitos do mundo real. Dois mil anos mais cedo, o filósofo grego Aristóteles chamou o escravo de "instrumento" do proprietário, "uma ferramenta viva". Aristóteles reconheceu formalmente a ideia de que o escravo era a corporificação do desejo da mão direita do proprietário: a mão dele agarrando o mundo (*dele*, ainda que *elas* também fossem proprietárias de escravos). O escravo alcançava quando o senhor dizia "alcance", pegava alguma coisa quando o cérebro do mestre enviava um impulso pelos nervos do poder social, tudo sem pensar ou refletir.[51]

De importantes maneiras, a história de Aristóteles foi sempre uma mentira. Ao longo dos séculos de revoltas de escravos e dias intermináveis de resistência, os escravos insistiram que tinham vontades próprias. Essas vontades, no contexto dos africanos escravizados, eram tão estranhas aos europeus nos primeiros dois séculos de escravidão no Novo Mundo que eles não usaram a ideia de mão para descrever as pessoas que mantinham cativas. Isso não significa que não tenham tentado transformar em realidade as relações de poder absoluto da mão direita, subentendido em "mão". Mas também desenvolveram uma ideologia alegando que os africanos eram radicalmente diferentes dos europeus para dar uma explicação esfarrapada para a lacuna aparentemente instransponível entre a diferença cultural e a resistência, por um lado, e o sonho do escravo como uma pura ferramenta, por outro. É possível ver isso nos nomes dados às pessoas levadas em navios negreiros da África para os canaviais e campos de tabaco, denominações que enfatizavam a alteridade dos africanos: boçais, escravos de nação, *têtes*, "cabeças".

Entretanto, na década de 1810, conforme o poder da mão direita se expandia de maneira explosiva na parte Sudoeste dos Estados Unidos, a palavra "mão" começou a substituir "cabeça". Um escriturário trabalhando para William Kenner deu a cotação de preços para os clientes: "Os negros foram vendidos aqui recentemente", escreveu ele em 1816, talvez de uma mesa do Maspero, "a 600 [e] a 500 dólares por cabeça, para mãos de campo comuns". A palavra começou a trazer um conjunto de novas promessas possíveis sobre as pessoas que rotulavam. A mão era a forma ideal da mercadoria "escrava", assim como os cristais brancos são a forma ideal da "cana-de-açúcar". Cada

---

51. Aristotle, *Nicomachean Ethics*, trans. David Ross (London, 1980), 212; David Brion Davis, *Slavery and Human Progress* (Nova York, 1984), 25.

pessoa à venda era uma mercadoria: alienável, facilmente vendida e, em um sentido importante, tornada efetivamente idêntica a outras para efeitos de manipulação direta dos empreendedores.[52]

Os licitantes poderiam encaixar um William, por exemplo, no conceito de "mão", uma ideia que, como os empreendedores experientes disseram ao fazendeiro novato de Natchez, John Knight, era o arquétipo a ser procurado no mercado de escravos. "As qualidades e os requisitos para se fazer *mãos de primeira* para uma fazenda", disseram-lhe, começavam assim: "Deve ser *jovem*, digamos de 16 a 25 anos, robusto e ativo, com o peitoral largo e forte, os ombros e os quadris largos etc." Para ter certeza de que o leitor entendeu seu ponto, ele sublinhou e destacou o resumo: "Desejo mãos de primeira, jovens e robustos". Os senhores de escravos do Vale do Baixo Mississippi queriam comprar aqueles que pareciam fortes o suficiente para suportar um trabalho físico intenso. Ali estava William, parecendo jovem e corpulento. E eles o forçariam a ser "ativo", porque os homens brancos faziam planos para obter retornos e rendas através da mão, antecipando a quantidade de valor que poderiam extrair de um ser humano reduzido ao papel de mercadoria. Um calculava o poder e a possibilidade pelo número de mãos necessárias para derrubar um acre de árvores, outro determinava a taxa de retorno pelo terreno desmatado ou pela semente de algodão plantada pela mão. E. B. Hicks usou as mãos como uma unidade de contabilidade e colocou "tantas mãos na fazenda do rio" quanto seu parceiro de negócios.[53]

A palavra fazia sentido porque foi continuamente recalculada a partir de mil relações econômicas diferentes. Quando estava comprando pessoas escravizadas, o homem branco se via, em sua mente, botando-os para trabalhar, revendendo-os, hipotecando-os, transformando-os em dinheiro, colocando-os "no bolso" – para usar a expressão dos proprietários de escravos, que para muitas "mãos" era ameaçadora. E ali, no Maspero, vendedores, leiloeiros, compradores e licitantes faziam coisas específicas para que pessoas inteiras parecessem e, de certa forma, *fossem* como as mãos direitas obedientes dos futuros empreendimentos dos senhores de escravos. Eles trabalhavam para garantir aos compradores que a pessoa no banco, levada tantos quilômetros para

---

52. Wm. Kenner to J. Minor, March 1, 1816, Wm. Kenner Papers, LLMVC.
53. J. Knight to Wm. Beall, January 27, 1844, Box 2, John Knight Papers, Duke; E. B. Hicks to John Paup, August 6, 1837, 1830-1846 Folder, E. B. Hicks Papers, Duke; Philip Troutman, "Slave Trade and Sentiment in Antebellum Virginia" (PhD diss., Universidade da Virginia, 2000).

longe de casa em um comboio, não poderia recorrer a qualquer fonte de poder externo contrabalançando a do comprador. "É melhor não comprar *ninguém da mesma família, mas escolher somente as melhores, de primeira, jovens mãos de 16 a 25 anos de idade* (sem comprar crianças ou os negros idosos)", foi o que os mesmos velhos fazendeiros de Natchez citados acima disseram para John Knight. Antes da aquisição da Louisiana pelos Estados Unidos, os proprietários de escravos da região tinham comprado crianças, adultos e adultos mais velhos em porcentagens proporcionais a sua própria presença na população. Mas depois da compra norte-americana e do estabelecimento de novas rotas comerciais e de sistemas robustos de crédito, os empresários que faziam lances no Maspero começaram a exigir que os vendedores da Costa Leste lhes enviassem jovens adultos prontos para começarem a trabalhar imediatamente e capazes de produzir lucros nos anos seguintes. No período de cinco anos, a partir de 1815, quase 45% das pessoas escravizadas compradas de outros estados tinham entre 14 e 25 anos: mais do dobro do número de pessoas entre 26 e 45 anos, e significativamente mais do que as crianças de 13 anos ou menos (ver Tabelas 3.2 e 3.3).[54]

Tabela 3.2
Distribuição de pessoas escravizadas vendidas em Nova Orleans por faixa etária, 1800-1804

Faixa etária	0-13	14-25	26-44	Acima de 45	Total
Importação conhecida	72 41,9%	59 34,3%	37 21,5%	4 2,3%	172
Importação não conhecida	573 32,3%	514 29%	565 31,9%	120 6,8%	1.722
Total na coluna	645 33,2%	573 29,5%	602 31%	124 6,4%	1.944

---

54. J. Knight para Wm. Beall, 27 de janeiro de 1844, Caixa 2, John Knight Papers, Duke. Os anúncios de venda de escravos em francês na década de 1810 não usavam a palavra *main*, a tradução da palavra "mão", mas *nègres de pioche* – "negros da picareta" ou, coloquialmente, "negros que suam": Vente de l'Encan, *LC*, 25 de junho de 1817.

Tabela 3.3
Distribuição de pessoas escravizadas vendidas em Nova Orleans por faixa etária,
1815-1820

Faixa etária	0-13	14-25	26-44	Acima de 45	Total
Importação conhecida	769 30,5%	1.125 44,6%	555 22%	73 2,9%	2.522
Importação não conhecida	2.756 27%	4.003 39,2%	2.837 27,8%	612 6%	10.208
Total na coluna	3.525 27,7%	5.128 40,3%	3.392 26,6%	685 5,4%	12.730

Fonte: Hall Database, www.ibiblio.org/laslave/. "Importação conhecida" inclui aqueles de origem não Louisiana, segundo a base de dados. "Importação não conhecida" claramente inclui um grande número daqueles que foram importados. Alguns deles são identificáveis nos anúncios dos jornais. Se tivessem um perfil de faixa etária próximo daqueles do grupo de "Importação conhecida", e se fossem movidos para ele, então a diferença entre as duas linhas talvez fosse ainda mais extrema.

Os senhores de escravos queriam comprar pessoas que não tivessem nenhuma reivindicação de status especial – que fossem tão imaturas quanto Henry Watson tinha sido aos olhos do comprador de Natchez, Alexander McNeill. Essa característica tornou muito mais fácil falar sobre as pessoas como mãos separadas do corpo delas. Mas muitos dos que foram vendidos no Maspero tinham, na verdade, adquirido vários tipos de conhecimentos especializados no Leste. Em Chesapeake e nas Carolinas, os homens escravizados subiram de status, aprendendo ofícios. Podiam ser ferreiros ou tanoeiros, condutores de parelhas ou empregados domésticos. As mulheres poderiam se tornar empregadas domésticas, cozinheiras ou tecelãs. Tais habilidades poderiam render um alívio do trabalho de campo incessante, ou mesmo dar aos escravos que eram alugados a outros senhores a possibilidade de obter uma parte dos lucros. Os artesãos eram até mesmo importantes na Louisiana. A fabricação de açúcar, por exemplo, exigia uma classe de especialistas escravizados treinados que supervisionassem o processo de fervura. Eles eram vendidos por preços elevados. Os brancos identificaram 5% dos escravos locais vendidos em Nova Orleans de 1800 a 1820 como possuidores de uma habilidade específica.[55]

As habilidades significavam que uma pessoa poderia reivindicar alguma autoridade sobre uma tarefa e suas ferramentas, eram um tipo de capital acumulado em um passado singular. Os afro-americanos enviados para Nova Orleans chegaram ao Maspero com as identidades individuais definidas pelo ofício que podiam desempenhar. Mas saíram de lá com as habilidades apagadas, pelo menos da perspectiva de uma reivindicação que pudessem fazer ao senhor. Muitos anúncios de jornal sobre um homem de Chesapeake atestavam essas habilidades. Por exemplo, "ANTHONY, 23", que estava para ser vendido no dia 5 de janeiro de 1819, no Maspero, era identificado como "serrador, homem para o arado, capataz e ótimo com o machado" que vinha "trabalhando em uma olaria". "NORA, 22", foi anunciada como uma "excelente empregada doméstica, boa costureira, lavadeira e passadeira, de bom caráter e mãe cuidadosa". Todas as 15 mulheres anunciadas para essa venda em particular estavam descritas como possuidoras de habilidades domésticas: lavar, cozinhar, limpar, passar, cuidar das crianças. No entanto, nenhuma delas apareceu como empregada doméstica na nota da venda. Dos 34 homens oferecidos, a propaganda de jornal afirmava que 27 possuíam habilidades: carpinteiro, tanoeiro, ferreiro, tropeiro e assim por diante. Nenhum deles teve uma habilidade listada em seu documento de venda, mesmo que os senhores de escravos listassem as habilidades em notas semelhantes para pessoas escravizadas de origem local. Apenas 1,5% das notas de venda das pessoas escravizadas embarcadas em Norfolk e vendidas em Nova Orleans, de 1815 a 1820, lista uma habilidade. Os outros 98,5% podiam não ter vindo dos campos, mas agora eram mãos para trabalhar no campo.

A "condição de mãos" dos escravos da Virgínia e de Maryland – os nomes ingleses (não franceses) dos homens, a estatura mais elevada, o lenço simples das mulheres (não um coque feito habilmente, como os que as visitantes anglófonas de Nova Orleans sempre usavam), a alegação de que cada um deles foi criado servindo a mesa de um cavalheiro da Virgínia que tinha se arruinado em tempos difíceis – tais narrativas sugeriam que aqui havia uma história-padrão que poderia ser forçada a se tornar uma mão-padrão: "Muito inteligente e disposto.... [Você] pode colocar sua mão para fazer qualquer coisa... [Um] sujeito muitíssimo valioso." Você poderia tirar o seu passado e fazê-los parecer

---

55. HALL; Philip D. Morgan, *Slave Counterpoint: Black Culture in the Eighteenth-Century Chesapeake and Low Country* (Chapel Hill, NC, 1999); Dylan Penningroth, *Claims of Kinfolk: African-American Property and Community in the Nineteenth-Century South* (Chapel Hill, NC, 2003); Roderick A. McDonald, *The Economy and Material Culture of Slaves: Goods and Chattels on the Sugar Plantations of Jamaica and Louisiana* (Baton Rouge, LA, 1993).

tanto o instrumento pronto quanto o objeto do poder da mão direita do empresário. Os escravistas contavam com o enorme deslocamento geográfico através de terra e água rumo ao sudoeste, as separações, o silenciamento, a distância e o choque diante do processo de venda, para produzir isolamento e desamparo. Isso fazia com que os seres humanos parecessem – para os compradores – mãos. A resistência à transformação em mão certamente aconteceu. Muitos migrantes forçados de Chesapeake e do Kentucky fugiram de compradores do Vale do Baixo Mississippi no final da década de 1810, como comprovam inúmeros anúncios de jornal. Mas também parece que eles tendiam muito mais que os locais a ser recapturados rapidamente, a retornar ou a morrer no processo de fuga. Eles tinham menos opções de esconderijos – ou mesmo nenhuma opção –, e certamente contavam com menos pessoas para ajudá-los a se esconder.[56]

"As fazendas de açúcar ou de algodão[,]... nós sabíamos tudo sobre elas", disse Lewis Hayden, lembrando-se da infância em Kentucky, na década de 1810. "Quando um amigo era levado embora, ora, era como a morte." De uma maneira ou de outra, a venda no Maspero designava o indivíduo como uma mão e significava que a vida antiga estava acabada. Bem ali, naquele dia de janeiro, por exemplo, William estava prestes a ser apartado das últimas poucas pessoas que o haviam conhecido em Maryland. Conforme os lances para ele continuaram subindo – seiscentos, setecentos – alguma coisa despertou o interesse de um homem branco na multidão. Embora vários licitantes já tivessem contestado o prêmio, quando o proprietário de escravos da Louisiana James Stille fez seu lance, foi com determinação. Os números subiram ainda mais conforme Mossy os cantava. Quando Stille fez um lance de novecentos, um preço que na época era típico por um homem da idade de William, um silêncio caiu sobre a multidão. Alguém apostaria mais alto? Por fim, o martelo de Mossy bateu para quebrar o silêncio. (Onde bateu, na parede do prédio? Talvez tenha dado uma batidinha com ele na cabeça de William. Alguns leiloeiros faziam isso, enfurecendo as pessoas que haviam sido vendidas.) Um ajudante branco deu um passo à frente para retirar William do banco e levar a nova mão de volta para a loja enquanto Stille continuava comprando. Depois da luz do sol, a escuridão desorientou William. O homem branco o colocou sentado contra uma parede. Além de um novo clamor lá fora, William podia certamente ouvir as pessoas mais velhas

---

56. *LC*, January 1, 1819; notas de compra, Compagnie Assurance de la Nouvelle-Orleans, para múltiplos compradores, HALL, 89554-89607, 90226, 90405, 91505, 90046, 927161, 90279, 92761. O anúncio no *The Louisiana Courier* para a venda de William e Rachel listaram 16 dos 28 como qualificados, mas nenhuma das notas de venda identificavam as habilidades: *LC*, January 25, 1819.

que haviam sido vendidas mais cedo, e que agora estavam sentadas a seu lado: talvez uma mulher soluçando, um homem ofegando. Ou era ele mesmo que estava fazendo aqueles barulhos?[57]

Enquanto isso, Rachel subiu no banco.

SE CONSEGUISSE FOCAR OS OLHOS, Rachel teria tentado ler os rostos. No Leste, a troca constante de informações entre os escravizados permitiu que as pessoas que eram vendidas reconhecessem as características de muitos possíveis senhores. Mas Rachel estava presa e completamente exposta em um novo lugar, onde o rosto de cada um dos senhores de escravos era desconhecido. Ela não sabia, por exemplo, conforme a voz do leiloeiro ficava mais alta, que um dos homens dando um lance por ela era William Fitz, um mercador negociando ali e em Baton Rouge.

Quer Rachel experimentasse com raiva, vergonha, terror ou exposição seus minutos de banco, ela precisou encarar a multidão. E a encarou sozinha. Se Rachel tinha um marido, não parecia que ele tinha vindo com ela no *Temperance*. Nem qualquer filho. Ainda assim, dada sua idade – em torno de 25 – e a idade média do primeiro parto de uma mulher escravizada em Chesapeake – pouco mais de 20 anos –, era alta a probabilidade de que tivesse filhos. Ela não estava sozinha ao estar sozinha. Dos 28 escravos vendidos por McLean no Maspero, no dia 28 de janeiro, apenas dois – Sophie, de 23 anos e sua filha mais jovem – tinham alguma relação familiar perceptível entre si.[58]

Ao longo de toda a história da escravidão no sudeste, os bebês e as mães normalmente tinham sido vendidos, dados, movidos, transferidos e registrados juntos. O bebê seguia a condição da mãe, uma vez que o útero era "escravo" e o filho de uma mãe escrava era, portanto, uma propriedade daquele que era senhor da mãe. Muitas vezes o bebê literalmente seguia a mãe de um lugar para o outro. Ali, entretanto, a mão ideal não vinha com uma família. Os vendedores de escravos e os compradores conspiravam para romper as ligações entre pais e filhos – geralmente, antes da remoção para Nova Orleans, mas, algumas vezes, isso acontecia no próprio Maspero. Podemos provar que das 2.567 mulheres de 21 anos ou mais vendidas pelos senhores de escravos em Nova Orleans, entre 1815 e 1820, pelo menos 553 vieram de fora da cidade. Desse total, os proprietários de escravos trouxeram 525 mulheres sem crianças. Tenham as outras mu-

---

57. ST, 695-697; Perdue et al., eds., *Weevils in the Wheat*, 71; J. Stille to Mrs. Gayoso, August 29, 1805, Fol. 10, R. R. Barrow Papers, Tulane.
58. *LC*, January 25, 1819; HALL; Richard H. Steckel, "A Peculiar Population: The Nutrition, Health, and Mortality of U.S. Slaves from Childhood to Maturity", *Journal of Economic History* 46, n. 3 (1986): 721-741.

lheres como Rachel deixado ou não crianças para trás em Maryland, o fato é que ficaram sozinhas em pé no banco. Enquanto isso, apenas em seis de 533 casos os vendedores de Nova Orleans venderam maridos e esposas juntos. Ainda que se incluísse aqueles cuja origem não foi identificada pelos registros de venda, entre 1815 e 1820, apenas oito de 2.567 mulheres foram vendidas com marido, e apenas três foram vendidas com marido e filho juntos. Claramente, mais de 1% de todas as mulheres escravizadas acima de 20 anos, seja em Louisiana ou em todo o Sul, era casada e tinha filhos.[59]

Durante tempos de expansão como aqueles, os compradores do Sudoeste estavam mais interessados em extrair valor no tempo presente do que na estratégia de acumulação a longo prazo que o nascimento saudável das crianças e as infâncias bem nutridas representavam. Uma mulher sozinha não gastaria qualquer parcela de seu trabalho com crianças. E os homens eram vendidos em toda parte sem sua família. Assim também acontecia com muitas crianças. No dia 5 de janeiro, apenas três semanas antes de Rachel ser vendida, 61 escravos de Chesapeake haviam sido leiloados no Maspero. Entre os "garotos espertos e promissores" dos quais "qualquer coisa podia ser feita", como a propaganda dizia, estavam os jovens irmãos Ruffin, de 8 anos, e Harry, de 6. Ruffin foi para Jean Armand, na paróquia de St. James. Nicholas Hanry comprou Harry. Ruffin e Harry provavelmente viram um ao outro pela última vez na parede dos fundos onde William agora se apoiava contra os tijolos. Na verdade, de 1815 a 1820, Nova Orleans viu 2.646 vendas de crianças com menos de 13 anos, das quais 1.001 foram vendidas separadamente de qualquer membro da família. A idade média era de 9 anos. Muitas eram mais jovens – algumas muito mais jovens.[60]

Irmãos separados, mães tiradas das filhas e vice-versa – todos eram fáceis de se mover, de "serem transformados em qualquer coisa", unidades individuais prontas para se transformar em mão nos sonhos dos empresários. Para transformar os pais em meros indivíduos, as crianças eram deixadas em Chesapeake para serem criadas por avós, tias e tios. Assim, as famílias afro-americanas no Leste pagaram o custo do aumento do poder da mão direita no Sudoeste dos Estados Unidos, assim como aqueles que agora estavam no leilão. Compradores que faziam a conversão completa de uma mãe em mão não tinham que pagar, pelo menos não naquele momento. Eles só precisavam da con-

---

59. Herbert Gutman and Richard Sutch, in "The Slave Family: Protected Agent of Capitalist Expansion or Victim of the Slave Trade?" in Paul A. David, *Reckoning with Slavery: A Critical Study in the Quantitative History of American Negro Slavery* (Nova York, 1976), 94-133, esp. 112-120, baseado nas amostras de Fogel e Engerman dos registros cartoriais de Nova Orleans; eu me baseio nas vendas completas de 1820 em HALL.
60. *LC*, January 1, 1819; HALL, 89554-89607; Pearse, *Narrative*, 85.

fiança daqueles que lhes concediam crédito, e isso podiam comprar com o prometido valor futuro que se estimava tendo-se por base uma pessoa transformada em mão.

Enquanto criavam os padrões e as expectativas de um comércio de escravos que produziu uma mercadoria uniforme – mãos – perpetuamente disponível, homens como William Kenner e Hector McLean estavam fazendo mais do que apenas produzir lucros para si mesmos. Tais empreendedores, entre os quais não havia especialista no tráfico de escravos, estavam criando um mercado para o futuro comércio de escravos, embora outros empreendedores fossem arrancá-lo de suas mãos no momento em que surgiu. O aparecimento de Francis E. Rives, no Alabama – ele também fez duas viagens a Natchez, em 1818 e 1819 – pressagiaram o futuro. Sem planejar fazê-lo, os mercadores de Nova Orleans haviam pavimentado o caminho para um comércio "doméstico" posterior, mais organizado, que unia as técnicas dos homens da Geórgia às distâncias muito maiores e aos mercados emergentes do Vale do Mississippi. Eles estavam conectando os trilhos de um mercado nacional de escravos domésticos. Antes que as pessoas escravizadas fossem conduzidas para o navio ou para a barcaça que as levaria para Nova Orleans, e muito depois de sua primeira venda no Maspero, os padrões de troca e os pressupostos recentemente habituais fizeram delas os objetos perpétuos dos planos dos senhores de escravos.

Um mercado cada vez mais eficiente de mãos era o centro do processo graças ao qual os novos homens de Nova Orleans, de Vincent Nolte a Toussaint Mossy, de James Stille a William Fitz, teceram uma rede de algodão, escravos e crédito. Os efeitos de seus esforços ultrapassaram em muito o Maspero e o próprio Sudoeste dos Estados Unidos em expansão. Os fardos de algodão eram o petróleo barato do século XIX. Ali, seu escoamento encontrou o influxo do crédito para produzir uma coisa nova: o aumento constante da produção e, assim, o crescimento econômico cada vez maior. E para manter os esquemas e o comércio fervilhando de Manchester para Liverpool, para Nova Orleans, para o recém-demarcado trecho de terra que se tornaria uma fazenda no alto do Rio Tennessee, no Alabama, era necessário acreditar fortemente nisso. O fluxo de mãos para o mercado fez com que os aspirantes a senhores do comércio e os novos fazendeiros acreditassem. Como mãos, Rachel e William também eram créditos: como notas promissórias sobre a posse futura de seus vendedores e compradores e do uso do poder da mão direita.

Havia mais uma encruzilhada na esquina da Chartres com a St. Louis. Mas para mapeá-la, não podemos olhar nos documentos que os compradores de escravos tinham que preencher depois que ganhavam um leilão. Em vez disso, devemos usar uma memória de venda escrava que chegou até nós, uma que se originou com uma mulher que ficou de pé acima dessa multidão para ser objeto de inspeção e receber os lances. Quarenta anos depois daquele ano em que Rachel ficou de pé no banco, uma avó morrendo (não sabemos o nome dela) esticou a mão, deitada no colchão de espigas de milho onde dormia, sob o telhado de uma senzala na Louisiana. Ela segurou a neta amedrontada, Melinda, pelo pulso, e disse as últimas palavras que Melinda a ouviria falar: "A primeira coisa de que me lembro é de estar de pé em um leilão de escravos de Nova Orleans do lado de minha mãe." O lugar deve ter sido o Maspero. A hora era o momento da venda que a tinha separado da mãe e de tudo o que veio antes. O Maspero moldou o restante de sua vida e ela precisava passar aquele momento adiante para a própria neta, para que Melinda a conhecesse, e conhecesse a si mesma. Eis a encruzilhada de tempo e espaço onde a história da família de Melinda teve de recomeçar. Assim também seria para outras mil histórias de família.[61]

TOUSSAINT MOSSY BATEU O MARTELO. A última batida do coração de Rachel em sua antiga vida pingou de sua câmara cardíaca. Seu passado e seu futuro tinham acabado de ser mortos em prol do lucro alheio. William Fitz ganhou cerca de 800 dólares com ela.

Fitz havia comprado outra pessoa – um homem chamado Frank Boyd – e estava pronto para levar seus dois novos escravos de volta, em direção ao dique e ao barco que os carregaria para Baton Rouge. As pessoas vendidas podiam, algumas vezes, se segurar em coisas pequenas que as ajudassem a se lembrar: um par de luvas usadas por uma mãe morta; um cobertor pequeno que era dividido com uma irmã. Talvez Rachel tenha tido a oportunidade de dizer adeus a William e aos outros do *Temperance*. Mas daquele momento em diante, ela desaparece dos documentos que conhecemos.[62]

O mesmo não acontece com William, ao menos não ainda. Ele teve de esperar que James Stille providenciasse o pagamento para Perry, um homem jovem do carregamento do *Emile*. No mesmo leilão, McLean também vendeu a Stille uma mulher jovem chamada Maria e sua filha de colo, America, consignada pelo virginense William Coles. E nos dias que se seguiram, Stille também compraria Jacob, Murray, Jefferson e Braxton (um menino de 9 anos), e mais 11 escravos dos mercadores de Nova Orleans Jackson e Reynolds, além de seis de John Stiles e Thomas Wily, residentes da Virgínia. Então, em menos de uma semana, Stille gastou mais de 20 mil dólares – a maior parte em crédito – em novas "mãos".[63]

---

61. Melinda, MW, 167. Cf. Helen Odom, AS, 10.5 (AR), 227; Cora Poche, AS, 9.4 (MS), 1726; Clarissa Scales, AS, 5.4 (TX), 3; Robert Laird, AS, 8.3 (MS), 1292; Milton Ritchie, AS, 10.6 (AR), 271.
62. Milton Ritchie, AS, 10.6 (AR), 271; Carry Allen Patton, AS, 10.6 (AR), 298; Eyre Crowe, citado em Bancroft, *Slave Trading*, 116.
63. HALL, 91162-91163, 91173-91178, 91249, 91250, 91279-91289, 91300-91304.

Um ou dois dias depois, Stille coletou as 25 pessoas que tinha comprado na cadeia da cidade e nos armazéns onde haviam sido guardadas enquanto ele fazia compras. Ele encaminhou todas as 25 de volta para o dique. Os escravos acorrentados da cidade se apoiaram em suas pás, assistindo à passagem de um tipo diferente de comboio. Seguindo para além dos postes, cujos folhetos farfalhavam ao vento, William caminhou através de uma prancha de embarque diferente para dentro de um barco a vapor que poderia vencer a corrente navegando de maneira estável e vigorosa rio acima. Mãos carregaram barris que haviam sido comprados por consumidores rio acima. O sino tocou, o vapor aumentou, o barco começou a se afastar do dique. Os últimos passageiros correram para pular a distância crescente entre o barco e o dique, os papéis tremulando em suas mãos. O navio a vapor subiu o rio passando por barcaças atracadas e barcos a vela.[64]

Do convés, os passageiros amarrados miravam a paisagem se descortinar. Atrás do dique, cada quilômetro terminava em um poste vazio, eles viam campos retangulares de restolho de cana entendendo-se ao longe. Pouco antes da Red Church, eles passaram pela mansão de Destrehan, as sacadas duplas que cinturavam a casa e reluziam com uma pintura nova. Mais casas-grandes eram visíveis agora do que antes de 1811. Perto de cada uma delas havia cabanas e barracões longos e baixos, espalhados em pequenos agrupamentos.

Depois do primeiro dia, os algodoais começaram a aparecer. Bandos de trabalhadores se moviam lentamente entre as hastes marrons e desfolhadas do inverno, derrubando-as com a enxada. O barco passou pela paróquia de Iberville e ali havia poucas fazendas de açúcar. Quando chegou a Baton Rouge, havia apenas algodoais e bosques. Mas, então, Stille já tinha desembarcado suas mãos. William e todo o resto tinham desaparecido na região escrava, uma terra povoada quase que inteiramente por mãos que andavam e trabalhavam.

---

64. Thomas Buchanan, *Black Life on the Mississippi: Slaves, Free Blacks, and the Western Steamboat World* (Chapel Hill, NC, 2004); "Dick Eggleston Diary", vol. 72, Roach-Eggleston Papers, SHC.

4

Mão esquerda
1805-1861

NO DIA 5 DE JULHO DE 1805, quase 15 anos antes de William desaparecer na região algodoeira com James Stille, Charles Ball correu por uma estrada da Carolina do Sul. Ball havia carregado correntes de ferro nos pulsos e no pescoço por 800 quilômetros até chegar ali. Depois, em uma estalagem na Colúmbia, um comerciante de escravos chamado M'Giffin o vendera para Wade Hampton como parte das celebrações locais do Quatro de Julho. A manhã seguinte avançava. Hampton se sentou entre as duas rodas de um elegante cabriolé, estalando de quando em quando um longo e fino chicote. Pedira a Ball que o acompanhasse. Então, o homem escravizado e o cavalo correram. Anos mais tarde, Ball se gabou de que, quando era jovem, conseguia cobrir 80 quilômetros por dia. Ainda assim, certamente começou a se cansar depois de duas ou três horas. No entanto, o que ele mais lembrava daquele longo dia de corrida não era de estar ofegante, mas dos bosques de árvores enormes que a estrada de tempos em tempos cortava. Ansiava por cada um deles, grato por correr na sombra durante alguns minutos. O cheiro das árvores o atingia antes que as visse. Uma vez que estava debaixo delas, era dominado pelo odor doce e almiscarado das magnólias.[1]

Desde a Guerra Civil as magnólias indicam as fazendas. E, na visão popular do que foi a escravidão, incluindo filmes, romances, turismo, páginas da revista *Southern Living* e até mesmo o que é contado pelos historiadores, as fazendas eram lugares onde as coisas não mudavam. Mas, quando deixava a sombra das magnólias, Ball passava por um campo recém-aberto após o outro. À esquerda, havia um campo cheio de tocos, pilhas de toras e arbustos. À direita, os destroços negros dos troncos carbonizados e cinzas. Passou correndo por mais um campo, esse era

---
1. Charles Ball, *Slavery in the United States: A Narrative of the Life and Adventures of Charles Ball...* (Nova York, 1837), 125-136.

coberto de carreiras de plantas verdes quase tão altas quanto a cintura de uma pessoa. No meio das plantas, os escravos se curvando e se erguendo enfileirados entre as carreiras.[2]

Na noite anterior, ele havia se sentado do lado de fora da estalagem e conversado com um homem escravizado que já morara do outro lado do Rio Potomac, onde Ball crescera. Era uma parte de Maryland onde os escravos sussurravam uns para os outros os rumores de que mais ao Sul, para onde os homens da Geórgia o levavam, você teria que comer sementes de algodão em vez de comida. O homem disse a Ball que não, que teria carne e farinha. Mas lhe assegurou que o trabalho nos campos de algodão seria muito mais difícil e extenuante do que as longas horas de serviço em Maryland.[3]

O tipo de escravidão que Ball estava encontrando, e que surgia nas fronteiras do Sul do início do século XIX, era inerentemente nova. Durante séculos, a escravidão no Novo Mundo se expandiu por um processo de extensão: acrescentando novos escravos, abrindo novos campos na ilha açucareira seguinte. A fronteira do Sudoeste estava se expandindo – em parte – por meio de uma estratégia semelhante, embora em uma escala geográfica sem precedentes: não se tratava de uma ilha, mas do rico interior de um subcontinente, arrancado de seus habitantes. E não apenas batalhões, mas exércitos inteiros de escravos estavam sendo transferidos para um novo solo. De 1790 a 1820, os brancos já haviam transportado mais de 200 mil pessoas escravizadas para as novas fronteiras do Sul (ver Tabela 1.1).

O fato de ter levado a aumentos contínuos de produtividade *por pessoa* – o que os economistas chamam de "eficiência" – tornou essa migração forçada verdadeiramente diferente. As duas maneiras de escapar da armadilha malthusiana eram incorporar mais "acres fantasmas" – terras que ficavam fora das regiões centrais de industrialização como era a Grã-Bretanha ou, como seria em breve, o Nordeste dos Estados Unidos – ou criar aumentos sistemáticos na eficiência da produção. A primeira escravidão não produziu melhorias contínuas na produtividade do trabalho. Porém, na fronteira do algodão do século XIX, os senhores de escravos extraíam, a cada ano, uma produção maior de cada pessoa escravizada.

A fonte dessa produtividade sempre crescente não era uma máquina como aquelas que foram cruciais para as fábricas têxteis. Na verdade, pode-se dizer que a parte funcional

---

2. Peter H. Wood, "Slave Labor Camps in Early America: Overcoming Denial and Discovering the Gulag", in Carla Gardina Pestana and Sharon V. Salinger, eds., *Inequality in Early America* (Hanover, NH, 1999), 222-238.
3. William Grimes, *Life of William Grimes, Written by Himself* (Nova York, 1825), 26.

da nova tecnologia do algodão foi o chicote. E não era novidade o fato de o trabalho escravo não ser pago, mas compelido pela força bruta. Essa realidade era tão antiga quanto a própria instituição humana da escravidão.

Outro fato tão antigo quanto esse é que aqueles obrigados a ceder sob o poder da mão direita usaram a arte da resistência secreta, como retardar o ritmo do trabalho quando os feitores não estavam longe, para minar o controle do dominante. Acontecia da mesma maneira nas sociedades tradicionais durante todos aqueles milênios em que os servos, camponeses e escravos constituíam a maior parte da força de trabalho em grande parte delas. O ofício que realizavam era muito parecido com o que o reformista protestante Martinho Lutero, no século XVI, chamou de poder "da mão esquerda": a força dos pobres e dos fracos, a maneira secreta com que, aparentemente, resistiam de maneira passiva ao mal. Os camponeses e os empregados quebravam as ferramentas dos empregadores, mentiam, se faziam de bobos, escapavam dos mestres. Ao mesmo tempo, mantinham os próprios segredos sobre todos os ofícios. Em regiões escravistas mais antigas, como Chesapeake, onde Charles Ball tinha aprendido a cortar e ceifar trigo, uma maneira secreta de fazer ou criar era um tesouro que dava a um homem ou a uma mulher escravizados uma espécie de poder nas relações com os senhores de escravos.[4]

No entanto, nos campos próximos ao bosque de magnólias, a dinâmica da dominação da mão direita e da resistência da mão esquerda – uma luta tão antiga quanto as Pirâmides – estava mudando. Algo profundamente novo estava acontecendo. Os senhores de escravos estavam encontrando maneiras de virar a mão esquerda contra os escravizados. Os empresários redirecionaram o poder dessa mesma mão medindo o trabalho, implementando a vigilância contínua e ajustando o tempo e a tortura. Tudo isso, repetidas vezes, fez com que os proprietários de escravos conseguissem alcançar a meta permanente de forçar as pessoas escravizadas a inventarem, várias e várias vezes, maneiras de tornar o trabalho que realizavam mais eficiente e lucrativo para aqueles.

As novas técnicas para produzir algodão com uma eficiência cada vez maior mudaram de modo radical a experiência de pessoas escravizadas, como Charles Ball, e de 1 milhão de outros na mesma condição que o seguiram para os campos de algodão. Mas essas pessoas também transformaram o mundo além dos campos. A quantidade de algodão que o Sul cultivava aumentou em quase todos os anos desde 1800, quando os afro-americanos escravizados fizeram 635 mil quilos de algodão,

---

4. James Scott, *Domination and the Arts of Resistance: Hidden Transcripts* (New Haven, CT, 1990).

até 1860, quando colheram quase 907 milhões de quilos. Oitenta por cento de todo o algodão cultivado nos Estados Unidos foi exportado através do Atlântico, quase todo para a Grã-Bretanha. O algodão foi a matéria-prima mais importante da revolução industrial que criou nossa economia mundial moderna. Por volta de 1820, a capacidade das pessoas escravizadas de produzir mais algodão, de melhor qualidade e por um valor menor, nos campos da fronteira do Sudoeste, expulsou a maioria das outras regiões produtoras do mercado mundial. Os afro-americanos escravizados eram os produtores de algodão mais eficientes do mundo. E ficaram mais eficientes a cada ano, razão pela qual o preço real da matéria-prima mais importante da revolução industrial caiu, perto de 1860, para 15% de seu custo em 1790, mesmo quando a demanda aumentou em 500% (ver Tabela 4.1). O algodão também impulsionou a expansão dos EUA, permitindo que o jovem país crescesse de um estreito cinturão costeiro para uma nação vasta e poderosa, com a economia de crescimento mais rápido do mundo. Entre os anos de 1790 e 1820, os Estados Unidos obtiveram praticamente o monopólio sobre a *commodity* mais negociada do mundo e, depois de 1820, o algodão representava a maioria das exportações norte--americanas. E todas as transformações que se desenrolaram a partir desses fatos dependiam de mudanças impostas à mão esquerda.

Pouco tempo antes do pôr do sol, o cabriolé finalmente parou no caminho, antes da casa de Hampton, perto do Rio Congaree. Ball se inclinou, estava ofegante e com ânsia de vômito. Quando finalmente levantou a cabeça, o filho adolescente de Hampton o fitava. O menino deu um risinho desdenhoso de ameaça e perguntou a Ball se sabia colher algodão. Nesse momento, o velho Hampton passou. Ordenou que Ball guardasse o cavalo e ajudasse o jardineiro. No jardim, Ball arrancou ervas daninhas enquanto seu corpo esfriava da corrida. Quando chegou o pôr do sol, um menino veio com uma mensagem: deveria ir até a casa do feitor para descobrir onde ficaria naquela noite. Enquanto se afastavam da casa-grande onde Hampton morava, ouviram o ruído de pés que se aproximavam. Do crepúsculo que baixava, surgiu o feitor branco que supervisionava o campo de trabalho escravo. Atrás dele, vinham 170 homens, mulheres e crianças negras desgarrados. Por trás de todos, a noite caía sobre os campos.[5]

---

5. Ball, *Slavery in the United States*, 106-119.

Tabela 4.1
Produção de algodão nos Estados Unidos

Ano	Algodão produzido nos EUA (milhões de fardos)	Algodão produzido no mundo (milhões de fardos)	Participação dos EUA na produção mundial de algodão	Participação dos EUA em todo o algodão importado pela Grã-Bretanha	Participação do algodão no total de exportações dos EUA	Preço real do algodão (indicador, 1820=100)
1791	2	469	> 0,01	0,01	–	191
1801	48	531	0,09	0,34	0,14	116
1811	80	556	0,14	0,42	0,22	78
1821	180	630	0,29	0,63	0,49	73
1831	354	820	0,43	0,73	0,42	53
1841	644	1.044	0,62	0,69	0,52	48
1851	757	1.482	0,67	0,99	0,63	46
1860	1.390	2.500	0,66	0,88	0,61	48

Fonte: Stuart Bruchey, *Cotton and the Growth of the American Economy, 1790-1860: Sources and Readings* (Nova York, 1967).

ANTES DO NASCER DO SOL, UM BARULHO ALTO e violento interrompeu o sono de Ball. Quando o berrante do feitor estrondou pela segunda vez, seus pés descalços tocaram o chão de terra. Cambaleou para fora da cabana que lhe tinham designado, esfregou os olhos e olhou em volta, procurando alguma coisa nova. Ao seu redor, o exército que tinha visto na noite anterior se reunia ali, como se fossem diaristas amontoados esperando ser escolhidos para o trabalho do dia. Em Maryland e na Virgínia, as equipes de trabalho geralmente contavam apenas cerca de uma dúzia de pessoas. E essas também pareciam diferentes. Mesmo depois de um mês marchando para o Sul, "podia-se notar que minha camisa e calça haviam sido, em algum momento, roupas distintas e separadas. Nenhum dos outros usava sequer os restos de duas peças de vestuário". Muitos dos homens usavam apenas camisas longas e esfarrapadas. Muitas mulheres só tinham as saias. Alguns meninos e meninas adolescentes estavam completamente nus. E o estado dos corpos expostos dessa maneira preocupava Ball ainda mais. Tinham a pele avermelhada e cinzenta, os cabelos emaranhados e fibrosos. Os ossos se destacavam. A pele pendia frouxa onde o músculo havia se atrofiado.[6]

Enquanto Ball se juntava a seus novos pares, o feitor entrou no meio deles. Ali estava um homem branco contido, um tipo bastante parecido com M'Giffin, o homem da Geórgia. Ele se virou, acenou em silêncio e a multidão o seguiu. "Uma brigada miserável, nós éramos", disse Ball anos mais tarde, retratando o momento, ainda visualizando quando eles (e ele próprio) marchavam em direção aos campos de plantas verdes, na altura da cintura, que logo assomariam sob o crepúsculo. Arrastavam-se pelas carreiras incontáveis por mais de 1,5 quilômetro, em meio a torrões de terra secando na enxada. Depois de um bosque de árvores, o sol nascente revelou um vasto campo se abrindo além. Na borda do campo, o feitor os deteve. Ele anunciou o nome dos 11 homens que seriam os "capitães" do dia, e nomeou, a partir de sua pequena lousa os 15 trabalhadores que seguiriam cada um deles. Ball deveria ir com Simon. Marchando com sua tropa para um segmento de sulcos semeados, Simon posicionou seus soldados: um adulto ou duas crianças encabeçando cada linha.

Cada migrante forçado que sobreviveu nos conta que, quando eles atravessavam os limites de um novo campo de trabalho escravo, entravam em um mundo fundamentalmente diferente daquele no qual tinham trabalhado anteriormente. Quando Ball se enfileirou ao lado do primeiro pé de algodão, cuja altura chegava até sua cintura, estava prestes a aprender um novo modo de trabalhar – um modo destinado a ocupar a maior parte dos momentos de vigília que lhe restavam na Terra. Viu Simon assumir uma das carreiras, erguer a enxada e começar a trabalhar rapidamente pelo lado de seu sulco. Todo mundo começou a fazer o mesmo, com muita pressa. Ball notou que cada um tinha que cortar todas as ervas daninhas de sua carreira sem danificar os pés de algodão. Mas, então, o homem da carreira ao lado o advertiu que ninguém podia ficar para trás em relação ao capitão. Assim, Ball percebeu que "o feitor não precisava fazer mais nada além de manter Simon trabalhando duro, e tinha certeza de que todos os outros deveriam trabalhar da mesma maneira". E o feitor já estava seguindo pelas carreiras, com o chicote na mão. Ball baixou a cabeça e manteve sua enxada em movimento, tentando acompanhar o ritmo furioso de Simon.[7]

Quando chegou ao fim da primeira carreira de algodoeiros, Charles Ball tinha sido exposto às diferenças cruciais entre as formas de trabalho escravizado exigidas em Maryland e as novas regras nas fronteiras do algodão. Os sobreviventes não identificaram

---

6. Ibid., 47-48, 128-131; ASAI, 101.
7. Ball, *Slavery in the United States*, 117-119; Grimes, *Life*, 25.

essas diferenças como idiossincrasias, mas como um novo sistema de trabalho escravizado. A maioria dos migrantes forçados tinha sido criada trabalhando de acordo com as regras de um dos dois regimes do sudeste. Em algumas regiões, como na Carolina do Sul e nas planícies costeiras da Geórgia, prevalecia um sistema de "tarefas". Naqueles pântanos de arroz, todo dia os escravistas atribuíam a cada trabalhador uma tarefa específica. A prática fixou o volume da quantidade diária de trabalho. Sendo assim, um homem sabia que, em um dia em que tinha de cortar as ervas daninhas, sua "tarefa" era cultivar não mais que 1 acre de arroz. Como os historiadores têm apontado, uma longa história de "negociações" entre o poder dos senhores e a astúcia dos escravos tinha criado o sistema de tarefas, com vantagens tanto para a mão esquerda quanto para a direita. Os que terminavam cedo podiam cuidar de seus próprios jardins, ajudar os outros a trabalhar ou simplesmente relaxar por uma ou duas horas. Sem supervisão direta, o trabalho forçado geralmente era ineficaz, mas as tarefas aliviavam os senhores de escravos do peso desse dilema, oferecendo aos escravos diligentes um incentivo: tempo livre. Não é de se admirar que os proprietários que tentaram aumentar os níveis de tarefas usuais e limitar o tempo livre tenham enfrentado resistência direta ou dissimulada.[8]

No entanto, a maioria dos migrantes escravizados que marcharam para lugares como o Vale do Congaree não veio das planícies costeiras. Eles vieram da grande Chesapeake, formada por Virgínia e Maryland e das suas ramificações na Carolina do Norte e no Kentucky. Um esboço de aquarela pintado em 1798 por Benjamin Latrobe, desenhista do Capitólio dos EUA, mostra a forma predominante do trabalho nas fazendas de tabaco de Chesapeake. Um feitor branco está em cima de um toco, com um cachimbo na boca e o chicote sob o braço, supervisionando uma "turma" de mulheres escravizadas que cultivavam pés de fumo. Esse sistema de trabalho em turma dependia diretamente da vigilância do trabalho. Mas por quem? Os fazendeiros de tabaco muitas vezes cultivavam sua produção em muitas parcelas de terra, pequenas e amplamente dispersas. Tinham que coordenar operações complexas executadas por pequenos grupos. A maioria não tinha escolha senão delegar a vigilância a capatazes negros que levavam a equipe de trabalho para fora da observação direta dos brancos. E enquanto os senhores de escravos

---

8. Israel Campbell, *An Autobiography, Bound and Free* (Philadelphia, 1861), 33; Philip D. Morgan, *Slave Counterpoint: Black Culture in the Eighteenth-Century Chesapeake and Low Country* (Chapel Hill, NC, 1999), 179-186; Peter Coclanis, "How the Low Country Was Taken to Task: Slave-Labor Organization in Coastal South Carolina and Georgia", in Robert L. Paquette and Louis Ferleger, eds., *Slavery, Secession, and Southern History* (Charlottesville, VA, 2000), 59-78; Philip D. Morgan, "Task and Gang Systems: The Organization of Labor on New World Plantations", in Stephen Innes, ed., *Work and Labor in Early America* (Chapel Hill, NC, 1988), 189-220.

de Chesapeake os pressionavam para que realizassem rapidamente seu trabalho no eito, os capatazes tinham seus próprios incentivos. Os trabalhadores se moviam pelos campos de Chesapeake de forma desordenada e maltrapilha estabelecida por passos individuais divergentes – e não por fileiras em uma formação ordenada como as que marchavam no Vale do Congaree naquela manhã de julho.[9]

A inovação mais conhecida na história da produção de algodão, como todo estudante de história do ensino médio sabe, foi o descaroçador de algodão. A máquina permitia que os senhores de escravos limpassem algodão para o mercado na mesma proporção com que conseguiam cultivá-lo e colhê-lo. No que diz respeito à maioria dos historiadores, o descaroçador de algodão é o marco no estudo da inovação na produção de algodão – pelo menos até a invenção da colheitadeira de algodão, na década de 1930, que acabou com o regime de meação. Mas aqui está a pergunta que os historiadores deveriam ter feito: uma vez que os senhores de escravos tinham descaroçador de algodão, como então produziram (ou *mandaram* outras mãos produzirem) tanto quanto a máquina podia limpar? Uma vez que o descaroçador acabara com o gargalo do processamento, outros limites na produção e na expansão foram moldados sobre um novo relevo. Por exemplo, uma restrição era a quantidade de terra barata e fértil. Outra, a falta de trabalho na fronteira. Assim, os generais escravistas tomaram as terras dos índios, os políticos escravistas convenceram o Congresso a deixar que a escravidão se expandisse e os empresários escravistas criaram novas formas de financiar, transportar e mercantilizar as "mãos". E, dado um número finito de cativos sob seu próprio controle, os empresários criaram um complexo de práticas de controle de trabalho que escravizou as pessoas: o chamado "sistema de cotas crescentes" [*pushing system*].[10] Esse sistema aumentou o número de acres que cada cativo deveria cultivar. A partir de 1805, senhores de escravos, como Hampton, perceberam que cada "mão" poderia manusear e manter livres de ervas daninhas 5 acres de algodão por ano. Meio século depois, essa regra geral tinha aumentado para 10 acres "para cada mão". No primeiro minuto de trabalho, Charles

---

9. Latrobe Sketchbook, III, 33, Maryland Historical Society; "The Atlantic Slave Trade and Slave Life in the Americas: A Visual Record", Jerome S. Handler and Michael L. Tuite Jr., Digital Media Lab, Universidade da Virginia, image at http://hitchcock.itc.virginia.edu/SlaveTrade/collection/large /NW0048 .JPG (acessado em 18 de outubro de 2013); Richard S. Dunn, "A Tale of Two Plantations: Slave Life at Mesopotamia in Jamaica and Mount Airy in Virginia, 1799 to 1828", *William and Mary Quarterly*, 3rd ser., vol. 34, n. 1 (1977): 32-65, esp. 36-37; James Curry, ST, 134.

10. "Pushing system" é uma expressão que, no inglês do século XIX, designava modos de gestão do trabalho destinados a extrair o máximo possível da mão de obra. Na Grã-Bretanha, era usado em alusão às fábricas; nas Antilhas Britânicas, aos engenhos de açúcar. Baptist reconceitua o termo para descrever o processo produtivo algodoeiro no Sudoeste dos Estados Unidos. *(N. do R. T.)*

Ball tinha se deparado com uma das táticas do "sistema de cotas crescentes", que consistia na escolha, por parte dos feitores, de capitães como Simon para "levar a linha da frente" e definir o ritmo.[11]

Nós não sabemos quem inventou o "sistema de cotas crescentes". Mas ele já estava presente quando Charles Ball chegou ao Vale do Congaree em 1805. E os empresários da escravidão o disseminaram pelo Oeste e pelo Sul, compartilhando-o conforme se deslocavam, como Johnny Cottonseed. "Você encontra o homem da Virgínia acima do Rio Vermelho, você encontra o homem da Carolina do Norte, o homem da Carolina do Sul, o homem da Geórgia, ao lado dele", escreveu um senhor de escravos sobre as cercanias recentes, onde os novatos das regiões do tabaco ou arroz aprenderam com seus pares a extrair o número máximo de acres de cada mão. Nas visitas à cidade no início do verão, os empresários migrantes começavam as conversas nas esquinas das ruas perguntando: "Então, como está indo o seu algodão?" Assim, como escreveu outro migrante fazendeiro, "qualquer aumento na quantidade de produto, por qualquer nova conduta de cultivo, se espalha como fogo na pradaria norte-americana" – ao longo de todo o caminho até chegar a 10 acres por mão.[12]

Os escravistas compartilhavam as inovações porque o mercado mundial do algodão era um exemplo do que os economistas chamam de concorrência perfeita. De fato, foi o exemplo – usado mais tarde, no século XIX, como o arquétipo sobre o qual o grande economista britânico Alfred Marshall descobriu os famosos conceitos das curvas de oferta e demanda. O mercado era tão grande que nenhum produtor individual conseguia controlar nem 1% do total. Isso significava que os produtores individuais não tinham razão para proteger de seus vizinhos as inovações na extração do trabalho, pois o aumento da produção de um vizinho não alterava significativamente o preço que o

---

11. William Anderson, *Life and Narrative of William Anderson...* (Chicago, 1857), 19; Thomas Spalding, *Farmers' Register*, November 1834, 353-363; *The Narrative of Amos Dresser... and Two Letters from Tallahassee, Relating to the Treatment of Slaves* (Nova York, 1836); Steven F. Miller, "Plantation Labor Organization and Slave Life on the Cotton Frontier: The Alabama-Mississippi Black Belt, 1815-1840", in Ira Berlin and Philip D. Morgan, eds., *Cultivation and Culture: Labor and the Shaping of Slave Life in the Americas* (Charlottesville, VA, 1993), 155-169. Sobre as conexões com os sistemas militares, ver Michel Foucault, *Discipline and Punish: The Birth of the Prison* (Nova York, 1977), 135-169. Duas obras que apareceram quando esse livro foi para o prelo e que têm muito a dizer sobre migrantes escravizados e trabalho nos campos de algodão incluem: Walter Johnson, *River of Dark Dreams* (Cambridge, MA, 2013); Damian Alan Pargas, "In the Fields of a 'Strange Land': Enslaved Newcomers and the Adjustment to Cotton Cultivation in the Antebellum South", *Slavery and Abolition* 34, n. 4 (2013): 562-578.
12. "Almost", *American Farmer*, December 14, 1821, 298-299; *Farmers' Register* 2, n. 6 (1834): 353-363; Jn. Stewart to D. McLaurin, June 30, 1831, Duncan McLaurin Papers, Duke.

inovador recebia. Os escravistas também tinham um interesse genuíno na capacidade dos vizinhos de suprimir a resistência dos próprios escravos. Assim, os empresários fazendeiros compartilhavam prontamente suas inovações de controle do trabalho: "A troca da experiência", escreveu um senhor de escravos, é a "solda" das comunidades de escravistas, na qual "todo indivíduo está obrigado, não só por seus deveres para com os demais, mas devido a seus próprios interesses, a expandir e alimentar este útil intercâmbio de sistemas."[13]

De fato, a inovação na violência foi a base do "sistema de cotas crescentes" amplamente disseminado. Os migrantes escravizados no campo rapidamente aprenderam o que acontecia quando se atrasavam ou resistiam. No Mississippi, Allen Sidney viu um homem que tinha ficado para atrás em relação à primeira fileira lutar contra um capataz negro que tentava fazê-lo entrar no ritmo "na base do chicote". O feitor branco, montado a cavalo, deixou cair o guarda-chuva, se injuriou e gritou: "Coloquem ele no chão." O feitor tirou uma pistola e matou o homem de bruços com um tiro. "Nenhum dos outros escravos", lembrou Sidney, "disse uma palavra ou virou a cabeça para olhar. Continuaram capinando como se nada tivesse acontecido." Tinham aprendido que precisavam se adaptar às "impulsões" ou enfrentar uma violência imprevisível, mas potencialmente extrema. Os escravistas organizaram o espaço de modo que a supervisão violenta pudesse extrair a quantidade máxima de trabalho. "Uma boa parte das nossas carreiras tem quinhentos metros de comprimento", escreveu um fazendeiro de algodão do Tennessee na década de 1820. Ele havia criado um espaço no qual poderia identificar com facilidade os retardatários. Ao mesmo tempo, também tinha assegurado que, quando infligisse uma punição exemplar, ela seria vista por uma grande audiência.[14]

EMBORA AS CARREIRAS FOSSEM LONGAS e o ritmo de Simon fosse acelerado, Ball estava se recuperando às sete quando todos pararam para comer o pão de milho frio no café da manhã. Charles Ball e Simon trocaram algumas palavras grunhidas enquanto voltavam para suas carreiras, alinhadas em paralelo. O capataz já tinha percebido que Ball era um dos poucos no campo fisicamente capazes de se manter sem fazer um esforço desesperado. Ambos retornaram à labuta, com as enxadas balançando como metrônomos e o suor descendo pelos braços e pelas costas. O feitor controlava o ritmo.

---

13. *Farmers' Register* 3, n. 3 (1835): 16; N. P. Hairston to J. Hairston, December 4, 1822, P. Hairston Papers, SHC; J. Knight to Wm. Beall, January 27, 1844, John Knight Papers, Duke.
14. Sidney, ST, 524; cf. Laura Clark, AS, 6.1 (AL), 72-73; [John] Neal to Mother, August 6, 1829, Neal Papers, SHC.

A cada hora, permitia que os homens, as mulheres e as crianças caminhassem para uma carroça carregada com barris de água e bebessem uma concha.[15]

Ao meio-dia, as mãos no Vale do Congaree comiam outra refeição apressada: mais pão de milho, um pouco de sal e um rabanete para cada um. Ball estava compreendendo outras formas pelas quais o "sistema cotas crescentes" maximizava a quantidade de trabalho extraído dele – como, por exemplo, os truques que enchiam cada minuto de luz do dia com trabalho gerador de dinheiro. Ao fim de uma carreira de algodoeiros, Simon sussurrou para Ball que conservasse toda a força possível, pois teriam que trabalhar até estar escuro demais para diferenciar o algodão da erva daninha. Não deixariam o algodoal a tempo de fazer a refeição da noite. Na verdade, o feitor tinha designado uma mulher idosa para ficar na senzala e assar a ração de milho para o jantar de todos. Da mesma forma, quando, trinta anos mais tarde, Henry Bibb foi transportado pelo Rio Vermelho, na Louisiana, para um campo de trabalho escravo, seu novo dono ordenou a todos que tomassem um café da manhã reforçado duas horas antes do nascer do sol. Depois disso, tinham permissão para apenas uma pausa antes do anoitecer.[16]

Se Ball ficasse à frente de Simon por um momento, se levantasse para limpar o suor da tarde longa e olhasse em volta, para os corpos atrás dele, veria mais dois elementos do "sistema de cotas crescentes" que permitiam que empreendedores como Wade Hampton plantassem e cultivassem cada vez mais acres de algodão com o passar do tempo. Primeiro, quase todo mundo que vivia nas cabanas de Wade Hampton – homens e mulheres, crianças e adultos – estava no algodoal. Segundo, todos estavam fazendo o mesmo trabalho. Em 1827, um escravista nascido na Virgínia escreveu a seu parceiro de negócios pedindo que arranjasse "um número de escravos suficiente para fazer o equivalente a 40 mãos trabalhadoras – um número que, como você sabe, será muito menor em uma região algodoeira do que em uma cerealífera". As senzalas de Chesapeake tinham um grande número de crianças e idosos que não trabalhavam, assim como aqueles que faziam apenas alguns tipos de trabalho. Mas os empresários do algodão empregaram,

---

15. Mark Smith, *Mastered by the Clock: Time, Slavery, and Freedom in the U.S. South* (Chapel Hill, NC, 1997).
16. Ball, *Slavery in the United States*, 148-151; Campbell, *Autobiography*; Henry Bibb, *Narrative of the Life and Adventures of Henry Bibb, an American Slave* (Nova York, 1849), 115; Jacob Metzer, "Rational Management, Modern Business Practices, and Economies of Scale in Antebellum Southern Plantations", in Robert William Fogel and Stanley L. Engerman, eds., *Without Consent or Contract: Technical Papers* (Nova York, 1992), 1:191-215. Cf. Smith, *Mastered by the Clock*, que defende uma revolução cronométrica pós-1830. Enquanto Fogel argumenta, em *Without Consent or Contract*, que as pausas no trabalho dos escravos do Sul eram mais longas do que as no Norte (p. 79), as descrições dos ex-escravos discordam: Sarah Wells, AS, 11.1 (AR), 89; Charlie Aarons, AS, 6.1 (AL), 1; Angie Garrett, AS, 6.1 (AL), 133.

durante a maior parte do ano, homens, mulheres e crianças mais velhas, todos juntos, em trabalhos idênticos.[17]

Em campos de trabalho como no Vale do Congaree, uns poucos homens se tornavam "capitães" ou até mesmo "capatazes". Mas, divididos entre os interesses dos senhores de escravos, os próprios interesses e de seus pares, os capatazes estavam sujeitos a rebaixamentos frequentes. No entanto, as mulheres de modo geral nem sequer tinham essas opções. O achatamento da hierarquia dos postos de trabalho tornou homens, mulheres e até crianças quase iguais, no sentido de que todos faziam o mesmo tipo de trabalho. Muitas mulheres e crianças poderiam realizar algumas etapas do trabalho do algodão tão bem quanto muitos homens. A eliminação da maioria das distinções entre os escravizados, assim como a limitação das possibilidades de independência, puseram em prática a teoria que se mostrava incipiente na maneira como os empresários vendiam pessoas na Maspero. Todos tinham um status uniforme – o da "mão" para o algodão.[18]

O produto de seu trabalho também era uniforme. Quando a carreira de algodoeiros estava terminada, a longa linha de terra vermelha que Ball havia remexido desapareceu na mesmice de centenas de carreiras idênticas de plantas verdes também idênticas. E as carreiras se estendiam adiante. A equipe de Simon terminou um conjunto e começou outro, ainda se movendo no ritmo ditado por ele enquanto liderava a fileira principal. Devagar, devagar, se estendiam as sombras das árvores que ficavam no extremo Oeste do campo. O vasto grupo de "mãos" seguia trabalhando, todas se esforçando para ouvir o mesmo som.

Por fim, quando a escuridão se instalou, o feitor ordenou que parassem. Os trabalhadores pousaram as enxadas nos ombros e voltaram para casa. No caminho, Ball diminuiu o passo para caminhar ao lado de uma mulher que andava lentamente. Ela lhe disse que seu nome era Lydia. Desgastada e abatida, carregava um bebê nas costas preso por uma tira de tecido. O bebê tinha sido concebido um ano antes, logo depois de Lydia chegar da Maryland do próprio Ball. Conversavam enquanto os outros os ultrapassavam. Mas quando Ball começou a perguntar como ela havia se adaptado à vida nos campos de algodão, o berrante do feitor atroou. "Estamos muito atrasados, vamos correr", deixou escapar Lydia.

Ball chegou de volta às senzalas assim que o feitor terminou sua chamada. Lydia veio andando com dificuldade, um minuto depois, com o bebê pulando nas costas. "Onde

---

17. H. Lee to R. Brown, July 17, 1827, Henry Lee, VHS. Mas muitos escravizadores só deixavam que os homens arassem.
18. Ball, *Slavery in the United States*, 150. HALL revela o achatamento das descrições dos trabalhos: dos escravos vendidos para a Louisiana de 1804 a 1821, 95% dos descritos pela habilidade foram listados como "mão" ou "trabalhador", não identificado pelos conhecimentos reconhecidos em Chesapeake.

você estava?", quis saber o feitor. "Só parei um pouco para conversar com esse homem", disse, "mas nunca mais farei isso." Ela começou a soluçar. O feitor ordenou que ela se deitasse de bruços. Lydia obedeceu, entregando o bebê para outra mulher. O homem branco levantou as roupas rasgadas, expondo-lhe as nádegas e as costas. Em seguida, tirou do cinto o chicote que carregara ali, dobrado, o dia todo.

O chicote, com três metros de couro de vaca trançado pendendo de um cabo pesado, era, como percebeu Ball, "diferente de todos os outros chicotes que já tinha visto". A impressão que lhe causou nunca o abandonaria. Muitos outros migrantes relataram o mesmo sentimento de choque diante da descoberta. Na Virgínia e em Maryland, os brancos usavam chicotes curtos com várias tiras, os chamados bacalhaus [*cat-o'-nine-tails*]. Aquelas eram as armas perigosas e os escravistas de Chesapeake tinham criatividade suficiente para desenvolver um repertório de tormento, a fim de forçar as pessoas a fazer o que eles quisessem que fosse feito. Mas esse chicote do Sudoeste era muito pior. Em mãos experientes, rasgava o ar com um barulho sônico, abrindo talhos na pele e na carne. Enquanto o feitor batia em Lydia, ela gritava e se contorcia. Sua carne tremia. O sangue escorria de suas costas e se infiltrava no chão batido e escuro do quintal.[19]

Aqueles que haviam visto e experimentado a tortura nas duas regiões, no Sudeste e no Sudoeste, eram unânimes em garantir que era pior nas fazendas do Sudoeste. O ex-escravo William Hall se lembrou que, depois de ser levado para o Mississippi, "viu ali uma grande quantidade de cultivo de algodão e perseguição de escravos por homens que os haviam usado bastante". Uma vez que "os senhores chegavam onde poderiam ganhar dinheiro[,] conduziam as mãos com severidade". Os brancos também registraram o modo como o cativeiro no Sudoeste condensava e intensificava a escravidão. Em uma folha de papel de carta pautado, guardada por um desimportante fazendeiro de algodão chamado William Bailey, sobrevive um estranho conjunto de canções cantadas na voz de um migrante escravizado, um homem levado para a fronteira do algodão: "Oh, gente branca, cruzei as montanhas/ Foram tantas milhas que não contei." Talvez Bailey tenha escrito os versos que ouviu. Talvez os tenha escrito como paródia de uma "música negra". De um jeito ou de outro, essas canções nos contam o que as pessoas dos dois lados do chicote entendiam como seu propósito. "Oh, deixei as pessoas na velha fazenda/ E vim

---

19. Ball, *Slavery in the United States*, 67, 160-162; Okah Tubbee, *A Sketch of the Life of Okah Tubbee* (Toronto, 1852); John Warren, NSV, 184; Philemon Bliss, ASAI, 104; William N. Blane, *An Excursion Through the United States and Canada During the Years 1822-1823, by an English Gentleman* (London, 1824), 150-151. Sobre o bacalhau de Chesapeake, ver Charles Crawley, AS, 16.5 (VA), 8-9.

aqui pra minha educação", escreveu. O que o "cantor" define como sua "educação"? "O primeiro dia que levei uma lambida/ Foi debaixo das forquilhas do algodoal/ Oh, aquilo me fez dançar, aquilo me fez tremer/ Eu juro que aquilo fez meus olhos saltarem."[20]

Os sobreviventes da tortura do Sudoeste disseram que suas experiências foram tão horríveis que faziam qualquer "lambida" anterior parecer nada. Okah Tubbee, um adolescente parte choctaw e parte africano, escravizado em Natchez, se lembrou da primeira vez sob "o que chamam no Sul de o chicote do feitor". Tubbee se levantou para receber os primeiros golpes cortantes, mas em seguida caiu e desmaiou. Acordou vomitando. Ainda estavam batendo nele. Mais uma vez, caiu na escuridão.[21]

Sob o chicote, as pessoas não conseguiam formular frases ou pensar de maneira coerente. "Dançavam", tremiam, balbuciavam, perdiam o controle do corpo. Conversando com o resto do mundo branco, os senhores de escravos minimizavam os danos infligidos pelo chicote do feitor. É claro que podiam imprimir cortes profundos na pele de suas vítimas, fazê-las "tremer" ou "dançar", como diziam os escravistas, mas não as incapacitavam. Os brancos eram bastante francos sobre o propósito do chicote quando falavam com os que eles lanhavam. O objetivo da ferramenta era afirmar a dominação tão "educativamente" que os escravos abandonassem a esperança de uma resistência bem-sucedida diante das demandas do "sistema de cotas crescentes".

"O plano deles para conseguir quantidades de algodão", recordou Henry Bibb sobre as pessoas que o levaram para trabalhar no Rio Vermelho, "é extorquindo pelo chicote." No contexto do sistema de cotas crescentes, o chicote era tão importante para fazer o algodão crescer quanto o sol e a chuva. Isso foi exatamente o que Willie Vester, um feitor do Mississippi, disse a seus amigos na Carolina do Norte. Ele esperava voltar para casa, para uma visita, em um bom cavalo novo, vestindo um conjunto de roupas elegantes. Para isso, precisava "ganhar um pouco mais [de dinheiro]". A maneira de consegui-lo era "caminhar pela lavoura de algodão, descendo meu longo chicote trançado e perguntando 'quem é orgulhoso aqui, garotos?' e ver mais um monte de fardos sendo feitos". Da mesma forma, em 1849, um fazendeiro migrante da Carolina do Norte contratou um "feitor do Mississippi" para garantir que suas "mãos" fossem "acompanhadas do nascer do dia até o escurecer, como é o costume aqui". O feitor dirigiria cada "fileira da frente" em um campo vasto, de fácil inspeção, e "chicotearia" aqueles que ficassem

---

20. Notas de canção, sem data, Fol. 9, James Bailey Papers, SHC; Ball, *Slavery in the United States*, 160-162. Cf. Charlie Aarons, AS, 6.1 (AL), 1; NSV, 301-304, "I lived", William Hall, NSV, 134. Cf. James Curry, ST, 128-144, qu. 134; Lunsford Lane, *The Narrative of Lunsford Lane* (Boston, 1842), 19.
21. "Before", Aaron Siddles, NSV, 272; *Tubbee, Sketch*, 23; Anderson, *Life and Narrative*, 17.

para trás. Todo aquele impulsionamento, calculava o proprietário, forçaria "meus pretos [a fazerem] duas vezes mais aqui do que os pretos geralmente fazem na Carolina do Norte."[22]

Quando acabou de bater em Lydia, o feitor de Hampton se voltou para Charles Ball, que estava imóvel no limiar da luz da lamparina. "Quando tenho um novo preto sob meu comando", disse, "nunca o chicoteio no começo; sempre dou alguns dias para que aprenda sua obrigação... Você não devia ter ficado para trás para conversar com Lydia, mas como essa é sua primeira vez, vou deixar passar." Ball balançou a cabeça em silêncio, concordando, e "agradeceu ao feitor-chefe pela bondade". Enquanto mastigava o pão de milho, refletiu sobre sua nova realidade: "Agora tinha sobrevivido a um dia – da sucessão dos que compõem a vida de um escravo – em uma fazenda de algodão", escreveu mais tarde.[23]

ENQUANTO SOBREVIVIA AO PRIMEIRO DIA, Ball tinha descoberto o novo sistema de cotas crescentes: um sistema que extraía mais trabalho usando a supervisão opressivamente direta combinada com a tortura elevada a níveis que nunca tinha experimentado antes. Entre 1790 e 1860, essas inovações cruciais possibilitaram um grande aumento na quantidade de algodão cultivado nos Estados Unidos. E o fizeram a um imenso custo humano, que poderia ser calculado de muitas maneiras. Podemos contar os que contraíram malária nos campos de um ambiente infestado de doenças, ou aqueles que morreram jovens, com os corpos desnutridos devido à comida insuficiente e ao trabalho intenso. A taxa de mortalidade infantil nos novos campos de trabalho escravo era extraordinária: uma em cada quatro crianças nascidas morria antes de completar seu primeiro aniversário. Essa taxa é equivalente a cinco vezes a do Haiti nos dias de hoje, o mesmo número que seria encontrado nas partes mais infestadas pela malária da África Ocidental ou do Caribe no século XIX (ver Tabelas 4.2 e 4.3). E cada surto de migração

---

22. Ball, *Slavery in the United States*, 67, 150, 161; Bibb, *Narrative*, 116-117, 132; Louis Hughes, *Thirty Years a Slave: The Institution of Slavery as Seen on the Plantation and in the Home of a Planter* (Milwaukee, WI, 1897), 15-24, 46; Blane, *Excursion*, 67, 161; Anderson, *Life and Narrative*, 17; John Brown, *Slave Life in Georgia* (London, 1855), 39, 43; Willie Vester to B. H. Vester, March 19, 1837, Benjamin Vester Papers, Duke; Campbell, *Autobiography*, 33; A. K. Bartow to J. J. Phillips, April 23, 1849, Ivan Battle Papers, SHC. Contraste com Richard Follet, *The Sugar Masters: Planters and Slaves in Louisiana's Cane World* (Baton Rouge, LA, 2005), que enfatiza os incentivos positivos; Robert Fogel and Stanley Engerman, *Time on the Cross: The Economics of American Negro Slavery* (Boston, 1974), 193-210; e Paul A. David and Peter Temin, "Slavery: The Progressive Institution?" in Paul A. David, Herbert G. Gutman, Richard Sutch, Peter Temin, and Gavin Wright, *Reckoning with Slavery: A Critical Study in the Quantitative History of American Negro Slavery* (Oxford, 1976), 206-207n46, que afirma que o "ritmo" do trabalho escravizado gerava eficiências supostamente encontradas no *coumbite* haitiano e no trabalho coletivo do Oeste africano.
23. Ball, *Slavery in the United States*, 160.

forçada produzia uma diminuição da expectativa de vida média dos afro-americanos, não apenas para os bebês, mas para toda a população.[24]

Tabela 4.2
Taxa de mortalidade infantil em campos selecionados de trabalho escravo no Sudoeste

Campo de trabalho	Estado	Anos registrados	Número de nascimentos	Número total de mortes infantis	Taxa de mortalidade infantil a cada 1.000 nascimentos
Magnólia	Mississippi	1838-1855	54	29	430
Watson	Alabama	1843-1865	157	81	280
McCutcheon*	Louisiana	1832-1863	221	N/A	213
Minor	Louisiana	1849-1863	217	N/A	184

Fontes: Arquivos de R. C. Ballard, Southern Historical Collection, Universidade da Carolina do Norte, Chapel Hill; Henry Watson Papers, David M. Rubenstein Rare Books and Manuscripts Library, Universidade de Duke, Durham, Carolina do Norte; Richard H. Steckel, *The Economics of U.S. Slave and Southern White Fertility* (Nova York, 1985).

* Nos documentos de McCutcheon, apenas 14,6% de todas as mortes infantis registradas ocorrem nos primeiros 28 dias depois do nascimento, ao passo que outras estatísticas sugerem que uma taxa de 50% é muito mais comum. Esse fato, por sua vez, sugere que houve uma subestimação substancial tanto no número de nascimentos quanto no de mortes. A verdadeira taxa de mortalidade infantil provavelmente era em torno de 350.

Mas outros custos não podem ser medidos. Embora Ball tivesse sido capaz de acompanhar Simon, ele previu que o ritmo de trabalho nos próximos dias seria difícil e repetitivo. Sabia que suas roupas se desgastariam até virarem trapos. Ele também, claramente, corria o

---

24. Jack Ericson Eblen, "New Estimates of the Vital Rates of the United States Black Population During the Nineteenth Century", *Demography* 11 (1974): 301-319; Richard H. Steckel, "A Peculiar Population: The Nutrition, Health, and Mortality of U.S. Slaves from Childhood to Maturity", *Journal of Economic History* 46, n. 3 (1986): 721-741; Richard H. Steckel, "Fluctuations in a Dreadful Childhood: Synthetic Longitudinal Height Data, Relative Prices, and Weather in the Short-Term Health of American Slaves", NBER Working Paper n. 10993, December 2004, National Bureau of Economic Research, www.nber.org/papers/w10993. Minha própria pesquisa mostra que os homens escravizados nascidos nos estados do Sudoeste que cultivaram menos milho *per capita* em 1839 eram, em média, 1,3 centímetro mais baixos do que os nascidos mais ao Norte no Vale do Mississippi e na Geórgia. Essa diferença é significativa.

risco constante de sofrer um ataque violento e humilhante. Ball não tinha sido espancado desde os 15 anos. Em Maryland, era o que os proprietários chamavam de "um preto de boa índole", que tentava construir uma vida dentro do sistema. De qualquer forma, os tiranos patológicos que a supremacia branca produziu em números tão altos prefeririam alvos mais fáceis em vez de alguém tão grande e forte quanto Ball. Mas, como era possível ver no Vale do Congaree, se os brancos pensavam que agindo assim o resultado seria mais algodão, encontrariam uma maneira de subjugar até o mais duro dos negros com o novo chicote de uma ponta.[25]

Tabela 4.3
Taxas comparativas de mortalidade infantil

Grupo	Taxa de mortalidade aproximada por 1.000 crianças nascidas
Todos os afro-americanos, 1820-1860	256 (meninas)/ 296 (meninos)*
Crianças escravizadas em duas fazendas de algodão na Carolina do Sul, década de 1800	181**
Escravos jamaicanos, década de 1820	255(meninas)/ 296(meninos)***
Brancos do século XIX (EUA)	162†
Estados Unidos, 2006	6,43 ††
Haiti, 2006	71,65††

Fontes:
* Jack Ericson Eblen, "Growth of the Black Population in Ante Bellum America, 1820-1860", *Population Studies* 26 (1972): 273-289.
** Richard H. Steckel, *The Economics of U.S. Slave and Southern White Fertility* (Nova York, 1985), 88-89.
*** B. W. Higman, *Slave Populations of the British Caribbean, 1807-1834* (Kingston, Jamaica, 1995), 319.
† Estimativa atuarial para 1830-1860 feita em 1895. Ver Michael R. Haines and Roger C. Avery, "The American Life Table of 1830-1860: An Evaluation", *Journal of Interdisciplinary History* 11 (1980): 11-35, esp. 88.
†† Central Intelligence Agency, *World Fact Book*, https://www.cia.gov/library/publications/the-world-factbook/index.html.

---

25. Ball, *Slavery in the United States*, 139-183.

Intimidado, Ball se esforçou muito nos dias seguintes para trabalhar sob o ritmo incessante do sistema de cotas crescentes do Sudoeste. Quando julho caminhava em direção ao fim, ele tinha começado a ultrapassar Simon. As "mãos" haviam arrancado três vezes ervas daninhas de cada carreira de algodoeiros e agora as plantas se encontravam "colocadas" – e estavam altas o suficiente para sombrear as carreiras e impedir o crescimento de ervas daninhas. Foi quando Ball começou a olhar ao redor. Certo domingo, explorando, encontrou um corpo pendurado na floresta – um fugitivo, desesperado para escapar, decido a não voltar para a fazenda. Ao longo da própria caminhada demorada, se apegou à resolução de permanecer vivo até que alguma coisa melhor se apresentasse. Então, naquele momento, enquanto amontoava batatas doces, calculou quantas poderia levar na camisa se escapasse para Maryland. Enquanto puxava folhas dos talos de milho, forragem para o gado, olhava as espigas inchadas e mapeava mentalmente os meses em que estariam maduras nas margens de todos os rios que tinha contado e nomeado na rota para o Sul.

Julho deu lugar a agosto. Os carboidratos adoçaram nos grãos de milho. Mas alguma coisa também estava acontecendo nos algodoais. As plantas se esticaram até a altura de um homem e ganharam folhas. Dos ramos cresciam "maçãs" ou botões. E os brancos começaram a doar centavos para os escravos em troca de cestas tecidas à luz do fogo. Eles inspecionaram o maquinário do descaroçador de algodão. Verificaram o peso dos chicotes. Foram para a cidade e compraram sacos, lousas novas, giz, livros de contas, penas e tinta. E enviaram cartas cheias de expectativa e cálculo que falavam copiosa e incessantemente, como a esposa de um fazendeiro da Louisiana se queixou em 1829, apenas sobre como os lucros do algodão nos campos lhes permitiriam continuar "comprando fazendas e pretos".[26]

"Algodão! Algodão! Algodão!... É o tema de quase todas as conversas hoje em dia", escreveu um migrante para alguém na Flórida. "Até mesmo as senhoras falam com conhecimento sobre o assunto.... Se você vir um aglomerado de fazendeiros engajados em uma conversa séria, sem sequer se aproximar, você pode [saber] o tópico do discurso. Aproxime-se deles e, garanto, a primeira palavra que ouvirá será *algodão*." Enquanto os fazendeiros falavam, as maçãs cresciam e intumesciam atrás de flores leitosas e amarelas. Ficando mais pesadas a cada dia, se inclinavam para esse lado e para o outro até que as hastes arqueavam e gemiam. Um dia, o primeiro capulho se abriu, e depois um outro, e mais outro, milhões. Uma nevasca branca se instalou nos campos verdes. Só mais uma noite e chegaria outro primeiro dia na vida de uma mão.[27]

---

26. Abigail Slack to Eliphalet Slack, January 6, 1829, Slack Papers, SHC.
27. W. C. Wirt to Dabney Wirt, December 10, 1835, Wirt Papers, SHC.

Em uma manhã bem cedinho, no começo de setembro, o feitor ordenou que as pessoas escravizadas no Vale do Congaree voltassem para os campos de algodão. Ele deu a cada homem, mulher e criança um embornal comprido e ordenou que se posicionassem em uma carreira de algodoeiros e começassem a colher. Enquanto Ball se inclinava sobre as plantas na penumbra da madrugada próxima ao amanhecer, molhando sua camisa com orvalho das folhas de algodão, descobriu que a colheita requeria olhos aguçados, mãos rápidas e boa coordenação. Se deslizasse para cima, sua mão agarraria uma folha ou furaria os dedos nas pontas duras da base do capulho, que agora ressecava. Se agarrasse muito forte, uma mistura de fibras e caule se soltaria na mão. Se apertasse de menos, os dedos torceriam apenas alguns fios. Finalmente, chegando ao fim da primeira carreira, Ball esvaziou o embornal em seu próprio cesto. De repente, percebeu que as mulheres e até as crianças já estavam longe nas carreiras vizinhas. Conforme os colhedores se inclinavam em um movimento cada vez mais apressado, suas mãos pareciam borrões. Não apenas as mãos direitas, nos casos mais rápidos, mas as esquerdas também. Entretanto, quando Ball tentou colocar as duas mãos para trabalhar, sentiu os braços se esbaterem como se fossem partes desconectadas. Seus dedos ficaram pesados. Pela primeira vez desde que era um menino, se sentiu sem controle do próprio corpo. A força muscular não conseguia dar conta daquela tarefa.[28]

O sol se arrastou descrevendo lentamente uma parábola no céu. Durante todo o dia um som de clique, clique, clique surgiu dos campos quase silenciosos, enquanto as unhas batiam em cascas duras e as pontas dos dedos apanhavam os chumaços da fibra. O feitor cavalgava devagar entre as carreiras de algodoeiros, com o chicote na mão. No final da tarde, Ball estava exausto e ansioso. Olhando para a esquerda e para a direita, para os cestos dos outros, sentiu como se estivesse encolhendo, "não me igualava a um garoto de 12 ou 15 anos". A colheita de algodão tinha pouco a ver com a força física. Acabava com as distinções de tamanho e sexo. Às vezes, as mulheres eram as colhedoras mais rápidas em um campo de trabalho escravo de algodão. Os jovens migrantes podiam aprender a colher mais depressa do que os mais velhos. Na verdade, Ball ouviu que "um homem que chegou ali aos 25 anos sem nunca ter visto um campo de algodão jamais, na linguagem dos capatazes, se tornaria um *colhedor dos bons*".[29]

---

28. Ball, *Slavery in the United States*, 184-187; Solomon Northup, *Twelve Years a Slave* (Auburn, NY, 1853), 134-143; Anderson, *Life and Narrative*, 19.
29. Ball, *Slavery in the United States*, 217; cf. J. Ker to I. Baker, November 19, 1820, Ker Papers, SHC; J. S. Haywood to Dear Sister, May 3, 1839, Fol. 156, HAY; A. K. Barlow to J. J. Phillips, April 23, 1849, Ivan Battle Papers, SHC; James Harriss to Th. Harriss, September 14, 1845, 1843-1847 Fol., Thomas Harriss Papers, Duke; Jn. Knight to Wm. Beall, February 7, 1844, April 14, 1844, Box 2, John Knight Papers, Duke; R. B. Beverley to Robert Beverley, September 3, 1833, Beverley Papers, Mss. 1B4678a, VHS; Mary Ker to Isaac Baker, November 19, 1820, Ker Papers, SHC.

Nas cabeças, nas conversas e no papel, os fazendeiros calculavam obsessivamente equações de mãos e algodão, chegando sempre à mesma solução: a riqueza. Um visitante relatou que, de acordo com os cálculos da Flórida, "uma mão geralmente faz de cinco a seis fardos, pesando cerca de 180 quilos – a mais ou menos 33 [centavos por quilo] cinco fardos por mão vão dar perto de 300 dólares – e a 33, seis fardos vão lhe dar 360 dólares, a 22, cinco fardos vão lhe dar 200 dólares e 6 fardos a 22 centavos darão 240 dólares". Olhando o solo da região do Rio Yazoo, no Mississippi, Clement Jameson concluiu: "Conseguirei perto de 250 dólares por mão." No Alabama, como escreveu uma mulher da Carolina do Norte, "mil testemunhas atestarão que você pode ter, em média, por cada mão, de 400 a 600 dólares livres de despesas". Ganhar mais dinheiro permitia comprar mais escravos, colhendo assim mais algodão, o que significava ainda mais dinheiro. O fazendeiro do Mississippi L. R. Starks pediu a um negociante de escravos que enviasse um jovem que queria comprar na "primeira oportunidade.... Comprei cinco pretos muito apropriados nessa temporada. Cultivamos grandes safras na última temporada. Estou plantando 130 acres de algodão. Talvez não possa pagar pelo menino imediatamente, mas sem dúvida posso fazer dinheiro com o tempo".[30]

No entanto, à medida que os acres de plantas cresciam e as maçãs amadureciam, transformando-se em capulhos, a variável-chave desconhecida era a velocidade com que as mãos colheriam. Já em 1800, os senhores de escravos que implantassem o sistema de cotas crescentes poderiam fazer seus cativos cultivar mais acres de algodão do que seriam capazes de colher no período de tempo compreendido entre a abertura dos capulhos e o momento de começar a plantar novamente. A colheita se tornou o gargalo: a parte do processo de produção de algodão que dava mais trabalho e que determinava quanto dinheiro os senhores de escravos ganhariam. E como Ball estava descobrindo, colher era difícil – e colher rápido era ainda pior.

---

30. P. A. Bolling to Edmund Hubard, February 24, 1837, Hubard Papers, SHC; C. Jameson to H. Clark, January 15, 1833, Henry Toole Clark Papers, Duke; Delilah H. H. to Sarah, January 31, 1834, Young Allen Papers, SHC; cf. R. Dalton to J. Dalton, July 2, 1835, Placebo Houston Papers, Duke; P. Barringer to D. Barringer, January 10, 1848, Daniel M. Barringer Papers, SHC. A desproporção entre a quantidade de algodão que uma mão poderia cultivar e a quantidade que uma mão poderia colher era um tema frequente em: J. S. Haywood to G. Haywood, May 22, 1836, Fol. 146, HAY; N. P. Hairston to J. Hairston, December 4, 1822, P. Hairston Papers, SHC; Jno. W. Paup to E. B. Hicks, October 17, 1841, E. B. Hicks Papers, Duke; L. R. Starks to R. C. Ballard, February 5, 1833, Fol. 8, RCB.

Em 1820, o senhor de escravos do Mississippi John Ker lembrou a si mesmo de que, como as "mãos" de seu cunhado estavam "desacostumadas ao cultivo e à colheita de algodão, seria prudente não fazer grandes cálculos sobre o lucro do trabalho delas". No entanto, ainda assim os senhores de escravos faziam cálculos otimistas, porque, apesar da dificuldade real de aprendizado, a quantidade de algodão que as pessoas escravizadas colhiam aumentou drasticamente ao longo do tempo. A partir de 1805, quando Charles Ball, pela primeira vez, arrastou seu embornal por uma carreira de algodoeiros no Vale do Congaree, até 1860, no Mississippi, a quantidade de algodão que a "mão" comum colhia durante um dia comum aumentou três, quatro, seis vezes – ou até mais. Em 1801, a média de vários campos de trabalho da Carolina do Sul foi de 13 quilos por dia por coletor. Em 1818, as pessoas escravizadas no campo de trabalho de James Magruder, no Mississippi, colheram entre 22 e 36 quilos por dia. Uma década mais tarde, no Alabama, os totais em uma fazenda chegavam a até 60 quilos e, na década de 1840, em um campo de trabalho do Mississippi, as mãos alcançaram a média de 155 quilos, cada uma, em um bom dia – "a maior que já ouvi falar", escreveu o feitor. Na década seguinte, as médias subiram ainda mais. Um estudo dos livros de contabilidade de um fazendeiro, com o registro dos totais diários da colheita por indivíduo escravizado nos campos de trabalho pelo Sul, encontrou um crescimento nos totais diários da colheita de 2,1% ao ano. O aumento foi ainda maior se observarmos o crescimento nas áreas mais novas do Sudoeste em 1860, onde a eficiência da colheita aumentou em 2,6% ao ano, de 1811 a 1860, equivalente a um aumento total da produtividade de 361% (ver Figura 4.1).[31]

---

31. John Ker to Isaac Baker, November 19, 1820, Ker Papers, SHC; James Magruder Account Book, 1796-1818, Magruder Papers, series N, RASP; R. & M. Timberlake to Mother, December 26, 1829, Neal Papers, SHC; W. R. Arick to J. S. Copes, October 22, 1846, fol. 82, J. S. Copes Papers, Tulane; Elley Plantation Book, 1855-1856, Mississippi Department of Archives and History; Alan L. Olmstead and Paul W. Rhode, "Biological Innovation and Productivity Growth in the Antebellum Cotton Economy", June 2008, NBER Working Paper n. 14142, National Bureau of Economic Research, www.nber.org/papers/w14142, 1-2, 22; Alan L. Olmstead and Paul W. Rhode, "'Wait a Cotton Pickin' Minute': A New View of Slave Productivity", August 2005, www.unc.edu/~prhode/Cotton_Pickin.pdf (acessado em 19 de dezembro de 2013).

Figura 4.1.
Crescimento da produtividade da
colheita do algodão ao longo do tempo

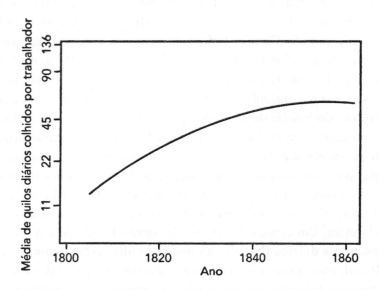

Fonte: Alan L. Olmstead and Paul W. Rhode, "Biological Innovation and Productivity Growth", NBER Working Paper n. 14142, National Bureau of Economic Research, Jun. 2008.

Quase tão notável quanto esse aumento dramático da produtividade é o fato de que a história do mundo moderno, da industrialização e das grandes divergências, de fuga da armadilha malthusiana, quase nunca o notou. Ou talvez isso não devesse ser uma surpresa. Esse aumento confunde nossa expectativa de que ganhos dramáticos e sistemáticos na eficiência do trabalho dependem de novas tecnologias de máquinas, como a série contínua de inovações nas máquinas de fiação e tecelagem que aumentaram a produtividade dos trabalhadores têxteis de Manchester. Parte da escalada da eficiência na colheita de algodão pode ser atribuída a uma espécie de "bioengenharia" – novas espécies de algodão, sobretudo a semente "Petit Gulf", vinda do México na década de 1820. No entanto, se os capulhos mais graúdos e de maior rendimento dessas espécies facilitavam o ato de colher o floco de algodão, o maior rendimento também significava mais mãos se esticando, mais pessoas se curvando, se movendo, apanhando, levantando e transportando. E mais expectativas.[32]

De qualquer maneira, os números da colheita continuaram aumentando. Aumentaram antes da Petit Gulf. E depois dela. Além disso, enquanto alguns agricultores iam, obsessivamente, atrás da última moda em matéria de variedades de semente de algodão (que eram comercializadas com nomes como "Mastodonte", "100 Sementes", "Pão de Açúcar" e "Prolífica"), outros argumentavam que novas espécies não traziam qualquer melhoria em relação às "qualidades de colheita" da Petit Gulf. Então, algo que não poderia ser explicado pelas sementes aconteceu para produzir um aumento contínuo na produtividade. Esse aumento teve consequências enormes para a história global. O algodão, como o petróleo seria mais tarde, foi a *commodity* mais comercializada no mundo, mas essa analogia não é suficiente para mostrar o quanto a eficiência crescente da colheita de algodão foi crucial para a economia mundial em processo de modernização. Nem a Grã-Bretanha, nem qualquer outro país que a seguiu no caminho da industrialização com base nos têxteis poderia ter conseguido uma transformação econômica sem os

---

32. Olmstead e Rhode, em "Biological Innovation", postulam que a resposta está na introdução e na melhoria de novas varietais de algodão, especialmente das sementes mexicanas "Petit Gulf", a partir da década de 1820. As plantas "Petit Gulf" supostamente produziam um capulho de algodão com uma otimização da "colheitabilidade". A história da colheitabilidade/bioengenharia substitui as sementes por máquinas e se baseia no compromisso dos historiadores da agricultura de creditar à ciência o maior rendimento. Ver, por exemplo, John Hebron Moore, *Agriculture in Ante-Bellum Mississippi* (Nova York, 1958), 27-36, 145-160; J. A. Turner, *The Cotton Planter's Manual: Being a Compilation of Facts from the Best Authorities on the Culture of Cotton; Its Natural History, Chemical Analysis, Trade, and Consumption; And Embracing a History of Cotton and the Cotton Gin* (Nova York, 1857), 36; L. C. Gray and Esther K. Thompson, *History of Agriculture in the Southern United States to 1860* (Washington, DC, 1933), 2:703; J. L. Watkins, *King Cotton: A Historical and Statistical Review* (Nova York, 1969 [1908]), 172; *American Farmer*, passim; *Farmer's Register*, passim. O aumento do rendimento levou a um aumento das expectativas em relação ao trabalho: "Nada o surpreenderia mais do que a diferença no trabalho de uma mão na produção de algodão, rendendo 2000 libras [907 quilos] por acre [de que] onde não se pode ter mais que 700 libras [317 quilos]", escreveu um nativo da Carolina do Norte visitando o seu campo de trabalho escravo no Alabama. Paul Cameron to D. Cameron, December 13, 1845, Fol. 974, PCC; Charles Lewellyn to PC, August 16, 1845, Fol. 962, PCC. Alguns poucos economistas e um ou dois historiadores observaram o aumento da produtividade de algodão ao longo do tempo, mas a maioria dos que enfocaram a colheita creditam isso à adoção das sementes Petit Gulf. Ver Franklee Gilbert Whartenby, "Land and Labor Productivity in United States Cotton Production, 1800-1840" (Nova York, 1977); Stanley Lebergott, *The Americans: An Economic Record* (Nova York, 1984); John Douglas Campbell, "The Gender Division of Labor, Slave Reproduction, and the Slave Family Economy on Southern Cotton Plantations, 1800-1864" (PhD diss., Universidade de Minnesota, 1988). Fogel e Engerman perceberam o aumento da produção, como notado acima, mas não conseguiram explicá-lo. Johnson, em *River of Dark Dreams*, dá mais crédito às sementes Petit Gulf do que este relato.

milhões de acres dos algodoais do Sul em expansão dos Estados Unidos. Para substituir a fibra importada dos campos de trabalho escravo norte-americanos por uma quantidade equivalente de lã, a Grã-Bretanha, em 1830, teria que dedicar 23 milhões de acres para a pastagem de ovelhas – mais do que a soma total das terras agricultáveis da ilha.[33]

As fazendas de algodão em expansão da região Sudoeste dos Estados Unidos permitiram que as indústrias têxteis escapassem às restrições malthusianas, e não apenas adicionando acres e trabalhadores. Considere isso: o ganho total na produtividade por colhedor, de 1800 a 1860, foi de quase 400%. E de 1819 a 1860, o aumento da eficiência dos trabalhadores que cuidavam das máquinas de fiação nas fábricas de algodão de Manchester foi de cerca de 400%. Enquanto isso, a eficiência dos trabalhadores nas tecelagens fabris melhorou de 600% para 1.000% (ver a Tabela 4.4). Portanto, mesmo enquanto as fábricas têxteis associaram as máquinas cada vez mais complexas com fontes de energia não humana mais poderosas, mesmo passando da água para a energia a vapor, as pessoas que colhiam algodão produziam ganhos, em termos de produtividade, semelhantes aos das fábricas de algodão. E tais ganhos geraram um bolo enorme do qual muitas outras pessoas ao redor do mundo pegaram uma fatia. Os preços de fato mais baixos do algodão repercutiram como ganhos na forma de capital reinvestido em equipamentos de fábrica mais eficientes, salários mais altos para a nova classe operária industrial e faturamento para os donos de fábricas, de escravos e os governos. Um algodão mais barato significava tecido e roupas mais baratos. Assim, os ganhos de produtividade nos algodoais também se traduziram em benefícios para os consumidores de tecidos. Eventualmente, a maior parte do mundo adquiriu roupas feitas no Ocidente industrial com o algodão colhido no Sul dos EUA.[34]

---

33. Gray and Thompson, *History of Agriculture*, 2:692-693; Kenneth C. Pomeranz, *The Great Divergence: China, Europe, and the Making of the Modern World Economy* (Berkeley, CA, 2000). Um dos primeiros a adotar o sistema, George Matthews, da Louisiana, informou que suas "mãos" estavam colhendo 73 quilos de algodão por volta de 1826, mas outros escravizadores do Vale do Mississippi indicariam quantidades significativamente maiores apenas dez anos depois com o mesmo tipo de algodão. Mas a fazenda de Prudhomme no condado de Terrebonne, na Louisiana, relatou números diários de colheita em torno de 45 quilos por pessoa na década de 1830, mesmo com a nova semente. Na década de 1850, no entanto, novos métodos elevaram os números para os 91 quilos, com alguns indivíduos atingindo uma média de mais de 136 quilos por dia. Turner, *Cotton Planter's Manual*, 99-102; George Matthews to Harriet Matthews, October 7, 1827, Folder 2/1, Matthews-Ventress-Lawrason Papers, LLMVC; Folders 267, 271, Prudhomme Papers, SHC.
34. Pomeranz, *Great Divergence*, 274-278; D. A. Farnie, *The English Cotton Industry and the World Market, 1815-1896* (Oxford, 1979), 199. Cf. Seymour Shapiro, *Capital and the Cotton Industry in the Industrial Revolution* (Ithaca, NY, 1967).

Não haveria máquinas para a colheita mecânica do algodão até o fim da década de 1930. Na verdade, entre 1790 e 1860, não houve qualquer inovação mecânica de qualquer tipo para acelerar a colheita de algodão. Não houve nada como a mudança da foice para a ceifeira mecânica, por exemplo, que por volta da década de 1850 começou a remodelar os campos de trigo que Ball tinha deixado para trás em Chesapeake. Até mesmo os engenhos de açúcar movidos a escravos na Louisiana eram mais parecidos com as fábricas do que os campos de trabalho de algodão. E a natureza dos corpos humanos, a única "máquina" que funcionava nas fazendas de algodão, não mudou entre 1805 e 1860. Ainda assim, a possibilidade de que pessoas escravizadas talvez tenham colhido mais algodão porque o colhiam mais rápido, trabalhavam mais duro e com uma técnica mais eficiente não surge prontamente em nossa mente. Na realidade, durante os últimos anos da guerra, os viajantes do Norte insistiram que o trabalho escravo era menos eficiente do que o trabalho livre, um dogma que a maioria dos historiadores e economistas aceitaram.[35]

Tabela 4.4
Produtividade da colheita de algodão e produtividade da produção têxtil britânica de algodão ao longo do tempo

Ano	Colheita de algodão Índice (1820-100)	Produtividade da fiação Índice (1820-100)	Produtividade da tecelagem Índice (1820-100)	Algodão importado pelo Reino Unido Índice (milhões de libras esterlinas)	Índice do preço real do algodão bruto (1820-100)	Valor das exportações britânicas de tecidos de algodão (milhões de libras esterlinas)
1790	54	–	–	2,57	191	2,1
1800	66	–	–	4,20	172	9,65
1810	81	–	–	4,77	100	17,4

---

35. Por exemplo, Levi Woodbury, "Cotton: Cultivation, Manufacture, and Foreign Trade of", *House Executive Documents*, 24th Cong., 1st sess., vol. 4, n. 146 (Washington, DC, 1836). Os engenhos de açúcar foram os primeiros empreendimentos a usar a correia transportadora, o dispositivo clássico das fábricas do século XX. Follett, *Sugar Masters*; Daniel Rood, "Plantation Technocrats: A Social History of Knowledge in the Slaveholding Atlantic World, 1830-1865" (PhD diss., Universidade da Califórnia em Irvine, 2010).

Ano	Colheita de algodão Índice (1820-100)	Produtividade da fiação Índice (1820-100)	Produtividade da tecelagem Índice (1820-100)	Algodão importado pelo Reino Unido Índice (milhões de libras esterlinas)	Índice do preço real do algodão bruto (1820-100)	Valor das exportações britânicas de tecidos de algodão (milhões de libras esterlinas)
1820	100	100	100	7,27	100	17,9
1830	123	159	161	7,08	60	19,7
1845	168	284	514	11,79	47	25,8
1850	187	318	756	19,63	58	30,4
1860	230	379	994	34,60	48	49,0

Fontes: Índice de colheita de algodão derivado de Alan L. Olmstead and Paul W. Rhode, "Biological Innovation and Productivity Growth", NBER Working Paper n. 14142, National Bureau of Economic Research, junho de 2008, www.nber.org/papers/w14142, acessados no dia 8 de janeiro de 2014, usando o aumento anual de 2,1%. Índices da fiação e da tecelagem derivados de D. A. Farnie, *The English Cotton Industry and the World Market, 1815-1896* (Oxford, 1979), 199. Os valores de 1790 a 1810 são desconhecidos. O valor das exportações é derivado como um ponto médio dos valores da década, retirados de Ralph Davis, *The Industrial Revolution and British Overseas Trade* (Leicester, UK, 1979), 15. Os valores de Davis são médias para conjuntos de três anos, tais como em 1784-1786, 1794-1796 etc. Embora não seja preciso para esse ano específico, mapeia as tendências com exatidão.

Os mesmos observadores do Norte que proclamavam a ineficiência do trabalho escravo tinham uma enorme fé na ideia de que as pessoas livres, que eram motivadas por um salário em dinheiro, trabalhariam mais e de maneira mais inteligente do que os trabalhadores sob coerção. Ocasionalmente, em circunstâncias especiais, alguns senhores de escravos pagavam um salário para as pessoas. Em 1828, Edward Barnes pagou a oito das 27 pessoas escravizadas em seu campo de trabalho de algodão no Mississippi um total de 28,32 dólares por colherem aos domingos, o dia da semana em que era tecnicamente ilegal forçar o trabalho no eito. Entretanto, esses incentivos positivos representavam apenas de 3% a 5% do algodão bruto que as mãos de Barnes colheram em 1828, ano em que ele vendeu 81 fardos. Na verdade, os escravistas normalmente só pagavam pela colheita do domingo, quando pagavam alguma coisa. A maioria dos escravistas nunca deu incentivos positivos. E, talvez, de forma mais conclusiva, depois da Guerra Civil, quando muitos fazendeiros de algodão pagavam aos colhedores pelo quilo no final de um dia de trabalho, o trabalho livre motivado por um salário não produzia a mesma quantidade de algodão por hora de colheita que o trabalho escravo tinha produzido.[36]

O que os senhores de escravos utilizavam era um sistema de medição e de incentivos negativos. Na verdade, devemos evitar tais eufemismos. Os escravistas usavam medições para calibrar a tortura, a fim de forçar os catadores de algodão a descobrir como aumentar a própria produtividade e, assim, destravar o gargalo da colheita. O processo contínuo de inovação gerado dessa maneira foi a principal causa do aumento maciço na produção de algodão barato e de alta qualidade: um aumento totalmente necessário, se o mundo ocidental quisesse escapar do ciclo agrícola malthusiano que já durava 10 mil anos. Esse sistema confunde nossas perspectivas, porque, como os abolicionistas, nós queremos acreditar que o sistema de trabalho livre não apenas é mais moral do que o de coerção, mas também mais eficiente. A fé nesta ideia, *a priori*, é muito útil. Significa que nunca temos que resolver as contradições existentes entre a produtividade e a liberdade. E o trabalho escravo certamente era desperdiçador e improdutivo. Os cativos sabiam que este trabalho desperdiçava os dias, os anos e os séculos que lhes tinham sido extorquidos. Eles jamais recuperariam esses dias. No entanto, quem realmente aguentou aqueles dias conhecia o segredo que, ao longo do tempo, levou a colheita de algodão a níveis continuamente mais elevados de eficiência.

ATÉ A NOITE DE SEU PRIMEIRO LONGO DIA de colheita de algodão no campo de Congaree, Charles Ball não tinha descoberto o segredo. Não ainda. Suas mãos haviam lutado e se embolado uma contra a outra enquanto ele observava os companheiros escravos se movendo tão freneticamente que parecia que algum demônio os perseguia. À medida que a tarde se aproximava da noite, o sol finalmente chegou perto das árvores a Oeste. Os corpos trabalhando se encurvavam por todo o campo, as cabeças inclinadas, os braços se movendo para a frente e para trás entre o ramo e o embornal, as pernas se arrastando adiante ao longo da carreira de algodoeiros. O único som era um ocasional grito rouco de "Água, água!". As crianças corriam para a frente e para trás, os baldes descansando em suas cabeças onde, dentro de poucas semanas, um círculo de cabelos desapareceria, formando um anel, visível até fevereiro.[37]

---

36. E. F. Barnes Cotton Book, RASP, Series G, 5/17. Ocasionalmente os escravizadores organizavam "corridas" para ver quem poderia colher mais algodão em um dia. Cull Taylor, AS, 6.1 (AL), 364. Ball, em *Slavery in the United States*, 212, 271-272, menciona o pagamento pela colheita extra ou aos domingos em dois casos.
37. Mary Younger, NSV, 258; Allan Sidney, ST, 524.

O crepúsculo agora assentava, dolorosamente lento, sobre o brilho branco do campo. Enfim, os olhos cansados não conseguiam distinguir a fibra da folha. O feitor grunhiu. Homens, mulheres e crianças endireitaram as costas rígidas. Caminharam com penar até as extremidades das carreiras, esvaziaram os últimos embornais nos cestos de algodão e levantaram os recipientes de vime até a cabeça – Ball também. Ele arqueou a espinha cansada para suportar o peso e começou a cambalear lentamente de volta para o galpão aberto que guardava o algodão. Longos 800 metros depois, as últimas gotas de suor saíam dos poros, deixando listras na poeira que recobria os corpos dos colhedores. As dependências da fazenda assomavam no que agora era completa escuridão.

Mais um dia que quase havia terminado. Ball quase tinha sobrevivido. Mas agora, no quintal em frente ao galpão de algodão, ele aprenderia o segredo que fazia as mãos colherem algodão como se fossem máquinas.

Em um semicírculo fora da "tenda", o galpão aberto que abrigava o descaroçador, Ball e os outros pousaram as cestas. Eles esperaram enquanto os capatazes penduravam cada cesto pelas alças em uma "balança romana", uma balança de feixe que media a colheita do dia. O feitor dizia o peso em voz alta, marcando em seguida os números em sua lousa, ao lado do nome do colhedor. Ball tinha 17 quilos – pelo menos dez a menos que a maioria dos outros homens, embora não fossem tão fortes com o machado ou tão rápidos com a enxada. No entanto, algumas mulheres e adolescentes que também tinham colhido mais do que Ball estavam sendo levados para o trecho de terra onde Lydia fora açoitada.[38]

Vinte anos depois do primeiro dia de colheita de Ball, Israel Campbell passou por sua primeira temporada em um campo de trabalho escravo no Mississippi. Por mais que tentasse, Campbell não conseguia colher mais de 40 quilos entre a primeira luz e a escuridão plena. Mas o fazendeiro, "Belfer", havia dito ao jovem que seu mínimo diário era de 45 quilos e que, a partir daquele dia, receberia "tantas chicotadas quantos fossem os quilos a menos" nas "letras de algodão" registradas ao lado do nome "Israel" na lousa do feitor irlandês. (Uma "letra" era um título que pagava uma dívida, na linguagem comercial da época). Na terra batida do pátio de algodão de Belfer, entre as madeiras mal cortadas da plataforma do descaroçador e a prensa que esmagava o algodão limpo formando fardos, uma espécie de contabilidade era feita. Usando lousa e giz, uma balança romana e também mais uma ferramenta. E quando Campbell levantou o algodão na escuridão cada vez maior, sabia que o peso o deixava com um saldo negativo.

---

38. Ball, *Slavery in the United States*, 215-216; Jn. Knight to Wm. Beall, August 12, 1844, Box 2, John Knight Papers, Duke.

Desesperado para evitar a avaliação, pousou a cesta e deslizou silenciosamente para trás dos outros escravos que se alinhavam fora do círculo de luzes de tochas onde o irlandês pesava os cestos. Foi se esconder na cabana onde os escravos cozinhavam. Mas apenas alguns instantes depois, a porta se abriu e, assomando na soleira, iluminado por uma contraluz, estava Belfer – a lanterna em uma das mãos, quatro estacas e o chicote de uma ponta na outra: "Bem, Israel, é você?" O irlandês havia pesado a cesta de Campbell. A conta foi negativa. "Vou ajustar as coisas com você agora", disse Belfer.[39]

Pessoas transferidas para os campos de algodão do Sudoeste relatavam repetidas vezes esse sistema de contabilidade que Campbell e Ball provaram. Por vezes, os próprios brancos do Sul admitiam que os escravistas usavam o vocabulário da contabilidade de crédito e de débito para estruturar as pesagens e as chicotadas – como um médico de Natchez que, em 1835, descreveu o fim de um dia de colheita: "O feitor reúne todas as mãos na pesagem, com uma lamparina, balanças e chicote. Cada cesta é cuidadosamente pesada e o peso líquido de algodão é colocado na lousa, ao lado do nome do colhedor... [às] vezes o semblante de um indolente parecia desabar": "Muitos quilos a menos", grita o feitor, e levanta o chicote, exclamando: "Passa para cá, seu preguiçoso maldito" ou "Poucos quilos, sua vagabunda".[40]

O total do primeiro dia de Charles Ball anotado na lousa se tornou o novo mínimo de sua conta pessoal. Ele entendeu que se no dia seguinte falhasse em colher pelo menos seu mínimo, que era de 17 quilos, "pegariam pesado comigo... Eu sabia que o chicote do feitor se familiarizaria com minhas costas". Em contraste com o sistema de tarefas dos cultivos de arroz da Carolina do Sul, na fronteira do algodão, cada pessoa recebia uma cota única e individual, em vez de um limite de trabalho fixado pelo costume geral. O feitor, como escreveu um proprietário nas regras que criou para seu campo de trabalho em Louisiana em 1820, "verá que as pessoas da fazenda aptas a colher algodão devem fazê-lo com a menor quantidade de impurezas possível e em uma quantidade de acordo [com] a idade[,] força & capacidades".

Sarah Wells se lembrou de que, perto do condado de Warren, no Mississippi, onde cresceu, alguns escravos colhiam 45 quilos por dia, alguns 136 e outros 227. Mas se sua cota fosse de 113 quilos e um dia você não a atingisse, "eles o puniriam, o colocariam

---

39. Campbell, *Autobiography*, 33-35.
40. Brown, *Slave Life in Georgia*, 128-132; Anderson, *Life and Narrative*, 19-20; Henry Watson, *Narrative of Henry Watson: A Fugitive Slave* (Boston, 1848), 19-20; ST; entrevistas da Works Progress Administration da década de 1930, e.g., GSMD, 199; Gus Askew, AS, 6.1 (AL), 15; Rufus Dirt, AS, 6.1 (AL), 117; Sarah Wells, AS, 11.1 (AR), 89; Sarah Ashley, S2 2.1 (TX), 87; Jesse Barnes, S2, 2.1 (TX), 175. Also J. Monett, Appendix C, J. W. Ingraham, *The South-West, by a Yankee* (Nova York, 1836), 2:285-286.

nos armazéns" e bateriam em você. Se uma mão nova não conseguisse cumprir a cota estabelecida, essa mão teria que melhorar a "capacidade de colher" ou o chicote equilibraria a conta. "Você está enganado quando diz que seus negros ignoram a maneira correta de trabalhar", escreveu Robert Beverley sobre um novo grupo de trabalhadores transportado da Virgínia para o Alabama. "Eles só precisam ser obrigados a isso... por meio de açoites, e com bastante frequência." Alguns anos depois, tendo recebido outro grupo de pessoas, escreveu: "São negros muito difíceis de se obrigar a colher algodão. Eu os açoitei hoje, como você faria se tivesse visto a cena, sem misericórdia."[41]

Aprender a cumprir uma cota era difícil, e aqueles que a cumpriam antes do pôr do sol ainda tinham que continuar colhendo. Enquanto William Anderson tentava atingir sua cota em um campo do Mississippi, seu novo dono o derrubou diversas vezes com uma vara pesada, alegando que William estava ficando para trás. No Alabama, na década de 1820, "o velho Major Billy Watkins" ficaria "em sua casa e assistiria aos escravos colherem algodão; e se qualquer um deles esticasse as costas por um momento, seu grito selvagem ressoaria dizendo 'curve-se'". Em 1829, também no Alabama, Henry Gowens viu um feitor forçando as mulheres lentas a se ajoelharem em frente a suas cestas de algodão. Enfiando a cabeça delas no meio do algodão, levantava seus vestidos e batia em cada uma até escorrer sangue pelas pernas.

As mulheres eram visadas de um modo desproporcional. Os escravistas que estavam totalmente focados em obter colheitas para o mercado não se interessavam em ouvir sobre a recuperação de partos ou problemas ginecológicos. "Para ganhar dinheiro são necessários homens[,] ou meninos grandes o suficiente", escreveu um senhor de escravos frustrado. E nas palavras de um outro: "[Como] não temos uma mulher grávida na fazenda[,] as fêmeas, sendo as melhores colhedoras, cuidaram praticamente da maior parte da colheita." As mulheres que amamentavam os bebês na sombra onde tinham sido

---

41. Rules from Box 3, May-December 1820 Fol., A. P. Walsh Papers, LLMVC; Miller, em "Plantation Labor Organization", 163-165, aponta que alguns historiadores confundiram os mínimos de algodão com as "tarefas" das terras baixas, e.g., Moore, *The Emergence of the Cotton Kingdom in the Old Southwest* (Baton Rouge, LA, 1988), 95-96. Para os livros de registro, cinco bons exemplos são: Ballard Papers, SHC; Prudhomme Papers, SHC; U. B. Phillips and James Glunt, *Florida Plantation Records from the Papers of George Noble Jones* (St. Louis, 1927); F. T. Leak Papers, SHC; Edwin Davis, ed., *Plantation Life in the Florida Parishes of Louisiana, 1836-1846, as Reflected in the Diary of Bennett H. Barrow* (Nova York, 1943). "So many pounds", ASAI, 96, 98; Ball, *Slavery in the United States*, 216-218; Campbell, *Autobiography*, 33-39; Sarah Wells, AS, 11.1 (AR), 89; Jn. Knight to Wm. Beall, February 10, 1844, April 14, 1844, John Knight Papers, Duke; R. B. Beverley to Robert Beverley, September 3, 1833, August 28, 1842, Sec. 17, Mss1B4678a, Beverley Papers, VHS. Cf. Kelly Houston Jones, "'A Rough, Saucy Set of Hands to Manage': Slave Resistance in Arkansas", *Arkansas Historical Quarterly* 71 (2012): 1-21.

alocadas ou as crianças pequenas entre os algodoeiros poderiam se tornar uma fagulha para a fúria branca. "Gross matou a criança mais nova de Sook", escreveu uma mulher branca a um primo comerciante de escravos. "Ele botou a criança para trabalhar (tinha entre 1 ano e 1 ano e meio) e, porque não fazia o seu trabalho de maneira a agradá-lo, primeiro a chicoteou. Em seguida, enfiou sua cabeça em um braço de água [do riacho] para fazê-la parar de chorar."[42]

Então, com medo do que as espreitava por trás de seus corpos curvados, com medo da balança e da lousa que ficavam diante delas, as pessoas escravizadas continuavam colhendo até o fim do dia. Quando a pesagem e o acerto de contas por chicoteamento daquela noite tinham terminado, tentavam curar suas feridas. No entanto, enquanto dormiam, o escravista estava sentado em sua casa. À luz de uma vela, transferia os totais registrados com giz para algo mais durável: a tinta e o papel de um livro de contas. Então, apagava a lousa. E em seguida, escrevia novos mínimos, mais altos. Depois que Israel Campbell descobriu como cumprir sua cota, Belfer elevou sua exigência para 80 quilos por dia. John Brown lembrou-se de que "como eu colhia tão bem no início, foi exigido mais de mim, e se eu esmorecesse por um minuto, o chicote era usado generosamente para que eu mantivesse minha marca. Por ser coagido desta maneira, eu finalmente consegui colher 73 quilos por dia", depois de começar com um requisito mínimo de 45 quilos.[43]

A colheita de algodão aumentou porque as cotas aumentaram. Em 1805, Wade Hampton e seus capangas aumentaram gradualmente suas exigências sobre Ball até que ele estivesse colhendo cerca de 23 quilos por dia. No final da década de 1820, os senhores de escravos do Mississippi e do Tennessee exigiam 45 quilos. Cinco anos depois, esse total subiu mais 14 quilos. As mãos agora se moviam "como se estivessem pegando fogo" – "como se", escreveu um fazendeiro do Mississippi, "alguma nova força motriz tivesse sido aplicada no processo". Em outras palavras, como se os motores mecânicos zumbissem dentro das pessoas escravizadas, como se as mãos desmembradas da linguagem dos brancos se movessem sozinhas ao longo dos algodoeiros no campo.

---

42. Anderson, *Life and Narrative*, 18-19; ASAI, 47; NSV, 140-141; Jn. Haywood to G. W. Haywood, February 5, 1842, March 17, 1839, May 22, 1836, HAY; P. Cameron to D. Cameron, December 2, 1845, Fol. 973, PCC; Betsy Clingman to I. Jarratt, January 8, 1835, Jarratt-Puryear Papers, Duke. Cf. GSMD, 215.
43. Essas listas de peso colhido não ajudariam os estudiosos a identificar os melhores tipos de sementes, pois nasceram de um sistema de lousa ou de memória projetado para registrar números para os escravos individualmente: Charles Thompson, *Biography of a Slave* (Dayton, OH, 1875), 41-42; Brown, *Slave Life in Georgia*, 128-129; Campbell, *Autobiography*, 33-35.

Na década de 1850, de acordo com relatos de ex-escravos, os donos exigiam 90 quilos ou mais da maioria deles, e até mesmo 114 quilos de outros.[44]

Assim, os escravistas arrancaram um aumento maciço da produtividade do algodão entre 1790 e 1860. Embora os fazendeiros-empresários não publicassem seu método para tornar a colheita do algodão o mais eficiente possível em um compêndio ou em uma revista agrícola, eles criaram práticas, atitudes e bens materiais – chicotes, lousas, penas, papel e o algodoeiro propriamente dito – que constituíam as engrenagens sincronizadas do método. Os feitores brancos também desempenhavam um papel importante, e não apenas por serem aqueles que muitas vezes aplicavam esse sistema de racionalização violenta do trabalho em uma prática de hora em hora. Eles provavelmente inventaram muitas das práticas da contabilidade e da tortura enquanto levavam suas lousas e chicotes de uma ponta para o Oeste e para o Sul. Ávidos por impressionar seus empregadores, associando-se uns aos outros, eles também compartilhavam ideias e pressionavam seus pares para que agissem de acordo com um ideal de controle absoluto sobre seus cativos, através de um compromisso com a violência. Independentemente de quem quer que tenha criado o sistema de cotas crescentes, essas pessoas foram cruciais para o que um feitor chamou de "grande revolução no comércio e nas fábricas das nações", o aumento contínuo da produtividade do algodão que moldou a transformação do mundo no século XIX.[45]

Em 1861, a mecânica básica de braços, costas e dedos permaneceu idêntica àquela de 1805, quando Charles Ball chegou a Congaree. As coisas estavam inalteradas desde o tempo em que os seres humanos inventaram a agricultura. Nem as pessoas escravi-

---

44. Ball, *Slavery in the United States*, 186-187, 212. Os primeiros totais diários são da *American Farmer*, December 14, 1821, 298; August 31, 1838, Magnolia Pltn. Jnl., Fol. 429, RCB. "Bresh heap" from B. Fox to Eliza Neal, September 25, 1835. Para 100-130 libras/dia [45-59 quilos/dia], ver R. and M. Timberlake to Mother, December 26, 1829, Neal Papers, SHC; cf. Phanor Prudhomme Cotton Books, 1836 and 1852, Prudhomme Papers, SHC; "Dunk", D. W. McKenzie to D. McLaurin, September 26, 1840, Fol. 1838- 1840, Duncan McLaurin Papers, Duke; J. F. Thompson Diary, July 6, 1841, [51], Benson-Thompson Papers, Duke; R. B. Beverley to R. Beverley, September 3, 1833, Sec. 13, and August 28, 1842, Sec. 41, Beverley Papers, VHS; Northup, *Twelve Years a Slave*, 125, 135. Em 1860, Paul Cameron esperava 91 quilos por mão por dia no delta do Mississippi: W. T. Lamb to P. Cameron, September 16, 1860, Fol. 1210, PCC. Para o aumento da extração do trabalho no Sudoeste, L. A. Finley to Caroline Gordon, February 17, 1853, Gordon-Hackett Papers, SHC; T. J. Brownrigg to R. Brownrigg, January 29, 1836, Brownrigg Papers, SHC; A. K. Barlow to J. J. Philips, April 23, 1849, Ivan Battle Papers, SHC; J. S. Haywood to G. W. Haywood, April 4, 1835, Fol. 144, and J. S. Haywood to Sister, May 3, 1839, Fol. 156, HAY; A. P. Cameron to D. Cameron, December 13, 1845, Fol. 974; W. T. Lamb to P. Cameron, December 1, 1860, PCC.
45. *Farmers' Register*, June 1836, 114-116, and November 1934, 353-363; cf. James Pearse, *Narrative of the Life of James Pearse* (Rutland, VT, c. 1826), 24-37; Philip Younger, NSV, 249.

zadas poderiam imaginar, quando foram confrontadas com cotas ridiculamente altas, como pagariam a dívida com as mãos em vez de com a pele. Muitas vezes, a primeira solução que encontravam era tentar alterar o peso e trapacear o chicote. Escondiam pedras, terra e abóboras nos cestos para fazer com que ficassem mais pesados. Algumas vezes funcionava. Israel Campbell escondia melancias em seus cestos para cobrir os dez quilos que nunca conseguiria colher. Foi assim que se safou por um ano. Outro método exigia um trabalho de equipe: distrair o feitor enquanto ele manejava a balança, aproveitando a escuridão fora do círculo iluminado pela lâmpada para trocar um cesto leve por outro mais pesado. "Truques do tipo serão continuamente praticados ante um feitor descuidado ou 'suave'", escreveu um fazendeiro.[46]

No entanto, os feitores eram selecionados por sua "dureza". Se pegavam uma pessoa escravizada tentando manipular a pesagem de sua obrigação diária de coleta de algodão, a punição era severa. A vigilância e a intimidação física nos campos também tornavam difícil para os colhedores trapacear na pesagem, enchendo cestos com pedras do campo ou fugindo antes da hora da pesagem. Às vezes, os trabalhadores rápidos tentavam ajudar os mais lentos, colocando algodão em suas cestas ou colhendo suas carreiras por um tempo. Mas os senhores de escravos costumavam fazer regras contra a cooperação e faziam com que fossem cumpridas. Em vez disso, como os valores mínimos de colheita aumentaram para todos ao longo do tempo, os empreendedores e exploradores forçaram cada um dos escravizados a direcionarem as forças da sua criatividade contra a própria saúde e independência a longo prazo, e até mesmo uns contra os outros. Assim, temendo o castigo ou mesmo a morte, as mentes se esforçavam para encontrar maneiras de acelerar as mãos. E o aumento dramático da quantidade colhida ao longo do tempo revela que, de alguma forma, eles conseguiram.[47]

Mas como? Observe a linguagem dos senhores de escravos. Ela pressupõe que alguns seres humanos poderiam ser reduzidos a apêndices de outros. No entanto, ela também espelhava as palavras usadas antigamente pelas pessoas escravizadas para descrever a experiência de colher algodão. Visto que essas pessoas se lembravam que, para colher rápido o bastante a fim de transformar os cálculos de lucro dos empresários de algodão em realidade, era preciso estarem separadas do corpo. Ao colherem o dia inteiro até tarde da noite, mesmo à luz de velas, tiveram que dissociar mente da dor que atormentava as costas curvadas, do sangue escorrendo pelas pontas dos dedos picados, das mãos que se

---

46. Northup, *Twelve Years a Slave*, 159; John Haywood to G. W. Haywood, February 5, 1842, HAY; Ingraham, *The South-West*, 2:286.
47. Campbell, *Autobiography*, 36-39.

transformavam em garras depois de poucos anos, da sede, da fome, da visão borrada e da ansiedade perante o chicote que se encontrava atrás e diante deles. Era preciso separar a mente da mão – para tornar-se, por um tempo, um pouco mais do que uma mão. Ou duas mãos, como Patsey, a vizinha do colhedor novato Salomão Northup. Enquanto Northup caminhava por sua fileira com "o embornal comprido e desajeitado", "destruindo ramos [de algodão]" e usando as duas mãos para tatear cada floco de algodão, Patsey trabalhava dos dois lados da fileira em movimento contínuo, direita e esquerda. Ela pegava o algodão com uma das mãos e o jogava no embornal pendurado em seu pescoço com a outra, "seus dedos se moviam como raios, de um jeito que ninguém mais fazia", escreveu Northup mais tarde. Ela se movia como uma dançarina em um ritmo inconsciente, que, no entanto, era motivado pelo deslocamento, não pelo prazer.[48]

As mãos de Patsey – as duas, a direita e a esquerda –, cada uma pensava por si, como as de um pianista. Contudo, para a maioria dos trabalhadores, a mão esquerda era um problema. Simetria é uma coisa linda de se ver. Em testes, as pessoas parecem constantemente atraídas por rostos e corpos mais simétricos. Mas, na verdade, os seres humanos são assimétricos em aspectos cruciais. Nove entre dez de nós preferem usar a mão direita para a maioria das tarefas. Praticamente todos nós preferimos usar uma das mãos em relação à outra. E atualmente sabemos que o lado esquerdo do cérebro controla a mão direita e vice-versa. O lado esquerdo do cérebro está bem mais envolvido em processos e pensamentos analíticos, detalhados e específicos. Neles, inclui-se a linguagem e também o trabalho qualificado com as mãos. O direito é responsável pelos processos "globais", como as percepções gerais do mundo. Muitas pessoas acreditam que este último é o lado mais artístico e emocional. É claro que a realidade é ligeiramente mais complexa do que uma simples separação espacial entre direita/esquerda dentro do cérebro. Nem a natureza da assimetria é sempre a mesma: em alguns canhotos, as faculdades da linguagem estão estabelecidas principalmente no lado direito do cérebro, e não no esquerdo. De qualquer forma, as diferentes seções do cérebro desempenham papéis específicos e distintos, sendo suas partes específicas ligadas de maneiras diferentes às nossas mãos dominantes e não dominantes. A mão direita e a mão esquerda, assim como a parte direita e parte esquerda do cérebro, não são iguais nem intercambiáveis. Nossas mãos são elementos cruciais que dizem como estamos conectados ao mundo, ao cérebro, à mente e ao eu.[49]

---

48. Martha Bradley, AS, 6.1 (AL), 47; Northup, *Twelve Years a Slave*, 134, 142-143.
49. I. C. McManus, *Right Hand, Left Hand: The Origins of Asymmetry in Brains, Bodies, Atoms, and Cultures* (Cambridge, MA, 2002).

Nossa mão forte, quer sejamos destros ou canhotos, é a parceira hábil de nossa mente consciente e planejadora. Escrevemos, tocamos, gesticulamos, pegamos mais com uma das mãos do que com a outra. E também trabalhamos mais com uma das mãos do que com a outra. Essa mão liga o trabalho que realizamos à mente e ao eu, transformando tudo isso em uma única identidade. Nas tarefas especializadas que Charles Ball desempenhou em Maryland, a mão direita sempre tinha conduzido seu corpo. Como um escultor de madeira ou um ferreiro, um homem como Charles Ball muitas vezes se identificava com o trabalho diário que pudesse ser feito com um machado (conduzido por uma das mãos) ou a foice (idem). Assim como uma cozinheira ou uma empregada doméstica. Ela, ou ele, era mais do que aquele trabalho. Mas no trabalho qualificado em que uma das mãos era a líder, a concentração no trabalho às vezes poderia expressar o eu com mestria e alegria – mesmo se o trabalho fosse forçado e o produto, roubado.

No entanto, na fronteira do algodão, as cotas continuaram aumentando. Hoje em dia, existem ambidestros no beisebol, pianistas e guitarristas com as mãos esquerda e direita igualmente habilidosas (embora de maneiras diferentes). Existem aqueles que por brincadeira ou por causa de uma lesão aprenderam a escrever com a outra mão. Mas essas são habilidades específicas, desenvolvidas com o propósito de distinguir e expressar o eu. Na realidade, quase ninguém é verdadeiramente ambidestro. As pessoas escravizadas só foram capazes de colher a quantidade exigida de algodão ao aprenderem a desprender a mão não dominante das amarras da assimetria corporal e da arquitetura cerebral que tinham desenvolvido ao longo de uma vida. Já que, no fim, somente se usassem duas mãos que operassem de forma independente e simultaneamente é que poderiam atender às cotas crescentes.

"Algumas mãos não conseguem pegar o jeito", disse um homem branco, que tentou fustigar uma jovem para "fazer dela uma mão na colheita do algodão". Os senhores de escravos e suas vítimas às vezes descreviam a habilidade de trabalhar com duas mãos operando de forma independente, sem que houvesse uma dominante, como a "manha" de colher algodão. Essa palavra é usada no sentido de habilidade, astúcia, o dom especial ou truque de alguma coisa feita com tanta rapidez que o olho não consegue ver. A palavra tem um quê de mão esquerda, algo que é distinto da força da mão direita. Nós pensamos no truque da mão como algo empregado aos batedores de carteiras, mágicos e jogadores do monte de três cartas. Mas essa manha era diferente: extraída pelo poder, expunha e transformava em mercadoria as habilidades individuais escondidas. No caso daqueles que, como Patsey, pegaram a manha da colheita, o que conseguiram não foi uma mobilização de truques canhotos para minar o poder da mão direita e entreter as audiências, mas uma espécie de distanciamento de sua própria consciência. Patsey era linda quando se movia, uma percepção que se desprende da descrição de Northup sobre seu desempenho entre as carreiras de algodoeiros. No entanto, seu feito também tinha uma coisa de horror: ela era uma pessoa forçada a trabalhar em um campo quente, mas também era uma das "mãos" esboçadas em palavras escritas no papel por homens sentados em escritórios frescos e escuros.[50]

Colher algodão era um trabalho muito mais leve – em termos do peso levantado ou da energia aeróbica gasta – do que derrubar uma árvore. No entanto, colher algodão era, ao mesmo tempo, um trabalho muito mais difícil do que qualquer outra coisa que as pessoas escravizadas precisavam fazer. Aqui, por exemplo, está o resto da história da mulher que não "conseguiu pegar a manha": "Eu a chicoteei, uma vez, quinhentas vezes, mas descobri que ela não *conseguia*. Então, a coloquei para carregar os trilhos com os homens. Depois de alguns dias, a encontrei com os ombros tão em carne viva que cada trilho que baixava estava *ensanguentado*. Perguntei se não preferiria colher o algodão do que carregar os trilhos". "Não", disse, "agora não sou chicoteada". A repetitividade e, acima de tudo, a exigência de que alguém se tornasse uma pessoa diferente – ou nem mesmo uma pessoa inteira, mas uma mão, e a mão errada naquela tarefa –, essas coisas tornaram a colheita do algodão algo terrível. As pessoas se lembravam dela como sendo "irritante" e "fatigante". "Nunca me adaptei totalmente àquilo", disseram, porque o trabalho e o corpo nunca pareciam pertencer a eles.[51]

Alienar as mãos de alguém e religá-las em prol de outra pessoa era um tormento. No entanto, as pessoas escravizadas descobriram como fazer isso. Não tinham escolha. Então, observaram e conversaram umas com as outras, aprendendo com sua velocidade. Criaram, por conta própria, novas formas de eficiências que encurtaram o caminho da planta para o embornal e de volta no espaço e no tempo. E, acima de tudo, desligaram conexões do cérebro para que o corpo dançasse como uma Patsey, para que o corpo se tornasse, por um tempo, a "mão" desencarnada da linguagem fantástica dos senhores de escravos. Todo esse esforço deixou cicatrizes permanentes. Anos depois de ter aprendido a colher algodão no Alabama na década de 1850, uma mulher idosa chamada Adeline ainda não conseguia assistir aos funcionários pesando a carne que ela comprava no supermercado: "Porque eu me lembro muito bem que todos os dias os escravos recebiam

---

50. ASAI, 69; Ball, *Slavery in the United States*, 215; Northup, *Twelve Years a Slave*, 188-189.
51. ASAI, 69; Ball, *Slavery in the United States*, 218; Anderson, *Life and Narrative*, 29; William Wells Brown, *Narrative of William Wells Brown, a Fugitive Slave* (Boston, 1849), 20; GSMD, 199.

um número de quilos pra colher. Quando chegava a hora de pesar e você não tinha o número de quilos pedido, podia ter certeza de que seria chicoteado."⁵²

A ameaça de tortura levou as pessoas escravizadas a infligirem essa criação e destruição a si mesmas. A tortura caminhava logo atrás delas. Mas nem seus contemporâneos, nem os historiadores utilizaram desde então a palavra "tortura" para descrever a violência aplicada pelos senhores de escravos. Alguns historiadores chamaram o chicoteamento de "disciplina", termo proposto pelos legisladores da escravidão e pelas leis que escreveram, que fingiam que os senhores que chicoteavam outras pessoas estavam calmamente administrando um "castigo" para "corrigir" a resistência de subordinados preguiçosos ao trabalho. Mesmo os abolicionistas brancos críticos da escravidão e seus herdeiros entre a classe dos historiadores relutaram em dizer que era tortura bater com uma arma em uma vítima amarrada até que ela sangrasse profusamente, fazer o quisesse com ela ou as duas coisas. Talvez, uma razão tácita para que muitos tenham sido tão relutantes em aplicar o termo "tortura" à escravidão seja que, embora negassem o dinamismo econômico da escravidão, sabiam que na fronteira do algodão ela gerava alta produção. Em outras palavras, ninguém estava disposto a admitir que vivia em uma economia cuja engrenagem básica era a tortura.⁵³

Ainda assim, devíamos chamar a tortura pelo nome certo. Os historiadores da tortura definiram o termo como o tormento extremo que faz parte de um processo judicial ou inquisitorial. A característica-chave que a distingue do mero comportamento sádico é que, supostamente, a tortura visa a extrair a "verdade". Mas, na realidade, a balança, a lousa e o chicote extraíram continuamente uma verdade: o peso máximo

---

52. Adeline, AS, 6.1 (AL), 181; Frank Hawkins to Wm. Hawkins, August 29, 1849, Fol. 84, Hawkins Papers, SHC; Araby Journal, Haller Nutt Papers, Duke; Magnolia Journal, 1848-1851, Fol. 442, RCB; Gray and Thompson, History of Agriculture, 2:702-703.

53. AS, v. 18, GSMD, 199; cf. B. L. C. Wailes, *Report on the Agriculture and Geology of Mississippi* (Philadelphia, 1854), 154. Os historiadores argumentam que a aceitabilidade e a prática da tortura diminuiu no mundo ocidental após meados do século XVIII: Foucault, *Discipline and Punish*; Elizabeth Clark, "'The Sacred Rights of the Weak': Pain, Sympathy and the Culture of Individual Rights in Antebellum America", *JAH* 82 (1995), 463-493. Mas se os chicoteamentos comuns nas fazendas do Sudoeste eram tortura, então, nos Estados Unidos, as pessoas brancas infligiram-na com muito mais frequência do que em quase qualquer sociedade humana existente. Enquanto isso, porém, um movimento "paternalista" tardio no período anterior à guerra determinou que era um crime matar um escravo: Peter Kolchin, *American Slavery, 1619-1877* (Nova York, 1993), 130-131. Ariela J. Gross, in *Double Character: Slavery and Mastery in the Antebellum Courtroom* (Princeton, NJ, 2000), 105-120, conclui que os réus se apresentaram como tendo usado a tortura para o propósito "racional" de forçar o trabalho. Thomas R.R. Cobb, em *An Inquiry into the Law of Negro Slavery* (Philadelphia, 1858), argumenta que a violência não "arbitrária" pode reforçar a "subordinação". (90-99).

que um homem, mulher ou criança conseguia colher. Uma vez que a vítima se rendesse a esse fato – e abrisse a mão esquerda revelando os seus segredos, por assim dizer –, o torturador desafiava, então, a razão da pessoa escravizada mais uma vez, para forçar a criação de uma capacidade ainda maior de colheita.[54]

Os senhores de escravos usaram a tortura para exercer uma pressão contínua em todos os trabalhadores, que eles chamavam de mãos, com a intenção de encontrar formas de dividir o indivíduo e de torná-lo desencarnado, como uma mão esquerda no trabalho. Foi por isso que muitos fazendeiros e feitores chicotearam até mesmo, ou talvez especialmente, os colhedores mais rápidos. Em 1840-1841, Bennett Barrow, dono de um campo de trabalho escravo na paróquia de West Feliciana, na Louisiana, manteve um diário que chamou de "Registro de Punição". Nesse livro, que registra tanto os chicoteamentos quanto as colheitas, Barrow revelou como calibrou a tortura. Três quartos dos casos de tortura de 1840-1841 foram aplicados àqueles que não alcançaram o peso que lhes fora estipulado. Às vezes, Barrow se concentrava naqueles que não conseguiam cumprir uma cota relativamente baixa, como fez em um dia de outubro, quando aplicou a "lei do chicote". Ele "chicoteava, por dia, 8 ou 10 por causa do peso – aqueles que colheram as menores quantidades". Mas, na verdade, ele batia com mais frequência nos colhedores de algodão mais produtivos que nos menos produtivos. Torturou duas vezes o homem mais rápido e, entre esses dois episódios, torturou as três mulheres mais rápidas nove vezes. Assim como Edwin Epps bateu em Patsey, a amiga de Solomon Northup, até que "suas costas exibissem mil listras de cicatrizes". Foi dessa maneira que os empresários inteligentes extorquiram novos níveis de eficiência que nem eles poderiam imaginar. Pressionaram ainda mais duramente as mãos mais habilidosas e as mentes mais imaginativas.[55]

---

54. Muitos historiadores da tortura sustentam essa definição: Page DuBois, *Torture and Truth* (Nova York, 1991); John Langbein, *Torture and the Law of Proof: Europe and England in the Ancien Regime* (Chicago, 1977); Edward Peters, *Torture*, 2nd ed. (Philadelphia, 1996); Foucault, *Discipline and Punish*. Mas de acordo com a Convenção Contra a Tortura das Nações Unidas, a violência deliberada contra um indivíduo aprisionado e/ou amarrado se torna tortura quando tem a intenção de se extrair uma informação ou confissão, servir como uma punição ou infligir intimidação, ou quando se baseia em discriminação. Cf. William F. Schulz, ed., *The Phenomenon of Torture: Readings and Commentary* (Philadelphia, 2007).
55. Herbert Gutman, *Slavery and the Numbers Game: A Critique of Time on the Cross* (Urbana, IL, 1975), 17-35; Davis, ed., *Plantation Life*. O diário de Barrow também revela que chicoteou 75% das 66 "mãos" trabalhadoras em algum momento, e as habilidades de Patsey não a salvaram de apanhar: Northup, *Twelve Years a Slave*, 449 142-143, 196-199; Ball, *Slavery in the United States*, 217-218; Brown, *Slave Life in Georgia*, 150.

Usando a tortura, os empresários da escravidão extraíram uma quantidade de inovações virtualmente igual, em termos numéricos, à engenhosidade mecânica em todas as fábricas têxteis do mundo ocidental. A escolha dos escravizadores era racional, se é que algo que aumenta a rentabilidade e a produtividade pode ser considerado racional. Na fronteira do algodão, disse Charles Ball, a tortura era "praticada com [...] ordem, regularidade e sistematização" projetada para converter a produção "insuficiente" em suficiente – sendo a ideia de "suficiente" válida até o dia seguinte, quando o sistema seria repetido para atingir novas metas. O dono de Henry Bibb disse que "o momento em que ficava mais satisfeito era quando conseguia ouvir... o som da chicotada do capataz entre os escravos na labuta", pois assim sabia que seu sistema estava funcionando.[56]

É claro que nem todos os benefícios da tortura com fins lucrativos apareceram na tinta preta e vermelha. Alguns senhores de escravos batiam nos prisioneiros que mentiam e, mais uma vez, como uma pessoa anteriormente escravizada disse, "quando você lhes diz a verdade, eles chicoteiam para fazer [você] mentir". Batiam nos prisioneiros que resistiam. Batiam naqueles que não resistiam. Os senhores batiam nos escravos para aliviar a inveja que sentiam – sim, a inveja de uma mão que trabalhava no campo e tinha que colher 136 quilos por dia. Edwin Epps invejava a mínima transcendência de seu poder que a graça inconsciente de Patsey no algodoal revelava. Para além do corpo que ele estuprava, do útero que gerava filhos que ele podia vender, das costas que ele esfolava, havia uma parte dela que dançava, e ele odiava isso. Enquanto isso, o "capitão Davis", pai do dono de James Fisher no Alabama, carregava um chicote que chamava de "O Rei dos Negros". Fazendo dele uma ferramenta para "conquistar ou matar todos os que se encarregou de açoitar", bateu em um homem até lhe causar um dano cerebral que impediu a vítima de andar. Estava ávido por bater em Fisher também, mas James conseguiu fugir antes que a filha de Davis consentisse que o pai o fizesse.[57]

Para muitos brancos do Sudoeste, os chicoteamentos foram uma porta de entrada para a violência que foi levada a níveis bizarramente criativos de sadismo. Nas fontes que documentam a expansão da produção de algodão, é possível encontrar, em um ponto ou outro, quase todos os produtos vendidos nas lojas de Nova Orleans e que eram convertidos em um instrumento de tortura: ferramentas de carpintaria, correntes,

---

56. R. B. Beverley to R. Beverley, September 3, 1833, Sec. 13, August 28, 1842, Sec. 41, Beverley Papers, VHS; Frederick Law Olmsted, *A Journey in the Back Country* (Nova York, 1860), 1:44, 83-84; Ball, *Slavery in the United States*, 59; Bibb, *Narrative*, 115.
57. Thomas Jefferson, *Notes on the State of Virginia* (Nova York, 1984 [Library of America]), 288-289; Nancy Howard, NSV, 50; cf. NSV, 54, 132, 158, 225-227, 243; James Fisher, ST, 236; Brown, *Slave Life in Georgia*, 230-240.

prensas de algodão, cardas, serrotes, cabos de enxadas, ferros para marcar gado, pregos, atiçadores, ferros de passar, balancins, balanças romanas, linguetas. Todos os métodos modernos de tortura foram usados em algum momento: humilhação sexual, mutilação, choques elétricos, confinamento solitário em "posições de estresse", queimaduras e até mesmo afogamento simulado. E descrições de fugitivos publicadas pelos senhores de escravos eram enfeitadas com descrições de cicatrizes, queimaduras, mutilações, marcas feitas com ferro quente e feridas. No entanto, mesmo as formas de tortura mais "irracionais" dos proprietários de escravos poderiam ter resultados "racionais". Como um ex-escravo, Henry Gowens, ressaltou: os ataques violentos "paralisavam as mentes" de seus alvos (quando sobreviviam) e das outras testemunhas, que passavam a agir o mais rápido possível como mãos.[58]

Geralmente, não vemos a tortura como um fator de produção. Os professores de economia não a colocam no quadro-negro como uma variável em um gráfico ("T" significa tortura, um componente de "O", ou oferta). Mas aqui está algo que pode ajudar a revelar como a tortura sistematizada foi crucial para a revolução industrial e, portanto, para o nascimento do mundo moderno. É uma metáfora oferecida por um homem chamado Henry Clay, nomeado em homenagem ao conhecido arquiteto do "Sistema Americano". Nascido na escravidão nas Carolinas, levado para o Oeste quando menino, Clay se lembrou, depois que a escravidão terminou, de que seu proprietário da Louisiana possuíra uma máquina que, por conta própria, tornava o cultivo e a colheita de algodão coisas mecânicas, rápidas e eficientes. Esse engenho era "uma grande roda de madeira com um pedal, e quando você pisa no pedal, a roda grande gira. Naquela roda havia quatro ou cinco tiras de couro, com furos para provocarem bolhas. Você deitava o negro de bruços em um banco, amarrado ali". Quando o operador bombeava o pedal para girar a roda, as correias espancavam as costas do homem ou da mulher amarrado ao banco transformando a pele em uma geleia cheia de bolhas e ensanguentada. Segundo Clay, a simples ameaça provocada por essa máquina de açoitar era suficiente para acelerar o trabalho de suas próprias mãos.[59]

A geringonça pode ter realmente existido. No entanto, o mais provável é que a máquina de açoitar não tenha sido uma coisa concreta, feita de madeira e couro, mas uma

---

58. Lavinia Bell, ST, 342-345; cf. ST, 180, 433; NSV, 382; Anderson, *Life and Narrative*, 16; S. Haywood to G. W. Haywood, December 1, 1837, Fol. 151, HAY; Themy to T. Harriss, May [1846], Undated Fol., Thomas Harriss Papers, Duke; W. H. Fox to J. Fox, September 9, 1856, John Fox Papers, Duke; Johnson, NSV, 383-384; Gowens, NSV, 140-141; Brown, *Slave Life in Georgia*, 28-30. Para um contraexemplo de feitor fracassado, ver Pearse, *Narrative*, 35-37.
59. Henry Clay, AS, S1, 12 (OK), 111-112.

história contada. Clay estava usando um argumento metafórico para dizer que cada campo de trabalho de algodão estabelecido nas matas do Sudoeste usava a tortura como tecnologia central. A cada dia, a dor calibrada, regular como uma engrenagem, desafiou as pessoas escravizadas a exceder os ganhos do dia anterior na produção. Os fazendeiros e empresários raramente falavam sobre como outros seres humanos realmente colhiam algodão, mas não precisavam fazer isso. Tinham apenas que implantar e ajustar a tecnologia do chicote, da balança romana e da lousa para forçar as pessoas a concentrar suas mentes em inventar novas maneiras de realizar o trabalho repetitivo e entorpecedor a uma velocidade quase impossível. As pontas dos dedos endureceram, mas também se tornaram mais delicadas e rápidas. As pessoas escravizadas desenvolveram diferentes truques e maneiras de fazer o trabalho nas carreiras de algodoeiros com o movimento mais eficiente possível. Algumas das novas descobertas podiam ser ensinadas uns aos outros, mas, no fim das contas, era preciso dividir a própria consciência ao meio para conseguir gerar criatividades inéditas de movimento, as novas graças da velocidade.

Assim, a tortura compelia e, em seguida, expunha as capacidades da mão esquerda, subordinando-a ao poder do senhor de escravos e voltando-a contra as próprias pessoas. Portanto, quantidades incalculáveis de esforço mental, avanços inéditos da criatividade humana, foram as chaves de um aumento surpreendente na produção de algodão que não exigiu qualquer maquinaria – a não ser a máquina de açoitar, é claro. Com ela, os senhores de escravos saquearam as riquezas das mentes dos povos negros, roubaram dias, meses, anos e vidas, transformaram suor, sangue e carne em ouro. Forçaram as pessoas a se comportarem nos campos como se elas próprias fossem desencarnadas, mãos mecânicas que se moviam cada vez mais rapidamente sobre o algodoeiro ao aceno de mão do escravizador. Os senhores de escravos forçaram a destreza da mão esquerda para que a produção cedesse ao comando poderoso da mão direita.

Era verdade que quando os empresários faziam planos, às vezes seus desejos fugiam com eles, e eles tomavam por certo futuros grandiosos que talvez nunca viessem a acontecer. Olhavam para as pessoas com cabeças, braços e pernas e não podiam "ver nada além de fardos de algodão", disseram os ex-escravos. O escravista Daniel Jordan, do Mississippi, por exemplo, fez a louca previsão de que, em 1833, receberia "dez fardos por mão", falando como se as pessoas que colhessem seu algodão fossem "mãos" bizarramente desencarnadas. No entanto, alguns desses planos de fato se realizaram. A máquina de açoitar que os senhores de escravos construíram nos campos de trabalho forçado do Sudoeste lhes permitiu remodelar o mundo segundo as linhas dos próprios cálculos fantasiosos de pessoas transformadas em mãos, mãos transformadas em fardos, fardos transformados em dinheiro, dinheiro transformado em mãos mais uma vez. Até

1860, o trabalho duro forçado multiplicou a produção de algodão dos EUA em 130 vezes em relação a 1800. Os campos de trabalho escravo eram produtores de receita mais eficientes do que as fazendas livres no Norte. Os fazendeiros-empreendedores conquistaram um subcontinente no período de tempo correspondente à vida de uma pessoa, criando do nada o fluxo mais importante de *commodities* básicas da economia mundial. E se tornaram a classe mais rica de brancos nos Estados Unidos, e talvez no mundo.[60]

NAQUELA PRIMEIRA NOITE DE 1805, Charles Ball ainda permanecia inseguro do lado de fora do círculo de luz projetado pela lamparina. O feitor gritou seus 17 quilos de algodão e avisou-o sobre qual seria seu número para o segundo dia. Os capatazes levaram vários outros para o lado. Ball "ficou ali, sentindo desânimo e terror, enquanto o algodão das outras pessoas era pesado". Mas quando o feitor foi até onde Ball estava, simplesmente examinou suas mãos e, em seguida, disse: "Você tem um bom par de mãos – vai dar um bom colhedor." Isso foi tanto uma garantia quanto uma ameaça. Suas mãos, estava dizendo a Ball, vão permitir que você se torne uma mão. Vamos fazer você se transformar em um bom colhedor.

Nos dias que se seguiram, Ball se apressou freneticamente, desejando que suas mãos se movessem mais rápido. Depois de algumas semanas, tinha atingido um nível médio. No dia seguinte, aumentou seu total em alguns quilos. Então, os homens brancos que o comandavam e mediam estabeleceram um novo mínimo para ele, mais elevado. Mas Ball nunca se sobressaiu. Reclamou que "dificilmente era considerado uma *mão de primeira*". Em Maryland, embora não estivesse livre, Ball tinha se orgulhado das coisas boas que seu cérebro e corpo podiam fazer juntos. Haviam feito dele um homem, em sua opinião, e também um indivíduo com uma família. Na Carolina do Sul, nunca se sentia à vontade com o modo como a colheita de algodão exigia que ele subordinasse a mente inventiva e os músculos, que eram fruto de 10 mil horas de trabalho árduo, à repetição infinita dos gestos de suas mãos. E isso não lhe trazia nada além de ter as costas livres do chicote por mais um dia.[61]

---

60. D. Jordan to Malvina, August 3, 1833, D. Jordan Papers, Duke; ST, 435; NSV, 78; Robert W. Fogel and Stanley Engerman, "Explaining the Relative Efficiency of Slave Agriculture in the Antebellum South", 241-265, and Fogel and Engerman, "Explaining the Relative Efficiency of Slave Agriculture in the Antebellum South: Reply", in *Without Consent or Contract: Technical Papers*, vol. 1; Stuart W. Bruchey, *Cotton and the Growth of the American Economy, 1790-1860: Sources and Readings* (Nova York, 1967), 7-21; S. Duncan to J. Ker, n.d., Fol. 12, Ker Papers, SHC; *Farmers' Register*, November 1834, 353-363; James L. Huston, *Calculating the Value of Union: Slavery, Property Rights, and the Economic Origins of the Civil War* (Chapel Hill, NC, 2003).
61. Ball, *Slavery in the United States*, 216-217.

As inovações da mão esquerda às quais Ball teve de se render – impondo a si uma autotortura para evitar ser torturado pelos outros – constituíam, em 1805, um futuro pelo qual milhões de pessoas seriam obrigadas a passar. Os bosques que davam sombra a Ball no final do dia se estendiam por mais de 1.500 quilômetros a Oeste, finalmente se esgotando no centro do Texas. Tudo que estava no meio, e até mesmo além disso, era potencialmente terras para o plantio do algodão. Durante o meio século seguinte, novos campos se espalharam rumo a Oeste e a Sul, como um incêndio vindo do Vale do Rio Congaree (Carolina do Sul), mudando o mundo – uma árvore cortada, um campo lavrado, um saco colhido de cada vez. Os campos de trabalho escravo se espalharam mais rapidamente do que qualquer fronteira agrícola havia se expandido na história da humanidade. Os troncos derrubados ardiam em inúmeros novos terrenos. Os campos se alargavam. Os processos de fabricação de mão se agitaram em um vasto e sempre crescente círculo.

Na época em que William de Baltimore chegou à propriedade de James Stille, que por acaso era do outro lado do Rio Mississippi, partindo do novo campo de trabalho escravo de Wade Hampton, na Louisiana, tudo que Charles Ball precisou produzir na Carolina do Sul aumentou o valor da aposta sobre o que William precisaria fazer. Poucos meses depois de sua venda, William acordou e descobriu que também teria que fazer as mãos dele aprenderem a colher algodão. É claro que aprender a satisfazer as demandas diárias dos feitores era sensivelmente mais difícil em 1819 do que tinha sido em 1805.

Todavia, as "mãos" não eram apenas os apêndices desencarnados dos empresários brancos. James Stille tinha comprado homens que haviam se transformado em mercadorias. Ele os comandava com força, e no início de agosto de 1819, eles tiveram um gostinho do que era a colheita de algodão e, sem dúvida, da brutalidade do "chicote de negros" do Sudoeste. No entanto, poucos dias após o início da temporada de colheita, quatro das "mãos" de Stille atravessaram o rio e seguiram 80 quilômetros para o Sul, adentrando o enclave açucareiro da Costa Alemã. No campo de trabalho escravo de William McCutcheon – o mesmo campo que em 1811 tinha sido o ponto de partida de muitos rebeldes –, tentaram invadir o depósito. McCutcheon ouviu um barulho, saiu e surpreendeu os cativos que tinham escapado. Dois lhe apontavam armas. A menos de 5 metros de distância, apertaram os gatilhos. Mas a pólvora estava molhada. As armas falharam e McCutcheon soou o alarme. Os senhores de escravos logo capturaram dois dos fugitivos e mataram um terceiro. O quarto escapou entre as altas canas-de-açúcar de agosto.[62]

---

62. Wm. Kenner to J. Minor, August 23, 1819, William Kenner Papers, LLMVC.

O chicote levou os homens e as mulheres a transformarem todos os seus corpos e grande parte de suas mentes para que cumprissem a tarefa de colher cada vez mais rápido. Mas o trabalho em conjunto de colher nunca poderia ocupar cada canto do cérebro de cada pessoa. Havia sempre a noite. Charles Ball voltava, então, para a pequena aldeia de cabanas onde as pessoas exaustas e machucadas, entre as quais ele se encontrava, estavam tentando sobreviver. E um homem – pelo que sabemos era William, o companheiro de navio de Rachel – se agachou no canavial de McCutcheon, a tentar acalmar o coração que palpitava descontrolado, para que seus perseguidores não o ouvissem.

5

Línguas
1819-1824

ELA VIERA DE LONGE. Havia sido escoada com a jornada desde o Kentucky e todas as lágrimas derramadas quando Robert Dickey a comprou e a levou para longe da mãe, que permaneceu em Nova Orleans. Agora estava morta. Mas seu corpo não podia se permitir morrer naquele leito mortuário sacolejante que se tornara a carroça durante a jornada lenta e esburacada para o Sul. Em vez disso, manhã após manhã, já na Louisiana, seu corpo se arrastou em meio a um mar de algodão. Sua enxada se levantou e caiu, repetidas vezes, junto com as demais. O sol que batia nela era cinza, não dourado, embora o céu queimasse em brasa às três da tarde. A poeira cobria suas pernas e seus braços até os membros ficarem tão acinzentados quanto o submundo que seu olhar vago apreendia. A água da concha arranhava a língua como se fosse areia. Seu cadáver ficou mais magro. Os homens tentavam falar com ela. Suas vozes soavam distantes, era como se ela estivesse no fundo do mar. Os rostos brilhavam sobre uma superfície que não conseguia romper. Alguns pareciam gentis, alguns ávidos por uma mulher nova e outros esperavam para ver se pediria ajuda, em um arfar. Mas a língua seca se prendeu ao céu da boca.[1]

Assombrações mudas como ela vagavam pela paisagem da fronteira da escravidão no Sudoeste. Escondiam-se nos silos de milho abandonados, esperavam nas encruzilhadas, afugentavam as crianças de lugares onde sangue havia sido derramado. Eram garotas que tinham se matado depois de espancadas por se esquecer de colocar as cebolas no ensopado. Eram homens que tinham desaparecido depois que o senhor os pegou rezando para que a escravidão acabasse. Os escravos nascidos na África contavam aos outros que se você morresse longe da presença de Deus, talvez por ter sido vítima de uma violência tão horripilante à qual nem mesmo uma deidade suportaria assistir, metade de seu espírito permaneceria para trás – assombrando o local do crime, sedento por paz.[2]

---
1. Lucy Thurston, AS, S1, 10.5 (MS), 2113.
2. Sophia Word, AS, 16.2 (KY), 67; Silas Jackson, AS, 16.3 (MD); Ank Bishop, 6.1 (AL), 37; Lucinda Washington, 6.1 (AL), 410; cf. Vincent Brown, *The Reaper's Garden: Death and Power in the World of Atlantic Slavery* (Cambridge, MA, 2008).

Logo, ela seria mais um sopro na brisa da noite. Mas, enquanto seu corpo trabalhador avançava um sulco após o outro, ela também era mais uma história dos mortos-vivos. Antes da Revolução Haitiana, os africanos que labutavam nos engenhos de açúcar de São Domingos disseminaram a história do *zumbi*. Tratava-se de um morto-vivo que havia sido capturado por feiticeiros brancos. O intelecto e a personalidade iam embora, mas o espírito-fantasma e o corpo permaneciam na terra dos mortos, trabalhando de acordo com o desejo dos fazendeiros-feiticeiros. Qualquer escravo poderia ser um *zumbi*. Na verdade, ela já era um. E depois que o espírito partia, o corpo do indivíduo que ficava para trás não duraria muito mais tempo. Poderia chacoalhar até a morte com a malária, ou ser espancado e morto por um feitor furioso. Ela provavelmente definharia no campo cinzento até que um dia a ameaça do chicote não pudesse mais levantá-la: mais um dos incontáveis fantasmas cujo espírito e corpo haviam murchado e morrido no novo terreno da fronteira Sudoeste. Mas se os corpos dos indivíduos morriam, mais continuavam vindo. No sentido mais amplo, o corpo da escravidão, o sistema de comércio de escravos e da máquina de açoitar, o sistema de poder da mão direita e da mão esquerda que os senhores de escravos estavam montando, tudo isso continuou a crescer.

Anos depois, ela se lembrou de seus dias de zumbi. E nunca se esqueceu dos homens vivos que chamavam por ela. Eles tentavam segurar seu espírito, imersos nos próprios oceanos escuros. Filha, irmã, esposa, amante... eles assim a nomearam, pois eram rostos dos quais se recordavam. Nas noites diante do fogo, falavam sobre ela. Conheciam o terreno frio da cidade submersa pela qual ela vagava. Quando se deitavam, refletiam sobre ela em seu íntimo. Em seguida, sonhavam com seu próprio povo perdido.

Nenhum nome os libertava. Pararam de falar e começaram a cantar. Lá fora, sob o sol, as canções para debulhar milho que saíam das batidas de uma vareta na rabeca simplesmente não dariam conta. Ali fora, as mãos transformavam os próprios músculos em dinheiro para outra pessoa. Então, toda música era uma pergunta. (*Eu nasci para morrer/ e abandonar esse corpo?*) Alguns dizem que as músicas falavam sobre fugir de uma forma cifrada. (*Paro às margens tempestuosas do Jordão e lanço um olhar de desejo/ Para a terra justa e feliz de Canaã, onde estão as minhas posses*). Alguns dizem que essas músicas apenas prometiam o impossível. Mas, de qualquer maneira, essas canções reconheciam que as lágrimas molhavam qualquer Éden que seus cantores pudessem imaginar. Pois, só depois que as canções mediam a profundidade do rio é que os cantores podiam vadear a tristeza para caminhar na outra margem.[3]

Mas, na terra os mortos, os homens cantavam para ela. O som morrendo entre as carreiras de plantas. O mecanismo empoeirado dos braços dela se levantou e caiu.

---

3. Ann Ulrich Evans, AS, 11.2 (MO), 118.

Por fim, tentaram uma nova melodia, cuja onda se propagava pelo campo cinza. A melodia começava alegre, mergulhava na tristeza e voltava à alegria. Palavras simples nomeavam a brutalidade dos destinos compartilhados dos escravos. E palavras simples prometiam que o mundo poderia ter cor novamente, se a música pudesse trazê-la à superfície. *O cabelo tão preto quanto o carvão na mina, pequena Liza Jane/ Olhos tão grandes e fortes e bonitos, pequena Liza Jane.* Você é bonita. Nós precisamos de você. Você não pode ir aonde está tentando ir. Volte aqui, junte-se a nós.

Você planta um trecho de algodão, eu vou plantar um trecho de cana/ Eu vou fazer melaço para adoçar Liza Jane. Os cantores mantinham um olho no feitor. O outro olho a observava. Pois sabiam que não importava o quanto se esforçassem com sua música, ela nunca mais veria sua mãe de novo. Conforme os homens cantavam o verso mais uma vez, eles viram ela se curvar, segurando no cabo da enxada para se apoiar. Ali estava ela, completamente sozinha. O peito subindo e descendo em convulsões. Não conseguia continuar vivendo sozinha. Mas eles pediam que ela não se entregasse à morte.

Soluços começaram a sair da boca dela. Os homens se juntaram para o coro. Sentiam a dor na própria carne morta, mudando bruscamente de tom quando a parte dela que queria viver lutava contra a morte. *Oh, Liza, pobre garota, Oh, Liza Jane/ Oh, Liza, pobre garota, morreu no caminho.* Liza, cantaram. Lucy levantou a cabeça. As lágrimas escorreram pelo rosto e ela abriu a boca: "Fiquei feliz", Lucy Thurston se lembrou oito anos depois de sua ressurreição, "e cantei com os outros".[4]

NOS TRINTA E TANTOS ANOS SEGUINTES à década de 1780, quando a sobrevivência da escravidão como instituição parecia tão ameaçada, aconteceu uma inversão completa. O novo corpo zumbi da escravidão, distendido por novos tipos de poder, novas tecnologias de exploração, novos mercados e novas formas de crédito, agora crescia a uma taxa metastática. Indivíduos como Lucy, com as vidas despedaçadas para que seu valor de mercado pudesse ser extraído, viam se dissolverem suas ligações com a esperança e com cada um dos companheiros. E o que poderia trazer um fim à tortura em curso? A oportunidade de as pessoas escravizadas resistirem coletivamente segundo o modelo de São Domingos tinha sido impedida por senhores de escravos e governos. Os escravizados também não podiam recorrer a aliados poderosos que fossem capazes de ajudar a frear pacificamente a expansão da escravidão. Porque, virtualmente, todos os norte-americanos brancos agora estavam interessados, quase todos estavam lucrando de alguma maneira – financeiramente, psicologicamente, ou ambas as formas – no império crescente da escravidão.

---

4. Lucy Thurston, AS, S1, 10.5 (MS), 2113.

O laço entre as pessoas brancas estava para ser testado pela controvérsia política denominada Crise do Missouri, em que congressistas do Norte e do Sul se dividiram ao tentar decidir se a escravidão deveria crescer ainda mais. A crise durou de 1819 até 1821, levando os participantes da política ao pânico – como, por exemplo, o presidente aposentado Thomas Jefferson, que memoravelmente se referiu ao ocorrido como um "alarme de incêndio na noite". No fim, entretanto, um dos resultados da crise – em si mesma um produto da conquista bem-sucedida dos brancos sobre metade do continente – foi levantar a questão de como os escravizados poderiam lançar mão de qualquer recurso além daqueles que eles mesmos possuíam.

Ao mesmo tempo, se pessoas como Lucy não pudessem sobreviver física e mentalmente, era óbvio que não teria sido possível qualquer reviravolta no curso da história a partir da década de 1780. E, se sobreviver com a ajuda exterior já era inverossímil, a sobrevivência através dos esforços conjuntos dos escravizados parecia ainda mais improvável. Para entender o porquê, meça as profundidades das perdas que Liza e o coro de Lucy conheciam tão bem. Muitas das pessoas que saíram das correntes e de cima dos bancos de leilão e que não conseguiram alcançar o peso delas exigido naquelas primeiras semanas nos algodoais haviam perdido tudo: suas palavras, suas individualidades e até mesmo seus nomes. Não se trata de prejulgamento dizer que Lucy Thurston sequer se lembraria do próprio nome, muito menos que não o pronunciaria outra vez. A migração forçada para as fronteiras da escravidão tirou as crianças dos pais que as batizaram e as ensinaram a falar, irmãos das irmãs que as carregaram quando eram bebês, esposas dos maridos que lhes haviam sussurrado à noite, homens dos amigos que receberam chicotadas em vez de traí-los. A sobrevivência por meio do esforço conjunto exigiria laços fortes, e todos os laços fortes existentes haviam sido rompidos.

Uma mulher na fazenda de Joseph Sheperd, no Mississippi, mudou seu nome para "Silêncio". Outra, esgotada, disse que não era mais Sophia, mas Sophia Ninguém. Muitos descobriram que, quando tentavam se lembrar de recordações essenciais, não encontravam nada. O pai e a mãe de Margareth Nickens, trazidos do Kentucky e da Virgínia para o Missouri quando crianças, esqueceram os nomes dos próprios pais. Quando viam um escravo adulto que se assemelhava a suas vagas lembranças, perguntavam: "Você é minha mãe? Você é meu pai?" Uma garota do Tennessee entrou em trabalho de parto e teve a visão de uma mulher. "Quem é você", gemeu, sem reconhecê-la. "Não esqueça os velhos parentes", o fantasma respondeu antes de desaparecer. Só então a filha reconheceu a própria mãe morta. A parteira colocou um machado sob a cama para cortar a dor da jovem conforme as contrações se intensificaram. Logo ela batizaria o próprio filho recém-nascido, uma espada para perfurar seu coração, outra criança sentenciada a ser vendida para longe da mãe.[5]

Os ancestrais haviam se arrastado, mais mortos do que vivos, de dentro dos navios que atravessaram o Atlântico. Contra todas as expectativas, estranhos vindos de uma centena de grupos étnicos diferentes haviam aprendido a falar uns com os outros e se tornaram aparentados. Agora, outra imensa ruptura estava acontecendo e também destruindo famílias e redes sociais, varrendo todos os relacionamentos e condições que montavam a estrutura da vida social. Como a antiga travessia atlântica, a jornada ao longo da rota Sudoeste tinha dado muitas razões para se desconfiar de seus semelhantes – se não dos parentes, então do círculo mais amplo de pessoas que compartilhavam as insígnias da escravidão. Eles foram convencidos a sair de esconderijos nas florestas da Carolina para descobrir que haviam sido "vendidos depressa" para um comerciante. Os escravizados que trabalhavam como assistentes dos comerciantes de escravos medicavam as pessoas, tingiam seus cabelos e besuntavam suas peles com óleo para aumentar os preços. Nas cadeias onde dormiam os comboios, valentões intimidavam os menores, roubavam comida e estupravam. Os traidores revelavam os planos da revolta. Em novos campos de trabalho escravo, o sistema de cotas crescentes [*pushing system*] fez que os migrantes competissem uns contra os outros. Quando chegava a estação da colheita, a habilidade de uma pessoa poderia fazer que a cota de outra aumentasse.

Depois da pesagem, alguns podiam se tornar amigos. Outros já haviam planejado ser inimigos. Um homem poderia ver em outro um competidor por uma mulher, e em uma mulher, uma conquista. Uma mulher, por sua vez, poderia ver outra mulher como rival. Pequenas recompensas em dinheiro ou favores convenciam os cativos a abandonarem a solidariedade incipiente. William Anderson reclamou que "escravos algumas vezes são grandes inimigos uns dos outros, contando histórias, mentindo, pegando fugitivos e coisas assim. Tudo isso é perpetuado pela ignorância, opressão e degradação". Quando outro cativo viu Anderson, que havia sido transportado recentemente da Virgínia para o Mississippi, comendo um frango roubado, correu e contou ao feitor que William estava "devorando todas as galinhas do lugar". Anderson levou cem chibatadas.[6]

---

5. Jos. Sheppard to Jas. & Jn. Sheppard, October 17, 1843, James Sheppard Papers, Duke; Sophia Nobody to Sally Amis, June 7, 1858, Fol. 45, Eliz. Blanchard Papers, SHC; Margaret Nickens, AS, 11.2 (MO), 264; GSMD, 45-46, 202.
6. L. A. Finley to Hackett, May 18, 1854, Gordon-Hackett Papers, SHC; Jordan Connelly[?] to H. Brown, October 17, 1833, Fol. 55, Hamilton Brown Papers, SHC; S. Amis to Grandmother, December 22, 1836, Fol. 40, Eliz. Blanchard Papers, SHC; "Hermitage" Account 1820-1822, Miltenberger Papers, SHC; Sim Neal to Mother Sisters Brothers, [1827], Neal Papers, SHC; William Anderson, *Life and Narrative of William Anderson......* (Chicago, 1857), 18.

Nos estados mais antigos, muitos afro-americanos escravizados acreditavam que técnicas das tradições espirituais africanas poderiam habilitar alguém a exercer certo controle sobre os eventos. William Grimes, vendido de sua casa, na Virgínia, para a Geórgia em torno de 1800, consultou adivinhos. Eles o tranquilizaram dizendo que um dia seria livre. Henry Bruce lembrou que algumas das outras pessoas escravizadas na Virgínia com ele haviam contratado um "curandeiro" para enterrar uma pequena bola de algo que parecia ser terra – um objeto simbólico, chamado de "jack" ou "mão", que continha raízes, água e enxofre – debaixo da soleira de um senhor de escravos que estava planejando levá-los para o Alabama. Quando os homens brancos mudaram de ideia, ao menos temporariamente, todos os afro-americanos se parabenizaram pelo sucesso.

Os migrantes escravizados trouxeram essas tradições para a fronteira. Arqueólogos desenterraram pequenas "mãos" de latão sob as soleiras das senzalas do campo de trabalho forçado "Hermitage", de Andrew Jackson, localizado fora de Nashville. Ainda assim, Bruce, que foi transportado para o Missouri, Mississippi e Texas ao longo dos anos – apesar de qualquer coisa que os curandeiros pudessem fazer – percebeu que muitas pessoas escravizadas na fronteira tinham mudado de ideia sobre a eficácia do "voduísmo", como ele chamava. Assim como ele, alguns agora zombavam das alegações dos companheiros de que as mãos, que eram mágicas, poderiam controlar o poder crescente das mãos esquerda e direita das pessoas brancas. E nas circunstâncias de isolamento e desespero em que se encontravam, essas pessoas escravizadas que poderiam exercer algum controle, mágico ou de outro tipo, muitas vezes o usavam como o que o ex-escravo Henry Bibb chamou "instrumentalidade" – uma ferramenta para conseguir o que se queria, sem se importar com o quanto isso machucaria outras pessoas escravizadas. Quando Grimes chegou à Geórgia, por exemplo, seu escravizador lhe disse que ele teria de dormir na mesma cama que uma mulher mais velha, que manipulava o senhor de escravos. O adolescente Grimes reclamou para seu dono que "Tia Frankee" era uma bruxa que estava tentando controlá-lo. O senhor respondeu a Grimes que voltasse para cama e desse à mulher o que ela queria.[7]

Mesmo entre os que tinham boa vontade, as origens diferentes poderiam ser causa de conflitos. Algumas pessoas se agarravam aos farrapos de velhas identidades, usando-as algumas vezes como muros para afastar ou até mesmo abusar daqueles que, como elas,

---

7. Brian W. Thomas, "Power and Community: The Archaeology of Slavery at the Hermitage Plantation", *American Antiquity* 63 (1998): 531-551; Henry C. Bruce, *The New Man: Twenty-Nine Years a Slave* (York, PA, 1895), 52-56; Henry Bibb, *Narrative of the Life and Adventures of Henry Bibb, an American Slave* (Nova York, 1849), 25-28; William Grimes, *Life of William Grimes, Written by Himself* (Nova York, 1825), 29.

agora se encontravam escravizados. "O vovô amava a Virgínia desde que se entendia por gente", disse uma mulher nascida em um campo de trabalho do Mississippi. No Vale do Congaree, um senhor de escravos forçou Lydia, a amiga de Charles Ball nascida em Maryland, a se casar com um homem vindo da África. Esse homem falava apenas um inglês rude. Os senhores de escravos o fizeram "trabalhar com as outras mãos no campo, mas logo que chegava em sua cabana, sentava-se". Recusava-se a ajudar Lydia a cozinhar, limpar, cuidar das crianças e da horta da família. E ainda batia nela.[8]

Muitas pessoas escravizadas falavam, literalmente, línguas diferentes. A partir de 1820, as pessoas escravizadas em muitos campos de trabalho da Louisiana – como o Île Breville, no Rio Vermelho, por exemplo – falavam apenas francês ou línguas híbridas franco-africanas criolizadas. Os cativos de Chesapeake, incluindo Charlotte Rogers, da Virgínia, não conseguiam se comunicar com eles. Isolada, Rogers imaginava sua mãe cantando a seu lado enquanto trabalhava. Ela caminhou quilômetros até encontrar um recém-chegado na Louisiana, que era, como ela ouvira falar, de sua própria terra natal, a Virgínia. Mesmo nos distritos que falavam inglês, os sotaques da Costa Leste soavam estranhos nas fronteiras da escravidão. Os migrantes das planícies costeiras da Carolina do Sul falavam o dialeto gullah ou uma língua africana. No Vale do Congaree, no interior da Carolina, Charles Ball conheceu um muçulmano nascido na África que rezava em árabe. Elisha Garey se lembrava de que a avó, Rachel, que "os comerciantes trouxeram [para a Geórgia] da Virgínia", no começo do século XIX, "nunca aprendeu a falar de forma clara".[9]

Ainda ao longo da primeira metade do século XIX, as pessoas escravizadas em toda a fronteira do algodão no Sudoeste desenvolveram a "fala" que parecia "clara" para Elisha Garey. Ninguém sabe quanto tempo levou para criarem uma pronúncia, um vocabulário e uma gramática comuns. Mas os migrantes escravizados na fronteira do sistema de *plantation* criaram esse dialeto que os estudiosos de linguística chamam "inglês vernáculo afro-americano". Os cadinhos onde eles forjaram o novo jeito de "falar claro" eram lugares como a cabana que o feitor atribuiu a Charles Ball – uma moradia que já abrigava um homem chamado Nero, sua esposa e seus cinco filhos. Nero certamente não poderia ter ficado muito feliz com a novidade – um homem jovem se

---

8. Charles Ball, *Slavery in the United States: A Narrative of the Life and Adventures of Charles Ball...* (Nova York, 1837), 157, 165; Octavia Albert, *The House of Bondage: Or, Charlotte Brooks and Other Slaves* (Nova York, 1890), 6.
9. Albert, *House of Bondage*, 4-5; Prudhomme Family Papers, SHC; Brashear Family Papers, SHC; Slack Family Papers, SHC; Michael D. Picone, "Anglophone Slaves in Francophone Louisiana", *American Speech* 78 (2003): 404-443; Elisha Garey, AS, 12.2 (GA), 2.

mudando para morar com ele e a família –, mas, mesmo assim, conduziu Ball até sua casa e lhe deu as boas-vindas. Abaixaram-se para passar pela porta baixa da cabana. Em seguida, a filha de 4 anos de Nero, sem roupas, foi de encontro aos joelhos do pai em um abraço empolgado. Tinha passado o dia todo tomando conta do irmão bebê e o retorno do pai significava descanso e comida: "Agora vamos ter uma boa ceia!"[10]

Nero a olhou por um momento. Então, virou-se para Ball: "Você deixou algum filho em casa?" Ball não conseguiu soltar uma palavra. Nero também ficou em silêncio. Quando sua esposa, Dinah, entrou, seguida pelos três filhos mais velhos do casal, e ficou sabendo que um novo corpo encheria ainda mais sua pequena cabana, ela simplesmente saiu para colher mais verduras silvestres. Que foram cozidas e adicionadas à ração semanal de pão de milho da família. Ball se sentou com eles e, por alguns minutos, o mundo não parecia mais girar em torno de seus olhos. Depois de comer, subiu no forro da cabana e se enrolou em um cobertor extra que haviam lhe dado.

Logo, Ball estava recebendo a própria ração semanal de milho. Mas juntava sua parte à cesta de Dinah e Nero, e eles a partilhavam igualmente. Alguns dias depois, Dinah lhe ofereceu um pouco do melado que ela e Nero haviam comprado com o dinheiro dos balaios que trançavam à noite para vender. "Por conta disso, propus", Ball se lembrou três décadas depois, que, como "um membro da família, deveria contribuir para seu sustento tanto quanto o próprio Nero." Os centavos que ganhou vendendo as tigelas de madeira que entalhava entrariam nos rendimentos da família. Compartilhavam o produto da horta familiar com ele. A família trocou as espigas de milho da horta de Nero por feijões que Lydia havia cultivado.

As famílias e as comunidades não são movidas de puro altruísmo. Todo mundo ganhava alguma coisa com essas trocas. As pessoas de origens diferentes, reunidas em um sistema projetado para colocá-las umas contra as outras mesmo quando estavam trabalhando no mesmo campo, poderiam ter escolhido não se ajudar. Alguns no Vale do Congaree eram egoístas e gananciosos. Mas a maioria viu que a sobrevivência exigia que formassem um tipo novo e diferente de família. Mesmo aqueles que ficaram de fora se beneficiaram. Ball ajudou o marido desorientado de Lydia a cavar uma sepultura

---

10. Sarah P. Russell, "Cultural Conflicts and Common Interests: The Making of the Sugar Planter Class in Louisiana, 1795-1853" (PhD diss., Universidade de Maryland, 2000), 327-328; Herbert Gutman, *The Black Family in Slavery and Freedom*, 1750-1925 (Nova York, 1976), 165; Edgar Schneider, *American Earlier Black English: Morphological and Syntactic Varieties* (Tuscaloosa, AL, 1988), 231-235, 255, 275-278; Salikoko Mufwene, "Some Inferences About the Development of African-American English", in Shana Poplack, ed., *The English History of African-American English* (Malden, MA, 2000), 246-248; John McWhorter, "Recovering the Origin", 337-366, in his *Defining Creole* (Nova York, 2006).

para o bebê deles porque não sabia outra maneira de ajudar Lydia. Ele assistiu quando o homem africano deitou o filho no chão. Ao lado do corpo minúsculo, o pai colocou itens para a brava jornada do menino através da água rumo a um lugar onde seus ancestrais paternos o esperavam: "um pequeno arco e muitas flechas, uma sacolinha com comida seca, uma canoa em miniatura, com cerca de 30 centímetros de comprimento, e um pequeno remo... um pedaço de musselina branca, com muitas figuras curiosas e estranhas pintadas em azul e vermelho". Por isso, contou a Ball, "seus parentes e compatriotas saberiam que a criança era seu filho" e dariam as boas-vindas ao menino de volta ao reino dos ancestrais. Colocou uma mecha do próprio cabelo no peito do filho, fechou a sepultura com as mãos e disse a Ball e aos demais presentes que "o Deus de sua terra estava olhando por ele e estava satisfeito com o que ele tinha feito".[11]

O marido de Lydia não conseguiu se forçar a se aproximar das pessoas vivas em seu novo mundo. Apenas os mortos receberam sua confiança. Mas muitos outros escolheram considerar os companheiros migrantes desconhecidos como irmãos e irmãs. Depois que o adolescente John Brown foi vendido da Virgínia para a Geórgia no fim da década de 1820, ele sofreu espancamentos cruéis nas mãos do novo proprietário. "[Eu] costumava desejar morrer, e se não fosse por John Glasgow, acredito que isso não teria demorado a acontecer", refletiu posteriormente. Glasgow era um homem mais velho que liderava um dos grupos de trabalho. Ele ensinou a Brown como manter o ritmo no algodoal e ensinou ao menino, de acordo com suas palavras, a "não chorar por meu pai, minha mãe, nem por parentes, pois não deveria vê-los nunca mais. Ele me encorajou a tentar esquecê-los, para meu próprio bem". A morte estava ali, mas a vida também estava — e foi para esta última que Glasgow guiou Brown. Quando o senhor de escravos chutou o nariz e o globo ocular de Brown com uma bota, Glasgow limpou as feridas do adolescente. Com as mãos cuidadosas e uma bola de sebo quente, ele massageou o globo ocular deslocado de Brown, colocando-o de volta no lugar.[12]

Como aconteceu com outras coisas que as pessoas escravizadas compartilhavam — a comida que cozinhavam, os pés de feijão em uma horta, o espaço suficiente para mais um homem se deitar em uma cabana apertada, um conselho valoroso —, as mãos cuidadosas ajudaram os migrantes a sobreviver aos primeiros dias e semanas. Depois disso, os cativos dos novos campos de trabalho escravo começavam a trabalhar juntos. Então, conforme o inverno se aproximava, Ball e Nero compraram, cada um, três cobertores com seus pequenos ganhos extras. Os tecidos cuidadosamente cortados e costurados

---

11. Ball, *Slavery in the United States*, 189, 264-266.
12. John Brown, *Slave Life in Georgia* (London, 1855), 23-24, 28-30.

se transformaram em oito casacos quentes para Ball e sua família. A pequena aldeia no limite da fronteira do algodão construiu padrões que uniram os pequenos grupos. Toda segunda-feira à noite, depois que as provisões semanais eram distribuídas, um membro de cada família tinha que esperar por sua vez para moer milho no moinho manual no pátio. O último da fila não terminava antes de 1h da madrugada. Eles estabeleciam a ordem por lote. Cada pessoa moía seu próprio milho e acordava o próximo.[13]

Nem tudo era coletivo. As pessoas escravizadas compartilhavam o que possuíam, mas também usavam tais coisas para marcar fronteiras, formando relações e estruturas tanto a partir da disputa quanto da cooperação. Sou mais do que uma mão, dizia o pequeno e rentável plantio de tabaco de Jimmy nas florestas do Tennessee que pertenciam a seu dono. Sou mais do que a lei diz, mais do que um corpo a ser vendido, espancado, estuprado e separado de meus filhos conforme a vontade dos brancos, disse Myra, que queria um casaco de chita para "mostrar" aos domingos. Não sou barato, cansado, idêntico a outros mil, eu sou único, disse o guarda-chuva que o velho Toby carregava embaixo do braço quando caminhava para a cidade em um domingo quente do Mississippi, esperando conhecer sua próxima esposa.[14]

Ainda que mais escassas na fronteira Sudoeste do que no Leste, as posses gritavam mais alto, porque afirmavam uma identidade para pessoas que não tinham conhecido nenhuma desde o nascimento. As coisas que as pessoas faziam e reivindicavam como suas criavam laços que iam até mesmo além do túmulo. Enquanto cortava lenha, um dia, nas florestas do Alabama, Anthony Abercrombie percebeu uma presença espectral pairando em uma árvore próxima. Deixou cair o machado e correu, mas mais tarde percebeu que o fantasma derrubando nozes da árvore devia ter sido o de Joe, que havia prometido a Anthony 25 centavos por ajudá-lo a descascar seu milho. Mas antes que Joe pudesse vender o milho, ganhar dinheiro e pagar Anthony, "o sinhô Jim" o havia matado com um tiro. Agora Joe estava de volta para cumprir com sua obrigação, dando a ele alguma coisa que pudesse coletar e vender.[15]

---

13. Ball, *Slavery in the United States*, 192-193.
14. T. Bryarly to S. Bryarly, February 26, 1847, Bryarly Papers, Duke; Margaret Brashear to Frances, July 10, 1832, Brashear Papers, SHC; G. Henry to [wife], December 2, 1837, Gustavus Henry Papers, SHC; Isham Harrison to T. Harrison, January 20, 1837, James Harrison Papers, SHC; Roderick C.McDonald, "Independent Economic Production", in Ira Berlin and Philip D. Morgan, eds., *Cultivation and Culture: Labor and the Shaping of Slave Life in the Americas* (Charlottesville, VA, 1993), 200-204; Dylan Penningroth, *The Claims of Kinfolk: African American Property and Kinship in the Nineteenth-Century South* (Chapel Hill, NC, 2003).
15. Anthony Abercrombie, AS, 6.1 (AL), 7; Dylan Penningroth, "My People, My People", in Edward E. Baptist and Stephanie M.H. Camp, eds., *New Studies in the History of American Slavery* (Athens, GA, 2006).

Enquanto as pessoas escravizadas, que não possuíam quase nada para dividir, estavam encontrando maneiras de transformar seu bocadinho em uma base para compartilhar, as primeiras ondas da expansão da escravidão geravam ganhos tremendos para os norte-americanos brancos. O aumento depois de 1815 foi especialmente lucrativo. Muitos dos novos dólares que, de repente, estavam circulando na economia dos Estados Unidos haviam sido gerados pela labuta de pessoas que tinham sido comercializadas como mãos e então colocadas na máquina de açoitar. Poder econômico significava poder político. Desde a vitória de Jefferson na eleição presidencial de 1800, uma aliança entre os políticos brancos e pró-expansionistas do Norte e do Sul, que simplesmente referiam a si mesmos como "republicanos", havia dominado a política norte-americana. John Quincy Adams, filho do único presidente não proveniente da Virgínia a assumir antes da década de 1820, havia migrado dos federalistas para os republicanos enquanto representava Massachusetts no Senado durante o segundo mandato de Jefferson. E os resultados da Batalha de Nova Orleans tornaram os federalistas irrelevantes.[16]

Herdeiros de Thomas Jefferson, críticos e beneficiários da escravidão, os republicanos já tinham liderado uma enorme ampliação de servidão humana. Apesar das afirmações daqueles que nasceram na Virgínia de que a difusão da escravidão através da fronteira do Sudoeste faria a instituição se dissipar de algum modo, os nortistas que haviam viajado a negócios para Nova Orleans ou para o Alabama entenderam que o que estava acontecendo era o oposto. Por volta da década de 1810, graças às barganhas da Constituição, 17 congressistas do Sul representavam três quintos da população escrava – embora, é claro, não estivessem representando os interesses dos escravizados, mas sim dos senhores de escravos. Esse aumento permitiu que os políticos do Sul dominassem a facção republicana e portanto – com a lealdade dos republicanos do Norte – o governo inteiro. No fim das contas, o empreendedorismo algodoeiro repassou benefícios para o Norte, expandindo os mercados de crédito, apoiando o comércio e criando mercados para as novas fábricas têxteis que estavam sendo estabelecidas pelos eleitores de John Quincy Adams. Adams era um bom soldado republicano. Ele agora era secretário de Estado do Presidente James Monroe, outro senhor de escravos da Virgínia. Mas ele reclamou que a "representação escrava... sempre será lançada na balança do Sul". Em outras palavras, os quilos de algodão que se acumularam nas balanças romanas dos novos campos de trabalho escravo do Sudoeste fizeram mais do que dizer a verdade sobre a colheita diária de um indivíduo. Quando os quilos foram contados e multipli-

---

16. Willentz, *Rise of American Democracy*, 72-140; William Lee Miller, *Arguing About Slavery: The Great Battle in the United States Congress* (Nova York, 1996), 168-169.

cados pelo número de escravizados, também criaram mais dinheiro, mais escravidão, mais congressistas e senadores do Sul e mais legislação favorável ao Sul – e então, por sua vez, ainda mais dinheiro, ainda mais escravidão... e assim por diante, em um ciclo de crescimento contínuo. O peso sempre crescente do poder político dos proprietários de escravos, disse preocupado o homem da Nova Inglaterra que ainda existia dentro de Adams, "fará para sempre que o nosso lado pese menos na balança".[17]

Durante as primeiras duas décadas do século XIX, dezenas de milhares de colonos da Virgínia e do Kentucky se mudaram para o Oeste do Mississippi e o Norte do que agora é o estado da Louisiana. A região do país onde o Missouri, o Mississippi e Ohio reúnem as águas de metade do continente e seguem para o Sul em direção a Nova Orleans repousa em uma grande falha geológica que em 1811 mudou de posição e destruiu o importante porto de Nova Madrid no Rio Mississippi. Mas o território do Missouri, como a região agora era chamada, também ficava em cima de outra confluência de forças opostas. Em direção ao Nordeste se estendia o novo estado de Illinois, ostensivamente livre em virtude de sua inclusão no território do Noroeste na década de 1780, mas, na realidade, assentado em parte por sulistas que usavam uma brecha na lei estadual para manter afro-americanos no cativeiro. Em 1821, na verdade, esses colonos tentariam reescrever a Constituição do estado de Illinois para permitir a escravidão humana em larga escala. Enquanto isso, para o norte, o Oeste e o Sul do Missouri estava a grande Compra da Louisiana. Apenas uma seção dessa área, a Louisiana, já tinha se tornado um estado. O status dos 2 milhões de quilômetros quadrados restantes era incerto.[18]

Até dezembro de 1818, quando chegou ao Congresso uma petição dos brancos do território do Missouri pedindo o reconhecimento da condição de estado, os colonos ali presentes tinham estabelecido uma economia agrícola próspera nos vales a Oeste de St. Louis, baseada no tabaco, no cânhamo (para o cordame e o pano das velas) e no milho. E, é claro, nos escravos. Mais de 10 mil afro-americanos escravizados viviam no Missouri.

---

17. Matthew Carey, *A Calm Address to the People of the Eastern States, on the Subject of the Representation of Slaves* (Boston, 1814); Worthington C. Ford, ed., *Writings of John Quincy Adams* (Nova York, 1913-1917), 3:71; Sidney E. Morse, *The New States: Or, A Comparison of the Wealth, Strength, and Population of the Northern and Southern States* (Boston, 1813); James Pearse, *Narrative of the Life of James Pearse* (Rutland, VT, c. 1826); H. Bellenden Ker, *Travels Through the Western Interior of the United States* (Elizabethtown, NJ, 1816), 43-50; Glover Moore, *The Missouri Controversy, 1819-1821* (Lexington, KY, 1953), 11.

18. Boynton Merrill, *Jefferson's Nephews: A Frontier Tragedy* (Princeton, NJ, 1976); James Simeone, *Democracy and Slavery in Frontier Illinois: The Bottomland Republic* (DeKalb, IL, 2000); Suzanne Cooper Guasco, "'The Deadly Influence of Negro Capitalists': Southern Yeomen and Resistance to the Expansion of Slavery in Frontier Illinois", *Civil War History* 41, n. 1 (2001): 7-29.

Agora, os missourianos estavam pedindo ao Congresso que reconhecesse seu território como um estado. Então, o Congresso assumiu a questão. Começando com o Kentucky que, em 1795, já tinha reconhecido cinco estados escravistas a Oeste das montanhas e ao Sul de Ohio. Talvez, devido à ansiedade crescente entre os bons soldados republicanos do Norte, como John Quincy Adams, ninguém devesse ter se surpreendido com o que o representante de Nova York, James Tallmadge, disse quando se levantou no Congresso no dia 13 de fevereiro de 1819. Mas as pessoas ficaram surpresas.[19]

Isso porque Tallmadge propôs duas emendas ao projeto de lei para a criação do estado do Missouri. A primeira, bania a importação de mais escravos para o Missouri. A segunda, propunha libertar todas as pessoas escravizadas nascidas no novo estado assim que atingissem 25 anos. E aqui está o que pode ter surpreendido até mesmo observadores experientes: conforme o secretário da Câmara contava os votos, tornou-se claro que o apoio maciço do Norte havia aprovado as emendas de Tallmadge, apesar da oposição universal do Sul. Algumas pessoas nos estados livres claramente ficaram temerosas de estarem se tornando apenas parceiros menores no governo dos Estados Unidos. Eles estavam escolhendo traçar um limite, ainda que tal limite não fosse contra a escravidão propriamente dita ou contra o tipo de escravidão com a qual mais lucravam. O Missouri se localizava muito ao Norte para que o algodão crescesse. Ainda assim, pela primeira vez desde que o Congresso tinha homologado a Ordenança do Noroeste, em 1789, a casa do Legislativo nacional havia impedido a expansão da escravidão.[20]

No Senado, as questões eram diferentes. Ao longo da década anterior, o Congresso tinha reconhecido os estados aos pares, mantendo um equilíbrio mínimo entre o Norte e o Sul no Senado. Os senadores do Sul impediram o avanço do projeto de lei da Câmara e atacaram as cláusulas contrárias à escravidão. Em resposta, a Câmara rejeitou a versão do Senado para o projeto de lei de criação do estado do Missouri. E conforme os discursos ficavam mais acalorados, John Quincy Adams percebeu que eles "revelavam um segredo", uma linha de falha subterrânea – o fato de que quase todos os representantes do Norte, se pressionados a uma decisão, votariam contra uma maior expansão da escravidão. Enquanto isso, os representantes do Sul resolviam que o direito de expandir a escravidão era inseparável de qualquer um dos outros direitos que possuíam. John Scott, o delegado não votante do Missouri, insistiu que a restrição negaria aos brancos do estado que ele representava o direito constitucional à propriedade. O direito de se

---

19. R. Douglas Hurt, *Agriculture and Slavery in Missouri's Little Dixie* (Colúmbia, MO, 1992).
20. William R. Johnson, "Prelude to the Missouri Compromise", *Arkansas Historical Quarterly* 24, n. 1 (1965): 47-66.

expandir era igual ao direito de autopreservação. Se a restrição à escravidão impedia uma expansão posterior, como os representantes do Sul lamentaram, os números de escravos inchariam até que irrompesse uma rebelião negra, transformando os estados do Sul em um imenso Haiti. Thomas Cobb, da Geórgia, advertiu que o atrito causado pela restrição da escravidão estava "inflamando um fogo que todas as águas do oceano não poderiam extinguir. Um fogo que só poderia ser apagado com sangue!".[21]

Em face da ameaça implícita de guerra civil proferida por Cobb, Tallmadge, de Nova York, respondeu: "caso o sangue seja necessário para acabar com qualquer incêndio que eu tenha ajudado a acender... não deixarei de contribuir com minha pequena parcela." O debate continuou por todas as partes, mas, quando a sessão de primavera do Congresso chegou ao fim, nada havia sido resolvido. Os congressistas de Nova York e Nova Jérsei voltaram para casa e descobriram que uma enxurrada de reuniões públicas em apoio a suas posições contrárias à expansão da escravidão estava acontecendo. Nessas reuniões, alguns constituintes levantavam questões que iam além da mera vantagem seccional. A escravidão não seria uma contradição, perguntavam os organizadores de uma reunião em Nova York, aos princípios de "vida, liberdade e busca pela felicidade"? Mas a oposição à escravidão propriamente dita não foi o que levou a maioria dos participantes brancos aos encontros, e a ideia da igualdade dos negros teria sido o anátema para quase todos eles. Em contraste com os grupos abolicionistas que surgiriam anos depois, os federalistas, que eram socialmente conservadores, lideraram essas reuniões. Esses velhos ministros eminentes, esses filantropos de longa data toleravam poucos ou nenhum afro-americano. Em vez disso, a maioria das reclamações levantadas nessas reuniões eram sobre equilíbrios seccionais de poder. Quando William Plumer, de New Hampshire, voltou para a sessão seguinte do Congresso, ele acreditava que "tolerar a escravidão além dos limites presentes" tinha se tornado um "suicídio político" para um representante de um estado livre. As concessões que se seguiram fariam dos Estados Unidos "um poderoso império de escravos" dominado por políticos fazendeiros arrogantes.[22]

O grupo que se juntou a Plumer na capital durante o começo do inverno de 1819 foi um novo Congresso, eleito em 1818. Nos 13 meses que se passaram entre os momentos

---

21. Moore, *Missouri Controversy*; "Mr. King's Speeches", NR, December 4, 1819; JQA, February 20, 1820, 4:528-529; Stuart Leiberger, "Thomas Jefferson and the Missouri Crisis: An Alternative Interpretation", *JER* 17, n. 1 (1997): 121-130.
22. Daniel Webster et al., *A Memorial to the Congress of the United States, on the Subject of Restraining the Increase of Slavery in States to Be Admitted to the Union* (Boston, 1819); Joseph D. Learned, *A View of the Policy of Permitting Slaves in the States West of the Mississippi* (Baltimore, 1820); William Plumer, quoted in Sean Wilentz, *The Rise of American Democracy: Jefferson to Lincoln* (Nova York, 2005), 231.

de sua eleição e de sua posse – naquela época, os que não conseguiam se reeleger se demoravam bem mais nos cargos –, uma grande crise financeira tinha irrompido. O Pânico de 1819 enredou os administradores do Second Bank of the United States em escândalos que demandaram atenção legislativa. Mas o debate sobre o Missouri também continuou. Embora o representante do Kentucky e presidente da Câmara Henry Clay estivesse trabalhando nos bastidores com um grupo médio de congressistas que abarcava tanto os representantes dos estados livres quanto os dos estados escravistas com o objetivo de tentar atingir um acordo, os temperamentos na Câmara ficaram cada vez mais inflamados. Os rumores diziam que os congressistas estavam levando pistolas para o debate.[23]

John Quincy Adams – um homem da Nova Inglaterra em uma administração sulista, tentando focar em suas negociações para comprar a Flórida da Espanha – tinha deixado claro para uma audiência, no verão de 1819, que acreditava que a restrição da escravidão no Missouri era inconstitucional. Mas, enquanto as negociações se arrastavam até fevereiro de 1820 e conforme Monroe usava o poder do Executivo para pressionar os republicanos do Norte a desertar daqueles que queriam restringir a escravidão, Adams teve uma conversa alarmante, no fim da tarde, com o secretário de Guerra John C. Calhoun, natural da Carolina do Sul. Calhoun previu que a crise do Missouri "não produziria uma dissolução" da União. "Mas se isso acontecer", Calhoun continuou, "o Sul seria necessariamente compelido a formar uma aliança... com a Grã-Bretanha". "Eu disse que isso seria retornar para o estado colonial", replicou o chocado Adams, que se lembrava de duas guerras contra o velho império. "Ele respondeu, sim, provavelmente, mas eles seriam obrigados a isso".

Adams ficou em silêncio. Mas, em seu diário, a caneta registrou os pensamentos que a boca tinha medo de pronunciar: "Se a dissolução da União deve resultar da questão da escravidão, é a coisa mais óbvia do mundo... que a ela deve logo se seguir a emancipação universal dos escravos." Porque a "escravidão é a grande e nauseabunda mancha sobre a União Norte-Americana". A oportunidade da guerra significaria que "a união poderia então ser reorganizada sobre o princípio fundamental da emancipação. Esse objetivo é vasto em sua abrangência, terrível em suas perspectivas, sublime e belo em seu resultado. Uma vida devotada a isso seria gasta ou sacrificada de maneira nobre".[24]

Ainda assim, do mesmo modo que Calhoun e todos os outros homens do governo, Adams não estava pensando em autossacrifício, mas na eleição de 1824, na aposenta-

---

23. JQA, February 11, 1820, 4:524, July 5, 1819, 4:398.
24. JQA, February 24, 1820, 4:530-531.

doria de Monroe e em sua própria provável candidatura à presidência. Em público, sua língua permaneceu em silêncio sobre essa questão – por enquanto. E, no início de 1820, Clay pôde oferecer à Câmara um projeto de lei já aprovado pelo Senado que reconhecia o Missouri como um estado escravista e incluía o Maine (separado das terras costeiras do Norte reivindicadas por Massachusetts) como um estado livre, com a intenção de manter o Senado equilibrado. O projeto de lei também proibia que qualquer outro estado escravista fosse criado a partir dos territórios obtidos com a Compra da Louisiana que se localizassem acima da latitude Norte 36°30', o que, essencialmente, significava a fronteira Sul do Missouri. Os senadores do Sul acharam que esse acordo carecia um pouco de valor prático. Não era possível cultivar algodão e açúcar nas Dakotas. Quando os representantes dos estados livres na Câmara mataram o acordo sobre o projeto de lei, que atrelava dois assuntos distintos, Clay dividiu o projeto entre a estadualidade do Missouri e o assunto das fronteiras. Então, os sulistas e mais algumas pessoas do Norte votaram a favor da estadualidade do Missouri (com a escravidão), enquanto a maioria do Norte aprovou a fronteira a 36°30'. Pelo menos a crise tinha acabado.[25]

Com a questão da estadualidade do Missouri, a expansão da escravidão havia sido apresentada como uma escolha austera, descomplicada, por exemplo, pelo desejo de trazer a Louisiana para a União de modo que os impérios europeus não pudessem mais bloquear a expansão nacional. Os políticos do Norte haviam se unido quase que instantaneamente contra isso. Talvez o choque dessa oposição ajude a explicar por que os políticos do Sul reagiram com seus próprios níveis alarmantes de emoção e ameaças de secessão. As forças do Sul em Washington haviam confiado no equilíbrio que o Senado mantinha entre os delegados dos estados livres e escravistas para conseguir ir adiante na expansão – e aqueles que tiveram uma visão calculista entenderam que o dinheiro do Norte, sobretudo o dinheiro que era representado por aqueles que vinham da Nova Inglaterra (que tinham deixado para trás fanáticos antiexpansionistas), provavelmente não morderiam a mão que os alimentava. As elites mercantis que dependiam do comércio marítimo ainda dominavam a política da Nova Inglaterra. Enquanto alguns sulistas talvez reclamassem que, do lado Oeste da Louisiana, um paredão de território espanhol agora bloqueava uma expansão para além dali, o negociador do acordo, Clay, pensou que poderia adicionar a parte espanhola do Texas ao Tratado de Adams-Onis – que já garantia que os escravistas ficariam com a Flórida. Ele não foi capaz de fazer as coisas acontecerem dessa maneira, mas os líderes sulistas, como o presidente James Monroe,

---

25. Wilentz, *Rise of American Democracy*, 232-234; Matthew Mason, "The Maine and Missouri Crisis: Competing Priorities and Northern Slavery Politics in the Early Republic", *JER* 33, n. 4 (2013): 675-700.

ainda acreditavam que o Texas, inevitavelmente, gravitaria para os Estados Unidos. E muitas pessoas, tanto do Norte quanto do Sul, agora pensavam que o Compromisso do Missouri – como ficou conhecido – havia estabelecido um precedente ao dividir o Oeste entre território livre e território escravo. Eles passariam a se referir ao acordo como um "pacto sagrado".[26]

A controvérsia do Missouri fez que muitos senhores de escravos do Sul se tornassem excessivamente sensíveis a futuras críticas. Entretanto, a oposição que o Norte fazia à expansão da escravidão se dissipou tão logo a crise terminou. Antes de 1819, não havia existido nada semelhante a uma oposição organizada à escravidão ou a sua expansão entre os brancos do Norte. Depois de 1821, eles voltaram a ignorar os direitos dos afro-americanos e as consequências da escravidão e de sua expansão para os escravizados. Os poucos brancos do Norte que reconheciam que a escravidão levantava importantes problemas morais – problemas que ultrapassavam a questão de se a escravidão era uma mancha na honra nacional – não agiam, mas atribuíam aos homens da Geórgia ou a outros atores sociais malvados o peso moral da expansão da escravidão. O desconforto moral e o interesse político não convergiram numa oposição duradoura à expansão. De fato, até 1821, alguns líderes do Sul estavam percebendo que não teriam grandes problemas ao criar coalizões interregionais sedutoras que garantiam uma exploração ainda maior dos afro-americanos escravizados, desde que pudessem alegar que suas políticas ampliavam a democracia entre os brancos. Os nortistas estavam se esforçando ao máximo para dar essa impressão a qualquer custo. Por exemplo, mesmo enquanto a tinta ainda secava nas leis do Missouri, Nova York já realizava uma constituinte estadual. No novo documento que criaram, os delegados que queriam minar o poder das elites tradicionais do estado eliminaram as exigências de propriedade para os homens brancos que queriam votar, mas elevaram as barreiras para a participação eleitoral dos homens negros.

POR VOLTA DO INÍCIO DA DÉCADA DE 1820, as pessoas escravizadas nos Estados Unidos simplesmente não podiam contar com a ajuda de ninguém, exceto de si próprias. E, mesmo assim, elas eram minoria e tinham menos armas, portanto, uma rebelião ou uma resistência direta levaria apenas à derrota certa. Eles teriam de mudar seu mundo

---

26. Matthew Crocker, "The Missouri Compromise, the Monroe Doctrine, and the Southern Strategy", *Journal of the West* 43 (2004): 45-52. A crise não havia terminado. O Missouri aprovou uma Constituição Estadual banindo as pessoas livres de descendência africana, o que violaria, como disseram os congressistas do estado livre, a cláusula da Constituição dos Estados Unidos sobre os "direitos e privilégios".

de maneiras diferentes, mas mesmo construir isso internamente era problemático. A migração forçada, que pulverizou grupos e apagou identidades, exigia que os escravizados criassem novos laços entre si, em meio ao constante deslocamento físico em que se encontravam. Isso não era fácil. Mas as pessoas, e de fato o mundo, podem mudar a partir de coisas tão invisíveis e atos tão efêmeros quanto palavras ao vento.

Em uma noite de quinta-feira em outubro, em algum momento por volta de 1820, um proprietário de escravos do Kentucky chamado Taylor esperava no pórtico. Entre o celeiro e sua casa estava uma pilha enorme de milho ainda na casca que precisava ser preparada para a armazenagem. Dentro em pouco, ele ouviu sons abafados: eram grupos de homens e mulheres escravizados que convergiam, vindos, através dos bosques, das propriedades de seus donos, e cantavam enquanto vinham descascar o milho.

Em uma dessas colunas estava Francis Fedric, que em 1863 recordou o que aconteceu naquela noite, quatro décadas antes. E na cabeça dessa linha se empertigava a estrela da noite, um homem alto e sagaz chamado Reuben. O chapéu de Reuben trazia bastões e penas espetados, enfeites para o campeão escolhido pelos amigos e companheiros de cabana que planejavam testar sua habilidade e seu coração em uma competição para ver qual grupo conseguiria descascar o milho de Taylor com mais rapidez. Logo, um grande número de homens penetrou o círculo iluminado pelo fogo, onde o milho se amontoava, enquanto as mulheres se punham às margens, formando uma plateia. Os homens que se conheciam trocavam piadas e avaliavam os novos. Reuben e o outro escravo seriam os capitães de suas respectivas equipes e foram eles que decidiram as regras básicas. Em seguida, eles formaram seus times, que dividiram a pilha de milho em duas. Taylor entregou a cada capitão o crucial jarro de bebida.[27]

Apressados, os homens começaram a trabalhar, agarrando as espigas e arrancando as palhas enquanto cada capitão saltava para o topo da pilha e, voltando-se para o próprio time, tomava o centro do palco. O trabalho deles era liderar e encorajar seu time inventando versos bem-humorados e fáceis de lembrar para que o grupo, por sua vez, repetisse ou respondesse enquanto puxava as palhas, em um movimento ininterrupto, jogando as espigas nuas na pilha "limpa" e passando a jarra adiante. Nas competições de descascar o milho, os capitães cantavam bem alto rimas que ridicularizavam outras pessoas escravizadas, presentes ou ausentes, citando-as pelo nome ou por meio de insi-

---

27. Francis Fedric, *Slave Life in Virginia and Kentucky, Or, Fifty Years of Slavery...* (London, 1853), 47-51; Harry Smith, *Fifty Years of Slavery in the United States of America* (Grand Rapids, MI, 1891), 37-38; cf. L. A. Horton to R. Horton, October 3, 1830, Wyche-Otey papers, SHC, reporting Alabama corn-shucking; Roger D. Abrahams, *Singing the Master: The Emergence of African-American Culture in the Plantation South* (Nova York, 1992).

nuações: "Uma nuvem escura surge como se fosse chover/ É só uma garota negra vindo pela estrada." Que mulher de pele escura fervia de raiva com essas farpas ou, mesmo, zombava delas com desdém? Outras letras se arriscavam de maneira diferente, cantando de forma dissimulada o semielogio a um proprietário. Outras ainda falavam de política de maneiras palatáveis para alguns proprietários, mas que deixavam os partidários do outro lado furiosos: "Polk e Clay foram para a guerra/ Polk voltou com o queixo quebrado." Algumas até mesmo faziam críticas, para aqueles que tinham ouvidos para escutar: "O especulador comprou minha mulher e meu filho" – esse verso saía arrastado – "E a levou para longe." Ou elas exigiam mais da bebida que servia como combustível na longa noite descascando milho – "Chefe, chefe, por favor, me dá minha paga/ Chefe, chefe, porque estou quase quebrado."[28]

Eles seguiram trabalhando depois da meia-noite. O uísque flutuava nas barrigas e as risadas ecoavam, mantendo-os aquecidos, apesar do ar frio de outono. O cheiro do boi assando a alguns metros de distância estimulava os grupos de homens que pegavam e descascavam as espigas. As pilhas encolheram. As vozes roucas dos capitães aceleraram o ritmo. Às duas da manhã, o bando de Reuben descascou frenética e triunfantemente as últimas espigas e correu para cercar a outra roda de homens suados, acenando com os chapéus e cantando para os derrotados: "Oh, oh! Fora! Que vergonha!" Mas a vergonha não durou muito tempo. Agora, atrás de Reuben, todos marchavam até a casa de Taylor. Ele esperava no pórtico com a esposa e a filha. Os homens escravizados se aglomeraram em torno dele e cantaram uma última vez liderados por Reuben: "Eu só vim para você saber/ [Homens] Oh, oh, oh!/ [Capitão] Os melhores venceram/ [Homens] Oh, oh, oh! [...] [Capitão] Vou lhe dizer, passe bem/ [Homens] Oh, oh, oh!/ [Capitão] Porque eu vou embora de novo/ [Homens] Oh, oh, oh!" Então, todos foram juntos descascar as últimas espigas na pilha da equipe perdedora. E, depois disso, todos os descascadores de milho se sentaram em mesas compridas para comer e festejar.[29]

A diversão que experimentavam e a fama local que as pessoas escravizadas ganhavam em tais ocasiões eram tão fugazes quanto a refeição que faziam. Duas semanas depois, trinta dos homens que descascaram milho na propriedade de Taylor naquela noite foram vendidos para compradores que agora, no fim da década de 1810, começavam a varrer o Kentucky a cada dezembro. Reuben estava entre os primeiros "arrastados para longe

---

28. Shane White and Graham White, *The Sounds of Slavery: Discovering African American History Through Songs, Sermons, and Speech* (Boston, 2006), 66-68; "Dark", Frank Monefee, AS, 6.1 (AL), 280; "Speculator", Eliza Washington, AS, 11.1 (AR), 52; "Polk", Joseph Holmes, AS, 6.1 (AL), 193; "Boss man", Lucindy Jurdon, AS, 6.1 (AL), 243.
29. Henry Walker, AS, 11.1 (AR), 34; Eliza Washington, AS, 11.1 (AR), 52.

da família", lembrou Fedric: "Meu coração pesa quando penso em sua triste sina". Contudo, mesmo enquanto as memórias cruas de sua própria venda na Virgínia inundaram seu pensamento, Fedric não podia esquecer a noite triunfal de Reuben, a maneira como havia conduzido mais de uma centena de homens com o virtuosismo da inteligência e a mestria da língua. Porque, naquela noite, todos aqueles trezentos homens tinham se deixado levar por seu dom, apesar de tudo o que pesava sobre eles. E Reuben foi o que alçou o voo mais alto.[30]

Eis uma coisa que não é por acaso: os gêneros mais populares e criativos da música na história do mundo moderno surgiram a partir dos cantos dos Estados Unidos, onde os afro-americanos eram repetidamente esfolados pelo poder dos senhores de escravos. No lugar para o qual Reuben estava sendo arrastado, e em todos os outros onde os efeitos da migração forçada foram mais dramáticos e persistentes, a música não poderia evitar uma surra ou alimentar uma única boca faminta. Mas servia aos escravizados como outra língua, capaz de falar o que a primeira não conseguia. A música permitia que um eu diferente respirasse, mesmo quando o ritmo e a melodia criavam linhas nas quais as ocasiões comuns de uma vida social podiam se prender como se fossem miçangas. Períodos como o do descascamento do milho, quando as pessoas cantavam, brincavam e dançavam, se transformavam em oportunidades para que essas pessoas se reunissem. Nesses encontros, elas se lamentavam, se redimiam e ressuscitavam os lados da personalidade que haviam sido devastados pela migração forçada.

Em tais ocasiões – e talvez ainda mais nas noites de sábado, quando os brancos não estavam assistindo –, as pessoas, animadas com a música e umas com as outras, pensavam, agiam e se redescobriam como homens e mulheres verdadeiramente vivos, como pessoas que eram importantes por suas habilidades e contribuições únicas, como pessoas em uma situação comum que poderiam celebrar a própria individualidade juntas. De volta a Maryland, o pai de Josiah Henson tinha tocado um banjo feito de cabaça, madeira e corda. Esse instrumento africano, como Henson se lembrou, era "a vida da fazenda, e a noite inteira, num festejo, ele tocava enquanto os outros negros dançavam". Mas, por volta de 1800, o pai de Josiah acabou entrando em conflito com o seu senhor e teve a orelha cortada como castigo. Deformado e zangado, o homem mutilado silenciou seu banjo. Não demorou para que o proprietário o vendesse ao Sul, para longe de Josiah. "O que foi feito dele, nem eu, nem minha mãe soubemos", escreveu Hanson, décadas depois. Mas qualquer caminho na direção Sudoeste provavelmente arrastaria um homem para a grande armadilha de Nova Orleans.

---

30. Fedric, *Slave Life*, 50-51.

Em 1819, conforme as pessoas brancas começaram a gritar e a ameaçar umas às outras a respeito do Missouri, um visitante passeava em um domingo até que alcançou o espaço aberto na fronteira Norte do Bairro Francês. Hoje, os mapas chamam o lugar de Parque Louis Armstrong. O visitante já tinha ouvido falar dele como Praça do Congo. Viu homens, formando uma roda, a rufar os tambores enquanto um ancião mirrado tocava banjo. Duas mulheres dançavam no meio enquanto "choramingavam um estribilho para o instrumentista nos intervalos". Na década de 1830, William Wells Brown, na ocasião um empregado escravizado de um comerciante de escravos, encontrou a Praça do Congo ainda trovejando com os tambores africanos. Em cada esquina, uma nação africana diferente – os minas, os fulas, os congos – tocavam a própria música e dançavam as próprias danças, enquanto os outros assistiam, assentiam com a cabeça e se intrometiam. Os tambores aceleravam e desaceleravam, conversando em ritmos trazidos da terra para além da água salgada trinta anos antes. Os dançarinos teciam movimentos que também falavam. Se o pai de Henson tivesse chegado ali, provavelmente teria percebido que ele e os demais cantavam em idiomas de mesma raiz linguística.[31]

Então, talvez ele tivesse pegado no banjo outra vez. Os familiares perdidos tempos antes tinham muito o que ensinar a ele e aos outros de Chesapeake e das Carolinas, onde a proibição do tambor já era de longa data. E os migrantes do Sudeste tinham muito o que ensinar aos imigrantes da África e do Caribe. Os padrões emergentes da rabeca e do banjo tocados de maneira vibrante, assim como o sincopado despojado e carregado de sua música, foram inovações produzidas ao longo de duzentos anos de dureza no Novo Mundo. As próprias experiências pessoais de exílio e deslocamento através do país pelas quais passaram os migrantes do Sudeste se espalharam e depois transformaram seus modos de tocar, novamente. Um escritor dos anos 1800 afirmou que "a característica do negro da Virgínia, portanto, veio a prevalecer em todos os estados escravistas" e que em "todos os lugares você pode ouvir muitas das mesmas músicas e melodias e ver praticamente as mesmas danças". Os exilados da Virgínia agora cantavam sobre aquilo que os desenraizava. Suas canções evocavam, em formas musicais mais complexas do que

---

31. Josiah Henson, *Truth Stranger Than Fiction: Father Henson's Story of His Own Life* (Boston, 1858), 6-7; Benjamin Latrobe, *Impressions Respecting New Orleans: Diary and Sketches, 1818-1820*, ed. Samuel Wilson Jr. (Nova York, 1951), 49-51; William Wells Brown, *My Southern Home, Or the South and Its People* (Boston, 1880), 121-124; Dena Epstein, *Sinful Tunes and Spirituals: Black Folk Music to the Civil War* (Urbana, IL, 1977), 95-99; cf. Henry B. Fearon, *Sketches of America: A Narrative of a Journey of Five Thousand Miles Through the Eastern and Western States of America* (London, 1819), 276-278; Henry C. Knight, *Letters from the South and West* (Boston, 1824), 127; Freddi W. Evans, *Congo Square: African Roots in New Orleans* (Lafayette, LA, 2011).

as simples palavras poderiam alcançar, os traumas da separação em uma sociedade que se modernizava.[32]

"Viajando pelo Sul", como escreveu um precoce comentarista branco da música afro-americana no começo do século XIX, "você pode, ao passar da Virgínia para a Louisiana, ouvir a mesma melodia uma centena de vezes, mas raramente as mesmas palavras. Isso resulta necessariamente... do hábito de improvisar, ao qual os artistas se entregam nas ocasiões festivas". Havia apenas uma coisa fixa a respeito dessas apresentações: que elas não deviam ser fixas. Em vez disso, misturavam de maneiras novas até mesmo componentes já conhecidos de ritmo, melodia, letras e movimento. Então, por exemplo, das oito da noite até as duas da manhã, Reuben havia mantido seu status na pilha de milho porque treinara para isso. Ele tinha conquistado, sob a tutela dos companheiros e anciãos, a habilidade de cantar uma canção que continuamente inventava, revisava e recriava.[33]

No século XIX, os autores brancos europeus e norte-americanos começaram a afirmar que haviam se tornado unicamente individualistas, modernos e pouco inclinados a repetir o velho. E o mundo moderno ocidental parecia de fato estar celebrando o indivíduo. Pense em Walt Whitman, cantando não sobre a grandeza da tradição que lhe tinha sido transmitida, mas sobre ele próprio. Na época em que Reuben se sentou acorrentado ao convés da barcaça de um traficante negreiro, em sua jornada do Kentucky para a Louisiana, cada estado pelo qual navegou tinha aberto o direito ao voto para quase todo homem branco. Daí a canção de Whitman para si mesmo, e a celebração do eu e do individualismo norte-americano, que seria enfatizada no século seguinte nas formas de arte brancas. Entretanto, quando as pessoas brancas escreviam sobre a cultura negra no século XIX – e, muitas vezes, em tudo o que escreveram desde então –, classificavam as formas de arte afro-americana junto às culturas tradicionais do mundo pré-moderno, que supostamente não tinham um conceito de eu autônomo. Em seus relatos, as pessoas brancas descreviam dançarinos e cantores negros como se eles estivessem agindo segundo uma tradição, ou mesmo instinto, em vez de lhes atribuírem um gênio individual – e tais relatos serviram como histórias específicas, que tinham o benefício extra de justificar implicitamente a escravidão. Os brancos explicaram a própria atração que sentiam em relação à musica das pessoas escravizadas creditando aos afro-americanos notáveis "poderes de imitação", a habilidade primitiva de esquecer

---

32. James K. Kinnaird, "Who Are Our National Poets?", *Knickerbocker Magazine* 26 (1845): 331-341.
33. Ibid.; Portia Maultsby, "Africanisms in African-American Music", from Joseph Holloway, ed., *Africanisms in American Culture* (Bloomington, IN, 1990).

o eu em bacanais. No fim do século XIX, os brancos acreditavam, como muitos ainda acreditam, em tais mitos semibiológicos: de que descendentes de africanos tinham uma resposta "natural", biologicamente inata, imutável e universal ao ritmo.[34]

Mas os verdadeiros modernistas foram os afro-americanos escravizados, os gênios de verdade. A inovação que inundou as senzalas dos campos de trabalho da fronteira Oeste nos primeiros quarenta ou cinquenta anos do século XIX foi conduzida pela incessante criatividade individual nas línguas faladas nas próprias senzalas. No mundo real, onde pessoas como Reuben estavam tentando sobreviver, a criatividade individual aumentava as chances de sobrevivência de um afro-americano escravizado, e não apenas por possibilitar que ele ou ela encontrasse uma maneira mais rápida de colher meio quilo a mais para se proteger do chicote. Habilidade com palavras valorizava a pessoa para si mesma e para seus pares, ajudava os escravizados a se verem não como mãos, mas como vozes. E ser uma voz reconhecida pelos companheiros dava a alguém um bom motivo para viver. Então, não é de se admirar que a música e a dança na fronteira da escravidão enfatizassem a improvisação individual, e não a imitação, nem a unissonância. Não é de se admirar que nos trabalhos de empreitada – como a descascaduras do milho ou o deslocamento de toras – e em cada festa de sábado à noite as pessoas varridas de seus ancoradouros pelo tsunami de escravidão que avançava sobre o Oeste buscaram momentos como os que carimbaram a imagem de Reuben no cérebro de Francis Fedric. Elas se esforçaram para libertar as línguas do medo e da ansiedade, para fazer alguma coisa que as distinguisse, que tornasse originais suas palavras e seus passos, que as fizesse dignas do respeito dos companheiros. Sempre havia um espaço na reunião e um momento na música quando o artista ou a artista fazia individualmente, como Reuben, sua performance inimitável. Em seguida, os companheiros do artista deleitavam-se com seu triunfo, enquanto "todas as pessoas", como disse Hattie Ann Nettles, "davam o melhor de si na dança", jovens e idosos, homens e mulheres.

---

34. Eli Sagan, *Citizens and Cannibals: The French Revolution, The Struggle for Modernity, and the Origins of Ideological Terror* (Lanham, MD, 2001), 187-190; Marshall Berman, *All That Is Solid Melts into Air: The Experience of Modernity* (Nova York, 1982). Uma afirmação clássica de que os afro-americanos eram simplesmente imitadores, não criadores, aparece nas anotações de Thomas Jefferson, *Notes on the State of Virginia* (Nova York, 1984 [Library of America]), 266-267; cf. Ronald Radano, "Hot Fantasies: American Modernism and the Idea of Black Rhythm", in Ronald Radano and Philip V. Bohlman, eds., *Music and the Racial Imagination* (Chicago, 2000), 459-480. Essa falta, como a história sugeria, tinha consequências no campo econômico. As economias primitivas estariam presas em um regime de fome porque a individualidade incompleta não deseja tentar novas ideias, aceitando as velhas ortodoxias em lugar de buscar o crescimento através da inovação empreendedora.

Nem todo mundo, é claro, era um virtuoso, mas, em contraste com a ampla maioria dos brancos, não havia quem não fosse artista especializado. Todos na roda podiam cantar e dançar. Qualquer um que desejasse tentar, poderia entrar no meio de uma roda. Tanto as mulheres quanto os homens ocupavam o centro. Como era o caso onde quer que os afro-americanos se reunissem na jovem república, os homens não esperavam que as mulheres fossem modestas e contidas. "Você ginga e eu gingo/ Juro por Deus que você ginga melhor!" cantava o homem durante a descascadura do milho. Os trabalhadores, rindo com um homem que ria de si mesmo, cantavam em resposta: "Oh! Oh! Sally faz a dança do milho". Sally era o nome de uma música, mas talvez a substituta de Sally dançasse enquanto os homens reconheciam que ela podia "gingar melhor" que seu marido ou seu amante. Outras mulheres ganharam a reputação de "garota mais rápida nas redondezas" por "derrubar na pista" um homem depois do outro. Liza Jane estava viva em cada pista de dança.[35]

É claro que se alguém não arrebatasse a audiência, outra pessoa assumiria, improvisando em cima das frases que iam sendo cantadas, improvisando até nos refrões – mesmo nas canções mais familiares e com nomes conhecidos como "Virginny Nigger Very Good". Os ouvintes e cantores nas descascaduras de milho desdenhavam dos puxadores de música que gaguejavam ou não conseguiam pensar em outra rima. As línguas dos escravizados aprenderam a lamentar, rosnar ou gargalhar suas músicas de um jeito especial para cada ocasião. Isso era muito diferente da música branca e das canções das pessoas brancas, que ficaram presas às mesmas letras por décadas. Os conjuntos musicais brancos tocavam um ritmo de cada vez, suas danças seguindo passos que poderiam muito bem ter sido desenhados no chão. A cultura musical branca tinha uma estrutura que aprovava os que marchavam no ritmo. A cultura negra era uma roda, com espaço no meio para qualquer um que quisesse tentar o passo, homem ou mulher. E ao se nutrir, praticar e treinar na improvisação, os escravos mestres da inovação aprenderam a pensar de modo criativo conforme novas demandas e novos perigos surgiam. Na medida em que poderiam institucionalizar qualquer coisa enquanto vivessem no meio do caos criado pelos brancos, os afro-americanos escravizados fizeram do encorajamento ao desempenho individual criativo o centro de suas reuniões. Nas danças de sábado à noite, "quando um garoto *nigger* atrevido dava belos passos,

---

35. Hattie Nettles, AS, 6.1 (AL), 297-298; Eliza White, AS, 6.1 (AL), 412; Solomon Northup, *Twelve Years a Slave* (Auburn, NY, 1853), 166-168.

os companheiros homens lhe ofereciam uma moeda de dez centavos ou um valor perto dessa quantia", muito embora as moedas de dez centavos fossem escassas.[36]

As moedas de dez centavos conseguidas dessa forma, e o amor subentendido nelas, haviam ensinado a Reuben, quando ainda era menino, a educar a si mesmo. Uma coisa equivalente continuou sendo ensinada quando já era um homem. Na descascadura do milho, eram seus companheiros, a roda, que cantavam a base para guiá-lo e acompanhá-lo. Até mesmo os rivais eram como o aço no qual ele se amolava. E não seria uma conclusão precipitada dizer que os migrantes escravizados apoiavam uns aos outros nesse processo, que formavam uma roda e batiam palmas ou cantavam a base a partir da qual outros pudessem improvisar. Seus traumas poderiam tê-los tornado egoístas demais, arrogantes demais, amorais demais, autoisolados demais. Eram desesperadamente pobres. Os senhores de escravos os provocavam exibindo a abundância roubada. George Strickland se lembrava da infância no Alabama, quando, nas manhãs de domingo, "eles" – as pessoas brancas – "nos davam biscoitos para o café da manhã, uma comida tão rara que tentávamos nos bater para pegar os biscoitos dos outros". As crianças lutavam pelo sabor da farinha branca, para o divertimento dos senhores de escravos, e algumas pessoas escravizadas, velhas o suficiente para não serem tão bobas assim, agiam praticamente do mesmo modo quando a música começava.[37]

Ainda assim, nos rituais musicais e sociais que se desdobravam em rodas em torno de um elenco cambiante de inovadores, as pessoas escravizadas escolheram agir de maneiras que reforçavam um sentido de independência individual através da realidade da interdependência mútua. E essas escolhas importavam. A música pode afetar nossas emoções, pensamentos e corpos de modos que a análise das palavras de uma canção como "Liza Jane" não podem abarcar. Eram coisas assim a respeito da música que poderiam salvar vidas, e que salvaram. Agora as algemas de metal frio prendiam as mãos de Reuben e ele se encontrava sentado e em silêncio na barcaça conforme o litoral rolava ao redor dele. Mas em sua língua, sua memória, seu espírito e sua espinha eram ferramentas bem afiadas. Na Louisiana, Reuben manejaria seu poder mais uma vez

---

36. Sara Colquitt, AS, 6.1 (AL), 88; White and White, *Sounds of Slavery*, 67; William Piersen, *Black Legacy: America's Hidden Heritage* (Amherst, MA, 1993); George Tucker, *Valley of Shenandoah, Or, Memoirs of the Graysons* (Nova York, 1824), 2:116-118; T. C. Thornton, *An Inquiry into the History of Slavery; Its Introduction into the United States; Causes of Its Continuance; and Remarks upon the Abolition Tracts of William E. Channing, D.D.* (Washington, DC, 1841), 120-122; John Bernard, *Retrospections of America, 1797-1811* (Nova York, 1887), 207, 214; Epstein, *Sinful Tunes*, 139.
37. George Strickland, AS, 6.1 (AL), 359; Jacob D. Green, *Narrative of the Life of J. D. Green* (Huddersfield, UK, 1864), 12-13.

para adaptar velhas canções às novas situações: para gritar as emoções, para instigar os demais participantes a se juntarem às vozes e ritmos dos outros e a cantarem em um esforço coletivo maior que também abria espaço para que os indivíduos brilhassem. Aquilo que fizessem por ele seria o mesmo que fariam por si mesmos. Porque as pessoas transformadas em mercadoria tinham uma necessidade desesperada de resistir às maneiras pelas quais o mundo em mudança acelerada as tratava como pessoas sem rosto. Muitas tinham a capacidade criativa de fazê-lo, assim como muitos tiveram a criatividade para sobreviver às demandas sempre crescentes feitas às mãos no campo.[38]

No fim das contas, as comunidades boêmias de artistas brancos em Paris, Nova York e São Francisco se construiriam sobre os ideais de Whitman de individualismo ao tentar transformar a vida em arte e vice-versa. Mas esses artistas ficavam para trás de Reuben em muitos aspectos, e os abismos dele eram mais profundos. Os poderes de observação e criação que Reuben tinha eram mais poderosos, pois ele conhecia o peso do ferro nos pulsos. Ele se baseou no velho e no novo de maneira mais efetiva, porque a mudança lhe custara um preço que os boêmios brancos nunca poderiam compreender. Nem o homem ou a mulher que estava prestes a comprá-lo entenderia. E os senhores de escravos do Sudoeste que forçavam a performance – assim como, no tráfico negreiro, os escravistas forçavam os comboios de cativos a cantar enquanto marchavam rumo ao Sudoeste – até mesmo se viam como objetos da imitação irônica. A roda de música se tornou uma oportunidade para piadas internas, para se protegerem juntos do olhar branco, para olhar em conjunto para fora em atitude defensiva.[39]

A roda, naturalmente, se tornava tanto mais fascinante para os brancos quanto mais fosse impenetrável. A crença dos brancos de que existia uma "música negra" distinta ajudou a formar outra mercadoria. E essa coisa, alguns brancos queriam possuir e habitar como paródia. Tudo começou com uns poucos artistas negros que haviam chegado como marinheiros ao Norte a bordo de navios que transportavam algodão. Eles se tornaram uma sensação nos teatros da classe operária em Nova York, tocando seus banjos, cantando, dançando e marcando o ritmo com as mãos e com os pés. Na cultura das cidades comerciais, crescendo a passos cada vez mais rápidos e sedenta de novidades, o impacto da performance negra era chocante, embora arrebatadora. Os homens brancos – incluindo os muitos da classe operária que haviam trabalhado no Sul como funcioná-

---

38. J. W. Loguen, The Rev. J. W. Loguen as a Slave and a *Freeman* (Syracuse, NY, 1859), 115; Northup, *Twelve Years a Slave*, 216-222; Albert Murray, "Improvisation and the Creative Process", in Robert O'Meally, ed., *The Jazz Cadence of American Life* (Nova York, 1998), 111-113.

39. William D. Piersen, comunicação pessoal; Northup, *Twelve Years a Slave, 180-182*; cf. Tommie Shelby, *We Who Are Dark: The Philosophical Foundations of Black Solidarity* (Cambridge, MA, 2005).

rios do império em expansão do algodão –, começaram a imitar e a demonstrar o que haviam aprendido no Rio Ohio ou em Nova Orleans. Ex-mecânicos de descaroçadores de algodão, pilotos de barcaças e aprendizes de escreventes cantavam, davam pinotes e pulavam ao mesmo tempo em que tocavam seus banjos da maneira mais autêntica, muitas vezes enquanto (estranhamente) escureciam as faces, "tocando como negros".[40]

Era muito estranho para homens brancos como aqueles cantar "Oh, Susanna, não chores por mim" – a história de um homem escravizado tentando encontrar seu verdadeiro amor, que havia sido levado para Nova Orleans – quando as perdas de um milhão de Susannas criaram trabalho para esses mesmos homens brancos. Mas enquanto os imitadores brancos criaram o gênero das apresentações de menestrel [*minstrel show*] e "Oh, Susanna", a canção mais popular de 1847-1848, transformou Stephen Foster no primeiro compositor profissional da nação, o *blackface*[41] se tornou o entretenimento popular norte-americano fundamental do século XIX. O *blackface* também se tornou o modelo arquetípico de como os artistas não negros venderiam uma longa série de inovações criadas pelos migrantes escravizados e seus descendentes – o ragtime, o jazz, o blues, o country, o rhythm and blues, o rock and roll, o soul e o hip-hop – para um mercado branco. Desse momento em diante, muitos brancos passaram a ver a música e a dança afro-americanas como mero instinto. Não haviam entendido que se trata de uma arte verdadeiramente profunda no controle de uma paixão complexa. Essa arte tomou forma na criação de novas maneiras de falar, cantar e dançar, tomou forma na fronteira do algodão, e tomou forma na perda e na transcendência que jaz a mil quilômetros de profundidade nas palavras de "Old Virginia, Never Tire" – uma canção cantada primeiramente por homens e mulheres cujas histórias pessoais giravam ao redor da marcha, repetida infinitas vezes, da Virgínia até as novas terras do Oeste. Com o passar do tempo, as iterações e recombinações do que os migrantes escravizados tinham criado nas fronteiras do algodão e do açúcar deram origem à música popular norte-americana e, mais tarde, à música popular mundial. Os elementos musicais das tradições culturais africanas certamente explicavam parte de seu apelo, mas o que os afro-americanos fizeram para sempre manter essas raízes renovadas nas fronteiras da escravidão transformou essa tradição musical em algo excepcionalmente atraente.[42]

---

40. Eric Lott, *Love and Theft: Blackface Minstrelsy and the American Working Class* (Nova York, 1993); David Roediger, *Wages of Whiteness: Race and the Making of the American Working Class* (Nova York, 1991).
41. Maquiagem usada por um ator não negro que desempenha papel de negro. (N. da T.)
42. Robert Cantwell, *Bluegrass Breakdown: The Making of the Old Southern Sound* (Urbana, IL, 1984).

CHARLES BALL TINHA PROVADO UM CONJUNTO completo de devastações praticadas em seu corpo e sua vida pelo novo tipo de escravidão que crescia nas fronteiras do Sul. Ele contemplou a escolha que quase engoliu Lucy Thurston, que parecera vagar semimorta, como um zumbi, nas primeiras semanas na fazenda da Louisiana. Como Lucy, Ball escolheu o outro caminho. Talvez, sua sobrevivência, e talvez também a de Thurston, tenha sido um milagre. No entanto, de novo, tinha vez que, para aqueles que lutavam, a morte parecia mais misericordiosa do que essas ressurreições. Mas do mesmo jeito que Lucy acabou cantando com os homens nos campos naquela sexta-feira, em uma noite de sábado em 1805 Charles Ball dançou até o amanhecer no pátio entre as senzalas. Muitos homens se alternaram tocando o banjo. Todo mundo cantou. As pessoas mais velhas logo ficaram cansadas demais para dançar, mas continuaram a marcar o ritmo com as mãos. Quando a música ficou mais lenta e caminhou para uma pausa, eles contaram histórias da África. "Um homem não pode exatamente se sentir miserável quando vê todo mundo perto dele imerso em prazer", Ball se lembrou. "Eu me esqueci por um momento de todos os assuntos dolorosos que estavam armazenados em minha memória, de todos os atos errados que haviam sido perpetrados contra mim."

Cantar na roda era ensinar as pessoas em mil fazendas Congarees a falarem a mesma língua a despeito das origens diferentes. Para além dos interesses particulares de cada um estava o fato de que todos ali eram escravos, todos confrontados por um grupo que os explorava juntos. Nas questões fundamentais que dividiam negros e brancos, a roda dava aos participantes experiência no agir e no pensar coletivamente. Isso não significa que sempre convivessem em harmonia, que não tivessem conflitos, que a roda nunca era quebrada pela competição ou que ninguém buscasse vantagem própria, tomando partido dos senhores de um jeito que as outras pessoas escravizadas se sentissem traídas em seus próprios valores. Mas a noite de sábado favorecia a sobrevivência, e não apenas a sobrevivência de um indivíduo. O que as línguas cantavam, a maneira como bradavam com alegria, saudade ou competição, como corpos que mudavam de posição na dança, todos esses sons e movimentos estreitavam os laços que ajudariam o grupo a ajudar seus membros. Isso ensinou à maioria dos migrantes escravizados que, a despeito de todas as diferenças e conflitos, eles precisavam uns dos outros se quisessem sobreviver. E eles já estavam fazendo mais do que sobreviver juntos – estavam dando forma a ideias novas, a novas análises do mundo e de seu funcionamento, o que, por sua vez, moldaria suas ações futuras.

O próprio Ball agiu – e rápido. Na verdade, tão logo Ball se estabeleceu na fazenda Congaree, o proprietário, Wade Hampton, o deu de presente para a filha que havia acabado de se casar. Ela e o marido deslocaram Ball para um novo campo de trabalho escravo nas profundezas florestais do interior da Geórgia. Dentro de um ano, ele se tornou um dos capatazes negros, encarregado de forçar os outros a manterem o ritmo. Ball se saiu tão bem na função que, por volta do verão de 1808, os cunhados do seu dono começaram a achar que ele estava ficando muito confiante. Eles o espancaram violentamente. Ball resolveu que havia chegado a hora de partir.[43]

Os migrantes escravizados fugiam o tempo todo, se escondendo nos bosques para escapar da violência. O número, não surpreendentemente, atingia o ápice durante a estação de colheita do algodão. Mas a maioria deles acabava voltando para o campo de trabalho escravo. As patrulhas de escravos os pegavam. Brancos aleatórios os pegavam. Outros escravos os traíam. A maioria deles não sabia o caminho de volta para onde quer que fosse o lugar do qual tinham vindo. E, no meio do caminho, havia milhares de pessoas brancas armadas que não seriam suas amigas. Quanto aos estados livres, eles ficavam ainda mais longe. Durante todos os anos de escravidão, provavelmente menos de mil escravos conseguiram completar o caminho das profundezas das fronteiras do algodão e do açúcar até chegarem aos estados livres. Isso equivale a 0,1% de todos os migrantes forçados. A maioria dos que conseguiram escapou escondida em barcos a vapor, navios oceânicos e, mais tarde, em estradas de ferro.[44]

Na Geórgia, Ball estava a mais de 900 quilômetros de caminhada longe do condado de Calvert, em Maryland. Decidiu tentar mesmo assim. No começo de agosto, preparou uma pequena sacola com comida, uma pederneira e material para fazer fogo. Amarrou seu leal cachorro, o qual ele temia que pudesse denunciar sua partida com latidos, em uma árvore perto das cabanas do campo de trabalho. Alimentou seu animal de estimação pela última vez e partiu para o Norte através da floresta.

Noite após noite Ball caminhou, algumas vezes vagando em círculos até que conseguisse encontrar uma estrada ou corrigir suas coordenadas com base na Estrela Polar, em meio às nuvens espaçadas. Durante o dia, se escondia na floresta. Roubou milho maduro dos campos. Quando outubro chegou, ainda estava em Colúmbia, na Carolina do Sul. E sua memória lhe dizia que, quando veio para o Sul, tendo partido de Maryland, havia levado mais de um mês nas estradas principais. Ainda havia muitos quilômetros para percorrer.

Ball rastejou no escuro pela Carolina do Norte. A cada manhã, o frio nascer do sol o apanhava em busca dos bosques de sempre-vivas, onde poderia tiritar em segurança

---

43. Ball, *Slavery in the United States*, 122-124, 382.
44. John Hope Franklin and Loren F. Schweniger, *Runaway Slaves: Rebels on the Plantation* (Nova York, 1999), 279.

ao longo do dia. Uma tentativa noturna de atravessar o gélido Rio Roanoke em um ponto raso se transformou em um desastre. Era mais profundo e mais rápido do que se lembrava, e precisou atravessá-lo a nado. Chegou até a outra margem, mas quase entrou em hipotermia antes de conseguir acender uma fogueira. Apesar de tudo, agora Ball estava na Virgínia. Certo dia, ao Norte de Richmond, um homem branco viu quando ele se escondeu nas proximidades da estrada principal. Em poucas horas, Ball estava trancado em uma cela no condado de Caroline. O procedimento normal era tentar determinar de onde o fugitivo tinha vindo e, em seguida, "anunciá-lo" nos jornais que, muito provavelmente, seriam lidos na região. Ball se recusou a dizer quem era e ninguém ali o reconheceu. Ele já tinha chegado mais longe do que qualquer um dos carcereiros teria acreditado.

Depois de 39 dias encarcerado, no início de fevereiro de 1809, Ball escapou daquela frágil construção e seguiu em direção ao Noroeste. Encontrou um pequeno barco amarrado na margem do Rio Potomac. Depois de cruzar o rio a remo, Ball caminhou até o Rio Patuxent e lá fez a mesma coisa. Era uma hora da manhã quando chegou à porta da cabana de sua esposa. E permaneceu ali em choque. Talvez tivesse sido substituído por outro. Finalmente, reuniu coragem para bater. E escutou a esposa respondendo: "Quem está aí?" Ele disse: "Charles". Ao que ela respondeu: "Quem é esse que fala como se fosse meu marido?" Como se fosse, mas não exatamente igual. Porque a língua dele soava diferente agora.

6

Respiração
1824-1835

AS ESTRELAS FRIAS DA NOITE DO SUL resplandecem sobre as senzalas no cinturão do algodão do Tennessee. A quase quinhentos quilômetros de distância, um homem seguia um caminho para o Norte se guiando por aquela luz. Aqui, os adultos e os jovens estavam sentados em três bancos feitos de troncos, posicionados na forma de um triângulo, em torno do fogo que crepitava baixo. As crianças menores dormiam nas cabanas. Mas elas não eram muitas. A maioria dos jovens era grande o suficiente para trabalhar o dia inteiro. Tinham sido vendidos para algum lugar longe dos pais. Então, quem os mandaria para a cama? E estavam sendo ditas coisas que eles precisavam ouvir – e havia coisas que eles precisavam contar.

As colheres de ferro batiam nas tigelas de estanho cheias de mingau de farinha de milho e ração de porco salgado. Numa espécie de contradição, risadas baixas pontuavam o murmúrio do discurso quando o que o orador disse não era engraçado. Naquela noite, houve muitas risadas sombrias. Agora, a voz de uma garota, cansada do trabalho no eito, começou a contar a história que uma criança chamada Hettie Mitchell – que ainda não tinha nascido, nem sequer tinha sido imaginada – acabaria um dia ouvindo. Essa foi a noite em que a futura mãe de Hettie contou a própria história pela primeira vez – a história de como "ela tinha sido *roubada*" de seus pais na Carolina do Sul. Sobre como a última imagem que as pessoas de sua casa tiveram dela foi a de uma criança sendo enfiada às pressas em uma carroça coberta. Cem anos depois, a própria Hettie estaria contando a história que levou sua mãe ao Tennessee. Naquela noite, os fios da história que sua futura mãe contou começaram a se cruzar com os fios das histórias de todos que estavam sentados nos bancos, de todo mundo que estava espalhado sob as estrelas do Sul, em 10 mil clareiras como aquela.[1]

---

1. Hettie Mitchell, AS, 10.5 (AR), 111; Nicey [West?], AS, 6.1 (AL), 324; Foster Weathersby, AS, S1, 10.5 (MS), 2228; Toby James, AS, 4.2 (TX), 250; Smith Wilson, AS, S2, 10.9 (TX), 4239.

Se pudéssemos nos sentar ali, veríamos que, assim que os migrantes forçados conseguiam entender as línguas uns dos outros, tentavam dar sentido à destruição e ao caos impostos a eles. Também os ouviríamos se lembrando das pessoas perdidas, e esperando que os perdidos também não os esquecessem. Porque todos estavam perdidos. E também seria possível notarmos outra coisa: como as mesmas frases eram repetidas ao infinito. "Eu os vi viajando em grupos [...] Pareciam gado." "Eles os levavam, os conduziam, como se fossem uma tropa de mulas." "Vi pessoas algemadas juntas e sendo levadas pela estrada de Williamsburg como se fossem gado. Foram compradas para serem levadas para o Sul." As histórias daqueles que resistiram aos comboios, ao bloqueio e à máquina de açoitar eram tão semelhantes entre si quanto os elos forjados na mesma corrente de ferro. Mas as pessoas escravizadas também forjaram seus próprios elos. Elas tomavam emprestado frases de efeito que ressoavam experiências próprias ou dos seus parentes: "Minha mãe e meu pai me contaram tudo o que aconteceu... Vendidos como vacas, querida, bem ali, em cima do caixote." Cada narrador era dono de um pedaço dessa história, pois as experiências e forças que as palavras tentavam descrever moldaram a vida de cada contador de histórias. Eles fizeram muito melhor do que os historiadores profissionais ao identificarem as formas comuns através das quais a migração forçada moldou suas vidas e a dos Estados Unidos. Na verdade, os contadores de histórias concluíram que a migração forçada era a medida mais verdadeira da escravidão.[2]

Ano após ano, noite após noite, os sobreviventes conversavam e escutavam, criando uma vasta história oral que também era um debate a respeito da natureza da escravidão. Um milhão de línguas estavam fornecendo, a qualquer pessoa disposta a ouvir, uma explicação sobre por que essas coisas tinham acontecido com elas, e de quem era a culpa. Sua conversa os reunia, pelo menos durante o tempo da narrativa, em um único corpo que respirava a vasta e devastadora experiência comum

---

2. Robert Falls, AS, 16.6 (TN), 13; Rezin Williams, AS, 16.3 (MD), 76-77; Marilda Pethy, AS, 11.2 (MO), 277; Nancy East, 16.4 (OH), 35. Aqui está um ponto crucial: pessoas anteriormente escravizadas entrevistadas na década de 1930, analfabetas em sua maioria, usaram a mesma terminologia encontrada nas narrativas publicadas antes da emancipação de 1865. Sendo improvável que os primeiros tenham bebido a terminologia nas narrativas às quais não tinham acesso, suas palavras, embora cronologicamente mais recentes, de fato transmitem um conjunto mais antigo de termos e ideias sobre escravidão, originado antes das narrativas publicadas entre as décadas de 1830 e 1860. A história oral da escravidão, contada em torno das fogueiras das fazendas do Sudoeste e transmitida às crianças que usariam tais termos nas entrevistas dos anos 1930, moldou as ideias e expressões usadas pelos narradores fugitivos que escreveram autobiografias do século XIX.

da expansão da escravidão. A maneira como os migrantes escravizados explicaram sua situação comum consolidou neles uma base de solidariedade fundamental para a sobrevivência dos afro-americanos. As histórias que eles sussurravam no ar noturno, quando levadas para o Norte pelas línguas de intrépidos mensageiros como Charles Ball, também seriam poderosas o bastante para inflamar os elementos díspares do sentimento contrário à expansão do escravismo que havia nos estados livres. Assim, um dia, os próprios atos das pessoas escravizadas trariam aliados para sua causa sem esperança.

No entanto, se o potencial surgimento de aliados para os sobreviventes resistentes, porém desarmados, poderia frear o fenômeno econômico mais dinâmico e impetuoso no mundo do século XIX – a expansão da produção algodoeira e sua transformação em tecidos – era uma questão em aberto que parecia estar caminhando na direção errada. Pois, ainda que os elementos díspares das populações afro-americanas escravizadas na fronteira da escravidão unissem as palavras de uma nova língua cultural comum em uma história, o poder de seu mundo estava cada vez mais ameaçado. Não havia nada de novo no horizonte do dia 5 de novembro, em 1829, quando Granville Sharp Pierce estava em Nova Orleans, no escritório do notário público William Boswell. Pierce estava lidando com transações e efeitos muito mais tangíveis do que as pessoas que conversavam numa roda em torno do fogo. Ele estava no escritório para arquivar dois documentos específicos. Juntos, esses dois pedaços de papel deixaram uma trilha que mapeia tudo o que sabemos sobre Ellen, a mulher de 17 anos recém-completados, cujo nome constava dos documentos que Pierce entregou a Boswell. O primeiro documento era uma escritura. Registrava a venda de Ellen a Barthelemy Bonny. Em outros estados, vendedores e compradores de escravos mantinham os contratos de venda, e a maioria desses papéis não sobreviveu com o passar dos anos. Entretanto, o código legal napoleônico da Louisiana exigia que os notários mantivessem um registro de cada trâmite comercial de escravos local. Quase todos os livros de contabilidade de Nova Orleans sobreviveram, e hoje estão guardados no Arquivo Notarial da cidade, no quinto andar do edifício Amoco, na rua Poydras.

As transações de Pierce ajudam a mostrar como, mesmo quando a mãe de Hettie contava sua história, sua própria história, e também a de Ellen, era diferente da que Charles Ball ou Rachel teriam contado. Pois as maneiras pelas quais as pessoas escravizadas eram roubadas e conduzidas estavam mudando. Durante a década de 1820, com base nas especulações *ad hoc* dos empresários da Geórgia e da Louisiana, uma leva emergente de traficantes negreiros profissionais se uniu em um sistema de comércio inovador que supriria ainda mais a fronteira da escravidão com pessoas escravizadas e ajudaria a manter a lucratividade do escravismo em todos os lugares. Os novos profissionais criaram um verdadeiro mercado nacional de escravos, os pulmões para trazer a grandes sopros o oxigênio do trabalho escravo para a região Sudoeste, onde os proprietários de escravos estavam dispostos a gastar mais pelas mãos. Esses pulmões continuariam respirando até o fim da Guerra Civil.

Os documentos acumulados pelos notários da Louisiana ajudam a formar uma imagem clara de como o comércio funcionava, em Nova Orleans e em outros lugares, no momento em que Ellen chegou lá, em 1829. De 1804 a 1862, os 135 mil registros notariais de vendas em Nova Orleans mapeiam uma visão geral fascinante dos padrões de preços cambiantes do comércio de escravos em seu auge, em seu maior mercado. Em 1820, por exemplo, o preço médio de uma "mão" masculina, entre 21 e 38 anos de idade, tinha sido de 875 dólares (ver Figura 6.1). Em 1824, essa média tinha caído para 498 dólares. Em 1829, os preços voltaram a subir, para uma média de 596 dólares. De fato, se compararmos os preços dos escravos com os preços do algodão multiplicados pela produção de algodão por pessoa escravizada – uma produção que, como sabemos, era crescente sob a influência da máquina de açoitar –, podemos ver que na década de 1820 o preço dos escravos começou a acompanhar de perto as receitas geradas pela média de algodão produzida por mão (ver Figura 6.2). A demanda por escravos nos estados produtores de algodão aumentava quando o produto dos dois fatores multiplicados – o número de quilos colhidos vezes o preço por quilo – era um valor alto.[3]

---

3. Lawrence J. Kotlikoff, "The Structure of Slave Prices in New Orleans, 1804 to 1862", *Economic Inquiry* 17 (1979): 496-518. Em comparação, se olhamos para o custo do trabalho que seria necessário para comprar um escravo, em dólares de 2014, o escravo de 1820 custaria entre 230 mil e 500 mil dólares, dependendo das suposições e dos algoritmos usados. Isso faz uma "mão" custar o equivalente, em 2014, a uma casa de família nos mercados imobiliários menos luxuosos. Ver MeasuringWorth.com, www.measuringworth.com /index.php, acessado em 27 de dezembro, 2013.

Figura 6.1.
Variação do preço pago por escravo em Nova Orleans, 1804–1862.

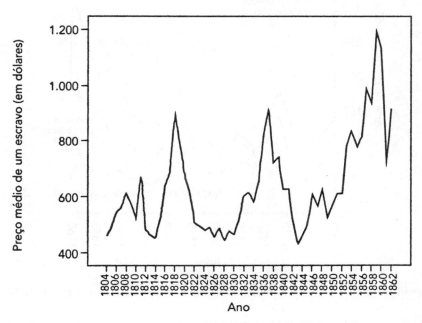

Fonte: New Orleans Slave Sale Sample, 1804–1862, compilado por Robert W. Fogel e Stanley L. Engerman, Universidade de Rochester, ICPSR07423- v2 (Ann Arbor, MI: Inter- University Consortium for Political and Social Research [producer and distributor]), 2008-08-04, doi:10.3886/ICPSR07423.v2. Price is an average of prices for all enslaved men between twenty- one and thirty-eight years of age.

Figura 6.1. Preço médio dos escravos, Nova Orleans, 1804-1862. Fonte: *New Orleans Slave Sale Sample, 1804-1862*, compilado por Robert W. Fogel e Stanley L. Engerman, Universidade de Rochester, ICPSR07423-v2 (Ann Arbor, MI: Consórcio Interuniversitário para a Pesquisa Política e Social [produtor e distribuidor]), 2008-08-04, doi: 10.3886 / ICPSR07423.v2. O valor é uma média dos preços de todos os homens escravizados entre 21 e 38 anos de idade.

Figura 6.2.
Preços do algodão, de um escravo, e o valor da produção de algodão por escravo, 1805-1860.

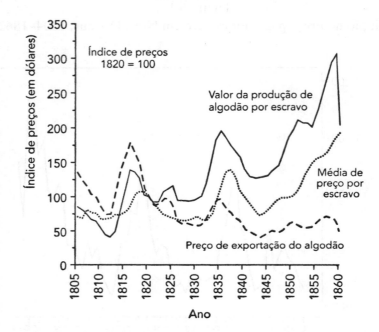

Fonte: Adaptado de Roger Ransom, *Conflict na Compromise* (Cambridge, UK, 1989), 56.

Mas os documentos legais de Nova Orleans nos permitem medir de maneira ainda mais precisa a evolução do surgimento dos novos comerciantes, além de nos mostrar que algo mais estava acontecendo na década de 1820. Enquanto a maioria das vendas de 1815 a 1819 havia sido feita por empresários que também negociavam outros bens, agora os traficantes de escravos especializados começavam a dominar os registros notariais. Esses comerciantes profissionais aumentaram drasticamente a extensão da migração forçada de pessoas. E quando combinamos a informação do primeiro documento que Boswell registrou – a escritura ou o ato de venda que mostrava que Pierce estava vendendo Ellen a Barthelemy Bonny da paróquia de Orleans por 420 dólares – com uma segunda, podemos ver que na década de 1820 os proprietários de escravos também tinham chegado o mais perto possível da total mercantilização das vidas e dos corpos humanos do que qualquer grupo de capitalistas já havia feito. A partir do outono de 1829, os compradores e os vendedores também tiveram que cumprir uma nova lei da Louisiana, que exigia que todos os que importassem um escravo de fora do estado para vendê-lo deveriam emitir e arquivar um "certificado de bom caráter", o qual tinha que contar com o testemunho de dois proprietários do condado de origem da pessoa escravizada. Os legisladores do estado da Louisiana se preocupavam com a possibilidade de receber rebeldes turbulentos por meio do comércio, em rápida expansão, entre os estados escravocratas mais antigos e os mais novos. Tal certificado tinha que listar os nomes do vendedor e do comprador originais, o local de venda e uma descrição geral da pessoa vendida: nome, idade, sexo, cor, altura. Assim, podemos ver, no certificado que Pierce preencheu com Boswell, que Pierce comprou Ellen no condado de Davidson, no Tennessee – Nashville –, no dia 22 de setembro, de Garrison Lanier. Lanier era um residente do condado de Davidson que possuía seis escravos antes de vender Ellen.[4]

A lei estava em vigor até o final de 1831 e o comércio se concentrou principalmente nos meses que sucederam a temporada da malária, que ia do final de novembro a abril, de modo que os certificados nos fornecem duas "estações de venda". Nessas duas estações, mais de 4.200 certificados de bom caráter foram registrados nos livros de 13 diferentes notários de Nova Orleans. Junte-os todos, classifique-os, analise-os com um software estatístico e eles produzem um censo que é único nos registros do comércio negreiro interestadual dos Estados Unidos. Tal banco de dados nos permite ver, durante esses dois anos, exatamente quem o tráfico de escravos rebocou para a boca do Mississippi, de onde eles vieram e quem os vendeu nos antigos estados. Esse conhecimento pode lançar luz sobre como os traficantes negreiros profissionais substituíram os empresários ecléticos da década de 1810. Os dados dos registros notariais também podem contextualizar as experiências das pessoas que estavam dentro do tráfico de escravos, ajudando-nos a enxergar o que moldou as histórias que Ellen contou quando chegou ao campo de trabalho escravo de Barthelemy Bonny. (Ver Tabelas 6.1 e 6.2.)[5]

---

4. BD, #423; Jonathan Pritchett and Herman Freudenberger, "The Domestic United States Slave Trade: New Evidence", *Journal of Interdisciplinary History* 21 (1991): 448; *Richmond Enquirer*, March 26, 1829; US Department of Commerce, US Census Bureau, 1830 US Census of Population, R174/p 217.
5. Cf. Pritchett and Freudenberger, "Domestic United States Slave Trade." Minha base de dados registra todas as mais de 5.500 vendas de escravos interestaduais em Nova Orleans entre o verão de 1829 e o fim de 1831, independentemente de estarem associadas ou não a certificados.

Para começar, as pessoas escravizadas vendidas em Nova Orleans entre 1829 e 1831, por comerciantes de escravos como Pierce, provinham, em sua maioria esmagadora, dos estados mais antigos que constituíam o coração da escravidão e da população afrodescendente nos Estados Unidos. De 1815 a 1819, 33% dos escravos vendidos em Nova Orleans tinham vindo do Chesapeake e das Carolinas. Mais de um terço de todos os certificados eram emitidos em um estado – a Virgínia –, o qual um de seus nativos, Louis Hughes, chamou de "mãe da escravidão". "Quando fui colocado em cima do caixote", lembrou Hughes, "um sr. McGee veio, me tocou e perguntou o que eu sabia fazer. 'Você parece um *nigger* inteligente e decente', disse ele, 'A Virgínia sempre produz bons escurinhos'". De fato, mais de dois terços das pessoas transportadas para Nova Orleans entre julho de 1829 e o fim de 1831 vieram de três estados: Carolina do Norte, Virgínia e Maryland. A fração que combinava os valores da Carolina do Norte e de Chesapeake – as jurisdições escravistas mais antigas nos Estados Unidos – somava 3.009 pessoas, ou 77% do total. (Tabela 6.2).[6]

Tabela 6.1
Origens de certificados por estado, 1829-1831, Nova Orleans, e 1826-1834, Natchez

Estado de Origem	Nova Orleans	Natchez	Total
Desconhecido	312	6	318
	7,4%	0,5%	5,8%
Alabama	57	3	60
	1,3%	0,2%	1,1%
Distrito de Colúmbia (Washington)	90	40	130
	2,1%	3,2%	2,4%
Flórida	13	0	13
	0,3%	0%	0,2%
Geórgia	78	0	78
	1,8%	0%	1,4%

6. HALL; Louis Hughes, *Thirty Years a Slave: The Institution of Slavery as Seen on the Plantation and in the Home of a Planter* (Milwaukee, WI, 1897), 11.

Estado de Origem	Nova Orleans	Natchez	Total
Kentucky	188	464	652
	4,4%	37,2%	11,9%
Louisiana	147	0	147
	3,5%	0%	2,7%
Maryland	519	105	624
	12,3%	8,4%	11,4%
Michigan	0	2	2
	0%	0,2%	0%
Missouri	5	0	5
	0,1%	0%	0,1%
Mississippi	8	25	33
	0,2%	2%	0,6%
Carolina do Norte	794	40	834
	18,7%	3,2%	15,2%
Carolina do Sul	193	0	193
	4,6%	0%	3,5%
Tennessee	216	98	314
	5,1%	7,9%	5,7%
Virgínia	1.615	465	2.080
	38,1%	37,3%	37,9%
Total	4.235	1.248	5.483

Fonte: Baptist Database, coletado dos Arquivos Notariais de Nova Orleans e Port Register, Condado de Adams, Mississippi (particular).

* Primeira linha das colunas 2, 3 e 4: número de pessoas, segunda linha, porcentagem do total da coluna.

Tabela 6.2
Origens dos certificados por grupos de estados, 1829-1831, Nova Orleans, e 1826-1834, Natchez

Grupos de estados	Mulheres	Homens	Total
Nova Orleans			
Virgínia, Maryland, Distrito de Colúmbia, Carolina do Norte	1.036 (34,4%)	1.973 (65,6%)	3.009 (77,0%)
Carolina do Sul	49 (25,7%)	142 (74,3%)	191 (4,9%)
Kentucky, Tennessee, Missouri	150 (36,9%)	257 (63,1%)	407 (10,4%)
Alabama, Geórgia, Mississippi, Louisiana	79 (26,1%)	224 (73,9%)	303 (7,7%)
Total	1.315 (33,6%)	2.596 (66,4%)	3.911
Natchez			
Virgínia, Maryland, Distrito de Colúmbia, Carolina do Norte	275 (44,1%)	349 (55,9%)	624 (51,5%)
Carolina do Sul	0	0	0
Kentucky, Tennessee, Missouri	279 (49,8%)	281 (50,2%)	560 (46,2%)
Alabama, Geórgia, Mississippi, Louisiana	18 (66,7%)	9 (33,3%)	27 (2,2%)
Total	572 (47,2%)	639 (52,8%)	1.211
Combinado			
Virgínia, Maryland, Distrito de Colúmbia, Carolina do Norte	1.311 (36,1%)	2.322 (63,9%)	3.633 (70,9%)
Carolina do Sul	49 (25,7%)	142 (74,3%)	191 (3,7%)
Kentucky, Tennessee, Missouri	429 (44,4%)	538 (55,6%)	967 (18,9%)
Alabama, Geórgia, Missouri, Louisiana	97 (29.4%)	233 (70.6%)	330 (6.4%)
Total	1.886 (36,8%)	3.235 (63,2%)	5.121

Fonte: Baptist Database, coletado dos Arquivos Notariais de Nova Orleans e Port Register, Condado de Adams, Mississippi (particular).

Nos condados ao longo dos rios James, Roanoke e Potomac, os avós e bisavós africanos e até mesmo gerações anteriores de ascendentes diretos – ao longo das décadas e séculos desde que haviam sobrevivido ao comércio de escravos no Atlântico – tinham criado tradições e redes que permitiram a sobrevivência das famílias escravizadas. As pessoas vinham inclusive prosperando, vivendo mais tempo e conseguindo fazer com que um maior número de bebês chegasse saudável à idade adulta. Mas, na década de 1820, os escravocratas estavam se mudando de mala e cuia para o Sudoeste, viajando através das montanhas até chegar aos lugares onde ganhariam dinheiro por três décadas. A contar de 1850, 388 mil brancos nascidos na Virgínia viveriam em outros estados. A propriedade humana, gerada pelo próprio compromisso das pessoas escravizadas de criar e proteger as crianças, muitas vezes representava a única riqueza real para os escravizadores que permaneceram no sudeste. Somente os mercados da Geórgia ou da Louisiana poderiam transformar esses escravos em valor líquido. E por volta de 1829 um novo grupo de empreendedores, baseado no desenvolvimento pré-existente de instituições de mercado em Nova Orleans, estava criando um comércio poderoso e eficiente que transformou em dinheiro o valor acumulado nos laços familiares que as pessoas escravizadas tinham tecido tão ricamente em Chesapeake e nas Carolinas.[7]

Já bem cedo, em meados da década de 1820, as pessoas que visitavam o Vale do Mississippi notavam essa nova geração de empreendedores. Eram homens jovens que enriqueciam rapidamente ao se especializarem em uma mercadoria – seres humanos. Comprando, por preços baixos, montes de pessoas escravizadas na Virgínia e em Maryland, esses jovens "as enfiavam na prisão por questões de segurança" e as conduziam rio abaixo, pelo entorno do cabo da Flórida até Nova Orleans ou para qualquer outra parte do Sudoeste "algemadas como gado". Os novos empreendedores, por controlar toda a porção intermediária do processo de migração forçada, conseguiam conectar de maneira eficiente aquela riqueza acumulada aos mercados. E os afro-americanos lhes deram um novo nome. Robert Falls ouviu isso de sua mãe, que lhe disse que seu dono a vendeu "para os especuladores de escravos", que a conduziram com os demais em um comboio, "como um bando de mulas, para o mercado". Eles passaram pela Carolina do Norte, onde, como Falls disse mais tarde, "ela começou a ter ataques. Veja que ela foi vendida em lugar longe de onde estava seu bebê".[8]

Um dos especuladores mais famosos, Austin Woolfolk, de Baltimore, criou uma série de inovações que produziram conexões de mercado cada vez mais eficientes entre os antigos estados e a fronteira escravista. Ele abriu filiais de sua firma nas regiões de venda

---

7. David Hackett Fischer e James Kelly, *Bound Away: Virginia and the Westward Movement* (Richmond, 1993), 137.
8. Henry C. Knight, *Letters from the South and West* (Boston, 1824), 101-102; Robert Falls, AS, 16.6 (TN), 13.

e de compra, dando constância a suas atividades no comércio. Nos lugares repletos de escravos compráveis, como a Costa Oriental de Maryland, Austin Woolfolk e seu irmão John usaram propaganda para criar a reputação de uma marca. Logo, os concorrentes fizeram o mesmo, como Samuel Reynolds, que chegou à Costa Oriental de Maryland em 1831 e estampou um anúncio no *Easton Republican Star*. Dizia a publicação que Reynolds não deixaria o Hotel Easton até comprar "100 PRETOS", "com idade entre 12 e 25 anos, pelos quais pagaria preços mais altos do que qualquer outro comprador no mercado". O jovem Frederick Douglass, enviado de volta de Baltimore (onde secretamente aprendeu a ler) para o condado rural de Talbot – Easton era a sede do condado – lembrou que, para aqueles que não liam os jornais, os empregados de Woolfolk pregavam "folhetos extravagantes" – impressos em letras espalhafatosas – "onde se lia a chamada PRETOS PAGOS EM DINHEIRO". Os Woolfolks, que compraram a mãe de Jacob Green, pagavam em dinheiro. Mas se recusavam a pechinchar, como Green se lembrou: o que faziam normalmente era oferecer um valor médio para os indivíduos de determinada idade e sexo.[9]

Logo ao Norte do condado de Talbot estava o condado de Kent, outra área rural decaída onde os senhores de escravos lucravam mais com a venda de pessoas que com a venda de tabaco. Milhares de brancos deixaram o condado de Kent em busca de áreas mais promissoras. O mesmo aconteceu com os afro-americanos, como Henry Highland Garnet, de 9 anos de idade, que escapou para a Pensilvânia com seus pais em 1824. Garnet cresceu e se tornou um defensor da autodeterminação afro-americana, famoso por seus discursos, como o "Discurso para os escravos" (1842), onde clamava por uma revolta violenta. Mas a maioria dos afro-americanos que deixaram o condado de Kent foi para o Sul com os especuladores, não para o Norte, para a liberdade. De 1829 até 1831, os certificados de Nova Orleans mostram que os comerciantes de escravos compraram cem escravos no condado de Kent e os levaram para Louisiana. O condado de Kent, na época, tinha cerca de 10 mil pessoas, das quais 3 mil eram escravizadas. 100 vendas equivaliam a mais de 3% dos escravos.[10]

---

9. Jacob D. Green, *Narrative of the Life of J. D. Green* (Huddersfield, UK, 1864), 5; Frederick Douglass, *My Bondage and My Freedom* (Nova York, 1855), 448; Easton Star, November 27, 1827, May 26, 1829.
10. *Easton Star*, September 27, 1831; cf. *Easton Star*, April 12, 1825, 1825, May 8, 1827, November 27, 1827, April 7, 1829, May 28, 1829, September 7, 1830; Stanley Harrold, *The Rise of Aggressive Abolitionism: Addresses to the Slaves* (Lexington, KY, 2004); BD. Nem todos os escravos vendidos no condado de Kent eram de lá: muitos eram como a menina de 14 anos de idade chamada Anne, que Caleb Dorsey trouxe do condado de Anne Arundel, do outro lado da Baía de Chesapeake, para vendê-la para John Maydwell no outono de 1830.

Se olharmos ainda mais de perto, 97 dos escravos do condado de Kent vendidos em Nova Orleans tinham entre 10 e 30 anos, e 79 tinham entre 14 e 23, a faixa etária da maioria dos que eram vendidos como "mãos". Se olharmos com os olhos do pastor metodista e nativo do condado de Kent John Dixon Long, veremos o resultado dessas vendas na beira da água, onde uma balsa receberia como carregamento aqueles que estavam prestes a serem transportados. Uma multidão de mães, pais e amigos esperava para dizer adeus para um em cada dez homens e mulheres jovens da comunidade. Os homens brancos armados mantinham as duas multidões afastadas, pois, embora uma corrente de comboio já prendesse os homens e meninos, todos eram uma potencial ameaça de fuga. Nem mesmo as mulheres podiam entrar nas moitas. "Eu vi [os homens], na balsa", Long recordou, "colocados sob a necessidade de violar as decências da natureza na frente das mulheres, não tendo permissão para se retirarem". As pessoas faziam o melhor que podiam, o sexo oposto desviando o olhar como forma de gentileza. Em seguida, o batelão alcançou a areia e chegou a hora de dizer adeus: "Adeus, mãe". "Adeus, minha criança". "Adeus, John". "Adeus, Bill".[11]

A cena se repetiu em inúmeros rios e bordas de canais, em encruzilhadas e, eventualmente, nos depósitos ferroviários do sudeste, ano após ano, até a Guerra Civil. Na década de 1820, os senhores migrantes e os novos traficantes negreiros deslocaram aproximadamente 35 mil pessoas escravizadas de Maryland e do Distrito de Colúmbia, 76 mil da Virgínia e 20 mil da Carolina do Norte, e isso foi apenas o começo (ver Tabela 1.1). Repetidamente, especuladores sugavam áreas onde a população escravizada era densa e a agricultura mercantil, decadente, esvaziando o que um sem-número de pais e mães tinha de mais valioso: meninos, meninas e jovens de ambos os sexos. Em 1820, das crianças escravizadas com 10 anos ou menos na Virgínia, apenas três em cada quatro que sobreviveram ainda estariam no local dez anos depois. Os números para Maryland, Delaware e a Carolina do Norte eram todos semelhantes.[12]

Charles Ball temia os homens da Geórgia, mas a partir da década de 1820, a probabilidade de ser vendido para os interesses do Sudoeste aumentou dramaticamente. Em um único ano, o risco de determinada pessoa ser vendida para esta região era menor que o risco de 10% que os jovens do condado de Kent corriam. Mas o risco acumulado de ser vendido em algum momento ao longo das três décadas de seus anos "vendáveis"

---

11. Richard Watson, John Wesley, e John Dixon Long, *Pictures of Slavery in Church and State* (Philadelphia, 1857).
12. William G. Shade, *Democratizing the Old Dominion: The Second Party System in Virginia, 1824--1861* (Charlottesville, VA, 1996), 22.

atingia quase 50%. Essas probabilidades também significavam que muitas pessoas escravizadas passaram por algo semelhante ao que Moses Grandy suportou. Vivendo na parte Oeste da Carolina do Norte na década de 1820, ele viu sua esposa, sua irmã e seus seis filhos vendidos para o comércio interestadual. Tudo somado, a drenagem contínua interrompeu o crescimento demográfico da população escrava da Virgínia entre 1820 e 1860.[13]

O novo comércio de escravos permitiu que os proprietários de escravos da Costa Leste embolsassem uma riqueza potencial em mercados distantes. Alguns usaram o novo comércio para entregar grandes parcelas de suas escravarias aos especuladores, o que permitiu que os fazendeiros endividados acalmassem temporariamente seus credores e permanecessem no Sudeste. Outros senhores venderam escravos para financiar sua própria migração para o Oeste ou, então, para instalar membros da família nas áreas de cultivo de algodão do Sudoeste, de modo a fazer a fortuna que salvaria o antigo patrimônio familiar. "Fiquei desapontado por não conseguir os negros que eu esperava da sra. Banister", escreveu S. C. Archer, que estava tentando entrar no negócio da escravidão. "Ela pretende enviar seu filho Robert [para o Mississippi] assim que ele tiver idade suficiente para gerenciar todos os negros por ela."[14]

Os empreendedores individuais penetraram em diferentes estados de diferentes maneiras e em diferentes graus. Na Carolina do Sul, organizaram coletivamente uma produção altamente centralizada para o comércio interestadual, afunilando em Charleston a maioria das vendas dos escravos destinados ao mercado de Nova Orleans. A julgar pela altura que tinham – uma média de 1,66m para os homens adultos, cerca de 8 centímetros a menos que os homens brancos do Sul –, a maioria dos escravos vendidos da Carolina do Sul veio das *plantations* de arroz das planícies costeiras, onde a desnutrição era comum e a malária, endêmica (ver Tabela 6.3). Mas isso não impediu que Leon Chabert, de Nova Orleans, o comerciante responsável por uma grande porcentagem de compras na Carolina do Sul, baseasse seus negócios neles.

A Carolina do Norte, em contraste, era um terreno de vastas extensões rurais e pouca infraestrutura. Seu comércio de escravos se concentrava em algumas poucas cidades, como Salisbury, no condado de Rowan, no Piemonte ocidental. Uma série de homens

---

13. Herbert G. Gutman, Richard Sutch, Peter Temin, e Gavin Wright, *Reckoning with Slavery: A Critical Study in the Quantitative History of American Negro Slavery* (Oxford, 1976), 109-112; Michael Tadman, *Speculators and Slaves: Masters, Traders, and Slaves in the Old South* (Madison, WI, 1989), 301; Moses Grandy, *Life of Moses Grandy, Late a Slave in the United States of America* (Boston, 1844), 46.
14. S. C. Archer to R. T. Archer, July 28, 1833, Box 2E652, Fol. 6, Richard T. Archer Papers, Center for American History, Universidade do Texas em Austin.

dominava a compra e o transporte de escravos nos arredores da cidade. No período de 1829 a 1830, foi a vez de James Huie. Em poucos anos, Huie foi substituído por Tyre Glen, o xerife local, e seus comparsas, R. J. Puryear e Isaac Jarratt. O condado de Craven, na Costa Atlântica, era o eixo de outro comércio significativo, um ponto de concentração dos escravos trazidos pelos vendedores dos distritos remotos. Um terceiro ponto relevante era o condado de Chowan, nos pântanos do Nordeste, cuja sede do condado era a cidade portuária de Edenton.[15]

Na Virgínia, o mercado de escravos era ainda mais espalhado. De 1829 a 1831, 41 dos condados do estado enviaram pelo menos 15 pessoas para a Louisiana a fim de que fossem vendidas. O estado inteiro era, nas palavras de um ex-escravo, "um mercado padrão de escravos". Os compradores de escravos profissionais percorriam cada estrada e canal, espiando em toda e qualquer cidadezinha. A venda de escravos financiou a reconstrução da economia política da Virgínia: Francis Rives reinvestiu os lucros das viagens que fez ao Alabama para comercializar escravos em uma empresa de mineração de carvão que acabou fornecendo combustíveis para as primeiras ferrovias e fábricas. Assim, o mercado da carne humana fundou uma nova economia que seria menos dependente do estilo de produção das fazendas, embora os canais recém-abertos continuassem trazendo os barcos dos sopés das montanhas para o mercado de escravos em Richmond.[16]

Na década de 1820 e nas seguintes, os compradores de escravos, bem-abastecidos com o dinheiro tentador dos bancos do sudeste, primorosos na arte do lucro, disciplinaram os vendedores a oferecerem o tipo exato de pessoas que o mercado do Sudoeste procurava. Por exemplo, quando Jacob Bell vendeu Lewis, de 20 anos de idade, para o comerciante de escravos John Maydwell, no dia 1º de setembro de 1830, no condado de Kent, em Maryland, Maydwell estava adquirindo a propriedade mais valiosa de Bell. Talvez Bell tivesse preferido manter Lewis, seu único escravo adulto do sexo masculino, trabalhando para ele no condado de Kent. Mas Lewis renderia a Maydwell 500 dólares ao ser revendido em Nova Orleans dois meses depois. E Lewis era exatamente o tipo que os comerciantes arrancavam dos senhores de escravos dos antigos estados. Primeiro, era jovem: 84% daqueles que foram comprados no Sudeste para serem levados a Nova

---

15. Harriet Jacobs, *Incidents in the Life of a Slave Girl, Written by Herself* (Boston, 1861); Calvin Schermerhorn, *Money over Mastery, Family over Freedom: Slavery in the Antebellum Upper South* (Baltimore, 2011).
16. Sarah Byrd, AS, 12.1 (GA), 168; John Majewski, *A House Dividing: Economic Development in Pennsylvania and Virginia Before the Civil War* (Cambridge, UK, 2000); John Bezis Selfa, *Forging America: Ironworkers, Adventurers, and the Industrious Revolution* (Ithaca, NY, 2004); Ledger, 1829-1855, Alfred Rives Papers, Duke.

Orleans, entre 1829 e 1831, tinham entre 11 e 24 anos. Segundo, era homem, e terceiro, foi vendido sozinho. Dois terços das pessoas levadas para Nova Orleans eram do sexo masculino, e a maioria delas era vendida sozinha, sem família ou cônjuges. Mesmo entre as mulheres em idade fértil, 93% foram vendidas sem filhos. "Uma noite eu me deitei no colchão de palha com minha mamãe e, na manhã seguinte, quando acordei, ela tinha ido embora", lembrou-se o ex-escravo Viney Baker.[17]

A organização corporativa de Austin Woolfolk incluía canais sistemáticos de comunicação e trocas, vasta publicidade, preços consistentes, pagamentos em dinheiro e locais fixos. Ele e seus parentes concentraram as pessoas em pontos fixos, preparando-se para fazer remessas em larga escala. Moses Grandy viu um conjunto de barcaças de Woolfolk entrando em Norfolk, na Virgínia, vindo da Costa Oriental. Ou melhor, ele ouviu os barcos, "carregados de gado e pessoas de cor", docas. "O gado berrava por seus bezerros, e os homens e as mulheres choravam por seus maridos, esposas ou por suas crianças". Os Woolfolks também embarcaram escravos via Chesapeake até Inner Harbor, em Baltimore. Lá, funcionários descarregavam os passageiros escravizados durante a noite e, em seguida, os faziam marchar até a rua Pratt, atravessando o coração do que hoje é o centro de Baltimore. Seus "passos mortos, pesados" e "gritos comoventes" acordaram o jovem Frederick Douglass, que estava vivendo ali, na casa que seu dono tinha na cidade. Quando o grupo acorrentado chegou ao fim da rua, foi conduzido por uma passagem subterrânea que levava até o pátio de uma "prisão" privada destinada ao comércio. Não eram mais armazéns, celeiros ou tabernas. Da cadeia, os Woolfolks enviavam escravos para Nova Orleans pela rota marítima em despachos regulares, muitas vezes alugando embarcações inteiras que carregavam cem ou mais pessoas de uma vez. A integração vertical dessa empresa interestatal permitiu que Austin Woolfolk, que havia começado como um mero homem da Geórgia, acumulasse riqueza a ponto de, então, conseguir se passar por um ilustre cavalheiro. Quando o professor da Universidade da Carolina do Norte, Ethan Allen Andrews, visitou Woolfolk em sua prisão na rua Pratt, na década de 1830, os vizinhos lhe disseram não só que Austin era "um senhor muitíssimo meigo e indulgente", como também seus pagamentos em dinheiro e sua média de preços provavam que era "um homem correto e escrupulosamente honesto".[18]

---

17. US Census Bureau, 1830, R54/p429; Robert Falls, AS, 16.6 (TN), 13; Viney Baker, AS, 14.1 (NC), 71; Charley Barbour, AS, 14.1 (NC), 76.
18. Grandy, *Life*, 44; Steven Deyle, *Carry Me Back: The Domestic Slave Trade in American Life* (Nova York, 2005), 98-99; Robert Gudmestad, *A Troublesome Commerce: The Transformation of the Interstate Slave Trade* (Baton Rouge, LA, 2003), 25- 30; Frederick Douglass, "The Meaning of the Fourth of July for the Negro", *Selected Addresses of Frederick Douglass* (Lanham, MD, 2013); Rezin Williams, AS, 16.3 (MD), 76-77; Ethan A. Andrews, *Slavery and the Domestic Slave-Trade in the United States* (Boston, 1836), 80-81.

Tabela 6.3
Altura média dos adultos, por estado de origem, a partir das vendas de escravos de Nova Orleans, 1829-1831

Grupos de estados	Alturas médias (metros)	Número de adultos	Desvio padrão
Virgínia, Distrito de Colúmbia, Maryland, Carolina do Norte	F 1,60	397	0,064
	M 1,70	1.537	0,069
	Total 1,68	1.934	0,079
Carolina do Sul	F 1,61	31	0,053
	M 1,66	114	0,059
	Total 1,65	145	0,061
Kentucky, Tennessee, Missouri	F 1,64	114	0,073
	M 1,74	338	0,078
	Total 1,71	452	0,088
Alabama, Geórgia, Mississippi, Louisiana	F 1,62	30	0,086
	M 1,71	77	0,072
	Total 1,68	107	0,086
Total	F 1,60	572	0,068
	M 1,70	2.066	0,072
	Total 1,68	2.638	0,082

Fonte: Baptist Database, coletado dos Arquivos Notarias de Nova Orleans.

No velho sudeste, os brancos compravam e vendiam pessoas negras em dias excepcionais. "Era usual", escreveu o ex-escravo Allen Parker, no início do século XIX, "que aqueles que tinham escravos os deixassem, os levassem a algum lugar notório, como um ponto onde duas estradas se cruzavam, no primeiro dia do Ano Novo." Os dias de folga das audiências trimestrais também geravam multidões, o que era suficiente para encher os leilões comunitários. Também eram dias típicos de venda os domingos, quando os cavalheiros trocavam cavalos e pessoas no pátio de fora da igreja. Entretanto, os certificados de Nova Orleans revelam que, desde a década de 1820, comerciantes como Woolfolk estavam comprando escravos não de acordo com o calendário tradicional do ritmo rural, mas em inúmeras transações individuais ao longo de um novo ano comercial. Dos mais de 4 mil certificados dos estados do Sudeste no Arquivo Notarial, 89% foram criados em dias úteis – de segunda a sexta-feira, o que constitui apenas 71% da semana. Há uma razão para isso: vendas individuais, em dias individuais, em lugares "empresariais" (como o bar do Easton Hotel, onde o irmão de Austin, John, encontrava os vendedores) eliminaram um problema: a possibilidade de haver lances de leilão encenados por moradores locais, que estariam em conluio com vendedores a fim de aumentar os preços. A compra e venda de escravos não eram mais extraordinárias. Tinham se tornado uma transação comum, algo que os homens de negócios faziam nos dias úteis. Pois, apesar do ato paternalista de Austin Woolfolk, seu negócio consistia em separar cônjuges e deixar crianças órfãs. Ele e os novos traficantes de escravos transformaram a venda de seres humanos no Sudeste dos Estados Unidos em um retrovírus moderno, um organismo econômico que não respeitava qualquer vínculo ou tradição e que reconfigurou tudo a seu redor para que as enzimas de criação e destruição do capitalismo circulassem livres e soltas.[19]

Ao mesmo tempo, a nova conveniência da venda de escravos também atendia aos desejos e necessidades dos vendedores. Em breve, escritores que se baseavam em desculpas culturais aceitas por todas as bandeiras políticas publicariam romances ambientados nas fazendas que retratavam os senhores de escravos de Chesapeake como vendedores de escravos relutantes, que enviavam os bens familiares ao mercado para arrecadar dinheiro apenas por causa de dívidas ou outras formas de catástrofe. Mas o padrão de vendas não sugere que os senhores de escravos eram fazendeiros paternalistas que haviam entrado em crises financeiras e que, portanto, estavam sendo forçados a vender escravos para sobreviver. Na verdade, eram homens e mulheres que estavam extraindo dinheiro de pequenas porções de suas reservas totais de riqueza humana sempre que quisessem. Mais da metade dos escravos do Sul era posse de brancos que alegavam ter vinte ou mais pessoas como propriedade. Dois terços das vendas nos registros de 1829 a 1831 foram executadas por proprietários de escravos que não venderam mais de quatro escravos durante esse período. Se tivessem sido atingidos por uma catástrofe, certamente teriam vendido mais escravos de uma só vez. "Estou precisando de dinheiro", escreveu B. S. King, de Raleigh, Carolina do Norte, em 1825, ao mesmo tempo em que resmungava sobre as repercussões morais de vender um homem para longe de sua esposa. No final, o "estou precisando de dinheiro" geralmente ganhava. "Você sabe que toda vez que eles precisavam de dinheiro vendiam um escravo", disse Robert Falls. Os comerciantes calibraram suas inovações não só para os empresários

---

19. Allen Parker, *Recollections of Slavery Times* (Worcester, MA, 1895), 9; BD.

do Sudoeste que queriam mãos, mas também para fornecer um serviço altamente útil para os brancos do Sudeste – a capacidade de transformar uma pessoa em dinheiro no menor tempo possível.[20]

OS DOCUMENTOS CRIADOS NO CARTÓRIO de William Boswell, em Nova Orleans, revelam outra razão pela qual a crise no Missouri não foi sequer uma piscadela na longa e crescente escalada da expansão da escravidão, que, na década de 1820, viu a transferência de 150 mil pessoas escravizadas dos estados do Sudeste para os estados e territórios do Sudoeste e um aumento na produção de algodão dos Estados Unidos de 350 mil fardos em 1819 para mais de 800 mil em 1830 (cada fardo pesava 180 quilos). O nome com que o vendedor de Ellen validou o recibo de 450 dólares assinado por Barthelemy Bonny era estranho, especialmente para um homem que pescava no condado de Kent e seus arredores. Os pais de Granville Sharp Pierce haviam escolhido nomeá-lo em homenagem a um tipo diferente de discípulo: o sacerdote anglicano do século XVIII, Granville Sharp. O Granville original tinha sido conhecido por várias coisas, inclusive sua pesquisa sobre a gramática do grego bíblico. Mas Sharp era mais famoso como um abolicionista internacional. No início da década de 1770, James Somersett, um homem escravizado nascido na Virgínia, foi levado por seu dono para Londres. Lá, ele escapou e procurou a ajuda de Granville Sharp: o fugitivo queria entrar com um processo por sua liberdade em um tribunal de Londres. Somersett ganhou o caso. A decisão estabeleceu como regra que os escravos, no momento em que pusessem os pés na Grã-Bretanha, se tornariam livres, embora a escravidão permanecesse legal no resto do império britânico. Sharp, em seguida, tentou convencer as autoridades britânicas a processarem o capitão do navio negreiro *Zong* por ter ordenado à tripulação que assassinasse 122 africanos no meio do Atlântico, quando os suprimentos de água começaram a ficar escassos. Sharp também ajudou a fundar a colônia de Serra Leoa, onde a Royal Navy (uma vez que o governo britânico aboliu a participação britânica no comércio internacional de escravos, em 1808) desembarcaria os africanos recuperados dos navios negreiros capturados.[21]

Granville Sharp foi o símbolo de uma antiga geração de ativistas do antiescravismo anglófono. A ofensiva deles no final do século XVIII teve como alvo a primeira escravidão, especialmente a das ilhas açucareiras. Esse sistema, acusavam eles, dependia,

---

20. Robert Falls, AS, 16.6 (TN), 13; B. S. King to Joel King, February 23, 1824, Joel King Papers, Duke.
21. Christopher Brown, *Moral Capital: Foundations of British Abolitionism* (Chapel Hill, NC, 2006), 165-206.

sobretudo, da travessia atlântica, e por isso procuraram limitar a escravidão acabando com o comércio negreiro transatlântico. A versão norte-americana desse movimento antiescravista havia muito desaparecido ajudara a emancipar escravos em áreas marginais do Norte. O que esses movimentos tinham em comum era que eles eram compostos por homens da elite que estavam tentando convencer o poder centralizado – Parlamento, Congresso, assembleias estaduais eleitas pelos proprietários de terras – a ordenar uma mudança através de um decreto legislativo ou real. Apesar de seu elitismo, a geração de Granville Sharp mudou realmente o cerne da opinião da sociedade educada contra a travessia atlântica. Em 1808, os governos tanto dos Estados Unidos quanto da Grã-Bretanha tinham proibido a participação de seus cidadãos no comércio internacional de escravos. Sharp e seus aliados concentraram-se no comércio internacional de escravos porque acreditavam que, sem a contínua importação de novos escravos da África, as fazendas de açúcar do Caribe feneceriam.[22]

No entanto, mesmo quando os estados do Norte estavam emancipando a maioria de seus últimos escravos na década de 1820, a alegação de que a escravidão prejudicava a economia política norte-americana parecia cada vez menos persuasiva à luz dos espantosos lucros do algodão. O comércio negreiro – agora interestadual, e não transatlântico – zombou das esperanças dos abolicionistas de que a escravidão morreria por conta própria. E a geração de Granville Sharp não tinha sido substituída. Não havia oposição substancial à expansão da escravidão entre os brancos norte-americanos. Após o Compromisso do Missouri, a ativa oposição dos brancos à escravidão diminuiu progressivamente. A maioria dos que reconheciam que a escravidão era moralmente errada, em um sentido abstrato, recusou-se a tomar qualquer atitude concreta para enfrentar o problema. Era fácil culpar os homens da Geórgia por "excessos", enquanto, o tempo todo, o especulador atualizou essa figura. Era fácil propor o transporte dos afro-americanos "de volta" para uma África que nunca tinham visto. Isso nunca aconteceria. John Quincy Adams, por exemplo, só precisava fazer as contas nos dedos para ver que esperar pelo fim da escravidão através da "colonização" era como "sonhar acordado". E, ao mesmo tempo, cada nova mão em cada novo algodoal significava mais mercado para os produtos do Norte, mais moeda estrangeira, matérias-primas mais baratas para a indústria do Norte e mais oportunidades para os jovens de Vermonte

---

22. David Brion Davis, *The Problem of Slavery in the Age of Revolution, 1775-1820* (Ithaca, NY, 1975); John C. Hammond and Matthew Mason, eds., *Contesting Slavery: The Politics of Bondage and Freedom in the New American Nation* (Charlottesville, VA, 2011).

e da Pensilvânia que se mudaram para Natchez. Os defensores da escravidão tinham vencido as discussões que importavam. Mesmo um homem cujo nome havia sido dado pelos pais em homenagem a Granville Sharp tinha se tornado um especulador.[23]

Na década de 1820, as pessoas escravizadas na fronteira da escravidão enfrentaram os poderes combinados da economia mundial, de uma alta demanda por sua principal mercadoria e da classe dominante criativamente destrutiva de uma jovem e vigorosa república. E enfrentaram tudo isso sozinhas. Durante muitos anos, as pessoas escravizadas só podiam resistir com murmúrios sussurrados em torno das 10 mil fogueiras nas fazendas de algodão do Sudoeste – ou no Sudeste, entre aqueles que ficaram para trás. Embora tivessem que manter os murmúrios afastados dos ouvidos das pessoas brancas, as palavras que constituíam sua crítica da escravidão foram tremendamente importantes para eles e para o futuro. Ao redor do fogo, ou tarde da noite, com a boca pressionada contra o ouvido da pessoa com quem se compartilhava uma cama, ou codificado no testemunho dos fiéis em todos os encontros religiosos frequentados apenas por negros, as pessoas escravizadas usavam a palavra "roubado", e com ela descreviam uma história que enfraquecia todas as reivindicações implícitas e explícitas que os senhores de escravos faziam para defender a escravidão. Entre aqueles com quem agora falavam uma língua comum, eles ousaram discordar das afirmações de que a escravidão se expandiria e de que ninguém deveria fazer coisa alguma para interferir. Eles rejeitaram a alegação de que Deus, a natureza ou a história os tinham destinado à escravidão. Eles desmascararam a suposição de que as necessidades das pessoas brancas deveriam prevalecer sobre suas próprias, ou a ideia de que o dinheiro deveria estar acima da consciência, confrontando, com suas próprias palavras, cada linha escrita em papéis como os que Granville Sharp Pierce carregava consigo para o escritório de William Boswell.

"Minha mãe, tio Robert e Joe", disse Margaret Nickerson, da Flórida, "foram roubados da Virgínia e trazidos para cá". Lewis Brown explicou sua própria genealogia assim: "Minha mãe foi roubada. Os especuladores a roubaram e a trouxeram para o condado de Kemper, no Mississippi, e a venderam." Repetidas vezes, as pessoas escravizadas disseram que, quando foram vendidas ou então forçadas a irem para outro lugar, elas foram "roubadas". Contando suas histórias pessoais dessa maneira, conseguiram duas

---

23. JQA, 9:35; Robert Pierce Forbes, *The Missouri Compromise and Its Aftermath: Slavery and the Meaning of America* (Chapel Hill, NC, 2007); Lacy K. Ford, *Deliver Us from Evil: The Slavery Question in the Old South* (Nova York, 2009), 149; cf. Kari J. Winter, *The American Dreams of John B. Prentis, Slave Trader* (Athens, GA, 2011).

coisas. Primeiro, usaram uma língua recentemente comum para tornar suas histórias pessoais parte de uma história maior. E, em segundo lugar, deixaram claro que essa história comum era uma história de crimes. Comprar e vender pessoas era um crime. Compradores e vendedores eram criminosos.[24]

As críticas à escravidão comparando-a a roubo já tinham sido feitas antes. Mas, agora, o contexto era diferente. O tráfico negreiro transatlântico estava fechado e os senhores de escravos podiam se apresentar como os arquitetos de um sistema "domesticado" que não era mais sustentado por guerras de escravização na África. Enquanto isso, os registros notariais de Nova Orleans, assim como todos os registros legais da escravidão do Sul, descreviam a ruptura que Granville Sharp Pierce impôs à vida de Ellen como uma transação legítima sobre uma propriedade legalmente mantida. A maioria dos brancos, fosse no Norte ou no Sul, acreditava que os proprietários de escravos tinham obtido seus bens humanos por meio de transações comerciais regulares, registradas adequadamente na lei. E quando a economia mudou, eles sugeriram que os proprietários poderiam fazer o que quisessem com aquilo que possuíam legalmente. Nesse contexto, quando as pessoas escravizadas diziam umas às outras "fomos roubados", estavam preparando um ataque radical às reivindicações, implícitas e explícitas, que os senhores de escravos faziam pela legitimidade da escravidão. Tal ataque cortaria como um machado a raiz intelectual de cada desculpa dos brancos – até mesmo as que ainda nem sequer tinham sido inventadas. Descrever a escravidão e sua expansão como um roubo significava que a escravidão não era meramente uma incompatibilidade estranha na experiência republicana norte-americana, ou mesmo uma causa para os discursos sobre diferenças seccionais. A escravidão não era, então, apenas algo que doía nos olhos dos brancos. Em vez disso, o verbo "roubar" diz que a escravidão é um crime.

Uma palavra, "roubados", veio a constituir uma história – uma interpretação do passado que moldou o presente – de Maryland, passando pela Carolina do Sul, até o Texas. Pessoas escravizadas reconheceram que a escravidão que estavam vivendo foi moldada pela habilidade dos brancos de levar os corpos dos afro-americanos para onde desejassem. A migração forçada criou mercados que permitiram aos brancos extrair lucros de seres humanos. Isso provocou uma espécie de isolamento que permitiu que os senhores de escravos usassem a tortura para extrair novos tipos de trabalho. Isso levou à doença, à fome e a outros tipos de privações mortais. Assim, conforme esses historiadores vernaculares tentaram dar sentido a suas próprias vidas sofridas, a

---

24. Margaret Nickerson, AS, 17 (FL), 251; Jane Sutton, AS, 7.2 (MS), 152; Cora Gillam, AS, S2, 1.3 (AR), 68; Adaline Montgomery, AS, S1, 9.4 (MS), 1514; Lewis Brown, AS, 8.1 (AR), 292; Grandy, *Life*, 10-11.

palavra "roubados" se tornou o núcleo de uma história que explicavam. Ela revelou que o sofrimento que os pés tiveram de sentir; que a forma como a violência da separação dilacerou os corações e fez que as mãos trabalhassem contra o próprio corpo e a própria alma; que todas essas violências tinham sido produzidas, no fim das contas, pelo modo como os escravistas conseguiam usar as reivindicações de propriedade para empregar as pessoas como mercadorias no que havia de mais inovador no setor empresarial da economia mundial moderna.

Nessa crítica, os proprietários de escravos não eram herdeiros inocentes da história, como Jefferson fazia de conta que eram. Ao contrário, a expansão da escravidão foi escolhida de maneira consciente, um crime com intenção. Anos depois de a escravidão ter terminado, o ex-escravo Charles Grandy refletiu sobre o que motivava os proprietários escravistas que o tinham transportado da Virgínia para ser vendido em Nova Orleans. Depois de passar a vida lá, ele tinha voltado para Norfolk. Perguntou, então, a seu entrevistador, um acadêmico afro-americano (como Claude Anderson, da Universidade de Hampton) se o jovem entendia a importância da estátua do soldado confederado que se erguia sobre um alto pilar no porto. O próprio Grandy passara uma vez pelo local da estátua quando estava no porão de um navio negreiro. "Sabe o que isso significa?", perguntou Grandy. Mas o ponto de interrogação era retórico, ele já tinha uma resposta pronta: aquilo significava, disse ele ao entrevistador, "Carregue o *nigger* para o Sul se quiser controlá-lo."[25]

A estátua era uma justificativa *post hoc* para os mesmos desejos que haviam levado os brancos a roubá-lo de sua vida na Virgínia, ou a mãe de Hettie Mitchell de seus pais, na Carolina. Pois, se você quer *controlar* uma pessoa, *roube* a pessoa. Roube-a de seu povo e roube-a de sua própria mão direita, de tudo o que cresceu sabendo. Leve-a a um lugar onde você possa roubar tudo mais dela: seu futuro, sua criatividade, seu ventre. Essa era a verdadeira razão por trás da história do século XIX, insistiu Grandy, desde a expansão da escravidão à sua defesa política, e à guerra que seus patrocinadores acabaram

---

25. Jane Sutton, AS, 7.2 (MS), 152; George Ward, AS, S1, 10.5 (MS), 100; Harry Johnson, AS, 4.2 (TX), 212-213; George Fleming, AS, S1, 11 (SC), 127-133; William Wells Brown, *Narrative of William Wells Brown, a Fugitive Slave* (Boston, 1849), 13; Edward E. Baptist, "'Stol' and Fetched Here': Enslaved Migration, Ex-Slave Narratives, and Vernacular History", in Edward E. Baptist and Stephanie M. H. Camp, eds., *New Studies in the History of American Slavery* (Athens, GA, 2006), 243-274; Charles L. Perdue Jr., Thomas E. Barden, and Robert K. Phillips, eds., *Weevils in the Wheat: Interviews with Virginia Ex-Slaves* (Charlottesville, VA, 1976), 115; Greta Elena Couper, *An American Sculptor on the Grand Tour: The Life and Works of William Couper (1853-1942)* (Los Angeles, 1988). *Weevils in the Wheat* faz referência a uma estátua de 1907 de um soldado confederado nas proximidades das docas de Norfolk.

por iniciar. Falar em termos de "roubo" força o foco a recair no tráfico de escravos, na expansão da escravidão, na mão direita no mercado, na mão esquerda colhendo cada vez mais rápido nos algodoais. Nessa história não há nenhum senhor bom, nenhum herdeiro legítimo para a propriedade de pessoas escravizadas, nenhum dono de fazenda gentil, apenas a capacidade do mais forte de tirar de outros. Roubar não pode ser nunca um sistema regular sustentado por direitos de propriedade, protegido por relacionamentos quase familiares. Não há equilíbrio entre elementos contraditórios. Só há caos e violência. Assim, quando as pessoas escravizadas insistiam que o comércio negreiro era a forma cristalina da escravidão como roubo, elas arrancavam os véus de uma forma moderna e modernizadora de escravidão, que não podia ser estabilizada ou contida. Constante interrupção, criação e destruição mais uma vez: essa era sua natureza.

"Eu ouvi isso tantas e tantas vezes antes de minha avó ter morrido", disse Helen Odom sobre a história de sua avó sendo levada para o Arkansas e vendida: "o maior acontecimento de sua vida". Conversando uns com os outros, noite após noite, sobre o impacto da expansão do escravismo em suas próprias vidas, as pessoas escravizadas, levadas para longe ou deixadas para trás, criaram uma tradição vernacular da história que incentivou os contadores a narrar cada conto de migração em torno do fulcro do roubo. E quase todos os contos se encaixavam. Os métodos-padrão usados pelos comerciantes de escravos eram, na verdade, muito parecidos com o sequestro, exatamente como os contos diziam. Se você tivesse sido capturado, amarrado à sela de um cavalo como se fosse um saco de farinha e levado embora sem nunca ter chance de dar um beijo de despedida em sua esposa – foi isso que aconteceu com William Grose, da Virgínia, na década de 1820 –, você poderia comparar sua experiência a um sequestro.[26]

Alguns afro-americanos que trabalhavam nos algodoais e canaviais tinham sido literalmente "roubados", mesmo dentro do quadro de reivindicações de propriedade dos brancos. John Brown assistiu ao comerciante de escravos Starling Finney e seus homens sequestrarem uma menina de seu dono na Carolina do Sul. Os ladrões mantiveram-na na carroça ao longo de todo o caminho até a Geórgia, em parte para que pudessem estuprá-la coletivamente repetidas vezes, mas também para escondê-la de uma possível

---

26. Helen Odom, AS, 10.5 (AR), 227; Lettie Nelson, AS, 10.5 (AR), 209; William Grose, NSV, 83. Sobre a narração oral de histórias escravas como a raiz da produção literária, ver William L. Andrews, *To Tell a Free Story: The First Century of Afro-American Autobiography, 1760-1865* (Urbana, IL, 1985); Marion W. Starling, *The Slave Narrative: Its Place in American History* (Boston, 1981, repr. of 1946 diss.); Henry Louis Gates, *Signifying Monkey: A Theory of Afro-American Literary Criticism* (Nova York, 1988).

perseguição por parte do proprietário da menina. Julia Blanks disse que sua avó havia nascido livre na Virgínia ou em Maryland, mas os brancos a atraíram para um coche em Washington, Distrito de Colúmbia, conduziram-na até a Casa Branca e a apresentaram como um presente à sobrinha de Andrew Jackson. Outros escravos ainda, que esperavam pela liberdade sob as leis de emancipação gradual dos estados do Norte, encontravam-se na Louisiana ou no Mississippi, quando proprietários sem escrúpulos os venderam para o Sul antes que sua liberdade chegasse. Entre 1825 e 1827, Joseph Watson, prefeito de Filadélfia, acompanhou pelo menos 25 casos em que afro-americanos livres da área fronteiriça de seu estado foram raptados e levados ao Mississippi e ao Alabama. A maioria eram crianças. Watson contratou advogados no Mississippi, escreveu cartas para os oficiais do governo do estado escravista e tentou organizar um processo contra os supostos sequestradores de escravos, com pouca eficácia.[27]

Às vezes, pessoas escravizadas confundiam sequestros com uma negociação escravista manifesta à moda antiga, porque, assim como o pai de Carey Davenport, não tinham certeza de seu status legal. Ao pai de Davenport foi supostamente prometida a liberdade por seu "velho, velho dono" em Richmond. Mas, depois da morte do velho, seu filho "o roubou novamente para a escravidão", disse Davenport. As pessoas que afirmavam ser homens ou mulheres livres sequestrados poderiam estar procurando algum tipo de "saída" individual da vergonha de suas origens na escravidão. Não eu, alguém como James Green poderia sugerir, eu não pertencia à escravidão, porque eu, como indivíduo, fui sequestrado. Seu pai, ele disse, era um "índio de sangue puro". O dono de sua mãe, "Senhor Williams", que "me [chamava] de 'garoto livre'", caminhou com o "livre" James pela rua até Petersburg, na Virgínia, e um dia levou-o para ser leiloado e o vendeu para o Texas. Green falou como se tudo tivesse sido um erro. *Ele* nunca deveria ter sido submetido às humilhações da escravidão. Mas a filha de Green chamou a atenção

---

27. John Brown, *Slave Life in Georgia* (London, 1855), 18-19. Para afirmações de que os ancestrais eram pessoas livres sequestradas e escravizadas, ver Spence Johnson, AS, 4.2 (TX), 228-229; Clayton Holbrooke, AS, S2, 1 (KS), 286; Carey Davenport, AS, 4.1 (TX), 284; Ann Clark, AS, 4.1 (TX), 223; Ambrose Douglass, AS, 17 (FL), 101; Samuel Smalls, AS, 17 (FL), 300-301; Douglas Dorsey, AS, 17 (FL), 93; Florida Clayton, AS, S1, 6.1 (MS), 143; Mary Reynolds, S2, 8.7 (TX), 3284, and 5.3 (TX), 236; Julia Blanks, 4.1 (TX), 93. Casos da Filadélfia: Joseph Watson Papers, Universidade do Estado da Louisiana; cf. *Freedom's Journal*, June 22, 1827, September 14, 1827, January 18, 1828; Jonathan Evans et al. May 30, 1825, and Th. Kennedy to Geo. Swain, September 11, 1826, Manumission Society Papers, Duke; *John (a negro) versus George Williams*, 1821, Box 6/101, Adams Co. [MS] Arquivos da Corte, um dos 18 casos da década de 1820 na coleção histórica de Natchez. Cf. Carol Wilson, *Freedom at Risk: The Kidnapping of Free Blacks in America, 1780-1865* (Lexington, KY, 1995); James Gigantino II, "Trading in New Jersey Souls: New Jersey and the Interstate Slave Trade", *Pennsylvania History* 77, n. 3 (2010): 281-302.

dele para aquele autoengano. Ela "fez uma objeção", lembrou-se o entrevistador, que conheceu os dois, "à alegação de seu pai de que ele era meio índio". Ela sabia que a pele mais clara de seu pai e seu status ambíguo ("Eu nunca tive que fazer muito trabalho na Virgínia para ninguém, além da minha mãe") revelava que o "senhor Williams", na verdade, leiloou o próprio filho.[28]

Para os escravizados, apenas um outro conjunto de eventos na história rememorada parecia tão significativo quanto a migração forçada que estava consumindo suas famílias e comunidades em um ritmo acelerado na década de 1820. Bem depois de 1808, muitas pessoas no Sul ainda podiam falar sobre como tinham sido roubadas da África por causa do tráfico negreiro transatlântico. Em 1844, ao pedirem que dissesse sua idade, um homem da Flórida nascido na África respondeu: "Sabe não, mestre, o homem Buckra roubou preto ano, ano atrás". Para entender e explicar a expansão da escravidão em que se encontravam, os ouvintes nascidos nos Estados Unidos tomaram emprestados termos de sobreviventes africanos que lhes contaram como a primeira escravidão tinha sido construída. "Eles sempre dizem que é errado mentir e roubar", disse Josephine Hubbard. "Então, por que foi que os brancos roubaram minha mamãe e a mamãe dela da África?" "Eles falam um bocado sobre os *niggers* roubando", disse Shang Harris. "Qual foi o primeiro roubo? Foi em África, quando os brancos roubaram os *niggers*".[29]

Nas décadas de 1820 e 1830, à medida que o novo tráfico profissional de escravos que comercializava mãos se institucionalizou e se expandiu exponencialmente, as histórias e o número de contadores dessas histórias também aumentaram. Os temas de roubo, de acusação formal a brancos e do entendimento de que as rupturas pessoais levaram a uma nova forma de escravidão aprofundaram-se. Qualquer um, como as pessoas escravizadas vieram a entender, poderia ser levado e transportado para o Sudoeste. Todos aqueles que foram levados haviam sido, de alguma forma, roubados, pois os rituais básicos dessa

---

28. Evie Herrin, AS, 8.3 (MS), 988; Sim Greeley, AS, 2.2 (SC), 190; J. Green, AS, 4.2 (TX), 87, and S2, 5.4 (TX), 1577-1583.
29. Shang Harris, AS, 12.2 (GA), 119; Josephine Hubbard, AS, 4.2 (TX), 163; Henry Benjamin Whipple, *Bishop Whipple's Southern Diary, 1843-1844*, ed. Lester B. Shippee (Minneapolis, 1937), 17. Usos de "roubado" para descrever o Triângulo Comercial (*Middle Passage*): John Jea, *The Life and Unparalleled Sufferings of John Jea, the African Preacher* (Portsea, UK, 1811), 3; Martin Diagney, MW, 62; Carlyle Stewart, MW, 206; Victor Duhon, AS, 4.1 (TX), 307, and 18 (TN), 152, 198; Charley Barbour, AS, 2.1 (SC), 30-31; Susan Snow, AS, 7.2 (MS), 136; Brown, *Narrative of William Wells Brown*, 1, 64; John Andrew Jackson, *The Experience of a Slave in South Carolina* (London, 1862), 7; Frederick Douglass, *Narrative of Frederick Douglass, an American Slave, Written by Himself* (Boston, 1845), 40; Henry C. Bruce, *The New Man: Twenty- Nine Years the Slave, Twenty-Nine Years the Free Man* (York, PA, 1895), 129-131; Francis Fedric, *Slave Life in Virginia and Kentucky, Or, Fifty Years of Slavery... ...* (London, 1853), 4.

sociedade de mercado emergente e moderna eram disfarces absurdos para o roubo. Assim, por exemplo, implicava o conto apócrifo de uma mulher chamada Vênus, cuja história circulou pelas fogueiras do Sul durante décadas. Empurrada para o caixote de leilões por seu dono, Vênus fez cara feia para aqueles que ansiosamente faziam lances por ela. Então, ela interrompeu a falação do leiloeiro com um grito sarcástico: "Pese o gado!" Essas histórias se tornaram clássicas, entregando diversas vezes um poderoso fardo de acusação a brancos, levando os ouvintes de suas próprias experiências particulares a elaborar uma crítica mais ampla em relação ao absurdo de comprar e vender seres humanos como propriedade. "Qual era a lei" – a que devia ser, ou mesmo, no caso de crianças sequestradas de estados livres, a lei que os próprios brancos tinham escrito – "qual era a lei, quando a cor do dinheiro era o que estava à vista?", perguntou Charley Barbour. "O dinheiro faz o trem andar... E, naquele tempo, eu esperava que o dinheiro fizesse os navios andarem" – para Nova Orleans com escravos, para a Grã-Bretanha com algodão. As pessoas escravizadas perceberam que as próprias experiências, em vez de ser desgraças individuais, eram parte de uma pilhagem histórica gigantesca, uma transferência forçada de valores que eles viam todos os dias sob a forma de clareiras crescentes, fardos de algodão seguindo para os mercados e comboios de escravos indo cada vez mais longe.[30]

Os afro-americanos sabiam muito bem o que pensavam a respeito da expansão da escravidão. No entanto, na década de 1820, a história vernacular das pessoas escravizadas sobre o roubo que sofriam ainda estava escondida nos murmúrios dos cativos. E esses cativos tinham sido levados para longe de qualquer público que tivesse o poder político ou econômico de fazer algo relevante sobre a situação das pessoas escravizadas ou sobre o furto infinitamente multiplicado que ainda estava em andamento. A migração forçada ensinou as pessoas escravizadas a chamarem a escravidão de roubo, e isso as levou a tomarem medidas extremas para escapar. Em 1826, um anúncio no *Natchez Gazette* ofereceu 50 dólares para qualquer um que

---

30. Charley Barbour, AS, 2.1 (SC), 30-31; Venus in Emma Hurley, AS, 12.2 (GA), 274; Mariah Snyder, AS, 5.4 (TX), 53. Algumas da inúmeras referências ao roubo e à venda em entrevistas da Works Progress Administration incluem: Jake Terriel, AS, 5.4 (TX), 79; Mary Thompson, AS, 5.4 (TX), 101; William Rooks, AS, 10.6 (AR), 76-77; J. T. Travis, AS, 10.6 (AR), 336; Mollie Barber, AS, S1, 12 (OK), 29-30; Amy Chapman, AS, 6.1 (AL), 58; Nelson Cameron, AS, 2.1 (SC), 173; "Mrs. Sutton", AS, 18 (TN), 31, 81, 105, 204-205, 216, 298-299; Jim Allen, AS, 7.2 (MS), 1; Maria Clemmons, AS, 8.2 (AR), 15; Wash Allen, AS, 12.1 (GA), 10; Lucretia Hayward, AS, 2.2 (SC), 280; Amanda Jackson, AS, 12.2 (GA), 292. Ver também Perdue et al., *Weevils in the Wheat*, 161 (Katie Johnson), 185 (Louise Jones), 211, 250 (Sis Shackelford), 318 (Nancy Williams). Cf. Mia Bay, *The White Image in the Black Mind: African-American Ideas About White People, 1830-1925* (Nova York, 2000), 117-149.

pudesse capturar Jim, um escravo que havia escapado do proprietário William Barrow. Comprado de Austin Woolfolk no final do outono anterior, em Nova Orleans, Jim agora tinha fugido e Barrow suspeitava que tentaria "viajar de graça" nos barcos a vapor. Jim tinha um impedimento de fala, como o anúncio de Barrow apontava. A geografia também impossibilitava a fuga. Muito provavelmente, Jim não conseguiu, embora alguns poucos tenham conseguido. A mesma nova tecnologia que promoveu o trânsito de migrantes escravizados pelos rios até os condados algodoeiros também poderia tirar passageiros clandestinos dali.[31]

A enormidade do que estava acontecendo nos algodoais e nas prisões dos negociantes do novo Sul ainda estava apenas começando a se tornar público na década de 1820. Os fugitivos carregavam a maior parte do que era transportado: isso não seria levado ao conhecimento de muitos brancos. A maioria achava maneiras de se acomodar diante do que via, de varrer os fragmentos inconvenientes para baixo do tapete. A "Sra. Ann Anderson se sentou junto à janela e chorou", lembrou-se o ex-escravo Elisha Green, trazendo à memória a imagem de uma mulher branca na casa onde tinha trabalhado em Mayslick, no Kentucky. As carroças cheias de crianças chorando desceram a rua enquanto ela observava. Em seguida, surgiu uma lagarta clangorosa formada por homens acorrentados. O mais velho, na liderança, "parecia ter cerca de 70 anos de idade, e cantava: 'Hark From the Tomb'" – um hino doloroso que em 1825 já era antiquado. Então, a sra. Ann Anderson chorou. E ficou sentada ali, quieta.[32]

Na década de 1820, uns poucos dissidentes brancos estavam tentando trazer à tona a questão da escravidão. Mas essas pessoas brancas eram, em termos práticos, quase tão impotentes quanto as pessoas brancas nessa era da história norte-americana poderiam ser. Por exemplo, havia os quakers do Sul, ou pelo menos alguns deles. Embora a Pensilvânia fosse o assentamento dos quakers do Novo Mundo, membros da Sociedade dos Amigos – como os quakers chamavam oficialmente a si mesmos – tinham vivido na Carolina do Norte desde o início do século XVIII. Durante o final do século XVIII e início do século XIX, à medida que outras denominações de protestantes no Sul se acomodaram à escravidão, muitos quakers da Carolina do Norte colocaram a escravidão acima da própria identidade religiosa. Mas alguns reagiram contra o aprofundamento da escravidão. Houve Rachel Leonard, que se tornou a primeira mulher branca a se posicionar em um encontro masculino e feminino sobre o assunto quando leu seu

---

31. *Natchez Gazette*, March 11, 1826; John Hope Franklin and Loren F. Schweniger, *Runaway Slaves: Rebels on the Plantation* (Nova York, 1999).
32. Elisha Winfield Green, *Life of Elisha Winfield Green...* (Maysville, KY, 1888), 3.

"Discurso" para a Sociedade Abolicionista da Carolina do Norte (North Carolina Manumission Society), na década de 1820. Depois, houve Elihu Embree, um quaker do Leste do Tennessee, que no início da década de 1810 viu pessoas escravizadas sendo conduzidas acorrentadas em ferros ao longo das estradas através das montanhas. Embree não conseguiu ficar sentado perto da janela. Ele libertou os próprios escravos e lançou um jornal chamado *The Emancipator*. Seus editoriais rejeitavam as desculpas convencionais, como a alegação de Thomas Jefferson de que a separação dos entes queridos pouco importava para os afro-americanos. Não, insistiu Embree, as pessoas escravizadas tinham tanta "sensibilidade e apego" a suas famílias quanto Jefferson.[33]

Esses dissidentes isolados eram, muitas vezes, incapazes de ver além dos pressupostos que assumiam com sua própria autoidentificação como brancos. Mas no melhor dos casos, eles sabiam que a escravidão estava mudando e se movendo, e sabiam que o crescimento da escravidão os perturbava de tal maneira, que não podia ser considerado na esfera dos cálculos políticos normais e das rivalidades regionais. Ao mesmo tempo, outros sulistas brancos começaram a ver a dissidência como mais problemática, especialmente depois da crise no Missouri. Quando Embree morreu em 1820, alguns de seus companheiros locais, incluindo o quaker Charles Osborn, já tinham sido forçados a sair do Tennessee. Osborn se mudou para o estado livre de Ohio e fundou o jornal *The Philanthropist*, o primeiro a defender a abolição incondicional da escravidão. Ele também conheceu um jovem quaker de Nova Jersey chamado Benjamin Lundy. Aos 19 anos, Lundy tinha ido ao Vale do Ohio praticar seu ofício de fabricação de selas. Em Wheeling, na Virgínia, que ligava os vales da Virgínia ao Rio Ohio e, enfim, a Nova Orleans, ele descobriu qual era a extensão da rede do comércio de escravos. Wheeling, escreveu ele, fazia parte de "uma grande via para os traficantes de carne humana. Seus 'comboios' passavam frequentemente pelo lugar. Meu coração ficou muitíssimo angustiado... Ouvi o lamento do cativo, senti sua pontada de aflição; e aquele ferro entrou em minha alma". Lundy mudou o *Emancipator* de Embree para Baltimore e o rebatizou de *The Genius of Universal Emancipation* [O gênio da emancipação universal].[34]

"Gênio" significava "Espírito" – ou "respiração", e o jornal de Lundy foi o primeiro jornal abolicionista dirigido por brancos a continuar respirando por mais do que apenas um punhado de edições. Inicialmente, Lundy o usou para apoiar o programa da Ameri-

---

33. *Emancipator*, 1820; Hiram Hilty, *North Carolina Quakers and Slavery* (Richmond, IL, 1984), 93; Stephen Weeks, *Southern Quakers and Slavery: A Study in Institutional History* (Nova York, 1968); Ryan P. Jordan, *Slavery and the Meetinghouse: The Quakers and the Abolitionist Dilemma* (Bloomington, IN, 2007), 7.
34. Benjamin Lundy, *Life, Travels, and Opinions of Benjamin Lundy* (Philadelphia, 1847), 15-24.

can Colonization Society (ACS), que na década de 1820 foi a única organização branca proeminente que se declarou contra a escravidão. A ACS propôs resolver o problema da escravidão enviando escravos emancipados para a África e outros lugares. Mesmo esse recurso era demasiado antiescravista para muitos brancos. A libertação de qualquer afro-americano, incluindo aqueles que já eram livres, encolhia o mercado potencial de seres humanos roubados. Isso talvez explique o sentimento assassino do capitão que foi contratado para conduzir o barco em uma viagem patrocinada pelos quakers em 1826 cujo objetivo era reassentar os escravos libertos no Haiti. Ele disse a seu empregador quaker que preferiria amarrar os quarenta afro-americanos emancipados que estavam naquele navio ao próprio quaker e afogá-los todos na "Corrente do Golfo".[35]

A maioria dos afro-americanos desprezava a ACS, acreditando que o país onde nasceram era sua nação. Um quaker que entrevistou pessoas de pele escura livres na Carolina do Norte descobriu que a maioria só estava considerando o transporte para fora de seu estado natal porque os comerciantes de escravos continuavam a sequestrar seus filhos. Uma vez que Lundy se estabeleceu em Baltimore, os afro-americanos o convenceram a passar da colonização à defesa do fim imediato e incondicional da escravidão. Na década de 1820, Baltimore era o maior centro do comércio de escravos domésticos na Costa Leste. Os afro-americanos deixados para trás ali tinham muito a dizer sobre o comércio que arrancara tantos de seus parentes. A conversa deles com Lundy o inquietou, levando-o a entrar em confronto com os poderosos interesses dos que eram a favor da expansão da escravidão. Logo, Lundy acusaria, nas páginas de *The Genius*, todos os proprietários de escravos de serem "cafetões desgraçados" que criavam seres humanos para o mercado. Ele guardou sua maior fúria para os Woolfolks, descrevendo a família como um conjunto de "piratas" sem lei, cuja "crueldade despedaçadora de corações" causou uma "corrupção fatal no corpo político".[36]

Em nove de janeiro de 1827, Austin Woolfolk se aproximou de Lundy enquanto o editor trancava sua gráfica no fim do expediente. Woolfolk jogou o quaker no chão e o espancou severamente, depois foi embora. Lundy prestou queixa da agressão de Woolfolk. Mas quando o caso foi a julgamento, o juiz declarou que o editor merecia a "correção". Ele aplicou uma multa de um dólar ao comerciante de escravos e depois fez um discurso elogiando os benefícios econômicos do comércio de escravos para o estado

---

35. Phineas Norton, Haiti trip notebook, 1826, Th. Kennedy to Meeting for Sufferings, 1826, e "Account of Negroes", Manumission Society Papers, SHC.
36. *Emancipator*, September 1820, 86; Merton Dillon, *Benjamin Lundy and the Struggle for Negro Freedom* (Urbana, IL, 1966), 117-120; *Genius of Universal Emancipation*, September 12, 1825.

de Maryland. Acrescentou que Woolfolk também tinha removido um "grande número de vadios e vagabundos que eram um estorvo para o estado". (O governo da Louisiana ficaria chateado de saber que o sistema de justiça de Maryland incentivava o transporte de escravos perigosos para Nova Orleans).[37]

Lundy tinha um aprendiz, um jovem de Newburyport, Massachusetts. Seu nome era William Lloyd Garrison. Todos os dias, enquanto compunha a edição seguinte do *The Genius*, Garrison escutava com atenção os afro-americanos locais, como William Watkins e Jacob Greener, que iam à gráfica para conversar com Lundy e uns com os outros. O que eles diziam "revelou", como Garrison afirmou mais tarde, "a doutrina radical da emancipação *imediata* e *incondicional*". Lundy começou a viajar mais e suas ausências prolongadas deram a Garrison a chance de dirigir o jornal. Logo ficou claro que o aprendiz tinha um gosto mais forte que o mentor para o confronto – e ao contrário do diminuto Lundy, Garrison tinha a compleição de um jogador de futebol americano. Quando Garrison classificou Francis Todd, um armador de Massachusetts cujo navio tinha transportado 75 escravos para a Louisiana, como "um ladrão de estrada e assassino" e "um inimigo da espécie humana", Todd decidiu que os tribunais eram o que havia de mais heroico. Ele processou Garrison por difamação e venceu. Garrison não podia pagar sua multa, então foi condenado a seis meses de prisão. Após sua libertação, Garrison se dirigiu ao Norte – outra migração motivada pelo comércio de escravos. Instalando-se em Boston, ele lançou um novo jornal, chamado *The Liberator*.[38]

Os afro-americanos livres já estavam usando o *boom* da publicação de jornais e de leitores para espalhar o que tinham visto e ouvido daqueles que sobreviveram à migração forçada. Em 1827, Samuel Cornish começou a publicar o *Freedom's Journal* de Nova York. Cornish, um afro-americano que nascera livre em Delaware, passara o ano de 1819 como missionário entre pessoas escravizadas na Costa Oriental de Maryland, na mesma época em que o comércio de longa distância para Nova Orleans estava começando a extrair "mãos" de lugares como o condado de Kent. A primeira edição do jornal continua um relato angustiante de algo que ele vira lá: a venda de um homem a um comerciante que Cornish identificou como "sr. W*".[39]

---

37. *Genius of Universal Emancipation*, January 20, 1827, February 24, 1827, March 31, 1827; Gudmestad, *Troublesome Commerce*, 155-156.
38. Henry Mayer, *All On Fire: William Lloyd Garrison and the Abolition of Slavery* (Nova York, 1998); C. Peter Ripley, *The Black Abolitionist Papers: The United States, 1830-1846* (Chapel Hill, NC, 1991), 7-10; Lundy, *Life*; John L. Thomas, *The Liberator: William Lloyd Garrison* (Boston, 1963), 106-113.
39. *Freedom's Journal*, March 16, 1827. O asterisco indica que isso foi uma abreviação, mas entendeu-se que o nome era "Woolfolk".

O *Freedom's Journal* foi o primeiro jornal afro-americano dos Estados Unidos. Não era Cornish, no entanto, mas seu agente, que o assinava em Boston, que construiu a argumentação mais influente de que a escravidão estava ficando pior e maior, não melhor e menor. Nascido livre na Carolina do Norte, David Walker também tinha morado em Charleston. Lá, em 1822, ele viu os brancos apavorados torturarem e executarem mais de trinta homens escravizados que supostamente haviam conspirado com um homem negro livre chamado Denmark Vesey para deflagrar uma revolta de escravos. Temendo por sua segurança, Walker se mudou para Boston, onde abriu uma loja de roupas de segunda mão no bairro afro-americano da cidade (Garrison, que se fiava massivamente dos assinantes negros e de doadores para publicar o *The Liberator*, abriu sua gráfica na mesma vizinhança). A loja de Walker era o fim da cadeia do algodão e, assim que se sentou nela, respirou a poeira das fibras desgastadas que, originalmente, tinham sido retiradas dos capulhos do algodoeiro pelas mãos do Sudoeste.[40]

As fibras tinham uma história para contar, assim como os marinheiros negros livres que faziam compras na loja de Walker. Quando a noite caía, ele escrevia essas histórias em seu escritório nos fundos da loja apertada. Ele deu forma a seus pensamentos em quatro ensaios devastadores e os colocou dentro de um livro – e quando *An Appeal to the Coloured Citizens of the World* [Um apelo aos cidadãos de cor do mundo] apareceu em setembro de 1829, era diferente de tudo que qualquer pessoa já tivesse lido, embora tudo aquilo já tivesse sido dito em volta de milhares de fogueiras. Nesse livro, Walker atacou ferozmente a escravidão, os proprietários de escravos e seus facilitadores. A maioria dos brancos, ele acusou, apoiaram a escravidão de maneira tácita ou direta e eram, portanto, "nossos inimigos naturais" – embora os comerciantes de escravos, em particular, fossem "demônios".

Walker insistiu que o dinamismo da escravidão do século XIX a tornava pior do que as formas anteriores: os antigos espartanos não acorrentavam os hilotas em comboios e os arrastavam para longe "de suas esposas e filhos, os tiravam os filhos de seus pais e as mães de seus bebês que mamavam". Em 1776, "havia apenas 13 estados na União", mas, depois de meio século, "agora há 24, a maioria dos quais são estados escravistas, e os brancos estão nos arrastando acorrentados e algemados para seus novos estados e territórios, para que trabalhemos em suas minas e fazendas, enriquecendo-os e a seus filhos". Ele leria, nos jornais brancos das Carolinas, histórias que censuravam a maneira como os turcos negavam aos gregos sua independência e "na mesma publicação, havia

---

40. Stephen Kantrowitz, *More Than Freedom: Fighting for Black Citizenship in a White Republic, 1829-1889* (Nova York, 2013), 13-40; Peter Hinks, *To Awaken My Afflicted Brethren: David Walker and the Problem of Antebellum Slave Resistance* (Universidade Park, PA, 1997).

um anúncio dizendo que 'oito *homens negros* de bom porte da Virgínia e de Maryland e quatro *mocinhas* serão certamente vendidos hoje *para aquele que der o lance mais alto!*'."

"Povo dos Estados Unidos! Eu lhes pergunto francamente", escreveu Walker, "os sofrimentos que aguentaram sob o poder da Grã-Bretanha se comparam a um centésimo da crueldade e tirania à qual vocês nos submeteram?" Voltando-se aos leitores negros, ele proclamou: "A liberdade é seu direito natural." Walker estava brincando com fogo. Ele sabia como os brancos poderiam se tornar perigosos. Até mesmo os abolicionistas brancos temiam que a resistência violenta colocasse o público branco contra a emancipação. Mas os brancos haviam tratado os africanos escravizados como se não fosse crime prendê-los "com correntes e algemas" e, em seguida, "espancá-los e assassiná-los como se fossem *cascavéis*". Assim, os negros tinham o mesmo direito de se defender contra os crimes e as opressões reivindicados pelos revolucionários norte-americanos. "Matar um homem que está tentando matá-lo é tão inofensivo quanto tomar um copo d'água quando se tem sede". E assim ele elogiou o "Haiti[,] a glória dos negros e o terror dos tiranos... homens que seriam mortos por um outro homem, antes que cedessem às forças combinadas do mundo inteiro". Portanto, "Aja como homem". Preparem-se, comandou Walker os sobreviventes da escravidão em tom de profeta do Antigo Testamento, para infligir as consequências do pecado caso a justiça não seja feita, mesmo que isso signifique enfrentar a própria morte. Uma vez que eles tenham aderido à batalha, uma vez que eles tenham visto que a vitória era possível, os escravos estariam dispostos a pagar o preço: "Deixe que 12 homens negros se armem bem para a batalha e eles vão matar e botar para correr cinquenta brancos... Uma vez que comecem, encontrarão a glória na morte". Porque a submissão forçada disfarçava uma raiva subjacente poderosa: "Como o sr. Jefferson disse com sabedoria, eles nunca *souberam quem somos*."[41]

As declarações de Walker exigiam coragem de verdade em uma época em que Granville Sharp havia se transformado em Granville Sharp Pierce. "Se alguém quiser me afundar na incapacidade miserável de um escravo, ou me matar por [dizer] a verdade, sei que estou na mão de Deus", escreveu. "De que serve a vida, quando na verdade estou morto?" Na esperança de começar uma rebelião, Walker enfiou cópias dos panfletos nos bolsos das calças e dos casacos que vendia para os marinheiros. Alguns deles sabiam disso, outros, não, mas em ambos os casos eles levavam o pólen das palavras de Walker para os portos dos estados escravistas, para onde quase todos os navios mercantes norte-americanos faziam suas peregrinações anuais em busca dos fardos de algodão.[42]

---

41. David Walker, *Appeal to the Coloured Citizens of the World* (Boston, 1829), 12-26, 43, 62-75.
42. David E. Swift, *Black Prophets of Justice* (Baton Rouge, LA, 1989), 23-41; Walker, *Appeal*, 65, 71-72.

Em março de 1830, autoridades de Savannah, Nova Orleans e Charleston começaram a encontrar cópias do *Apelo* de Walker na posse de negros livres. Na mesma hora, eles entraram em estado de pânico. Buscando isolar o panfleto como se ele fosse uma doença contagiosa, os governos estaduais do Sul proibiram os marinheiros negros livres de desembarcar de seus navios mercantes. Eles entraram em pânico perante rumores das revoltas de escravos, desde New Bern, na Carolina do Norte, até Opelousas, na Louisiana, a outra extremidade do conduto de pessoas roubadas. A Geórgia e o Mississippi aprovaram leis impondo pena de morte aos negros livres que disseminassem materiais antiescravistas. As Assembleias Legislativas Estaduais planejavam proibir a alfabetização de afro-americanos escravizados. No entanto, estudo de matemática básica permaneceria legal, de modo que os capatazes negros soubessem subtrair o número de quilos de algodão colhido da cota por colher, obtendo assim o número requerido de chicotadas a serem dispensadas.[43]

Ao contrário de outras questões políticas, a discussão abolicionista trouxe a semente da violência revolucionária. Por isso, como os oficiais do Sul e os articulistas de jornais alegavam, não se tratava de um discurso protegido. O prefeito de Savannah enviou uma carta ao prefeito de Boston, Harrison Otis, pedindo ao político conservador da Nova Inglaterra que prendesse o vendedor de roupas velhas por publicar "um trabalho altamente inflamatório". Embora simpático ao pedido, o prefeito de Boston teve de recusar. Walker não violara nenhuma lei de Massachusetts. Rumores em Boston diziam que vários governos estaduais do Sul tinham estabelecido uma recompensa de 3 mil dólares pela cabeça de Walker – e o dobro do valor, se ele fosse trazido vivo para o Sul. Em agosto de 1830, aos 33 anos, ele desabou na entrada de sua loja e morreu tomado de convulsões. Muitos afro-americanos em Boston acreditaram que ele foi envenenado, embora não haja quaisquer evidências diretas que corroborem a hipótese. A causa oficial da morte foi doença do peito – provavelmente o que chamaríamos de tuberculose. Ou, talvez, Walker simplesmente tivesse respirado muita poeira de algodão.[44]

Mesmo com Walker morto e os marinheiros negros presos a bordo de seus navios, a escolha por usar o termo ser "roubado" já seguia por caminhos secretos nas terras remodeladas pela máquina de açoitar e pelos especuladores que a alimentavam com carne humana. Começando em meados da década de 1830, um movimento abolicionista finalmente emergiu. Grande parte de sua força moral e análises mais penetrante veio de ex-escravos como Frederick Douglass e outros afro-americanos que viveram

---

43. Ford, *Deliver Us from Evil*, 332-338.
44. Hinks, *Awaken My Afflicted Brethren*, 269-270; *Liberator*, January 22, 1831.

em comunidades do Norte, incluindo a Boston de David Walker. Desses, muitos, como Douglass, eram refugiados do Sul que tinham escapado da zona de escravidão, geralmente como fugitivos, por achar insuportável a nova expansão do tráfico de escravos. O novo movimento também seria liderado por aliados brancos, sobretudo por William Lloyd Garrison e a multidão de mulheres brancas que assinavam petições e escreviam livros. No entanto, os abolicionistas brancos eram sempre uma pequena minoria dentro de uma população branca do Norte que, em sua maioria, queria ignorar a escravidão.[45]

Mas, em contraste com os críticos brancos anteriores, que eram mais indiferentes, os novos abolicionistas agora concordavam que a escravidão precisava terminar – e o mais rápido possível. Muito da nova urgência que agora pulsava em suas veias tinha sido transmitida a eles por pessoas anteriormente escravizadas que haviam sobrevivido ao novo tráfico de escravos – muitas das quais também se tornaram atores importantes no movimento. Correndo sob a atividade e a crítica abolicionista, como as placas tectônicas sob uma cordilheira, estavam as palavras que os próprios migrantes forçados escolheram usar para entender sua história. A ideia de ser "roubado" estava em toda parte nessas palavras, de modo que em 1849, o abolicionista afro-americano William Wells Brown afirmaria que seu "senhor" era, de fato, apenas um "homem que me roubou assim que nasci". Brown tinha ouvido pela primeira vez esse tipo de fala não na retórica impressa dos abolicionistas, mas na filosofia dos migrantes forçados iletrados entre os quais ele tinha sido, certa vez, incluído.[46]

---

45. A literatura sobre o movimento abolicionista é vasta. Dentro dela, alguns bons pontos de partida que não silenciam a voz de ex-escravizados incluem: Benjamin Quarles, *Black Abolitionists* (Nova York, 1969); R. J. M. Blackett, *Building an Antislavery Wall: Black Abolitionists in the Atlantic Abolitionist Movement, 1830-1860* (Baton Rouge, LA, 1983); Paul Goodman, *Of One Blood: Abolitionism and the Origins of Racial Equality* (Berkeley, CA, 1998); James Oliver Horton and Lois E. Horton, *In Hope of Liberty: Culture, Community, and Protest Among Northern Free Blacks, 1700-1860* (Nova York, 1997); Julie Roy Jeffrey, *The Great Silent Army of Abolitionism: Ordinary Women in the Abolitionist Movement* (Chapel Hill, NC, 1998); Richard S. Newman, *The Transformation of American Abolitionism: Fighting Slavery in the Early Republic* (Chapel Hill, NC, 2002); James Brewer Stewart, Abolitionist Politics and the Coming of the Civil War (Amherst, MA, 2008); J. Brent Morris, "'All The Wise and Truly Pious Have One and the Same End in View': Oberlin, the West, and Abolitionist Schism", *Civil War History* 57 (2011): 234-267; Margaret Washington, *Sojourner Truth's America* (Urbana, IL, 2009); Stanley Harrold, *Border War: Fighting Over Slavery Before the Civil War* (Chapel Hill, NC, 2010); Kantrowitz, *More Than Freedom*.
46. Brown, *Narrative of William Wells Brown*, 13, 51; cf. Thomas Smallwood, *A Narrative of Thomas Smallwood* (Toronto, 1851), 19; Isaac Williams, *Aunt Sally, Or, the Cross the Way of Freedom* (Cincinnati, 1858), 89; Charles Ball, *Slavery in the United States: A Narrative of the Life and Adventures of Charles Ball...* (Nova York, 1837), 36; Moses Roper, *A Narrative of the Adventures and Escape of Moses Roper* (Philadelphia, 1838), 62; J. W. Loguen, *The Rev. J. W. Loguen as a Slave and a Freeman* (Syracuse, NY, 1859), 14-15; Charles Wheeler, *Chains and Freedom, Or, the Life and Adventures of Peter Wheeler, a*

No entanto, a esperança dos abolicionistas de haver uma mudança dramática estava implicitamente estabelecida como premissa na ideia de converter uma parcela significativa da maioria branca da nação para sua causa antiescravista. Enquanto isso não acontecia, será que alguma coisa poderia limitar o dano infligido pela força imensa da expansão da escravidão, em cuja esteira ainda havia mais de 2 milhões de vidas? Para muitos afro-americanos escravizados, apenas um fenômeno parecia oferecer ajuda imediata significativa. E esse fenômeno, esse aliado na causa da extinção da escravidão, veio com várias desvantagens: era invisível, carecia de poder físico e estava propenso a dar comandos inaplicáveis pela lei, além de muitas vezes ser silencioso.

Volte para a venda que Samuel Cornish testemunhou na Costa Leste de Maryland, mas não se concentre em Cornish, um educado homem livre confrontado pelas hipocrisias da república escravocrata. Deixe de lado os mapas mentais que traçam as linhas de correspondência e de crédito que conectam nódulos como Baltimore a Nova Orleans. Ponha de lado, por um momento, as curvas de preço das mãos vendidas por um comércio de escravos profissionalizado. Em vez disso, concentre-se na condição existencial do homem que o sr. W* comprou: William, um membro da Igreja Metodista. "[Woolfolk] ordenou que William esticasse as mãos para ser amarrado. [William] preferiria evitar isso, como qualquer homem *honesto* preferiria[;] porém[,] com muita devoção e resignação, ele se submeteu." Observando isso, seus amigos, membros da igreja, "começaram a chorar amargamente". William virou-se e disse: "Não chorem por mim! Deus está em toda parte!" Então, Woolfolk o levou para longe.[47]

William acreditava que sob o mundo superficial, onde todas as forças do mundo se colocavam contra ele, havia um mundo espiritual onde o valor real seria medido. Era, talvez, o mesmo mundo através do qual uma garota escrava se movia em uma visão que teve durante uma sessão de oração no Tennessee – uma história que, oitenta anos depois, já idosa, ela contaria novamente a um entrevistador. De maneira clara como a luz do dia, ela se lembrou do que tinha visto: "Eu estava viajando por uma grande estrada. Em

---

Colored Man (Nova York, 1839), 36-45; *Running a Thousand Miles for Freedom, Or, The Escape of William and Ellen Craft from Slavery* (London, 1860), 3-7; Henry Brown, *Narrative of Henry Box Brown* (Boston, 1849), 15; Kate E. R. Pickard, *The Kidnapped and the Ransomed: Being the Personal Recollections of Peter Still and His Wife "Vina"* (Syracuse, NY, 1856), passim; Lunsford Lane, *The Narrative of Lunsford Lane* (Boston, 1842), 20. Cf. Elizabeth Clark, "'The Sacred Rights of the Weak': Pain, Sympathy and the Culture of Individual Rights in Antebellum America", *JAH* 82 (1995): 463-493; Karen Halttunen, "Humanitarianism and the Pornography of Pain in Anglo-American Culture", *AHR* 100, n. 2 (1995): 303-334.
47. *Freedom's Journal*, March 16, 1827.

cada um de seus lados, eu vi almas em tormento. Muitas delas eram de pessoas que eu havia conhecido em vida. Elas estavam apenas vagando e cambaleando. Elas diziam: 'Oh, quanto tempo?' Na estrada, eu encontrei uma multidão, alguns andando, alguns montados em mulas, alguns descendo para o inferno."[48]

Para aqueles que foram levados, para os que foram deixados para trás e choraram a perda de parentes, para todos que sabiam que também poderiam ser roubados, a aceleração da expansão da escravidão foi o inferno: a separação de tudo o que dava significado à vida no mundo. No final da década de 1820, o inferno era mais real do que nunca. William professou sua fé de que Deus estava em toda parte, mas certamente deve ter se perguntado se Deus iria com ele pela estrada que atravessava o inferno, para os porões dos navios passando pela Flórida em direção ao Golfo, se subiria com William no caixote do leilão e se ficaria a seu lado no escritório do notário em Nova Orleans.

David Walker, escrevendo em sua velha loja de tecidos em Boston, visualizou mentalmente os comboios e, como um profeta, previu que Deus chegaria à fronteira. E, quando o fizesse, viria na forma de um anjo da rebelião dos escravos para afogar os pecadores em fogo e sangue, um Deus vingador poderoso e sincero trazendo justiça através da espada. No entanto, o fracasso da revolta de 1811 na Costa Alemã da Louisiana ilustrava o que a maioria dos indivíduos roubados e levados para a fronteira da escravidão tinha introjetado como conhecimento ensinado desde o berço. A redenção pela revolta era impossível. Muitos migrantes escravizados escolheram uma saída diferente para deixar o inferno na Terra.

A vasta expansão da escravidão nos Estados Unidos aconteceu ao mesmo tempo que o surgimento do protestantismo evangélico. Na época da Revolução Norte-Americana, a maioria dos norte-americanos não participava efetivamente de instituições religiosas. Embora a maioria se declarasse protestante, poucos fora da Nova Inglaterra assistiam aos cultos com regularidade semanal ou mesmo mensal. Mas na década de 1850, metade ou mais de todos os norte-americanos brancos passou a participar de maneira regular de algum tipo de igreja. A maioria estava em congregações evangélicas, entre as quais os metodistas e batistas eram as escolhas mais populares. Esse cristianismo evangélico não era exatamente como a versão do século XXI. Ao contrário de muitas de suas derivações atuais, tais congregações geralmente não se baseavam em uma teologia fundamentalista. No entanto, assim como suas descendentes do século XXI, elas usavam uma liturgia informal. E os pregadores evangélicos que se espalharam pelo continente (e, eventualmente, através dos oceanos) insistiam que aqueles que seriam redimidos

---

48. GSMD, 99-100.

precisavam passar por uma experiência de conversão individual. Em vez de colocar sua fé em uma cerimônia especial ou em alguma espécie de predestinação inescrutável, as teologias evangélicas fizeram da escolha individual do crente de vir a Deus, para obter o perdão, o momento crucial da salvação.[49]

Juntamente com milhões de escolhas individuais, o crescimento da escravidão ajudou a tornar o protestantismo evangélico o padrão hegemônico da religião norte-americana. No entanto, a relação entre as duas expansões era complexa. A partir de 1790, embora os africanos e seus filhos tivessem sido escravos na América do Norte por mais de 160 anos, poucas pessoas escravizadas se converteram ao anglicanismo sério e dominado pelos fazendeiros que as escravizavam. Entretanto, em algum momento por volta de 1770, os primeiros pregadores evangélicos protestantes – muitos deles exilados das lutas teológicas dentro das igrejas da Nova Inglaterra – começaram a viajar pelo Sul. Embora a nobreza agrícola de Chesapeake tenha perseguido esses ministros da "Nova Luz", outros virginenses e carolinenses aglomeraram-se em suas reuniões de evangelização em massa [*revival meetings*]. Muitas pessoas escravizadas estavam nessas reuniões. Sua presença geralmente eletrizava a já emocionante cerimônia de renovação espiritual da Nova Luz. As pessoas escravizadas nascidas na África – que, no final dos anos 1700, ainda era uma porcentagem significativa dos escravos de Chesapeake – vieram de uma parte do mundo onde era comum que os deuses derrubassem as pessoas no chão, que as incorporassem e respirassem através delas, que dominassem os espíritos dos adoradores e refizessem suas vidas. Esses novos convertidos demonstraram a mesma intensidade em suas conversões e seu fervor era contagioso. Os brancos convertidos usavam o comportamento das pessoas escravizadas como modelo de suas conversões, aprendendo que gritar e cantar eram respostas apropriadas ao sopro do divino. Alguns que esperavam se divertir zombando do sermão de um pregador escravizado se viram deitados no chão, encharcados de suor, sem ter certeza do que tinha acontecido. As comunidades da igreja evangélica adotaram homens e mulheres escravizados como irmãos e irmãs espirituais, e até mesmo como especialistas e guias.[50]

Após a Independência dos Estados Unidos, Thomas Jefferson e James Madison deram forma ao Estatuto da Virgínia para a Liberdade Religiosa, a lei que acabou com todas as igrejas estabelecidas[51] e serviu como base intelectual para a Primeira Emenda. "Deus

---

49. Nathan O. Hatch, *The Democratization of American Christianity* (New Haven, CT, 1989).
50. Albert Raboteau, *Slave Religion: The "Invisible Institution" in the Antebellum South* (Nova York, 1978), 129-132, 223-225; Christine Heyrman, *Southern Cross: The Beginning of the Bible Belt* (Nova York, 1997), 217-225.
51. Igrejas reconhecidas como instituições oficiais do Estado (*N. do R. T.*).

Todo-Poderoso criou a mente do homem livre", começaram os dois proprietários de escravos e, por isso, o governo dos homens não poderia impor qualquer dogma religioso específico sobre seus cidadãos. Mas os evangélicos brancos, os principais beneficiários da separação das igrejas do estado que havia caracterizado a maioria das colônias pré-revolucionárias, concluíram cada vez mais que o Deus Todo-Poderoso não via problemas em manter os corpos de alguns homens e mulheres não livres. Muitos dos primeiros batistas brancos da Virgínia se mudaram para o Kentucky para escapar da perseguição religiosa. Mas essas mesmas pessoas, conforme acusou o ministro batista do Kentucky, David Barrow, não viam pecado em separar "marido e mulher". Na verdade, elas fizeram coisas do tipo "sem os menores sinais aparentes de sentimento de solidariedade". William Thompson, escravizado na Virgínia, lembrou como a hipocrisia dos proprietários de escravos "cristãos" havia arruinado seu gosto pela religião evangélica: "Fui a uma reunião em um domingo, depois de ter visto o grupo acorrentado, mas a pregação não me fez bem". Na Virgínia, antes do início das migrações forçadas para o Oeste, um quarto de todos os metodistas eram negros. No Kentucky, eram apenas 10%. Nos domingos, na fazenda Congaree, onde Charles Ball morava, na Carolina do Sul, um migrante escravo da Virgínia chamado Jacob liderava reuniões religiosas – mas a maioria dos cativos de Wade Hampton preferia gastar os dias sabáticos roubando os pomares para complementar com frutas sua pobre dieta. E quando Betsey Madison, uma mulher da Virgínia transportada para Natchez na década de 1790, tentou espalhar sua versão da fé, os fazendeiros de algodão tentaram impedi-la de pregar. Como observou Ball, os senhores temiam que os escravos "pudessem se imbuir da moralidade... das noções de igualdade e liberdade contidas no evangelho".[52]

No entanto, o poder das práticas espirituais de influência africana era muito útil para que os pregadores brancos resistissem à tentação de tomá-lo emprestado. A participação afro-americana na fronteira acabaria por transformar a dinâmica religiosa de todos os Estados Unidos. Nos verões de 1800 e 1801, os ministros presbiterianos, metodistas e batistas da região do Bluegrass, no Kentucky, lideraram uma série de cultos dramáticos de renovação das almas. Milhares de colonos brancos livres e de negros escravizados caíram sobre o assoalho das igrejas ou vagaram gritando, pulando e louvando a Deus. Eles lotaram as igrejas, que ficaram com gente saindo porta afora, até que os ministros

---

52. NSV, 137; Charles F. Irons, *The Origins of Proslavery Christianity: White and Black Evangelicals in Colonial and Antebellum Virginia* (Chapel Hill, NC, 2008); Jeffrey Young, *Domesticating Slavery: The Master Class in Georgia and South Carolina, 1670-1837* (Chapel Hill, NC, 1999); David Barrow, *Involuntary Slavery Examined* (Lexington, KY, 1808), 22; Betsey Madison, ST, 185-186; Betty Crissman, ST, 468- 469; Ball, *Slavery in the United States*, 164-165.

resolveram mover o culto para o lado de fora. Na reunião de Cane Ridge, em agosto de 1801, 10 mil participantes explodiram em sete dias de conversões em massa, acompanhadas de desmaios, danças extáticas, visões e inconsciência.[53]

Não demorou para que cultos dramáticos semelhantes se espalhassem pela fronteira da escravidão, aumentando drasticamente o número de membros da igreja em todas as congregações. Os críticos zombavam: "Alguns vieram para a reunião religiosa no campo/ E alguns talvez para filar um bom rango", disse em rimas um participante cético. E, à medida que o ritmo do pregador aumentava, "cheio de moças logo ficou o altar/ E elas mostraram suas... de tão alto que chutaram no ar". A influência dos migrantes escravizados também começou a irritar alguns dos observadores. Foi da "senzala" dos acampamentos desses cultos, queixou-se o metodista John Watson, que surgiu a música de sábado à noite voltada para fins religiosos: versos extemporâneos "cantados como os alegres coros do Sul... o método da brincadeira de debulhada do milho". Os cantores marcavam o ritmo batendo os pés, "com passos que são, na realidade, uma dança de negros". Não podemos "encorajar ou tolerar tais perversões grosseiras da verdadeira religião!".[54]

À medida que a renovação das almas em massa e as emocionantes conversões individuais na fronteira repercutiam no Leste, seria possível argumentar que a influência dos migrantes escravizados também estava se expandindo. Sobretudo depois dos cultos dramáticos de Cane Creek, uma grande explosão nacional de conversão evangélica transformou a paisagem religiosa norte-americana. O número de metodistas nos Estados Unidos foi de zero em 1770, para 250 mil em 1820, e esse número dobrou na década seguinte. De 1790 a 1820, o número de igrejas batistas explodiu, passando de 500 para 2.500. De certa forma, o processo iniciado por essa decolagem evangélica continuou até o século XXI. Buscando novos adeptos de maneira contínua – muitas vezes utilizando as mais "modernas" ferramentas de marketing para espalhar sua mensagem –, os evangélicos protagonizaram um processo de constante transformação. A competição por decidir quais seriam os verdadeiros crentes levou a uma divisão incessante de congregações entre os evangélicos, com cada grupo tipicamente insistindo que possuía um

---

53. On Cane Creek: John B. Boles, *The Great Revival, 1787-1805: The Origins of the Southern Evangelical Mind* (Lexington, KY, 1972); Ellen Eslinger, *Citizens of Zion: The Social Origins of Camp Meeting Revivalism* (Knoxville, TN, 1999); Paul Conkin, *Cane Ridge, America's Pentecost* (Madison, WI, 1990).
54. John F. Watson, *Methodist Error, Or Friendly Christian Advice to Those Methodists Who Indulge in Extravagant Religious Emotions and Bodily Exercises* (Trenton, NJ, 1819); Jane Alexander to Mary Springs, July 24, 1801, Springs Papers, SHC; R. C. Puryear to Isaac Jarratt, November 16, 1832, Jarratt-Puryear Papers, Duke.

fundamentalismo mais verdadeiro do que qualquer outro e que estava reconstruindo a "igreja primitiva" dos primeiros seguidores de Jesus. Até início do século XXI, os crentes em todo o mundo, com esse processo de destruição criativa, tinham criado mais de 30 mil congregações protestantes, a maioria delas nascida nos Estados Unidos. O protestantismo evangélico angariou quase tantos adeptos em todo o mundo quanto o catolicismo ou o islamismo. Uma tradição jovem, criada em grande parte na fronteira da escravidão com elementos que incluíam uma saudável dose de práticas religiosas da África Ocidental, tornou-se uma das exportações culturais mais influentes da história mundial.[55]

Voltemos, porém, ao início do século XIX, quando temos um encontro entre um homem branco e Pompey, um pregador metodista negro do Mississippi. Por que, perguntou o homem branco, o homem escravizado cantava hinos o dia inteiro? "Isso deixa minha alma tão feliz", respondeu Pompey. "Seu idiota", respondeu o homem branco, "um negro não tem alma". As novas denominações evangélicas sempre atraíram os pobres e os excluídos para a conversão – como no início do século XXI no Brasil, por exemplo – porque as experiências emocionantes de conversão e os cultos participativos informais tratam as pessoas sem poder como se tivessem uma alma com o mesmo valor da dos poderosos. Entretanto, uma das linhas de fratura que levaram as congregações protestantes evangélicas a se separar residira na questão de definir se crentes como Pompey deveriam desafiar as estruturas do poder mundano.

Os evangélicos "perfeccionistas" que começaram a criar e apoiar os movimentos de reforma moral no Norte depois de 1830, incluindo o novo abolicionismo, insistiram que o ensinamento de Jesus – "Alimenta as minhas ovelhas" – exigia que os crentes melhorassem sua sociedade e protegessem os fracos dos pecados dos fortes. No entanto, na sociedade escravista, a prescrição social da teologia oficial foi lentamente manipulada até alcançar um enfoque diferente. Durante a primeira metade do século XIX, à medida que as experiências de conversão e o hábito de frequentar igrejas se tornaram o comportamento esperado dos cidadãos brancos respeitáveis, a maioria dos proprietários de escravos cristianizados abandonou a alegação de que os afro-americanos não tinham alma a ser salva. Assim, eles foram obrigados a "considerar a responsabilidade terrível", como um ministro metodista disse aos brancos de Natchez, que "cairia sobre eles caso impedissem os negros de ouvir a mensagem enviada pelo nosso gracioso Criador para todas as famílias da raça humana". De 1800 a 1820, surgiram congregações formadas por brancos e negros na fronteira, e elas acolhiam novos membros afro-americanos.

---

55. Jon Butler, *Awash in a Sea of Faith: Christianizing the American People* (Cambridge, MA, 1990).

Quando "Adão[,] um irmão negro", se uniu à Igreja Batista de Louisville no Mississippi, todos os membros – brancos e negros – o cumprimentaram com "a mão direita do companheirismo". Conforme as igrejas se multiplicavam, mais as pessoas escravizadas podiam evitar de ir ao mesmo culto em que seus senhores estariam, durante os dias sabáticos.[56]

"Por mais escuro que seja o tom de pele de alguém e por mais degradante que seja sua vida", como um grupo de pregadores batistas do Mississippi lembrou a seus companheiros senhores de escravos, os afro-americanos escravizados "possuem almas racionais e imortais". Ainda assim, a força da escravidão distorcia a teologia evangélica branca e, em torno da década de 1820, os brancos em igrejas birraciais estavam eliminando os rituais nos quais eram reconhecidos como "irmão" ou "irmã" os afro-americanos que haviam se juntado recentemente ao grupo. Depois da crise no Missouri, os proprietários de escravos sensibilizados alegavam que uma escravidão paternalista "cristã" combateria as críticas ao Sul. Ao mesmo tempo que neutralizavam o mau cheiro da máquina de açoitar, os ministros que escreviam nas novas revistas denominacionais insistiam que a conversão ao cristianismo validado pelos brancos não infectaria as pessoas escravizadas com a ideia de que Jesus veio para libertar os cativos. Em vez disso, eles criaram uma teologia apaziguadora que era, em muitos aspectos, o oposto calvinista das cerimônias dramáticas de renovação espiritual da fronteira da escravidão, nas quais a decisão individual de pedir perdão e ter fé era indiscutível. Até mesmo quando, em 1820, o famoso evangélico norte-americano Charles Finney disse a dezenas de milhares de convertidos nas cidades que se expandiam em torno do Canal Erie, no estado de Nova York, que eles poderiam escolher se recorreriam a Deus em busca da salvação, os batistas do Mississippi estavam tentando garantir que os escravizados acreditassem que nada de importante no Céu ou na Terra dependia de sua escolha. Até Deus, como anunciou a convenção estadual dos batistas, havia estabelecido sua servidão: "Por mais obscuros, misteriosos e desagradáveis que vos possam parecer esses desígnios, não temos dúvidas de que estão fundados na sabedoria e na bondade divinas." "O grandioso Deus acima de nós vos criou para o benefício do homem branco, que é quem cria e aplica a lei", como

---

56. Adam Hodgson, *Remarks During a Journey Through North America in the Years 1819, 1820, 1821* (Nova York, 1823), 200; Randy J. Sparks, *On Jordan's Stormy Banks: Evangelicalism in Mississippi, 1773-1876* (Athens, GA,1994), 61-66; Ellen Eslinger, "The Beginnings of Afro-American Christianity", in Craig Thompson Friend, ed., *The Buzzel About Kentuck: Settling the Promised Land* (Lexington, KY, 1998), 206- 207; Daniel Walker Howe, *What God Hath Wrought: The Transformation of America, 1815-1848* (Nova York, 2007).

pregou um capturador de escravos do Kentucky para sua propriedade humana, que ele reunira em seu pátio para o sermão matinal de domingo.[57]

No entanto, as pessoas escravizadas acreditavam em outra coisa. Em 1821, um escravo da Geórgia escreveu uma carta a um pregador branco. "Se eu entendo as pessoas brancas", escreveu, "eles estão orando por mais religião no mundo". Bem, então: "Se Deus o enviou para pregar aos pecadores, ele o instruiu para que mantivesse o seu rosto constantemente voltado para os brancos ou o senhor faz isso por que eles lhe dão dinheiro?" "Somos levados até o mercado e vendidos para quem paga mais" e os brancos "nunca perguntam para onde você está sendo vendido, se é para um pagão ou para um cristão." Mas as pessoas escravizadas continuavam a lotar as igrejas, mesmo que os ministros lhes dessem as costas, e também continuaram a realizar suas próprias reuniões religiosas. Isso porque os crentes se identificaram com a história de Jesus e encontraram nela uma promessa. Jesus era um deus tornado mortal, um homem capturado injustamente que sofreu tortura e uma morte violenta. Os migrantes forçados já sabiam como era caminhar para o túmulo. Mas a história lhes disse que Jesus tinha ressuscitado de seu túmulo e voltado para contar aos cativos sobre um novo reino cuja porta ele havia aberto.[58]

Agora, é possível entender como aquela adolescente, entrevistada mais tarde, quando já era idosa, tinha chegado a uma reunião de oração no Tennessee. Ela estava angustiada sobre o futuro e, mais especificamente, sobre a incapacidade de proteger seu primeiro filho, que havia acabado de nascer, da violência, da fome e da separação. E é possível entender por que, quando a menina ouviu uma voz que ninguém mais podia ouvir e se colocou de joelhos em admiração, sua própria mãe correu para seu lado para guiá-la. "Ore, filha", lembrava-se da mulher mais velha lhe dizendo, "pois se o Senhor começou a trabalhar em você, ele não vai parar até que tenha libertado sua alma". A mãe já tinha caminhado por aquela estrada e empurrou sua filha temerosa contra todas as iminentes crucificações às quais ela teria que sobreviver. "Não demorou muito", a filha se lembrou, antes do momento em que, desabando no chão, "morri".[59]

---

57. Sparks, *On Jordan's Stormy Banks*, 66-71, 116-117, 125-139; David T. Bailey, "A Divided Prism: Two Sources of Black Testimony on Slavery", *JSH* 46 (1980): 392; Randolph Scully, "'I Come Here Before You Did and I Shall Not Go Away': Race, Gender, and Evangelical Community on the Eve of the Nat Turner Rebellion", *JER* 27, n. 4 (2007): 661-684; Janet Duitsman Cornelius, *Slave Missions and the Black Church in the Antebellum South* (Colúmbia, SC, 1999); Isaac Johnson, *Slavery Days in Old Kentucky* (Ogdensburg, NY, 1901), 25-26; Solomon Northup, *Twelve Years a Slave* (Auburn, NY, 1853), 94.
58. June 26, 1821, Neill Brown Papers, Duke.
59. GSMD, 36, 71, 98; cf. GSMD, pp. 41, 53-55, 81-83, 146.

Ela caiu em um abismo. Mas quando a jovem mergulhou, uma voz diferente, nova, soprou em seu ouvido. A voz lhe dizia que os roubos em sua própria vida e a sua superação deles, importavam. Ambos, como a voz lhe disse, faziam parte do maior drama da criação. E a voz também lhe disse para não se esconder da dor e do medo, mas para mergulhar em suas próprias emoções desoladas e na cumplicidade impotente, pois a voz disse especificamente: "Você deve morrer e ir para o inferno", ou ela não poderia viver novamente. A menina se contorceu e estava totalmente tomada pelo sonho.

Ela se viu andando pela trilha dos escravos. As pessoas que sobreviveram aos campos cujos trabalhos eram desempenhados à luz do dia do Sudoeste chamaram os acres de algodão de "inferno sem fogo", por conta dos zumbis tristes e dos demônios perversos que andavam neles, mas na noite perpétua existente em cada lado dessa estrada, ela podia ver o fogo com clareza. As chamas rugiam incessantes no algodão, nas toras e nos troncos. A seu lado, havia pessoas assustadas e roubadas, pessoas perdidas em suas correntes. Pessoas que não sabiam seus próprios nomes. Ela viu bebês deixados no chão pelas mães. Ela ouviu mães cujos gritos soavam como os de animais feridos.[60]

O comboio em que ela estava chegou a uma bifurcação na estrada. Um pequeno homem estava lá. Ele acenou para ela, indicando que o seguisse por um caminho estreito. E porque isso era um sonho, uma visão, de alguma forma ela conseguiu se soltar do comboio, então o seguiu. Ofegante, ela tentava recuperar o fôlego, ficando para trás enquanto andava com grande esforço pelas veredas vertiginosas do caminho. Então o homem chamou "uma grande multidão" de anjos e disse a eles que cantassem para a menina enquanto ela subia. "Mamãe, mamãe, você deve ajudar a carregar o mundo", eles cantavam. O que seria de seu bebê, o que seria dela, era impossível saber. De alguma forma, precisava cuidar do filho, instruí-lo, defendê-lo contra forças pesadas demais para se lutar contra. Havia um mundo inteiro para que ela carregasse.

Então os anjos começaram a cantar o nome dela. Cantando, moveram suas pernas cansadas, levando-as para o topo das escadas, onde o último degrau dava em um pátio nas alturas. Lá estava ela e, de alguma forma, sabia que estava diante de Deus. Uma voz incorpórea soou. "Como ela chegou?" Fileiras de espíritos apareceram tremeluzindo e ecoando a pergunta em um som melodioso. Em sua vida acordada, nem mesmo sua mãe sabia o quão difícil tinha sido seu caminho. Mas uma segunda voz sabia. Ela disse o que a menina não conseguia: "Ela passou por provas difíceis com os cachorros do inferno

---

60. GSMD, 215. As mulheres gritando e os bebês abandonados são elementos frequentes nos relatos da Works Progress Administration sobre comércio doméstico de escravos, como dito pelos entrevistados: por exemplo, Dave Harper, AS, 11.2 (MO), 163; Alice Douglass, AS, 7.1 (OK), 73-74.

em seu encalço". Ela percebeu que a voz tinha soprado em sua orelha o tempo todo. Maria e Marta, ajudantes de Jesus, se aproximaram, vestiram-na com um manto novo e a primeira voz disse: "Você nasceu de Deus. Meu filho livrou sua alma do inferno e você deve voltar e ajudar a carregar o mundo."[61]

Ela acordou. Estava viva. Ela acreditava que as forças mais poderosas do universo podiam nomear as dores e os medos que ela mesma não podia. Essas forças a reconheceram. Delas, a jovem não havia sido roubada. Tudo o que precisava fazer em troca era carregar o mundo inteiro.

A experiência da morte e do renascimento espirituais assegurava aos escravos convertidos de que eles tinham um valor e uma responsabilidade que ultrapassavam em muito a quantidade de dólares pelos quais poderiam ser vendidos, de quilos que poderiam colher ou dos bebês que poderiam carregar para serem colocados no mercado. Os convertidos falavam dos próprios espíritos transformados, como se estivessem sendo libertados do medo de que seus senhores fossem, no final das contas, os seus derradeiros juízes. "Ouvi uma voz falar comigo", disse William Webb. "Daquele momento em diante, eu perdi todo o medo dos homens desta terra".[62]

Não importava quão vigorosamente os pregadores brancos argumentassem que a conversão tornava os escravos mais dóceis, os senhores de escravos se preocupavam com o fato de que a libertação do medo pudesse gerar outras buscas por mudança. É verdade que no Novo Testamento, como os cristãos do século XIX ouviram com frequência, o Espírito deu a redenção do pecado e ordenou o perdão. Muitos escravos cristãos acreditavam que Deus lhes tinha ordenado que deixassem de lado a vingança violenta, nem que fosse pelo bem das próprias almas. Mas seguir o mandamento de perdoar os inimigos era uma tarefa difícil – "um trabalho de uma vida inteira", disse um ex-escravo: "Não me importa o quanto Deus me deixe viver, ainda assim será um trabalho difícil". E o perdão não significava que as pessoas escravizadas acreditassem que os ladrões poderosos deste mundo nunca se curvariam, que o mais baixo não seria um dia o mais alto ou que seus sequestradores jamais enfrentariam um julgamento. "Ele alegando ser um cristão! Bem, eu reconheço que a essa altura já descobriu algo sobre a condução dos escravos", refletiu o ex-escravo Robert Falls sobre seu ex-proprietário morto, que ele acreditava estar labutando em um campo de trabalho de Satanás. "O bom Deus tem que conseguir seu trabalho em algum momento".[63]

---

61. GSMD, 99-100.
62. William Webb, *History of William Webb* (Detroit, 1873), 5.
63. Lula Chambers, AS, 11.2, (MO), 79-81; Robert Falls, AS, 16.6 (TN), 16; Henry Bibb to Albert G. Sibley, September 23, 1852, ST, 50-51; Hannah Davidson, AS, 16.4 (OH), 32.

Mas havia outro texto disponível. Em alguns livros do Antigo Testamento, o Espírito não concedeu o perdão, mas sim o fogo inflexível de guerreiros santos como Sansão ou Saul, ordenando-lhes que matassem todos os inimigos do Senhor até o último homem, mulher e criança. E muitos migrantes escravizados sonhavam com isso. "A ideia de uma revolução nas condições dos brancos e dos negros é a pedra angular da religião dos últimos", recordou Charles Ball das conversas que teve com outros cativos de Wade Hampton. "O Céu não será um paraíso" para o escravo comum, disse Ball, "se ele não se vingar de seus inimigos".[64]

Talvez Deus tenha exigido que Seus seguidores começassem a "fazer Seu trabalho", mesmo que os vingadores perdessem a vida no processo. Esse impulso encontrou solo fértil no condado de Southampton, na Virgínia, um antigo condado de tabaco onde o crescimento acelerado da escravidão entalhou profundas cicatrizes na década de 1820. John Brown, nascido por volta de 1818 – ano em que Francis Rives levou seu primeiro comboio de Southampton para o Alabama – pertencia a uma idosa branca. Ela "quando éramos crianças, costumava nos chamar até a casa grande todas as manhãs e nos dava uma dose de alho e de arruda para nos manter 'sadios', como ela dizia, fazendo que 'crescêssemos da maneira adequada para o mercado'. Depois, 'nos fazia correr ao redor de uma grande árvore de plátano-americano no quintal, e se não corrêssemos tão rápido quanto ela queria, ela acelerava nosso passo nos açoitando com um chicote de couro'".[65]

Ao longo da década de 1820, o novo mercado nacional de escravos escoou de Southampton pessoas como Brown. Quarenta e oito deles, por exemplo, passaram pelas mãos dos traficantes de escravos de Nova Orleans entre o final de 1829 e o início de 1831. Em Southampton, os escravizados se desesperaram com a crescente desestabilização de suas vidas terrenas e os brancos tentaram estender seu controle sobre as vidas espirituais dos afro-americanos. Em 1826, um pregador leigo escravizado de Southampton chamado Nat Turner tinha contado a um homem branco, Ethelred Brantley, suas visões religiosas. Brantley acreditava que Turner o havia curado de uma doença de pele meramente tocando nele. Os dois decidiram que queriam que Turner batizasse Brantley em uma igreja metodista local, mas a hierarquia da igreja branca não permitiria que Turner realizasse o ritual. Então, Turner e Brantley foram até o rio, onde Turner o batizou. Uma multidão de brancos se reuniu e "nos insultou", como o pregador descreveu posteriormente.[66]

---

64. Ball, *Slavery in the United States*, 221.
65. Brown, *Slave Life in Georgia*, 3.
66. Scully, "'I Come Here,'" 675; Ira Berlin, *Generations of Captivity: A History of African-American Slaves* (Cambridge, MA, 2003), 209.

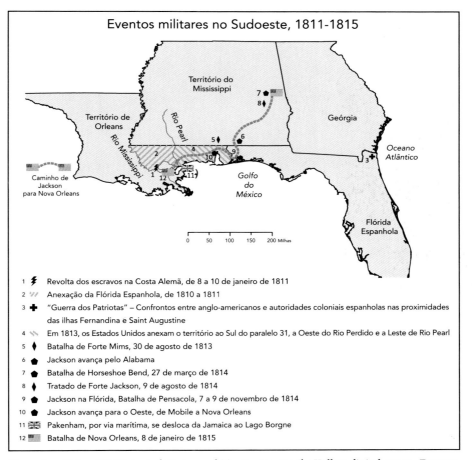

Siczewicz, Peter. US Historical States and Territories. Emily Kelley, digital comp. Dataset. *Atlas of Historical County Boundaries*, ed. John H. Long. Chicago: The Newberry Library, 2011. Disponível em http://publications.newberry.org/ahcbp. Fonte: US Historical States and Territories.

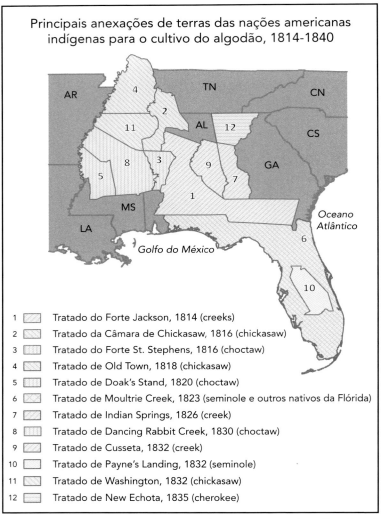

Siczewicz, Peter. US Historical States and Territories. Emily Kelley, digital comp. Dataset. *Atlas of Historical County Boundaries*, ed. John H. Long. Chicago: The Newberry Library, 2011. Disponível em http://publications.newberry.org/ahcbp. Fonte: US Historical States and Territories.

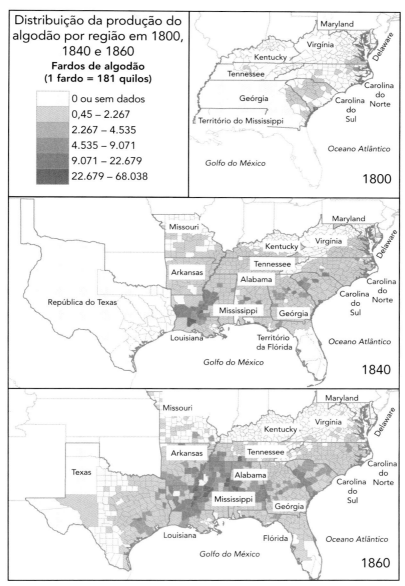

Gray, L. C., and Esther Catherine Thompson, *History of Agriculture in the Southern United States to 1860*. Washington, DC: The Carnegie Institution of Washington, 1933. Fonte: Censos dos Estados Unidos, 1840, 1860.

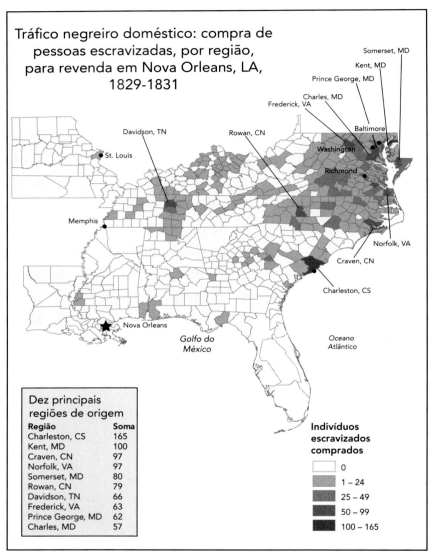

Siczewicz, Peter. US Historical Counties. Dataset. Emily Kelley, digital comp. *Atlas of Historical County Boundaries*, ed. John H. Long. Chicago: The Newberry Library, 2011. Disponível em http://publications.newberry.org/ahcbp. Fonte: US Historical Counties.

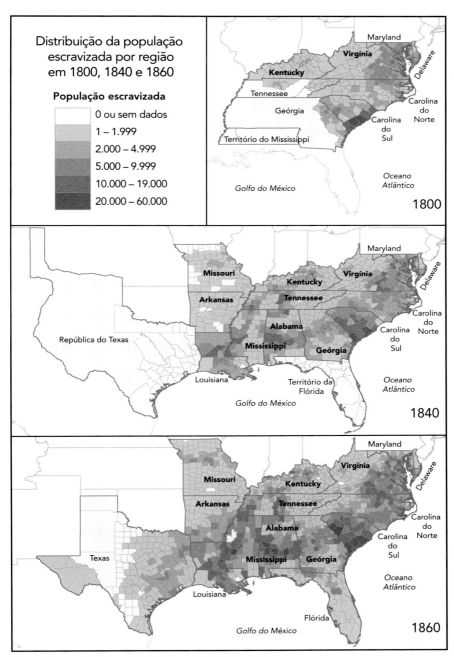

Fonte: Censos dos Estados Unidos, 1800, 1840 e 1860.

The First Cotton Gin [O primeiro descaroçador de algodão], *Harper's Weekly*, 18/12/1869, p. 813. Esta imagem, que retrata a criação de uma das tecnologias fundamentais para a expansão da escravidão pós-Revolução, foi desenhada depois da Guerra Civil por um artista que – a julgar pelos trabalhadores sorridentes e pela criança assistindo à cena – não conseguia decidir se a escravidão era comercial ou idílica. Library of Congress.

Cena de comboio, autoria anônima, *The Suppressed Book About Slavery* [O livro suprimido sobre a escravidão] (Nova York, 1864), página não numerada, encartada entre pp. 48 e 49. Os comboios marchavam para o Sul e para o Oeste, com homens unidos por uma longa corrente, suas mãos algemadas, e as mulheres seguindo atrás deles, vigiadas. Rabecas, canções e uísque eram recursos comuns para garantir o avanço da fila.

Hail Columbia!! View of the Capitol at Washington [Salve, Colúmbia!! Vista do Capitólio, em Washington], ilustração de Theodore Weld, *American Slavery As It Is* [A escravidão norte-americana como ela é] (Nova York, 1839). Embora tenha sido publicada em 1839, esta imagem tenta descrever um incidente que foi reportado pela primeira vez no fim da década de 1810. Um comboio de pessoas escravizadas marchando em Washington, DC – à vista de congressistas que pausam para o charuto nos degraus do Capitólio –, saúda os representantes de um povo livre, com uma versão irônica da canção patriótica americana "Hail Columbia".

A vitória de Jackson em Nova Orleans em janeiro de 1815 foi a pedra basilar para os 25 anos de violência que asseguraram aos senhores de escravos dos Estados Unidos o controle do Vale do Mississippi. Esta ilustração mostra a maneira como os pântanos, ao Norte, e o rio, ao Sul, reduziram as opções dos britânicos, forçando-os a atacar defensores protegidos por fardos de algodão, em Jackson, em meio ao chão enlameado de um canavial no inverno. *Battle of New Orleans* [Batalha de Nova Orleans], Hyacinthe Laclotte, 1820. Library of Congress.

No dique de Nova Orleans, fardos eram retirados dos barcos a vapor que navegavam os rios e carregados nas embarcações transoceânicas. Assim, o algodão cultivado nos campos do Sudoeste dos Estados Unidos chegava aos mercados mundiais de mercadorias e crédito. Nova Orleans também se tornou o eixo de outros processos sistemáticos observáveis no dique, como a migração forçada de pessoas escravizadas até a fronteira da escravidão, ou o desenvolvimento de novas culturas de desempenho afro-americanas. *View of the famous levee of New Orleans* [Vista do mais famoso dique de Nova Orleans], de *Frank Leslie's Illustrated Newspaper*, v. 9, nº 228, 14/4/1860, p. 315. Library of Congress.

Nos leilões, com o crédito de que dispunham, os senhores de escravos – tanto homens quanto mulheres – formaram uma comunidade de empreendedores, que aqui se reúne em torno do evento principal. Mas o leilão também deu forma a um mercado que avaliava as pessoas como mercadoria – como os homens, as mulheres e as crianças que se encolhem, à parte, no banco, ao fundo, esperando a vez. George Bourne, *Picture of Slavery in the United States of America* [Retrato da escravidão nos Estados Unidos] (Middletown, CT, 1834), pp. 144-145.

A inspeção fazia parte do processo de estabelecer um ser humano como uma "mão" disponível e pronta para a venda. Esse era um negócio sério, mas exigia-se que a pessoa escravizada desempenhasse um papel – permanecendo de pé, imóvel, sem resistir, respondendo a perguntas com as respostas e os comportamentos mais desejáveis pelo mercado. *Illustrated London News*, 16/2/1861, p. 138.

O mercado de Nova Orleans preferia pessoas jovens e sem vínculos. Tanto nos estados vendedores quanto nos compradores, essa demanda forçou separações de pais e filhos, irmãos e irmãs – como Isaac e Rosa, crianças ex-escravas de Nova Orleans, fotografadas em 1863 depois que a captura de Nova Orleans pela União garantiu que não seriam vendidos separados um do outro. Library of Congress.

Esta ilustração de 1853 mostra homens e mulheres trabalhando intensamente na colheita. Os homens usam chapéu de palha feitos na Nova Inglaterra. *Picking Cotton in Louisiana* [Colheita de algodão na Louisiana], *Harper's New Monthly Magazine*, março de 1854, p. 456.

No fim do ano, as colheitas ficavam mais escassas. *Picking Cotton Near Montgomery, Alabama* [Colheita de algodão perto de Montgomery, Alabama], J. H. Lakin, década de 1860. Library of Congress.

Transporte do algodão dos campos até o galpão do descaroçador, para a pesagem ao fim do dia. *Harper's New Monthly Magazine*, março de 1854, p. 457.

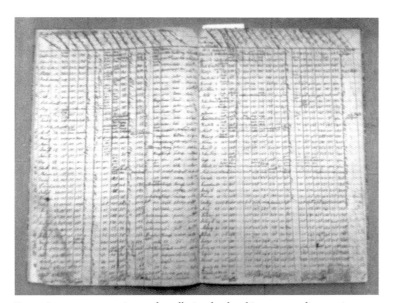

Escravistas usavam registros da colheita de algodão para medir e registrar a produção. Esses registros serviram, junto com a balança e o chicote, como peças-chave do sistema da "máquina de açoitar", que aumentou em ritmo constante a produção de algodão ao longo do tempo. Aqui temos duas páginas do registro da colheita usado em 1852 no campo de trabalho escravo de Laurel, no condado de Warren, no Mississippi, propriedade de R. C. Ballard. R. C. Ballard Papers, fôlder 447, University of North Carolina.

Descascando milho: uma oportunidade de construção da comunidade, reconhecimento mútuo e disputa de improvisação musical, na qual se destacava o virtuosismo individual. *Harper's Weekly*, 13/4/1861, p. 232.

As danças durante o tempo livre e as noites de sábado proporcionavam um tipo de ambiente social que permitiu que as pessoas – divididas, avaliadas e vendidas, forçadas a passar, a contragosto, por verdadeiros divórcios – adotassem papéis de gênero e personalidades individuais que, acreditavam, as tornariam especiais. *The Christmas Week* [A semana do Natal], do "Album varieties n. 3; The slave in 1863", Filadélfia, 1863. Library of Congress.

Em 1829, a Assembleia Legislativa Estadual da Louisiana aprovou uma lei que exigia a apresentação de um "certificado de bom caráter" referente a qualquer escravo trazido de outro estado para ser vendido ali. Os certificados continham informações pessoais sobre a pessoa escravizada, permitindo uma análise sem precedentes sobre seu local de origem, data de sua venda ao comerciante de escravos em questão e outras características reveladoras de sua migração forçada. Fonte: New Orleans Parish, Acts of William Baswell, vol. 7, p. 299, Certificate of Good Character for Ellen, Notarial Archive, Nova Orleans.

UNITED STATES SLAVE TRADE.
1830.

Na década de 1820 e no início da década de 1830, o tráfico negreiro doméstico de Chesapeake e das Carolinas se expandiu rapidamente. As pessoas escravizadas em outros tempos e os observadores brancos notaram, igualmente, o aumento da atividade. Essa foi uma das primeiras representações visuais do tráfico doméstico de escravos e das separações familiares generalizadas que ele causou. Impresso *c.* 1830. Library of Congress.

Os abolicionistas brancos e os migrantes escravizados denunciaram a *possibilidade* – ou, para milhares de indivíduos, a *realidade* – de que afro-americanos livres, em Chesapeake e nos estados fronteiriços, estivessem sendo sequestrados. Os criminosos seriam atraídos por novos lucros oferecidos pelo mercado de seres humanos. Na gravura, o homem raptado está bem-vestido, sem diferir daqueles que o prenderam e planejam vendê-lo na fronteira do algodão. George Bourne, *Picture of Slavery in the United States* [Retrato da escravidão nos Estados Unidos] (Middletown, CT, 1834), p. 120.

Nesta imagem, os proprietários de escravos imaginam as mulheres africanas como deusas sexualizadas que vêm para o Oeste através do Atlântico para servir aos homens brancos como escravas no Novo Mundo. Toda a sua divina panóplia – os querubins, as criaturas marinhas puxando a carruagem de meia-concha – é uma piscadela que lembra ao espectador branco como o status dessa mulher difere daquele da branca simbolizada por Vênus, a deusa de cuja apoteose zomba. *Voyage of the Sable Venus* [Viagem da Vênus Negra], de Bryan Edwards, *The History, Civil and Commercial, of the British Colonies in the West Indies* [A história civil e comercial das colônias britânicas nas Índias Ocidentais] (Londres, 1801), vol. 2.

Leilão de bebê escravizado. Os abolicionistas afro-americanos e brancos identificaram as separações familiares e o abuso sexual de mulheres como dois dos impactos mais devastadores do tráfico negreiro interestadual. A autobiografia de Henry Bibb descrevia seu sofrimento por estar separado da esposa e dos filhos – assim como os pais e cônjuges aqui retratados, que choram e imploram. *Narrative of the Life and Adventures of Henry Bibb, an American Slave* [Narrativa de vida e das aventuras de Henry Bibb, um escravo norte-americano] (Nova York, 1849), p. 201.

No fim da década de 1820, os estados do Sudoeste começaram a emitir debêntures que transformaram hipotecas de escravos em títulos que poderiam ser comercializados por investidores de todo o Ocidente. Isso ajudou a deslocar o crédito para a fronteira escravista, onde era usado para comprar grande número de pessoas escravizadas do Sudeste. Quando as debêntures – do Citizens' Bank, comercializadas na Europa – foram emitidas pela primeira vez, seu preço era aproximadamente o de uma escrava de primeira linha em Nova Orleans. Louisiana Banking Collection, Louisiana Research Collection, Tulane University.

Um Andrew Jackson idoso, mas ainda assim agressivo, representado como presidente dos Estados Unidos, mata a Hidra do nefando Second Bank of the United States. A cabeça com a cartola é de Nicholas Biddle. *General Jackson Slaying the Many Headed Monster* [General Jackson matando o monstro de muitas cabeças], Henry B. Robinson, 1836. Library of Congress.

William Colbert na década de 1930, cerca de oitenta anos após a surra e a humilhação de seu irmão. Esta foto foi registrada no momento de sua entrevista pelos funcionários da Works Progress Administration. Library of Congress.

Muitas das relações familiares construídas por pessoas forçadas a migrar para o Sudoeste – como as que figuram nesta lista de "propriedades" hipotecadas – teriam sido destruídas pelas mesmas hipotecas e operações financeiras que fizeram com que esses laços fossem registrados primeiramente no papel. Louisiana Banking collection, Louisiana Research Collection, Tulane University.

Após tantos planos empresariais naufragarem em decorrência da explosão da bolha de crédito com escravos, os escravistas reconheciam cada vez mais que suas próprias operações eram impulsionadas por forças familiares e paternalistas – e não por razões pecuniárias. Como o título desta ilustração sugere, os senhores de escravos rejeitavam as acusações dos abolicionistas de que a sociedade escravista era de alguma forma um tumor não norte-americano, que deveria ser extirpado do corpo nacional. Edward William Clay, *America, 1841* [América, 1841]. Library of Congress.

A experiência real do início da década de 1840, na fronteira do algodão, foi a de se livrar do "excesso da dívida" contraída durante os anos de crescimento da década de 1830. A venda incessante de escravos e os movimentos forçados eram habituais, como os descritos nesta *Sale of Estates, Pictures and Slaves in the Rotunda, New Orleans* [Venda de propriedades, quadros e escravos em rotunda, Nova Orleans], de James Buckingham, *The Slave States of America* [Os Estados Escravos da América] (Londres, 1842), vol. 1, página não numerada, encartada antes da folha de rosto.

Os traficantes negreiros em Nova Orleans continuaram a receber e a vender pessoas escravizadas, "empacotadas" de maneiras diversas, como "mãos" transformadas em *commodities*, inclusive sendo obrigadas a usar roupas idênticas. *Illustrated London News*, janeiro-junho de 1861, vol. 38, p. 307.

Interior da antiga prisão de escravos de um traficante negreiro, parcialmente desmanchada, em Alexandria, na Virgínia. Provavelmente foi a mesma estrutura usada por John Armfield na década de 1830, embora outros comerciantes a tenham usado nos anos subsequentes, antes de os soldados da União tomarem a cidade em 1861. Hoje a estrutura abriga o Freedom House Museum, administrado pela Northern Virginia Urban League. Foto *c.* 1861-1865. Library of Congress.

A jornada de um homem escravizado para a fuga, a liberdade e a morte como um soldado da União, martirizado pela causa indissociável dos Estados Unidos e da liberdade. A ilustração é de autoria do artista James Queen, que pode ter desenvolvido o painel para a *Harper's Weekly*. Library of Congress.

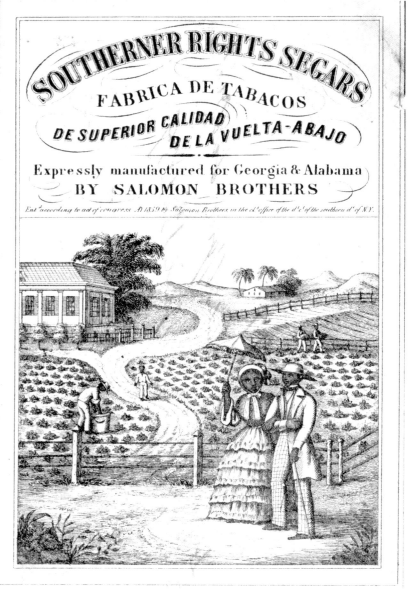

Na década de 1850, os senhores de escravos estavam de olho na expansão para Cuba, a fim de aumentar o poder político do Sul. Nesta propaganda de charutos, vemos uma imagem idílica de plantação de tabaco em Cuba atrelada à ideia de "direitos do Sul". "Southerner rights segars. Expressly manufactured for Georgia & Alabama by Salomon Brothers. Fabrica de tabacos, de superior calidad de la Vuelta-Abajo" [Charutos dos direitos dos sulistas. Expressamente fabricado para Georgia & Alabama por Salomon Brothers. Fábrica de tabacos de qualidade superior de Vuelta Abajo], panfleto, 1859. Library of Congress.

Convenção de ex-escravos (da esquerda para a direita): pessoa não identificada, Anna Angales, Elizabeth Berkeley e Sadie Thompson, 1916. Library of Congress.

Alfred Parrott fora escravizado. A fotografia é de 1941, quando tinha 91 anos. Jack Delano, Farm Security Administration. Library of Congress.

Bisnetos de homens e mulheres escravizados, preparando-se para deixar o Sul algodoeiro, na década de 1930. Marion Wolcott, Works Progress Administration, 1939. Library of Congress.

Mulher que havia sido escravizada e passou a viver em uma propriedade rural perto de Greensboro, Alabama. Jack Delano, Farm Security Administration, 1941, Library of Congress.

Em torno de 1828, Nat Turner não acreditava mais que deveria deixar a vingança nas mãos de Deus. Ao contrário, ele teve visões que o incitavam à violência: pessoas brancas e negras lutando no Céu, o sangue se condensando como o sereno no milho, uma voz trovejante lhe dizendo: "Tal é o seu destino, assim você é chamado a ver e, aceitando-o com relutância ou suavidade, você certamente deve carregá-lo". Turner se retirou para uma região despovoada. Mais tarde disse, falando com um advogado local de Southampton chamado Thomas R. Gray, que se lembrou de suas palavras e as publicou em *As confissões de Nat Turner* (*The Confessions of Nat Turner*): "Eu ouvi um estrondo nos céus e o Espírito imediatamente apareceu para mim e disse que a Serpente havia se soltado, que Cristo havia deixado de lado o peso que carregava pelos pecados dos homens e que eu deveria assumi-lo e lutar contra a Serpente, porque o tempo em que os últimos seriam os primeiros estava se aproximando rapidamente". Com as ordens claras, Turner reuniu um pequeno grupo de homens raivosos e humilhados que eram de sua confiança e esperou por outro sinal. Então, no começo de 1831, um eclipse total bloqueou o sol.[67]

AS PRIMEIRAS MANCHETES NÃO CHEGARAM a Nova Orleans até setembro de 1831. Mas, a partir daí, a notícia se espalhou rapidamente pelos rios que funcionavam como as veias da rede de embarcações a vapor e de pontos de desembarque do algodão, na fronteira da escravidão. No condado de Southampton, no dia 22 de agosto, os escravos insurgentes começaram a matar os brancos. Quase sessenta haviam sido assassinados em um ataque de dois dias em Southampton, inclusive um bebê no berço e dez crianças em uma escola que funcionava dentro de uma cabana de toras. Em seguida, as tropas brancas caíram em massa sobre Southampton e esmagaram a revolta. Eles executaram, através de fuzilamento, decapitações e tortura, cerca de cinquenta afro-americanos, muitos dos quais não tinham participado da rebelião. O próprio Turner, capturado dois meses depois, foi em seguida julgado, condenado e enforcado – mas não antes de ditar suas confissões para Gray.[68]

---

67. Nat Turner, *Confessions of Nat Turner* (Baltimore, 1831), 10-11.
68. Scot P. French, *The Rebellious Slave: Nat Turner in American Memory* (Boston, 2004), 83; Patrick Breen, "Contested Communion: The Limits of White Solidarity in Nat Turner's Virginia", *JER* 27, n. 4 (2007): 685-703; Anthony E. Kaye, "Neighborhoods and Nat Turner: The Making of a Slave Rebel and the Unmaking of a Slave Rebellion", *JER* 27, n. 4 (2007): 705-720; estimativa de Patrick Breen, "Nat Turner's Revolt: Rebellion and Response in Southampton County, Virginia" (PhD diss., Universidade da Georgia, 2005).

Os brancos do Sudoeste de repente perceberam que seu sistema tinha tragado dezenas de milhares de pessoas que tinham sido roubadas de Southampton e de outros condados devastados pelo comércio profissional de escravos na última década. O governador do Alabama ativou a milícia estadual. Os jornais em Nova Orleans reprimiram o relato da rebelião até que as autoridades pudessem coletar armas suficientes para derrotar ataques semelhantes, mas ainda assim as notícias vazaram. Na paróquia de West Feliciana, na Louisiana, uma viúva branca ouviu um rumor de que os escravos de um campo de trabalho próximo "se armaram e reivindicaram sua liberdade". "Ela imediatamente começou a gritar e a chorar o mais alto que podia", como registrou uma vizinha mais calma em seu diário. A viúva exigiu que um vizinho do sexo masculino descobrisse o que estava acontecendo, mas, em vez disso, ele chamou os membros da milícia local, que se reuniram e marcharam para o suposto epicentro. Lá "encontraram o feitor e os negros muito ocupados com o trabalho da colheita" do algodão, "tão pacíficos quanto cordeiros".[69]

"Os oficiais responsáveis do estado devem tomar medidas para impedir a importação de escravos" da "área infectada do país", publicou o *New Orleans Bee*. O editor tinha deixado de confiar em leis de certificação como recurso para filtrar os escravos mais rebeldes dos estados antigos dos Estados Unidos do fluxo de comércio de escravos. Apesar da oposição de ambiciosos empresários de algodão e do açúcar, uma sessão de emergência do Legislativo estadual proibiu o comércio de escravos. (Lendo o que estava escrito na parede, os comerciantes se apressaram a vender mais 774 escravos antes que a sessão especial terminasse). A Assembleia Legislativa do Alabama apressou-se igualmente a convocar uma sessão e proibiu o comércio. Na primavera seguinte, o Mississippi realizou uma convenção constitucional. Havia tantos migrantes escravos nos arredores da crescente Natchez, disse o banqueiro e fazendeiro Stephen Duncan, que "um dia teremos nossas gargantas cortadas nesse país". Os representantes elitistas da área de Natchez e os deputados dos brancos pobres das áreas de solos inférteis formaram uma aliança incomum e incorporaram uma proibição do comércio de escravos à nova Constituição.[70]

É claro que os compradores e vendedores começaram imediatamente a procurar brechas nas proibições do comércio de escravos. Os compradores viajaram para Chesapeake.

---

69. *New Orleans Bee*, September 15, 1831; Rachel O'Connor to Brother, October 13, 1831: Allie B. W. Webb, ed., *Mistress of Evergreen Plantation: Rachel O'Connor's Legacy of Letters, 1823-1845* (Albany, NY, 1983), 62-63.
70. *New Orleans Bee*, November 19, 1831; Office of the Mayor, List of Slaves Arrived, 1831, NOPL; W. M. Drake, "The Mississippi Constitutional Convention of 1832", *JSH* 23 (1957); Stephen Duncan to Thomas Butler, September 4, 1831, Butler Papers, LLMVC.

Os comerciantes preencheram declarações jurando que os escravos que estavam transportando eram somente para seu próprio uso. Os legisladores dos condados de algodão mais novos do Mississippi, que ainda queriam escravos, bloquearam a implementação da proibição constitucional do estado no local, de modo que os maiores comerciantes transferiram sua sede de Nova Orleans para o mercado "Das bifurcações na estrada", ao Norte de Natchez. Mas, de volta ao Leste, na Virgínia – o local da rebelião e ainda o lar da maior população de escravos do Sul –, havia sido convocada uma convenção constitucional estadual para considerar a emancipação. No curso das deliberações, o neto de Thomas Jefferson, Thomas Randolph, propôs um referendo estadual de eleitores brancos sobre se a Virgínia deveria iniciar a emancipação gradual.[71]

O plano de Randolph teria transformado todos os escravos nascidos depois de 4 de julho de 1840 em propriedades do estado quando atingissem a idade adulta. Então, a Virgínia contrataria esses escravos, guardando seus salários para pagar, no fim das contas, as despesas envolvidas em exilá-los "além dos limites dos Estados Unidos". Segundo esse plano, muitos afro-virginenses ainda teriam sido escravizados no início do século XX, embora Randolph supusesse que, antes disso, a maioria dos senhores de escravos ganhariam dinheiro vendendo-os para o Sul. Randolph estava propondo ressuscitar o sonho de seu avô: o exílio da população de escravos locais e a criação de uma Virgínia completamente branca. Muitos, como o deputado Thomas Marshall, filho de John Marshall, chefe de justiça da Suprema Corte dos Estados Unidos de 1801 a 1835, apoiaram a proposta de Randolph, acreditando que a escravidão era "nociva para os brancos". A "população industriosa" de brancos que não eram proprietários de escravos estava emigrando para escapar de um estado cujo maior negócio era criar pessoas para o mercado do Sudoeste. E se continuassem, Marshall previu – invocando o destino dos brancos de São Domingos – "toda o interior [da Virgínia] será inundado por uma onda negra... com algumas faces brancas flutuando aqui e ali na superfície".[72]

No entanto, outros deputados advertiram que toda a economia do estado dependia do preço de uma única mercadoria: a das mãos em Nova Orleans. Se o plano de Randolph fosse aprovado, os senhores de escravos da Virgínia se apressariam em vender sua propriedade humana no Sul de uma só vez e o preço despencaria. Os proprietários de escravos tinham investido no mercado de escravos e a maioria deles queria que o governo

---

71. "Individuals Importing Slaves, 1831-1833", Orleans Parish Court Records, NOPL; Alison Goodyear Freehling, *Drift Toward Dissolution: The Virginia Slavery Debate of 1831-1832* (Baton Rouge, LA, 1982); Ford, *Deliver Us from Evil*, 373-374.
72. Marshall's speech: Ford, *Deliver Us from Evil*, 369.

defendesse e expandisse seu direito a um uso quase irrestrito de sua propriedade – e não que o limitasse. A convenção da Virgínia rejeitou a proposta de Randolph e aprovou o status quo, adicionando, de quebra, novos limites à alfabetização de escravos e à vida livre dos negros. Nos três anos que se seguiram, a Carolina do Norte, o Tennessee e Maryland impuseram restrições semelhantes. Os senhores de escravos já haviam imposto o mesmo nos estados do Sudoeste.[73]

As restrições à alfabetização e ao contato com negros livres visavam a restringir o acesso às ideias sobre liberdade. Os políticos escravistas culparam o surgimento do *Liberator* de Garrison, em janeiro de 1831, pela decisão de Nat Turner, mais tarde, de banhar o condado de Southampton com o sangue dos brancos. O Legislativo da Geórgia ainda ofereceu uma recompensa de 5 mil dólares pela apreensão de Garrison. Mas os senhores de escravos também temiam que o próprio cristianismo afro-americano pudesse gerar um perigo interno. O governador John Floyd, da Virgínia, escreveu que "todo pregador negro... a Leste do Blue Ridge" tinha conhecimento dos planos de Turner. Uma compaixão branca equivocada havia permitido "grandes assembleias de negros", nas quais pregadores negros supostamente haviam lido as "publicações incendiárias de Walker [e] Garrison". Um jornal do Alabama alertou sobre os pregadores escravos "perspicazes e astutos". Se a revolta irromper na região Sudoeste, "Algum profeta de cabelos crespos, algum pretendente à inspiração, será o cabeça, assim como a inspiração dessa conspiração. Ao fingir que se comunica com o Céu, ele despertará o fanatismo de seus irmãos e eles estarão preparados para qualquer trabalho, por mais desolador e assassino que seja."[74]

Os políticos escravistas do Sudoeste decidiram pôr fim ao cristianismo negro independente. Mobile, no Alabama, proibiu os encontros – inclusive religiosos – de mais de três escravos. A punição em caso de violação era de "vinte chibatadas" nas costas. O jornal local escreveu: "Os diretores da escola dominical de Mobile [decidiram] que daqui em diante nenhuma pessoa de pele escura será recebida para tomar instrução sem trazer a permissão por escrito de seu senhor." A Assembleia Legislativa Estadual do Mississippi tornou ilegal a qualquer "escravo, negro livre ou mulato... exercer a função de ministro do Evangelho". Toda prática religiosa, com exceção da oração individual, agora seria mantida sob os olhos dos proprietários de escravos e seus paus-mandados – que é o que os ministros evangélicos agora se oferecem para ser. Os ministros brancos

---

73. Ford, *Deliver Us from Evil*, 459.
74. John Floyd, citado em Ford, *Deliver Us from Evil*, 351; Freehling, *Drift Toward Dissolution*, 83; *Mobile Register*, November 7, 1831.

prometeram prestimosamente que, doravante, trabalhariam mais do que nunca para transformar o cristianismo em uma ferramenta que ajudasse os senhores de escravos a governar sua sociedade.[75]

Com a pregação independente dos negros agora ilegalizada na maioria dos lugares, os metodistas, batistas e presbiterianos brancos ofereciam duas opções religiosas legais aos escravizados. A primeira era se afiliar a igrejas brancas. Lá, os afro-americanos poderiam esperar certamente por um status desigual e disciplina. Em igrejas maiores, eles deveriam se sentar nas galerias do andar de cima. Na igreja de madeira na qual Annie Stanton comparecia, nos bosques do Alabama, ela precisava, na verdade, se sentar com seus companheiros escravos em bancos do lado de fora. Depois do sermão feito por um pregador branco, um pregador negro saía para falar com eles enquanto os brancos supervisionavam.[76]

A segunda estratégia foi a criação de "missões de escravos": pregadores brancos, financiados e regulados por congregações brancas, seriam enviados para pregar a congregações negras. Os sermões em favor da escravidão que as missões de escravos faziam repetiam a versão do interior sulista dos argumentos que seriam, a partir da década de 1830, cada vez mais projetados pelos críticos externos da região. Os ministros desenvolveram um argumento teológico que afirmava que o cristianismo justificava a escravidão. Eles se apoiaram no apóstolo Paulo, com suas advertências para que os servos obedecessem a seus senhores. Cada vez mais, eles argumentavam também que uma visão holística da Bíblia mostrava que a escravidão não era pecaminosa. Na verdade, eles disseram, Deus determinara que os israelitas, e os brancos em geral, pudessem escravizar os povos "camitas" supostamente inferiores (os que seriam descendentes de Cam, um dos filhos de Noé), assim como os africanos, desde que os tratassem com uma bondade paternalista.

De acordo com essa visão, os críticos da escravidão se negavam deliberadamente a ler a Bíblia com o cuidado suficiente para reconhecer que a escravidão era ordenada por Deus. As doutrinas de abolição eram apenas tentativas de suplantar a palavra de Deus com a vontade individual. E isso valia para os críticos em potencial tanto do Sul como do Norte. James Smylie, um proeminente ministro presbiteriano do Mississippi e (em 1840) captor de trinta homens, mulheres e crianças, argumentou em 1836 que um proprietário de escravos "cuja consciência é guiada não pela palavra de Deus, mas pelas

---

75. *Mobile Register*, November 7, 1831; J. F. H. Claiborne, *Mississippi as Territory and State* (Jackson, MS, 1880), 1:385; ST, 267, 185-186.
76. Annie Stanton, AS, 6.1 (AL), 354; Janet Duitsman Cornelius, *When I Can Read My Title Clear: Literacy, Slavery, and Religion in the Antebellum South* (Colúmbia, SC, 1991).

doutrinas dos homens" – isto é, pela angústia de que talvez os cristãos antiescravistas tivessem razão – "muitas vezes sofre as chibatadas de uma consciência culpada". Mas ele não deve sofrer. Deus criou algumas pessoas que não foram feitas para a liberdade. A escravidão era a vontade de Deus. Duvidar da escravidão era duvidar de Deus. Opor-se a ela era heresia.[77]

EM 1835, ISRAEL CAMPBELL, que tinha sido transportado do Kentucky para o "sistema" de algodão do Mississippi, tornou-se uma "mão de primeira" e muito mais. Ele conduziu uma turma de cativos em um campo de trabalho escravo perto da pequena cidade de Mount Vernon, no entroncamento das estradas. Campbell tinha sido agraciado com tanto prestígio quanto qualquer homem branco do Mississippi estava disposto a lhe dar. No entanto, uma noite, quando alguém bateu à porta da cabana e o tirou de seu sono, ele se levantou para descobrir como estava desprotegido. Cambaleando, ele destrancou a porta e caiu para trás, enquanto dois homens brancos forçaram a entrada. Um deles agarrou Campbell pelo pescoço e puxou a sua garganta até a lâmina de uma faca. "O que você sabe sobre os rolos do dr. Cotton?", o homem rosnou.

"Nada, senhor", balbuciou Campbell. E era verdade. Mas ele sabia quem era o dr. Cotton. E isso o fez tremer. Cotton era um homem branco que viera do Norte para praticar a atividade de "médico de vapor" – um médico "thompsoniano", que afirmava ser capaz de tratar muitas doenças e queixas fazendo que os pacientes inalassem grandes quantidades de vapor e pequenas quantidades de remédio. Embora fosse menos provável que a homeopatia thompsoniana matasse o paciente se comparada aos riscos das enormes doses químicas prescritas naqueles tempos por médicos tradicionais, os médicos de vapor eram considerados marginais na sociedade. E, de alguma forma, Cotton tinha dado a impressão de que era excessivamente amigável com os afro-americanos locais. Enfatizando seu questionamento com uma lâmina pressionada contra a garganta de Campbell, esses homens lhe disseram que "dr. Cotton, alguns homens brancos e um grande número de negros estavam planejando um levante para matar os brancos e libertar os negros". Então eles disseram que sabiam que Campbell tinha ido recentemente a um encontro secreto e ilegal de oração na floresta, liderado pelo "velho Dave, o pregador negro, que era propriedade de Harris". Era evidente que suspeitavam de que Campbell

---

77. Epístola aos Efésios 6:5, Epístola aos Colossenses 3:22; James Smylie, *Review of a Letter, from the Presbytery of Chillicothe, to the Presbytery of Mississippi, on the Subject of Slavery* (Woodville, MS, 1836), 3.

também estivesse envolvido na suposta trama. Quanto tempo ficou na reunião? Sabia se os escravos haviam falado "em se libertar e matar os brancos"?

Campbell negou desesperadamente ter ouvido qualquer coisa desse tipo. De alguma forma, ele convenceu os interrogadores de que não tinha nada a ver com a conspiração. A faca se afastou de sua garganta. Os homens lhe ofereceram um gole de sua jarra de barro. A mão de Campbell estremeceu ao levar o conhaque até os lábios. Ele desceu queimando, como as bebidas que davam aos homens e às mulheres no caixote de leilões, mas os homens assistiram com aprovação quando ele pegou a bebida. Campbell enxugou a boca com o dorso da mão. Eles o advertiram de que qualquer um ligado à conspiração levaria um tiro, e então foram embora na noite. Da entrada, Campbell observou-os enquanto saíam a galope. Ele sabia que a agitação e o medo que vira misturados em seus olhos condenariam algumas pessoas à morte antes que o sol se levantasse.[78]

Se houvesse uma conspiração, tudo o que Campbell sabia sobre ela poderia, provavelmente, ser inferido das histórias que ele e seus colegas tinham contado uns aos outros sobre suas próprias vidas roubadas. Os brancos tinham seu próprio enredo a temer, que fora marcado a ferro em seus cérebros muito antes de Southampton. Para impedir que alguém entrasse em uma enrascada, naquela noite, havia por toda a vizinhança grupos de homens brancos arrancando as pessoas escravizadas de suas cabanas para interrogá-las. Aterrorizados, alguns escravizados acusaram os outros de crimes que nunca existiram. Quando a noite chegou ao fim e muitas vítimas já tinham sido reunidas, os vigilantes – em sua maioria fazendeiros locais – começaram a enforcar os condenados em Mount Vernon. Eles posicionaram uma vara sobre dois postes em formato de Y e, ali, durante dois dias, estrangularam pregadores negros e fiéis. Eles também enforcaram alguns homens brancos que, como o dr. Cotton, tinham cruzado uma barreira racial.[79]

Depois disso, os vigilantes voltaram e pegaram Campbell. Dessa vez, eles só queriam que ele servisse as mesas de um banquete, no qual os fazendeiros locais se autovangloriaram por terem salvado o Mississippi da destruição. Caminhando para casa na

---

78. Para o pânico da rebelião de 1835, ver Joshua Rothman, *Flush Times and Fever Dreams: A Story of Capitalism and Slavery in the Age of Jackson* (Athens, GA, 2011); Christopher C. Morris, "An Event in Community Organization: The Mississippi Slave Insurrection Scare of 1835", *Journal of Social History* 22, n. 1 (1988): 93-111; David Libby, *Slavery and Frontier Mississippi*, 1720-1835 (Jackson, MS, 2004); James Lal Penick, *The Great Western Land Pirate: John A. Murrell in Legend and History* (Colúmbia, MO, 1981); Laurence Shore, "Making Mississippi Safe for Slavery: The Insurrectionary Panic of 1835", in Orville Vernon Burton and Robert McMath, eds., Class, *Conflict, and Consensus: Antebellum Southern Community Studies* (Westport, CT, 1982), 96-120.
79. Israel Campbell, *An Autobiography, Bound and Free* (Philadelphia, 1861), 71- 74; Rothman, *Flush Times*.

manhã seguinte à festa, Campbell viu as cabeças dos pregadores negros enforcados empaladas em estacas na beira da estrada. E essa quase foi a última vez que Campbell viu o Velho Dave e seus irmãos. Mas não exatamente. Ele voltou a se deparar com eles mais uma vez naquele outono. Não muito tempo antes de o dono de Campbell mover seus escravos novamente, dessa vez para o Tennessee, Campbell entrou na pequena loja de um boticário que servia como uma farmácia em Mount Vernon e lá viu os enormes crânios de Dave e seus apóstolos expostos nas prateleiras.

Israel Campbell vinha procurando por Deus fazia muito tempo, "mas no Mississippi havia tantos obstáculos" que ele não poderia "fazer as pazes com Deus", como disse mais tarde. De fato, a busca religiosa quase o havia transformado em um dos troféus descoloridos do Mississippi branco. Mas Campbell ainda estava inclinado a buscar o mesmo Deus que não intervinha quando os brancos colocavam a mesa dos urubus em Mount Vernon. No Tennessee, Campbell tentou outra vez. Ele e sua esposa compareceram a todas as reuniões religiosas nos arredores. Freneticamente, ele escapava duas vezes por dia para um "campo de oração", numa clareira secreta nas profundezas da floresta. De joelhos, lutou contra o medo de que não passasse de pó de giz nas mãos de outra pessoa. Então, no final do outono, uma semana de colheita frenética de algodão fez que os escravos devotos ganhassem uma pequena pausa na colheita: alguns dias com horas contadas que coincidiam com uma reunião no campo metodista próximo, onde os pregadores brancos lideravam e os negros que "exortavam" se limitavam a estimular ligeiramente a multidão e a rezar individualmente com os que buscavam salvação. Israel Campbell e sua esposa participaram. Durante três dias, imploraram de joelhos pelo tipo de transformação extática das pessoas que viam ao seu redor. Finalmente, na quarta noite, a esposa de Israel se levantou e começou a gritar com outros novos convertidos.

Campbell tinha visto outros gritarem em êxtase. Ele tinha ouvido outros dizerem que sentiam o sopro de Deus em seus pulmões. O que restava de alguns deles deixava os clientes boquiabertos na loja do boticário. Era difícil se reconciliar com aquilo. Havia também as feridas sangrentas que Deus permitira que os malfeitores abrissem em sua própria vida. A despeito de todas as orações de sua mãe, alguma coisa – fosse Deus, o universo ou o destino – tinha arrancado Israel dela, amarrado um homem jovem, que havia sido outrora um bebê em seus seios, no couro da máquina de açoitar. Os batistas do Mississippi afirmavam que "os desígnios... escuros e misteriosos" justificavam a cumplicidade dos cristãos brancos com os ultrajes da escravidão. Mas as vidas que foram roubadas eram um crime, não um mistério da fé para ser aceito. Talvez até Deus fosse cúmplice.

Israel caiu de joelhos, quase sozinho. Um pregador negro mais velho chamado Reeves estava atrás de seu ombro. Reeves tinha sobrevivido a seis semanas marchando preso em grilhões. Sobrevivera ao medo que os brancos tinham dele. Ele era magro, feito de nós de músculos esfomeados, cheios de cicatrizes, cobertos de trapos. Ele manteve o rosto – cinzelado por linhas escuras de 15 mil dias sob o sol – completamente imóvel. Enquanto Campbell orava, Reeves olhava para a frente, impassível como um rei. Por fim, chegou o momento que só ele podia discernir. Ele se inclinou e sussurrou no ouvido de Israel: "Continue orando, jovem irmão."

7

Semente
1829-1837

PRIMAVERA. O CAMPO FLORESCE. De repente, parece que os insetos estiveram sempre zumbindo ali. Como se o janeiro cinzento nunca tivesse acontecido. O verde se incrusta nos galhos das árvores. A chuva cai. O chão absorve a chuva. O mundo brilha como um sol.

O empresário olha para os campos enquanto conversa na nova varanda de sua cabana. Um empregado escuta. Em seguida, ele se afasta, pega um torrão de terra. Cheira. Talvez o prove. Devolve ao chão.

Chove forte na manhã do dia seguinte, mas, quando para, o homem leva para fora as mulas e os arados. A terra esponjosa escorre para dentro dos buracos, sugando as pontas de metal do arado. "Foda-se essa lama", murmuram os homens.

Foda-se. A palavra [*fuck*] vem do inglês arcaico e significa: *atacar, bater.* Antes disso, em uma linguagem ainda mais antiga, significava *arar.* Abrir um rasgo.

As sementes estão esperando.

Dentro do saco no galpão. Ou talvez a salvo sob a cama alta do empresário. A cama onde ele fode sua mulher. A cama trazida do atracadouro numa carroça, comprada com a colheita do último ano. Talvez ele não tenha trazido sua esposa. Talvez o saco esteja debaixo da cama onde ele fode a menina de pele clara de 16 anos de idade de Maryland, também comprada com a colheita do ano passado. Talvez seja a mesma garota quem lava as manchas de sangue dos lençóis pela manhã. Quem carrega o penico para o mato. Quem verte sua porcaria, traz de volta o penico vazio e o coloca novamente ao lado da cama. Ao fazer isso, bate o dedão do pé no saco abarrotado, cheio de pequenas sementes.

Seu dedo do pé sente a carícia das sementes através do saco de algodão costurado com um fio de algodão. Cem mil pacotes de DNA, cada um codificando o *Gossypium hirsutum.* Cem mil sementes de algodão. Oleosas umas contra as outras, quentes como o Vale de Tehuacan, no México, onde 5 mil anos atrás as mulheres indígenas domesticaram as ancestrais dessas sementes.[1]

---

1. Jonathan F. Wendel, Curt L. Brubaker, and A. Edward Percival, "Genetic Diversity in *Gossypium hirsutum* and the Origin of Upland Cotton", *American Journal of Botany* 79, n. 11 (1992): 1291-1310.

Ou *plantar*. Chega o dia seguinte, seco. O empregado traz o saco para fora. Ele abre um rasgo nele com sua longa faca. Coloca um punhado duplo no avental novo da mulher. Em seguida, ela se alinha no campo com os outros, descalça. Uma das mãos segura as extremidades do avental, transformando-o em um bolso. A outra, segura a semente entre o polegar e o indicador. A mulher da frente abre sulcos na terra revolvida usando uma enxada, demarcando a carreira dos futuros algodoeiros. Agora é sua vez, ela deixa cair uma semente, usa o calcanhar esquerdo nu para cobrir a mesma semente com a terra preta e úmida, pressiona a parte da frente do pé para acomodar a semente no solo. Depois, avança alguns centímetros na carreira.[2]

Por baixo, tudo está escuro. As camadas de estrume e húmus já iniciaram o próprio ciclo anual. Elas murmuram o ritmo da história local das alianças biológicas. A semente forasteira fica quieta como um carrapato. Em sua casca, as duplas hélices se encontram em um estado de animação suspensa.

No dia seguinte, a chuva cai. As moléculas de água se infiltram nas cascas das sementes. As hélices acordam. Elas se torcem, estremecem, partem-se, atraem mais moléculas para seus espaços abertos, construindo assim espelhos de si mesmas. Delas saem marchando multidões de mensageiros químicos; as ordens que obrigam células inteiras a se esticar e se dividir, formando gêmeas. O embrião da planta se avoluma. Ele quebra as cascas das sementes de dentro para fora e força o caule para cima, em direção à luz invisível.

Agachada no córrego, a menina se lava freneticamente. Ela não sabe que, caso a semente do fazendeiro tenha mobilidade o suficiente, já deve ter feito seu caminho para dentro dela há algumas horas, agora procurando pela semente da jovem. Se for a hora certa, as duas se encontrarão.

O rebento verde irrompe na superfície. Os poros minúsculos arfam em busca do dióxido de carbono e as membranas celulares envolvem as moléculas que sustentam a vida. Começam os primeiros ciclos da fotossíntese. Triunfantemente, a haste se ergue e abre dois cotilédones, são folhas muito novas que durante todo o longo inverno estiveram dobradas como os braços de um feto.

Por todo o campo, milhares de outros rebentos estão fazendo exatamente a mesma coisa. Agora podem consumir os longos arcos de luz solar do Mississippi, as chuvas pesadas e o incrível solo de chocolate formado pela floresta e pelo rio. O ecossistema local luta contra esse invasor. Mas o algodoeiro tem o arado e a enxada como aliados. E é colocado nessa terra à força, ao comando de desejos equipados com ferramentas

---

2. Cf. *Arkansas Gazette*, June 30, 1821.

ainda mais poderosas, as mãos que vão manter essas pequenas plantas livres das ervas daninhas por quatro meses. Pelos quatro meses seguintes, elas vão dominar esse campo, expulsando dali qualquer outra planta que desafie sua posse, transformando o campo em uma zona de rendimentos na qual apenas uma espécie vive. Em meados de agosto, os pés explodirão em uma paisagem branca artificial que dura até o fim do inverno ou da colheita.

No entanto, se a semente da semente vai viver é uma questão em aberto. Seu DNA codifica um ciclo de vida que a transforma em uma árvore capaz de viver muitos anos em um clima tropical. Aqui, porém, a planta morre com a primeira geada de inverno. Até lá, a maior parte dessas sementes terá sido colhida dos capulhos, separadas pelo descaroçador e descartadas. Já no início da década de 1830, muitos fazendeiros compravam anualmente as sementes de criadores que desenvolviam novas variedades e prometiam um grande rendimento. O empreendedor branco arriscará muitas coisas, mas não a chance de que a própria semente híbrida não funcione e deixe sua produção anêmica em um ano de preços altos.

Resumidamente, esta árvore, reduzida a arbusto, está fodida. Assim também como o solo. Quando os homens escravizados o revolveram para o empresário, ele fodeu essa terra usando os escravizados como se fossem suas ferramentas. Fodeu o campo. Ele pode foder suas mulheres na floresta, ou no milharal, quando as plantas estão altas. Ou as filhas delas, na cozinha. E depois, a garota nova que comprou em Nova Orleans.

Mas ele também fode os homens. Ele planta em todas as mãos as sementes de seus sonhos. Na verdade, planta todos eles, homens e mulheres, nesse lugar, assim como planta aquelas sementes. As plantas, os ecossistemas e as pessoas se esforçam para viver suas vidas de acordo com códigos próprios, mas ele torce esses esforços como se fossem duplas hélices destinadas a seguir os desígnios dele. Pega o produto de todos e guarda para si mesmo. Rasga as costas dos outros com seu chicote de foder, golpeia suas vidas com seu poder, marcando as pessoas e o mundo onde vivem a seu bel-prazer.

Assim, mesmo quando a programação interna do algodoeiro levantou duas folhas pequenas para flutuar na brisa de abril fora do rio Mississippi, os desejos dos empreendedores a dominaram. Em um sentido mais amplo, grande parte da história sobre a expansão da escravidão e sobre como essa expansão moldou as vidas dos negros e do mundo em geral é conduzida pelos homens brancos que tentaram impor seus códigos a tudo a seu redor. Esses códigos incluíam, acima de tudo, suas ideias sobre o que fazia daqueles brancos homens de verdade. O código de masculinidade dos brancos moldava todas as vidas na fronteira da escravidão: moldava o preço de ser negro, os benefícios de ser branco, o preço de ser mulher. Os homens brancos usaram o código como arma e como estímulo nas batalhas de uns contra os outros pela igualdade política e pelo acesso aos benefícios econômicos da escravidão. E a semente que os empreendedores plantaram brotou tanto de maneira cultivada quanto imprevista: no sistema político bipartidário emergente na década de 1830, na explosão econômica que moldou os anos de 1829 a 1837 e, em última instância, na Guerra Civil, que, no fim das contas, foi plantada pelas consequências dessa explosão. Quando 1837 chegasse, tudo seria diferente: a política nacional, o status econômico da escravidão, a relação do Sul com o restante dos Estados Unidos e até mesmo a maneira como os escravizadores se sentiam com relação à escravidão. Acima de tudo, essa década, talvez a mais crucial de toda a história americana, tenha desmanchado, recosturado, espalhado, cortado, colhido, quebrado e consumido a vida de milhões de pessoas escravizadas.

A NOVA SAFRA SE ESPALHOU BASTANTE no espaço e no tempo, mas para entender o DNA dos homens brancos que a plantaram é preciso olhar para os antigos estados onde esse foi DNA sintetizado pela primeira vez. Em uma carta datada do início de 1832 e destinada a seu parceiro de negócios, o comerciante de escravos da Carolina do Norte Tyre Glen cunhou um verbo que indicava diretamente essa essência. Como uma discussão paralela àquela ordinária que travava do tráfico de seres humanos, ele observou que "por causa de um projeto de lei recente na Assembleia Geral, a "potterização" agora implica pena de morte".[3]

"Potterizar" era um neologismo. Evocava o caso recente de "Bob Potter", como Glen o chamou. Robert Potter tinha nascido por volta de 1800 em uma família pobre no condado de Granville, na Carolina do Norte. Na infância de Potter em Granville, um velho distrito do tabaco com campos arrasados e uma oligarquia de fazendeiros entrincheirada, não havia mobilidade econômica senão por migração geográfica. De fato, se por um lado homens brancos pobres como seu pai eram livres e brancos, por outro eles careciam de direitos fundamentais que distinguissem o independente do dependente. A Constituição da Carolina do Norte, por exemplo, excluía a maioria dos homens brancos que não possuíam propriedade do direito de votar na Assembleia Legislativa Estadual. A votação restrita perpetuava a oligarquia. Os legisladores fazendeiros cobravam impostos a todos para construir a infraestrutura que, no fim das contas, não fazia muito mais do que levar o produto das fazendas para o mercado, fundavam bancos estatais

---

3. Tyre Glen para Isaac Jarratt, February 11, 1832, Box 2, Jarratt-Puryear Papers, Duke.

que emprestavam apenas para ricos e criavam uma universidade estadual que educava apenas filhos de fazendeiros.[4]

Ainda assim, quando menino, Potter sempre se destacava em meio aos outros cidadãos brancos de segunda classe do condado de Granville. Um cavalheiro local se interessou por ele, concedendo-lhe favores incomuns: uma educação clássica gratuita com o tutor do próprio filho e, mais tarde, a nomeação de Robert a aspirante na Marinha dos Estados Unidos. Os tipos de favores despejados sobre Potter poderiam cooptar um homem branco de classe baixa com facilidade. Veja Henry Clay, outro alpinista social. Filho de um pequeno proprietário de escravos da Virgínia, Clay mudou-se para o Kentucky e tornou-se o melhor advogado de pessoas ricas no jogo da especulação de terras. Dias depois de sua chegada ao Congresso, os colegas, impressionados, fizeram de Clay o orador da Câmara. Mais tarde, tornou-se senador, secretário de Estado e candidato presidencial. Acima de tudo, Clay era o arquiteto do "Sistema Americano"[5] de desenvolvimento econômico. As elites desenvolvimentistas adoravam as ideias que Clay tinha para os mercados domésticos, o apoio aos bancos e o financiamento governamental dos projetos infraestruturais.

Mas muitos homens brancos que eram menos ricos não gostaram da ideia do Sistema Americano, temendo que distribuísse benefícios de forma desigual. Mesmo à medida que avançavam para o Sudoeste, parecia-lhes que o sistema político estava ampliando o abismo entre ricos e pobres. Embora até a década de 1820 todos os homens brancos dos novos estados pudessem votar, exceto na Louisiana e no Mississippi, as preocupações dos homens ricos ainda definiam a agenda política. A Assembleia Legislativa do Mississippi, por exemplo, privilegiou o Planters' Bank do estado em 1830, subsidiando-o com 2 milhões de dólares do dinheiro dos contribuintes.[6]

---

4. Oakley Neils Durfee Barber, "Honor, Gender, Violence and the Life of Robert Potter" (Master's thesis, Universidade Estadual do Sudoeste do Texas, 2000); Ernest Fischer, *Robert Potter: Founder of the Texas Navy* (Gretna, LA, 1976); Harry L. Watson, *Jacksonian Politics and Community Conflict: The Emergence of the Second American Party System in Cumberland County, North Carolina* (Baton Rouge, LA, 1981); Lacy K. Ford, *Origins of Southern Radicalism: The South Carolina Upcountry, 1800-1860* (Nova York, 1988); Alexander Keyssar, *The Right to Vote: The Contested History of Democracy in America* (Nova York, 2000), 332.

5. Agenda econômica norte-americana criada na esteira das Guerras Napoleônicas que objetivava estimular a formação do mercado doméstico dos Estados Unidos por meio de uma política monetária centralizada, do protecionismo tarifário e da participação do governo federal na construção de estradas e estrutura portuária. (N. do R. T.)

6. Edwin Miles, *Jacksonian Democracy in Mississippi* (Chapel Hill, NC, 1960); Craig T. Friend, *Along the Maysville Road: The Early American Republic in the TransAppalachian West* (Knoxville, TN, 2006); Joseph Tregle, *Louisiana in the Age of Jackson: A Clash of Cultures and Personalities* (Baton Rouge, LA, 1999).

Potter passou a adolescência no mar, aprendendo a transformar o carisma em liderança prática. Mas quando voltou a Granville em 1821, descobriu que as coisas por ali continuavam as mesmas de quando partira para o mar uma década atrás. No Sudeste decadente, um mundo onde os ganhos de um lado representavam as perdas do outro e sustentado pelas remessas do comércio de escravos, Potter imediatamente encontrou os limites para lembrá-lo de que deveria submeter-se a seus superiores. Em 1824, Potter concorreu à Assembleia Legislativa Estadual, mas as facções da elite conspiraram para garantir a vitória do velho e endinheirado fazendeiro Jesse Bynum. O furioso Potter desafiou Bynum para um duelo. O vencedor recusou, pois Potter não era um cavalheiro. Potter emboscou Bynum e quebrou o seu crânio com um pedaço de pau.[7]

Na Europa Ocidental, desde o século XV até o início do século XX, a taxa de homicídios caiu de 41 a cada 100 mil para 1,4. Nas sociedades ocidentais, o Estado reivindicou o monopólio da violência e a lei tornou-se a maneira legal e culturalmente autorizada de resolver disputas individuais. Mas a grande exceção nesse retrato era o Sul. Mesmo deixando de lado a violência desmesurada cometida contra os escravizados, no começo do século XIX a taxa de homicídios entre brancos na Virgínia era de cerca de 9 a cada 100 mil – oito vezes mais que a taxa de New Hampshire.[8]

No nível mais básico, os brancos lutavam e se matavam nos antigos estados escravocratas para provar que não eram escravos. Os homens escravizados não podiam defender seu orgulho, sua masculinidade ou qualquer outra coisa. Precisavam suportar a penetração em sua pele, em suas vidas, em suas famílias. Portanto, a melhor maneira de insultar um homem branco era tratá-lo como um homem negro, como se ele não pudesse reagir – e a melhor maneira de desmentir isso era revidar. Na Carolina do Norte de Robert Potter, os tribunais muitas vezes negavam esse direito aos brancos pobres. Houve muita conversa sobre acusar Potter por atacar e espancar Bynum. O tribunal poderia ter tido a discrição de puni-lo com uma bofetada no pulso, dando-lhe uma sentença como a de Austin Woolfolk, de um dólar de multa por bater no editor quaker Benjamin Lundy – ou poderia ter feito algo muito mais duro e humilhante.

Mas antes que surgisse qualquer caso na corte, chegaram as eleições legislativas seguintes. Potter e Bynum se encontraram mais uma vez no combate eleitoral. Dessa vez, Potter ganhou a maioria dos votos do condado. Os pequenos fazendeiros de Granville,

---

7. Ernest Shearer, *Robert Potter: Remarkable North Carolinian and Texan* (Houston, 1951), 9-12.
8. Manuel Eisner, "Long-Term Historical Trends in Violent Crime", *Crime and Justice 30* (2003): 83-142, esp. 99; Randolph Roth, *American Homicide* (Cambridge, MA, 2009), 162-225.

tentando desesperadamente agarrar-se a suas propriedades – e, com isso, agarrar-se a seu status de cidadãos votantes – apreciavam sua combativa falta de disposição para aceitar os insultos que vinham dos privilégios. Deram-no o direito de revidar, porque ele batia por todos eles. Assim que se juntou à legislatura, Potter começou a disparar propostas descontentes que desafiavam diretamente o domínio dos senhores de escravos ricos sobre a Carolina do Norte. Seu primeiro passo foi a tentativa de criar uma nova universidade estadual: o que chamou de "Colégio Político". Isso capacitaria homens jovens a serem líderes, mas não aceitaria alunos de uma família cuja propriedade fosse avaliada em mais de mil dólares. Cem desses jovens – cem Robert Potters – se graduariam todos os anos. Seus colegas legisladores, educados na universidade estadual em Chapel Hill, ficaram chocados com a tentativa de derrubar seu poder e bloquearam suas propostas.[9]

Então, Potter se voltou para os bancos subsidiados pelo Estado, acusando-os de terem executado as hipotecas dos pequenos agricultores mesmo quando rolavam as dívidas dos homens ricos. Os eleitores de Potter – ou a maioria deles – gostaram das iniciativas. Em 1828, eles o elegeram para o Congresso, e depois mais uma vez, em 1830. Mas, durante o verão de 1831, enquanto visitava sua casa entre as sessões do Congresso, as coisas tomaram um rumo estranho. Potter ficou convencido de que sua esposa havia cometido adultério com um ministro metodista e um vizinho de uma família rica de 17 anos. Em 28 de agosto de 1831, Potter raptou os dois homens. Ele os levou para o bosque e os castrou. Em seguida, ele os soltou.[10]

Dentro de um dia, Potter tinha sido capturado. Ele foi trancado em uma cela em Oxford, sede do condado. Mas, detrás das grades, enquanto aguardava o julgamento, Potter escreveu uma defesa de suas ações. Seu "Apelo" era, disse ele, um esforço, "como um homem, como um membro da sociedade", para se explicar "ao mundo", mas especialmente "a vocês, *meus eleitores*". Ele justificou a castração de dois homens brancos, membros honrados de sua sociedade, como legítima defesa. Eles tinham tentado emasculá-lo primeiro, "esfaquearam-me da forma mais vital, eles me feriram de tal maneira que não havia qualquer cura, poluíram o santuário de minha alma". Os chifres que levou o transformaram no "homem mais degradado" em Granville. E agora "sentia que não podia mais manter meu lugar entre os homens". Havia sido submetido à mesma humilhação que os homens escravizados tiveram de suportar. A única solu-

---

9. Shearer, *Robert Potter*, 12-28; Joseph Cheshire, *Nonnulla: Memories, Stories, Traditions, More or Less Authentic* (Chapel Hill, NC, 1930).
10. *Richmond Enquirer*, September 30, 1831; *Indiana Democrat*, September 18, 1831; *Baltimore Patriot*, October 18, 1831; R. S. to John D. Hawkins, August 30, 1831, Fol. 48, Hawkins Family Papers, SHC.

ção possível era limpar "a desgraça que me fora infligida, com o sangue daqueles que a tinham causado". Como um cavalheiro respeitável que matou alguém em um duelo para apagar um insulto, Potter acreditava que só um ato de maior violação do que o que havia sido cometido contra ele apagaria a marca da emasculação.[11]

Os homens ricos quase nunca eram processados por duelos. Homens pobres envolvidos em conflitos bem menos mortais poderiam enfrentar longos períodos de prisão. Mas o crime de Potter não estava especificamente listado nos livros de direito e a acusação mais séria que os tribunais locais puderam encontrar para usar contra ela foi "mutilação", com pena máxima de dois anos de prisão. Foi por isso que a Assembleia Legislativa do estado aprovou uma nova lei punindo futuras castrações de homens brancos com a execução.

No entanto, dois anos era bastante tempo para se sentar em uma cela de prisão, e enquanto estava preso, a legislatura estadual concedeu o divórcio a sua esposa. Também permitiu que ela mudasse o sobrenome dos dois filhos. A lei agora dizia que Potter não era um pai e que seus filhos não eram sua semente. Dessa forma, ele também era como um escravo. Ainda assim, não era a última vez que os fazendeiros do Nordeste da Carolina do Norte ouviriam o nome de Potter. Após sua libertação, em 1834, Potter concorreu mais uma vez para Legislativo estadual. Ganhou uma eleição marcada por violência e que o condado de Granville se lembraria como a Guerra Potter. Mas a legislatura logo inventou uma falsa acusação de trapaça em jogo e o expulsou. Desta vez, Potter atendeu a seus oponentes e partiu. Como inúmeros outros encrenqueiros, Potter foi primeiro para Nova Orleans. Lá, plantaria novamente.[12]

No entanto, não era certo que os homens brancos de origens iguais às de Potter conseguiriam encontrar na fronteira refúgio contra a desigualdade econômica, social e política dos antigos estados. E se a maioria deles tinha mais dons comuns, muitos ainda eram Bob Potters à sua própria maneira. Essa é uma razão pela qual, desde os primeiros dias, conflitos violentos por causa de status, reputação e orgulho diante do pertencimento, do acesso e do reconhecimento eram ainda mais comuns nas fronteiras da escravidão que nos estados escravistas mais antigos. Em 1880, por exemplo, nos condados de algodão no centro da Geórgia, as taxas de homicídios eram de aproximadamente 45 a cada 100 mil brancos, cinco vezes o valor registrado na Virgínia. Três décadas mais tarde, a taxa nos distritos de algodão da Flórida era de 70 a cada 100 mil, cinquenta vezes a do Nordeste.[13]

---

11. Robert Potter, *Mr. Potter's Appeal to the Citizens of Nash, Warren, Franklin, and Granville* (Hillsborough, NC, 1831); *Richmond Enquirer*, March 27, 1832.
12. *Richmond Enquirer*, December 28, 1831; *Baltimore Patriot*, July 28, 30, 1834, August 8, 1834; *Barre* (MA) *Farmers' Gazette*, February 13, 1835; *Norfolk* (VA) *Advertiser*, March 14, 1835; *New Hampshire Patriot*, March 16, 1835; Shearer, *Robert Potter*, 34-36.
13. Roth, *American Homicide*, 162-225.

Um migrante da Carolina do Norte escreveu para casa contando que em sua nova comunidade, no Alabama, "nenhum homem [está] protegido da violência, a não ser que sua pessoa exiba uma arma de forma visível". Na Carolina do Norte, continuou, "é considerado infame carregar uma adaga ou uma pistola. [Mas] no Alabama, considera-se uma singularidade e uma imprudência sair desarmado: de fato, a cada dez pessoas, em nove... você verá o cabo da adaga se projetando de seu torso". Quando as pistolas e as adagas não estavam à mão, os homens brancos usavam toda e qualquer coisa para tentar intimidar, humilhar e matar uns aos outros: dentes, pedras, unhas, chicotes de couro de vaca, varas, pedaços de madeira. Cartas da fronteira são permeadas de tiroteios, esfaqueamentos, cortes, navalhadas, chicotadas e outras agressões brutais contra todos os que tiveram o infortúnio de encontrá-los. Era uma coisa assim: um "tinha o polegar cortado... em consequência de uma mordida de Bob Hutchins nas corridas"; " ele teve a impudência de chamar minha esposa e minha mãe de prostitutas, e eu o arrebentei"; "dificilmente vão enforcar um homem aqui por homicídio intencional, e eles não têm mais problema em tirar a vida de um homem do que eu tenho para tirar de uma cobra"; "ele pagou para soltar chumbo grosso"; houve "algumas palavras exaltadas no quintal, [então] Dudley atirou em Rowan no lado direito"; "os bosques foram revistados e o corpo de um homem foi encontrado com dois buracos de bala na testa e toda a parte de trás de seu crânio afundado".[14]

"São poderosamente livres com as pistolas por lá", um escravo fugitivo disse a uma audiência em 1842. "Se um homem não se ressente de nada que falam para ele, chamam-no 'molengão'". Para os homens brancos, ser um molengão era coisa para os homens que trabalhavam no campo, e para as mulheres também – pessoas que ou eram forçadas ou queriam ser o alvo da agressão. Adagas, pistolas e ataques físicos afirmavam que certa pessoa não era durona. Os meninos das cidades do Sudoeste aprendiam a lutar por sua honra assim que começavam a andar. "Derrube ele", disse um pai da Flórida, vendo seu filho lutar com outro garoto, "[depois] dê uma mordida, arranque os lábios dele", ou então "você nunca será um homem". Um homem deve estar pronto para lutar quase

---

14. P. W. Alston to J. D. B. Hooper, December 22, 1833, John D. Hooper Papers, SHC; Wm. Hardies to Sarah Hardies, April 11, 1833, Fol. 1/5, BIELLER; D. McKenzie to Jn. McLaurin, March 29, 1838, August 23, 1845, Duncan McLaurin Papers, Duke; Wm. Southgate to Wm. P. Smith, May 17, 1837, Wm. P. Smith Papers, Duke; B. F. Duvall to Martha Wattairs, May 2, 1843, Box 2, James Tutt Papers, Duke; D. Ker to J. Ker, August 1, 1817, Ker Papers, SHC; *NOP*, March 19, 1837, July 5, 1846; cf. Jos. Hazard to I. Hazard, November 30, 1841, Hazard Company, LLMVC; Sam Sutton to Fred. Harris, August 14, 1820, Frederick Harris Papers, Duke; L. Taylor to W. H. Hatchett, September 26, 1836, William Hatchett Papers, Duke; Letter of August 24, 1823, David Leech Papers, Duke.

todos os dias, desde o berço até a sepultura. E os velhos que morriam de alcoolismo passavam as mãos freneticamente por baixo das suas camas em busca de revólveres escondidos, para atirar nos fantasmas que ainda os atacavam.[15]

Homens ricos, bem posicionados para conquistar as recompensas das mãos direitas geradas pela produtividade crescente nos campos de algodão, cometeram mais do que sua parcela de violência na fronteira. Mas também era característico o tipo de conflito empregador-empregado do Alabama que John Pelham descreveu a seu tio da Carolina do Norte em 1833: "Eu tive uma briga com o sr. Bynum (eu não era tão submisso quanto ele desejaria que um feitor fosse). Ele me ameaçou *bater com a vara* (ele tem três filhos crescidos). Eu disse que a família inteira dele não poderia fazer isso e os desafiei a tentar". Bynum queria deferência, mas Pelham se recusou a ser submisso. Ele era um empregado, mas também, como afirmou, um igual. Você não surra um igual. Você surra alguém para provar que não são iguais. Pelham fez que Bynum recuasse e agora o homem rico tinha de encontrar outro feitor. Enquanto isso, Pelham encontrou alguém disposto a dar-lhe crédito – a acreditar em sua alegação de status – "Eu tinha dinheiro, amigos e fui a Florença determinado a alterar meu negócio [...] E comprei pra mim uma boa variedade de mantimentos e trouxe-os para este lugar onde eu acho que estou fazendo um bom negócio", disse.[16]

Em conflitos pessoais, os homens brancos menos ricos que se mudaram para os novos estados enfrentaram cada vez mais os que se atreviam a agir como se fossem seus superiores. Dezenas de milhares de Pelhams, assim como o Potter original, também queriam forçar o reconhecimento político de sua igualdade. Quando, no início dos anos 1790, os proprietários de bens da Carolina do Sul e do Kentucky decidiram expandir o direito de voto para todos os homens brancos adultos, independentemente de seu status de propriedade, provavelmente assumiram que os homens ricos e instruídos da classe alta ainda manteriam todos os cargos públicos e definiriam a agenda da política. Isso é essencialmente o que aconteceu no início. Muitos políticos bem-sucedidos da fronteira eram como George Poindexter. Ele chegou ao Mississippi vindo da Virgínia na primeira década do século XIX e tornou-se o autor do primeiro código legal do Mississippi e o campeão político da elite do condado e do rio Natchez. Os "Natchez Nabobs" eram poucos em número,

---

15. Henry Benjamin Whipple, *Bishop Whipple's Southern Diary, 1843-1844*, ed. Lester B. Shippee (Minneapolis, 1937), 24-25; C. A. Hentz Diary, vol. 1, February 24, 1849, Hentz Papers, SHC; Lewis Clarke, ST, 157; cf. Wm. Slack to Ch. Slack, December 1838, Slack Papers, SHC.
16. John Pelham to E. Dromgoole, February 20, 1833, Dromgoole Papers, SHC.

mas controlavam o Legislativo estadual e, assim, transformaram Poindexter em seu senador dos Estados Unidos.[17]

No entanto, quando a estrela de Poindexter estava atingindo seu auge, o impacto de migrantes brancos pobres vindos dos antigos estados nas eleições da fronteira começou a mudar o jogo político. A Constituição do estado do Mississippi de 1832 removeu as últimas restrições sobre a votação masculina branca. A ampliação do eleitorado resultou numa legislatura estadual que disse a Poindexter que votasse no Senado Federal contra as políticas bancárias que beneficiaram seus comparsas. Ele respondeu com a alegação de que o eleitor comum não poderia pautar-lhe o que fazer: "Se [...] o povo do Mississippi deseja ser representado no Legislativo nacional por uma mera máquina, para ser manuseada pelo braço do poder [popular], erraram ao me escolher".[18]

Os políticos de elite também tentaram desviar a atenção dos programas políticos que serviam às facções oligárquicas pintando seus oponentes como molengões, que não mereciam o respeito dos eleitores. O governador do território da Flórida, Richard K. Call, líder de uma panelinha de especuladores de terra, comparou sua estratégia de campanha a uma cavalgadura. Ele "montava" o oponente usando "os arreios mais firmes e as esporas mais juntas" do que o adversário já tinha experimentado, humilhando-o verbalmente e ameaçando-o de maneira violenta, até que recuasse com o rabo entre as pernas.

A violenta política da defesa da honra podia ser tão significativa para os eleitores quanto os programas políticos e a oratória. No entanto, os novos eleitores, que construíram suas cabanas de madeira nas terras pobres longe dos rios, não queriam que seu representante lhes dissesse que não os escutaria. Às vezes, os eleitores podiam ser tão brutais com suas repreensões quanto o constituinte da Geórgia que assassinou um senador estadual envolvido no caso do Yazoo por alienar seu direito hereditário às terras que ainda seriam roubadas dos creeks. Se tivessem a opção, os brancos pobres prefeririam políticos como Franklin Plummer. Plummer chegou ao Mississippi tão sem dinheiro quanto Poindexter, instalando-se nas terras inférteis do Sudeste do estado em vez de Natchez. Quando decidiu concorrer ao Congresso em 1829, as facções governantes do estado "consideraram uma grande impertinência", como lembrou um colega político daqueles dias. A máquina de Natchez enviou duelistas notórios para incomodá-lo com

---

17. H. Watson to Mother, December 2, 1836, Henry Watson Papers, Duke; Edward E. Baptist, *Creating an Old South: Middle Florida's Plantation Frontier Before the Civil War* (Chapel Hill, NC, 2002), 103-105; J. F. H. Clairbone, *Mississippi as Territory and State* (Jackson, MS, 1880), 361-414.
18. *Natchez Gazette*, May 11, 1832; Miles, *Jacksonian Democracy*, 45.

perguntas durante os discursos, procurando humilhá-lo ao retratá-lo como um covarde emasculado. Plummer "fez friamente sua campanha e os derrotou", com uma zombaria inteligente. Sua capacidade de se conectar com o eleitor comum o tornava virtualmente invencível. Durante uma campanha eleitoral, Plummer viajou pelo distrito em companhia de um concorrente, e uma noite os dois permaneceram na mesma cabana de um colono. Quando o oponente de Plummer saiu da cabana na manhã seguinte, encontrou a mulher da casa ordenhando, enquanto Plummer – sorrindo para seu rival – continha o bezerro faminto pelo rabo. Em outra parada, Plummer ajudou a família de um fazendeiro a retirar insetos vermelhos que parasitavam os cabelos de sua criança. Em outra campanha, ele imprimiu uma propaganda falsa onde pedia ajuda aos leitores para localizar o suposto baú perdido do adversário, Powhatan Ellis, que conteria itens como "seis lenços de tecido de algodão; seis camisas de cambraia; dois trajes noturnos [de cambraia]; uma touca de dormir; um par de espartilhos; três pares de meias de seda". Ellis perdeu a eleição.[19]

O TIPO DE HOMEM BRANCO QUE APOIAVA Franklin Plummer, ou Bob Potter, queria ainda mais do que zombar dos arrogantes. Esse tipo de homem branco queria que a política mudasse – que incorporasse a igualdade masculina branca tanto na prática política quanto nos resultados de tal política. Ironicamente, nenhum político potterizador plantou sementes mais frutíferas desse tipo de mudança do que um fazendeiro de algodão e comerciante de escravos do Tennessee, um homem que em 5 de março de 1829 acordou dolorido em Washington, DC. A capital estava no meio de uma longa e intensa onda de frio. Estoques locais de lenha haviam subido pelas chaminés da capital. O velho corpo magricelo de Andrew Jackson sentiu a geada. Ele nunca se recuperara totalmente de suas campanhas e sob as cicatrizes de facadas em seu corpo estava o vazio em seu coração, onde Rachel se encaixava. Jackson acreditava que os panfletos indecentes publicados pela campanha de John Quincy Adams haviam matado sua esposa. Mortificada pelas acusações de que ela havia cometido adultério quando assumiu a relação com Andrew na década de 1790, antes de finalizar o divórcio com o primeiro marido abusivo, Rachel definhou rapidamente após a vitória de Jackson, em novembro.

Agora, assim que Jackson se levantou, um escravo que esperava do lado de fora da porta ouviu o velho e entrou no quarto. Poucos minutos depois, o presidente eleito surgiu: lavado, de barba feita e vestido de luto com calças pretas, colete, casaco e sobretudo. Em sua cabeça, onde Jackson tinha outrora esbanjado um chapéu de castor branco,

---

19. Claiborne, *Mississippi*, 423-427.

repousava um chapéu preto. Na base da escada, encontrou um grupo de homens mais jovens que ele e Rachel, um casal sem filhos, tinham basicamente adotado. Muitos haviam servido como seus oficiais. Enquanto tomavam o café da manhã, as pessoas se apinhavam, passando frio, no lado de fora do hotel localizado na rua Sexta com a avenida Pensilvânia. Bem na hora, às 11 da manhã, Jackson abriu a porta da frente. Um grito ensurdecedor de alegria irrompeu.

O presidente eleito e seus soldados desceram os degraus em uma formação tática despojada. "Um chefe militar", como os críticos haviam desdenhado, sugerindo que o apelo que ele tinha era o do déspota a cavalo, cuja impetuosidade anima o ignorante. Mas ainda havia mais. Ele, seus aliados e partidários estavam fazendo um novo tipo de governo. Não uma ditadura, nem uma república, mas construindo o acesso igualitário dos homens brancos à masculinidade e à cidadania, privando todos os demais de direitos. Ainda assim, era a primeira democracia de massa na história do mundo. E, ao seguir pela lama congelada da avenida Pensilvânia, Jackson não montava um animal. Ele caminhava.[20]

Jackson e seus partidários haviam brigado em duas amargas eleições nacionais para chegar a este dia. Em 1824, Jackson venceu com a maioria dos votos populares, mas o Congresso lhe passou a perna depois que nenhum candidato ganhou a maioria de um colégio eleitoral. Em 1828, entretanto, ele havia unido forças com Martin Van Buren, de Nova York, e sua facção "Bucktail". Foram os Bucktails os criadores da nova Constituição do estado, em 1821, a que privava a maioria dos proprietários afro-americanos de direitos políticos e dava direitos políticos a todos os homens brancos, mesmo que não fossem proprietários. Os votos de Nova York foram essenciais para a vitória de Jackson em 1828. Jackson também obtivera apoio do Norte ao fazer passar no Congresso Federal uma lei tarifária protecionista que beneficiava os distritos manufatureiros da Pensilvânia e de Nova Jersey. Mas sua maior força veio de estados da fronteira de escravos, incluindo o Kentucky, o Alabama e o Tennessee. Ali, nos estados do Sudoeste, o apoio virtualmente universal que homens brancos não fazendeiros prestou ao vencedor de Nova Orleans sustentou Jackson como uma força nacional.

As cerimônias de posse anteriores haviam atraído poucos espectadores. Mas naquele dia, parecia que todo trabalhador rural branco, arrendatário e trabalhador urbano nos Estados Unidos tinha ido a Washington. Os eleitores de Jackson, desdenhando do senador de Massachusetts Daniel Webster, "realmente parecem pensar que o país está salvo de algum perigo terrível". Os oficiais uniformizados flanquearam Jackson enquanto

---

20. *NR*, March 12, 1825.

ele marchava pela avenida Pensilvânia. Mas Jackson também foi acompanhado de uma escolta composta por carrinhos de lenha e carroças de pequenas propriedades rurais. Quando Jackson chegou ao Capitólio e entrou pela porta do porão, o oceano dos cidadãos rodeou a base do edifício. Então, as portas voltadas para o Leste se abriram. O público da cerimônia de posse se espraiava do Senado até o pórtico. Vinte mil pessoas se acotovelavam para dar alguns passos.[21]

Quando o homem alto se destacou em meio ao grupo de dignitários e se levantou diante deles, começaram a gritar: "Hurra! Hurra!" De repente, todos os homens na multidão tiraram o chapéu ao mesmo tempo. Um sinal de respeito pela apoteose de sua igualdade, sua cidadania soberana, sua masculinidade. Cada respiração era arrebatada. Canhões explodiram em uma salva de 24 tiros. A banda de fuzileiros navais tocou uma melodia. E o herói de Nova Orleans ergueu-se acima da névoa de 20 mil respirações exaladas e olhou para o mar branco de rostos levantados. Depois fez uma mesura.[22]

Andrew Jackson tinha subido na vida de uma maneira espetacular. No entanto, ainda vivia da forma mais simples possível para quem era dono de mais de cem escravos. Rachel até tinha fumado um cachimbo. E em vez de insinuar que seus eleitores estavam abaixo dele, ele usou a violência potterizadora para derrotar as tentativas de desonrar a ele ou aos homens brancos que eram seus constituintes. Eles se sentiram envaidecidos e satisfatoriamente representados quando ouviam falar de seu comportamento confrontador, como na vez em que o barco a vapor escapou por pouco de uma colisão, levando o candidato presidencial a correr no convés para ameaçar o piloto imprudente do outro navio com um rifle carregado. Mas Jackson também mostrou mais do que a postura da igualdade masculina branca. Suas vitórias em Horseshoe Bend e em Nova Orleans transformaram o império de papel de Jefferson em uma liberdade branca de fato. Nos milhões de acres que apreendeu dos índios, dezenas de milhares de homens brancos agora se esforçavam para escapar de hierarquias engessadas, tornando-se proprietários de terras.

Quando Jackson assumiu a Presidência, o simbolismo de suas ações se tornou ainda maior. Em 1832-1833, ele voltou sua atenção para as elites da Carolina do Sul (incluindo seu próprio vice-presidente, John C. Calhoun), quando elas afirmaram que seu estado poderia simplesmente "anular" as leis federais – nesse caso, a tarifa de 1828. Embora se

---

21. Webster to Mrs. Webster, February 19, 1829, in Daniel Webster, *Private Correspondence* (Boston, 1857), 1:470; Robert V. Remini, *Andrew Jackson and the Course of American Freedom, 1822-1832* (Nova York, 1981); Edwin Miles, "The First People's Inaugural – 1829", *Tennessee Historical Quarterly* 37 (1978).
22. James Parton, *Life of Jackson* (Nova York, 1860), 3:169-170.

declarasse contrário às tarifas em princípio, Jackson tomou a ação dos anuladores como uma objeção direta ao poder de uma maioria nacional. Assim também o fez um constituinte do Tennessee, que disse, deleitando-se com a humilhação da elite de fazendeiros da Carolina do Sul em Old Hickory: "O velho chefe poderia reunir força suficiente... para ficar na Montanha Saluda [no Noroeste da Carolina do Sul] e mijar o suficiente para fazer toda a tripulação dos que querem a anulação flutuar no Oceano Atlântico". Jackson tinha seu próprio jeitão de ver as coisas. Ele achava que os fazendeiros da Carolina continuariam ameaçando mobilizar a milícia e bloquear a aplicação das tarifas federais, a menos que ele reunisse um número suficiente de falos para acossá-los e fazê-los recuar.[23]

Assim, Jackson estava de pé diante de seus simpatizantes, simbolizando quem eles queriam ser – o homem despretensioso, porém assertivo, que dominava sua família e forçava arrogantes valentões à submissão efeminizada. E enquanto tirava seu papel e começava a ler o primeiro discurso inaugural, entregava a seus fiéis apoiadores um pagamento da democracia, não apenas na ostentação da igualdade masculina branca. Suas políticas, prometeu ele, não serviriam aos poderosos. Planejava corrigir "aqueles abusos que colocavam o direito do governo federal de nomear funcionários públicos em conflito com a liberdade das eleições". Isso lembrou aos eleitores a chicanice que havia sido levada a cabo na Câmara dos Deputados quatro anos antes, prevalecendo sobre a vontade popular e elegendo John Quincy Adams. Entretanto, mais importante do que qualquer outra medida específica, foi o fato de que, enquanto Jackson estava no cargo, seus aliados políticos inovadores, como Martin Van Buren, usaram a popularidade de Jackson para criar novas estruturas políticas nacionais que colocassem em prática, e de maneira corajosa, a igualdade masculina branca. Eles criaram as regras de um sistema partidário, unindo os cidadãos comuns em forças eleitorais de massa através de uma organização resistente e dos apelos emocionais por lealdade. As consequências históricas da reorganização jacksoniana da política, que alavancaram os ressentimentos potterizados na fronteira da escravidão, foram muito importantes. E estendem-se desde aquele dia frio de março até hoje.

No entanto, enquanto as pessoas removiam os chapéus em sua dignidade, Jackson se curvava, mas sem tirar o próprio chapéu. Debaixo dele, Jackson não podia deixar de levar junto outro conjunto de programas. Na verdade, muitas vezes ele carregava suas ideias *dentro* do chapéu: sementes de pensamento rabiscadas em pedaços de papel e

---

23. Remini, *Andrew Jackson and American Freedom*, 2:132; Robert V. Remini, *Andrew Jackson and the Course of American Democracy* (Nova York, 1984), 227-230; James Wyly to J. K. Polk, January 11, 1833, JKP, 2:15-17.

enfiadas na cinta interior. E conforme o discurso continuou, Jackson sinalizou as quatro políticas destinadas a semear mais campos de trabalho escravo na fronteira do Sudoeste. Elas não eram necessariamente incompatíveis com as esperanças e os princípios dos homens brancos comuns. Mas seus resultados também trariam benefícios financeiros e consequências não intencionais para os empreendedores da fronteira.

Primeiro, Jackson anunciou que planejava abordar a questão indígena de acordo com os "sentimentos" dos compatriotas. Quase 50 mil nativos ainda viviam e detinham o direito de posse de mais de 100 milhões de acres de terra na Geórgia, no Alabama, no Mississippi e na Flórida. O "sentimento" dos compatriotas de Jackson era de que queriam essa terra para começar a rápida expansão induzida do algodão e da escravidão. E ao longo dos oito anos seguintes, as administrações de Jackson forçaram todas as tribos indígenas sobreviventes ao longo do Mississippi a liberar mais terra para o assentamento branco – e negro.[24]

Jackson também disse: "com as nações estrangeiras, me dedicarei a preservar a paz e a cultivar a amizade em termos justos e honoráveis", mas já tinha deixado claro que acreditava que, com a Compra da Louisiana, os Estados Unidos também haviam comprado a maior parte do que, por fim, se tornou o estado do Texas. A nação independente do México reivindicava esse território, mas Jackson queria redesenhar a fronteira que os Estados Unidos e a Espanha haviam negociado em 1819 para incorporar a maior parte do Texas de hoje como uma nova fronteira para as sementes de algodão.[25]

Jackson também mencionou seu desejo de ajustar a tarifa sobre os produtos manufaturados estrangeiros que o Congresso Federal aprovara em 1828. Esse acordo de difícil controle subsidiou o ainda fraco setor manufatureiro dos Estados Unidos, cobrando taxas de importação, como a sobretaxa de 280% sobre o algodão grosso e de boa qualidade. As fábricas norte-americanas podiam vender a preços mais baixos alguns produtos britânicos, mas o consumidor pagava o custo. Embora a tarifa protegesse alguns dos partidários nortenhos de Jackson, ela prejudicou os fazendeiros-empresários do Sul ao taxar seu consumo. Os políticos da Carolina do Sul já estavam pressionando para que a questão fosse colocada em pratos limpos. Em seu discurso inaugural, Jackson sugeriu que a tarifa era muito custosa.[26]

---

24. Remini, *Andrew Jackson and American Freedom*, 200.
25. A. Jackson to J. Overton, June 8, 1829, *The Papers of Andrew Jackson*, ed. Sam B. Smith and Harriet Fason Chappell Owsley (Knoxville, TN, 1980), 7:270-271.
26. *NR*, March 8, 1828, 19-22. Os historiadores ainda discutem se a conspiração existiu ou não e, em caso afirmativo, o que envolvia: Michael P. Johnson, "Denmark Vesey and His Co-Conspirators", *William and Mary Quarterly*, 3rd ser., vol. 58, n. 4 (2001): 915-976; James O'Neil Spady, "Power and Confession: On the Credibility of the Earliest Reports of the Denmark Vesey Conspiracy", *William and Mary Quarterly*, 3rd ser., vol. 68 (2011): 287-304. 26.

Havia também a "reforma", a quarta meta amorfa de Jackson. Foi evasivo, no breve discurso, quanto às reformas a que ele se referia. Jackson logo acusaria as ramificações remanescentes do Poder Executivo da era de Adams – cerca de uma centena de funcionários – de encarnar a corrupção. Mas sabemos que o presidente estava mais preocupado com o Second Bank of the United States. Muitas filiais do B.U.S. tinham mobilizado recursos financeiros a serviço da campanha de Adams, uma coisa que Jackson não esqueceria. E embora o B.U.S. tivesse estabilizado a estrutura financeira da nação, permitindo que muitos se recuperassem do Pânico de 1819, muitos outros norte-americanos não estavam ficando mais ricos. A maioria desses norte-americanos tinha votado em Jackson. Ele deixou as palavras mais duras a respeito do B.U.S. de fora de seu discurso inaugural, mas logo atacaria o banco, ataques lançados como um programa de reformas que aumentaria o igualitarismo da cidadania viril branca.[27]

Então, Jackson encerrou o discurso. Ele desceu os degraus e atravessou a multidão até a mais desordeira festa de posse da história. Naquela noite, milhares de seus apoiadores entusiasmados se aglomeraram na Casa Branca, acabando com as tentativas de controlar as multidões. Beberam e comeram tudo, quebraram móveis, xícaras de chá e narizes, e quase sufocaram seu herói contra a parede dos fundos da casa. Jackson teve que escapar por uma janela nos fundos. Ele passou a noite de novo no hotel. A festa continuou sem ele, pois, como a anfitriã de Washington, Margaret Bayard Smith pressentiu, aquele foi realmente o "Dia do Povo".[28]

A posse preparou o cenário para quatro anos de um estridente conflito. Entre outras coisas, Jackson intimidou metade dos membros de seu gabinete porque eles e suas esposas rotularam a esposa de outro membro de prostituta. E embora o Congresso caminhasse para a redução das tarifas, não se moveu rápido o suficiente para os políticos da Carolina do Sul, que alegaram poder anular a lei federal. Alguns historiadores afirmaram que o movimento de anulação antecipou as ameaças de desunião do Sul na década de 1850 – ameaças que surgiram em resposta às tentativas do Norte de bloquear a expansão da escravidão –, mas isso é ilusão de retrospectiva. No final da década de 1820, os brancos da Carolina do Sul estavam assustados. Eles não haviam se recuperado mentalmente da suposta conspiração de escravos de Denmark Vesey de 1822. Além disso, sentiram seu declínio em relação à região Sudoeste. Na verdade, poucas pessoas a Oeste da Carolina

---

27. Nicholas Biddle to J. Harper, January 9, 1829, 67-68; Wm. Lewis to Biddle, October 16, 1829, 79-80, *The Correspondence of Nicholas Biddle Dealing with National Affairs, 1807-1844*, ed. Reginald McGrane (Boston, 1919).
28. Margaret Bayard Smith to Maria Kirkpatrick, March 12, 1829, in Gaillard Hunt, ed., *The First Forty Years of Washington Society in the Family Letters of Margaret Bayard Smith* (Nova York, 1906), 424.

do Sul apoiavam as ameaças de desunião e, no inverno de 1832-1833, Jackson demoliu a lógica da anulação em uma brilhante defesa do nacionalismo.[29]

Já em 1830, Jackson e seus aliados no Congresso propuseram a Lei de Remoção dos Indígenas, que forçava os índios do Sudoeste a irem para onde fica hoje Oklahoma. Embora alguns norte-americanos criticassem a conquista e o deslocamento como imorais, o Congresso aprovou o ato, autorizando o governo de Jackson a despejar as nações remanescentes do Leste. No final de seu segundo mandato, a grande maioria dos nativos norte-americanos que viveram nos estados do algodão do Sudoeste em 1828 tinham sido expulsos de seus lares.[30]

No entanto, antes de qualquer cherokee ou chickasaw ter sido expulso de sua terra natal, chegou um dia, em novembro de 1829, em que o presidente do B.U.S., Nicholas Biddle, viajou da sede do banco na Filadélfia até a Casa Branca. Biddle era um janota, um aristocrata que publicava poesia, tão perto de um homem do renascimento quanto os Estados Unidos do século XIX poderiam produzir. Ele havia eliminado a disfunção institucional que tinha levado ao Pânico de 1819 e reconstruído o B.U.S. como uma sofisticada máquina financeira que regulava os setores de concessão de crédito. Mais do que qualquer outro indivíduo, Biddle assegurava que os aumentos massivos de produtividade nos campos da fronteira do algodão desde 1790 seriam convertidos em crescimento econômico nacional estável. De fato, desde a depressão pós-Pânico de 1820, a economia nacional já havia crescido 38%. Mas o refinado Biddle estava ansioso para sondar a fronteira geral. Pois a fonte de poder de Jackson era seu apelo ante uma maioria recém-emancipada e congenitamente desconfiada da capacidade de o banco penetrar em suas vidas como se tivesse tentáculos.[31]

Na reunião, o presidente agradeceu a Biddle pela ajuda do banco no pagamento da dívida nacional. Mas Jackson também disse algo que soou estranho aos ouvidos de Biddle: "Eu não desgosto de seu Banco mais do que de todos os bancos", disse o presi-

---

29. Os historiadores muitas vezes identificam erroneamente os políticos anti-Jackson como "anuladores". A maioria, como Poindexter, simplesmente odiava Jackson: Elizabeth Varon, *Disunion: The Coming of the American Civil War, 1789-1859* (Chapel Hill, NC, 2008), 55-57. Sobre a anulação, entre muitos outros trabalhos excelentes, ver Brian Schoen, *The Fragile Fabric of Union: Cotton, Federal Politics, and the Global Origins of the Civil War* (Baltimore, 2009).
30. Kirsten Wood, "One Woman So Dangerous to the Public Morals: Gender and Power in the Eaton Aff air", *JER* 17 (1997): 237-275; Anthony F. C. Wallace, *The Long, Bitter Trail: Andrew Jackson and the Indians* (Nova York, 1993).
31. CHSUS, Ca 9-19.

dente, "mas desde que li a história da Bolha do Mar do Sul,[32] eu tenho medo de todos os bancos". Os historiadores usaram essas frases para descrever Jackson como alguém que era impulsionado por uma ansiedade cultural mais ampla e retrógrada – o medo de que o papel-moeda impresso pelos bancos não fosse "real" em comparação com os metais preciosos como o ouro e a prata. No entanto, Jackson também representava grupos de interesse que tinham razões práticas para se ressentir do banco de Biddle. Todas essas fontes de oposição em breve se combinariam para alimentar um confronto entre Jackson e o B.U.S. Esse conflito desencadeou uma série de consequências que moldaram tanto o processo de expansão da escravidão quanto o drama político que constitui a narrativa mais convencional da história dos EUA desde Jackson até Lincoln.[33]

A RELAÇÃO ENTRE O ALGODOAL E A POLÍTICA pode ser encontrada na estranha alquimia dos bancos. Todo mundo sabe que os bancos recebem depósitos e emprestam dinheiro, mas as pessoas nem sempre percebem que, quando os bancos emprestam, eles, na verdade, criam dinheiro. Chamamos esse dinheiro de *crédito*. Como já vimos, isso significa que o dinheiro é baseado na "crença" – a raiz da palavra está no termo em latim *credere*, um verbo que significa "acreditar" – e as pessoas têm que acreditar nesse dinheiro para que ele funcione, porque os bancos emprestam mais dinheiro que recebem através de depósitos. Esse dinheiro precisa ser em papel-moeda, que no século XIX os próprios bancos estatais imprimiam, ou pode ser os números adicionados às contas de crédito dos devedores em um livro contábil, os empréstimos contra os quais os devedores poderiam escrever cheques. O papel é útil, claro, porque é leve. Com ele, você pode transferir grandes somas em um envelope, enquanto até mesmo quantidades não tão grandes de dinheiro em moeda são pesadas (lembre-se da viagem que o homem da Geórgia John Springs fez ao Norte da Costa Oriental de Maryland em 1806, durante a qual o ouro em seus alforjes tilintava nas laterais do cavalo).[34]

Mas o mais importante é que o dinheiro criado pelo banco tem que ser de papel (ou meros números no papel) porque só então o dinheiro pode ser criado a partir do nada. E, portanto, apenas papel-moeda pode levar a um crescimento econômico real. Imagine uma economia que usa apenas ouro e prata, também conhecidos como "espécie". Um banco com tal economia não poderia emprestar mais do que recebeu em depósitos. E

---

32. Referência a uma célebre crise financeira deflagrada em 1720 pela especulação com títulos de uma empresa acionária britânica, a Companhia do Mar do Sul. (*N. do R. T.*)
33. *Correspondence of Nicholas Biddle*, 93.
34. J. Springs to Wife, September 23, 1806, Springs Papers, SHC.

usar esse banco seria simplesmente como ampliar o colchão debaixo do qual se guarda dinheiro. Isso realmente reduziria a quantidade de dinheiro em circulação. Se a oferta monetária dependesse da quantidade total de ouro e prata extraída do solo, a oferta monetária não aumentaria tão rapidamente quanto a quantidade de bens e serviços produzidos. O preço dos bens cairia, o dos empréstimos subiria. E isso desmotivaria o investimento em nova produção.

Quando os bancos criam crédito emprestando mais dinheiro do que recebem, uma pequena reserva de valores – depósitos – se multiplica mais ainda. Através deste milagre de influência, escreveu H. B. Trist em 1825, o recém-criado Bank of Louisiana tinha "jogado muito dinheiro em circulação", emitindo 4 milhões de dólares em notas. O banco emprestou essas notas aos devedores, que então fizeram novos investimentos, comprando terrenos, suprimentos e escravos. "O preço dos negros aumentou consideravelmente", observou Trist. Os devedores estavam fazendo cálculos muito parecidos com os do fazendeiro-empresário Alonzo Walsh. Em 1823, um comerciante da Louisiana ofereceu-lhe um empréstimo de cinco anos de 48 mil dólares com juros anuais de 10%. Como garantia, ele hipotecaria o que chamou de "90 a 100 cabeças de escravos de primeira categoria", ainda que alguns desses escravos estivessem para ser comprados com o dinheiro que tomaria emprestado.[35]

Walsh pensou que estavam lhe oferecendo um bom negócio. Com o trabalho dessas mãos adicionais em Bayou Sara, na paróquia de West Feliciana, na Louisiana, poderia limpar mais campos, plantar mais algodão e ganhar o dinheiro para pagar o empréstimo com juros. O comerciante que pegasse emprestado dinheiro do B.U.S. a 6% poderia cobrar 10% de Walsh, obtendo um bom lucro líquido. Para o balancete geral dos Estados Unidos, isso também era um bom negócio – assumindo que o crescimento econômico é sempre bom. Nessa troca, a criação de crédito aceleraria o ritmo da atividade econômica ao convencer os atores econômicos a assumirem riscos e empregarem novos recursos. Contudo, deixados a seus próprios critérios, os bancos às vezes faziam empréstimos demais, perturbando os preços e destruindo a confiança no valor do dinheiro. Se as pessoas se convencessem de que as políticas de um banco eram irresponsáveis, o resultado poderia ser uma "corrida" ao banco, na qual os depositantes e os credores limpariam as reservas bancárias ao exigir a conversão do papel-moeda desvalorizado em metal precioso. Muitas corridas ao mesmo tempo produziriam um pânico, no qual os credores exigiam o dinheiro de volta de todos os bancos e devedores, levando a economia inteira à estagnação.[36]

---

35. H. B. Trist to N. Trist, May 18, 1825, Nicholas Trist Papers, SHC; Undated note, Fol. 1824, A. P. Walsh Papers, Universidade do Estado da Louisiana.
36. Fritz Redlich, *The Molding of American Banking: Men and Ideas* (Nova York, 1968), 1:270fn8-9; Sean Wilentz, *The Rise of American Democracy: Jefferson to Lincoln* (Nova York, 2005), 365.

Esse pânico foi o que o B.U.S. não conseguiu evitar em 1819. Apesar disso, a decisão da Suprema Corte no famoso caso *McCullogh versus Maryland* defendeu o banco das legislaturas raivosas do estado, o que significou que, assim como o Federal Reserve da história recente dos Estados Unidos, o banco tinha a capacidade de controlar a oferta de dinheiro na economia. Para isso, ele primeiro estabeleceu suas próprias notas de papel como uma moeda confiável. O B.U.S. apoiou seus 50 milhões de dólares (em 1830) em notas circulantes sobre uma pilha maciça de ouro e prata em seus cofres – tipicamente, metade do valor do papel-moeda, para que todos soubessem que poderiam levar uma nota do banco a uma das 25 agências do B.U.S. e receber um dólar de ouro em troca. Consequentemente, ninguém jamais fez isso. Na verdade, comerciantes como o traficante negreiro Isaac Franklin costumavam cobrar a mais daqueles clientes do Mississippi que não pagavam com o papel-moeda do B.U.S. A crença no crédito deu ao B.U.S. um grande poder para estimular a economia emprestando dinheiro. Em uma carta de 1832, por exemplo, Franklin escreveu: "O Bank of the United States e o Planters' Bank desta região colocaram uma grande quantidade de dinheiro em circulação e o preço do algodão subiu um pouco". Os compradores de algodão se sentiram mais confortáveis em oferecer um valor maior pelos fardos que os fazendeiros traziam para o mercado e a prosperidade reinava.[37]

Ao mesmo tempo, o B.U.S. fez com que o crescimento acontecesse de maneira estável e segura, ao forçar os bancos estatais a manterem uma "reserva fracionária" de ouro ou notas do B.U.S. nos cofres. Ao longo do negócio, o B.U.S. adquiriu, com regularidade, pilhas enormes de notas emitidas por outros bancos. Então, os funcionários "apresentavam" esse papel a outras instituições para "resgate". Quando Isaac Franklin depositou 5.025 dólares em notas do Planters' Bank of Mississippi na filial do B.U.S. em Natchez, o banco enviou as notas para o Planters' Bank e exigiu que pagassem o mesmo valor em espécie ou em notas do B.U.S. Esse processo forçou os bancos menores a restringir a impressão e o empréstimo de dinheiro, o que por sua vez tornou suas faturas mais confiáveis. Em 1829, por exemplo, as notas bancárias da Carolina do Norte estavam sendo negociadas com um desconto de 3,25%, mesmo na distante Baltimore. Uma pessoa poderia usar uma nota de um dólar emitida pelo Bank of Cape Fear, que financiou as expedições de escravos de Tyre Glen ao Alabama, para comprar 96 centavos de dólar em farinha, algodão ou pessoas em Baltimore. Não era uma moeda "equivalente" perfeita, mas ainda assim era muito mais confiável do que o papel-moeda tinha sido durante o Pânico de 1819. Mais amplamente, a confiança instilada pelo B.U.S. significava que os

---

37. 5. I. Franklin (IF) to R. C. Ballard (RB), January 9, 1832, February 10, 1832, Fol. 4 & 5, RCB.

credores europeus estavam dispostos a injetar seu capital em empresas mercantis norte-americanas, o que, por sua vez, garantia que a colheita de algodão de cada ano pudesse se mover com suavidade dos campos do Sudoeste para o dique de Nova Orleans, os navios de Liverpool e, finalmente, para os moinhos de Manchester.[38]

Mas, apesar de todo o sucesso de Biddle na criação de um ambiente propício a um crescimento constante sem precedentes, a hostilidade em relação ao banco era endêmica. Muitos norte-americanos acreditavam que o poder do banco estava fundamentalmente em desacordo com o regime democrático, não apenas por ter supostamente interferido nas eleições. O B.U.S. era o financiador do governo federal: mantendo seus depósitos, administrando cada centavo do orçamento de 17,5 milhões de dólares de Washington. No entanto, o B.U.S. também era uma empresa privada cujos 4 mil acionistas obtinham lucros com cada operação financeira que o banco realizava para Washington. Ainda assim, Biddle insistiu que todas as operações do banco estavam isentas do escrutínio dos representantes eleitos do povo, escrevendo que "nenhum funcionário do governo, desde o presidente até escalões inferiores, tem o menor direito, a menor autoridade" para interferir "nos assuntos do Banco".[39]

Em seguida, houve a queixa de que o B.U.S., responsável por 20% de todos os empréstimos bancários no país na década de 1820, escolheu os vencedores e os perdedores na economia. Por exemplo, no dia 22 de março de 1831, uma terça-feira, Francis Surget, fazendeiro de Natchez, pegou 9 mil dólares emprestados em um crédito de curto prazo da agência local do banco nacional, que usou para pagar os credores, como o comissário de algodão Alvarez Fisk. O que distinguia Surget de aspirantes a fazendeiros no interior do Mississippi era sua riqueza estabelecida e suas conexões. Em 1830, ele era proprietário de 95 escravos, o que o posicionava entre os 1% mais ricos dos Estados Unidos. Surget também foi um caso atípico porque era relacionado por casamento com Stephen Duncan. Homem que redistribuía poder graças ao seu controle sobre o Planters' Bank of Mississippi e ao modo como usava a filial do B.U.S em Natchez para obter crédito do B.U.S., Duncan era o centro do mais poderoso círculo financeiro e político do estado. Um banco estadual poderia ser um caixa eletrônico para aqueles que eram ligados a seus diretores, e em 1850, Surget tinha pegado emprestado e comprado o suficiente para aumentar o número para mais de 2.200 escravos que possuía.

---

38. *Baltimore Patriot*, January 1, 1829; Richard H. Kilbourne, *Slave Agriculture and Financial Markets in Antebellum America: The Bank of the United States in Mississippi, 1831-1852* (London, 2006).
39. Wilentz, *Rise of American Democracy*, 366; Redlich, *Molding of American Banking*, 1:21; Biddle to Thomas Swann, March 17, 1824, Exhibit n. 1- L, p. 297, in report of the Senate Committee on Finance, 23rd Cong., 2nd sess., Congressional Serial Set.

De todo modo, a panelinha de membros de Duncan impediu o ingresso de outros empreendedores. O Planters' Bank não abriu filiais fora do núcleo estadual originalmente estabelecido perto de Natchez, deixando os fazendeiros assentados em áreas recém--abertas sem acesso ao capital do banco. É verdade que, durante o primeiro mandato de Jackson, Biddle ampliou os empréstimos do banco nacional dramaticamente, sobretudo através das filiais de Nova Orleans e de Natchez. No início de 1832, pelo menos um terço de todo o capital do B.U.S. tinha sido alocado para comerciantes, fazendeiros e bancos locais nos estados do Sudoeste. Se um banco quisesse aumentar seu valor para se tornar o ator principal na economia americana, o novo império do algodão, onde a maior parte da sua atividade dinâmica estava situada, seria o lugar para concentrar os esforços do B.U.S. Mas de todas as 70 mil pessoas brancas no Mississippi, apenas algumas dúzias receberam grandes empréstimos do B.U.S. Por conseguinte, a despeito da abundância de crédito derramado na fronteira do algodão, muitos de seus aspirantes a empresários ainda não gostavam do B.U.S. – não porque o banco fazia papel-moeda, mas porque não fazia papel-moeda para eles.[40]

O B.U.S. e sua panelinha não eleita bloquearam os anseios dos fazendeiros e comerciantes do Sudoeste menos bem-relacionados, fazendo que os potenciais especuladores se sentissem tratados como inferiores. E outras energias em ebulição também levaram os empresários a não gostar do B.U.S., precisamente porque ele impediu a especulação desenfreada. A avidez por risco, especulação e por um *boom* escorre de cartas como esta, enviada a James K. Polk, um congressista do Tennessee: "A. C. Hays, H. M. Walker, Duncan & dr. McGimsey voltaram todos de uma visita a Miss. e *todos* têm a febre da *produção de algodão*, como é mais imaginável [...] Há rumores de que L. H. Duncan e dr. McGimsey fizeram acordos para *fazendas de algodão*. Nosso amigo Hays está em perfeito *êxtase*." Hays disse a outro amigo que "as mãos podem render 500 dólares cada" – por ano, o que era, de fato, uma lógica febril, extática. O algodão teria que subir para 44 centavos por quilo e se manter assim, e as "mãos" teriam que produzir mais do que nunca. Os senhores de escravos queriam experimentar novamente o aumento que tinha remodelado o mercado de algodão do Sudoeste durante a expansão de 1815 a 1819, mas desta vez queriam *ainda mais*. Desejavam o risco mais do que nunca. E,

---

40. March 19, 1832, Discounts A- L #1, vol. 19, Bank of the United States (Natchez Branch) Records, LLMVC; Bank of Mississippi, RASP; US Department of Commerce, US Census Bureau, 1830 Census, Adams County, MS; Miles, *Jacksonian Democracy*, 23; Martha Brazy, *An American Planter: Stephen Duncan of Antebellum Natchez and New York* (Baton Rouge, LA, 2006), 20-21; Robert Roeder, "New Orleans Merchants, 1790-1837" (PhD diss., Universidade de Harvard, 1959); Ralph Catterall, *The Second Bank of the United States* (Chicago, 1902), 137-143.

para apreciar todos os méritos da volatilidade que caracterizou a fronteira de escravos no início da década de 1830, é preciso examinar outra camada de impulsos e desejos.[41]

SALTE ALGUNS ANOS NO TEMPO. Separe aquilo que brotou dos campos limpos e das sementes plantadas na década de 1830 para encontrar uma troca obscura que ocorreu alguns anos depois que Andrew Jackson enfrentou o Banco. Comece com uma foto: aqui está um homem, um homem branco. Ele está sentado em seu escritório em Louisville, no Kentucky, perto do Rio Ohio. Uma carta dobrada acaba de ser colocada em suas mãos. Olhando para cima, os olhos de William Cotton observam o homem branco que acaba de lhe entregar o pedaço de papel. Então, eles recaem – e ali permanecem – sobre a mulher ao lado do homem. Ela é agradável de se olhar. O vestido elegante não pode esconder sua figura, e o chapéu não pode ocultar seu derramamento de cachos castanhos sobre a pele bronzeada e macia como uma almofada. Seu filho olha para longe enquanto Cotton espia pela beirada da escrivaninha, para ver o trabalho do homem rico. Uma criança cujo gênero não pode ser determinado de onde ele está. Cotton vê o cabelo sedoso, preto como o do pai branco da criança.

"É para você", diz Douglass. Cotton expira enquanto rompe o selo, percebendo agora que esteve segurando a respiração. Desdobrando o papel, o comerciante o inclina para pegar a luz de agosto que se derrama através da janela aberta para o escritório. "Isso lhe será entregue pelo sr. Douglass, que lhe entregará a Menina Lucindy e sua criança, propriedades do sr. Isaac Franklin, para ficar com você até que receba notícias dele".

Essa carta contava uma velha história. "Nosso amigo" – significava Isaac Franklin, que até meados da década de 1830 foi um dos maiores traficantes de escravos do país – agora, em 1839, tinha "se casado com uma jovem muito bonita e altamente prendada". A filha branca de algum rico senhor de escravos. Então, sr. Cotton, por favor "ajude a facilitar todas essas coisas... A história não deve chegar aos ouvidos do Velho". Douglass ergue as sobrancelhas enquanto os olhos de Cotton o fitam de maneira incisiva. Mas Cotton se volta silenciosamente para suas instruções. Faça o que quiser com ela. Mas não diga nada a Douglass ou ao menino enquanto cresce. Mantenha o menino e Lucindy fora das vistas da noiva de Franklin e de sua rica família do Tennessee. E não envie Douglass de volta com uma conta para alimentar os dois. A própria jovem era "o meio de pagamento".[42]

---

41. McKay W. Campbell to James K. Polk, November 23, 1833, JKP, 2:136-138; A. O. Harris to James K. Polk, November 16, 1833, JKP, 2:131-132.
42. Jesse Cage to William Cotton, August 27, 1839, Fol. 28, RCB.

Cotton foi escolhido porque era "uma mão macia com Cuffs", como disse o parceiro comercial de Franklin, Rice Ballard. O vocábulo "Cuffy", originário de um nome comum da África Ocidental, acabara se tornando um termo genérico e derrisório para os negros nos Estados Unidos do século XVIII. Alguns traficantes negreiros o usaram para descrever escravos como mercadorias. Em uma carta de 1834 a Ballard, por exemplo, Isaac Franklin escreveu: "O preço de Cuffy progride... estão muito elevados em todo o país". A "mão suave" de Cotton significa que ele tinha habilidade de exercer poder sobre o corpo, a vida e a pessoa jurídica de seres humanos escravizados – uma qualidade de mão direita altamente desenvolvida que extraía de maneira impiedosa o máximo de valor. Uma mão suave poderia sempre extorquir submissão: pelo medo, por alguma esperança de se reunir com alguém que fora roubado, pela fome, através de promessas de bondade ou de uma paciente prostituição forçada em vez de um estupro brutal – cada corpo tinha seu preço.[43]

A escravidão permitia a dominação sem controle e prometia o cumprimento ilimitado do desejo irrestrito. Isso tornou o comportamento dos empresários particularmente volátil, arriscado, lucrativo e desastroso. Então, na década de 1830, os brancos, sobretudo os homens, enquanto tentavam construir impérios no Sudoeste com crédito e seres humanos escravizados, corriam cada vez mais riscos. Esse comportamento plantou as sementes de um ciclo de crescimento e falência que moldaria o curso da história norte-americana. E não é possível entendê-lo sem estudar o cálculo cuidadoso e o desejo ardente. Embora a economia moderna muitas vezes garanta a si mesma que é uma ciência, assumindo que as pessoas são atores perfeitamente racionais que escolhem suas ações com base em uma compreensão clara e quantificável de seu próprio interesse econômico, essa suposição é falsa. As pessoas raramente têm informações suficientes para medir as consequências de seus atos. É mais parecido com aquilo que os fazendeiros chamam de "febre" e "êxtase": a racionalidade pura nem sempre conduz as ações das pessoas, mesmo – e às vezes especialmente – as ações "econômicas".

Trata-se do que o grande economista britânico John Maynard Keynes estava tentando explicar a seus leitores quando escreveu que os "espíritos animais" – emoções e desejos – provocam o declínio e o fluxo das marés econômicas. Mais recentemente, os economistas comportamentais que executam experimentos em cobaias humanas demonstraram que, aparentemente, existem conexões genéticas entre o desejo sexual e a tomada de decisões de risco sobre compra e venda. Quando os pesquisadores expõem

---

43. IF to RB, September 27, 1834, Fol. 15, RCB; cf. Walter Johnson, *Soul by Soul: Life Inside the Antebellum Slave Market* (Cambridge, MA, 1999).

os homens a imagens de mulheres atraentes, supostamente disponíveis, sua propensão a assumir riscos financeiros aumenta de modo dramático (quando as mulheres veem fotos de homens atraentes, tendem a usar estratégias para se apresentar como zelosas e responsáveis). Mas seja por se tratar de biologia evolutiva ou de outra coisa que torna os homens mais agressivos do ponto de vista financeiro quando seus cérebros são "marcados" por imagens de mulheres que aparentam estar sexualmente disponíveis, a assunção de riscos financeiros e a mercantilização sexualizada de mulheres escravizadas estavam, na década de 1830, tanto na mente quanto no comportamento dos empresários brancos, emaranhados em uma relação de amplificação mútua.[44]

Sem dúvidas, Rachel poderia ter previsto, a partir de sua perspectiva no bloco de leilões na Maspero em 1819, que o direito legal de estupro à propriedade humana daria forma não só às compras de escravos, mas ao comportamento mais amplo dos empresários nos mercados do Sudoeste. Pois desde o início da escravidão nas Américas, senão antes, os homens brancos tinham acreditado que, quando se tratava de mulheres escravizadas, a compra prometia uma recompensa. Os homens proprietários de escravos se justificavam dizendo que as mulheres afro-americanas eram mais sexuais, menos morais, menos bonitas, menos delicadas. Tais alegações supostamente desculpavam o estupro, a rejeição das crianças, a venda de amantes e a prática de forçar mulheres negras a trabalhar em empregos para os quais as mulheres brancas eram ostensivamente muito delicadas.

Thomas Jefferson admitiu que o poder irreprimido distorceu o caráter dos homens brancos: "O homem capaz de manter os costumes e a moralidade irreprováveis em tais circunstâncias é um prodígio." Não sabemos se Jefferson achava sua moral depravada quando gerou seu primeiro filho com uma adolescente escravizada chamada Sally Hemings. E podemos imaginar as razões de seu desejo. Talvez a jovem se parecesse com sua esposa morta, que era, afinal de contas, a meia-irmã de Sally. Jefferson não deixou palavras sobre suas transações com Hemings. Mas um documento de outro homem branco criado nas colônias escravistas do Império Britânico do século XVIII revela mais abertamente as conexões íntimas entre desejos sexuais e desejos financeiros dos homens brancos.[45]

---

44. Daniel Kahneman, *Thinking, Fast and Slow* (Nova York, 2011); Dan Ariely, *Predictably Irrational: The Hidden Forces That Shape Our Decisions* (Nova York, 2008); Geoffrey Miller, *Spent: Sex, Evolution, and Consumer Behavior* (Nova York, 2009), 106-111.

45. Annette Gordon-Reed, *Thomas Jefferson and Sally Hemings: An American Controversy* (Charlottesville, VA, 1997); Jan Lewis and Peter Onuf, eds., *Sally Hemings and Thomas Jefferson: History, Memory, and Civic Culture* (Charlottesville, VA, 1999); "Bawdy Poem", n.d. [1820s–1830s], Fol. 10, Young Allen Papers, SHC.

Na década de 1790, Bryan Edwards, um fazendeiro jamaicano que escreveu uma história em quatro volumes sobre as Índias Ocidentais, publicou algo que aparentemente não se encaixava em seu relato habitual de leis comerciais e estatísticas de açúcar. Tratava-se de um poema ofensivo sobre a "Vênus Negra", uma alegoria pintando o comércio de escravos como uma mulher negra nua montada em uma concha puxada de Angola por um peixe em um arreio. A xilogravura na página de rosto revelou que a mulher usava tão pouca roupa quanto a deusa de Botticelli, mas a Vênus Negra era escura e voluptuosa, em vez de pálida e barriguda. E quando ela entrou no porto de Kingston "o êxtase selvagem apoderou-se da terra devastada" da Jamaica. Os fazendeiros lotaram as docas em uma "confusão", assim como fizeram quando tentaram agarrar os trabalhadores mais fortes da cana-de-açúcar, mas essa era uma debandada para cultuar uma deusa do amor em seu trono. Os homens brancos da Jamaica, "todos, adorando a ti... *uma* divindade[,] confessam" que seu fetiche era essa deusa que percorrera a travessia atlântica. Sua pele não era o branco da poesia inglesa, mas Edwards notou, dando uma piscadela, que não havia "diferença – não à noite". E ele fez uma rapsódia sobre perseguir a Vênus Negra ideal por meio de uma sequência de nomes tão esterotipadamente pertencentes à África ocidental quanto "Cuffy": "Tu estás no sorriso da gentil Phibba/ Com astúcia de Benneba seduz/ Com lascívia de Mimba faz beicinho/ Com esperteza dos olhos de Cooba parece alegre?/ Ou, sisuda na calma Quasheba, / Eu ainda te decifrarei".[46]

Edwards fez um movimento sorrateiro. Ele finge que a Vênus Negra está no comando dos fazendeiros, ecoando o lamento do amante literário: eu perdi o controle, sou absurdamente cativo daquela que desejo". É claro que sua descrição da Vênus Negra como uma deusa que atrai homens brancos para a escravidão sexual é um absurdo. O poema é sobre a compra de escravos. Edwards não era governado por Quasheba, Cooba ou Mimba. Ele podia comprar cada uma delas. Ou todas. Depois de comprar, tomar, consumir, poderia substituir o desejo.

Os consumidores modernos que desejam produtos da Apple ou outras mercadorias fetichizadas devem estar familiarizados com as mentiras contadas ao eu. Da mesma forma, os pesquisadores que analisam as psicologias dos viciados em jogo observam o senso de onipotência que um jogo bem-sucedido gera: o universo parece ter abandonado a lei do acaso e se submetido ao poder do jogador. Quando Edwards ou Jefferson perseguiam a Vênus Negra, sempre jogavam com sucesso. Eles não correram qualquer

---

46. Bryan Edwards, "The Sable Venus: An Ode", from his *Poems, Written Chiefly in the West-Indies* (Kingston, 1792); cf. Regulus Allen, "The Sable Venus and Desire for the Undesirable", *Studies in English Literature, 1500-1900* 51, n. 3 (2011).

risco. Ela não podia rejeitá-los. Fora da poesia, as mulheres às vezes lutavam. Mas, na escravidão do século XVIII, os dados estavam viciados e a maioria das mulheres escravas, em última instância, achou que era vital aceitar. Olhe para o longo registro de violações, intimidações e transações bem-sucedidas deixadas por um contemporâneo de Edwards, Thomas Thistlewood. Administrador da fazenda de um homem rico na Jamaica, Thistlewood gravou os nomes das 109 mulheres escravizadas com quem teve relações sexuais durante mais de 13 anos. Concentrava-se em meninas adolescentes, não em mulheres adultas, e nas africanas isoladas e que tinham sido importadas havia pouco tempo, em vez das jamaicanas. Algumas vezes, fazia sexo publicamente, diante de outras pessoas escravizadas, demonstrando seu domínio sobre todas elas. Ele não era uma raridade. A oportunidade sexual foi um dos fatores que atraíram os homens brancos para a Jamaica.[47]

No Sul dos Estados Unidos do século XIX, dois fatores obstruíam o caminho dos homens brancos que queriam levar a cabo fantasias ao estilo de Edwards. Um deles era o fato de que os religiosos reformistas norte-americanos começaram a identificar a sexualidade não marital como um problema social importante, em parte como uma reação à forma como a maior mobilidade de jovens adultos trouxe novas tentações para suas vidas. A aceleração comercial transformou Nova York e outras cidades em terrenos de caça para prostitutas à procura de homens de negócios itinerantes e vice-versa. A solução, disseram as pessoas que escreviam sobre o tema, muitas delas do sexo feminino, era que as meninas e as mulheres precisavam recusar o contato sexual fora da garantia fornecida pelo casamento. Os rapazes, por outro lado, precisavam aprender o autocontrole que tais autores achavam necessário para transformar a jovem república em um modelo moral, evitando o sexo ilícito e a masturbação.[48]

O complexo vitoriano de ideias sobre o sexo logo se tornou a visão consensual da sociedade respeitável. E as pessoas escravizadas muitas vezes resistiam, estabelecendo limites à capacidade dos homens brancos de satisfazerem seus desejos. Sua resistência foi reforçada por estratégias desenvolvidas ao longo de gerações que viveram essa experiência em comunidades do sudeste. As redes familiares afro-americanas e os laços com os protetores brancos deram a algumas meninas e mulheres aliados que poderiam intervir para evitar o terrível abuso. O caso mais conhecido é o de Harriet Jacobs, cujo senhor,

---

47. Trevor Burnard, "The Sexual Life of an Eighteenth- Century Jamaican Slave Overseer", in Merril D. Smith, ed. *Sex and Sexuality in Early America* (Nova York, 1998), 163-189, esp. 173.
48. Cf. Patricia Cline Cohen, *The Murder of Helen Jewett: The Life and Death of a Prostitute in Nineteenth-Century New York* (Nova York, 1998); Karen Halttunen, *Confidence Men and Painted Women: A Study of Middle-Class Culture in America, 1830- 1870* (New Haven, CT, 1982).

de Edenton, Carolina do Norte, a havia perseguido desde o início de sua puberdade, em meados da década de 1820. Durante uma década, Jacobs se desviou de suas investidas com a ajuda de aliados brancos e negros. Finalmente, ela procurou refúgio no sótão de sua avó, uma mulher de cor livre.[49]

É claro que algumas mulheres de ascendência afro-americana usaram sua sexualidade para criar uma pequena vantagem para si mesmas. A mudança para um modo de pensar mais "vitoriano" também não era a única razão pela qual, por exemplo, as mulheres brancas sentiam raiva e que precisavam derrotar a concorrência quando seus maridos tinham relações sexuais com mulheres escravizadas. E apesar da condenação respeitável do "concubinato", a coação das mulheres escravizadas continuou no século XIX. Em um caso, o governador da Carolina do Sul, James Henry Hammond, comprou uma mulher e sua filha. A mãe tornou-se sua parceira sexual. Quando sua filha chegou aos 12 anos, ele fez da menina sua vítima também. (Ele ainda molestou suas quatro sobrinhas brancas, criando um escândalo que arruinou suas perspectivas conjugais. No entanto, os efeitos foram temporários e ele foi eleito para o Senado dos Estados Unidos.)[50]

Ainda assim, homens como Hammond se tornaram cada vez mais reservados no sudeste. Mas a região Sudoeste era diferente em vários aspectos centrais. Muitos dos brancos migrantes já chegaram com a ideia de que a fronteira da escravidão era o parque de diversões sexuais de um homem branco. "Para ser um cavalheiro aqui", escreveu um visitante em carta enviada a Nova Orleans, "é preciso estar amasiado com uma senhorita de pele parda... Se um jovem tem uma ou duas amantes descartadas, o seu crédito aumenta em proporção a este número". Supostamente, em arranjos chamados *plaçage*, os jovens brancos contratavam as mulheres mestiças para o trabalho sexual a longo prazo. As associações mais temporárias eram organizadas em bailes que eram restritos aos homens brancos e às mulheres de cor vestidas em camisolas, que eram, como uma mulher branca furiosa esbravejou, "O último e pior presente do Céu para os homens brancos".[51]

As queixas sobre Nova Orleans refletiam o fato de que muitos brancos do Sudoeste queriam determinadas formas de moralidade sexual para governar a cultura pública da

---

49. Harriet Jacobs, *Incidents in the Life of a Slave Girl, Written by Herself* (Boston, 1861); Calvin Schermerhorn, *Money over Mastery, Family over Freedom: Slavery in the Antebellum Upper South* (Baltimore, 2011).
50. Drew Gilpin Faust, *James Henry Hammond and the Old South: A Design for Mastery* (Baton Rouge, LA, 1982).
51. Henry C. Knight, *Letters from the South and West* (Boston, 1824), 127; NR, 29 (November 5, 1825), 160; Tregle, *Louisiana in the Age of Jackson*, 37.

região. Mas esse plano entrou em colapso. O crescimento explosivo do tráfico negreiro interestadual forçou a mercantilização da sexualidade das mulheres escravizadas de maneira implacável. E nenhum indivíduo era mais diretamente responsável por isso do que os maiores comerciantes de escravos da nação durante a presidência de Jackson: Isaac Franklin, nascido no Tennessee, e seus parceiros, que incluíam, de certa forma, Nicholas Biddle e Andrew Jackson. Durante o primeiro mandato de Jackson, como a iminente remoção dos indígenas deixou claro que novos mercados para escravos estavam prestes a se abrir, a empresa de Franklin dominou a crescente demanda para se tornar a maior empresa de comércio de escravos nos Estados Unidos. Em 1832, os empréstimos do B.U.S. no Vale do Baixo Mississippi aumentaram 16 vezes em relação a 1824, porque foi lá que Biddle viu a oportunidade de dar ao "grande elemento básico do país" – o algodão – a "assistência para trazê-lo para o mercado comercial". A injeção maciça de capital financiou, direta e indiretamente, uma expansão igualmente maciça do comércio interno de escravos. A bem-relacionada firma de Franklin, por exemplo, extraiu até 40 mil dólares de uma vez do B.U.S. para comprar mais escravos no Oriente. Na verdade, cerca de 5% de todo o crédito comercial administrado pelo B.U.S. em 1831-1832 passou, em algum ponto, pelas mãos macias dessa única parceria de comércio de escravos.[52]

No entanto, de alguma forma, Franklin e seus parceiros de negócios John Armfield e Rice Ballard viam a si mesmos como intrusos ilegais. Quando Ballard escreveu a Franklin pedindo uma injeção de dinheiro para pagar dívidas de curto prazo, Franklin escreveu de volta: "Seria difícil se dois ladrões como você e John [Armfield] não pudessem sustentar a si mesmos". Por "ladrão" Franklin quis dizer uma "mão suave" no negócio empresarial da fronteira, incluindo as várias formas legais e quase legais de tirar dinheiro de outras pessoas. Ballard poderia habilmente "financiar", "requentar" as notas (vender a dívida das pessoas a terceiros por um lucro), perder 4 mil dólares em uma rodada de cartas e ganhar 5 mil dólares na outra. Além disso, era capaz de avaliar uma mão no mercado, para em seguida conduzi-la com dureza, uma vez que a comprasse. É claro que eles corriam riscos, mas "se perdessem tudo" um dia, disse Franklin, no próximo "poderiam roubar muito mais". Mesmo seus concorrentes, e os corretores de câmbio,

---

52. IF to RB, November 14, 1831, December 10, 14, 1831, Fol. 3; IF to RB, January 9, 1832, Fol. 4; IF to RB, February 10, 1832, Fol. 5; IF and James Franklin to RB, April 24, 1832, Fol. 6; IF and James Franklin to RB, June 9, 1832, Fol. 7; IF to RB, October 26, 1831, Fol. 2; Samuel Franklin to RB, June 1, 1831, Fol. 1; IF to RB, May 31, 1831, Fol. 1; John Armfield to RB, July 23, 1831, August 15, 1831, Fol. 2, RCB. Biddle: H.R. 460, 22nd Cong., 1st sess., 316-317; Catterall, *Second Bank*,143n2, cf. 502-508; Richard H. Kilbourne, *Slave Agriculture and Financial Markets in Antebellum America: The Bank of the United States in Mississippi, 1831-1852* (London, 2006), 28-32.

especuladores de terra e armadores de esquemas em bancos que povoavam seus círculos eram "ladrões": "piratas terrestres", como às vezes chamavam uns aos outros.[53]

Talvez os piratas terrestres se considerassem forasteiros porque algumas pessoas da elite do sudeste, reagindo à nova crítica abolicionista do início da década de 1830, estavam começando a usar os traficantes negreiros como bodes expiatórios mais uma vez. Ou talvez porque Ballard fosse o tipo de homem que ameaçou atirar em um poderoso político do Mississippi se o homem não começasse a pagar suas dívidas. Enquanto isso, os políticos aprovaram leis que restringiam os traficantes negreiros quando lhes convinha, e que Franklin e seus amigos costumavam distorcer e violar. E talvez os traficantes de escravos cultivassem um senso de quebra de regras por causa da maneira como os empresários na vanguarda da expansão econômica tendiam a zombar de pessoas antiquadas e avessas ao risco. Os compradores de escravos menos espertos eram, para Ballard, "fracotes estúpidos", inadvertidos das complexidades dos esquemas de compra e venda.[54]

A razão final pela qual os traficantes de escravos sentiam o tipo de poder experimentado por um fora da lei que fugia não estava totalmente evidente, mas todo mundo sabia o que era. Em 1834, Isaac Franklin escreveu para Rice Ballard, de Nova Orleans, onde o pânico de Nat Turner havia desaparecido e o comércio de mãos estava mais uma vez a todo vapor. Falando de si mesmo na terceira pessoa – ou não exatamente como uma pessoa –, Franklin escreveu: "O jeito como seu velho Amigo Caolho parecia um pirata era um pecado para Crockett", disse ele. "Um pecado para Crockett" era uma gíria que significava "espantoso". Davy Crockett era um negociante de fronteira, que virou um artista de palco, que por sua vez virou um congressista e autor de uma autobiografia espetacularmente exagerada. E o "Amigo Caolho" – que aqui significava o próprio Franklin, mas também um pênis.[55]

Na mesma linha, Franklin continuou: "A menina caprichosa de Charlottesville, você vai mandá-la embora ou devo cobrar 1.100 dólares por ela? Diga rápido, eu queria

---

53. IF to RB, December 8, 1832, Fol. 8; IF to RB, January 29, 1833, Fol. 10; C. M. Rutherford to RB, December 23, 1832, Fol. 9; IF to RB, June 8, 1832, Fol. 7; IF to RB, June 9, 1832, Fol. 7; IF to RB, June 11, 1833, Fol. 11, RCB.
54. Ethan A. Andrews, *Slavery and the Domestic Slave-Trade in the United States* (Boston, 1836), 136; E. S. Abdy, *Journal of a Residence and Tour in the United States* (London, 1835), 2:179-180; Wendell Stephenson, *Isaac Franklin: Slave Trader and Planter of the Old South; With Plantation Records* (University, LA, 1938), 29-30; J. W. Ingraham, *The South-West, by a Yankee* (Nova York, 1836), 2:245; RB to Franklin & Co., September 7, 1832, Fol. 7, RCB; Ariela J. Gross, *Double Character: Slavery and Mastery in the Antebellum Courtroom* (Princeton, NJ, 2000), 57.
55. IF to RB, January 11, 1834, Fol. 13, RCB.

vê-la.... Pensei que um velho ladrão poderia ficar satisfeito com duas ou três empregadas domésticas". Começando no início de 1830, o termo "menina caprichosa" [*fancy girl*] ou "empregada doméstica" começou a aparecer no comércio interestadual de escravos. O significado dos termos era uma jovem, geralmente de pele clara, vendida a um preço alto explicitamente ligado a sua disponibilidade sexual e atratividade: "À Venda: Uma garota de cor, de qualidades muito superiores... o que os especuladores chamam de garota caprichosa; uma mulata clara, uma figura fina, séria, com os cabelos pretos e os olhos muito pretos; muito limpa nos trajes e no corpo".[56]

Em 1835, o abolicionista Ethan Allen Andrews visitou o depósito de escravos de John Armfield em Alexandria, na Virgínia. Ele relatou ter ouvido que "embora os mulatos não sejam tão valorizados como mãos do campo, são comprados para fins domésticos e as fêmeas, vendidas como prostitutas". Ironicamente, foi uma onda de novos abolicionistas brancos, inspirados por William Lloyd Garrison e pelas vozes negras que ele promoveu nas páginas de *The Libertador*, que fez muito para garantir que todos soubessem sobre o termo caprichosa. Em uma campanha nacional de panfletos e em livros antiescravistas que inundaram de repente as redes postais da nação na década de 1830, a crítica abolicionista esteve centrada na maneira como a escravidão rompia as relações familiares e forçava as mulheres escravizadas a praticarem o sexo fora do matrimônio. As preocupações dos reformistas brancos com a venda sexualizada de mulheres, sobretudo as quase brancas, provavelmente revelavam muito sobre as preocupações e repressões dos críticos. Mas eles não inventaram isso e os senhores de escravos também estavam preocupados. Mesmo antes da representação de Andrews do comércio como prostituição forçada, os clientes e os empresários do mercado de escravos estavam escrevendo com malícia sobre as mulheres que usavam. "Eu vendi sua criada caprichosa, Alice, por 800 dólares. Existe uma grande procura por criadas caprichosas. Eu acredito que uma menina adorável e boa costureira como essa poderia ser vendida por 1.100 dólares", Isaac Franklin escreveu para Ballard, em 1833. Ele queria que Ballard enviasse mais: "Fiquei desapontado por não encontrar sua empregada de Charlottesville que você me prometeu", escreveu, em 1834, referindo-se ao último carregamento enviado por Ballard de sua prisão em Richmond. Logo, porém, Isaac teria sua vez, e em seguida,

---

56. *Norfolk Democrat*, December 1, 1848; William Bowditch, *Slavery and the Constitution* (Boston, 1849), 89; Henry Clarke Wright, *American Slavery Proved to Be Robbery and Theft* (Edinburgh, 1845), 21; *Farmers' Gazette*, March 6, 1835.

James Franklin, que dois meses mais tarde escreveu a Ballard: "O Velho mandou-me sua criada Martha. Ela está inclinada a ser submissa".[57]

Quebrar as regras do decoro público evangélico deu a esses homens o sentido de manifestação ilícita que acompanha a pornografia. Para muitos homens brancos do Sul, e não apenas para os comerciantes de escravos, a existência de "meninas caprichosas" foi um dedo do meio de pirata levantado na cara do decoro, o que era relevante não só porque irritava abolicionistas intrometidos, mas também porque irritava as mulheres brancas do Sul. Os pedidos de moralidade sexual implicavam que as mulheres eram os árbitros com a autoridade moral doméstica. Essa luta sobre quem iria governar era o verdadeiro significado da "Guerra das Anáguas" no Gabinete de Jackson, e ali o presidente alavancou o ressentimento masculino perante as reivindicações femininas ao poder. Quem eram as esposas dos políticos para dizer se John Eaton era ou não um homem com moral suficiente para se casar com Peggy, uma antiga garçonete que, segundo os rumores, costumava oferecer mais do que bebidas? Não havia maneira melhor para mostrar a uma mulher branca e piedosa que ela não governava nada do que comprando uma mulher para o sexo.

Esse foi o significado, por exemplo, do gesto que o comerciante de escravos Theophilus Freeman fez quando recebeu visitantes em sua casa, em Nova Orleans, enquanto estava deitado na cama com sua amante comprada, Sarah Connor. Tome isso, sociedade branca convencional, disse. Pois você nunca vai parar de comprar escravos de mim. Enquanto isso, as cartas com conteúdo de se lamber os beiços da empresa de Franklin e Ballard revelavam seu desprezo alegre pela autoridade social das mulheres brancas: "Estou ficando cansado à beça de companhia", escreveu um funcionário da Ballard, brevemente preso em um refúgio de alto nível em White Sulphur Springs, na Virgínia. "Eu lhe digo que seria um grande alívio estar nas bifurcações das estradas entre os negros." Depois de jantar com um casal recém-casado, um associado de Ballard, Bacon Tait, escreveu: "Não me sentava à mesa em uma casa particular com senhoras [brancas] havia mais de vinte anos." E Isaac sugeriu que duas mulheres que ele comprou "poderiam em bre-

---

57. Andrews, *Domestic Slave-Trade*, 166; ASAI, 16; Ronald Walters, "The Erotic South: Civilization and Sexuality in American Abolitionism", *American Quarterly* 25, n. 2 (1973): 177-201; Elizabeth Clark, "'The Sacred Rights of the Weak': Pain, Sympathy and the Culture of Individual Rights in Antebellum America", *JAH* 82 (1995): 463-493; Carol Lasser, "Voyeuristic Abolitionism: Sex, Gender, and the Transformation of Antislavery Rhetoric", *JER* 28, no. 1 (2008): 83-114; Gregory Smithers, "American Abolitionism and Slave-Breeding Discourse: A Re-Evaluation", *Slavery and Abolition* 33, n. 4 (2012): 551-570; IF to RB, November 1, 1833, Fol. 12; IF to RB, January 11, 1834, Fol. 13; J. Franklin to RB, March 7, 1834, Fol. 13, RCB.

ve render o valor investido, mantendo uma casa de prostituição [...] para o benefício exclusivo da companhia e de seus agentes aliados".[58]

Os comerciantes de escravos não eram os únicos piratas sexuais, apenas era mais provável que contassem uns aos outros sobre tais feitos em cartas do que os fazendeiros. E as mulheres de pele escura não estavam mais seguras dessa forma de violência do que as "mulatas", quer de comerciantes de escravos, quer de outros homens brancos. "Coloque um único homem" para trabalhar como feitor em uma fazenda "e você terá problemas suficientes", escreveu um fazendeiro do Alabama, porque "tornam-se íntimos das meninas negras e, assim, toda a ordem chega ao fim". Os homens brancos que iniciaram tais encontros nas áreas do Sudoeste pareciam ter mais direito a eles do que aqueles nos estados do sudeste, e estavam menos preocupados em manter essas coisas em segredo. O fazendeiro da Louisiana Jacob Bieller manteve um longo relacionamento com "uma mulata clara", Mary Clarkson, sua escrava. Quando a esposa de Bieller se queixou, sua resposta foi ameaçar dar uma surra na mulher. Em 1834, a sra. Bieller finalmente fugiu e o processou, pedindo o divórcio. Mas, em grande parte, a região Sudoeste era uma zona de tiro livre onde os homens brancos exerciam o poder sem regras.[59]

Nos estados do Sudeste, os maridos escravizados e os amantes do sexo masculino possuíam um poder limitado para defender as mulheres, mas pelo menos eram empecilhos que os homens brancos precisavam calcular. Os predadores masculinos do Sudoeste, porém, aumentaram seu poder despojando maridos e outros aliados a quem as mulheres pudessem chamar. Aos 13 anos, Louisa Picquet era propriedade de um sr. Cook, cuja falência o reduziu a viver em uma pensão em Mobile. Passava as manhãs dormindo para se recuperar da bebedeira e do jogo da noite anterior e à tarde tentava pegar Louisa sozinha em seu quarto. Por algum tempo, a senhoria branca protegeu Louisa. Em vez de enviar a escrava, a mulher levava para Cook as coisas que exigia: sal, lavatório, suas roupas remendadas. Mas, por fim, os credores de Cook o alcançaram. Venderam Louisa, que tinha a pele clara, no mercado de escravos de Mobile para um sr. Williams, de Nova Orleans. Ele pagou 1.400 dólares, um preço "caprichoso". Então, o Williams disse a Louisa que "ele e sua esposa haviam se separado" e os dois

---

58. Wood, "One Woman So Dangerous"; Johnson, *Soul by Soul*, 114; IF to RB, January 11, 1834, Fol. 13; Sam Wakefield to RB, August 16, 1836, Fol. 17; Bacon Tait to RB, August 13, 1839, Fol. 28, RCB.
59. R. B. Beverley to W. B. Beverley, July 2, 1842, Sec. 46, Beverley Papers, VHS; Nancy Bieller to Jacob Bieller, August 16, 1836; Jacob Bieller Will, December 8, 1834; *Bieller v. Bieller* notes, BIELLER; Robt. Hairston to G. Hairston, April 13, 1852; P. Hairston to G. Hairston, June 8, 1852, Fol. 2, George Hairston Papers, SHC; Jas. Hairston to P. W. Hairston, May 13, 1852, vol. 9, P. W. Hairston Papers, SHC; Henry Wiencek, *The Hairstons: An American Family in Black and White* (Nova York, 1999).

embarcaram no navio a vapor costeiro seguinte, que ia para a Louisiana. "Logo que partimos para Nova Orleans, o sr. Williams me disse para que me comprou", contou Louisa mais tarde.[60]

A palavra *fancy* pode significar algo altamente decorativo ou desejado, como alguma coisa ou alguém a ser adquirido. Os homens brancos desejavam Louisa e a usavam para decorar suas vidas como se ela fosse uma mercadoria a ser exibida. Mas ser caprichosa [*fancy*] influenciava nas descrições e nos preços de todas as mulheres, claras ou escuras, servas de casa ou mãos de campo. Embora as descrições dos homens enfatizassem o tamanho e algumas vezes as habilidades que possuíam, as avaliações das mulheres colocavam em questão o quanto eram atraentes. "Meninas e mulheres comuns" rendem de 350 a 400 dólares, como escreveu Isaac Franklin, em 1832, "e algumas com a aparência superior chegam a 500 dólares". "Dois meninos têm uma mãe aqui", escreveu um negociante de Nova Orleans a um homem que já tinha comprado os filhos. "[Ela] tem cerca de 36 anos de idade e bons dentes, sem cabelos grisalhos – uma mulata – está muito ansiosa para ir com eles – devo comprá-la? [...] Ela [é] bem atraente para sua idade e tem aparência jovem." Outro comerciante descreveu uma "menina de 13 anos, a cor clara, quase um sonho, por 1.135 dólares". Ela tinha potencial. Outra: "uma menina[,] do tamanho da menina de Gilmer" – até aqui, tudo bem, evidentemente – "mas de rosto bruto", reduzindo seu valor. Mesmo para as mãos do campo, como as mulheres escuras de John Knight, a aparência mudava o preço. Os compradores homens imaginavam o tempo entre os dias, os espaços ocultos entre as fileiras de algodão.[61]

Para as mulheres, que eram metade das pessoas escravizadas, negociadas e movidas, a violência sexual e a exploração determinaram seu preço e suas experiências. Os comerciantes manipulavam os caprichos dos compradores para fazer as vendas. "Antecipamos tempos possivelmente duros nessa primavera *para os caolhos*", como James Franklin escreveu para Rice Ballard em 1832. "Desde que deixei Va, tenho visto uma garota bonita que escalaria montanhas mais altas e percorreria distâncias maiores para realizar seus próprios intentos do que qualquer garota do Norte; e ela não está muito inclinada a deixar ou soltar *seu ouro*, e a razão é porque carrega suas economias na bolsa dos amantes ou no Banco e, pelo que é do meu conhecimento, tem sido usada inteligentemente por um jovem caolho mais ou menos do meu tamanho e idade, *desculpe minha*

---

60. Louisa Picquet and Hiram Mattison, *Louisa Picquet, The Octoroon: Or, Inside Views of Southern Domestic Life* (Nova York, 1861), 10-19; N. E. Benson to E. Benson, May 3, 1837, Benson-Thompson Papers, Duke.
61. IF to RB, January 9, 1832, Fol. 4; C. M. Rutherford to RB, February 19, 1853, Fol. 187, RCB; Philip Thomas to Finney, July 24, 1859; P. Thomas to Jack, November 26, 1859, William Finney Papers, Duke.

tolice." Franklin, um caolho, usaria a bolsa de sua amante até que pudesse manipular os desejos de outros homens, cujos desejos eram focados em apenas uma coisa, e fazer com que transferissem seus fundos para a conta bancária dele.[62]

Para entender por que um comerciante de escravos chamaria a si mesmo de caolho é preciso vê-lo no contexto do mundo da fronteira escravista. Nesse mundo, os homens brancos enxergavam suas disputas com os outros de tal modo que o vencedor se apresentava como varonil e o perdedor, como emasculado, escravizado, feminizado. O comerciante de escravos, na condição de um homem caolho, não estava apenas estuprando as mulheres que comprava e vendia. Ele também estava, de maneira metafórica, estuprando seus concorrentes. Esse era o mesmo mundo metafórico em que os homens brancos menos ricos se opuseram aos bancos que usaram os depósitos, os impostos e a produtividade para criar o crédito. Tais bancos, então, emprestaram o tal crédito aos ricos e futuros aristocratas, homens que queriam replicar hierarquias na fronteira ao estilo do condado de Granville. Foi por isso que os homens brancos comuns recorreram a Andrew Jackson para que ele salvasse o país de ameaças incipientes, porém horríveis para os cidadãos viris que eram. Queriam que ele ajudasse a potterizar o B.U.S. e todos os outros alvos de seu ressentimento antes que tudo isso violasse os cidadãos comuns do sexo masculino. E em consequência do que aconteceu na década de 1830, Franklin e Ballard alternavam incessantemente entre falar, por um lado, sobre a tomada de risco financeiro do crédito e das cobranças e, por outro, sobre o sexo com as mulheres escravizadas. A exploração das mulheres escravizadas existia desde os primórdios da escravidão na América do Norte, mas o que estava surgindo agora era diferente. O novo comércio marcava e comercializava a capacidade de coagir a sexualidade, estimulando os empresários brancos a acreditar que a compra de pessoas escravizadas como mercadoria daria aos homens brancos as liberdades que eles não encontravam na vida comum. A fantasia fez do comércio de escravos como algo sensual tanto para vendedores quanto para compradores.

Das empregadas domésticas caprichosas que poderiam ser feitas de amantes ao comércio negreiro, eles passaram por riscos financeiros em geral. Na década de 1830, quando os homens que testavam o experimento da fronteira empresarial da escravidão, preparados pela excitação sexual intrínseca ao comércio de mercadoria humana, encontraram as oportunidades para comprar mais escravos, contrair empréstimos para expandir suas operações ou vender algodão, eles perseguiram como nunca os ganhos de curto prazo e pouco atentaram para o futuro. O migrante da Carolina do Norte Moses

---

62. Jas. Franklin to RB, March 27, 1832, Fol. 5, RCB.

Alexander pensava assim, vendo a fronteira de escravos como o epicentro de vários tipos de lucratividade. "Eu posso lhe contar qual é minha maior objeção a criar meus filhos no Alabama, mas não posso escrevê-la", observou Alexander em uma carta, mas ele via a licença sexual do Sudoeste como algo essencial ao arriscado comportamento econômico do Sudoeste. "A especulação é a ordem do dia e espalha-se silenciosamente pelo país", alertou. Os acontecimentos revelariam que sua previsão acerca dos proprietários escravistas caolhos estava correta. Estimulados pelo tráfico negreiro interestadual a pensarem em si mesmos como "caolhos" violadores de regras, que sempre poderiam realizar seus caprichos, os empresários do Sudoeste estavam plantando as sementes financeiras de escolhas ainda mais irracionais. Os senhores de escravos logo insistiriam em assumir uma imensa dívida. Mas eles subestimaram o lado ruim desse risco e, por fim, não foi apenas porque tinham sido treinados para sentir que o universo tinha lançado os dados a seu favor. As pessoas quase sempre subestimam o risco do aspecto adverso quando os preços dos ativos (como escravos) estão subindo. Racionalmente, sabem que os preços dos ativos que subiram no passado – sejam bulbos de tulipas holandesas, ações da Yazoo Company ou títulos hipotecários – formaram bolhas que acabaram explodindo. Mas é sempre diferente desta vez.[63]

Para a maioria dos caolhos, o B.U.S. parecia uma tia solteirona que os acompanhava em público e franzia o cenho diante de qualquer sinal de mão-boba. Os proprietários de escravos se beneficiaram da estabilidade induzida pelos bancos e da expansão estável do crédito, mas o B.U.S. limitava a expansão de crédito e favorecia apenas alguns empresários. É claro que havia outras razões importantes, mesmo as "racionais", para explicar por que os escravizadores queriam pegar mais dinheiro emprestado. Quanto mais compras de escravos conseguissem financiar, mais algodão produziriam – e o algodão era o produto mais comercializado do mundo. Tinha um mercado interminável. Assim, quanto mais algodão produzissem, mais venderiam, portanto mais dinheiro ganhariam. Possuir mais escravos permitia que os fazendeiros pagassem as dívidas, obtivessem lucros e adquirissem propriedades que poderiam ser garantias para ainda mais empréstimos.[64]

Ao mesmo tempo, fazia sentido que as pessoas com dinheiro quisessem emprestá-lo aos empresários na fronteira da escravidão. As pessoas que têm dinheiro querem

---

63. Moses Alexander to Wm. Graham, July 8, 1836, *Papers of William Graham* (Raleigh, NC, 1957-1992), 1:432-435. As discussões sobre o "espírito animal" na economia geralmente têm deixado o sexo de fora, desde Charles Mackay, *Memoirs of Extraordinary Popular Delusions and the Madness of Crowds* (London, 1852), até John K. Galbraith, *A Short History of Financial Euphoria* (Nova York, 1993) e além.
64. Nota não datada, Fol. 1824, A. P. Walsh Papers, LLMVC.

emprestá-lo quando podem ganhar ainda mais dinheiro assim, especialmente quando podem ter a certeza do reembolso. O empréstimo para a economia algodoeira sulista era um investimento não apenas na mercadoria mais negociada do mundo, mas também em um conjunto de produtores que havia demonstrado uma capacidade consistente de aumentar produtividade e receita. Em outras palavras, os senhores de escravos tinham fluxo de caixa para pagar dívidas. E suas dívidas eram seguras, já que os senhores de escravos possuíam muitas garantias valiosas. Na verdade, possuíam a maior reserva de garantia financeira nos Estados Unidos: 2 milhões de escravos no valor de mais de 1 bilhão de dólares. Isso não só representava quase 20% de toda a riqueza possuída por todos os cidadãos norte-americanos, mas era também a fração dessa riqueza com mais liquidez, graças à eficiência dos mercados operados por comerciantes profissionais de escravos e financiados com crédito por um sistema financeiro governado pelo B.U.S. (ver Tabela 7.1).

Os potenciais credores – como os bancos da Europa Ocidental e seus investidores, as velhas e novas classes superiores, cujas economias os Baring Brothers e o Bank of England reuniram – se perguntaram se por acaso Biddle não estava investindo de maneira agressiva o bastante ou se não estava repassando lucros suficientes para os europeus que compraram os títulos do B.U.S. Enquanto isso, os senhores de escravos queriam transformar seu controle sobre os corpos das pessoas escravizadas em autoridade sobre o próprio crédito. Em 1827, um escravo da Louisiana tinha criado uma ferramenta que poderia responder a ambas as questões ao mesmo tempo. J. B. Moussier estava sendo processado por Rogers e Harrison, parceiros de comércio negreiro estabelecidos na Virgínia, aos quais deviam 21 mil dólares por setenta homens, mulheres e crianças que tinham comprado com um empréstimo de curto prazo e juros altos. E se os fazendeiros, perguntou-se Moussier, usassem os escravos como garantia para levantar capital no exterior com pessoas que precisavam do algodão e do açúcar norte-americanos, e então usassem o capital para construir uma instituição de crédito que os proprietários de escravos pudessem controlar? Moussier levou sua ideia para os políticos empresários de Nova Orleans Edmund Forstall e Hugues Lavergne, que maquinaram sobre ela de maneira informal na Associação Consolidada dos Fazendeiros da Louisiana (C.A.P.L.), patrocinada pela Assembleia Legislativa Estadual em 1827.[65]

---

65. Irene Neu, "J. B. Moussier and the Property Banks of Louisiana", *Business History Review* 35, n. 4 (1961): 550-557; Redlich, *Molding of American Banking, 1:206-207*; Earl S. Sparks, *History and Theory of Agricultural Credit in the United States* (Nova York, 1932), 6.

Tabela 7.1
Pessoas escravizadas e riqueza total dos Estados Unidos

Ano	Riqueza total dos Estados Unidos (milhões de dólares)	População escravizada	Riqueza em escravos (milhões de dólares)	Pessoas escravizadas como parte da riqueza total dos Estados Unidos
1790	1.150	800.000*	200*	0,174
1800	2.400	1.000.000*	250*	0,104
1810	Desconhecido	1.191.000	316	–
1820	Desconhecido	1.538.022	610	–
1830	3.825	2.009.043	577	0,151
1840	5.226	2.487.355	997	0,191
1850	7.135	3.204.313	1.286	0,180
1860	16.160	3.953.760	3.059	0,189
1870	26.460	0	0	0

*Estimativa do autor.
Fonte: *Historical Statistics of the United States: 1789-1945* (Washington, DC, 1949); Susan B. Carter, Scott Sigmund Gartner, Michael R. Haines, Alan L. Olmstead, Richard Sutch, and Gavin Wright, eds., *Cambridge Historical Statistics of the U.S.* (Cambridge, MA, 2006).

Eis o funcionamento básico do C.A.P.L. Em primeiro lugar, os potenciais tomadores de empréstimo solicitariam para comprar ações na "Associação". Sendo a solicitação aceita, poderiam hipotecar escravos e terras para o C.A.P.L. com a intenção de pagar pelas ações. As ações lhes dariam o direito de pegar notas do banco do C.A.P.L. por até metade do valor da propriedade hipotecada. Para garantir que as pessoas tomassem esses papéis bancários no valor nominal, os fundadores precisavam de uma grande reserva de dinheiro nas formas de papel-moeda e moedas. Eles planejavam aumentá-la vendendo debêntures nos mercados financeiros do mundo ocidental. Cada debênture seria de 500 dólares em valor nominal, cerca do preço médio de um escravo jovem na década de 1820. Uma debênture chegaria ao vencimento em um período entre dez e quinze anos. E pagaria 5% de juros anuais aos investidores.[66]

---

66. *New Orleans Argus*, February 26, 1828.

Os credores sempre querem segurança. Entretanto, como seria que o C.A.P.L. asseguraria aos potenciais investidores que as debêntures valeriam seu valor nominal acrescido de juros? Thomas Baring, da Baring Brothers, ajudou Lavergne e Forstall a convencer a Assembleia Legislativa Estadual a cobrir as debêntures da C.A.P.L. com "a fé e o crédito" da Louisiana. Se os reembolsos de empréstimos dos fazendeiros falhassem e o banco não pudesse pagar pelos títulos, os contribuintes da Louisiana seriam obrigados a fazê-lo. O compromisso do estado convenceu o mercado de capitais europeu. Em 1828 o C.A.P.L. recebeu da Baring Brothers, seus corretores na Europa, as primeiras receitas de vendas de debêntures que, em última instância, totalizariam 2,5 milhões de dólares em "libras esterlinas", que podiam ser convertidas em prata no Bank of England. O banco começou a emprestar para os proprietários das fazendas 3,5 milhões em notas novas para a C.A.P.L., impressas por um gravador de Londres.[67]

Durante os 12 anos seguintes, os empresários que trabalhavam com os legisladores na Louisiana, no Mississippi, no Alabama, no Tennessee e nos territórios do Arkansas e da Flórida replicaram as inovações do C.A.P.L. em uma série de novos bancos. Muitos eram maiores, geravam mais capital e vendiam ainda mais debêntures que o C.A.P.L. As dezenas de milhares de pessoas escravizadas mencionadas em seus documentos ainda eram usadas como garantia hipotecada a um credor, que agora era um banco local, como o C.A.P.L., mas as debêntures dos bancos securitizaram as hipotecas de escravos. A securitização é a acumulação das dívidas de muitos tomadores de empréstimo para que esse montante possa ser vendido em pedaços uniformes, reduzindo os riscos inerentes ao empréstimo a uma pessoa de cada vez. Agora, todos os compradores de debêntures teriam participação nos lucros do C.A.P.L., ao mesmo tempo que se protegeriam contra o tipo de perdas individuais catastróficas que um único emprestador sofreria se, digamos, os escravos de um devedor morressem em massa em um campo de trabalho infestado de malária, ou se as inundações destruíssem uma fazenda de algodão.[68]

O produto financeiro que bancos como o Baring Brothers estavam vendendo para os investidores em Londres, Hamburgo, Amsterdã, Paris, Filadélfia, Boston e Nova York era notavelmente semelhante a debêntures securitizadas, endossadas por hipotecas de casas norte-americanas, que atraíram investidores de todo o mundo para os mercados financeiros dos EUA a partir da década de 1980 até o colapso econômico de 2008. Como

---

67. George Green, *Finance and Economic Development in the Old South: Louisiana Banking, 1804--1861* (Palo Alto, CA, 1972), 113-117; Lavergne à Manuel Andry, September 14, 1828, Fol. 1A/1; Interr. Oliver Morgan with John R. Dewitt, March 19, 1829; J. DeWitt application, March 24, 1829, Fol. 1A/4; Mortgage Book, vol. 68, CAPL Papers, LLMVC.
68. "Slaves' Deaths on Ste. Sophie, October 1824-March 1829", Ste. Sophie / Live Oak Records, Tulane.

as debêntures do C.A.P.L., garantias baseadas em hipotecas afastaram o risco daqueles que eram os credores originários dos mercados financeiros, visto que prometiam se espalhar e, assim, minimizar as consequências das quebras dos devedores individuais. Os investidores que adquiriram as debêntures atuais garantidas por hipotecas planejavam receber os fluxos de renda que o pagamento das hipotecas pelos compradores de imóveis gerava. Da mesma forma, as debêntures de 1830 geraram receita para os investidores a partir da quitação dos empréstimos que os senhores de escravos fizeram hipotecando pessoas escravizadas. Isso significava que os investidores em todo o mundo compartilhavam as receitas produzidas pelas mãos no campo. Assim, de fato, mesmo que a Grã-Bretanha libertasse os escravos de seu império, um banco britânico poderia agora vender um escravo completamente mercantilizado para um investidor: não um indivíduo particular que pudesse morrer ou fugir, mas uma debênture que era o direito a uma fatia equivalente a um escravo de uma torta feita da renda produzida por milhares de escravos.

Tipicamente, o crédito traz risco. Para o devedor existe o risco de não ser capaz de pagar e para o credor, o risco de não ser reembolsado. O modelo do C.A.P.L. afastava os riscos tanto do credor imediato – um banco –, quanto do devedor. De fato, os títulos de crédito mudaram, ou "socializaram", o risco para dois grupos de pessoas. O primeiro era o dos escravizados. Suas próprias mãos teriam que pagar os empréstimos. E se seus donos não pagassem suas dívidas, as próprias pessoas escravizadas seriam tomadas na execução da hipoteca.

Em segundo lugar, se nem as receitas bancárias, nem as hipotecas realizadas com garantias humanas pudessem reembolsar os detentores de debêntures, os cidadãos do estado teriam que honrar os títulos com seus próprios impostos. É notável o fato de que as Assembleias Legislativas Estaduais eleitas pelo voto popular tenham repetidamente apoiado tais esquemas financeiros. Afinal, muitos elementos do eleitorado fronteiriço intensamente democrático consideravam os bancos máquinas concebidas para canalizar os benefícios financeiros e o poder de governar a economia para as elites não eleitas. Mas os defensores dos novos bancos muitas vezes se colocavam como os concorrentes das facções que mais geravam ressentimento por serem favorecidas pelo odiado B.U.S. Quando a recém-democratizada Assembleia Legislativa do Mississippi considerou a possibilidade de patrocinar um novo banco, os defensores da proposta insistiram que fazê-lo proporcionaria concorrência ao Bank of Mississippi, de Stephen Duncan. O "pacote aristocrático" de apoiadores do banco "ridicularizava a noção de que ninguém, a não ser o dr. Duncan e Gab. Tichenor, poderia saber alguma coisa sobre bancos ou até mesmo poderia colocar os pés em um banco, a não ser que fizesse isso como peticionários". Ou foi assim que afirmou um membro do conselho da nova instituição.

Aumentar o efeito do estratagema retórico de colocar novos bancos como golpes democráticos contra as panelinhas estabelecidas significou o aumento súbito das oportunidades para o uso do crédito. Após a aprovação da Lei de Remoção dos Indígenas, o governo dos Estados Unidos impôs o Tratado de Dancing Rabbit Creek aos choctaws, abrindo 11 milhões de acres do Mississippi para venda. Enquanto isso, os contratos do governo federal com os chickasaw transferiram outros 2,8 milhões. Os potenciais devedores dos bancos imaginavam o que fariam com a terra. "Mil avenidas estão abertas aqui para se ganhar dinheiro", como escreveu um senhor de escravos do Mississippi, "como plantando papéis abaixo do valor legal [comprando e vendendo dívidas de outras pessoas para obter lucros] ou especulando, ao comprar e vender todos os tipos de propriedades". Robert Walker, um apoiador do novo banco, escreveu: "O Kentucky está chegando, o Tennessee está chegando, o Alabama está chegando, a Geórgia está chegando, a Carolina está chegando, a Virgínia está chegando e todos estão vindo para se juntar à alegre multidão dos mississippianos."[69]

Os novos bancos foram obrigados a entrar em conflito com o monopólio do controle financeiro e monetário desempenhado pelo B.U.S., mas o C.A.P.L. mostrou aos devedores, banqueiros, comerciantes negreiros e outros empreendedores um caminho que evitava Nicholas Biddle. E eles viajaram nessa direção de mãos dadas com Andrew Jackson e sua administração. Jackson supostamente odiava todos os bancos, mas suas políticas levariam a um crescimento explosivo tanto dos novos bancos quanto dos novos empréstimos. É ainda mais irônico que Nicholas Biddle tenha feito pelo menos tanto quanto Jackson para criar um novo ambiente financeiro onde as inovações ao estilo do C.A.P.L. poderiam correr tão selvagens quanto queriam os caolhos.

A partir de 1828 em diante, Biddle tentou cortejar Jackson e outros empresários do Sudoeste. No entanto, nem as visitas de Biddle ao Salão Oval, nem uma onda dramática de crédito do B.U.S. no Sudoeste fez que os oponentes do banco mudassem de ideia. Esses incluíam não apenas fazendeiros ressentidos, mas também radicais, como os membros do Partido dos Trabalhadores da Filadélfia, que atacavam as desproporções da riqueza que estavam surgindo nos centros urbanos no Leste do país. O monopólio do controle do banco sobre o crédito norte-americano, como se queixou um porta-voz do "Workie", permitiu que "alguns homens vivessem esplendorosamente à custa do trabalho dos operários". E havia aqueles que ainda se ressentiam do papel do banco nos problemas de

---

69. Robert Carson to Henderson Forsyth, December 3, 1836, John Forsyth Papers, Duke; *Natchez Gazette*, October 20, 1830; Miles, *Jacksonian Democracy*, 24; James Silver, "Land Speculation Profits in the Chickasaw Cession", *JSH* 10 (1944): 84-92.

1819, como o conselheiro mais próximo de Jackson, Amos Kendall. Mesmo o Baring Brothers, parceira comercial do B.U.S. de longa data, estava começando a perceber o poder regulador de Biddle como um impedimento para os esforços ao estilo do C.A.P.L.[70]

Os contatos administrativos de Biddle sugeriam ao banco que uma extensão de sua licença, que expirou em 1836, era uma possibilidade real. Mas Jackson manteve suas cartas na manga. Em 1832, a incerteza estava deixando Biddle louco, e mesmo que os conselheiros mais a favor dos banqueiros de Jackson tenham dito ao presidente do banco para evitar pressionar, Biddle tomou uma decisão imprudente. O amável kentuckiano Henry Clay, adversário inevitável de Jackson para a presidência em 1832, persuadiu a vulnerável Filadélfia a tentar apoiar o Velho Hickory [apelido de Andrew Jackson] para renovar a licença do banco antes da eleição. Clay acreditava que poderia prender Jackson em um dilema. Se Jackson vetasse a renovação da licença, ele perderia os votos da Pensilvânia no Colégio Eleitoral. Se Jackson assinasse o projeto de lei, se aproximaria muito do posicionamento de Clay, entorpecendo o entusiasmo de seus soldados de infantaria mais fervorosos. Em junho, o Senado aprovou, manipulado por Clay, um projeto de lei que restabeleceu o B.U.S. por mais vinte anos. Os senadores do Sudoeste se dividiram sobre a questão. A delegação da Louisiana apoiou a decisão. Assim também o fez George Poindexter, do Mississippi, pois os empréstimos do B.U.S. financiavam o seu estilo de vida extravagante. Mas os demais senadores do Mississippi se opuseram a ele, juntamente com os do Tennessee e da Geórgia.[71]

No dia 3 de julho, a Câmara seguiu o exemplo dando sua aprovação. No dia seguinte, Martin Van Buren, que estava substituindo Calhoun como candidato a vice-presidente na cédula de Jackson, encontrou o presidente doente na cama. O velho general apertou a mão de Van Buren e lutou para se sentar. "O banco, sr. Van Buren, está tentando me matar, *mas eu vou matá-lo*", disse. Em 1815, em Nova Orleans, Edward Pakenham também pensou que Jackson estava preso em uma armadilha. Pakenham morreu em um campo de cana-de-açúcar. Ao longo da semana seguinte, alternando entre seu leito de enfermo e as reuniões com um núcleo intransigente de conselheiros que se opunham aos bancos – Martin Van Buren, Roger B. Taney, de Maryland, e Amos Kendall –, Jackson

---

70. Wilentz, *Rise of American Democracy*, 364, 874-875n13; Catterall, *Second Bank*, 243-286; *Baltimore Patriot*, July 12, 1831; *New York American*, July 10, 1819; Frank Otto Gathell and John McFaul, "The Outcast Insider: Reuben Whitney and the Bank War", *Pennsylvania Magazine of History and Biography* 91 (1967): 115-144; Frank Otto Gathell, "Sober Second Thoughts on Van Buren, the Albany Regency, and Wall Street", *JAH* 53 (1966): 19-40.
71. Biddle to Thomas Cadwalader, July 3, 1832, *Correspondence of Nicholas Biddle*, 192-193; Samuel Smith to Jackson, June 17, 1832, CAJ, 4:449.

elaborou um texto que sustentava o que estava prestes a fazer. No dia 10 de julho, ele anunciou o seu veto à renovação da licença do banco.[72]

Esse foi um ato sem precedentes. Nenhum presidente, os opositores acusariam, tinha vetado um ato aprovado com apoio esmagador de ambas as casas apenas porque discordava pessoalmente da política adotada. Contudo, Jackson insistiu em uma ideia de poder em um governo representativo que mostrasse por que os homens brancos menos ricos o apoiavam com tamanha lealdade feroz. Na "Mensagem de Veto" do presidente, argumentou que todos os cidadãos homens brancos eram exatamente iguais em direitos políticos e poder. O governo não deveria favorecer ninguém e, acima de tudo, não deveria realizar os desejos egoístas dos ricos em detrimento da vontade da maioria. Essa não era uma crítica estúpida do governo. Ele não concordava, por exemplo, com o "bando de comedores de girinos", como um jacksoniano do Tennessee chamava os anuladores da Carolina do Sul. Em vez disso, disse Jackson, se o governo "se limitasse à proteção equitativa e, como o céu faz quando chove, derramasse seus favores tanto nos de cima quanto nos de embaixo, nos ricos e nos pobres, seria uma bênção completa". Mas, no julgamento de Jackson, o banco "não teve a mesma medida de justiça". Em vez disso, usou a proteção do governo para tornar "os ricos mais ricos e os poderosos mais poderosos". A licença federal, os depósitos do governo no banco e o poder do monopólio sobre o funcionamento da economia permitiram que o B.U.S. transformasse os seus acionistas em "uma ordem privilegiada, revestida de grande poder político e desfrutando de imensas vantagens pecuniárias graças a sua conexão com o Governo".[73]

O congresso explodiu. Na verdade, a reação foi tão furiosa que Biddle acreditava que o eleitorado puniria Jackson nas eleições. "Um indivíduo", escreveu Biddle, "opôs sua vontade às reflexões deliberadas dos representantes do povo". E, de fato, a eleição do outono de 1832 foi um momento épico que ajudou a cristalizar as coalizões de blocos eleitorais e de políticos nos partidos políticos modernos. Os partidários de Henry Clay, indignados com o veto, incluíam os "republicanos nacionalistas" que tinham apoiado John Quincy Adams. Esses se ligaram aos antigos partidários de Jackson que acreditavam na necessidade do banco nacional e que o veto do general tinha rompido todas as restrições da divisão do Poder Executivo. Também se juntaram a eles os partidários da melhoria moral e econômica que acreditavam que os seguidores de Jackson se opunham

---

72. Donald B. Cole, *A Jackson Man: Amos Kendall and the Rise of American Democracy* (Baton Rouge, LA, 2004).
73. John Anderson to Polk, January 25, 1833, JKP, 2:47-49; Jackson's Veto Message, http://avalon.law.yale.edu/19th_century/ajveto01.asp, acessado em 3 de maio de 2012.

ignorantemente ao progresso. O jovem Abraham Lincoln, por exemplo, era o único leitor em sua família, aquele que deixou a fazenda de seu pai, Thomas, na floresta. Ele tinha percorrido todo o caminho até alcançar a cidade de Salem Creek, na fronteira de Illinois, para trabalhar em uma loja e ler as leis. Abraham Lincoln também era o único em sua família que havia se juntado ao partido recente dos oponentes de Jackson: os Whigs.[74]

Os oponentes de Clay incluíam a maior parte do principal eleitorado de Jackson das eleições de 1828. No verão do veto, seus representantes se uniram na primeira convenção nacional do Partido Democrata na história. Eles incluíam muitos escravistas do Sudeste e do Sudoeste que não tinham conexões pessoais com comerciantes e banqueiros. Os democratas também incluíam pequenos agricultores, arrendatários e trabalhadores rurais sem-terra das fronteiras do Sul e do Noroeste, trabalhadores urbanos e Robert Potter, que estava na prisão do condado de Granville: todos se empolgaram com a rejeição assertiva de Jackson de aceitar qualquer coisa que não fosse a igualdade dos homens brancos.

O B.U.S. subsidiou abertamente a campanha presidencial de Clay. E ao fazer isso, provou os pontos de Jackson – o que Biddle propagandeou tolamente, tendo distribuído dezenas de milhares de cópias da Mensagem de Veto por todo o país. Ele pensou que todos os que fossem capazes de ler concordariam que Jackson tinha produzido um "manifesto da anarquia", dirigido a uma "turba". Mas quando todos os votos foram expressos, a "turba" de Biddle – ou, nos termos de Jackson, o "povo" – tinha corroborado o veto do presidente ao Congresso favorável ao banco, reelegendo Jackson por uma clara maioria em votos populares e eleitorais.[75]

Qualquer um que compreendesse no nível subracional por que o apoio de Robert Potter aumentou com cada conflito que ele lutou contra a elite do condado de Granville, compreenderia também porque Clay, Biddle e o B.U.S. sofreram uma derrota inglória em novembro de 1832. A destruição do B.U.S. estabeleceu definitivamente a democracia popular, mas exclusiva dos homens brancos, como um jogo vencedor na competição política dos Estados Unidos. Os homens brancos forçados às margens da cambiante economia dos Estados Unidos geralmente escolhiam os democratas como sua casa política, e continuariam a fazer isso pelas próximas 14 décadas. Os senhores de escravos da fronteira, mesmo que estivessem fora das velhas panelinhas de banqueiros, não queriam o mesmo tipo de

---

74. Biddle to William G. Bucknor, July 13, 1832, *Correspondence of Nicholas Biddle*, 195; Martin Van Buren, *The Autobiography of Martin Van Buren*, ed. John Fitzpatrick (Washington, DC, 1920), 625; Remini, *Andrew Jackson and American Freedom*, 2:366; Daniel Walker Howe, *What Hath God Wrought: The Transformation of America, 1815- 1848* (Nova York, 2007); William Lee Miller, *Lincoln's Virtues: An Ethical Biography* (Nova York, 2002).

75. Biddle to Henry Clay, August 1, 1832, *Correspondence of Nicholas Biddle*, 196-197.

democracia que os mais acalorados partidários de Jackson entre os homens brancos comuns. Mas os dois grupos poderiam cooperar, pelo menos durante os bons momentos.[76]

No entanto, apesar de Jackson acreditar que estava agindo para proteger a oportunidade para todos os homens brancos, sua política repetidamente deu à elite empresarial da fronteira exatamente o que a maior parte dela queria: mais terras indígenas, mais territórios a Oeste para a escravidão, livre comércio do algodão, e, por fim, a destruição de todos os limites de sua capacidade de investir nos corpos de pessoas escravizadas como forma de obter crédito. A filosofia majoritária do novo Partido Democrata estaria fatalmente ligada a essas coisas por seu compromisso com a expansão da escravidão e com a economia desregulamentada e instável que desejavam os empresários caolhos. Mas a curto prazo, a eleição de 1832 convenceu Jackson de que o povo agora esperava que ele cortasse o poder que o Banco Monstro tinha de desviar as bênçãos do governo para os bem-relacionados. E os seguidores mais fervorosamente populistas de Jackson há muito ansiavam por um momento de confronto com os poderes nefastos que eles acreditavam estar planejando roubar a independência e a igualdade prometidas aos homens brancos pela cidadania norte-americana. A licença do B.U.S. permitiu que essa instituição servisse como banco central até 1836. Assim, Jackson forçou seus conselheiros a encontrar uma maneira legal, ou quase legal, de se mover contra o banco. Finalmente, o presidente ordenou ao secretário do Tesouro, Louis McLane, que removesse os depósitos do governo do B.U.S. Em vez de fazer isso, McLane publicou um relatório mostrando que a equipe de Biddle tinha administrado os depósitos judiciosamente. Então, Jackson mudou seu gabinete. Roger Taney acabou se tornando o secretário do Tesouro e, em setembro de 1833, Taney começou a retirar os 10 milhões em dinheiro federal que ainda estavam depositados em uma conta no B.U.S.[77]

Precisando de algum lugar para colocar dinheiro federal, o Poder Executivo decidiu distribuí-lo entre os bancos licenciados pelos poderes estaduais. "Aqueles que estão em mãos politicamente amigáveis terão preferência", escreveu um dos agentes políticos mais confiáveis de Jackson. A imprensa de oposição chamou os receptores de dinheiro federal de bancos "de estimação". O Union Bank of Nashville foi o banco "de estimação" escolhido para o Tennessee, por exemplo. Acontece que ele tinha sido fundado pelo cunhado de James K. Polk, principal deputado de Jackson no estado. As fileiras dos bancos "de estimação" logo se expandiram para mais de trinta. Enquanto as instituições do Leste

---

76. Baptist, *Creating an Old South*; J. Mills Thornton, *Politics and Power in a Slave Society: Alabama, 1800-1860* (Baton Rouge, LA, 1978); Harry L. Watson, *Liberty and Power: The Politics of Jacksonian America* (Nova York, 1990).
77. Jackson to Polk, August 31, 1833, JKP, 2:106-107.

do país administraram os novos depósitos federais com conservadorismo, os bancos na vanguarda da expansão do Sudoeste usaram os fundos do governo como uma desculpa para expandir os empréstimos de forma dramática. Os diretores dos bancos de estimação do Mississippi sabiam que, depois da venda de terras nas concessões de chickasaw e choctaw, os departamentos de terras do governo depositariam centenas de milhares de dólares. Antecipando essas novas reservas – que também eram, como talvez se lembrassem, passivos que poderiam ser retirados –, os bancos começaram a imprimir e emprestar seu próprio papel-moeda. No final de 1833, os bancos do Mississippi tinham vinte vezes mais papel flutuando em torno da economia do que o lastro em ouro em seus cofres. De Columbus, no Mississippi, uma cidade nascida do crescimento da região e localizada no canto Nordeste do estado, D. W. Jordan disse às gargalhadas para os seus parentes da Carolina do Norte: "aqui eu posso ganhar *o dinheiro do dinheiro*". John Knight informou que o algodão de Natchez custava 40 centavos por quilo. Ele queria comprar uma mulher para sua esposa e Isaac Franklin agora estava cobrando mil dólares por uma criada bem-educada. "Nós faremos bastante nessa temporada", escreveu Franklin.[78]

No entanto, de volta à Filadélfia, o Banco Monstro ainda tinha garras. Após a retirada dos depósitos realizada por Jackson, Biddle revidou. Em novembro de 1833, o B.U.S. começou a cobrar todos os seus empréstimos. Como havia induzido deliberadamente uma grave recessão, Biddle anunciou que "os outros bancos e comerciantes podem quebrar, mas o Bank of the United States, não". Comércios fecharam. As fábricas e as oficinas ficaram ociosas. Os distritos comerciais não tinham compradores. A desaceleração ameaçou devastar os fazendeiros e comerciantes de algodão altamente poderosos. As taxas de juros oferecidas aos comissários que iam aos montes, a cada outono, para Nova Orleans, para comprar a safra de algodão, subiu para 25%. As compras de algodão caíram, empurrando a recessão rio acima ao longo da vasta bacia hidrográfica de Crescent City. No Mississippi, escreveu um advogado de Natchez, "os tempos estão muito difíceis, o movimento louco do presidente causou mais ruína no país do que jamais

---

78. Os bancos de estimação passaram de 17 para 35 entre 1833 e 1836: Frank Otto Gathell, "Spoils of the Bank War: Political Bias in the Selection of the Pet Banks", *AHR* 70 (1964): 35-58; Harry N. Scheiber, "Pet Banks in Jacksonian Economy and Finance, 1833-1841", *Journal of Economic History* 23 (1963): 196-214; Miles, *Jacksonian Democracy*, 74-75; Peter Temin, *The Jacksonian Economy* (Nova York, 1969), 73-76; US Congress, House of Representatives, "Condition of Banks, 1840", 26th Cong., 2nd sess., H. Doc. 111 (Serial 385), 1441; D. W. Jordan to Emily Jordan, August 3, 1833, and D. W. Jordan to Richard Evans, October 15, 1833, D. W. Jordan Papers, Duke; IF and J. Franklin to RB, October 29, 1833, Fol. 11; IF to RB, November 5, 1833, Fol. 12, RCB; Knight to William Beall, February 8, 1834, John Knight Papers, Duke; Green, *Finance and Economic Development*, 90-94.

havia acontecido". Agora John Knight observava os preços do algodão despencarem para vinte centavos por quilo. O preço dos escravos acompanhou a descida. "Eu tentei descontar um cheque do Norte em cada banco desta cidade", escreveu Isaac Franklin de Nova Orleans, em pânico, "[mas] nenhum quis". "O banco [daqui] não desconta um dólar", confirmaram seus aliados em Natchez.[79]

Muitos culparam Jackson. Os jacksonianos da elite do Sudoeste viraram apóstatas. Robert Walker, antes um dos senadores de Jackson no Mississippi, mudou de lado. Franklin Plummer era o único que se mantinha fiel e, pelo que se dizia, estava vacilando. O legalista J.F.H. Claiborne expressou pontos de vista contrários aos bancos em uma reunião pública em Natchez e foi fisicamente agredido, espancado pela multidão que era na maior parte rica. Uma torrente de queixas se derramou sobre os congressistas. O empresário da Filadélfia John Wurts escreveu uma carta implorando a James K. Polk para usar sua "influência pessoal e política... para fornecer algum remédio para o mal iminente". Do Tennessee, John Welsh advertiu que "mesmo os inimigos do Banco aqui admitem livremente que toda essa angústia pode ser corrigida por um retorno dos depósitos para o Bank of the United States". Enquanto isso, Henry Clay organizava o Senado para censurar Jackson por remover os depósitos. Mas o presidente se recusou a ceder. Quando uma delegação de empresários visitou Jackson, ele disse: "Para que vocês vêm até mim, então? Vão procurar Nicholas Biddle. Não temos dinheiro aqui, cavalheiros. Biddle tem todo o dinheiro." O banco, Jackson acreditava, estava confirmando as advertências contidas em sua Mensagem de Veto. Seus leais seguidores concordaram: o legalista de Jackson Terry Cahal disse a James K. Polk que os aliados do Bank of Tennessee estavam gritando que a "turba" planejava uma revolução em que "os ricos seriam saqueados pela multidão". Mas esse tipo de conversa reforçava a alegação dos jacksonianos de que os partidários do B.U.S. odiavam a democracia dos homens brancos, enquanto os partidários de Jackson aplaudiam seu ataque ao banco: *Esmague o banco para sempre*!! É um *monopólio* que não deve existir entre nós."[80]

---

79. Thomas Govan, *Nicholas Biddle: Nationalist and Public Banker, 1786-1844* (Chicago, 1959), 253; Howe, *What Hath God Wrought*, 391n61; IF to RB, February 7, 1834; James Franklin to RB, Fol. 13, RCB; S. S. Prentiss to Mother, March 23, 1834, in George L. Prentiss, *A Memoir of S. S. Prentiss* (Nova York, 1856), 1:139.
80. Miles, *Jacksonian Democracy*, 76; Tregle, *Louisiana in the Age of Jackson*, 281- 284; cf. J. Franklin to RB, December 19, 1833, Fol. 12, RCB; Claiborne, *Mississippi*, 409-416; John Wurts to Polk, December 19, 1833, JKP, 2:186; John Welsh to Polk, December 28, 1833, JKP, 2:200-202; Parton, *Life of Jackson*, 2:549-550; Biddle to Poindexter, February 22, 1834; IF to RB, February 7, 1834; James Franklin to RB, Fol. 13, RCB; Terry Cahal to Polk, January 2, 1834, and William Jenkins to Polk, January 3, 1834, JKP, 2:209-211, 217.

O inverno de recessão de 1833-1834 foi difícil, mas na primavera a economia começou a cooperar com Jackson. As boas colheitas na Europa e os novos suprimentos de metais preciosos para circulação nas economias ocidentais aumentaram a demanda dos consumidores e reduziram as taxas de juros. Mas um dos fatores mais significativos que transformaram o clima econômico do Sudoeste de guerra bancária para um *boom* foi a replicação, em uma escala muito mais vasta, das debêntures do C.A.P.L. lastreadas em escravos. Os bancos começaram a surgir exatamente quando a guerra bancária começou, tendo sido o Union Bank of Louisiana o primeiro, em 1832. Estruturado no modelo do C.A.P.L., mas significativamente maior, o banco vendeu 7 milhões em "debêntures" através da agência de Barings. Os produtos das debêntures eram para financiar os projetos intensivos em capital dos acionistas – em outras palavras, ajudá-los a comprar escravos – e apoiar uma grande operação de crédito comercial que ajudaria a transferir a pilha anual de algodão dos cais dos vapores para as docas de Liverpool. Até 1834, o Union Bank estava ocupando muito do vazio deixado em Nova Orleans pelo recuo do B.U.S. Em novembro de 1834, transformou-se em um banco de estimação, abrindo acesso a uma outra quantia de dinheiro.

Em seguida, a Assembleia Legislativa Estadual estabeleceu o Citizens' Bank of Louisiana, com 12 milhões de dólares em debêntures e, em seguida, autorizou várias outras instituições menores (por exemplo, a Companhia Ferroviária e Bancária Atchafalaya, com capital de 2 milhões). A orgia da criação de bancos da Louisiana aumentou o número de bancos estatais de 4 para 16, e expandiu o montante total de capital autorizado de 9 milhões para 46 milhões. Em 1836, Nova Orleans tinha a concentração mais densa de capital bancário no país, ultrapassando a Filadélfia e Nova York, e sugerindo que a Louisiana poderia se tornar o centro de poder financeiro da nação em um futuro próximo. O território da Flórida, com menos de 100 mil habitantes, inaugurou vários bancos, incluindo seu próprio Union Bank, para o qual emitiu debêntures. O Alabama também financiou seu sistema bancário com debêntures, vendendo a maior parte delas para os Rothschilds de Paris, os banqueiros mais poderosos da Europa. Em 1832, o montante total dos empréstimos bancários disponíveis para os tomadores do Sudoeste tinha sido menos do que 40 milhões, incluindo os 30 milhões emprestados pelo B.U.S. Em 1837, apesar da retirada do B.U.S, os empréstimos bancários do Sudoeste do país subiram para mais de 80 milhões – um terço do total nacional e mais do que qualquer outra região. Os legisladores do Sudoeste autorizaram significativamente mais capital bancário na década de 1830 do que o que o B.U.S. tinha aplicado anteriormente à economia de todo o território dos Estados Unidos.[81]

Embora alguns dos bancos tivessem sido ostensivamente estabelecidos para criar investimentos na infraestrutura do estado – incluindo as ferrovias, ou, no caso da Companhia Bancária, de Gás e de Luz de Nova Orleans, as empresas de serviços públicos municipais modernas – o principal objetivo do esbanjamento era apressar o crescimento das sementes nos campos dos sonhos dos empresários do Sudoeste. No curso de apenas quatro anos, de 1833 a 1836, 150 mil pessoas escravizadas foram movidas dos estados antigos para os novos. Elas limparam, plantaram e colheram milhões de acres novos e a safra de algodão dos Estados Unidos dobrou de tamanho. Enquanto isso, os títulos criados pelos estados do Sudoeste – cada um com uma garantia de renda proveniente do trabalho das mãos hipotecadas – encontraram compradores em todos os principais centros financeiros do mundo ocidental – Londres, Nova York, Filadélfia, Amsterdã, Hamburgo, Bremen e Paris. Os investidores em todo o mundo depositaram sua confiança na expansão da escravidão. E os preços crescentes em Londres para os títulos financeiros do Sudoeste, como as estatísticas demonstram, fizeram aumentar os preços dos escravos em Nova Orleans.[82]

A ironia é óbvia em retrospectiva. Andrew Jackson tinha mobilizado a raiva masculina branca comum em partidários arrogantes, simpatizantes antidemocráticos do B.U.S. e seus aliados. Ele e seus seguidores, desde o mais humilde dos eleitores até os congressistas leais, metaforicamente potterizaram Biddle, George Poindexter e todos os membros das antigas facções dos bancos-cofres no Sudoeste que haviam monopolizado a oportunidade nas fronteiras e tentado dizer aos cidadãos comuns que ficassem quietos. Na verdade, as caricaturas da época até representavam Jackson cortando as cabeças fálicas da hidra em que o Banco Monstro havia encarnado.

No entanto, a destruição do B.U.S. e a subsequente implantação das inovações bancárias não tornaram o ambiente financeiro do Sul mais democrático. Por exemplo,

---

81. US Congress, "Condition of Banks", 249, 299, 535; R. T. Hoskins to R. T. Brownrigg, December 19, 1835, Brownrigg Papers, SHC; Thomas Abernethy, "The Early Development of Commerce and Banking in Tennessee", *Mississippi Valley Historical Review* 14 (1927): 321-322; R. W. Hidy, "The Union Bank Loan of 1832: A Case Study in Marketing", *Journal of Political Economy* 47 (1939): 232-352; Miles, *Jacksonian Democracy*, 140-141; Roeder, "New Orleans Merchants", 334.

82. Jane Knodell, "Rethinking the Jacksonian Economy: The Impact of the 1832 Bank Veto on Commercial Banking", *Journal of Economic History* 66 (2006): 541-574; Edward E. Baptist, "Borrowed by the Lash: Enslaved People as Collateral in the Great Divergence", Paper presented at Capitalizing on Finance Conference, Huntington Library, Pasadena, CA, April 13, 2013.

quando Franklin Plummer, o campeão do povo do Sudeste do Mississippi, visitou Natchez antes das eleições estatais de 1835, os homens que dirigiam os novos bancos lhe compraram uma carruagem chique. Plummer então inverteu sua retórica contra o uso do poder estatal para dar bens bancários a *insiders* e fez campanha para uma lista de candidatos pró-banco. Quando foram eleitos, esses legisladores estatais que eram a favor dos bancos enviaram Robert Walker para Washington como senador, destituindo George Poindexter do cargo. Walker tinha descrito Poindexter como o servo do Banco Monstro, um oponente arrogante da ideia de igualdade masculina branca. Agora, ele e Plummer incentivavam a Assembleia Legislativa do Mississippi, haja visto que ela estabeleceu tantos bancos que, em 1839, a capitalização total do estado, no papel, era de 63 milhões – mais do que o B.U.S., que era nacional, em seu maior momento. E os antigos *insiders* conseguiram manter suas posições. Stephen Duncan, líder do antigo Planters' Bank estabelecido em Natchez, lançou um novo banco, licenciado pela assembleia do estado. Em 1834, Henry Clay escreveu para seus aliados no Mississippi pedindo a um aliado de Duncan um empréstimo para que seu filho comprasse uma fazenda de algodão por lá: "Eu tenho um número de escravos excedentes aqui, sobretudo jovens bem-adaptados a uma fazenda de algodão." O banqueiro e o fazendeiro muitas vezes eram o mesmo: 10 dos 11 que mais pegavam emprestado com o Union Bank of Florida eram membros de seu conselho administrativo, ou parentes imediatos desses. Embora algumas licenças exigissem que as novas instituições distribuíssem empréstimos de forma mais geograficamente igualitária do que os bancos antecessores, os novos bancos não fizeram nada diferente do B.U.S. quando se tratava de distribuir crédito aos homens de classe baixa. Assim, aqueles que tinham obtido benefícios políticos devido à insistência dos homens brancos comuns na igualdade masculina substituíram o B.U.S. por um sistema bancário que favorecia os *insiders*.[83]

"O povo" achava que haviam decepado o monstro, mas dos tocos nasceram novas cabeças que se banquetearam com as enormes somas de capital que estavam sendo importadas através das vendas europeias dos títulos públicos que securitizavam os escravos hipotecados. Todas essas inovações semearam uma colheita de consequências dramáticas. A capacidade da securitização para exportar o risco, afastando-o do credor imediato, permitiu que os devedores não regulamentados expandissem um poder ilimitado. Eis como a equação funcionava. Em 1835, um primo disse a Anna Whitteker que "cada uma de suas mãos fez 500 dólares no ano passado, cultivando algodão" no Mississippi.

---

83. *American State Papers: Land*, 2:495-497; Claiborne, *Mississippi*, 411-417; US Congress, "Condition of Banks", 290, 325-344; Henry Clay to Wm. Mercer, August 13, 1834, William Mercer Papers, Tulane.

Se isso fosse remotamente verdade, esse tipo de receita significaria um retorno de mais de 30% por ano. Os proprietários de escravos com acesso ao crédito bancário podiam agora pegar dinheiro emprestado às custas dos escravos com uma margem de 8%. A margem entre os retornos antecipados sobre o capital emprestado e seu custo para contrair empréstimos era enorme. E o risco direto parecia insignificante. As hipotecas de escravos garantidas pelo Estado dispersaram grande parte do risco imediato de contração de empréstimos a outros – aos titulares de obrigações, aos contribuintes e, sobretudo, aos escravizados. Além disso, os próprios empreendedores – incluindo juízes, políticos e funcionários públicos – controlavam a cobrança de dívidas em seus estados, tornando menos provável que os devedores de elite tivessem seus bens executados, mesmo que atrasassem os pagamentos. As elites bancárias tiveram o recurso de socializar as perdas – fazendo que toda a população pagasse as dívidas dos empreendimentos que fracassassem – exatamente como o velho Plummer (antes de receber a carruagem de presente) e o velho Walker (antes da guerra ao B.U.S.) já haviam advertido. Assim, quando os escravizadores multiplicaram o poder, multiplicaram também suas receitas sem aumentar o próprio risco individual. Em resposta a esses incentivos claros, os senhores de escravos criaram ainda mais formas de fazer alavancagem com os escravos já alavancados. Hipotecavam a mesma garantia para vários credores. Usavam escravos comprados com hipotecas de longo prazo para blefar com os credores na concessão de empréstimos comerciais não garantidos. Acima de tudo, continuavam comprando mais escravos a crédito. Mesmo quando tinham problemas, achavam que ainda venceriam porque poderiam vender seus ativos. Afinal, os preços dos escravos ainda estavam subindo.[84]

No entanto, as consequências do poder aparentemente infinito e sem riscos eram perversas, e não apenas porque a predação sexual ajudou a alimentar a atmosfera de risco. A securitização permitiu que tanto o devedor imediato como o credor imediato escapassem das consequências diretas dos riscos – os economistas chamam isso de "risco moral" –, mesmo quando aumentaram dramaticamente o risco total acumulado no sistema financeiro. A multiplicação do poder total ampliou drasticamente as consequências gerais de um possível retrocesso, tal como um súbito declínio nos preços do algodão, pelo qual os senhores de escravos multiplicavam os quilos colhidos por mão para calcular a receita antecipada. Ainda no final de 1834, poucos pensavam em tais possibilidades. O maior crescimento repentino já visto na história da expansão da escravidão começou enquanto o dinheiro dos novos bancos do Sudoeste semeava a região com mãos escravizadas prontas para atender a um súbito aumento na demanda

---

84. Anna Whitteker to Emily Dupuy, May 10, 1835, Emily Dupuy Papers, Mss1D9295b, Sect. 1, VHS.

europeia. Em 1832, o algodão chegou a custar 20 centavos por quilo. Em 1834, uma mulher relatou, do mercado de escravos de Huntsville: "algodão [a] 13 centavos [28 centavos por quilo] [...] virou a cabeça deles". Em 1835, o algodão atingiu um valor que levou ao êxtase: 40 centavos por quilo. E a demanda por escravos continuava a subir. "Acabei de regressar da corte de Charlottesville, eram muitos os compradores[,] e os negros estavam escassos e custavam caro", relatou o empregado de Rice Ballard após uma viagem de compra ao longo das montanhas Blue Ridge.[85]

"As pessoas aqui estão ficando loucas com a especulação", escreveu um visitante da antiga terra chickasaw no Nordeste do Mississippi. "Fazem negócios em... uma espécie de frenesi. [O ouro] é escasso, mas o crédito é abundante." Em 1835, os departamentos de terras do governo no Mississippi venderam 2,9 milhões de acres, mais do que tinha sido vendido em toda a nação em 1832. Alguns acharam o frenesi preocupante. "Ainda não chegamos perto de um capital bancário suficiente – mas, caso tivéssemos, seria preferível abordar o assunto de maneira gradual, não com passos tão rápidos", escreveu um homem da Louisiana, em 1835, depois que a Assembleia Legislativa Estadual estabeleceu quatro bancos em dois dias. A terra barata estava desaparecendo, escreveu um migrante para o recém-organizado condado de Noxubee, no Mississippi. "Especuladores e capitalistas, todos têm uma ideia. Nunca vi tanto ímpeto por terra em minha vida." Depois, previu ele, viriam os migrantes forçados – "a região será uma perfeita senzala de negros" – que, subalimentados por fazendeiros apostadores, "matarão seus porcos e vacas, já sinto seus efeitos".[86]

Mas a visão estreita dos homens caolhos parecia estar funcionando. Os bancos estavam emprestando e as terras compradas do governo por especuladores por no mínimo 1,25 dólar eram vendidas a 20 dólares por acre. O barulho das correntes ecoava das estradas que levavam às cidades dotadas de um fórum de justiça. Os empresários olhavam em seus livros, para os fardos empilhados no desembarque e para os homens e mulheres que caminhavam em direção ao campo em flor. As mulheres de pele clara ficavam na frente das mesas onde os comerciantes derramavam suas bebidas e negociavam um preço. A prosperidade fazia o crédito pingar, para além das corredeiras e dos deslizamentos da economia do Sudoeste, diretamente dentro dos bolsos dos proprietários de escravos, dos feitores e dos finórios brancos que levavam os outros

---

85. Miles, *Jacksonian Democracy*, 118-119; [?] to Thomas Wyche, February 9, 1835, Wyche-Otey Papers, SHC; IF to RB, March 30, 1834, Fol. 13; James Blakey to RB, August 6, 1834, Fol. 15; IF to RB, September 17, 1834, Fol. 15, RCB.
86. Thomas Dorsey to J. Bieller, April 15, 1835, Fol. 1/7, BIELLER; Isham Harrison to Thomas Harrison, October 14, 1834, Fol. 3, James Harrison Papers, SHC.

na conversa. Assim como Anne Royall alcançando o cume da colina e deixando para trás a curva do Alabama, em 1819, a maioria dos brancos do Sudoeste pensaram que poderiam ver, abrindo-se diante deles, um futuro glorioso brilhando em uma bolha. Parecia o primeiro dia em que as 10 mil pequenas mudas no campo de algodão claramente tinham se transformaram em uma série de plantas jovens. O verde abriu caminho, entrando no campo de visão do olho atento do senhor de escravos. Quem sabia quão milagrosa viria a ser a colheita de sua semente?

8

Sangue
1836-1844

ALI ESTAVA O DESPERTAR DE WILLIAM COLBERT. No meio da noite, os gritos repentinos de um homem branco estilhaçaram seu profundo sono infantil. Em seguida, em um tom mais baixo, veio a resposta de seu irmão mais velho, January. Alguma outra antena começou a chocalhar. William sentia que seus pais estavam em perigo. Sempre que isso acontecia, ele procurava por seu irmão mais velho, Jan, que era alto e imbatível. Agora, William estava fora da cama, saindo apressado pela porta da senzala de seus pais em direção ao som da voz de January.

Ele parou como uma roda que foi freada. A lua cheia brilhava sobre January, que estava amarrado ao pinheiro do outro lado do pátio formado pela longa fileira das outras senzalas. O homem branco se encontrava atrás de January com um chicote. Um coro silencioso de pessoas escravizadas assistia das entradas das suas casas. E o jovem, capturado no caminho de volta ao visitar uma garota no campo de trabalho vizinho, se recusava a chorar.

January cerrou os dentes, tentando suportar qualquer nível de dor em vez de confirmar a submissão com as lágrimas. No entanto, na fronteira da escravidão, o sangue que corria geralmente mostrava a potência de um homem branco. E o sangue escorria pelo peito e pelas costas de January. Para ele, não existia o direito de dizer "chega" ou de agir de acordo com os próprios desejos no lugar dos de seu senhor. Cada golpe tinha a intenção de forçá-lo a rastejar. Mas ele ainda resistia. "Qual é seu problema, *nigger*?", grunhiu o homem branco, "Não está doendo?"

Talvez o braço do senhor de escravos estivesse ficando cansado. Mas depois de uma década em que milhões de chicotadas administradas dobraram a produção de algodão, ele sabia que a consumação estava chegando. William conseguia se lembrar da própria agonia naquele momento, como havia se sentado, com a cabeça nos joelhos, "chorando ao pé de minha mamãe e de meu papai", soluçando a cada grunhido sufocante que vinha entre os dentes cerrados de seu irmão. Não conseguia articular, mas William estava quase entendendo o que a cena implicava para ele e para os sonhos que ainda nem tinha sonhado. Os outros tinham visto esse roteiro ensaiado mil vezes. "Alguns deles não aguentavam, tinham que ir para dentro de suas cabanas." Assim como os pais e irmãos nas cabanas, January não poderia ser por muito tempo o homem que havia imaginado que se tornaria enquanto voltava, exaltado, do encontro com aquela garota. "Depois de algum tempo, January não aguentou mais e disse, em um sussurro rouco e longo: "Senhor! Senhor! Tem misericórdia desse pobre *nigger*!" Oitenta anos depois, William pigarreou, parou por um momento e mudou de assunto.[1]

OS DRAMAS DA MASCULINIDADE BRANCA infligiram estragos não só na vida das mulheres negras, mas também nas dos homens afro-americanos. Esses dramas dilaceraram e macularam os escravos especificamente como homens, negando-lhes de maneira sistemática a oportunidade de reivindicar os papéis tradicionalmente masculinos. Lewis Clarke, um fugitivo da máquina de açoitar, disse uma vez ao público branco do Norte que sua experiência mais visceral na escravidão foi aprender que "UM ESCRAVO NÃO PODE SER UM HOMEM". Do mesmo jeito que os homens livres, os homens escravizados também sentiam que a masculinidade exigia que defendessem a si mesmos, a sua família e a outras vítimas da violência. Quando Samuel Ford intimidou os homens no algodoal de Jacob Bieller, nas profundezas das florestas da Louisiana, eles tentaram quebrar a atitude autoritária do feitor. Ele disse que os chicotearia e "eles juraram que nenhum preto no lugar deveria ser tocado por causa disso. Eles foram longe demais, a ponto de agitar varas sobre minha cabeça e ameaçar minha vida", escreveu Ford para Bieller, seu chefe. Por toda a fronteira da escravidão, os homens afro-americanos rechaçaram os ataques e as humilhações, as duas partes principais da engrenagem da máquina de açoitar: "Washington, que estava na floresta, veio essa manhã", escreveu um feitor da Louisiana. "Eu tentei chicoteá-lo por sua conduta, [e] ele levantou a enxada para mim e jurou que eu não devia chicoteá-lo".[2]

"Eu não posso suportar uma conduta como essa no lugar que eu preciso administrar", Ford tinha concluído na carta a seu patrão. Os senhores de escravos talvez não tivessem entendido tudo sobre os homens escravizados, mas Ford e seus colegas sabiam que permitir a permanência de tal comportamento afirmativo só levaria a mais ousadia

---

1. William Colbert, AS, 6.1 (AL), 81-82.
2. Lewis Clarke, "Leaves from a Slave's Journal of Life", ed. Lydia Maria Child, *National Anti-Slavery Standard*, October 20, 27, 1842, 78-79, 83; Orlando Patterson, *Rituals of Blood: Consequences of Slavery in Two American Centuries* (Nova York, 1999); S. Ford to Bieller, n.d., Fol. 2/15, BIELLER; Archibald Hyman to L. Thompson, June 30, 1860, Lewis Thompson Papers, SHC.

tanto ali quanto por toda Bayou Boeuf. Deixar uma ameaça impune também fazia uma ferida na persona do escravizador. Olhe para a carta escrita por Joseph Labrenty, um proprietário de escravos do Alabama: "Em vez de levar 700 dólares por Alfred", um fugitivo que tinha escapado da recaptura, "eu preferiria entrar na floresta e nas alamedas perto do trilho do trem pelos próximos 12 meses para ter a recompensa de poder dar um tiro nele... Eu juro por Deus que, se conseguisse chegar a menos de 40 metros dele com uma arma de cano duplo carregada, eu com certeza faria ele parar".[3]

Labrenty estava "determinado a gastar o dobro de seu valor para subjugar [Alfred]", mostrando que às vezes as necessidades de dominação não podiam ser compreendidas pelo cálculo matemático. Mas, afinal, os homens escravizados tiveram que fazer cálculos diferentes. É claro que também contaram histórias sobre "homens de sangue" potterianos que resistiram às tentativas de humilhação, como as histórias que Wiley Childress ouviu dos homens mais velhos a respeito de "Fedd". Fedd provou a seu proprietário que não rastejaria nem imploraria, mesmo sob o açoite mais pesado. Quando Fedd tentou fugir, alguns empresários o capturaram e descobriram uma nova função para ele: fizeram do homem um lutador profissional de estimação. Agora Fedd poderia usar a violência sem punição. Matou um escravo da fundição local em uma luta. Mas as histórias contadas pelos crânios expostos se mostravam mais importantes e preocupantes. Martha Bradley se lembrava de como aprendeu que nem ela, nem os homens que conhecia poderiam reagir às coisas que os brancos faziam e sobreviver. Um homem escravizado em sua vizinhança atirou em um feitor. Embora tenha zombado de seus perseguidores enquanto escapava, os brancos o capturaram algumas horas mais tarde. Eles o amarraram e o queimaram vivo. Martha – que na época era pequena – e todas as outras pessoas de campos de trabalho locais foram levados para ver seus ossos enegrecidos.[4]

"Você sabia que, se tivesse sido criado dessa maneira desde que nasceu, conseguiria suportar", disse Peter Corn, um ex-escravizado. Ainda outro, Robert Falls, se lembrou de que em sua infância, no Mississippi. "Aprendemos a dizer 'Sim, Senhor!' e a nos arrastar e curvar, fazendo exatamente o que nos foi dito para fazer, sem importar se queríamos ou não." Os brancos sujeitavam os meninos a incessantes técnicas de modificação comportamental: fazendo-os assistir a chicoteamentos, aumentando a dor física mesmo diante da menor evidência de um comportamento de resistência. E, quando

---

3. Ford to Bieller, n.d. Fol. 2/15, BIELLER; Jos. Labrenty to J. Waddill, September 22, 1838, Elijah Fuller Papers, SHC.
4. Wiley Childress, AS, 16.6 (TN), 9; Martha Bradley, AS, 6.1 (AL), 47; Anthony Abercrombie, AS, 6.1 (AL), 7.

algum homem tentava fugir, a primeira coisa que os caçadores faziam, depois que os cães o pegavam, era vaciná-lo contra a doença da autoafirmação. "Os cães podiam lhe morder e assustar", mas, lembrou-se Henry Waldon, o feitor gritava, ao mesmo tempo que corria para cima: "Se você bater em algum dos cachorros, eu estouro seus miolos!" "Eles mandavam que você ficasse quieto e colocasse as mãos sobre as partes íntimas", disse Waldon.[5]

"Se eu tivesse que viver minha vida novamente... eu preferiria morrer lutando a ser um escravo de novo", afirmou Robert Falls, fazendo a retrospectiva após de um século inteiro na Terra. O mundo branco – e talvez as vozes dentro da cabeça de Falls – insistia que os homens que se submetiam não eram homens de verdade, mas homens que mereciam a escravidão. Então, mais uma vez, Ann Clark também podia olhar para trás, para a memória de seu pai, que sempre resistiu às chicotadas. Quando seu senhor no Texas disse que era hora de tomar uma surra, baseado no princípio de que todo escravo devia ser chicoteado, o pai de Ann respondeu: "Você não pode me chicotear." Ann se lembrou da resposta do homem branco, pois nunca mais foi a mesma desde que a escutou: "Mas eu posso matar você". Ann, descrevendo o incidente, disse: "Ele atirou em meu pai. Minha mãe o levou para a cabana e o colocou sobre uma cama de palha. Ele morreu." Assim, se alguém "lutava como um herói", como fez um fugitivo do Mississippi a quem um apanhador de escravos encurralou em uma caverna em 1848, eles acabariam por sepultar mais um corpo exaurido em suas correntes. Ou poderiam separá-lo de seu sangue de outra maneira. O próprio pai de Robert Falls, um famoso lutador, vinha tentando sair da escravidão na marra até que seu dono o ameaçou, dizendo que iria vendê-lo para longe da família a menos que parasse de revidar.[6]

O pai de Falls mudou. Robert cresceu com um pai. E assim, para salvar o sangue de seus filhos, os anciãos contavam aos jovens homens escravos histórias como a do homem que fugiu para escapar da tortura. Os cães latiram atrás dele por dias. Os caçado-

---

5. Peter Corn, AS, 11.2 (MO), 87; Henry Waldon, AS, 11.1 (AR), 15-16; Columbus Williams, AS, 11.1 (AR), 155; William Read to Downey, August 18, 1848, S. S. Downey Papers, Duke; cf. Thomas Foster, "The Sexual Abuse of Black Men Under American Slavery", *Journal of the History of Sexuality* 20, n. 3 (2011): 445-464.
6. David Walker, *Appeal to the Coloured Citizens of the World* (Boston, 1829), 14-15, 23, 28, 32; 1842 Speech of Lewis Clarke, ST, 152, 157-158; Robert Falls, AS, 16.6 (TN), 16; "Violence, Protest, and Identity: Black Masculinity in Antebellum America", in James O. Horton, *Free People of Color: Inside the African-American Community* (Washington, DC, 1993); Orlando Patterson, *Slavery and Social Death: A Comparative Study* (Cambridge, MA, 1982); Claude Meillassoux, *The Anthropology of Slavery: The Womb of Iron and Gold* (Chicago, 1991); Ann Clark, AS, 4.1 (TX), 223-224; George Cato, AS, S2, 11 (SC), 98; AS, 18 (TN), 95; Francis Burdett to R. C. Ballard (RB), July 3, 1848, Fol. 130, RCB.

res de escravos foram encurtando a distância. Finalmente, com os cachorros em seus calcanhares, o jovem saiu do bosque e entrou em uma clareira, onde homens faziam tijolos, e correu direto para a fornalha ardente. Corra do inferno e você pode acabar em uma dor ainda mais ardente. Assim, na noite do Mississippi, depois que o jovem Scott Bond ouviu tais histórias, ele se aconchegou em seu único cobertor e tentou dormir. Respirou devagar em sua cama de palha. À medida que o mundo ficava em silêncio, ele pôde ouvir os "cães sanguinários" uivando nos bosques a seu redor. E pensou em como havia ouvido os brancos dizerem que a "música que faziam era a mais doce do mundo".[7]

Nunca a música soou tão alto quanto na época da colheita de 1836. Nunca as pessoas brancas amaram tanto aquilo tudo. Se pudéssemos traçar um gráfico que mapeasse a intensidade das perdas que todos os homens escravizados tiveram de sofrer, sua curva atingiria o pico na década de 1830, juntamente com as altas curvas dos preços de escravos e dos lucros do algodão colhido por cada escravo. Mais migração, mais especulação, mais alavancagens financeiras para os caolhos: tudo significava mais derrotas para os homens escravizados. Havia mais perdas nos braços da máquina de colher algodão, mais antigas esposas e novas namoradas levadas embora, mais filhos e filhas perdidos para o comércio de escravos, mais descobertas de que ser um trabalhador com um machado, ou cocheiro, conselheiro, pregador, ou simplesmente qualquer homem escravo era apenas poeira soprada do papel que classificava alguém como mão. Se os homens brancos plantaram suas sementes nos anos do boom, os homens negros perderam seu sangue: seu vínculo com o passado, sua conexão com o futuro.

EM 1837, NA MADRUGADA ENTRE OS DIAS 3 e 4 de março – o dia em que Martin Van Buren seria nomeado o oitavo presidente dos Estados Unidos –, Andrew Jackson se sentou silenciosamente com alguns amigos em uma sala do segundo andar na Casa Branca, celebrando oito anos de ganhos. Quando o relógio pedestal bateu meia-noite no canto da sala, o presidente acendeu seu cachimbo feito de espiga de milho e levantou um copo de vinho Madeira, escuro, encorpado e tinto. Um recente surto de problemas digestivos crônicos, que tiveram início na campanha de 1814 contra os creeks, fez que se abstivesse por semanas. Naquela noite, Jackson deixou a cautela de lado.

Em dois mandatos no cargo, Jackson tinha visto todos os seus grandes objetivos se realizarem, e agora uma nação inundada pelo algodão e pelo crédito aproveitava a maré favorável da economia. Os empreendedores do Sudoeste, cujas fileiras contavam com Jackson, navegavam nas ondas da bonança que os senhores de escravos e seus

---

7. "Mrs. Webb", MW, 209; Charity Bowers, ST, 266; Scott Bond, AS, S2, 1 (AR), 33.

aliados políticos e financeiros tinham criado. A execução, por parte de seu governo, da Lei da Remoção dos Indígenas, de 1831, tinha deslocado 60 mil habitantes originários da fronteira do algodão através do Mississippi, abrindo 25 milhões de acres (uma área do tamanho do Kentucky) para a especulação e a produção do algodão. Seus aliados políticos tinham aprendido a dirigir os ressentimentos potterizantes dos feitores, dos pequenos agricultores e posseiros de terras públicas nos canais de um novo sistema de partido institucional. E isso, por sua vez, ajudou os empresários do Sudoeste a converterem as demandas dos eleitores comuns jacksonianos por um assalto às elites bancárias entrincheiradas em uma enxurrada paradoxal de empréstimos a proprietários de escravos e especuladores do algodão, desta vez impulsionados por bancos inovadores que os próprios empreendedores controlavam. Os bancos e seus devedores socializavam todos os riscos com os investidores distantes, o público branco do Sul em geral e, sobretudo, as pessoas escravizadas. O resultado foi um crescimento sem precedentes. Mesmo tendo em conta a recessão de 1833 arquitetada por Biddle, a economia se expandiu a uma taxa nunca vista antes: 6,6% ao ano entre 1830 e 1837.[8]

Jackson ainda acreditava que o ouro e a prata eram o único dinheiro real e que todos os bancos eram desonestos e queriam roubar seu dinheiro. Mas se seu fetichismo por metais preciosos o impedia de aceitar o papel dos bancos de estimação[9] para alimentar uma expansão rápida, ele não fez qualquer objeção ao tomar para si o crédito pela prosperidade nacional. E exatamente naquela manhã havia dito aos representantes da República do Texas que os Estados Unidos estavam reconhecendo oficialmente sua independência. Os observadores acreditavam que esse era o primeiro passo no sentido de unir a inexperiente nação dos senhores de escravos a uma ainda maior ao Leste. Então, campos ainda maiores se mostraram irresistíveis, maduros para o plantio das sementes da criação destrutiva. Mas as ações repercutem e, muitas vezes, as repercussões são diferentes das esperadas. Durante mais ou menos a década que se seguiu a 1836, a reação exagerada dos proprietários de escravos produziu sangue, tanto no sentido literal quanto no figurado, servindo de pivô para que a história *ante bellum* dos Estados Unidos seguisse em direções inesperadas.[10]

Dezessete anos antes, Moses Austin, natural de Connecticut, tinha cavalgado do Missouri até San Antonio, que na ocasião era uma das cidades mais orientais do

---

8. CHSUS, 3:24, 599.
9. Termo pejorativo para se referir aos bancos estaduais que receberam fundos da Secretaria do Tesouro. *(N. do R. T.)*
10. Andrew V. Remini, *Andrew Jackson and the Course of American Democracy* (Nova York, 1984), 3:418-419, 367-368.

México. Moses não demorou a morrer, mas seu filho, Stephen, deu prosseguimento ao esquema de ajudar norte-americanos a emigrar para os vastos espaços a Oeste da Louisiana. Stephen recrutou muitos sulistas, alguns dos quais trouxeram escravos. O México havia feito da emancipação sua política nacional, mas o Texas estava a muitos quilômetros da Cidade do México. Os senhores de escravos também conspiraram para importar vários barcos carregados de africanos comprados no porto de Havana (traficantes negreiros do Atlântico levaram mais de 200 mil africanos para Cuba na década de 1830). No fim de 1835, quase 5 mil africanos escravizados e afro-americanos viviam no Texas, constituindo 13% da população não indígena. Depois de uma tentativa hesitante de fazer cumprir suas leis de emancipação no Texas em 1829, o governo central da Cidade do México sinalizou que, dessa vez, em 1835, o fim da escravidão era sério. Os proprietários de escravos do Texas começaram a se armar e, em outubro, irrompeu o tiroteio entre os colonos norte-americanos e os soldados mexicanos.[11]

Em março de 1836, uma convenção se reuniu na cidade de Washington e declarou que o Texas era uma república independente. Embora os rebeldes do Texas tenham anunciado que estavam lutando pela "Liberdade em oposição à escravidão", foram os sulistas que financiaram e apoiaram sua busca por independência. Comissários rebeldes já tinham arrecadado 300 mil dólares dos empresários de Nova Orleans e, uma vez que a independência foi declarada, os comerciantes adiantaram provisões de guerra em troca dos títulos de dívida pública, recentemente impressos, do Texas. Os rebeldes também lucraram com serviços funerários das baixas provocadas pelas primeiras ondas de expansão. Por exemplo, saindo de um divórcio que encerrou sua carreira política no Tennessee, Sam Houston surgiu no fim de 1835 e assumiu o comando do inexperiente exército da república. Robert Potter também se materializou na convenção de Washington e provou ser um dos mais agressivos proponentes da independência do Texas ("Ele só consegue flutuar em águas agitadas", escreveu um observador da convenção). Depois que as tropas sob o comando do general mexicano Antonio López de Santa Anna trucidaram uma guarnição inteira de um forte chamado O Álamo (ex-

---

11. Sean P. Kelley, "'Mexico in His Head': Slavery and the Texas-Mexico Border, 1810-1860", *Journal of Social History* 37 (2004): 709-723; Sean P. Kelley, "Blackbirders and Bozales: African-Born Slaves on the Lower Brazos River of Texas in the Nineteenth Century", *Civil War History* 54, n. 4 (2008): 406-424; Randolph Campbell, *An Empire for Slavery* (Baton Rouge, LA, 1989), 54; Dudley G. Wooten, *A Comprehensive History of Texas, 1685 to 1897* (Austin, TX, 1986), 1:759; J. F. Perry to Lastraps & Desmare, January 15, 1834, *Stephen Austin Papers*, 3:39-40; Paul D. Lack, "Slavery and the Texas Revolution", *Southwestern Historical Quarterly* 89 (1985): 181-202.

ceto cinco homens escravizados, as mulheres e as crianças), todo rumor sobre outras supostas atrocidades encontraram uma ávida audiência nos Estados Unidos. Um boato dizia que as tropas mexicanas haviam capturado, castrado e, em seguida, estuprado até a morte com uma lança o filho do governador de Ohio, William Henry Harrison. Cada história de atrocidade levou voluntários raivosos para além da fronteira, para se juntar ao exército rebelde.[12]

Em abril de 1836, as forças de Houston derrubaram o exército de Santa Anna em San Jacinto. Os brancos do Sul exultaram. "Todo mundo está falando de emigração para o 'faroeste', seja para o Mississippi ou o Texas", escreveu John Lockhead das terras moribundas do tabaco do Sul da Virgínia. "Eu prefiro o Texas, porque sinto que existe um campo maior para a empreitada do que em qualquer outra região no momento [...] Todos os que vão para lá sem dúvida correm o risco de parar uma bala, mas se escapam, são maravilhosamente pagos pelo perigo que correram." Os investidores da causa do Texas agora esperavam os lucros a derivar de seus investimentos iniciais. "Vocês não devem se surpreender ao me ver entre vocês, em poucos meses", escreveu um deles a um contato no Texas. "Em breve, terei uma grande fazenda de algodão, talvez até várias em operação no Texas".[13]

Com o fim da guerra, os empresários do tráfico negreiro interestadual manobraram para que "a maré da emigração... fluísse rapidamente para o Texas", como afirmou um senhor de escravos da Carolina do Norte. Nos cinco anos seguintes, o número de escravos no Texas passaria de 5 mil para cerca de 13 mil. Tudo de que o Texas precisava, disse entusiasmado o migrante da Virgínia James Cocke, era um banco para imprimir dinheiro e emprestá-lo aos compradores de escravos. O crédito converteria os "especuladores errantes" em "fazendeiros bem-estabelecidos", que poderiam tirar mil dólares em algodão por mão em um ano. O banco poderia vender debêntures nos

---

12. *Richmond Enquirer*, October 27, 1835, January 4, 1836; Ernest Shearer, *Robert Potter: Remarkable North Carolinian and Texan* (Houston, 1951), 49; *Essex Gazette*, May 14, 1836; Thomas Hardeman to Polk, March 31, 1836, 3:567-668, JKP. O filho de Harrison foi libertado sem ferimentos e morreu em Ohio, com a genitália intacta, em 1840. Vinte e cinco mortos do Álamo eram voluntários de Nova Orleans: Edward L. Miller, *New Orleans and the Texas Revolution* (College Station, TX, 2004), 154.

13. Jn. Lockhead to W. H. Hatchett, August 26, 1836, William Hatchett Papers, Duke. Os brancos do Sul viam o Texas como um novo império para a escravidão; cf. Eugene Barker, *Mexico and Texas, 1821-1835* (Dallas, 1928); *Alexandria Gazette*, May 19, 1836; Wm. Christy to Jos. Ellis, March 22, 1836, Miller, *New Orleans and the Texas Revolution*; *New York Express*, April 4, 1837; *Washington Intelligencer*, April 30, 1836.

mercados financeiros europeus, usando o modelo financeiro do C.A.P.L. e uma moeda securitizada nas receitas geradas por escravos.[14]

A Revolução do Texas alarmou também os brancos que ouviram uma notícia diferente. Benjamin Lundy, William Lloyd Garrison e outros haviam despertado para o poder da sempre crescente máquina de açoitar. Eles também tinham despertado outros. Silenciosamente, quase emudecidos em segundo plano por uma imprensa nacional dedicada ao estrondo constante do debate político sobre questões como anulação, tarifas, guerra bancária e formação de novos partidos políticos, um pequeno mas dedicado grupo de abolicionistas negros e brancos construiu associações locais em todo o Norte. A partir de 1835, muitas dessas sociedades pela abolição – compostas, em diversos casos, principalmente de mulheres brancas beatas, que consideravam a escravidão como uma afronta à moralidade – enviaram petições ao Congresso, pedindo aos representantes que proibissem a escravidão no Distrito de Colúmbia.

Os congressistas do Sul reagiram furiosos, insistindo que as petições não podiam ser lidas em público. Mas a própria reação ajudou as petições a ganharem um defensor legislativo teimoso e arrogante. John Quincy Adams, ex-presidente, agora era o representante de seu distrito natal em Massachusetts. E ele viu uma chance de se vingar das críticas que tinha sofrido nas mãos dos sulistas durante sua presidência. Adams argumentou que o direito dos cidadãos de apelar ao Legislativo remetia à Carta Magna da Inglaterra e que a leitura das petições deveria ser registrada na ata do Congresso. Os sulistas, com a concordância de muitos representantes do Norte, responderam aprovando uma "regra da mordaça", que automaticamente engavetava qualquer petição sobre a escravidão. No entanto, Adams tinha um monte de truques parlamentares que lhe permitiu manter a questão da petição em discussão na Câmara à força. E as petições continuavam chegando. Em 1836, muitos repetiram uma afirmação que Benjamin Lundy estava fazendo na imprensa: que "os senhores de escravos desse país (juntamente com especuladores de terra e comerciantes de escravos)", instigaram a Revolução do Texas "para abrir um vasto e lucrativo MERCADO DE ESCRAVOS e, em última instância, anexá-lo aos Estados Unidos".[15]

---

14. Farish Carter and R. S. Patton, April 4, 1835, Fol. 20, Eliz. Talley Papers, SHC; J. G. Johnson to G. W. Haywood, May 18, 1836, Fol. 146, HAY; James Huie, Case File 258, Bankruptcy Act of 1841, RG 21, NA; E. B. Hicks to Alex. Cuningham, March 29, 1838, Texas Land Scrip, Cuningham Papers, Duke; Geo. Johnson to Wm. Johnson, August 22, 1838, Wm. Johnson Papers, SHC; Missi. River Diary, Duke; James D. Cocke, *A Glance at the Currency and Resources Generally of the Republic of Texas* (Houston, 1838), 7-15.
15. Campbell, *Empire for Slavery*, 35; *New Hampshire Sentinel*, April 21, 1836; *Alexandria Gazette*, May 10, 1836.

Adams disse a seus eleitores que, concordassem ou não com a escravidão, o peso desse novo e enorme território escravista tornaria a Nova Inglaterra politicamente irrelevante para sempre. E os congressistas do Sul estavam deixando fácil para ele afirmar que os proprietários de escravos, com seu fervor em calar as críticas à escravidão, estavam sacrificando os direitos políticos básicos de outros norte-americanos brancos, sufocando seus direitos de petição e sua liberdade de expressão. O tumulto sobre as petições convenceu Andrew Jackson a abrir mão da anexação imediata. Ainda assim, em março de 1837, o medo de que a Grã-Bretanha pudesse fazer do Texas seu estado cliente tinha permitido que o presidente manipulasse o Congresso para reconhecer a nova república como um país independente, separado do México. Assim, enquanto Jackson sorvia o vinho Madeira, quase oito anos depois de sua primeira noite estridente na Casa Branca, ele esperava, confiante, que o Texas logo se tornasse um (ou vários) estados.[16]

Talvez o presidente que deixava o poder estivesse menos otimista em relação a outros acontecimentos recentes. Certamente estava ávido para negar a cumplicidade na inundação de crédito que se derramava na economia da nação. Mas uma das principais razões pelas quais a oferta de dinheiro em circulação aumentou em 50% entre 1834 e 1836 foi que seu veto do Banco Monstro libertou, na prática, os bancos estaduais do controle monetário. Agora, escreveu Burrell Fox de uma nova cidade do Mississippi, "Tudo está na maré alta, houve cinco comboios de negros [vendidos] nesse outono... indivíduos a 1.200 dólares, a 1.400 e ainda mais... os tempos parecem ser prósperos para tudo que diz respeito ao mercado, até maçãs estão sendo vendidas em Vicksburg por 5 dólares o barril". Um migrante da Carolina do Norte afirmou que seus parentes ao longo do Rio Tombigbee, no Nordeste do Mississippi, estavam "todos enlouquecidos com o assunto dos bens imóveis". Mesmo nos dormitórios da Universidade do Alabama, relatou um estudante, havia "mais conversas sobre especulação... do que qualquer outra coisa. Todo [mundo] está atento à especulação da terra, o dinheiro é abundante".[17]

---

16. William Lee Miller, *Arguing About Slavery: The Great Battle in the United States Congress* (Nova York, 1996); Joel H. Silbey, *Storm over Texas: The Annexation Controversy and the Road to the Civil War* (Oxford, UK, 2005), 10-14.

17. Mudanças na taxa de câmbio entre ouro e prata da Secretaria do Tesouro, mais as vendas de títulos garantidos por escravos no estrangeiro, atraíram ouro, enquanto as práticas de comércio britânicas que provocaram a Guerra do Ópio de 1839-1843 liberaram a prata "acumulada" da China. Peter Temin, *The Jacksonian Economy* (Nova York, 1969); Silbey, *Storm over Texas*; Burrell Fox to Elizabeth Neal, September 25, 1835, Neal Papers, SHC; R. T. Hoskins to Richard Brownrigg, December 19, 1835, Brownrigg Papers, SHC; H. P. Watson to A. B. Springs, January 24, 1836, Springs Papers, SHC.

É claro que se todo mundo estava "alerta", era difícil saber como alguém poderia continuar a comprar barato e vender caro. Por volta de 1836, fazia anos que os parentes do proprietário escravista Thomas Harrison, do condado de Pendleton, Carolina Sul, todos residentes no Alabama e no Mississippi, pressionavam-no a realocar seus investimentos no Oeste. "Pendleton é uma região muito feliz e agradável", escreveram, mas por todos os seus "prazeres e confortos", era apenas o lugar para perder a oportunidade: "Certamente deve ser muito pouco lucrativo ter dinheiro investido em terra e negros por lá". Apresse-se, disseram-lhe, antes que os "especuladores e capitalistas" comprem toda a boa terra de algodão. Mas Harrison temia que o crédito na fronteira da escravidão estivesse muito fácil de se obter, que "as imensas enchentes de papel-moeda com as quais a região é inundada, se não conferidas, darão um valor fictício à propriedade para além de qualquer coisa conhecida". Na verdade, observou, os aumentos irracionais nos preços dos ativos já eram evidentes. Ele enviou um grupo de pessoas escravizadas para o Alabama para que um filho estabelecido por lá pudesse vendê-las pelos preços altos vigentes. Ao voltar de uma visita, Thomas Harrison viajou pelo Kentucky, e as pessoas de lá lhe asseguraram que o preço da terra delas "nunca cairia de novo". Harrison escreveu: "Mas eu não acredito nisso. É impossível que a propriedade real inteira de um estado há tanto tempo estabelecido aumente permanentemente seu valor em 500% em cinco anos". Como um homem da Carolina do Norte, que advertiu seu filho migrante a não deixar que "as ideias selvagens, extravagantes e nocivas sobre especulação dessas pessoas do Sul desencaminhem você", porque "uma reação deve acontecer", Harrison temia que uma calamidade em breve "arrastasse milhares para a ruína".[18]

O termo "bolha" é usado para descrever uma situação em que um bem importante tenha se tornado excessivamente valorizado em comparação com previsões realistas de retornos futuros. A partir de 1800, o preço dos escravos – o bem mais importante da economia do Sul dos Estados Unidos – sempre acompanhou o do algodão, ou, mais especificamente, a taxa de produtividade individual vezes o preço de um quilo de algodão. Em 1834, no entanto, os preços dos escravos se desprenderam do valor do algodão e subiram em uma nova trajetória (ver Figura 6.2). No momento em que Jacob Bieller, da Louisiana, comprou dezenas de escravos a crédito de Isaac Franklin e Rice Ballard em 1836, por exemplo, pagou mais de 1.500 dólares por jovem, mais do que o dobro

---

18. Isham Harrison to Thos. Harrison, June 16, 1834, Thos. Harrison to Jas. Harrison, January 4, 1836, October 20, 1836, August 28, 1836, James Harrison Papers, SHC; R. Hinton to Laurens Hinton, October 16, 1836, Laurens Hinton Papers, SHC; P. A. Bolling to Edm. Hubard, February 24, 1837, Fol. 72, Hubard Papers, SHC; William Ashley to Chester Ashley, April 10, 1836, Chester Ashley Papers, SHC.

do preço de 1830, muito embora os preços do algodão tivessem diminuído desde o pico do fim de 1834 até os níveis de 1830.[19]

Durante décadas, antes da crise financeira de 2008, a maioria dos economistas insistia, de maneira dogmática, que o comportamento do mercado e de seus atores era inevitavelmente racional. No entanto, algumas almas corajosas insistiam que a história das bolhas, *booms* e quebras mostrava um registro histórico claro de comportamento econômico irracional em massa. Ao longo da história, na verdade, quando ocorrem três condições ao mesmo tempo, geralmente surge uma bolha – ou seja, preços irracionalmente altos para alguma categoria de ativos. Thomas Harrison estava observando todas as três. A primeira dessas condições é a eliminação da regulamentação do mercado. Em 1836, a administração de Jackson tinha destruído o B.U.S. sem substituí-lo por nada. Nem os estados tentaram controlar quanto dinheiro os bancos imprimiam e emprestavam. Enquanto isso, o Partido Whig nacional, outrora o defensor do B.U.S., agora tentava eliminar por completo a regulamentação aprovando a Lei de Depósito de 1836. A lei deslocou as receitas das terras públicas dos bancos do Oeste para os do Leste, permitindo que estes últimos aumentassem seus empréstimos. Os whigs também duplicaram o número de bancos de estimação.[20]

Os empréstimos concedidos pelos bancos dos Estados Unidos também aumentaram dramaticamente desde 1833 devido à segunda causa das bolhas: inovações financeiras que facilitam a alavancagem. Os títulos ao estilo do C.A.P.L. proporcionaram aos investidores distantes a oportunidade de comprar ações dos fluxos de renda de milhares de escravos – para especular, de fato, sobre as futuras receitas a serem geradas pelo algodão e pelos escravos. Esses títulos atraíram dinheiro para a região Sudoeste, inflacionando o valor de todos os tipos de ativos, especialmente as "mãos" escravizadas.

Mas existe mais um fator que faz uma bolha se descontrolar. É a crença eufórica de que as regras da economia mudaram, que de alguma forma "dessa vez é diferente" e os preços dos ativos não vão voltar à média. "Não podemos ver qualquer coisa no panorama do país que torne provável que [previsões positivas] sejam desapontadas", escreveram os comerciantes da Byrne Hammond e Cia em março de 1836. "Toda a região Sul e Oeste está em um estado mais próspero e seus produtos se valorizam anualmente de uma maneira extraordinária". Os empresários do Sudoeste, particularmente propensos a

---

19. Ballard and Franklin para Jacob Bieller, Fol. 2/15, BIELLER; R. H. M. Davidson to Dear Brevard, November 8, 1836, Davidson Papers, SHC.
20. Charles P. Kindleberger, *Manias, Panics, and Crashes: A History of Financial Crises* (Nova York, 1978); John K. Galbraith, *A Short History of Financial Euphoria* (Nova York, 1993). Os estados livres também tomaram dinheiro emprestado para impulsionar as economias locais; por exemplo, Reginald C. McGrane, Foreign Bondholders and American State Debts (Nova York, 1935), 129.

comportamentos agressivos e de risco, sofreram um caso especialmente grave do tipo de pensamento do "dessa vez é diferente", que também é chamado de "miopia do desastre", significando que subestimaram tanto a probabilidade como a provável magnitude das correções financeiras. Assim, um migrante branco que escreveu que o preço de 1836 de "1.500 dólares [para] mãos de campo comuns" era "extravagante" assumiu, ao retomar o fôlego, que os preços subiriam ainda mais e ele esperava aproveitar: "Cuff, por exemplo, sairá por 1.600". Embora "os negros estivessem todos abaixo do nível", escreveu Henry Draft em 1835, "não vejo qualquer perspectiva de queda... acredito plenamente que os negros ficarão mais caros". Acreditou porque precisava acreditar. "Não quero que caiam no momento, porque tenho dez na mão", que esperava revender para lucrar.[21]

"Todo mundo está endividado até o pescoço", escreveu um jovem fazendeiro do Alabama ao pai em Connecticut. O castelo de cartas construído pelo que Thomas Harrison chamou de "noções especulativas selvagens desses povos do Sul" poderia desmoronar, e então "aqueles que estão fazendo grandes contratos ostentando sua riqueza devem cair". Já no final do verão de 1836, o editor do *New Orleans Price-Current*, jornal dedicado ao comércio, disse a seus leitores para não se preocuparem. Verdade, havia uma grande quantidade de dívidas pairando sobre os empresários da Louisiana e seus bancos: empréstimos bancários, bens secos "vendidos a crédito para a região de rio acima mais do que é o hábito", grandes projetos de infraestrutura em Nova Orleans e seu entorno (redes de iluminação a gás, vias férreas, diques, canais, prensas de algodão movidas a vapor), e "terrenos rio acima e negros comprados, a serem pagos com a vindoura colheita" de algodão, "para a qual o dinheiro já havia sido retirado de Nova Orleans". Tudo somava 23 milhões de dólares, pesados em uma balança mediante a receita antecipada a ser gerada a partir daquilo que as mãos estavam colhendo nos campos naquele momento. Pois "todo esse débito", insistiu o *Price-Current*, "logo será coberto pela receita do algodão, do açúcar e dos vários produtos dos estados ocidentais, que podemos supor com grande segurança que será de pelo menos 60 milhões de dólares". Assim, embora um traficante negreiro tenha mandado uma carta do Alabama, em dezembro, dizendo que "o negócio parece devagar", acrescentou que "os comerciantes não estão desmotivados". O algodão custava 35 centavos o quilo, mas "vai chegar a 55 centavos antes da colheita".[22]

---

21. Byrne Hammond and Co. to Jackson, Riddle, March 26, 1836, JRC; John Cassidy, *Why Markets Fail: The Logic of Economic Calamities* (Nova York, 2009), 239; Henry Draft to Wm. Miller, June 4, 1835, John Fox Papers, Duke; Samuel Faulkner to Dear Fitz, September 2, 1835, Wm. Powell Papers, Duke.
22. Henry Watson to Father, December 15, 1836, Henry Watson Papers, Duke; *New Orleans Price-Current*, August 20, 1836, Fol. 3, JRC; Thomas Harrison to James Harrison, August 28, 1836, Fol. 3, James Harrison Papers, SHC; Robert Carson to Henderson Forsyth, December 3, 1836, N. E. Matthews to H. Forsyth, March 31, 1836, John Forsyth Papers, Duke; Peter Martin to Susan Capehart, December 5, 1836, Capehart Papers, SHC.

Havia muito mais algodão em 1836 do que tinha havido em 1828. Depois de mais de oito anos de semeadura, o governo dos Estados Unidos, os estados, os bancos, os cidadãos e as entidades estrangeiras tinham investido coletivamente cerca de 400 milhões de dólares, ou um terço do valor de toda a atividade econômica dos Estados Unidos em 1830, para expandir a produção na fronteira da escravidão. Isso inclui o preço de 250 mil escravos transferidos para a fronteira, 48 milhões de novos acres de terrenos públicos vendidos, os custos das remoções e das guerras com os indígenas e a expansão maciça da infraestrutura financeira do Sudoeste. O número de mãos nas fazendas de algodão expandiu dramaticamente e a necessidade de reembolsar os empréstimos só acelerou a máquina de açoitar, forçando de maneira coletiva a colheita total que as mãos poderiam realizar com uma capacidade um pouco maior a cada dia. Em 1830, os Estados Unidos produziram 732 mil fardos. Quando a colheita engatou em uma marcha acelerada no outono de 1836, os homens que ganhavam a vida apostando no algodão estavam prevendo uma abundância de 1,5 milhão de fardos, cada um deles um semicubo branco envolto em lona e com mais de 180 quilos. Isso dava 272 milhões de quilos de algodão limpo – ou, expressando de uma maneira diferente: 6 milhões de vezes a colheita que uma pessoa fazia por dia sob o sol quente.[23]

As economias europeia e norte-americana vinham se expandindo e as pessoas estavam comprando mais, mas a demanda dos consumidores por produtos de algodão simplesmente não podia atender a esse vasto aumento na oferta. No fim do verão de 1834, o preço do algodão em Nova Orleans era de 40 centavos por quilo. Depois disso, começou a declinar, chegando a 26 centavos no começo de 1836. A inquietação com a lenta tendência descendente dos preços começou a moldar as decisões nas instâncias dominantes da economia transatlântica. Até o final de 1836, o Baring Brothers, o banco comercial mais influente do mundo, restringiu silenciosamente novos investimentos por quase 12 meses. E à medida que a colheita abundante daquele ano começou a chegar ao mercado, um especulador ruminou, em privado: "Os preços em Liverpool continuarão a se manter? Pensamos que não."[24]

A Casa Branca também ficou silenciosamente alarmada, em seu caso, devido à dramática expansão da especulação em terras públicas. As compras alcançaram a cifra de

---

23. Com 200 mil escravos que valiam, em média, mil dólares cada (vendidos ou movidos, eles representavam investimento), 40 milhões de dólares em terras do governo, 75 milhões em investimentos bancários, mais remoções e guerras custando 50 milhões. Totais de produção do CHSUS, 4:110; T. Bennett to Jackson, Riddle, October 7, 1836, Fol. 7, JRC.
24. "É melhor aceitarmos os preços do mercado" em vez de aguardar um aumento, ruminou um fazendeiro experiente do Alabama: N. B. Nolwinther to J. S. Devereux, October 24, 1836, JSD; T. Bennett & Co. to Jackson, Riddle, October 7, 1836, Fol. 7, JRC; L. C. Gray and Esther K. Thompson, *History of Agriculture in the Southern United States to 1860* (Washington, DC, 1933), 2:1027.

5 milhões de dólares por mês no verão de 1836. Em resposta, em julho, Jackson emitiu a "Circular da Espécie", declarando que a partir de agosto, somente o ouro e a prata seriam aceitos como pagamento pela maioria das terras federais. Os conselheiros de Jackson não queriam que ele emitisse a circular. O documento se baseava em um mal-entendido antiquado sobre a natureza do dinheiro e do crédito em uma economia que se modernizava e obstruía o sistema circulatório da economia. O ouro e a prata tiveram que ser movidos, apesar do peso, da Costa Leste para Indiana e, em seguida, para o Mississippi, para então fazer o caminho de volta. As vendas dos terrenos despencaram. Os bancos começaram a cobrar um prêmio pelo ouro e pela prata, tornando tudo mais caro.

Ainda assim, no inverno, o fluxo de dinheiro, crédito e bens através dos canais da economia norte-americana tinha começado a se ajustar à política turbulenta de Jackson. Todas as outras mercadorias – algodão, bens de consumo e escravos – continuaram sendo negociadas em papel-moeda, ajudadas por bancos comerciais como o Brown Brothers de Nova York, que mantinham o crédito circulando para comerciantes e importadores. E isso era importante, porque toda a economia atlântica agora dependia da capacidade que os fazendeiros tinham de fazer circular as receitas do algodão através do sistema. No entanto, as fábricas têxteis britânicas já detinham altos estoques de algodão bruto e as dispensas temporárias nas fábricas estavam aumentando. Em breve os consumidores escolheriam usar suas roupas velhas reduzidas a trapos em vez de substituí-las. A demanda pelo algodão bruto estava prestes a entrar no buraco. O Bank of England, fonte de crédito para as firmas britânicas compradoras de algodão em Liverpool, começou a ficar impaciente. No final de 1836, começou a negar crédito a essas empresas.[25]

Demorou um pouco para a notícia dessa decisão chegar ao outro lado do Atlântico. Em fevereiro, quando a posse de Martin Van Buren se aproximou, alguns *insiders* foram discretamente notando que essa vez não era, afinal de contas, diferente – a menos que por "diferente" se entendesse alguma coisa especialmente desastrosa. "Mediante o julgamento de outros em quem eu normalmente confio, não antevejo a permanência completa dos preços atuais do algodão", um correspondente de Washington alertou

---

25. CHSUS, 3:354 (venda de terras); Temin, *Jacksonian Economy*, 123; Richard Timberlake, "The Specie Circular and Distribution of the Surplus", *Journal of Political Economy* 68 (1960): 109-117. A crença de que a Circular era a única responsável pelos problemas econômicos foi criada pelos oponentes whigs de Jackson. Daniel Walker Howe, *What Hath God Wrought: The Transformation of America, 1815-1848* (Nova York, 2007), 503, apresenta uma versão whig relativamente pura. Bank of England: Ralph Hidy, *The House of Baring in American Trade and Finance: English Merchant Bankers at Work, 1763-1861* (Cambridge, MA, 1949), 206-207.

John Stevens, um diretor da Prime, Ward & King de Nova York, que detinha milhões em títulos securitizados com escravos e emitidos por estados do Sudoeste.[26]

Mesmo quando Jackson acendeu seu cachimbo para comemorar, uma dramática reação em cadeia já tinha começado. Na esteira da redução de crédito do Bank of England, o preço anual dos empréstimos comerciais de curto prazo em Liverpool disparou para 36%, tornando impossível para os comissários de algodão comprar mesmo quando chegou a maré cheia da safra de 1836. Os preços do algodão começaram uma queda livre que terminou somente em julho de 1837, quando um "último suspiro" levou o quilo a valer 13 centavos. Enquanto isso, as firmas mercantes britânicas, todas abaladas, foram puxando uma à outra conforme caíam. Três dos sete principais negociantes de algodão de Liverpool fecharam suas portas até o final de fevereiro. E o Le Havre, a principal Bolsa de algodão da França, fechou completamente.[27]

Nos cascos dos navios que navegavam apressados rumo a Oeste, foram sacos de cartas cobrando desesperadamente as montanhas de dívidas dos parceiros comerciais norte-americanos. Assim que a notícia chegou à boca do Mississippi, os arranjos dos devedores e dos credores começaram a cair em cascata. Na última semana de março, um após o outro, os dez maiores compradores de algodão em Nova Orleans anunciaram que estavam insolventes. Alguns supostamente deviam 500 dólares para cada dólar que possuíam em dinheiro ou dívidas ativas. As empresas menores foram as próximas. No dia 20 de abril, o *New Orleans Picayune* escreveu que "não havia novas falências para anunciar", pois "quase todas [as firmas] já fecharam". As ondas de choque se espalharam pelos estados do Sudoeste e da fronteira, desembocando em Nova York, onde os bancos fecharam as portas para evitar que as pessoas se voltassem a suas próprias reservas de ouro e prata. Até a primeira semana de maio, ninguém em Nova York podia pedir empréstimos, cobrar dívidas ou fazer negócios.[28]

Nos dois centros comerciais mais importantes dos Estados Unidos, prevaleceu um estado que o venerável ex-secretário do Tesouro Albert Gallatin chamou de "confusão incalculável". No entanto, nenhum ator econômico foi atingido com mais força do que os bancos do Sudoeste por aquilo que logo se tornou conhecido como o "Pânico de 1837". Eles emprestaram muito mais papel-moeda do que suas próprias reservas de dinheiro apresentavam. Sua

---

26. *NOP*, February 4, 1837, February 9, 1837; S. E. Phillips to J. A. Stevens, February 5, 1837, John A. Stevens Papers, NYHS; John Forsyth to Brother, February 19, 1837, John Forsyth Papers, Duke.
27. Hidy, *House of Baring*, 214-219; Vol. 50, Brown Brothers, NYPL. Para uma história cultural e política recente do Pânico de 1837, ver Jessica Lepler, *The Many Panics of 1837: People, Politics, and the Creation of a Transatlantic Financial Crisis* (Nova York, 2013).
28. *NOP*, March 16, 1837, April 20, 1837; John Elliott to Lucy, April 8, 1837, Samuel Bryarly Papers, Duke; D. W. McLaurin to John McLaurin, April 10, 1837, Duncan McLaurin Papers, Duke; Vol. 50, Brown Brothers, NYPL.

moeda agora era trocada por bem menos que seu valor nominal. Eles enfrentaram grandes pagamentos de juros futuros sobre os títulos vendidos nos mercados financeiros mundiais. Os comerciantes de algodão, que deviam milhões aos bancos do Sudoeste em empréstimos comerciais de curto prazo, não tinham nada além do algodão, que estavam vendendo por menos do que o custo do transporte. Por outro lado, os proprietários de escravos que deviam dinheiro aos bancos tinham propriedades tangíveis. Em uma pasta dos papéis do Citizens' Bank of Louisiana, que tinha desembolsado apressadamente a soma de 14 milhões de dólares em 1835-1836, estão 19 páginas de inventários de escravos hipotecados, listando mais de 500 pessoas. E isso foi apenas uma fração daqueles que foram hipotecados para os bancos do Sudoeste, que tinha emprestado pelo menos 40 milhões em escravos hipotecados. À razão de 1 escravo para cada 500 dólares de dívida pendente, isso significava que havia o risco de 80 mil ou mais pessoas escravizadas serem vendidas novamente pelo colapso dos preços das mercadorias e dos bancos do Sudoeste. Outros milhares, como as 29 pessoas ("Phillip, Toney, Caesar...") que Champ Terry, do condado de Jefferson, Mississippi, tinha depositado como garantia para um empréstimo feito a ele pelo empreendedor Nathaniel Jeffries, foram privadamente hipotecados. Trabalhando nos campos, dormindo à noite ou ficando nas senzalas enquanto seguravam uma criança: cada pessoa nomeada em um documento de dívida estava sob o martelo do leiloeiro.[29]

Se o pior acontecesse, escreveu um proprietário de escravos do Mississippi a seu parente da Carolina do Norte, então uma mulher escrava a quem ambos conheciam, "a velha Dorcas", seria "vendida a quem desse o maior lance", porque "Duncan McBryde está em apuros". A carne humana tinha provado ser um recurso líquido em tempos difíceis para muitas pessoas brancas como McBryde. No entanto, na crise atual, a maior oferta seria inutilmente baixa. "Eu ouvi um cavalheiro dizer alguns dias atrás", escreveu William Southgate, do Alabama, "que viu um negro ser vendido no Mississippi por 60 dólares em espécie – um negro que custava algo como 2 mil dólares." Aqueles que tentaram "se livrar de alguns negros para seguir em frente", como um migrante em falência da Carolina do Norte planejava fazer, descobriram que "em muitos casos eles são vendidos a um quarto da soma dada ou prometida e o pobre devedor sai com três quartos da soma a ser levantada a partir de sua outra propriedade, se houver".[30]

---

29. Albert Gallatin to J. A. Stevens, May 10, 1837, Fol. April–July 1837, John Stevens Papers, NYHS; "Comparative Statement... ... Banks of New Orleans, 1835 and 1836", Fol. 5, Citizens' Bank of Louisiana Records, Tulane; Champ Terry to Nathaniel Jeffries, October 15, 1836, Fol. 345, RCB.
30. D. W. McKenzie to D. McLaurin, June 18, 1837, November 1, 1837, Duncan McLaurin Papers, Duke; Wm. Southgate to W. P. Smith, May 17, 1837, Wm. Smith Papers, Duke; J. Rowe to J. Cole, February 8, 1837, Cole-Taylor Papers, SHC.

Durante o verão de 1837, a mudança repentina levou à impotência os homens brancos do Sul deixando-os ansiosos e raivosos. Eles abordavam uns aos outros nas ruas, exigindo que as dívidas fossem pagas. Os acusadores insistiam que os bancos deviam abrir seus livros. Os caixas cortaram suas próprias gargantas. Os homens mais velhos vieram para o Oeste para tentar arrumar a bagunça que seus filhos tinham feito, mas morreram de derrame quando viram quão crítica era a situação. Quando um xerife zeloso tentou pressionar os casos de débito no condado de Hinds, no Mississippi, os empresários locais o perseguiram e deixaram que todos soubessem que haviam "guardado uma faca para cada homem que tentasse executar tal função". Em vez de liquidar imediatamente os débitos, escreveu um dos membros do círculo de bancários de Natchez para outro, no fim de 1837, todos deveriam jogar com o tempo: "A dívida com os bancos neste estado deve somar aproximadamente 33 milhões de dólares", mas a colheita do algodão que agora crescia no Mississippi "vai render provavelmente *10 milhões* de dólares". Quatro anos de colheita como a daquele ano de alguma maneira livraria os fazendeiros do Mississippi da dívida. Esse cálculo convenceu o homem de Natchez de que os credores prefeririam esperar pelo pagamento atrasado a exigir a execução da hipoteca. A Europa certamente não demoraria a querer todo o algodão que as mãos do Mississippi pudessem fazer, e a um preço alto.[31]

O fechamento dos bancos tanto do Sudoeste quanto de Nova York congelou o setor financeiro em uma espécie de coma induzido. A paralisação temporária também manteve os bancos do Sudoeste respirando por meio de aparelhos. As empresas mercantis de cidades portuárias, como Mobile e New Orleans, em contraste, estavam em estado terminal. A maioria dessas empresas jamais reabriu as portas. E havia outro problema: quando os consumidores e os investidores não têm confiança de que o crédito estará disponível, eles economizam muito, transformando seu medo de aprofundar a recessão em uma profecia autorrealizável. Assim, durante uma crise deflacionária, os decisores macroeconômicos sensatos geralmente prescrevem "injetar investimentos", o que significa que o gasto do governo encoraja o investimento privado. Mas o governo federal já

---

31. Em abril, os bancos de Nova Orleans permitiram que alguns devedores comerciais renovassem os débitos a cada seis dias até novembro, por uma tarifa de 10%, mas exigiram que quase todas as pessoas físicas fizessem pagamentos regulares sobre empréstimos hipotecários: City Bank Resolution, April 1, 1837; A. Beauvais to Pres. C.A.P.L., April 6, 1837, Fol. 7/47B, C.A.P.L. Papers, Universidade do Estado da Louisiana; J. R. Miller to William Miller, July 19, 1837, John Fox Papers, Duke; James Harrison to [?], July 12, 1837, James Harrison Papers, SHC; Joseph Amis to [?], May 6, 1837, S. S. Downey Papers, Duke; K. M. King to Uncle, November 1, 1837, Duncan McLaurin Papers, Duke; Stephen Duncan to W. Mercer, August 7, 1837, William Mercer Papers, Tulane.

havia sinalizado que não tomaria tais ações. Martin Van Buren convocou uma "Sessão de Pânico" especial do Congresso Federal no fim do verão de 1837. Ele defendeu a Circular da Espécie de Jackson e argumentou em favor de um "Tesouro Independente" que tornaria impossível que um banco privado usasse depósitos federais para fazer alavancagem financeira. Sua administração emitiu uma nova dívida federal, na forma de "notas do Tesouro", para compensar o déficit de rendimentos federais, que dependia de cobranças de tarifas e vendas de terras e, portanto, declinou dramaticamente com o colapso do comércio. Mas o presidente se recusou a subscrever a expansão do crédito para o sistema bancário.[32]

No entanto, "No Missi. [,] não houve perda completa de capital", escreveu Stephen Duncan. Os proprietários de escravos ainda possuíam os bens – homens, mulheres e crianças que produziam a mercadoria em torno da qual girava toda a economia financeira do Atlântico. Mas sem crédito suficiente para lubrificar os circuitos do comércio norte-americano, os fardos produzidos em 1837 podiam muito bem esperar nos diques e nas docas até que o vento rasgasse a lona que os envolvia. Assim, ao longo dos 12 meses que se seguiram, os empresários do Sul pediram aos investidores que investissem mais capital de longo prazo em sua região, e que fizessem isso tendo como garantia pessoas escravizadas. Os estados e territórios na fronteira da escravidão emitiram pelo menos 25 milhões em novas dívidas bancárias, a maioria com respaldo estatal, entre 1837 e 1839. A comunidade financeira mundial respondeu. O banco estatal do Alabama atraiu grandes quantidades de capital dos Rothschild, talvez a família mais rica do mundo, proprietários de um poderoso banco mercantil com sedes em Londres e Paris. As novas emissões de títulos bancários, por sua vez, permitiam aos bancos emprestar mais dinheiro aos escravistas do Sudoeste. O que de fato fizeram. Em 1841, os residentes do Mississippi deviam duas vezes mais dinheiro – 48 milhões de dólares – para os bancos do estado do que tinham devido no início de 1837.[33]

Em dezembro de 1837, John Stevens viajou para Nova Orleans para sondar o epicentro do desastre e começar a comprar fardos de algodão para seu empregador, Prime, Ward

---

32. Leland Jenks, *Migration of British Capital to 1875* (Nova York, 1927), 90-92; John Niven, *Martin Van Buren: The Romantic Age of American Politics* (Nova York, 1983).
33. S. Duncan to W. Mercer, August 7, 1837, William Mercer Papers, Tulane; US Congress, House of Representatives, "Condition of Banks, 1840", 26th Cong., 2nd sess., H. Doc. 111 (Serial 385), 1441; W. Bailey to Washington Jackson, June 4, 1838, Fol. 10, JRC; John J. Wallis, "What Caused the Crisis of 1839", NBER Historical Paper n. 133, April 2001, National Bureau of Economic Research, www.nber.org/papers/h0133.pdf; C. L. Hinton to Laurens Hinton, April 17, 1839, Laurens Hinton Papers, SHC; Bacon Tait to RB, Fol. 24, RCB.

& King. Os estoques das fábricas europeias haviam finalmente encolhido. "Os estados agroexportadores devem se recuperar rapidamente do choque do ano passado", escreveu um banqueiro do Sul. Van Buren não viria em auxílio da economia empresarial centrada no algodão, mas outros jogadores entraram na brecha. O primeiro deles foi Nicholas Biddle. Depois que o alvará do B.U.S. expirou, em 1836, seu estado o licenciou novamente como "Pennsylvania Bank of the United States". Apesar de muito reduzido em poder, o "B.U.S.P." ainda era a maior entidade financeira privada dos Estados Unidos, e Biddle tinha amealhado as reservas de dinheiro da instituição durante o período de pânico.[34]

Então, Biddle tentou o maior jogo criativo-destrutivo de todos os tempos. O B.U.S.P. emitiu milhões de dólares em notas que prometiam pagar ao portador em 12 ou 18 meses o valor nominal da nota mais 6% de juros. Essa foi uma aposta feita por ambas as partes sobre o renascimento do comércio do algodão. As notas do B.U.S.P. remonetizariam o comércio de algodão e serviriam de moeda para ser negociadas ao longo do ano e meio seguinte, altura em que as receitas de Biddle com a venda do algodão que havia comprado permitiriam o resgate das notas. Biddle e seus intermediários (outros bancos comerciais de alto nível, como o Brown Brothers) forneceram aos bancos licenciados pelos estados notas a crédito. Tomando o lugar dos comerciantes falidos do Sudoeste, eles compraram as colheitas dos fazendeiros locais. O Commercial Bank of Natchez comprou, por exemplo, 643 mil dólares de algodão para o Liverpool por sua conta, enquanto o Planters' Bank of Mississippi comprou 60 mil fardos de algodão de fazendeiros locais e os enviou para Liverpool. Lá, os aliados de Biddle estavam sentados no algodão.[35]

O algodão subiu de 20 centavos o quilo no início de 1838 para quase 30 centavos conforme os proprietários de escravos da fronteira da escravidão se preparavam para plantar a safra de 1839. E eles plantaram muito porque logo precisariam de dinheiro.

---

34. J. A. Stevens a T. W. Ward, 5 de agosto de 1837, 15 de Setembro de 1837; T. W. Ward a H. Lavergne, dezembro de 1837, T. W. Ward a J. A. Stevens, 8 de dezembro de 1837, 16 de dezembro de 1837, John Stevens Papers, NYHS; W. W. Rives a Thomas Smith, 15 de junho de 1837, Wm. Smith Papers, Duke; R. Hinton a Laurens Hinton, 23 de julho de 1837, Laurens Hinton Papers, SHC; E. B. Hicks a A. Cuningham, 10 de janeiro de 1838, Cuningham Papers, Duke.
35. John Killick, "The Cotton Operations of Alexander Brown and Sons in the Deep South, 1820-1860", *JSH* 43 (1977): 185; H. H. G. to J. A. Stevens, February 16, 1838, Baring Brothers to J. A. Stevens, March 14, 1838 (I), March 14, 1838 (II), T. W. Ward to G. B. Milligan, March 11, 1838, John Stevens Papers, NYHS; Bray Hammond, *Banks and Politics in America: From the Revolution to the Civil War* (Princeton, NJ, 1957), 467-477; W. Bailey to Washington Jackson, June 4, 1838, JRC; Bennett Ferriday & Co. to Jackson, Riddle, January 24, 1838, JRC; Joseph Eaton to Thomas Jeff rey, May 20, 1838, Bank of State of Georgia Papers, Duke.

Como William Rives escreveu de Clinton, no Mississippi, eventualmente "imensas somas têm que ser recebidas pelos xerifes... E grande parte delas será obtida pela venda de bens". Assim, os proprietários de escravos comandaram duramente suas mãos direita e esquerda no verão de 1839. "O número de mãos que tenho colhendo algodão", escreveu A.G. Alsworth, no Mississippi, "frequentemente faz em média mais de 90 quilos e no 4º dia do mesmo mês eles chegaram a colher 97[,] dois deles colheram [juntos] 293." James Haywood foi para o campo e, ao lado de seus escravos, "colhi algodão de agosto até o fim do período, porque eu conhecia nossa situação e estava ansioso para me livrar da dívida... nenhum feitor teria trabalhado tão duro como eu".[36]

Quando tudo estava dito e feito, os senhores de escravos enviaram 1,65 milhão de fardos de algodão em 1839 – 225 mil a mais do que qualquer ano anterior. Mas, mais uma vez, o aumento da oferta abalou o preço da mercadoria, que começou a cair. O algodão caiu de uma alta de 30 centavos por quilo na primavera de 1839. Em setembro, estava custando 22 centavos. Quando a extensão da vasta safra de 1839 surgiu, o preço despencou até chegar a 15 centavos o quilo. À medida que caiu, esmagou o B.U.S.P. de Biddle, que tinha apostado tudo em poder reaver suas notas de valor fixo vendendo o algodão a preços elevados. O fim veio rápido. No dia 9 de outubro, o último banco de Biddle fechou suas portas. Com ele, caíram todas as outras instituições que tinham participado de sua aposta na alavancagem.[37]

"É muito provável que nossos bancos caiam aos pedaços", escreveu Robert Carson, um senhor de escravos do Alabama, em agosto de 1839. O Pânico de 1839 foi um colapso ainda mais profundo do que o de dois anos antes e, depois dele, a maioria dos bancos do Sudoeste nunca reabriu. Em Tallahassee, quando os administradores do Union Bank of Florida ignoraram uma ordem legal intimando-os a pagar uma conta pendente de US$ 197,23, o tribunal enviou delegados para leiloar seu edifício, a única posse restante do banco. Quando os delegados se aproximaram dos degraus da frente, seguidos por uma multidão de espectadores prontos a se regozijar, a porta se abriu. Os administradores surgiram, carregando sacos com moedas de dez, cinco e um centavos que literalmente rasparam do fundo do cofre. Mal cobria a dívida. Enquanto isso, o dinheiro que o

---

36. J. Knight to Wm. Beall, October 21, 1838, February 10, 1839, John Knight Papers, Duke; J. S. Haywood to G. W. Haywood, November 25, 1838, Fol. 155, HAY; W. R. Rives to J. Harris, March 18, 1838, Fol. 22, RCB; A. Cuningham to E. B. Hicks, May 14, 1838, Cuningham Papers, Duke; J. S. Haywood to G. W. Haywood, March 17, 1839, Fol. 155, HAY.
37. A. G. Alsworth to J. S. Copes, September 10, 1839, Box 1, Fol. 64, Copes Papers, Tulane; R. C. O. Matthews, *A Study in Trade-Cycle History: Economic Fluctuations in Great Britain, 1833 to 1842* (Cambridge, UK, 2011), 65-68; Wallis, "What Caused the Crisis of 1839", 40.

Mississippi Union Bank tinha recebido por seus títulos no final de 1838 foi arrasado, como um castelo de areia, quando a maré dos preços em queda do algodão chegou. Um observador predisse que o "Mississippi vai sair da dívida no ano cristão de 1897". Como se verificou, essa era uma previsão excessivamente otimista.[38]

A presidência de Martin Van Buren tinha sido emboscada primeiro por um pânico e depois por outro. O Congresso, pressentindo fraqueza, aboliu o tesouro independente do presidente. Para os Whigs, a próxima eleição nacional parecia uma oportunidade perfeita para conquistar a Casa Branca e desenrolar os efeitos de 12 anos de dominação dos Democratas no Executivo. Usando as técnicas de organização popular e mensagem populista desenvolvidas pelos próprios democratas, a campanha dos Whigs de 1840 retratou "Martin Van Ruin" como um Casanova contraditoriamente andrógino que comia em um invejável serviço de mesa feito de ouro e ordenava a construção de um monte de bustos em forma de peito (com mamilo e tudo) no jardim da Casa Branca. Eles nomearam como seu candidato presidencial William Henry Harrison, de Ohio, que tinha nascido na aristocracia da Virgínia, mas se apresentava como um homem de fronteira e reivindicava o crédito pela vitória sobre Tecumseh na Batalha de Tippecanoe em 1811. Escolhendo para vice John Tyler, um fazendeiro que não abandonara sua Virgínia natal, os líderes dos Whigs proclamaram o slogan "Tippecanoe e Tyler Too". A máquina democrática continuou a produzir votos. Van Buren levou quase 47% dos votos populares nas eleições presidenciais, que saíram dos 80% de votantes qualificados – ainda assim, o número mais alto já atingido. Mas os Whigs varreram o núcleo de apoio do Velho Hickory no Sudoeste devastado pelo pânico, tomando a Louisiana, o Mississippi, a Geórgia e até mesmo o Tennessee, arrastando 234 votos para os 60 de Van Buren.[39]

Agora em controle tanto do ramo Legislativo quanto do ramo Executivo do governo federal, os Whigs forçaram imediatamente sua primeira pauta no Congresso. Eles aprovaram uma Lei de Falência Nacional que permitiria que as cortes federais parassem a desalavancagem caótica e racionalizassem o processo da liquidação dos débitos e da recuperação financeira. De acordo com essa lei, um devedor poderia renunciar a sua propriedade a um agente designado pelo tribunal que iria vender tudo e distribuir o produto para os credores. Depois disso, o devedor estaria legalmente livre de dívidas

---

38. Edward E. Baptist, *Creating an Old South: Middle Florida's Plantation Frontier Before the Civil War* (Chapel Hill, NC, 2002), 154-155; *Tallahassee Floridian*, March 20, 1841; Robert Carson to Dear Sir, August 30, 1839, John Forsyth Papers, Duke; Rich. Faulkner to Wm. Powell, May 8, 1839, William Powell Papers, Duke.
39. Sean Wilentz, *The Rise of American Democracy: Jefferson to Lincoln* (Nova York, 2005), 502-510.

e pronto para recomeçar a negociar. Samuel Thompson, por exemplo, era membro de uma casa comercial de algodão situada em Nova Orleans que desmoronou em 1839. Sua empresa insolvente, de acordo com os documentos que apresentou, devia mais de 400 mil dólares – não muito para o padrão. Estava emaranhado, como também era costume, com credores semelhantes, devendo 16 mil dólares para o Union Bank of Louisiana, 60 mil para outros bancos e até 20 mil para notas do B.U.S.P. que a empresa tinha pegado emprestado para que participasse do último suspiro da especulação do algodão, em 1839. A firma, e Thompson, ofereceram uma variada carteira de ativos de bens imóveis para compensar as dívidas: um terreno na esquina da rua Camp em Nova Orleans, metade de um título de propriedade sobre 1.500 acres em Bayou Black, 1.111 acres nunca vistos no Texas. Se os credores insistiam em dinheiro, as propriedades eram leiloadas e vendidas pelo maior lance. Foi o que aconteceu com Thomas, Henry, Peter, Evelina e seu filho James, que foram avaliados em 3 mil dólares. Embora esses cinco tenham sido vendidos por apenas 1.125 dólares em cima do caixote do leilão, a firma também detinha 100 mil dólares em "contas a receber" – dívidas de outros com a empresa. Os credores inteligentes podiam escolher esses créditos e calcular quais provavelmente renderiam mais quando espremidos, então pegar os mais suculentos em troca de cancelar as dívidas de falência.

Se tivesse sido completamente aplicada, a Lei de Falências poderia ter limitado a devastação financeira que os empresários do Sudoeste tinham causado para si mesmos. No entanto, depois de um mês no poder, o presidente Harrison, que havia contraído um resfriado grave em sua posse, morreu de pneumonia. Agora, pela primeira vez, um vice-presidente sucederia um presidente. Muitos Whigs presumiram que John Tyler, que, afinal de contas, não tinha sido eleito para liderar, humildemente tiraria seu controle sobre o Congresso. Tyler, entretanto, provou ter uma disposição obstinada, revelando que era, afinal, essencialmente um democrata da Virgínia. Ele vetou o alvará concedido pelos Whigs no Congresso de 1842 para um novo B.U.S. No ano seguinte, o Congresso, que voltou a ter maioria democrata depois das eleições intercalares, derrubou a Lei de Falência.

Agora, ao longo de toda a fronteira da escravidão, o processo de cobrança de dívidas dos indivíduos começou a avançar com velocidade redobrada. Todos tinham de se defender contra bancos desesperados, comerciantes em falência, credores externos e, acima de tudo, uns dos outros. Em cada circunscrição do sistema judicial de cada estado do Sudoeste, juízes e advogados seguiam a cavalo, no dia marcado, para tribunal do condado que viesse a seguir e ouviam o relatório da dívida. Não raro, depois da última visita ao tribunal, pouco tinha acontecido em termos de negócios, a não ser o arquivamento de milhares de casos. Um homem do Alabama escreveu: "Montgomery está completamente arruinada, não há nada aqui, exceto tribunais". Os advogados traziam notas protestadas e hipotecas não pagas, oficiais de justiça vinham e os funcionários emitiam documentos legais autorizando os xerifes a tomar a propriedade para venda. Alguns devedores foram "liquidados pelo xerife", seus escravos e títulos de terra leiloados nos degraus do tribunal de justiça. Embora "um grande número de negros vá ser vendido no leilão no decorrer dessa e da próxima [sessão]", a maioria esperava por uma maior queda dos preços e estava "esperando até que a coisa ficasse o pior possível". Sem dúvida, ninguém pagou os preços que realmente pagaria pelas dívidas dos "tempos de resplendor", sobretudo quando medidos em dólares de ouro e prata, a única moeda aceita pelo valor nominal. "Eu me pergunto como a Velha Virgínia se mantém nos tempos difíceis", escreveu um homem do Sudoeste sobre os vendedores de escravos que se beneficiaram com o aumento dos preços dos ativos. "Espero que os negros possam ser comprados por preços baixos na Virgínia. Eles [os nativos da Virgínia] colheram os benefícios da tolice dos Missns [homens do Mississippi], mas acho que a colheita acabou". O comerciante de escravos Tyre Glen voltou para cobrar os 50 mil dólares que os homens do Alabama lhe deviam. No Mississippi, Rice Ballard forçou as vendas e comprou os bens leiloados ele mesmo. E os próprios traficantes de escravos foram perseguidos: uma carta a Ballard detalhou centenas de milhares de dólares que uma dúzia de comerciantes de escravos devia a grandes bancos da Virgínia.[40]

O TRIBUNAL FEDERAL DE FALÊNCIAS QUE VENDEU Evelina e James para pagar as dívidas de Samuel Thompson não vendeu o pai de James. Apesar das separações infligidas pela migração forçada, a fronteira da escravidão estava cheia de pais. De fato, estava cheia de todos os tipos de relações – novas, reconstruídas, flexíveis, criativas como a mão esquerda. Para os pais, irmãos, amigos e amantes, as novas relações de carne, de sangue e de consideração eram fundações nas quais eles podiam se pôr de pé e se sentir como homens. Mas as relações também foram portas de entrada para mais vulnerabilidade. Muitos homens escravizados estavam mais dispostos a recuar, a fim de proteger seus papéis de marido e pai, do que estariam para proteger apenas seus próprios corpos. Nenhuma pessoa poderia viver esses laços a menos que ainda estivesse viva. No entanto,

---

40. Rowland Bryarly to S. Bryarly, May 5, 1838, Bryarly Papers, Duke; Edward Balleisen, "Vulture Capitalism in Antebellum America: The 1841 Federal Bankruptcy Act and the Exploitation of Financial Distress", *Business History Review* 70 (1996): 473-516; S. Thompson, Case 12, 1841 Bankruptcy Case Files, ELA37; 1841 Bankruptcy Sales Book 1, p. 93, E39, RG 21, NA.

alcançar a sobrevivência afastando-se às vezes da autoafirmação e da autorrealização exigia um tipo de reflexão psicologicamente difícil sobre si mesmo.[41]

Esses enigmas são explícitos no que sabemos da vida de Joe Kilpatrick, um homem cujo senhor o vendeu a um comerciante que passava pela Carolina do Norte na década de 1830. Vendo-o desaparecer no horizonte do Sul estavam sua esposa e suas duas filhas, Lettice e Nelly. Comprado perto de Tallahassee, Joe construiu uma cabana no campo de trabalho de seu senhor. Lá ele pegou e criou George Jones, um órfão, de 5 anos, do comércio negreiro. Trinta anos se passaram. George Jones cresceu, se casou e teve duas filhas.[42] Ele as chamou de Lettice e Nelly. Que histórias Kilpatrick havia contado para George em sua cabana? Quando o garoto decidiu que as garotas eram suas irmãs? E o que essa história de sangue que não era sangue diz sobre como Joe Kilpatrick decidiu viver sua vida? Não podemos adivinhar o que se passava na mente de Kilpatrick enquanto ele via uma criança se transformar em um homem, ou enquanto ele observava as meninas que levavam os nomes de suas filhas de sangue perdidas havia muito tempo brincando na terra em frente a sua cabana. No entanto, Kilpatrick registrou suas escolhas em suas ações. Ele buscava a redenção para suas próprias perdas, não na dominação nem na aceitação do desespero, mas em uma esperança paciente, a longo prazo. Foi assim que ele viveu uma ideia de masculinidade incompatível com a prontidão para se vingar que por muito tempo definia a masculinidade, não só para os brancos no Sul *ante bellum*, mas ao longo de grande parte da história ocidental.[43]

---

41. Michael F. Holt, *The Rise and Fall of the American Whig Party: Jacksonian Politics and the Onset of the Civil War* (Nova York, 1999), 122-161; James Donnelly to J. S. Devereux, 1839, JSD; Rich. Faulkner to Wm. Powell, May 8, 1839, Wm. Powell Papers, Duke; Robert Carson to Dear Sir, August 30, 1839, John Forsyth Papers, Duke. Para preços, cf. *Carson v. Dwight* [LA, 1843]; *Erwin v. Lowry* [LA, 1849]; *Stacy v. Barber* [MS, 1843]; all CATTERALL, 3:554, 595, 297-298; IF to RB, May 23, 1838, Fol. 22, RCB; Jos. Alsop to RB, January 18, 1839, Fol. 24, Bacon Tait to RB, May 1, 1838, RCB; IF to RB, May 23, 1838, both Fol. 22, RCB; "Memo. of... ... Debts Due in Ala", Tyre Glen Papers, Duke.
42. Herbert Gutman, *The Black Family in Slavery and Freedom, 1750-1925* (Nova York, 1976); Anthony G. Kaye, *Joining Places: Slave Neighborhoods in the Old South* (Chapel Hill, NC, 2007), 74; Ann P. Malone, *Swing Low, Sweet Chariot: Slave Family and Household Structure in Nineteenth-Century Louisiana* (Chapel Hill, NC, 1992); Dep. Victoria Burrell, 455.869, Union Veterans' Pension Files, NA; George Jones, #1184, *Register of Signatures of Depositors*, Tallahassee Branch of Freedmen's Savings and Trust Company, National Archives Microfilm M816, Roll 5.
43. Wm. C. Bryarly to S. Bryarly, February 17, 1848, Bryarly Papers, Duke; Richard Trexler, *Sex and Conquest: Gendered Violence, Political Order, and the European Conquest of the Americas* (Ithaca, NY, 1995); Amy Greenberg, *Manifest Manhood and the Antebellum American Empire* (Cambridge, UK, 2005), 1-16.

Escrevendo sobre campos de concentração do século XX, o autor Tzvetan Todorov identifica aqueles poucos que lutaram até a morte, como os judeus e comunistas que se levantaram contra a ocupação nazista da Polônia em 1943 e 1944, como exemplares de "heroísmo". Os guerreiros de resistência do gueto de Varsóvia estavam dispostos a morrer pelo valor da liberdade, mesmo que não pudessem alcançar sua realidade. "Para o herói", argumentou Todorov, "a morte tem mais valor do que a vida" – certamente mais do que a vida sob condições em que não se pode reivindicar a liberdade. Sem a vontade de buscar a morte para evitar a dominação, acreditavam os heróis das revoltas, a vida não valia a pena ser vivida. Desde o conto de Gilgamesh e a *Ilíada* até os filmes apocalípticos, os épicos ocidentais são histórias sobre esses heróis. São homens que resistem, que derramam o sangue de oponentes, que não aceitam limitações ou insultos, que nunca serão escravos. Às vezes, eles estão dispostos a derramar sangue e morrer para que as pessoas em geral possam ser livres, mas sempre estão dispostos a fazer isso para que eles próprios sejam livres – livres sobretudo da imputação de que qualquer um poderia dominá-los. Livres como Robert Potter, livres como os 20 mil homens que vieram assistir Andrew Jackson se tornar presidente. Ou livres como aqueles homens imaginavam que fossem.

Homens brancos, do Sul e do Norte, viram a suposta falta de resistência de homens escravizados como evidência de que não eram heróis, a prova de que não eram realmente homens. Eles zombavam de homens negros como se fossem Sambos[44] subservientes em piadas, na literatura e nas apresentações dos menestréis. A necessidade de refutar a emasculação simbólica que a escravidão representou tem impulsionado parte da criatividade cultural negra ao longo dos anos desde então. E os historiadores têm repetidamente confundido "masculinidade" e "resistência" quando escrevem sobre a escravidão.[45]

Joe Kilpatrick não era um herói. Ele não poderia construir sua vida como teria feito em liberdade. Não estava disposto a morrer apenas para mostrar que tinha a liberdade de morrer. No entanto, fez escolhas que foram importantes, tanto para as crenças sobre

---

44. Termo empregado para caracterizar, pejorativamente, pessoas negras como ingênuas e simplórias. (N. do R. T.)
45. ST, 152; Jim Cullen, "'I's a Man Now': Gender and African-American Men", in Darlene Clark Hine and Earnestine Jenkins, eds., *A Question of Manhood* (Bloomington, IN, 1999), 489-501; Walter Johnson, "On Agency", *Journal of Social History* 37, n. 1 (2003): 113-124; James Scott, *Domination and the Arts of Resistance: Hidden Transcripts* (New Haven, CT, 1990); François Furstenberg, "Beyond Freedom and Slavery: Autonomy, Virtue, and Resistance in Early American Political Discourse", JAH 89, n. 4 (2003): 1295-1330; Edward E. Baptist, "The Absent Subject: African- American Masculinity and Forced Migration to the Antebellum Plantation Frontier", in Craig T. Friend and Lorri Glover, eds., *Southern Manhood: Perspectives on Manhood in the Old South* (Athens, GA, 2004).

masculinidade que elas revelam quanto pelo que fizeram por George Jones, Lettice e Nelly. Em vez de honra, Kilpatrick escolheu o que Todorov chamou de "virtudes comuns". Os heróis distribuem vingança, proferindo insultos e, em um sentido existencial, negando sua própria morte. Nos campos do século XX, no entanto, descobriu Todorov, algumas pessoas em vez disso encontraram a transcendência mostrando bondade para com outras pessoas. Através de pequenos atos cotidianos que os comprometeram com a sobrevivência de outros seres humanos – mesmo à custa de diminuir suas próprias chances de sobrevivência –, as pessoas demonstraram seu próprio compromisso com um valor abstrato porém pessoal. Embora os atos heroicos fossem tão suicidas nos campos de extermínio do século XX quanto nos campos de escravos do século XIX, mesmo no inferno ainda havia espaço para que alguém se mostrasse um ser humano moral.[46]

Nos campos de trabalho escravo do Sudoeste, o compromisso de um homem adulto com as virtudes comuns, em vez de heroicas, poderia significar a diferença entre a vida e a morte para crianças como George Jones. Tais escolhas poderiam ter o mesmo resultado para os próprios homens. Os laços de sangue reconstruídos poderiam fornecer uma razão para não morrer lutando em suas correntes. Em meio às perturbações e perigos da década de 1830, homens escravizados frequentemente se tornaram cuidadores de outros. Cuidar não é central para a maioria das definições de masculinidade. Mas, assim como a bondade dos homens escravizados levou a vida de volta à alma de Lucy Thurston quando seu espírito estava tão morto quanto o de um zumbi naquela fazenda

---

46. Tzvetan Todorov, *Facing the Extreme: Moral Life in the Concentration Camps*, (Nova York, 1996). Os trabalhos pioneiros sobre a história das mulheres na escravidão norte-americana incluem os seguintes: Deborah Gray White, *Ar'n't I a Woman? Female Slaves in the Plantation South*, 2nd ed. (Nova York, 1999); Angela Davis, *Women, Race and Class* (Nova York, 1981), 3-29; Brenda Stevenson, *Life in Black and White: Family and Community in the Slave South* (Nova York, 1996); Hortense Spillers, "Mama's Baby, Papa's Maybe: An American Grammar Book", *Diacritics* 17 (1987): 65-81; Catherine Clinton, "Caught in the Web of the Big House: Women and Slavery", in Walter J. Fraser Jr., R. Frank Saunders Jr., and Jon L. Wakelyn, eds., *The Web of Southern Social Relations: Women, Family, and Education* (Athens, GA, 1985), 19-34; Jacqueline Jones, *Labor of Love, Labor of Sorrow: Black Women, Work, and the Family from Slavery to the Present* (Nova York, 1985); Thelma Jennings, "'Us Colored Women Had to Go Through a Plenty,'" Journal of Women's History 1 (1990); Nell Irvin Painter, "Soul Murder and Slavery: Toward a Fully Loaded Cost Accounting", in Linda K. Kerber, Alica Kessler-Harris, and Kathryn Kish Sklar, eds., *U.S. History as Women's History: New Feminist Essays* (Chapel Hill, NC, 1995), 125-146; David Barry Gaspar and Darlene Clark Hine, *More Than Chattel: Black Women in the Americas* (Bloomington, IN, 1996); Stephanie M. H. Camp, *Closer to Freedom: Enslaved Women and Everyday Resistance in the Plantation South* (Chapel Hill, NC, 2004); Jennifer L. Morgan, *Laboring Women: Reproduction and Gender in New World Slavery* (Philadelphia, 2004); Thavolia Glymph, *Out of the House of Bondage: The Transformation of the Plantation Household* (Cambridge, UK, 2008); Daina Ramey Berry, *Swing the Sickle for the Harvest Is Ripe: Gender and Slavery in Antebellum Georgia* (Urbana, IL, 2007).

de algodão da Louisiana, a bondade de homens como Joe Kilpatrick levou-os a criar famílias de todos os tipos, e também a cuidar delas, alimentá-las e ensiná-las. E porque essas escolhas os colocavam nos relacionamentos como maridos ou amantes, pais ou irmãos, esses homens muitas vezes faziam das virtudes comuns algo central para suas próprias identidades, apesar de todo o ruído cultural que lhes dizia que, como homens, eles haviam falhado. E talvez, quem sabe, um homem que vivesse dessa maneira também minasse o ideal branco do homem como herói vingativo.

A busca dos homens pela virtude ordinária no contexto das devastações da migração forçada já era visível na época do Pânico de 1837, moldando a vida de tal forma que até influiu nos livros de registro dos fazendeiros. O primeiro sinal é simplesmente a taxa crescente de casamentos nos campos de trabalho escravo do Sudoeste durante a década de 1830. Na Magnólia de Alexander McNeill, por exemplo, 21 das 37 mulheres acima de 20 anos eram casadas com homens que moravam lá. Tais relações implicavam uma escolha deliberada de começar de novo. Muitos desses maridos da fronteira haviam sido casados com outras mulheres nos velhos estados. No meio da explosão do algodão de 1830, Peter Carter foi vendido de Maryland para a Flórida. Um homem mais velho, segundo os padrões do comércio – mais de 40 anos –, deixou uma família inteira para trás. Mas, na Flórida, voltou a se casar, aos 50 e poucos anos, e criou mais três filhos.[47]

Ser marido ou pai era importante porque os homens escravizados que desejavam viver de uma maneira definida pela escolha moral, em vez de pelo medo, precisavam ver a coisa a longo prazo, pensar nas pessoas que um dia seriam deixadas para trás. Mesmo aqueles que não se casaram poderiam estabelecer novos laços, fossem de sangue ou não. Charles Ball deixara sua família para trás em Maryland. Na Carolina do Sul, ele se tornou um membro contribuinte da família de Nero e criticou o marido de Lydia por não ser muito extremoso. Em seguida, ele adotou um pequeno menino que fora transformado em órfão pelo comércio, "a mesma idade que meu filhinho, que eu tinha deixado em Maryland. E tudo que eu possuísse no mundo, teria dividido com ele, até a minha última casca de pão". O que interessava era importar-se – ter valor, ser essencial

---

47. Magnolia, 1838-1840, Fol. 429, RCB; Richard S. Dunn, *A Tale of Two Plantations: Slave Life at Mesopotamia in Jamaica & Mount Airy in Virginia, 1762-1865* (Nova York, 2014); Gutman, *Black Family*; Peter Carter, *Register of Signatures*, #359; sobre as questões relativas ao segundo casamento, ver Jeff Forret, "Slaves, Sex, and Sin: Adultery, Forced Separation and Baptist Church Discipline in Middle Georgia", *Slavery and Abolition* 33, n. 3 (2012): 337-358, também cf. Damian Alan Pargas, *The Quarters and the Fields: Slave Families in the Non-Cotton South* (Gainesville, FL, 2010).

na vida de outra pessoa. Nenhuma necessidade era maior que a de uma criança órfã por um adulto – exceto, talvez, a necessidade de Charles Ball de ter uma criança.[48]

A fruição completa desses esforços apareceu décadas mais tarde, na esteira da emancipação. As mulheres fizeram coisas incríveis para manter a vida em andamento durante a Guerra Civil e lutaram pela maior medida de liberdade depois disso. Mas naqueles dias, os homens também fizeram seus próprios sacrifícios – alguns, brutalmente difíceis –, como fazer e refazer centenas de milhares de lares livres. O pai de Nettie Henry caminhou do Texas até o Mississippi para se juntar a ela e sua mãe. Outros escolheram ficar com as pessoas entre as quais reconstruíram uma vida. Jack Hannibal, vendido anos antes da década de 1870, escreveu do Alabama para sua proprietária da Carolina do Norte, uma vez: "Querida senhora [...]: Por favor, faça a gentileza de escrever para a Flórida, para minhas duas irmãs, para que saibam onde estou, para que possam saber para onde mandar suas cartas." Ele acreditava que a mulher saberia para onde tinham sido vendidas. Depois disse-lhe quantos filhos tinha, que tinha enterrado uma mulher e se casado com uma segunda, e que estava pronto para reunir debaixo de suas asas todos aqueles a quem ela tinha ferido: "Por favor, escreva para minhas duas irmãs na Flórida dizendo que se não estiverem se saindo bem devem escrever para mim, pois agora estou fazendo como José [do velho testamento], preparando milho agora para elas, caso precisem aparecer".[49]

O percurso de Hannibal lembrava o de outros casos como o de Hawkins Wilson, que escreveu do Texas para a irmã, de quem tinha sido separado quando menino, para lhe dizer que sobrevivera e se tornara um "homem adulto" e que, "como José", ele ficaria muito feliz em vê-la novamente. De fato, Hannibal era ao mesmo tempo um patriarca e uma mãezona. Ele se avaliou pelo que perdeu, pelo que tinha suportado e pelo que encontrou de novo – e não pelo que não tinha sido capaz de resistir nas mãos de senhores de escravos que o chamavam de "menino". O que esses homens conseguiram ao sobreviver e cuidar de outras pessoas nem sempre era suficiente para substituir as demais esperanças que mantinham em seus corações. Eles pagaram um preço psicológico que ninguém pode medir. Nem todos os homens escravizados eram exemplares da virtude ordinária. Mas Joe Kilpatrick, Jack Hannibal e incontáveis outros escolheram abrigar sob suas asas futuros longínquos, que só puderam chegar muito depois de suas

---

48. Charles Ball, *Slavery in the United States: A Narrative of the Life and Adventures of Charles Ball...* (Nova York, 1837), 263-265, 275; cf. Dickson D. Bruce, *The Origins of African-American Literature* (Charlottesville, VA, 2001).
49. Nettie Henry, AS, S.1, 8.3 (MS), 975-976; Jack Hannibal to Dear Mistress, August 9, 1878, Jack Hannibal Letter, Duke.

próprias mortes. A esperança deles era que, nesse futuro, seus filhos ou filhos de seus filhos – seu próprio sangue – fossem livres. Para que esse futuro chegasse, no entanto, alguém precisava sobreviver. Em 1 bilhão de atos de amor silencioso que mantinham crianças e outros vivos, tais homens desafiaram as definições de masculinidade que brancos tinham esgrimido no Sul dos Estados Unidos e no Ocidente, mesmo quando o poder dos fazendeiros chegou ao auge de 1837.

UMA VEZ, UM JOVEM DO ALABAMA, que tinha sido encarregado de levar uma carta, levou-a até o meio do caminho para a cidade e então parou. Ele se assegurou de que ninguém estava vendo. Então, enterrou o envelope na areia ao lado da estrada. A informação da carta ficou no chão por um mês. Mas, de alguma forma, seu proprietário "descobriu". As notícias estavam chegando. Cartas e notas de credores, tribunais, bancos e xerifes estavam vindo. E não havia quase nada que os homens escravizados, ou as outras pessoas nas famílias que haviam ajudado a construir, pudessem fazer para impedir que as cartas destruíssem o que tinham construído.[50]

Também não existia nada que John Devereux pudesse fazer para deter as cartas que estavam chegando para seu filho, Julien. John, que morava no Alabama, tinha o coração de um cavalheiro da Virgínia do século XVIII. Em bom estilo jeffersoniano, ele se levantou em 1º de janeiro, escreveu o número do ano novo tanto dos cristãos quanto dos muçulmanos e acrescentou uma descrição lírica do tempo que fazia naquele dia. Ele alimentou cada homem branco que bateu a sua porta. Passava noites lendo obras de história natural. Em sua idade avançada, Devereux preferia que "Scot Negro" manejasse o chicote.

Em 1839, porém, um turbilhão de esquemas fracassados estava puxando Julien para baixo. Havia sua especulação arruinada pelas declarações de terras fraudulentas dos índios creek. Os inimigos políticos descobriram o golpe e o denunciaram na Assembleia Legislativa Estadual. Os amigos de Julien abafaram os delatores com ameaças, mas os documentos revelavam que ele devia grandes somas de dinheiro a vários bancos. A parceria comercial com seu cunhado Henry Holcombe – um campo de trabalho escravo e uma casa comercial especializada em algodão em Mobile – entrou em colapso. Apesar de "nossa longa indulgência", grunhiu a carta da empresa de um comerciante, a conta de Julien permaneceu no vermelho. Algumas semanas mais tarde, um funcionário do xerife trouxe um documento que certificava que Julien estava sendo processado em 10 mil dólares por outro credor. Mais cobranças enviadas pelo correio: "Você fará algum

---

50. Eliz. Koonce to Eliz. Franck, December 18, 1849, Cox and Koonce Papers, SHC.

arranjo para pagamento", "Tomo a liberdade de lembrá-lo das promessas feitas a mim" e "Essa letra de câmbio em nome de *Julien S. Devereux*, no montante de 3.500 dólares está PROTESTADA". Até mesmo seu casamento estava desmoronando.[51]

Julien vendeu sua terra para arrecadar dinheiro e então se mudou com os filhos e os escravos restantes para a casa de John. O divórcio de Julien de Adaline era um evento raro no Alabama do pré-guerra. Segundo o sistema legal, apenas a humilhação extrema justificava o divórcio branco. John teve que alegar, em um testemunho apoiando a petição do divórcio de seu filho, que a propensão de Adaline para discutir, bater nos empregados da casa e choramingar no sofá quando sua vontade era contrariada tinha se tornado o "notório... assunto de observação geral e fofoca", para a "mortificação de todos os seus amigos". A fachada da família de John caiu. Todo mundo podia ver o fracasso lá dentro.[52]

O pânico esticou e rompeu os laços que haviam mantido os esquemas juntos, criando uma crise da sociedade senhorial – e da masculinidade – que colocava em risco os laços sociais e familiares dos brancos de uma forma que as separações geográficas da migração física nunca haviam feito. À medida que o amanhecer se erguia sobre uma paisagem financeira arruinada e pontilhada de papéis inúteis – "Os negócios estão muito tediosos aqui, exceto por algumas especulações que estão acontecendo. Pouco ou nenhum dinheiro em circulação" – a luz revelou homens outrora dominadores sendo perseguidos como se fossem fugitivos. Eles não podiam mais, por exemplo, contar com os bancos estaduais beneficiados por Andrew Jackson para se apresentar como devedores fosse perante si mesmos, fosse perante os mercados de crédito mundial. Os bancos insolventes da fronteira da escravidão possuíam imensas pilhas de dívidas que eram devidas a instituições do Nordeste, como o B.U.S. da Pensilvânia. O B.U.S.P., ele mesmo falido, estava nas mãos dos depositários que mandaram John Roberts descer o Mississippi para fazer a arrecadação nos bancos do estado. Mas ele logo descobriu que não tinha escolha a não ser tentar cobrar, ele mesmo, as imensas quantias de dívidas que os mississippianos deviam individualmente ao Planters' Bank, que, por sua vez, devia ao B.U.S.P.[53]

---

51. E.g., Notice to Sampson Lanier, JD, and Wildredge Thompson, January 11, 1838, JSD; Memo of Debts, JSD; John Devereux to JD, January 26, 1839, JSD; Bank of Milledgeville to JD, February 14, 1840, JSD; Notice of Protest, April 24, 1840, JSD; S. Grantland to JD, September 14, 1840, JSD; *Executions* v. JD, Macon County, Alabama, October 24, 1840, JSD.
52. Petition of JD, February 10, 1843, and Deposition JD, JSD.
53. J. S. Short to T. P. Westray, August 1, 1838, Battle Papers, SHC; John Roberts to John Bacon et al., December 13, 1841, and John Roberts to H. D. Mandeville, January 3, 1842, ambos no Bank U.S. of Penna. Papers, LLMVC. Eu agradeço a Richard Kilbourne por compartilhar generosamente sua transcrição dessa coleção difícil.

"A condição das pessoas em suas questões pecuniárias", Roberts logo aprendeu, era um enrosco que ninguém sabia resolver. "Mesmo as dívidas com lastro hipotecário são bastante incertas, os escravos, que tornam as dívidas hipotecárias mais seguras, são frequentemente removidos e enviados para fora de nosso alcance." A hipoteca para um pedaço de terra foi registrada no tribunal de Woodville, como lhe foi dito. Ou talvez tenha sido registrada em Natchez. Ou era na Cidade de Yazoo? "É tudo esquema", explodiu Roberts, exasperado por conta de evasivas que giravam em torno de outras evasivas. Parecia que todos estavam mentindo e enganando uns aos outros para escapar das armadilhas que haviam construído para si próprios: "Eu não acreditaria no primeiro homem que aparecesse" no Mississippi, ele escreveu. "Santo ou pecador, não há diferença, todos mentem e enganam." No Alabama não era melhor: "As pessoas todas estão ficando mais desesperadas – estão atirando umas nas outras e se matando tanto, que você não faz ideia." Logo, Roberts estava escrevendo: "Eu não pediria a ninguém no Mississippi para oferecer bens como colaterais de um título de dívida". Ele agora considerava os brancos do Mississippi pessoas sem ética, carentes de honra, merecedores de sua situação repentinamente subordinada às redes nacionais de crédito.[54]

Roberts passou os dez anos seguintes examinando papéis sem valor e mentiras, processando centenas de proprietários de escravos e forçando milhares de vendas de escravos. Sob esse tipo de pressão, as propriedades e os laços interpessoais dos brancos se dissolveram. O governador Hiram Runnels nos deve dinheiro, escreveu um de seus aliados do Mississippi, e ele não vai pagar. Ele está prestes a participar de um duelo e "é provável que seja morto". Más notícias. Mas espere: "Será que a sra. Runnels vai ajudar a pagar se ele for morto?" Talvez uma bala no peito de um amigo fosse uma boa notícia, afinal. À medida que os empresários se esforçaram para preservar o máximo de sua participação no jogo da maneira que podiam, até mesmo laços de família foram rompidos. Em 1838, William Thompson e sua irmã, Indiana, compraram escravos de seu irmão, Darwin, um jogador tanto na vida privada quanto na empresarial, para salvá--lo da falência. Agora, em 1842, Darwin queria recuperar a posse deles, provavelmente pagando apenas parte do que eles custariam no mercado aberto. Mas William e Indiana suspeitaram que Darwin mudaria de atitude e hipotecaria os escravos novamente, como se possuísse o direito de posse pleno e completo sobre eles: "Em menos de dois

---

54. Fol.: Papers: 1839, JSD (passim); Rich. Faulkner to Wm. Powell, May 8, 1839, William Powell Papers, Duke; John Roberts to Bacon et al., April 12, 1842, and John Roberts to Geo. Connelly, February 26, 1843, both in Bank of U.S. of Penna. Papers, LLMVC; Joseph Baldwin, *The Flush Times of Alabama and Mississippi* (Nova York, 1854).

anos ele ou o xerife os venderia", sua irmã previu. Em um momento de sinceridade, admitira a William que planejava vender um rapaz imediatamente. "Bem, o que você vai fazer com o dinheiro?", perguntou William. Darwin admitiu que planejava ir ao Texas, outro país, onde ficaria protegido da cobrança de suas dívidas no Mississippi. "É claro que eu contive o garoto", disse William. Naquela época, ele conseguiu proteger os próprios interesses financeiros e os de sua irmã. Mas quando William viajou a negócios alguns meses mais tarde e sua esposa ficou à beira da morte, Darwin começou para importuná-la em seu leito. Sua irmã ouviu a conversa: "Vou dizer o que vou fazer, irmã", Darwin disse à moribunda. "Tudo o que eu quero são meus *niggers*, me dê eles". Darwin prometeu usar o trabalho dos escravos para pagar as dívidas dele. "Ha, ha, ha, ha", interveio Indiana em seu relato sarcástico. Todos sabiam que Darwin estava indo para bem longe, deixando que os credores perseguissem seus irmãos. Assim, as pessoas escravizadas, uma vez as sementes mágicas dos sonhos brancos, se tornaram a moeda da discórdia dentro das famílias brancas.[55]

As mulheres brancas do Sul ocasionalmente levantavam dúvidas sobre a escravidão. Mas quando as pressões levaram as mulheres a temerem não só pelas empresas familiares, mas também por seus futuros financeiros individuais, elas sentiram, com uma nova intensidade, a utilidade da propriedade de escravos. Tome a proprietária de escravos do Norte da Louisiana Nancy Bieller, enredada com o marido Jacob Bieller nos emaranhados de seu próprio caso de divórcio confuso. Os problemas de longa data entre eles se intensificaram em 1833, afirmou ela, quando ele a atingiu na cabeça com uma vara. Ele negou essa acusação, contra-argumentando que ela planejara a fuga da filha deles. Nancy então o acusou de ter "mantido uma concubina em sua habitação comum". Jacob negou tudo. Nancy desapareceu e reapareceu na casa de sua filha, exigindo a divisão dos escravos que possuía, independentemente dos laços familiares. Jacob poderia participar de um leilão público, entrando em conluio com seus amigos para manter as propostas baixas de modo que ele pudesse comprar de volta os escravos subvalorizados. Em vez disso, ela disse, avalie as mãos de primeira, as mulheres e as crianças; avalie todos eles por seu valor contábil de modo que cada cônjuge obteria exatamente o mesmo; e divida-os, pois "eles se prestam a uma divisão em espécie, sem prejuízo para nós". Com a ferida do divórcio e a erupção do pânico, ela se agarrou a suas armas, exigindo a sua quota e ameaçando fazer o genro atacar Jacob, que tinha quase 70 anos. Ofereceu apenas uma concessão: deixaria Jacob comprar Mary e Coulson, caso fossem designados para ela

---

55. R. W. Cook to J. S. Copes, July 5, 1840, Joseph Copes Papers, Tulane; Wm. Thompson to John Bassett, July 19, 1839, Fol. 3, Indiana Thompson, 1842, Fol. 4, John Bassett Papers, SHC.

na divisão por sorte. (Em um testamento de 1835, Jacob concedera liberdade de fato a "meus escravos Mary Clarkson e seu filho Coulson, um menino com cerca de 5 anos, ambos mulatos claros".)[56]

O apoio ativo das mulheres dos fazendeiros a posições em favor da escravidão aumentou dramaticamente durante a década de 1840, tanto nas cartas privadas quanto nos escritos públicos. Os acadêmicos costumam atribuir esse apoio a uma reação contra as críticas externas ao Sul. Mas talvez essa mudança na verdade tenha crescido a partir do reconhecimento, em meio às dificuldades posteriores ao pânico, de quanto poder da mão direita uma Nancy Bieller poderia obter se tivesse a posse de seres humanos transformados em mercadoria.[57]

Na esteira do colapso do império em frangalhos dos bancos e dos títulos, as pessoas brancas trapacearam a torto e a direito e com tanta frequência que os sulistas inventaram o termo "G.T.T.", um acrônimo especial para denotar a tática. Sendo a falência apenas uma opção fugaz, com todos tentando se agarrar aos ativos, essa tática zombava da lei. Mas manteve as pessoas escravizadas na mão direita dos proprietários de escravos para que pudessem tentar recriar impérios. E varreu castelos construídos pela virtude ordinária de mulheres e homens escravizados.

A sigla requer alguma explicação. Em 1841, enquanto as cartas ameaçadoras se acumulavam em sua mesa, o filho de John Devereux, Julien, procurou conselhos. Um de seus sócios estava prestes a falir. Como, perguntou a um amigo, ele poderia escapar de perder todos os seus bens para os seus credores mútuos? Primeiro, respondeu o amigo, *não confie no homem*. Ele provavelmente escondia a verdade de Julien, e agiria para se preservar, sem qualquer consideração por ele. Em seguida, verifique quão ruins as dívidas do homem são: "Vá em frente e siga até o fundo, por mais *profundo* que possa ser e *me escreva* confidencialmente depois de descobrir tudo – mas não demore." Finalmente, obtenha os recursos do homem desesperado: "Pegue os documentos, as notas, os pretos, a terra ou qualquer coisa." As coisas estavam ruins: "Eu realmente tenho medo de que seja uma enrascada, mas não se precipite". Então, ameaçaram ir embora e deixar o amigo segurando a bolsa: "Diga a ele que você age de acordo com seus próprios

---

56. Jacob Bieller Will, December 1835, Fol. 1/15, BIELLER.
57. Suprema Corte da Louisiana, *Bieller v. Bieller*, 1845; Jacob Bieller Will, December 1835, Fol. 1/15, BIELLER. Entretanto, Nancy Bieller, pelo menos, não conseguiu dividir e monetizar as pessoas que havia reivindicado. Quando o caso do divórcio finalmente chegou à Suprema Corte do Estado, Jacob estava morto, assim como seu filho, cujos herdeiros argumentaram com sucesso que o divórcio *anterior* de Jacob da mãe do seu filho na Carolina do Sul, em 1808, nunca foi legalmente completado. Logo, Nancy nunca foi realmente casada e sua filha era ilegítima, então os filhos brancos de Jacob eram seus legítimos legatários.

desejos para tomar a dianteira na emigração do negócio [para o Texas] – mas você não precisa emigrar, no fim das contas." Naturalmente, o amigo que deu o conselho, outro dos credores de Julien, não percebeu que ele não apenas blefaria. Julien já tinha blefado *com ele* ao enviar um grupo de escravos através da fronteira dos Estados Unidos com o Texas e para além do alcance das leis de coleta de dívida do Alabama. Pouco depois, deixando a esposa de Julien e muitas dívidas para trás, o pai e o filho Devereux foram para Mobile com alguns dos escravos restantes do Alabama. Lá, embarcaram em um navio para Nova Orleans e o Hotel St. Louis. Depois de uma estadia confortável e cara no mesmo edifício onde muitos leilões de escravos de Nova Orleans aconteciam, os homens brancos reservaram uma cabine em um navio para Galveston. Todos os seus escravos que não foram vendidos embarcaram, também, com passagens no convés. Julien era "G.T.T.", ou *Gone to Texas* [em tradução livre, F.P.T., Fugidos para o Texas].[58]

Os escravos "fugidos" para escapar da dívida foram uma das razões pela qual a população escravizada da república do outro lado do Rio Sabine aumentou de 4 mil em 1837 para mais de 27 mil em 1845. Outros levaram seus escravos a um Texas metafórico. As mulheres contrabandeavam os escravos enquanto policiais vigilantes observavam seus maridos, e então elas os entregavam aos cunhados, que se dirigiam ao Texas. Os proprietários de escravos pagavam feitores para marchar com as pessoas escravizadas até as colinas que davam para o Rio Black Warrior, até que os juízes do tribunal passassem de um condado do Alabama para o próximo, deixando os casos de dívida locais em paz por um tempo. Em resposta, os credores voltavam a atacar – por exemplo, sequestraram os escravos de um devedor, levando-os para Nova Orleans e os transformaram em dinheiro no caixote de leilões sob a cúpula do Hotel St. Louis antes que um processo civil pudesse ser movido.[59]

Por fim, advogados baseados no Mississippi foram à Suprema Corte dos Estados Unidos para argumentar da maneira mais atormentada e casuística que todo homem branco no estado tinha direito a G.T.T., sem nem sequer sair de seu condado de origem. Escrita na esteira de Nat Turner, a Constituição do estado do Mississippi, de 1832, tinha barrado o tráfico negreiro doméstico. Mas o Legislativo estadual nunca aprovou uma lei "sancionando" a proibição, e milhares de pessoas do Mississippi compraram escravos do Sudeste nos anos subsequentes ao boom. Entre eles estava Moses Groves, que contraiu

---

58. "N.B.N." [?] to JD, July 14, 1841, JSD; Andrew Scott to JD, June 22, 1841, JSD; Wm. Bond to JD, October 22, 1841, JSD; "Memo" [210], Diary 1833-1846, JSD.
59. *Irish v. Wright*, 8. Rob. La. 428, July 1844 [431], 3:561; *Pleasants v. Glasscock*, Ch. 17, December 1843 [21], 3:297; *Cawthorn v. McDonald*, 1 Rob. La. 55, October 1841 [56], 3:541; *Tuggle v. Barclay*, 6 Ala. 407, January 1844 [408], 3:561, 297, 541, 153, todos CATTERALL; Campbell, *Empire for Slavery*, 55.

uma dívida com Robert Slaughter, um comerciante situado em Nova Orleans. Quando aconteceu a queda, Groves se recusou a pagá-lo, alegando que a venda tinha sido ilegal porque violava a Constituição do Estado.[60]

Ninguém sabe o que aconteceu com os indivíduos específicos que Slaughter havia vendido para Groves. A atenção acadêmica focada no caso havia se preocupado mais com as personalidades que discutiram no caso *Groves versus Slaughter* em frente à Suprema Corte. Henry Clay e Daniel Webster representaram o comerciante de escravos, enquanto os defensores de Groves – que estavam realmente argumentando que *todos* os brancos do Mississippi poderiam G.T.T. as suas dívidas sem ter que deixar o estado – incluíam o senador do Mississippi Robert Walker. Depois de tomar a cadeira de George Poindexter do Senado em 1836, Walker tinha explorado com sucesso o poder político, convertendo-o em acesso privilegiado ao crédito, o que agora significava que ele devia milhares de dólares por suas próprias compras de escravos. A objeção que fazia em nome de Groves era pelo direito do repúdio individual do débito. Por outro lado, Rice Ballard pagou a conta de Henry Clay. Para o grande comerciante de escravos, esse caso determinaria se poderia cobrar dívidas ainda não pagas pelos compradores de escravos do Mississippi. (Vários casos semelhantes chegaram aos tribunais supremos do Mississippi e da Louisiana durante a primeira metade da década de 1840.) E a Suprema Corte dos Estados Unidos pronunciou-se contra Webster, Clay e Ballard, rejeitando as alegações dos compradores de escravos de que a falta de aplicação da Lei da Constituição Estadual lhes daria o direito de cancelar suas dívidas por meio de uma ação unilateral.[61]

No ambiente de intensa democracia popular que surgiu durante a presidência de Jackson, o próximo passo pode ter sido inevitável. Em 1840, os fluxos de rendimentos produzidos por escravos haviam se esgotado, os devedores não podiam pagar aos bancos e a venda de sua propriedade hipotecada – quando não tinham fugido com ela para o Texas – trouxe pouco dinheiro. Os detentores de títulos serviram de fachada para os milhões dos bancos, e os bancos não estavam fazendo seus pagamentos de juros. Nos tempos mais abastados, as Assembleias Legislativas Estaduais prometeram "a fé e o

---

60. *Groves v. Slaughter*, 40 U.S. Pet. 449 (1841), CATTERALL, 3:533-535, January 1841; *Green v. Robinson*, ibid., 3:289, December 1840; David Lightner, *Slavery and the Commerce Power: How the Struggle Against the Interstate Slave Trade Led to the Civil War* (New Haven, CT, 2006), 72-84.

61. *Brien v. Williamson* (MS), 3:294; *Green v. Robinson* (MS), 3:289; cf. *Carson v. Dwight* (LA), 3:554, all CATTERALL; Bacon Tait to RB, January 1, 3, 1840, Fol. 31, RCB; H. Donaldson Jordan, "A Politician of Expansion: Robert J. Walker", *Mississippi Valley Historical Review* 19, n. 3 (1932): 362-381; Robert Gudmestad, *A Troublesome Commerce: The Transformation of the Interstate Slave Trade* (Baton Rouge, LA, 2003), 193-200.

crédito" de seus estados para resgatar os títulos. Os obrigacionistas e os *insiders* dos bancos começaram a exigir que os estados extraíssem o dinheiro do povo através de impostos. Contratos tinham sido feitos, exatamente como aquele entre Slaughter e Groves. Se os estados avançassem, como os políticos pró-bancos muitas vezes acreditavam que eles deveriam fazer para manter a capacidade de contrair empréstimos no futuro, teriam que se comprometer a tributar seus cidadãos a uma taxa muito alta. Na Flórida, por exemplo, a quantia devida aos detentores das debêntures emitidas pelo estado foi de aproximadamente 120 dólares por homem, mulher e criança no território, branco ou preto. Isso significava que o fazendeiro médio e proprietário de escravos teria que pagar mais em impostos do que o valor de sua fazenda. No Mississippi, escreveu o *Columbus Democrat*, "as camas em que suas esposas e crianças dormem, as mesas em que você come seu pão diário serão tomadas pelos homens dos impostos para o benefício daqueles que dormem em esplêndidos palácios de tijolos, que dormem em camas de mogno, comem com facas e garfos de ouro e bebem champanhe no dia a dia."[62]

Privatizar os ganhos de investimento, socializar o risco. Essa é uma estratégia clássica para os empreendedores politicamente poderosos. Depois de gerações de luta para forçar os políticos a responderem a eles, os trabalhadores do Sudoeste, já sofrendo com os tempos econômicos ruins que a classe empresarial havia criado, não estavam dispostos a entregar o que restava de seus meios de subsistência para pagar a fiança dos homens ricos. Cada vez mais, eles e seus políticos mais radicais se agitaram para que os estados e territórios se recusassem a pagar os títulos. A raiva antibancária também dividiu a ala Norte do Partido Democrata. Os oponentes descreveram a reação como retrógrada. Mas muitos eleitores viram isso como uma questão de igualdade branca. Eles queriam dizer aos "vorazes e tubarões", como um jornal do Mississippi chamou os "acionistas", que os homens ricos não poderiam forçar o público a pagar suas dívidas. Sempre que os democratas que eram contrários aos bancos assumiram o controle, eles iniciaram investigações financeiras que documentavam os empréstimos bancários incessantes dos bancos e seu comportamento completamente irresponsável. Veio à tona, por exemplo, que os diretores do Union Bank, do Mississippi, haviam emprestado um milhão dos primeiros cinco milhões gerados pela venda dos títulos do estado.[63]

---

62. Edwin Miles, *Jacksonian Democracy in Mississippi* (Chapel Hill, NC, 1960), 150-151; Rich. Faulkner to Wm. Powell, June 16, 1839, Wm. Powell Papers, Duke; John J. Wallis, Richard Sylla, and Arthur Grinath, "Sovereign Debt and Repudiation: The Emerging-Market Debt Crisis in the U.S. States, 1839-1843", NBER Working Paper n. 10753, 2004, National Bureau of Economic Research, www.nber.org/papers/w10753; Baptist, *Creating an Old South*, 154-190; *Columbus Democrat*, February 20, 1841; McGrane, *Foreign Bondholders*, 201.
63. US Congress, "Condition of Banks"; *Mississippi Free-Trader*, October 28, 1843, November 1, 1843.

Assim, os políticos do Sudoeste contrários aos bancos começaram uma cruzada pelos G.T.T. por todos os estados. O governador do Mississippi, Alexander McNutt, o mesmo governador que em 1838 havia apoiado o Union Bank, em 1841 defendia que fossem repudiados os 5 milhões em títulos do estado que ele havia ajudado a vender na grande especulação de algodão de 1838-1839. Nas eleições daquele outono, o Mississippi elegeu uma maioria para a Assembleia Legislativa Estadual que imediatamente decidira que não pagaria os títulos. Os legisladores do Mississippi votaram contra o pagamento da dívida coletiva dos obrigacionistas, que estava entre 500 mil e 1 milhão de dólares, para o Union Bank. Aqueles que votaram contra o repúdio deviam cerca de metade dessa quantia. A Flórida e o Arkansas também repudiaram suas obrigações. A Louisiana tecnicamente não repudiou, mas as legislaturas democratas se recusaram durante anos a fazer pagamentos de juros sobre as obrigações do C.A.L.P., do Union Bank e do Citizens' Bank. O estado havia se comprometido a garantir 21 milhões de dólares em títulos. Os bancos venderam os títulos e emprestaram os lucros para seus amigos, mas, a partir da Guerra Civil, 6 milhões de dólares permaneceram sem resgate e sem os juros pagos.[64]

O repúdio das obrigações ultrajava os investidores. O ultraje fermentou, rapidamente chegando à desobediência. Quando viajou para Nova York, em 1839, John Knight descobriu que "os homens do Mississippi, bancos e companhia" já estavam "cheirando muito mal". Os bancos de Wall Street haviam sobrevivido ao Pânico de 1839, ganhando efetivamente a batalha com Nicholas Biddle e os empresários do Sul pelo controle do futuro financeiro dos Estados Unidos. Mas os homens de Wall Street e seus equivalentes da cidade de Londres também ficaram chocados ao ver que a fronteira do Sudoeste, em que haviam investido tanto dinheiro, roubaria tão descaradamente. Os detentores europeus de títulos do Sul lançaram panfletos infindáveis criticando os governos repudiadores. O *London Standard* chamou os cidadãos do Mississippi de "um conjunto de canalhas atrozes". O *London Times* afirmou, em 1847, que demoraria pelo menos cinquenta anos até que outro europeu fosse tolo o suficiente para emprestar dinheiro aos Estados Unidos.[65]

---

64. *Albany Argus*, November 26, 1841. Em 1852, a Assembleia Legislativa do Mississippi também entrou em moratória sobre o principal dos bônus de 2 milhões do Planters' Bank em 1831. A Flórida e o Arkansas repudiaram em 1843. Apenas o Alabama cobrou impostos e continuou os pagamentos durante o pré-guerra, embora depois da Guerra Civil tanto o Alabama quanto o Tennessee tenham repudiado as dívidas anteriores à guerra. McGrane, *Foreign Bondholders*, 178-192, 241-257, 282-291, 357-364.
65. John Knight to Wife, July 14, 1839, John Knight Papers, Duke; *Circular to Bankers*, December 10, 1841, McGrane, *Foreign Bondholders*, 203, 265-281, 382-391.

Os obrigacionistas deram início a ações intermináveis. No entanto, apesar da tempestade desmoralizante de críticas e ações judiciais, os estados falidos continuaram se recusando a pagar. A Suprema Corte dos Estados Unidos se esquivou do envolvimento. Até a década de 1930, o Principado de Mônaco, que tinha herdado algumas debêntures do Mississippi Union Bank, ainda estava tentando processar o Mississippi na Suprema Corte. E o Congresso também se recusou a agir. Nenhum dos dois partidos queria demolir suas próprias chances eleitorais na meia dúzia de estados que repudiavam suas obrigações financeiras. Enquanto isso, os cidadãos dos estados se confortaram de várias maneiras contra as flechas e mais flechas que vinham de um mundo financeiro enfurecido. Os brancos menos ricos encontraram satisfação com o desconforto das panelinhas dos bancos. O governador do Mississippi e alguns de seus principais jornais se voltaram para uma antiga desculpa ocidental. Um jornal do Mississippi desdenhou o *London Times*, taxando-o de "o órgão dos corretores judeus", enquanto Alexander McNutt zombava dos Rothschild, que tinham títulos do Alabama e do Mississippi e a quem os pagamentos deviam ser negados porque eram do mesmo "sangue de Shylock e Judas".[66]

Assim, a cultura popular do Sul, outrora tão aberta à participação judaica em qualquer lugar da cristandade, tinha sido cinicamente injetada com um vírus antissemita que duraria por muitas décadas. Mas isso foi apenas o começo do dom venenoso do repúdio. É verdade que a reação aos títulos bancários tinha produzido a revolta política mais significativa e baseada no ressentimento de classe contra a dominação de elite que emergiria dos homens brancos e pobres da fronteira do escravismo de *plantation*. Nenhum político associado aos bancos de propriedade tinha um futuro político viável. No entanto, com o G.T.T. o Sul se queimou nos mercados mundiais de crédito. Depois disso, os empresários do Sudoeste nunca mais participariam como parceiros iguais na expansão mundial do capitalismo. Essas elites tinham usado a raiva popular para transformar o poder do Estado em um escudo contra execuções hipotecárias – mas ao custo de perder o controle futuro sobre seu próprio crédito. Os sulistas brancos comuns, que não haviam experimentado a explosão da década de 1830 da mesma forma que os que se autonomeavam "melhores", pouco se importava com tudo isso, mas o crédito também moldaria seu futuro.

O REPÚDIO DE UMA FORMA OU DE OUTRA tinha trazido um homem branco chamado Paskall para um campo de trabalho escravo no outro lado do Brazos. O dono do campo, Richard Blunt, vivia a trinta quilômetros de distância na cidade costeira de Matagorda. Blunt, endividado no Mississippi, tinha fugido com seus escravos para o Oeste através da fronteira,

---

66. McGrane, *Foreign Bondholders*, 201-205.

para o Texas, onde os braços de seus credores eram curtos demais para alcançar. Paskall tinha vindo para o Oeste encontrar um emprego. O trabalho de feitor pagava em dinheiro vivo. Agora ele teria que controlar as pessoas que as decisões de Blunt separou de tudo o que tinham construído, e de todas as pessoas com quem tinham construído, lá no Mississippi.

Paskall reclamou com os outros homens brancos das redondezas que "os negros eram muito indisciplinados". Talvez a ruptura de suas vidas tivesse mudado os termos do cálculo diário entre obedecer ou revidar. Conformar-se para se manter em segurança, ser arrancado de sua cabana no meio da noite e, mais uma vez, ser encaminhado para o Oeste. O marido de alguém estava na próxima fazenda ao longo do Yazoo, ou sua esposa e filhos, assim como a Bíblia e o saco de moedas acumuladas, ambos escondidos sob as raízes daquele velho bosque algodoeiro.

Ou talvez isso: houve aquele dia no Mississippi quando Blunt chamou todos do campo e os alinhou para o homem do banco, que os contou e anotou os valores em dólar e as idades falsas em seu livro de contabilidade hipotecária. Uma hipoteca é, tecnicamente, uma venda, por isso, ao fugir para o Texas, Blunt tinha roubado cada escravo hipotecado de seu proprietário legal. Um dia, Blunt foi o representante da Lei, a extremidade dura de um gigantesco monólito. Então, naquela noite, ele estava escapando com a propriedade roubada. Ele e seus agentes pareciam agora menos imponentes e unidos.

Então, havia Paskall, forçando um homem a capinar as carreiras de algodoeiros. E naquele dia de primavera, aquele homem não aguentou mais. Ele "acertou [Paskall] na cabeça com uma enxada e o enterrou no campo, passando o arado sobre ele". O homem pegou a arma de Paskall e, cerrando os dentes, atirou na própria mão. Saiu cambaleando do campo e caminhou 30 quilômetros até Matagorda, onde contou sua história para Blunt. Paskall havia atirado nele durante um acesso de raiva, "achou que matou [o escravo], e [Paskall] cavalgou um de seus cavalos".

Blunt estava ocupado demais com bebidas e cartas para se preocupar com os detalhes. Mas a história pareceu duvidosa para seu vizinho James Hawkins. Poucos dias depois, o cavalo voltou vagando, ainda selado. Hawkins convenceu outros brancos locais a interrogarem os escravos. "Demorou algum tempo", relatou, "antes que conseguíssemos fazer os pretos contarem alguma coisa sobre [Paskall]". Mas eles contaram. Hawkins levou os homens para o campo e os fez desenterrar o corpo de Paskall de debaixo dos sulcos de algodão. "O preto" com a ferida na mão, segundo Hawkins, "estava na cadeia" e "certamente seria enforcado". O feitor de Hawkins, aterrorizado pelo assassinato na vizinhança, se entrincheirava todas as noites em sua cabana.[67]

---

67. J. B. Hawkins to W. J. Hawkins, June 5, 1847, Fol. 76, Hawkins Papers, SHC.

Talvez o homem aterrorizado não pudesse apagar a imagem: o sangue empoçado na terra, a cabeça despedaçada de Paskall parcialmente coberta pela primeira passagem do arado, o homem negro chicoteando freneticamente a mula recalcitrante para que desse mais um passo, varrendo o horizonte com o olhar. Os empréstimos e as compras de escravos no Mississippi, um filho que deixou a casa do pai de Paskall no Leste: essas decisões comuns levaram à morte dois homens naquela que era a próxima, e talvez última, fronteira da escravidão do algodão. O assassinato não era o que esses homens haviam imaginado como o resultado de sua longa viagem, da marcha para o Oeste. Na margem sangrenta da escravidão, os planos excessivamente ambiciosos feitos anos antes levaram a um contragolpe. Mas ninguém sangrava tanto quanto as pessoas escravizadas. E a vida de ninguém era tão perturbada pelos princípios de G.T.T.

De 1837 a meados da década de 1840, os proprietários de escravos, desesperadamente endividados, saquearam as riquezas armazenadas e nutridas pelas relações de sangue das pessoas escravizadas. Alexander McNutt, o governador do Mississippi que havia repudiado as obrigações financeiras contraídas pelo estado, tinha – nos idos de 1835 – comprado o equivalente a 20 mil dólares em pessoas escravizadas do companheiro George Rust, natural da Virgínia. McNutt prometeu pagar a Rust o capital mais 10% de juros anuais ao longo dos anos seguintes. Dez anos mais tarde, McNutt entrou e saiu do cargo e alguns dos vinte e tantos homens e mulheres que haviam sobrevivido à adaptação à vida em seu campo de trabalho escravo no Mississippi tinham se casado e tido filhos. Por exemplo, Lewis e Mary, pré-adolescentes em 1835, estavam agora casados e criando Anderson, de 4 anos de idade, e a pequena Louisa. Entre as intermináveis horas que passaram trabalhando no campo de algodão de McNutt, Lewis e Mary também haviam passado anos trabalhando para garantir que seu sangue sobrevivesse. Mas o governador não pagara a Rust. Temendo que McNutt escapasse para o Texas com os escravos, o credor da Virgínia exigiu que o ex-governador pagasse sua dívida. Assim, em maio de 1845, cedo o bastante para que os compradores potenciais pudessem usá-los para colher a safra de algodão daquele ano, 22 sobreviventes do grupo que saíra da Virgínia uma década antes foram leiloados. Famílias, novas e velhas, foram destruídas no leilão, como, por exemplo, a de Nathan, de 7 anos de idade, vendido sozinho para um licitante chamado A. J. Paxton por 300 dólares. Outro casal – Nelson e Prissy – foi vendido em conjunto, mas seu filho, Jefferson, um menino de menos de 10 anos, foi vendido a um comprador diferente.[68]

---

68. Miles, *Jacksonian Democracy*, 139; G. Rust and A. McNutt, [1835], E. Mason to Wm. Rust, June 2, 1845, E. Mason to G. Rust, April 5, 1844, June 2, 1845, McNutt Papers, MDAH; Malone, *Sweet Chariot*.

As pessoas escravizadas nos estados do Sudoeste conversaram sobre as formas pelas quais as decisões e os fracassos dos brancos infligiram consequências sobre os próprios escravos, como se fossem mercadorias. "Ele nos sugou". "Ele disse: 'Eu vou colocar você em meu bolso.'" Se uma pessoa escravizada ouvisse um homem branco e uma mulher na casa "falando sobre dinheiro", todos nas senzalas entendiam que "dinheiro" significava "escravos", e que os "escravos" estavam prestes a virar "dinheiro" ("Sinhô diz: 'eles são dinheiro para mim.'") "Eles [os negros] sabiam que isso significava que [os brancos] iam vender alguns escravos para o próximo comerciante de *niggers* que aparecesse".

A conversa mostrou como os escravizados entendiam bem as forças que estruturavam suas vidas. Mas experimentaram a manipulação financeira e a devastação como homens e mulheres com sangue pulsando em cada veia. Quando os historiadores escreveram sobre o papel da família na vida dos escravos, eles falaram sobre como as relações de sangue davam estrutura à vida – os cuidados com as crianças, mesmo quando os pais estavam perdidos – e forneceram um conhecimento sobre o mundo que era uma verdadeira alternativa ao sistema de mentiras tecido pelos fazendeiros. De fato, algumas vezes o parentesco poderia fazer algumas dessas coisas. Mesmo quando as rupturas dos primeiros anos da década de 1840, vindas após um quarto de século do crescente comércio de escravos, criaram um conjunto cumulativo de desafios que não eram vistos desde o auge do comércio negreiro transatlântico, muitos adultos podiam embaralhar suas cartas e apostar em resposta a situações perturbadoras. E às vezes, ao fazê-lo, conseguiam proteger suas famílias. Já vendido uma vez, da Geórgia para o Alabama, Josiah Trelick ouviu que seu senhor, Charles Lynch, estava com sérios problemas financeiros e planejava vendê-lo outra vez. Lynch pensava que a esposa de Trelick no "exterior", "uma pequena mulher de pele escura", como Lynch a descreveu, "era muito caseira e ignorante". Mas ela e seu filho eram tudo para Josiah. Assim, Trelick pegou uma parte do dinheiro que tinha enterrado, comprou uma pequena carroça e uma parelha, e escapuliu por estradas secundárias para ir buscar sua família que pertenciam a outro senhor de escravos.

Então também havia o esperto escravo de pele clara sobre quem a madrasta de Felix Street contou histórias. O homem começou um leilão improvisado quando seu proprietário estava na vizinhança, mas sem prestar muita atenção. Antes que alguém percebesse, o escravo "de aparência branca" havia vendido o próprio senhor. E havia Cynthy, uma parteira do Tennessee – ela era livre, mas uma "aprendiz" para os guardiões brancos que tomavam seus ganhos para si. Enquanto trabalhava em um local a um dia de viagem do campo de trabalho onde vivia seu marido escravizado, ela consultou uma cartomante, cujas cartas disseram à Cynthy que o proprietário endividado de seu marido tinha "fugido ele" para o Mississippi. As cartas falavam a verdade, mas felizmente havia um final feliz: seu marido era teimoso, não valia muito no algodoal e, por conta disso, seu proprietário ficou feliz quando os patrões de Cynthy fizeram uma oferta para comprá-lo.[69]

Mas os senhores de escravos ainda seguravam um trunfo nas mãos. Uma história contada por uma pessoa anteriormente escravizada mostrou a disposição dos brancos em manipular os poderes de propriedade, quebrando toda e qualquer relação, começando com os títulos que deram a seus credores. "O velho Cleveland", disse o ex-escravo, "leva muitos de seus escravos, como 'era costume', para serem vendidos no Texas. Sabe, ele não deveria fazer isso, porque... ele pegou dinheiro oferecendo você como garantia, e você não deve sair do lugar até que ele pague. Claro que o velho Cleveland apenas falou com aquele a quem devia o dinheiro que você tinha fugido por aí ou morrido". Os jornais e os documentos dos tribunais documentaram os detalhes de como os laços de sangue recém-restabelecidos em comunidades escravas podiam se romper em resultado das crises que as famílias brancas experimentavam por conta do colapso financeiro ou por outros fatores. Os escravos desses fulanos de tal, que valiam 23.845 dólares, por exemplo, saíram a 16 mil dólares. E os afro-americanos se lembraram de suas próprias histórias sobre a quebra. Na década de 1930, um funcionário branco da Works Progress Administration em Jasper, no Texas, datilografou um resumo de sua entrevista com uma mulher idosa chamada Milly Forward. "Ela passou a vida inteira aqui, nessa vizinhança", começou. Mas o texto de sua entrevista revela algo diferente. "Eu nasci no Alabama", lembrou-se ela. "Mamãe tinha acabado de se levantar", depois de dar à luz, "quando os brancos trouxeram a gente para o Oeste. Papai chamava Jim Forward e mamãe era May. Eles deixaram papai no Alabama, porque ele era de outro senhor".[70]

---

69. Jim Allen, AS, 7.2 (MS), 1; Tempie Lummins, AS, 4.1 (TX), 264; Charles L. Perdue Jr., Thomas E. Barden, and Robert K. Phillips, eds., *Weevils in the Wheat: Interviews with Virginia Ex-Slaves* (Charlottesville, VA, 1976), 211, 318; Anonymous, AS, 18 (TN), 298-299; Mollie Barber, AS, S1, 12 (OK), 29-30; C. G. Lynch to JD, August 16, 1840, JSD; Felix Street, AS, 10.5, (AR), 250; Carrie Pollard, AS, 6.1 (AL), 318-319; Clayton Holbert, AS, 16.1 (KS), 1. Gutman, *Black Family*, representa a posição clássica da "família patriarcal forte", enquanto Wilma A. Dunaway, *The African-American Family in Slavery and Emancipation* (Cambridge, UK, 2003), argumenta que as ligações de parentesco eram tênues. Brenda Stevenson, *Life in Black and White: Family and Community in the Slave South* (Nova York, 1996), e *White, Ar'n't I a Woman*, descreveu redes centradas em mulheres.
70. *Erwin v. Lowry*, casos da Louisiana de 1849; *Comstock v. Rayford*, 1 S. and M. 423, 1843, [424]; *Hardeman v. Sims*, 3 Ala. [747], 1840; *Blanchard v. Castille*, 19 La. 362, September 1841 [363], 595, 297, 147, 539, all CATTERALL 3; Milly Forward, AS, 4.2 (TX), 45; Mary Anderson, AS, 4.1 (TX), 26-27; Tom Harris, AS, 9.4 (MS), 1579; Annie Penland, AS, S1, 12 (OK), 257; William Holland, AS, 4.2 (TX), 145; AS, 18 (TN), 98-99.

Que os "homens do Mississippi" eram mentirosos que não valiam o fio do bigode pode ter sido novidade para John Roberts, o cobrador de dívidas, mas não era exatamente uma revelação para as pessoas escravizadas, visto que a própria escravidão tinha sido um "roubo". Mas esse período histórico era igualmente devastador. Se seu primeiro deslocamento para a fronteira do algodão havia trazido a revelação, esse segundo desceu na história vernácula dos povos escravizados como uma tempestade de caos que varreu grande parte do trabalho que os sobreviventes da primeira rodada de separações tinham realizado. Os homens tinham criado novas maneiras de ser homens e as consequências dos esforços tanto das mulheres quanto dos homens eram visíveis nas crianças que viveram, nos relacionamentos que floresceram, nos laços de sangue presentes e na ausência lembrada. Mas agora os padrastos e os meios-irmãos estavam sendo divididos na calada da noite, e as trapaças mútuas dos brancos significavam que as crianças escravizadas não tinham certeza sobre os fatos básicos do que tinha ocorrido. "Ele me roubou", lembrava uma idosa Betty Simmons, a respeito de seu endividado proprietário do Alabama que a fez se esconder na floresta. Em seguida, "ele me vendeu [em Nova Orleans] para que os credores não pudessem me pegar". No Mississippi, o menininho Henri Necaise vagava todos os dias até o portão onde viu pela última vez sua mãe partir. Mas ele nunca a achou. Só sua irmã estava lá para confortá-lo – e ele tinha sorte por tê-la.[71]

"Eles estavam sempre com medo de que algo terrível acontecesse, por algum sinal que tinham visto, ou algo que tinham ouvido", Robert Laird se lembrava dos pais e dos avós. À medida que essas crianças olhavam para trás quando já eram idosas, elas às vezes sentiam que as migrações forçadas secundárias durante a década de destruição do plantio haviam os isolado e atomizado, roubando seu otimismo e ensinando-lhes a devastadora lição de que seus laços de sangue podiam ser quebrados em pedaços incognoscíveis. Um ex-escravo da Louisiana contou a história que tinha "ouvido" a respeito de Pierre Aucuin – que foi vendido pelo proprietário de sua mãe aos 2 anos. Tempos depois, quando a liberdade chegou, Aucuin se casou com uma mulher chamada Tamerant. O casal teve três filhos. Um dia, seu barbeiro habitual não estava disponível, então ele se sentou e Tamerant pegou a tesoura. Quando ela estava atrás dele, cortando perto do couro cabeludo, viu algo que nunca tinha notado antes. "Você sabe, Pierre, essa cicatriz na parte de trás de sua cabeça me faz lembrar de uma coisa de quando eu era uma

---

71. Betty Simmons, AS, 5.4 (TX), 20; Henri Necaise, AS (MS); Ellaine Wright, AS, 11.2 (MO), 378; cf. AS, 10.5 (AR), 203; Iran Nelson, AS, 7.2 (MS), 199.

garota... Eu tinha um irmãozinho na época... [O] senhor vendeu meu irmão mais novo para longe de nós, e cinco anos depois eles me venderam, me separaram da minha mãe e do meu pai. Desde então eu não vi nenhum de meus pais". Tamerant continuou, ainda sem perceber o que estava dizendo: "Um dia eu estava brincando com meu irmãozinho, ele me bateu e me machucou. Peguei uma casca de ostra e fiz um corte na parte de trás da cabeça dele, bem no lugar onde você tem essa cicatriz".[72]

Em sua busca para fazer algo bonito, duas pessoas que perderam suas histórias pessoais e familiares tropeçaram, terrivelmente, sobre os fragmentos do passado. E as variações dessa história do irmão e da irmã aparecem diversas vezes nas entrevistas da Works Progress Administration. Em cada caso, o contador de histórias está dizendo: Ouça, o caos gerado pelos proprietários de escravos poderia, em última instância, se durasse o suficiente, roubar a capacidade de reconhecer até mesmo os parentes mais próximos. Se você não conhece sua família, você não se conhece. E se você não conhecesse a si mesmo, que tipo de desastres você poderia trazer para você e para os outros? Então, a história ensinou às crianças órfãs a manter tais medos ao lado de toda sua bravura. Os sobreviventes adultos do desastre financeiro dos brancos viram suas próprias novas vidas, construídas através da prática das virtudes ordinárias e da reconstrução de laços de sangue, dilaceradas novamente. E se encontraram sozinhos, ostentando outro conjunto de cicatrizes dos sobreviventes. Isso não está em acordo com a imagem dos afro-americanos como um povo tradicional confortado por uma rede de parentesco profunda e resiliente. No entanto, isso foi precisamente o que aconteceu com as pessoas cujas árvores genealógicas foram decepadas.[73]

APESAR DE SUAS DERROTAS PUNGENTES, os empresários do Sudoeste que tinham passado pelas crises anteriores sabiam como sobreviver a uma recessão. A propriedade escrava era móvel, autossustentável, com mais liquidez do que qualquer estoque de valor, com exceção das notas de libras esterlinas, e talvez o tipo de garantia mais atraente em todo o mundo ocidental. Se conseguissem manter a posse de seus escravos, poderiam se aproveitar desses elementos de propriedade escravizada, especialmente se a nova expansão geográfica convencesse os investidores a emprestar seu crédito – como sempre fizeram

---

72. Robert Laird, AS, 8.3 (MS), 1292; Wash Hayes, AS, 8.3 (MS), 963-964; John McCoy, AS, 5.3 (TX), 32; Pierre Aucuin, MW, 21-23.
73. Gutman, *Black Family*, 88-93, menciona histórias de incesto, mas não discute os seus aspectos simbólicos. Ver também Perdue et al., *Weevils in the Wheat*, 89, 105; Henry Brown, AS, 2.1 (SC), 124-125; Cora Horton, AS, 9.3 (AR), 321-324; Lizzie Johnson, AS, 9.3 (AR), 102-103; Liza Suggs, *Shadow and Sunshine* (Omaha, 1906), 75, reconta a mesma história, embora nascida em 1875.

antes – aos fazendeiros de espírito empreendedor. No entanto, mesmo com todas essas razões para se sentirem confiantes no futuro, depois de 1839 – à medida que as pressões externas dos críticos abolicionistas e dos credores do Norte começaram a aumentar –, um número crescente de políticos e eleitores do Sul começou a mostrar sintomas claros de um aprofundamento da paranoia da perseguição. Um pequeno grupo de congressistas do Norte – mais notavelmente John Quincy Adams, de Massachusetts, e Joshua Giddings, de Ohio – apresentou repetidamente petições antiescravistas para testar a "regra da mordaça" do Congresso. Embora suas medidas tenham falhado, os radicais do Norte aos poucos abriram rachaduras nas alianças inter-regionais entre os escravistas que expandiam a escravidão do Sul e os financiadores do Norte que possibilitavam aquela expansão, a essência tanto do Partido Whig quanto do Partido Democrata. Enquanto isso, o Censo dos Estados Unidos de 1840 mostrou que o alto crescimento populacional nos estados livres estava apagando a capacidade dos estados escravistas de controlar a Casa. O reajuste daria aos whigs e democratas do Norte menos razões para fazer o que os sulistas exigiam. A única esperança óbvia para aumentar o número de sulistas no congresso era adicionar o Texas, mas depois que Jackson manobrou o governo para que este reconhecesse a independência da república cuja bandeira ostentava uma estrela solitária, em 1837, o Partido Whig tinha impedido sua anexação.

A anexação do Texas parecia fatal e, além disso, havia outros problemas. As pressões internacionais, geradas pela Grã-Bretanha, também ameaçavam a futura expansão, pondo assim em risco a sobrevivência da escravidão. Em 1834, o Parlamento – persuadido por poderosos burocratas que insistiam em que o trabalho livre se tornaria mais eficiente do que o trabalho escravo – impôs a emancipação dos cativos em todos os domínios distantes do império. Ainda assim, os proprietários de escravos do Sul poderiam ter se confortado com o fato de que, mesmo quando a Grã-Bretanha libertou 700 mil escravos caribenhos, a escravidão continuou a se expandir não apenas nos Estados Unidos, onde Arkansas e Flórida estavam prestes a se tornar estados, mas em mais dois lugares: Cuba e Brasil. Entre 1810 e 1840, Cuba assumiu a liderança nos mercados mundiais do açúcar, vendendo açúcar mais barato que os produtores bem menos eficientes das ilhas britânicas. Enquanto isso, as fazendas de café do Brasil se expandiram a uma taxa astronômica, alimentando a crescente demanda do mercado mundial por cafeína.

Em contraste com os Estados Unidos, no entanto, os comércios internos eram insuficientes para suprir as necessidades dos empreendedores escravistas nas fronteiras de produção de Cuba e do Brasil. Em vez disso, em quase todos os anos da década de 1830, os traficantes negreiros transportaram entre 80 mil e 100 mil africanos escravizados através do Atlântico para Havana e para o Rio de Janeiro. Três décadas após o tão propagandeado fechamento do tráfico negreiro transatlântico, e em violação aos tratados assinados pela Espanha e pelo Brasil, a ferida aberta na África sangrava com mais rapidez do que nunca. Em 1840, o primeiro-ministro britânico Robert Peel começou a pressionar outras nações europeias a aceitar um tratado chamado Convenção de Londres. Esse acordo permitiria à Royal Navy fazer buscas e apreender navios que traziam bandeiras não britânicas, caso houvesse suspeita de que estivessem participando do tráfico de escravos no Atlântico.[74]

Os britânicos já haviam estendido esse tipo de pressão ao Texas, que, em troca do reconhecimento diplomático por parte da Grã-Bretanha, concordou em permitir que a Royal Navy parasse navios trazendo escravos de Cuba para o Texas. E a efetiva aplicação dos tratados existentes que proibiam o tráfico de escravos no Atlântico ameaçaria a viabilidade da escravidão no Brasil e em Cuba. A sanção também esvaziaria os lucros que os cidadãos norte-americanos estavam obtendo do comércio ilegal. As empresas mercantis norte-americanas investiram indiretamente em viagens com fins escravistas até lugares que hoje correspondem a Angola e Nigéria. Os navios negreiros empregavam frequentemente capitães dos Estados Unidos. Muitos desses navios ostentavam uma bandeira com as estrelas e listras porque os navios britânicos relutavam em interceptar com violência as embarcações que navegavam sob a bandeira da república. As empresas norte-americanas de construção naval venderam 64 navios no Rio de Janeiro entre 1841 e 1845, a maioria deles para o tráfico de escravos.[75]

Em 1842, a Grã-Bretanha enviou Lord Ashburton, também conhecido como Alexander Baring, um dos diretores do Baring Brothers, como embaixador para os Estados Unidos. Sua missão era assegurar a submissão dos Estados Unidos aos termos da Convenção de Londres. Os mais cínicos apontaram que os produtores de açúcar do Império Britânico, comparativamente desfavorecidos pela abolição parlamentar, se beneficiariam da remoção da competição cubana e brasileira. À primeira vista, os pequenos ganhos de receita em açúcar dificilmente pareciam equilibrar as perdas que a Grã-Bretanha – cuja economia dependia de um suprimento sem fim de algodão barato e de alta qualidade – poderia sofrer por bloquear a expansão da escravidão nos Estados Unidos. Mas os políticos britânicos queriam ganhar os votos dos reformistas

---

74. Dale W. Tomich, *Through the Prism of Slavery: Labor, Capital, and World Economy* (Lanham, MD, 2004); Rafael de Bivar Marquese, *Feitores do Corpo, Missionários da Mente: Senhores, Letrados e o Controle dos Escravos nas Américas, 1660-1860* (São Paulo, 2004).
75. Steven Heath Mitton, "The Free World Confronted: Slavery and Progress in American Foreign Relations, 1833-1844" (PhD diss., Universidade do Estado da Louisiana, 2005); Maxwell, Wright, & Co., *Commercial Formalities of Rio De Janeiro* (Baltimore, 1841).

evangélicos, que viam a abolição mundial da escravidão como um objetivo moral. Além disso, a capacidade recentemente demonstrada dos fazendeiros norte-americanos de alavancar a dependência britânica do algodão em bolhas de crédito e crises financeiras preocupou as cidades industriais britânicas. As câmaras de comércio britânicas pediram ao Parlamento que incentivasse o cultivo do algodão na Índia. Os camponeses indianos não tinham sido capazes de enfrentar a concorrência dos escravos do Sudoeste, mas no início da década de 1840 o governo colonial britânico lançara fazendas experimentais na Índia Ocidental. Eles contrataram 12 norte-americanos que se diziam fazendeiros do Sul e especialistas em algodão. Se o projeto do algodão indiano falhasse, um Texas independente poderia ser a solução, libertando a indústria britânica da dependência dos fazendeiros norte-americanos. O território do Texas, como afirmaram os agentes britânicos por lá, "renderão três vezes mais algodão que as Carolinas ou a Geórgia por acre". Mesmo quando Lord Ashburton chegou a Washington, os agentes britânicos tentavam convencer os cidadãos da Estrela Solitária a permanecer fora dos Estados Unidos.[76]

Se Daniel Webster (ou John Quincy Adams) estivesse fazendo política externa, a expansão da escravidão no Novo Mundo poderia ter sido definitivamente interrompida em 1842. Em vez disso, muitos escravizadores do Sudeste estavam no processo de transformar a política externa dos Estados Unidos em um motor que conduziria o crescimento do Sul escravista. Um deles era o próprio presidente John Tyler, a quem os críticos whigs, ressentidos com sua atividade para minar seu programa, tinham passado a chamar de "Sua Aquiescência". Tyler substituiu os membros nomeados e membros do Gabinete que eram favoráveis à Convenção de Londres – como Webster, que renunciou – por escravistas fanáticos, incluindo o novo secretário de Estado, Abel P. Upshur. Como Tyler, Upshur era fazendeiro de um dos condados mais antigos de Virgínia oriental. Embora Upshur fosse o autor de obscuros escritos constitucionais que insistiam, como os anuladores do início dos anos 1830, na soberania particular dos estados individuais, uma vez dentro do Poder Executivo, ele não exibiu qualquer escrúpulo em usar o poder centralizado para avançar a pauta particular dos escravizadores expansionistas.

---

76. David Brion Davis, *Slavery and Human Progress* (Nova York, 1984), 236-237; Walter R. Cassels, *Cotton: An Account of Its Culture in the Bombay Presidency* (Bombay, 1862); K. L. Tuteja, "American Planters and the Cotton Improvement Programme in Bombay Presidency During the Nineteenth Century", *Indian Journal of American Studies* (1998); Lelia M. Roeckell, "Bonds over Bondage: British Opposition to the Annexation of Texas", *Journal of the Early Republic* 19 (1999): 269n29; Madeline Stern, *The Pantarch: A Biography of Stephen Pearl Andrews* (Austin, TX, 1968); Benjamin Lundy, *Life, Travels, and Opinions of Benjamin Lundy* (Philadelphia, 1847).

Embora o Senado tivesse o poder de aprovar ou rejeitar tratados negociados pelo Poder Executivo, e a maioria dos whigs do Senado se opusesse à anexação do Texas, Upshur e Tyler estavam determinados a ver a retomada da expansão da escravidão. Eles começaram as negociações com o governo do Texas, e Upshur traçou uma estratégia que permitiria ao Poder Executivo passar furtivamente uma anexação pelo Congresso. Eles simplesmente tiveram que descobrir como apresentar a anexação como um imperativo para dois grupos: os proprietários de escravos que temiam o fim da expansão e os nacionalistas norte-americanos que temiam a ingerência britânica. Sulistas de ambos os partidos e a ala Norte de um partido cooperariam e então anexariam o Texas escravista.[77]

Enquanto Tyler acreditava tolamente que a anexação convenceria os whigs ou o Partido Democrata a nomeá-lo para a presidência em 1844, Upshur estava de fato entrando em ação ao atuar como diretor perante as cartas de outro político – um que também queria usar a "questão do Texas" para fazer de si mesmo o defensor e o candidato de todos os que apoiavam a expansão nacional. Esse diretor secreto era John C. Calhoun. Ele possuía mais de cem escravos, assim como minas de ouro na Geórgia e o campo de trabalho de Fort Hill, na Carolina do Sul (onde hoje fica a Universidade de Clemson), e havia sido o secretário de Guerra nacionalista no governo do presidente James Monroe. Apoiando a Anulação antinacionalista, Calhoun falou sobre os temores de se rejeitar os proprietários de escravos da Carolina do Sul em vez de falar sobre as necessidades dos empresários migrantes. Mas a nova realidade fez Calhoun repensar seu ponto de vista. Ela incluía tanto o fluxo de petições que permitiam que o abolicionismo se infiltrasse nos negócios do Congresso Federal quanto sua experiência agora íntima com o projeto em andamento de expansão das fronteiras da escravidão. Seu filho Andrew tinha levado dezenas de migrantes forçados a um novo campo de trabalho escravo no Alabama, e agora ele e John, juntos, estavam tentando recuperar suas fortunas familiares em meio à maior tempestade de endividamento. Calhoun passaria o resto de sua vida como o maior expansionista da escravidão nos Estados Unidos, fornecendo tanto a teoria quanto as manobras políticas práticas que permitiriam aos escravistas dar início a outra onda de criação e destruição.[78]

O primeiro encontro de um estudante com Calhoun costuma vir sob a forma de um daguerreótipo dos últimos anos de Calhoun. Observe só: os olhos dele brilham robotica-

---

77. Mitton, "Free World Confronted"; William W. Freehling, *The Road to Disunion* (Nova York, 1990), 1:390-391.
78. Virgil Maxcy to Calhoun, December 3, 10, 1844, in JCC, 17:586, 599-603; Wilentz, *Rise of American Democracy*, 56$.

mente para o estudante, seu rosto se assemelha ao de um déspota morto-vivo, esquelético por conta de uma tuberculose que o estava matando. O estudante ouve falar sobre a anulação e ouve citações de dissertações não publicadas encontradas nos documentos de Calhoun depois da sua morte. As citações contêm abstrações impossíveis, como a sugestão de que os Estados Unidos passassem a ter um Executivo de duas pessoas, um presidente do Norte e outro do Sul, que poderiam vetar um ao outro, ou vetarem o Congresso, se desejassem. No momento em que o professor vincula seu discurso com a linguagem sobre a natureza supostamente antimoderna e ineficaz da economia escravista, o aluno recebe a imagem completa de Calhoun como, na melhor das hipóteses, "o Heitor de uma Troia destinada a cair" (citando o abolicionista Wendell Phillips) – o defensor de uma classe dominante sulista que seria inevitavelmente derrotada. Calhoun deveria ter sabido, segundo a história convencional sugere, que o Sul perderia a luta pelo predomínio econômico, político e, por fim, pelo poderio militar.[79]

Talvez sim. Mas os senhores de escravos eram muito poderosos. A ideia de que a escravidão terminaria de maneira inevitável é controversa, uma vez que reconhecemos o dinamismo de sua economia. Mesmo tendo dificuldades no início da década de 1840, os proprietários de escravos sabiam como reavivar o crescimento dinâmico – com mais expansão. As teorias que Calhoun estava desenvolvendo para justificar uma nova expansão eram, na verdade, modernas, adaptadas a uma economia de mercado que via as entidades econômicas como "pessoas", que mediam as pessoas como fatores de produção e cujos atores mais inovadores acreditavam que os empreendedores deveriam ser capazes de dominar a propriedade sem restrições. Enquanto isso, porém, ele também era um político prático e hábil que estava prestes a manobrar a nação para seguir o programa de sua própria minoria empresarial. Quando Upshur morreu em um bizarro acidente, em fevereiro 1844, a bordo de uma embarcação naval dos Estados Unidos no Rio Potomac, Tyler convidou Calhoun para se tornar o novo secretário de Estado.[80]

Examinando a correspondência de Upshur, Calhoun encontrou uma carta que o novo embaixador da Grã-Bretanha, Richard Pakenham, tinha mandado. Falando em nome do governo britânico, a carta informou ao governo Tyler que Sua Majestade se opunha

---

79. Harriet Martineau, *Retrospect of Western Travel* (London, 1838), 1:147-148; Irving H. Bartlett, *John C. Calhoun: A Biography* (Nova York, 1994), 379; William W. Freehling, "Spoilsmen and Interests in the Thought and Career of John C. Calhoun", *Journal of American History* 52 (1965): 25-42; Richard R. John, "Like Father, Like Son: The Not-So-Strange Career of John C. Calhoun", *Reviews in American History* 23, n. 3 (1995): 438-443.
80. Edward Crapol, "John Tyler and the Pursuit of National Destiny", *Journal of the Early Republic* 17 (1997): 467-491.

à anexação do Texas e que a Grã-Bretanha "deseja e está constantemente se esforçando para conseguir a abolição geral da escravidão em todo o mundo". Percebendo a oportunidade, Calhoun escreveu uma resposta, enviando uma cópia das mensagens entre ele e Pakenham ao Senado, cuja maioria whig havia bloqueado recentemente uma proposta de tratado de anexação sugerido por Tyler e Upshur. Essa "Carta a Pakenham" foi o estratagema desonesto de Calhoun para forçar tanto os eleitores como os políticos a optar por apoiar a interferência britânica ou adicionar mais territórios escravistas aos Estados Unidos. Depois de criticar a intromissão britânica no Texas, Calhoun insistiu que a escravidão não era apenas conveniente, mas também a melhor coisa para os negros. As estatísticas do censo federal de 1840 supostamente provavam um índice de demência desproporcionalmente alto entre afro-americanos livres no Norte, de modo que "a experiência provou" que a escravidão deve ser o estado apropriado para as pessoas de ascendência africana. Se a Grã-Bretanha queria acabar com a escravidão em seus próprios domínios, era problema dela. Mas não cabia à Grã-Bretanha manter o Texas fora dos Estados Unidos, pois a submissão norte-americana à intromissão britânica equivalia a infligir "calamidade" – liberdade – sobre "a raça cujo objeto de seu esforço físico existe reconhecidamente para se gerar benefícios".[81]

Calhoun acreditava que a maioria dos brancos do Norte era nacionalista e racista. E, de fato, muitos democratas do Norte eram as duas coisas, e também eram profundamente a favor da anexação – como o congressista de Illinois Stephen Douglas, apoiador fervoroso da expansão nacional cujas plataformas normalmente apresentavam extensivo ataque verbal racial. Ou John L. O'Sullivan, editor do pró-expansionista *Democratic Review*, que cunhou o termo "Destino Manifesto" para descrever o que ele via como o direito outorgado por Deus aos cidadãos brancos dos Estados Unidos de tomar o restante da América do Norte dos índios e dos mexicanos mestiços. Mas a carta de Calhoun foi um exemplo de mau comportamento que irritou diversas outras pessoas, inclusive provocando os whigs do Sul a ajudar a matar o Tratado do Texas, de Tyler, quando ele finalmente entrou em votação no Senado.

Em última análise, a insistência aberta, na carta a Pakenham, na ideia de que a expansão da escravidão era uma coisa boa colocou à prova os principais candidatos de cada partido – e depois, destruiu suas candidaturas. O democrata que liderava as pesquisas, Martin Van Buren, divulgou uma carta pública em que se distanciava da

---

81. Calhoun to Richard Pakenham, April 18, 1844; Documentos relativos ao Texas, Serial Set vol. 435, session vol. 5, 28th Cong., 1st sess., S.Doc. 341; Charles Wiltse, *John C. Calhoun: Sectionalist* (Indianapolis, 1951), 168.

anexação – matando suas chances de ganhar o apoio do Sul para mais uma corrida presidencial. Henry Clay, o líder evidente entre os potenciais candidatos whigs, lançou um documento semelhante. Os whigs já haviam feito da campanha contra a anexação do Texas uma linha partidária, de modo que Clay conseguiu facilmente sua nomeação, mas ele estava criando problemas para sua própria queda.[82]

A convenção democrata, entretanto, se desenrolou ao longo das fraturas que Calhoun tinha provocado. As forças pró-anexação – alguns sulistas, alguns norte-americanos expansionistas que seguiam Douglas e Liam O'Sullivan – assumiram o controle do comitê de regras e mudaram o processo para exigir uma maioria de dois terços para nomear um candidato presidencial. Uma vez que a votação começou, Van Buren não conseguiu convencer delegados suficientes do Sul para obter os votos dos dois terços exigidos. A convenção se decidiu por James K. Polk, do Tennessee, *protégé* de Andrew Jackson, ex-presidente da Câmara dos Deputados e proprietário endividado de dúzias de escravos e de vários campos de trabalho no Mississippi. Supostamente moderado que se mantivera ao lado do partido durante os anos de pânico, Polk parecia ser a segunda melhor opção para todas as facções. Ele prometeu não só acrescentar o Texas à União, mas também exigir a maior parte do que é hoje a Colúmbia Britânica em suas negociações com os britânicos sobre o território do Oregon, fronteira entre os Estados Unidos e o Canadá.[83]

Depois que os democratas inscreveram a expansão dupla em sua plataforma, sulistas e expansionistas do Norte se enfrentaram com aqueles do Norte que se opuseram à anexação. Os democratas massacraram Clay com sua carta antianexação. Ele enfrentou uma série implacável de ataques, como o lançado pelo senador do Mississippi Robert Walker – aquele que no caso *Groves versus Slaughter* defendeu a ideia de que proprietários de escravos podiam repudiar o que deviam. Walker, dono de muitos terrenos no Texas, escreveu um panfleto dirigido ao público do Norte, alegando que a expansão da autoridade norte-americana no Texas *reduziria* o escopo e a vida útil da escravidão – o velho truque da difusão novamente. Walker apresentou um argumento muito diferente

---

82. Silbey, *Storm over Texas*, 62-68. A carta de Van Buren respondeu a William Hammet, ex-capelão da Universidade da Virgínia, agora congressista do Mississippi e delegado sem candidato da convenção democrata.
83. Joel Silbey, "'There Are Other Questions Besides That of Slavery Merely': The Democratic Party and Anti-Slavery Politics", in Alan Kraut, ed., *Crusaders and Compromisers: Essays of the Relationship of the Antislavery Struggle to the Antebellum Party System* (Westport, CT, 1983), 143-175.

em um panfleto formatado para o Sul chamado *The South in Danger* [O Sul em Perigo], que retratou Clay como a ferramenta dos whigs do Norte contra a escravidão.[84]

Quando a eleição foi realizada, Polk perdeu alguns dos estados não produtores de algodão do Sul, mais – por apenas 133 votos – seu estado natal, o Tennessee. Mas ele arrebatou os estados do algodão, muitos dos estados ao Norte do Ohio e Oeste dos Apalaches, e os estados altamente populosos da Virgínia e da Pensilvânia. O Partido da Liberdade (Liberty Party) antiescravista provavelmente virou a balança da eleição de Nova York para o lado de Polk ao tomar votos de Clay. Apesar de Polk ter ultrapassado Clay por apenas 1,5% no total nacional dos votos populares, seu expansionismo conquistou estados-chave suficientes para lhe conferir uma substancial maioria do colegiado eleitoral: 170 contra os 105 de Clay.[85]

A estratégia engenhosa de Calhoun de maximizar o confronto com a Grã-Bretanha e de insistir no argumento racista para a escravidão como um bem positivo tinha dividido o Partido Whig ao meio, gerando a vitória de um expansionista do Sul. Mesmo antes da eleição, os preços da terra no Texas, antecipando a vitória de Polk, começaram a subir. Enquanto isso, os mercados financeiros nacionais anteciparam que o governo federal anexaria o Texas e pagaria os títulos da República da Estrela Solitária com seu valor nominal total assim que Polk tomasse posse. Tyler, no entanto, não queria deixar o crédito para Polk, então quando o Congresso que estava para sair se reuniu, em dezembro de 1844, ele lhe disse que o povo norte-americano tinha protocolado um mandato para a expansão. A anexação feita por ameaça havia falhado, então Tyler sugeriu como medida ardilosa uma "resolução conjunta", que exigiria uma simples maioria em cada casa. A constitucionalidade era suspeita, mas (surpreendentemente) Tyler e Calhoun não apresentaram seus princípios usuais de interpretação constitucional estrita. Em janeiro de 1845, a Câmara aprovou uma resolução admitindo o Texas – e aceitando seus títulos, sua escravidão e seus mais de 776 mil quilômetros quadrados, que seriam divididos em quatro estados (escravistas). Uma das trocas de voto decisivas, que colocou a anexação no topo do Senado, foi o de Benjamin Tappan, de Ohio. Embora seus irmãos fossem

---

84. Robert J. Walker, *Letter of Mr. Walker, of Mississippi: Relative to the Reannexation of Texas. In Reply to the Call of the People of Carroll County, Kentucky, to Communicate His Views on that Subject* (Washington, DC, 1844); Robert J. Walker, *The South in Danger: Being a Document Published by the Democratic Association of Washington, D.C., for Circulation at the South, and Showing the Design of the Annexation of Texas to Be the Security and Perpetuation of Slavery* (Washington, DC, 1844); Frederick Merk, *Fruits of Propaganda in the Tyler Administration* (Cambridge, MA, 1971).
85. Silbey, *Storm over Texas*, 77; Holt, *Whig Party*, 196-206.

Lewis e Arthur Tappan, os partidários mais abastados do abolicionismo, Benjamin tinha grandes títulos de dívidas do Texas.[86]

O presidente que estava para sair, recusando-se a esperar por Polk, promulgou imediatamente a anexação como lei. Assim, nos últimos dois anos do mandato acidental de Tyler, os senhores de escravos comprometeram a vontade do governo federal e dos círculos eleitorais dos democratas (embora Tyler fosse ostensivamente um whig) a um vetor específico de expansão nacional. Esse vetor, pelas realidades geográficas, inevitavelmente privilegiaria o crescimento territorial no lado Sul do paralelo estabelecido pelo Compromisso do Missouri.

Agora, o governo estava nas mãos de James K. Polk. Como um produto da máquina de Jackson e de Van Buren, Polk lembrou-se de Calhoun como um personagem problemático e deixou-o fora do novo Gabinete. Mas o novo presidente ainda assim construiu uma política de expansão quase idêntica à que qualquer pessoa dedicada à expansão da escravidão teria implementado. Ele rapidamente se entendeu com Londres na fronteira Noroeste, concordando em dividir a região do Oregon de maneira mais ou menos igual ao longo do paralelo 49 até o Pacífico. Embora muitos democratas do Sul tenham celebrado o acordo, os democratas do Norte dos Estados Unidos que tinham apoiado a plataforma de incorporação da área do Oregon até o paralelo 54°40' sentiram-se ludibriados: "É traição? É má-fé?", um escreveu ao outro. Ao mesmo tempo, Polk forçou agressivamente a fronteira Sudoeste para uma expansão além do Texas. O México estava fraco e o Texas era apenas a primeira de suas distantes províncias a ser cortada. A vasta região da Alta Califórnia, que se estendia desde o extremo Norte da península da Baixa Califórnia até uma linha mal determinada em algum lugar ao Norte da baía de São Francisco, era quase tão difícil de se governar, e já havia colonizadores norte-americanos se infiltrando ali. Polk também tinha planos para o território disputado a Oeste da fronteira tradicional do Texas no Rio Nueces. No início do outono de 1845, ele enviou o político da Louisiana John Slidell para a Cidade do México, com uma oferta: nos dê o território disputado e nos venda o Novo México e a Califórnia por um total de 28 milhões. Ele também enviou o general Zachary Taylor e suas tropas através do Nueces para o território reivindicado pelo México na margem Leste do Rio Grande. Eles passaram o inverno com suas armas apontadas para o outro lado do rio, em Matamoros.[87]

Em maio de 1846, chegou a Washington a notícia de que o México rejeitara a oferta de Slidell havia três meses. Polk e seu gabinete prepararam uma mensagem de guerra a

---

86. Nell Mick Pugh, "Contemporary Comments on Texas, 1844-1847", *Southwestern Historical Quarterly* 62 (1959): 267-270; Frederick Merk, *Slavery and the Annexation of Texas* (Nova York, 1972), 152-166; Holman Hamilton, "Texas Bonds and Northern Profits: A Study in Compromise, Investment, and Lobby Influence", *Mississippi Valley Historical Review* 43 (1957): 579-594. Quando os títulos foram pagos, (1856-1857, a 75% do valor), 60% foram para detentores do Norte.
87. Silbey, *Storm over Texas*, 111-112.

ser enviada ao Congresso. Mas a mensagem foi substituída pela súbita chegada de notícias do Texas: tropas dos EUA e do México haviam travado uma batalha no território disputado. "O sangue norte-americano foi derramado em solo norte-americano", foi a maneira como Polk comunicou ao Congresso. Ele pediu uma "lei de guerra" (não, tecnicamente, era uma declaração de guerra). E conseguiu, apesar da discordância verbalizada por Joshua Giddings, John Quincy Adams e outros whigs antiescravistas. Para eles, essa guerra era a prova de que um grupo de expansionistas escravistas estava controlando a política dos Estados Unidos. Para grande parte do resto do país, a guerra prometia uma série de realizações: um sonho nacionalista de colocar os Estados Unidos entre as grandes potências expansionistas do mundo; novas grandes oportunidades de assentamento e de propriedade da terra; a satisfação da estranha fome por esforço coletivo que às vezes se revela nos primeiros dias febris de uma guerra. Os democratas do Norte esqueceram por um momento dos compromissos de Polk na linha de Oregon. Por toda a nação, os homens se apressaram em formar companhias militares voluntárias. Essa foi a primeira chance, em mais de uma geração, de conseguir a glória militar no campo contra um exército regular, no estilo europeu. A guerra, como os ávidos patriotas acreditavam, significaria a fabricação de muitos tipos de fortuna.

NO PRIMEIRO DIA DE JANEIRO, as tropas norte-americanas haviam cavado ao longo do Rio Grande, a 160 quilômetros a Oeste de onde o velho John Devereux, o pai virginense de Julien Devereux, começava outro volume de seu diário no condado de Rusk, no Texas. O dia abria o ano de 1846 da era cristã, observou o velho cavalheiro de sua escrivaninha no novo campo de trabalho escravo da família. Mas também abria o ano 1259 "da Hégira ou voo de Mahomet" de Meca a Medina. John, no papel, ainda vivia no curioso Iluminismo do século XVIII, mas John, o velho proprietário de escravos, discorria longamente sobre a mais dinâmica fronteira da mercadoria na economia mundial do século XIX. Entre o ambiente e a idade avançada, a linguagem de John tinha se tornado menos complexa, sua capitalização era esporádica e sua sintaxe, poderosa. Enquanto isso, seu filho Julien, que como muitos de seus antigos vizinhos haviam fugido de suas dívidas, estava se preparando para misturar uma outra fonte de alavancagem de crédito das redes financeiras mundiais, aquecida e transformada pelo combustível da produtividade do trabalho extraído de pessoas mercantilizadas.[88]

---

88. Parágrafos seguintes: John Devereux Diary, 1833-1846, January 1 to March 23, 1846, JSD. A Constituição Estadual do Texas de 1845 permitiu isenções de propriedade que protegiam os escravos da apreensão de dívidas. Mark Nackman, "Anglo-American Migrants to the West: Men of Broken Fortunes? The Case of Texas, 1821-1846", *Western Historical Quarterly* 5 (1974): 441-455. Tentativas de perseguir devedores no Texas pós-anexação aparentemente falharam. *Endicott v. Penney*, 1850, 325; *McIntyre v. Whitfield*, 1849, 322, todos CATTERALL, vol. 3.

John havia demitido o feitor do ano anterior. Embora fosse dia de Ano Novo, todas as "mãos começaram a cavar... sob a direção do Negro Scot". Eles estavam limpando a terra sistematicamente. No dia 2, ele os ouviu "de bom humor e cantando alegremente em seu trabalho, exceto o pobre Henry, que em breve será emancipado da escravidão pela morte". "É uma manhã congelante de inverno e os *niggers* vão trabalhar", lembrou-se Harriet Jones dos homens cantando em um campo de trabalho semelhante, no Texas, "a enxada no ombro sem camisa". Labutaram para preparar tantos acres de terra quanto possível para as sementes de algodão. Esse esforço se tornou mais intenso quando John Devereux decidiu contratar um feitor branco. Enquanto isso, os migrantes forçados tentavam uma vez mais adaptar suas vidas para que pudessem sobreviver neste novo lugar. No final de janeiro, Eliza Henry Maria, uma cativa de Devereux, se casou com Sam Loftus, um homem de propriedade de outro senhor de escravos local. No dia 23 de fevereiro, um fugitivo de um campo de trabalho próximo, "Bill L.", apareceu "bêbado como um índio choctaw". As "mãos" convenceram Bill a voltar para seu proprietário. Descendo o Brazos, onde os proprietários de escravos já tinham desenvolvido um complexo de campos de trabalho de açúcar e de algodão, os fugitivos poderiam esperar alcançar a fronteira mexicana. Bill estava muito ao Norte e ao Leste para isso. As pessoas no campo de trabalho de Devereux provavelmente o advertiram de que seu destino poderia ser semelhante ao de outro fugitivo, uma mulher que tinha sido recapturada no condado de Tyler, nas proximidades. Seu senhor a arrastou de volta para casa atrás de seu cavalo e a amarrou à cama. Na manhã seguinte, ele tentou cortar seus seios. Em seguida, enfiou um atiçador de lareira quente em sua garganta. Os sobreviventes desses acampamentos do Leste do Texas se lembravam de que lá, naquela fronteira, sempre se podia "ouvir o chicote estalando".[89]

No dia 12 de março, ele também teve um convidado: "Um velho a pé" – um homem branco – "esteve de passagem esta manhã e comeu o desjejum", escreveu John. O homem "tinha passado toda a noite na chuva – diz que ele é um construtor de moinhos e nasceu em Augusta", no Vale do Shenandoah, por onde os comboios do Sudoeste desciam depois de atravessar o Rockfish Gap através do Blue Ridge. Ele conhecia "os Springers e os Landrums", velhas famílias de Augusta da infância de John. Mas a partir daí as barreiras da fortuna e da classe diminuíram na conversa. O sol subiu mais. O pobre homem se levantou e disse adeus. Caminhou silenciosamente pela estrada,

---

89. Harriet Jones, AS, S2, 6.5 (TX), 2095; Frank Adams, AS, S2, 2.1 (TX), 2-10; Sean Kelley, *Los Brazos de Dios: A Plantation Society on the Texas Borderlands* (Baton Rouge, LA, 2010), 99-102.

representando à sua própria maneira uma outra vida soterrada pelo rolo compressor da fronteira da economia escravista moderna.

John sabia que ele também morreria a mais de 1.500 quilômetros de casa. Ele tinha mais o que esperar do que uma velhice dormindo mal e implorando por empregos que exigissem habilidades manuais. Mas a conversa com o andarilho o levou a avaliar sua vida. John perdera quatro de seus seis filhos e ficara viúvo pela segunda vez. No entanto, ele admitiu que estava muito melhor do que, por exemplo, Job. Cada uma de suas próprias esposas tinha "valido um curral cheio de vacas, como" a cônjuge queixosa que tinha sido oprimida no Velho Testamento. E talvez a segunda noiva de Julien fosse melhor do que a primeira. John não tinha ouvido falar de Julien havia meses, mas ele estava a caminho. Depois que o pior da tempestade legal explodiu, o Devereux mais novo tinha retornado ao Alabama para pegar muitas dúzias de escravos que estavam escondidos nas terras de um aliado desde 1841. Agora, em 20 de março, "por volta do meio-dia", um empregado branco chegou com "três carroças e os negros vindos de Montgomery", e John se regozijou tanto com "a emoção deles ao se encontrarem com os negros aqui quanto com a carta de Julien dando informações de que havia liquidado tudo e que estavam chegando". E, melhor ainda, a carta falava sobre o nascimento de um filho. A notícia "me causou profunda simpatia", escreveu John. As lágrimas sufocaram o velho. Julien, casado novamente, agora tinha um herdeiro de seu sangue – assim como John. Uma nova geração de proprietários de escravos estava emergindo.

Só mais alguns dias e Julien chegou. O feitor, três outros funcionários, Julien e John: seis homens brancos estavam agora na casa nova, onde alguns meses antes não havia ninguém senão o velho. Durante todo o dia e à noite, os escravos trabalhavam no solo do Texas Oriental em torno dos novos brotos de algodão. Os Estados Unidos haviam esticado suas fronteiras para incorporar esses acres, esses homens brancos e suas propriedades. Os preços dos escravos estavam subindo. Com a promessa de que o governo dos Estados Unidos financiaria os títulos de dívida do Texas, o crédito seria, sem dúvida, bombeado novamente pelas veias que oxigenavam os empreendimentos dos empresários do Sudoeste. Mais ao Sudoeste, o canhão estourava e os homens marchavam, empurrando a fronteira para a frente. Aqui, uma mulher preparava o jantar. Todos os seis homens se sentaram para comer "o que", observou John, "encheu todas as nossas cadeiras e a mesa". O mundo tinha voltado para o lado certo outra vez.

9

Costas
1839-1850

A MENINA RIU NO BANCO DA IGREJA quando olhou para trás, fitando os dezessete louisianenses recentemente emancipados, agora congelados na entrada da igreja. Na metade do caminho entre a porta e um mar de rostos fixos estavam Anna com seus quatro filhos; Sarah e Frankey, os dois com 11 anos, sem pais; Betsy e o filho; Maria, Margery e as filhas de ambas; o Pequeno Sam; Jose; Rose; e Amos, de 9 anos de idade. Os grandes turbantes vermelhos que as mulheres usavam tinham sido estilosos quando foram vendidos, décadas antes, em Nova Orleans. Agora, nas ruas de Boston, eles davam na vista de todos como coisa do *interior* e da *escravidão*.[1]

Uma mão apertou o braço da menina conhecida e, com um movimento brusco, puxou-a para que encarasse o púlpito. Ela precisava se lembrar. Ali, na Unitarian King's Chapel, na rua Beacon, ela também era uma visitante – os bostonianos negros geralmente passavam seus domingos em outros lugares, tais como a nova igreja da Episcopal Metodista Africana (A.M.E.). O ensinamento do dia era sobre a solidariedade. A mãe dela, assim como muitos dos visitantes nos bancos, era o que chamaríamos hoje de ativista. Talvez tenha ido ao grande ato de protesto de 1843, em Faneuil Hall, dois anos antes. Caçadores de escravos tinham chegado a Boston disfarçados. Eles haviam encontrado George Latimer, um fugitivo da escravidão da Virgínia. Latimer e sua esposa, Rebecca, estavam vivendo como pessoas livres. Os sequestradores haviam apanhado os Latimers e os atirado na cadeia de Boston. Mas a notícia vazara e logo trezentos homens negros livres estavam cercando o tribunal de Boston. Tinham por objetivo manter George e Rebecca ali até que o ato de protesto em Faneuil pudesse arrecadar 600 dólares. Finalmente, o proprietário da Virgínia decidiu que ficar com o dinheiro e providenciar os documentos de alforria de George poderia ser sua melhor opção.

---
1. Hannah Palfrey Ayer, *A Legacy of New England: Letters of the Palfrey Family* (Milton, MA, 1950), 1:145.

Assim como esses dezessete, muitos dos outros afro-americanos na igreja também estavam se ajustando em Boston. Alguns eram fugitivos. Outros haviam sido forçados a deixar o Sul por leis que foram formuladas para tornar insuportável a vida das pessoas de pele escura livres. Eram todos, cada um a seu modo, migrantes forçados, homens e mulheres levados pela expansão da escravidão, levados para um lugar que haviam construído. Se esses novos bostonianos olhavam para cima admirando as abóbadas austeramente magnificentes da King's Chapel, que se erguiam como um bolo de casamento branco dos pilares até o telhado, e se eles se intimidavam com a rica variedade de roupas dos congregantes – roupas indisponíveis nos remansos dos Attakapas –, era porque os migrantes, apesar de tudo, haviam passado suas vidas construindo exatamente esse mundo.

Sem dúvida haviam construído a família Palfrey. John Palfrey, o mais velho, havia sido o proprietário deles. Palfrey era o comerciante de Massachusetts cujos escravos haviam se juntado à rebelião de 1811, quando vivia na Paróquia de St. John the Baptist, ao longo do Rio Mississippi. Palfrey havia se mudado para a Paróquia de St. Martin após ser perseguido pelas dívidas. O xerife reintegrou alguns de seus escravos. Ele vendeu seus candelabros de prata e suas pistolas de cabo entalhado à mão. Mas, depois de 1815, pôde pedir emprestado mais uma vez. Então, comprou mais pessoas escravizadas.

As separações que as dezessete pessoas, ou os pais delas, haviam suportado quando viajaram da área da baía de Chesapeake para o Maspero, em Nova Orleans, e depois o trabalho que suportaram nos campos de colheita dos Attakapas, haviam reconstruído John Palfrey, que fora destruído financeiramente por duas vezes. A própria família de John também estava dividida, embora não exatamente como as famílias das pessoas que comprou. O filho mais velho, John Gorham Palfrey, viveu por um período breve na Louisiana com o pai, mas depois voltou para Massachusetts. John, o filho, era destinado, tanto pelos talentos quanto pelo nascimento, a se tornar um prodígio de Harvard. Ordenou-se ministro da igreja Unitarista aos 19 anos. Então, em 1830, se tornou um professor de Harvard. Mais tarde, naquela mesma década, assumiu a *North American Review*. O crescimento econômico estava produzindo uma burguesia bem educada que queria participar de uma alta cultura nacional distinta da que existia na velha Europa. Sob o comando de Palfrey, a *Review* publicou os autores da literatura emergente da América, de James Fenimore Cooper a William Cullen Bryant.[2]

---

2. Frank Otto Gatell, *John Gorham Palfrey and the New England Conscience* (Cambridge, MA, 1963), 76-87; Frank Otto Gatell, "Doctor Palfrey Frees His Slaves", *New England Quarterly* 34 (1961): 74-86.

Os quatro irmãos do jovem John permaneceram na Louisiana. Henry se tornou comissário de algodão; William, fazendeiro nas margens de Bayou Teche. Em 1816, Edward morreu de febre amarela no escritório de contabilidade onde trabalhava, em Nova Orleans. George foi atingido por uma bala de pistola em um duelo em 1824. A morte por duelo sangrento não aconteceu na Boston moralmente ordenada e em franco progresso moral da *North American Review*. Mas os irmãos permaneceram em contato. John G. Palfrey fez uma visita no auge do *boom* da década de 1830, viajando no barco a vapor *Southerner*. As cartas que mandou mais tarde para a Louisiana indagavam ironicamente pelas pessoas escravizadas nos termos de uma paródia racista: como estão os "meus amigos fuliginosos?" Quando William considerou visitar Boston, John, o filho, o aconselhou a levar seu próprio escravo: "Os servos negros que você consegue contratar aqui não servem para nada." Os Palfreys estavam de acordo quanto à política nacional. Todos eram Whigs razoáveis, adeptos do projeto partidário de levantar a nação social e moralmente. Henry vendeu cópias da *Review* de John para seus clientes fazendeiros, que talvez tenham se contorcido ao ler a afirmação de um autor inglês de que "a continuidade da escravidão" nos Estados Unidos era um desastre. Mas a afirmação do mesmo autor de que os problemas norte-americanos eram causados por democracia em excesso certamente encontrou um secreto assentimento.[3]

É claro que a *Review* pagava as contas do mesmo jeito que as revistas sérias sempre pagaram. Quando chegou o Pânico de 1837, as assinaturas diminuíram e as contas se multiplicaram. Henry ajudou a *Review* a não afundar mandando mil dólares da Louisiana para o jovem John e convencendo o pai a emprestar 5 mil dólares para a revista. A escravidão financiou o projeto literário de John Palfrey em Massachusetts. Entretanto, a questão sobre se a escravidão deveria crescer ou diminuir estava prestes a tensionar a relação entre os irmãos. Conforme John, o pai, foi envelhecendo, os Palfreys da Louisiana trataram de aconselhar o irmão que, de acordo com os termos do código civil napoleônico do estado em que viviam, ele herdaria um terço das propriedades do pai. Grande parte do valor dessa propriedade estava nos escravos. A melhor maneira de transformar essa quota em dinheiro utilizável em Massachusetts seria vender as pessoas herdadas. Mas "você pode incorrer no risco", escreveu William, "de algum abolicionista intrometido... informar que o rev. dr. P. vendia carne humana e isso e aquilo, ou que vivia da renda do trabalho escravo".[4]

---

3. *Baltimore Patriot*, November 8, 1824; Rev. Wm. Trotter, "Observations on State Debts", *North American Review* 51 (1840): 316-337; J. G. Palfrey (JGP) to Wm. Palfrey, March 11, 1836, PALF.
4. Henry Palfrey to JGP, January 8, 1838, September 3, 1838, January 9, 1839, December 4, 1838, todos em PALF; Gatell, "Doctor Palfrey", 75-76.

Os laços de sangue, assim como os laços do crescimento econômico, ligavam John G. Palfrey à elite sulista proprietária de escravos. O crescimento do Norte, em geral, e a fortuna de sua classe média e alta, em particular, foram construídos sobre o trabalho forçado de pessoas como aquelas que John herdaria do pai. Mas os Whigs moderados do Norte se incomodavam cada vez mais com autoritária agressividade política do Sul. No fim de 1834, os Whigs da Louisiana estavam salivando pela iminente anexação do Texas, mas os eleitores Whigs de Massachusetts organizavam uma série de reuniões furiosas. Eles despejavam sua ira contra os "Whigs do algodão" da Nova Inglaterra, cujos vínculos com os interesses da produção têxtil do estado os tornaram supostamente dóceis às exigências intermináveis dos proprietários de escravos.[5]

No outono de 1843, um dos primeiros navios de algodão a chegar em Boston também trouxe notícias de Nova Orleans. O velho John Palfrey havia morrido. John Gorham Palfrey agora possuía vinte seres humanos, um grupo heterogêneo, com idades que variavam do bebê ainda sem nome de Margery ao Velho Sam, com 65 anos. De acordo com o a faixa de preço corrente nos mercados de escravos de Nova Orleans, o valor deles se aproximava de 7 mil dólares – mas John, o filho, tinha decidido que não queria mais nenhum dinheiro vindo da escravidão. Essa nova convicção nos diz alguma coisa sobre sua consciência. Mas também conta uma história sobre os resultados gerados pela mudança conduzida pelo algodão nos Estados Unidos durante a primeira metade do século XIX, sobre a qual, na década de 1840, os irmãos do Norte e do Sul começaram a discutir de maneira descontrolada, exatamente porque tinham ajudado uns aos outros a prosperar durante o meio século que se passou.

A partir da década de 1790 a produtividade continuamente crescente das mãos escravizadas tinha gerado a mais importante matéria-prima na economia mundial a um preço real que diminuía de maneira constante. Isso tornou os proprietários de escravos do Sul incrivelmente ricos e também poderosos. Na década de 1830, eram capazes de atrair quantidades gigantescas de capital de investimento. Os senhores de escravos também exerceram uma influência desproporcional sobre o governo nacional, garantindo a criação e a implantação de políticas que os beneficiavam. Ainda assim, o mesmo trabalho das mãos que construiu um Sul abastado permitiu que os estados livres criassem a segunda revolução industrial do mundo. Esta começou nas fábricas de algodão de Massachusetts e Rhode Island. A partir das fábricas, o desenvolvimento da economia

---

5. Kinley J. Brauer, *Cotton Versus Conscience: Massachusetts Whig Politics and Southwestern Expansion, 1843-1848* (Lexington, KY, 1967); Thomas O'Connor, *Lords of the Loom: The Cotton Whigs and the Coming of the Civil War* (Nova York, 1968).

do Norte se abriu para transformar setores mais amplos. Depois que a economia do Sul se transformou em uma bolha, e então explodiu, o Norte se recuperou enquanto o Sul chafurdava na lama. E o principal motivo para a recuperação mais rápida do Norte foi que os nortistas haviam reinvestido o lucro gerado a partir das costas das pessoas escravizadas na criação de uma economia regional diversificada.

Agora, tendo construído um admirável mundo novo sobre o produto dos campos de algodão, nortistas como John G. Palfrey estavam se convencendo de que a escravidão era um escoadouro pré-moderno e ineficiente na economia nacional. Tratava-se de uma generalização imprecisa feita com base numa observação precisa. Os observadores do Norte e os ativistas antiescravistas viram a recuperação lenta da economia do Sul e pensaram que aquilo provava que a escravidão era um pesadelo econômico, e não um motor de crescimento. Mas eles também tinham algumas razões emocionais poderosas que faziam com que olhassem para a escravidão desse jeito. Por volta de 1843, os políticos proprietários de escravos haviam começado a dar o bote no Texas e além dele, esperando aplicar mais uma vez a fórmula clássica: novas terras, novas fontes de crédito, um novo *boom*. Dessa vez, porém, os irmãos do Norte decidiram que existia um "Poder Escravo" decidido a dominar de maneira tirânica, e não apenas as mãos escravizadas.

Então, Palfrey se consultou com vários conhecidos em Boston. O primeiro foi um político e conselheiro legal, o juiz Joseph Story, da Suprema Corte dos Estados Unidos. No ano anterior, a opinião de Story no caso de *Prigg v. Pensilvânia* havia fortalecido as alegações dos sulistas de que a Constituição dos Estados Unidos protegia a escravidão. Edward Prigg, um senhor de escravos de Maryland, havia tentado recuperar uma mulher escravizada que fugira para a Pensilvânia com os filhos para escapar dos traficantes de escravos. As autoridades estaduais o haviam impedido de fazer isso. O caso foi para a Suprema Corte. Ele colocou Story sob pressão valendo-se de duas fontes: de um lado, os que apoiavam a expansão da escravidão e, do outro, os afro-americanos que resistiram ao sequestro. Não queria escrever a decisão, mas não teve escolha. No caso *Prigg*, a Corte decidiu que a Constituição exigia que os estados do Norte entregassem os fugitivos, enfraquecendo as leis que acabaram com a escravidão dentro de suas próprias fronteiras.

Palfrey também se encontrou com o jovem político Charles Sumner, um dos chamados "whig de consciência". Se Story o advertiu sobre a dificuldade de se tirar a responsabilidade moral da escravidão das costas de alguém, Sumner ajudou a fortalecer a coluna de John para aguentar o peso. Sem comunicar os irmãos, John solicitou à Assembleia Legislativa Estadual da Louisiana uma permissão para libertar os vinte escravos que possuía, permitindo também a eles que ficassem no estado. Os irmãos souberam das ações de John a partir de uma matéria em um jornal de Nova Orleans que relatou o indeferimento do pedido pela Assembleia Legislativa Estadual. Henry esbravejou numa carta a John: a história toda seria "publicada no jornal dos Attakapas no domingo". Os fazendeiros locais o leriam. William e Henry ouviriam perguntas. Seus vizinhos nos Attakapas sabiam que pessoas intrometidas estavam sufocando o Congresso com petições que acusavam os proprietários de escravos de serem estupradores, torturadores e traficantes de escravos. Se o irmão de Palfrey era um abolicionista, o Partido Whig local, ao qual os irmãos eram leais, iria sofrer. Enquanto isso, a proposta de emancipação de vinte pessoas no campo de trabalho do velho John tornaria as outras quarenta inadministráveis. As notícias subiriam e desceriam os Attakapas, viajando através do telégrafo de fofocas. As pessoas falariam com seus supervisores ou correriam para Nova Orleans na tentativa de encontrar um advogado para um pedido de liberdade. "Melhor deixá-los trabalhando em silêncio e o tempo vai gradualmente acomodar todas as dificuldades", insistiu Henry.[6]

Henry sabia que as pessoas escravizadas agiam como as mãos de outra pessoa porque não tinham qualquer outra escolha. Se o aperto afrouxasse, os afro-americanos aproveitariam as oportunidades. À medida que o comércio negreiro interestadual surgiu, na década de 1830, e a inundação de novos corpos determinou a habilidade dos brancos em vigiar os cativos, o número de escravos fugitivos no Sudoeste também aumentou de maneira vertiginosa. Alguns percorreram todo o caminho até o Norte. Esses novos fugitivos, que também eram migrantes – embora na contracorrente do tráfico negreiro e dos fluxos dos círculos de crédito – revigoraram as organizações antiescravistas no Norte. William Lloyd Garrison, ensinado pelos sobreviventes da escravidão, havia ajudado a mobilizar campanhas de petições politicamente eficazes que retrataram os proprietários de escravos como oponentes da liberdade dos brancos – e particularmente da liberdade que os brancos tinham para discordar das políticas promotoras da expansão da escravidão. Ainda assim, Garrison insistiu que os abolicionistas deveriam rejeitar a política, o que exigia compromissos de um tipo que, segundo sua visão, tornava a Constituição "um pacto com a morte e um acordo com o inferno". Mas, em torno de 1840, uma nova onda de sobreviventes da fronteira da escravidão, incluindo fugitivos ativistas como William Wells Brown e Henry Bibb, estava empurrando de uma vez por todas o abolicionismo para dentro da corrente da luta política.

---

6. Gatell, "Doctor Palfrey", 80; *Washington Daily Intelligencer*, March 3, 1842; Melvin Urofsky and Paul Finkelman, *March of Liberty: A Constitutional History of the United States* (Nova York, 2002), 1:352-353; Brauer, *Cotton Versus Conscience*; Gatell, *John Gorham Palfrey*, 111-114; H. W. Palfrey to JGP, March 12, 1844, PALF.

Os fugitivos pressionaram o juiz Story e levaram os políticos proprietários de escravos a exigirem que os outros brancos nunca discordassem do que afirmavam sobre a escravidão ou sua expansão. Os irmãos de Palfrey não achavam que ele precisava contribuir com o estardalhaço. Acima de tudo quando seu exibicionismo com a fortuna do pai poderia causar problemas para todos eles. Os irmãos tinham escutado que os whigs de Massachusetts estavam brigando, mas se surpreenderam com a força que John estava disposto a aplicar para reforçar suas oscilantes convicções. Em 1843, o mundo em que viviam era de tempos difíceis e de G.T.T. Além disso, a empresa de Henry estava falida. Eles não conseguiam entender como John, que apenas alguns anos antes estava pedindo pela ajuda *a eles,* podia largar 7 mil dólares na mesa.

A jornada pessoal de John G. Palfrey para rejeitar a propriedade escrava, direta ou indireta, era irônico. Mas, de alguma maneira, era único. Sua disposição em agir de convicção própria, mesmo às custas de uma quantidade substancial de dinheiro, era pouco usual, embora a oscilação de suas convicções não fosse. De todo modo, ele ainda precisava fazer uma literal jornada de rejeição. Os legisladores do estado da Louisiana haviam negado sua solicitação de permissão para que as pessoas herdadas por ele permanecessem no seio da comunidade que haviam construído no despertar da migração forçada. Então, Palfrey decidiu levá-los consigo de volta para Massachusetts. Em 1844, preocupado com o fato de que não pudessem se sustentar, visitou a literata Lydia Maria Child e pediu a ela que o ajudasse a encontrar novos lares para aquelas pessoas em Boston. Child, uma ativista pelo direito das mulheres e também uma das primeiras mulheres publicamente identificadas como abolicionista, prometeu ajudar. Em seguida, Palfrey viajou para Lexington, no Kentucky, e visitou Cassius Clay, parente de Henry Clay e um dos raros remanescentes dos emancipacionistas no Sul. Clay havia lutado repetidamente contra as tentativas de silenciamento. Um de seus discursos acabou em uma briga de faca, com os agressores correndo para o palco. Para deter multidões furiosas, carregou um canhão e o colocou na varanda da frente de casa.

Palfrey, emocionalmente fortalecido pelo exemplo de Clay, viajou para o Rio Ohio e embarcou em um vapor rumo à Louisiana. Depois de aproveitar uma visita agradável a Nova Orleans, Palfrey viajou para o interior, para a casa de seu irmão William. Foi quando descobriu que os brancos dos Attakapas não eram muito tolerantes. Eles o ameaçaram e William também foi menos cordial do que costumava ser. Ansioso para concluir o negócio, John se encontrou em particular com cada escravo adulto. Todos estavam dispostos a ir para o Norte, mas queriam esperar até o fim do ano. Os preços do algodão estavam baixos no começo da década de 1840 e William, como muitos outros senhores de escravos sulistas, estava permitindo que as pessoas escravizadas tivessem mais tempo para cultivar os próprios lotes de algodão, milho e hortaliças. Em troca, comiam menos rações fornecidas pelo fazendeiro, significando menos tinta do lado do débito nos livros contábeis. Homens e mulheres com pequenas quantidades de dinheiro em suas mãos também podiam comprar os próprios tecidos, as próprias roupas, o tabaco e a bebida. Como fugitivos em potencial esperando o milho amadurecer, os escravos de Palfrey não queriam perder os investimentos que fizeram de tempo e trabalho. E, se era para se aventurar no desconhecido nas mãos de outro John Palfrey, queriam dinheiro no bolso.

John partiu para Boston. Os irmãos haviam insistido que isso iria "desmoralizar" as próprias forças de trabalho se os escravos de John se misturassem com os deles, uma vez que o discurso da liberdade havia irrompido, mas William estava feliz pelos trabalhadores temporários terem ficado. Eles ajudaram a reunir a colheita de algodão de William, pela qual John prometeu pagar salários retroativos, referentes a 1844, uma vez que chegassem a Massachusetts. Quando 1845 chegou, três dos mais velhos – Amos (61), Clara (55), e o Velho Sam (65) – recusaram-se a deixar os filhos e netos. Então, John subornou os funcionários públicos da paróquia para permitir que os três ficassem, apesar da alforria. Os outros dezessete se despediram de todos e viajaram para Nova Orleans. Do mesmo dique onde eles e/ou seus pais tinham chegado, embarcaram em um barco chamado *Bashaw* e partiram para Boston.

Depois das boas-vindas cerimoniais na King's Chapel, John começou a mandar as pessoas recém-emancipadas para várias "localizações" arranjadas por seus amigos abolicionistas. Com a ajuda de Child, alocou Anna e os quatro filhos em Canandaigua, Nova York, com uma boa moça quaker que precisava de uma criada e meninos para cortar a lenha. Amos Marshall foi mandado para trabalhar como criado no Brooklyn, assim como Henry. Os outros, contudo, encontraram emprego em Boston antes que Palfrey pudesse dispersá-los. Afro-americanos locais que se lembravam de suas próprias transições difíceis ajudaram os migrantes do interior a estabelecer raízes nos bairros negros de Boston.[7]

Assim como a maioria dos brancos do Norte que adotaram as convicções antiescravistas da década de 1840, Palfrey não parecia ser contra a escravidão porque acreditava na igualdade entre negros e brancos, ou mesmo na capacidade ou no direito de escolha

---

7. Parágrafos anteriores: Ayer, *Legacy*, 1:145-146; Gathell, "Doctor Palfrey"; Stephen Kantrowitz, *More Than Freedom: Fighting for Black Citizenship in a White Republic, 1829-1889* (Nova York, 2013); Cf. J. Brent Morris, "'We Are Verily Guilty Concerning Our Brother': The Abolitionist Transformation of Planter William Henry Brisbane", *South Carolina Historical Magazine* 111 (2010): 118-150; Sydney J. Nathans, *To Free a Family: The Journey of Mary Walker* (Cambridge, MA, 2012).

por parte dos negros. Entretanto, libertar os escravos passando por cima das objeções de seus irmãos permitiu a Palfrey demonstrar que os brancos do Sul não poderiam silenciá-lo como haviam tentado silenciar seu colega ex-estudante de Harvard, John Quincy Adams, com a Regra da Mordaça. A intimidação política dos sulistas o empurrou para nova convicção, a qual substituiu sua prévia crença implícita em uns Estados Unidos onde a propriedade de escravos e irmãos que lucravam com a escravidão se uniam apesar da distância geográfica. Agora, concluía – como fizeram outros brancos do Norte – que a escravidão era errada e que seu crescimento deveria ser detido por permitir que os irmãos do Sul intimidassem os do Norte.

EM 1819 RACHEL HAVIA SUBIDO o dique de Nova Orleans e, em seguida, descido na planície sujeita a inundações e coberta por torres de fardos de algodão, silos de manufaturas metálicas britânicas e montes de rolos de tecidos de algodão vindos de Manchester. Até então, a Grã-Bretanha já estava claramente se transformando em um novo tipo de sociedade e economia, escapando da velha armadilha malthusiana com a ajuda dos acres fantasmas do Novo Mundo. Suas transformações começaram com a criação de uma indústria têxtil de algodão. Sobre o capital que o setor ganhou, surgiram as tecnologias e indústrias adicionais. Logo, mais pessoas trabalhavam no comércio e na indústria do que na agricultura, produzindo um mercado de milhões de consumidores. As matérias-primas importadas do exterior, tais como o algodão, eram essenciais. Mas, em torno de 1834, o império concluiu que não precisava mais dos próprios escravos.[8]

Ainda que os Estados Unidos e a Grã-Bretanha (na maioria das vezes) falassem a mesma língua, eram duas nações que se encontravam em situações diferentes. A Grã-Bretanha necessitava de recursos naturais cruciais e, por isso, o algodão produzido pelas mãos escravizadas dos Estados Unidos foi essencial para a industrialização. Agora já fazia um quarto de século que a Grã-Bretanha liderava a corrida pelo desenvolvimento. De fato, os bens fabricados na Grã-Bretanha ainda se empilhavam no dique conforme o pessoal de Palfrey embarcava para Boston, pois em muitos setores manufatureiros, como o dos têxteis de alta qualidade, o domínio da Grã-Bretanha privou os competidores norte-americanos do oxigênio do mercado. Alguns whigs do Norte, acreditando que os Estados Unidos deveriam estar mais à frente no caminho que a Grã-Bretanha tinha aberto, botaram nos proprietários de escravos a culpa pelas escolhas políticas que impediram a república de replicar o sucesso do império. Para eles, o investimento

---

8. Boyd Hilton, *A Mad, Bad, and Dangerous People? England, 1783-1846* (Oxford, 2006); Joel Mokyr, *The Enlightened Economy: An Economic History of Britain, 1700-1850* (New Haven, CT, 2009).

nacional na expansão territorial era a prova. O roubo sem fim das terras indígenas na compra da Louisiana, da Flórida e do Texas também significou que a terra permaneceria barata. Os imigrantes poderiam se mudar para a fronteira onde as terras eram mais baratas em vez de trabalhar nas fábricas, mantendo os custos trabalhistas altos para os donos de indústria.[9]

Ainda assim, um quarto de século depois da chegada de Rachel em 1819 em Nova Orleans, alguns setores da economia dos Estados Unidos estavam mudando de modo dramático. Uma maneira de medir essa transformação é olhar para as estimativas históricas que mostram o quanto a economia estava se expandindo rapidamente. Entre 1774 e 1800, a taxa anual de crescimento econômico *per capita* nos Estados Unidos era menos de 0,4%. De 1800 até 1840, a taxa média de aumento subiu para entre 0,66% 1,13% por ano – aumentando de maneira vertiginosa no meio na década de 1830, mas despencando para valores negativos por diversos anos depois do Pânico de 1837. Em torno da década de 1850, o índice subiu para quase 2% ao ano. Em comparação, a taxa de crescimento *per capita* da economia dos Estados Unidos na década de 1990, sua década mais bem-sucedida desde a de 1950, era em torno de 2,5% por ano.[10] As explicações tradicionais para essa metamorfose em um regime pós-malthusiano assumem que a causa final do crescimento foi alguma característica única da economia do trabalho livre do Norte. Os escritores têm creditado a transformação à cultura individualista, ao puritanismo, à terra aberta e aos altos salários à "engenhosidade Yankee" amorfa, à intervenção do governo na economia e à não intervenção do governo na economia. Ainda assim, nós sabemos que mesmo quando a economia inteira se tornou mais produtiva, de 1800 a 1860, a produção do algodão bruto ganhou eficiência ainda mais rapidamente do que outros setores da economia. A velocidade crescente da colheita de algodão rendeu um aumento na produtividade um pouco maior do que 2% ao ano entre 1800 e 1860.

Em 1832, o governo dos Estados Unidos compilou um documento fascinante que revela a maneira como o algodão não apenas dominou as exportações do país e o setor financeiro, mas também como ele conduziu a expansão da indústria do Norte. O secretário do Tesouro de Jackson, Louis McLane, esperando encontrar uma prova de que a "Tarifa de Abominações" de 1828 estava protegendo o emergente setor industrial norte-americano, pediu aos membros dos democratas espalhados nos estados livres que

---

9. John G. Palfrey, *Papers on the Slave Power: First Published in the Boston Whig in July, August, and September, 1846* (Boston, 1846), 31-35.
10. Thomas Weiss, "U.S. Labor Force Estimates and Economic Growth, 1800- 1860", in Robert Gallman and John J. Wallis, eds., *American Economic Growth and Standards of Living Before the Civil War* (Chicago, 1992).

visitassem os estabelecimentos industriais vizinhos. Eles entrevistaram proprietários tais como o gerente do Old Sable Iron Works no condado de Delaware, na Pensilvânia, que alertou que caso a tarifa fosse reduzida, "nossos estabelecimentos mais bem-sucedidos não conseguiriam se manter".

Os dados de McLane não apenas mostraram que o ferro estrangeiro era barato demais como também revelaram o papel crucial dos tecidos de algodão na condução da expansão industrial. Nas quatro décadas precedentes, as fábricas têxteis movidas pela força hidráulica haviam se multiplicado ao longo dos rios e seus afluentes em Massachusetts, Rhode Island e Connecticut. Eles contavam com a mão de obra vinda do setor agrícola decadente do Sul da Nova Inglaterra, com os projetos de maquinaria roubados da Grã-Bretanha e com o algodão cada vez mais barato do Sul. As primeiras fábricas haviam mecanizado o processo de fiação de algodão, mas ainda "mandavam para fora" os fios, para que fossem tecidos pelas famílias que usavam os teares manuais. Os teares alimentados pela fábrica permitiriam que a próxima transição acontecesse.[11]

Na década de 1820, os "Associados de Boston", um grupo que incluía homens como Nathan Appleton e Abbot Lawrence, que se tornariam whigs do algodão e inimigos políticos de John G. Palfrey, construíram uma cidade fabril às margens do Rio Merrimack, a Leste de Massachusetts. Eles a chamaram de Lowell em homenagem a um espião industrial que tinha roubado projetos de teares das fábricas britânicas. Por volta de 1832, quatro imensas plantas produtivas estavam em operação ali. Cada uma integrava a fiação e a tecelagem sob o mesmo teto. Coletivamente, as fábricas possuíam um maquinário no valor de 1 milhão de dólares e essas máquinas eram operadas por 3 mil operários, dos quais três quartos eram mulheres e meninas. A cada ano, as fábricas usavam 2,5 milhões de quilos de algodão descaroçado: mais de 13 mil fardos, cerca de 6,8 milhões de quilos pesados nas balanças de algodão. Sendo assim, Lowell consumiu 100 mil dias do trabalho das pessoas escravizadas todos os anos. E, uma vez que as mãos escravizadas produziam quilos de algodão com mais eficiência do que as livres – derrubando o preço ajustado pela inflação do algodão entregue para os Estados Unidos e para as fábricas têxteis britânicas em 60% entre 1790 e 1860 –, a máquina de açoitar estava liberando milhões de dólares para os Associados de Boston. Eles investiram em outras máquinas, em pagamento mais alto para os operários e na elegância e arquitetura que deixou as pessoas libertadas de Palfrey impressionadas na igreja da rua Beacon. Além disso, também abaixaram o preço dos tecidos, expandindo tanto os mercados de Lowell quanto o acesso das pessoas comuns em todo o mundo aos tecidos

---

11. MCLANE, 2:225.

industrializados de algodão. Os consumidores de um planeta inteiro compartilhavam a prosperidade da margem crescente entre o preço do algodão cru e o valor que teria se fosse colhido pelo trabalho livre.[12]

Em 1820, apenas 3,2% da força de trabalho dos Estados Unidos estava na indústria – talvez um total de 75 mil operários. Por volta de 1832, data do relatório de McLane, as fábricas e oficinas do Norte empregavam cerca de 200 mil trabalhadores. A maior parte foi nas fábricas de algodão, que eram o tipo de indústria mais mecanizada, de capital pesado, mais *industrial* em todos os Estados Unidos. Seus 20 mil empregados representavam algo novo na história dos Estados Unidos: uma classe trabalhadora livre, que não era dona de terra nem estava envolvida na produção agrícola, cujo crescimento criou a demanda por bens. Na verdade, tantos os campos de trabalho quanto as fábricas de algodão geraram uma demanda crescente por coisas como artigos de ferro, roupas prontas, cordas, móveis e sapatos. Na época do censo de 1832 de McLane, a indústria norte-americana estava começando a produzir mais desses bens. A produção não têxtil ainda ocorria em oficinas de pequena escala. Entre elas estavam as oficinas pequenas, mas flexíveis, do mercado de subemprego (*sweated trades*) de Nova York, assim como as que produziam roupas, móveis, artigos de couro e chapéus. Então, como acontece agora, a cidade atraía uma torrente de imigrantes famintos dispostos a labutar por muitas horas em condições insalubres. O tamanho pequeno também refletia a tecnologia limitada, pois a maioria das indústrias ainda não tinha encontrado substitutos para a força humana e a produção manual. As oficinas muito pequenas espalhadas pelas áreas rurais próximas da Filadélfia e de Petersburgo ainda dominavam a indústria do ferro. Uma rara exceção era a Ousatonic Manufacturing Company do condado de Litchfield, em Connecticut, que em 1831 empregou mais de cem operários e produziu 600 toneladas de ferro.[13]

Os tecidos feitos com o algodão do Sul continuaram a guiar o caminho: sobretudo ao empregar uma classe operária cujos salários criaram um mercado consumidor que

---

12. Robert Dalzell, *Enterprising Elite: The Boston Associates and the World They Made* (Cambridge, MA, 1987); MCLANE 2:342-343; Robert Fogel and Stanley Engerman, *The Reinterpretation of American Economic History* (Nova York, 1971); C. Knick Harley, "Cotton Textile Prices and the Industrial Revolution", *Economic History Review* 51 (1998): 49-83. Em "The Relative Productivity Hypothesis of Industrialization: The American Case, 1820-1860", NBER Working Paper n. 722, July 1981, National Bureau of Economic Research, www.nber.org/papers/w0722, Claudia Goldin e Kenneth Sokoloff consideram que nas indústrias dependentes dos campos de algodão do Sudoeste, o trabalho feminino era altamente lucrativo.

13. Mark Bils, "Tariff Protection and Production in the Early U.S. Cotton Textile Industry", *JER* 44 (1984): 1033-1045; MCLANE, 1:1015; David R. Meyer, *Roots of American Industrialization* (Baltimore, 2003), 240.

encorajou uma produção cada vez mais dinâmica em outras áreas. Em resposta ao questionário de McLane, David Anthony, de Fall River, Massachusetts, escreveu que as fábricas da cidade empregavam 4 mil trabalhadores têxteis: "todos dependendo direta ou indiretamente dos negócios fabris... exigindo tantos produtos agrícolas quanto qualquer outra classe de pessoas no país." Os mercados de alimentos em crescimento aceleraram uma comercialização da vida diária que chegou aos distritos rurais dos estados livres. Os agricultores cultivavam para o mercado e não mais para a subsistência. Nos estados de Ohio e Indiana, os agricultores atingiram os mercados do Sudoeste através do Rio Mississippi e, uma vez que Nova York concluiu o canal Erie, em 1824, os fazendeiros do Norte do estado podiam embarcar os produtos para a cidade de Nova York. Agora que a eficiência trazia como frutos as recompensas, os fazendeiros do Norte se tornaram mais eficientes – suas fazendas se tornaram maiores, os agricultores começaram a se especializar e a exigir sementes e equipamentos melhores.[14]

McLane criou seu documento para beneficiar politicamente os fabricantes do Norte, mas ele mostra que, a partir de 1832, o algodão feito por pessoas escravizadas estava impulsionando a expansão econômica dos Estados Unidos. Quase toda a produção e o consumo comercial alimentaram ou foram alimentados por um fluxo poderoso de cápsulas brancas. Os políticos e empresários usaram a força da inundação do algodão como uma corrente de água que aciona a roda da azenha para girar outras rodas. Os políticos, por exemplo, criaram um sistema tarifário cujo princípio básico era a proteção da fabricação de têxteis na Nova Inglaterra. Depois da Guerra de 1812, os britânicos supostamente tentaram sufocar as indústrias pouco desenvolvidas dos Estados Unidos descarregando bens abaixo do custo nos mercados norte-americanos. Em resposta, o Congresso acrescentou uma sobretaxa de quase 38 centavos por metro para o tecido importado de baixa qualidade. A tarifa redistribuiu a produtividade das mãos escravizadas para os fabricantes e negociantes do Norte (em forma de lucros) e para os operários das fábricas (em forma de salários). E isso permitiu que as fábricas norte-americanas se especializassem. Enquanto os produtos britânicos finamente tecidos ocupavam roupeiros, como aqueles dispostos nas igrejas de Boston, as pequenas cidades norte-americanas e

---

14. Meyer, *Roots of Industrialization*, 3; MCLANE, 1:70; cf. Charles Sellers, *The Market Revolution: Jacksonian America, 1815-1846* (Nova York, 1991); John L. Larson, *The Market Revolution in America: Liberty, Ambition, and the Eclipse of the Common Good* (Cambridge, UK, 2010); Harry L. Watson, "'The Common Rights of Mankind': Subsistence, Shad, and Commerce in the Early Republican South", JAH 83 (1996): 13-43.

suas fábricas produziam o tecido barato e grosseiro, protegido pela tarifa sobre importação de tecidos de qualidade inferior.[15]

Na verdade, o mesmo algodão que as mãos colheram retornou, fiado e tecido, na forma do pano grosseiro da Nova Inglaterra que os proprietários de escravos compravam para cobrir as costas dos afro-americanos. Em seus campos de trabalho escravo de "Southdown" e "Waterloo", na Louisiana, por exemplo, o empresário John Minor expediu uma "cota" anual de cerca de 9 a 13 metros de tecido. Com mais de 1 milhão de escravos nas áreas do algodão e do açúcar em 1832, os empresários podem ter comprado até 13,7 milhões de metros de tecido, ou o total da produção anual de Lowell. Existia espaço suficiente no mercado do Vale do Mississippi. Todo ano, um dos irmãos Hazard, os proprietários da Peace Dale Manufacturing Firm de Rodhe Island, viajava para Nova Orleans e, em seguida, para o interior, com a intenção de vender tecido, chapéus e outros bens. Os fazendeiros mediam os tamanhos dos sapatos das mulheres e decidiam se compravam roupas prontas ou rolos de tecido naquele ano, e enviavam as listas referente aos homens com as medidas aproximadas de tamanho, tais como "Nº 1" e "Nº 2". Os sacos para a coleta do algodão que os Hazards ofereciam, feitos com o tecido resistente dos teares a vapor de Peace Dale, eram "de longe os melhores" que "já tinha visto", disse o consumidor John Routh. Até os tipos mais grossos de algodão tecidos com cânhamo eram necessários como invólucros para o algodão processado, fosse nos mais atrasados "distritos de fardos circulares" ou entre os fazendeiros atualizados, cujos novos equipamentos forçavam o algodão descaroçado em cubos sólidos.[16]

As forças de trabalho especializadas da fronteira da escravidão do Sudoeste não apenas transferiam o dinheiro britânico pago pelo algodão bruto para as empresas pouco desenvolvidas de tecidos dos EUA. Elas também usavam as pás, os arados, as cordas, os chapéus, os sapatos e as enxadas fabricados nos Estados Unidos. Na verdade, uma estimativa sugere que 30% dos bens "transportáveis" fabricados no Nordeste na década de 1830 foram vendidos para o Oeste e a para o Sul. Milhares de mulheres do Norte transformavam as folhas de palmeira vindas de Cuba nos chapéus descartáveis

---

15. Douglas A. Irwin and Peter Temin, "The Antebellum Tariff on Textiles Revisited", *JER* 61 (2001): 777-798; Israel Andrews, *Communication from the Secretary of the Treasury...... Notices of the Internal Improvements in Each State, of the Gulf of Mexico and Straits of Florida, and a Paper on the Cotton Crop of the United States*, US Congress, Senate, 32nd Cong., 1st sess., Doc. 112 (Serial 622-623), 818-821. Em 1845, as fábricas do Massachusetts consumiam 7% da colheita dos Estados Unidos.
16. 1847 Diary, vol. 2, William Minor Papers, LLMVC; Thos. Byrne to R. G. Hazard, July 8, 1839; Joel Small to J. P. Hazard, May 17, 1841; J. P. Hazard to Isaac Hazard, November 30, 1841, December 13, 1841, Hazard and Co., todos LLMVC.

de aba larga que os escravizadores providenciavam, um para cada mão, no início da temporada da colheita. Em 1832, apenas no condado de Suffolk, em Massachusetts, as 47 empresas diferentes que fabricavam os chapéus de palha registraram a produção de um total de 863 mil unidades. Cada um custava 28 centavos no atacado e a produção empregava 2.500 mulheres durante todo o ano. Embora recebessem 30 centavos ou menos por dia, essas mulheres, ao todo, ganhavam mais de 250 mil dólares – o que, medido de maneira diferente, era por sua vez o valor pago por 50 mil dias trabalhados por pessoa na colheita de algodão.[17]

Outro exemplo da maneira como as capacidades do Sudoeste abasteceram mercados para as indústrias em desenvolvimento do Nordeste é a história da Collins Axe Works ao longo do Rio Farmington, em Connecticut. Por volta de 1827, Charles Morgan, o brilhante artesão de Samuel Collins, mapeou o processo de produção do machado em tarefas específicas: forjamento, dar a têmpera, esmerilhação e polimento, sendo cada uma dessas tarefas realizada por um trabalhador individual. O clássico economista Adam Smith, que ilustrou a divisão do trabalho ao mostrar como a produção de um pino poderia ser repartida em dezenas de passos para aumentar a eficiência em cem vezes, teria ficado orgulhoso. Portanto, os trabalhos da Collins aumentaram a produção para mil machados por dia, embora ao custo de uma epidemia de silicose, ou "pulmão de pedra", uma doença fatal causada pela exposição constante à poeira gerada pela moagem de pedras contra as cabeças de metal dos machados. Os agentes de viagem da Collins no Sudoeste logo geraram vendas enormes, como o pedido de 30 mil machados feito por uma empresa de comércio. Em meados da década, a produção da Collins estava produzindo 250 mil machados a cada ano.[18]

Os machados da Collins vinham prontos para serem usados. Sendo assim, puderam substituir os machados britânicos baratos que chegavam com o preço inflacionado pela tarifa e sem o fio. (Os compradores tinham que contratar ou comprar ferreiros para afiar as lâminas britânicas antes do uso.) A mais de 3.200 quilômetros de Connecticut, ao longo do Rio Mississippi, o senhor de escravos Haller Nutt abriu algumas caixas – que valiam de 20 dólares cada, contendo 12 machados Collins – e os colocou bem nas mãos de seus homens. Nessas mãos, os machados da Collins literalmente remapearam o mundo natural, derrubando centenas de milhões de nogueiras, carvalhos, choupos-do-canadá, árvores resinosas e pinheiros. Um feitor experiente do condado de Tipton, no Oeste do

---

17. MCLANE, 1:950, 2:470-577.
18. Janet Siskind, *Rum and Axes: The Rise of a Connecticut Merchant Family, 1795- 1850* (Ithaca, NY, 2002), 92-117.

Tennessee, que disse que lá "a madeira [é] eu acho, mais fácil de derrubar" do que em outras áreas, calculando que uma "mão cheia", que significava um homem saudável e forte, trabalhando exclusivamente na abertura, só conseguiria limpar cerca de 4 acres em um ano. Em 1860, trinta anos depois do assentamento, o condado de Tipton tinha 65.570 acres (abertos). Os anos de 16 mil homens manejando seus machados Collins haviam transformado Tipton em uma máquina orgânica gigante para cultivar o algodão ou o milho. E Tipton era um dos cerca de 250 condados similares que produziam algodão e açúcar na fronteira da escravidão.[19]

Em todas as etapas do processo, da semente à fábrica e da fábrica ao consumidor, os empreendedores, de um tipo ou de outro, dividiram em fatias a margem de lucro gerada nas costas dos afro-americanos escravizados e serviram cada fatia para um ator na economia mundial. Pode ser impossível medir todos os elementos desse processo dinâmico, que combinava o acesso cada vez mais barato à mercadoria mais essencial do mundo com um processo de fabricação cada vez mais eficiente para levar a economia do Norte em novas direções. Mas aqui está uma contabilidade imprecisa, referente ao papel do algodão na economia dos Estados Unidos na era da expansão da escravidão. Em 1836, a quantidade total de atividade econômica – o valor de todos os bens e serviços produzidos – nos Estados Unidos era em torno de 1,5 bilhão de dólares. Destes números, o valor da própria colheita de algodão, o peso total multiplicado pelo preço médio por quilo – 77 milhões de dólares – era cerca de 5% do produto interno bruto. Essa porcentagem pode parecer pequena, mas, depois da agricultura de subsistência, as vendas de algodão eram a maior fonte de valor na economia norte-americana. Mesmo esse número, entretanto, mal representa os bens e serviços diretamente gerados pela produção de algodão. O transporte de algodão para Liverpool através do mar, o seguro e os juros pagos sobre o crédito comercial, tudo isso faria com que o total aumentasse para mais de 100 milhões de dólares (ver Tabela 4.1).

Em seguida, vieram os efeitos de segunda ordem que compreendiam os bens e serviços necessários para se produzir o algodão. Existia a compra de escravos – possivelmente 40 milhões de dólares só em 1836, um ano que deixou muitas memórias das longas marchas que as pessoas sequestradas foram obrigadas a fazer. Depois, houve a compra de terras, o custo do crédito para tais aquisições, o porco e o milho comprados nos

---

19. Araby Jnl., 88, Haller Nutt Papers, Duke; Henry Kauffman, *American Axes: A Survey of Their Development and Makers* (Brattleboro, VT, 1972), 33-34; Anderson Ralph to J. D. Hawkins, July 18, 1847, Hawkins Papers, SHC; Magnolia Jnl., 1851-1852, Fol. 444, RCB; Laurel Jnl., 1850-1851, Fol. 445, RCB; Plantation Jnl., 1849-1866, McCollam Papers, SHC.

desembarcadouros dos rios, os machados que os escravos usavam para limpar a terra e o tecido que vestiam. Até os bens de luxo e outros gastos feitos pelas famílias dos proprietários de escravos. Tudo isso provavelmente somava outros 100 milhões de dólares.

Os efeitos de terceira ordem, os mais difíceis de se calcular, incluíam o dinheiro gasto pelos operários das fábricas e pelos fazendeiros de porco de Illinois, os salários pagos para os trabalhadores dos barcos a vapor e as receitas geradas pelos investimentos feitos com os lucros dos comerciantes, fabricantes e negociantes de escravos que obtiveram todos os seus rendimentos, seja direta ou indiretamente, dos campos do Sudoeste. Esses efeitos de terceira ordem também incluem os dólares gastos e gastos novamente nas comunidades onde o algodão e os comércios relacionados ao algodão, tiveram um impacto significativo. Outra categoria desses efeitos é o valor que os bens estrangeiros importados tiveram sobre o crédito sustentado pelo fluxo oposto de algodão. Todos esses bens e serviços podem ter somado 200 milhões de dólares. Dados os prazos curtos da maioria dos créditos comerciais em 1836, cada dólar de crédito "importado" para o algodão seria movimentado cerca de duas vezes por ano: 400 milhões de dólares. No total, mais de 600 milhões de dólares, ou quase metade da atividade econômica nos Estados Unidos em 1836, derivava direta ou indiretamente do algodão produzido pelos tantos milhões de escravos, 6% do total da população dos Estados Unidos, que labutaram nos campos de trabalho da fronteira da escravidão naquele ano.

O SETOR INDUSTRIAL DA ECONOMIA DO NORTE foi construído nas costas de pessoas escravizadas e, ainda na década de 1840, nortistas como John G. Palfrey estavam cada vez mais propensos a pensar – a partir de sua nova perspectiva, sobre as costas dessas pessoas – que seus empreendimentos comerciais não precisavam da escravidão. Já na década de 1830, os norte-americanos nos estados não escravistas estavam usando a riqueza gerada pelo algodão para desenvolver um setor industrial mais diversificado, menos tributário do comércio com o Sul. Em 1832, por exemplo, a Collins Axe Works, um dos primeiros empregadores com fabricação de larga escala em Connecticut, respondia por quase um quarto de todos os investimentos e empregos da produção não têxtil no estado. Entretanto, quando Robert Walker, secretário do Tesouro de Polk, encomendou outra pesquisa sobre a produção, em 1845, Connecticut continha cerca de 25 fabricantes diferentes de machado. Os próprios machados agora constituíam apenas uma fração da produção industrial do estado. As novas fundições de metal, os fabricantes de armas de fogo e as fábricas de ferragens, relógios, chapéus e carpetes agora empregavam milhares dos residentes de Connecticut. E a maioria do utensílios de cobre, das ferramentas para as máquinas e dos bens de consumo que vinham das fundições e lojas de Connecticut estavam sendo vendidos para outros centros urbanos, núcleos fabris e zonas comerciais em todo o Norte.[20]

Embora Connecticut tivesse se tornado o estado mais densamente industrializado nos Estados Unidos, ele não foi o único a mudar para uma economia industrial. Em 1840, 500 mil norte-americanos trabalhavam no setor manufatureiro, quase todos no Norte. Em 1850, seu número total era de 1,2 milhão e a participação de todos os trabalhadores do setor tinha aumentado de 9% para 15%. Um número significativo desses trabalhadores era formado por mulheres, especialmente nas fábricas têxteis. A parcela de contribuição direta da produção manufatureira ao valor agregado na economia nacional aumentou de 17% em 1839 para 29% uma década depois, enquanto a porcentagem correspondente à agricultura caiu de 72% para 60%. Muitos setores econômicos – alguns completamente novos, tais como a construção ferroviária – dependiam fortemente dos mercados consumidores do Norte que a mão de obra industrial estava criando com seus novos salários em dinheiro.[21]

É verdade que, na década de 1840, o algodão ainda era poderoso. Nenhuma fonte de receita do Norte era tão maciça quanto a torrente de papéis britânicos que todo ano retornava para os Estados Unidos em troca dos fardos de algodão que haviam navegado para a Inglaterra. Nenhum tipo de fabricação era tão puramente rentável quanto uma mão colhendo algodão quando os preços superavam os 22 centavos por quilo – nem o segmento da agricultura comercial do Norte que alimentava as cidades de crescimento rápido dos estados livres, nem as fábricas e nem mesmo as lojas onde os mecânicos construíam a versão mais recente da locomotiva a vapor. No entanto, a diversificação cada vez maior da economia do Norte permitiu que ela crescesse de forma mais consistente e resiliente do que sua contraparte sulista. Mesmo com a anexação do Texas reativando a expansão da escravidão, a saúde econômica sulista ainda dependia do preço do algodão.

E os nortistas dependiam menos da margem do algodão do que tinham dependido antes, no final da década de 1830. Em vez disso, estavam criando uma margem industrial. A indústria têxtil, por exemplo, estava transformando a produção em operações maiores, de capital mais intensivo e que poderiam reverter grandes investimentos em rendimentos rápidos a altos ou baixos custos em matéria-prima. Entre 1820 e 1860, as fábricas têxteis da Nova Inglaterra aumentaram o investimento médio de capital em

---

20. Meyer, *Roots of Industrialization*, 268-270; MCLANE; *Report of the Secretary of the Treasury*, Dec. 3, 1845, 29th Cong., 1st sess.
21. Meyer, *Roots of Industrialization*, 3; Robert Gallman, "Commodity Output, 1839-1899", in *Trends in the American Economy in the Nineteenth Century* (Nova York, 1960), 24:43, Table A- 1/A.

600%. Isso é o que os economistas históricos chamam de "aprofundamento do capital" (*capital deepening*). O número médio de fusos por fábrica passou de 780 para 6.770, e o número de teares automáticos de 5 para 164 – e nos dois casos, a maquinaria se tornou mais eficiente no processamento da fibra em fio e tecido. Assim como a destreza crescente das mãos esquerdas nos campos de algodão, a acumulação da maquinaria aumentou a produtividade dos operários, permitindo que o típico trabalhador têxtil de 1860 fizesse tecido cinco ou seis vezes mais rápido do que o trabalhador têxtil típico de 1820.

No final da década de 1830, a indústria têxtil do Norte também estava criando novas indústrias secundárias. Os operadores que construíam e reparavam as máquinas têxteis não apenas melhoraram os teares automáticos e fusos, mas também inventaram e produziram motores fixos a vapor que poderiam ser aproveitados para o maquinário fabril. Antes da década de 1830, os motores a vapor eram quase exclusivamente usados para equipar as embarcações fluviais com propulsão mecânica. Em 1845, as fábricas movidas a vapor se tornaram a regra. Queimavam o carvão cada vez mais. Em 1820, a Pensilvânia havia enviado 365 toneladas de carvão antracite para o mercado. Em 1844, o número subiu para mais de 1,6 milhão de toneladas. (Eventualmente, os combustíveis fósseis permitiriam que os lucros extraordinários se equiparassem aos obtidos com o roubo do trabalho escravizado.) Enquanto isso, continuaram a alimentar novas habilidades e ideias: melhoraram moendas de açúcar movidas a vapor, que completaram a revolução no processamento de cana-de-açúcar e a extração da sacarose que havia começado vinte anos antes com as caldeiras de pressão, por exemplo. No início da década de 1850, mais da metade dos 1.500 engenhos de açúcar da Louisiana era movida a energia a vapor. As mesmas redes de maquinistas criaram locomotivas cada vez mais sofisticadas e, no começo da década de 1840, estavam construindo uma indústria coerente para as estradas de ferro. Isso criou novas capacidades por meio de uma rede de transporte rápido, assim como uma demanda por trilhos de aço, combustível e crédito.[22]

Conforme as fábricas do Norte cresciam, os empregadores não conseguiam mais contratar trabalhadores suficientes. Como resposta, a migração europeia para o Norte disparou. Só na década de 1840, 1,5 milhão de europeus foram para os Estados Unidos. Os irlandeses eram o padrão. Até 1845, 220 mil já haviam chegado, e a segunda metade dessa década viu 550 mil refugiados irlandeses chegarem aos Estados Unidos fugindo da opressão britânica e de uma fome que matou milhões. Alguns dos irlandeses foram

---

22. J. D. B. DeBow, *Industrial Resources, etc., of the Southern and Western States...* (New Orleans, 1852), 3:277, 287; David R. Meyer, *Networked Machinists: High-Technology Industries in Antebellum America* (Baltimore, 2006).

para Nova Orleans, cujos diques e prensas de algodão ofereciam muitas oportunidades para os trabalhadores. Mas, embora muitos tivessem ido para o Oeste em navios norte-americanos que, no caminho de ida, rumo ao Leste, haviam sido carregados com fardos de algodão, essa não era uma migração sem liberdade. Agora que Manhattan tinha alcançado a hegemonia financeira sobre o comércio de algodão, os navios que transitavam entre Liverpool e Nova Orleans normalmente desviavam o velho curso para parar no porto de Nova York, onde os imigrantes desembarcavam. Durante a década de 1840, fora dos portos de algodão, os empregos eram escassos para os imigrantes nos estados escravistas, pois eles não desejavam competir com os trabalhadores conduzidos pela máquina de açoitar. A escolha dos imigrantes de se mudarem para o Norte teve um impacto demográfico significativo, fazendo a população da região passar de 7,1 milhões, em 1830, para 10 milhões, em 1840, e, mais tarde, em 1850, a população chegou a mais de 14 milhões. No mesmo período, o Sul cresceu muito mais lentamente, passando de 5,7 milhões, em 1830, para quase 9 milhões.

A imigração, principal fonte de crescimento populacional dos estados livres, reduziu os custos da mão de obra e criou mercados enormes para bens de consumo. A maioria dos imigrantes começou nos degraus mais baixos da sociedade e da economia do Norte, onde trabalhavam abrindo canais, como empregadas domésticas ou mineiros de carvão. Entretanto, na distribuição da representação política, cada um contava como cinco quintos de uma pessoa, o que aumentou o poder do Norte na Câmara dos Deputados. O número de representantes do Congresso determinava o número de votos eleitorais de que um estado poderia dispor na eleição presidencial, desse modo, a nova partilha deu forma à influência dos estados – e regiões – também no ramo Executivo. Em 1820, 42% dos membros da Câmara provinham de estados escravistas. Junto com a uniformidade sulista no Senado, os proprietários de escravos tinham, portanto, necessitado apenas de um punhado de aliados dos estados livres para vetar qualquer proposta da qual não gostassem. Mas, depois do censo dos Estados Unidos de 1840, o número de representantes dos estados escravistas caiu para menos de 40%. Depois de 1850, os representantes dos estados livres formariam dois terços da Câmara.

O crescimento acelerado da economia do Norte deixou os nortistas menos suscetíveis a agir como dependentes dos sulistas na política. Nos dois anos depois de os 17 escravos de John G. Palfrey terem migrado para sua liberdade e para Boston, sua frustração crescente com os whigs do algodão de Massachusetts pela disposição de se aliar com whigs do Sul (que estavam apoiando a política de Polk para a expansão da escravidão), atraíram-no para as fileiras dos whigs de consciência. Ele escreveu e publicou *Papers on the slave power*, um panfleto indignado cujos capítulos recebiam títulos como, por exemplo, "o Norte defraudado e intimidado". Ele descrevia o Sul como um bloco político unitário que estava "escravizando" os eus políticos dos brancos do Norte. Com o juiz Story decidindo no caso *Prigg v. Pensilvânia* e a memória ainda fresca da tentativa de sequestro dos Latimers, Palfrey afirmou que os sulistas podiam viajar para Boston e alegou que mesmo um cidadão branco de Massachusetts era apenas um escravo fugitivo de pele clara. "*Existe a lei*. Ela não diz nada sobre a cor. E de acordo com a lei, o governador de Massachusetts é tão suscetível a ser levado embora e vendido no caos do Sul quanto o mais negro ou cidadão menos importante da comunidade... tanto Harrison Grey Otis [o advogado mais rico em Boston] quanto seu engraxate." Palfrey destacou Nathan Appleton e Abbot Lawrence, magnatas têxteis de Massachusetts e whigs do algodão, culpando-os por persuadirem os nortistas a permitir o Texas na União.[23]

O *Papers* de Palfrey ofendeu os próprios bostonianos que o haviam apoiado como clérigo, professor e editor. Alguns ignoravam seus cumprimentos na rua ou o barravam em suas casas, mas Palfrey não era o único a acusar os senhores do algodão da Nova Inglaterra de conluio com seus fornecedores no Vale do Mississippi. A crítica nortista aos proprietários de escravos e seus aliados que vinha emergindo recentemente era diferente daquela dos imediatistas, como William Lloyd Garrison, que exigia que os Estados Unidos purgassem seus pecados. Em vez disso, os novos críticos argumentavam que a escravidão do Sul danificou a economia nacional. Duas décadas antes, em meio à crise do Missouri, alguns opositores da expansão tinham feito afirmações semelhantes, mas, ao longo dos anos que se seguiram, o crescimento rápido da riqueza em todo setor afetado pelo algodão tornou as afirmações de que a escravidão minava o progresso econômico pouco convincentes. Sem dúvida os senhores dos teares da Nova Inglaterra tinham usado o algodão produzido por escravos e o mercado de escravos para se tornarem o povo mais rico nos estados livres.

Ainda no início da década de 1840, a percepção crescente de dinamismo econômico do Norte e a depressão do Sul encorajaram muitos nortistas a afirmar que não deviam nada à escravidão – certamente não deviam lealdade ao domínio político que Palfrey estava chamando de "O Poder Escravista" (*The Slave Power*), um termo que provavelmente aprendeu com o clérigo, editor de jornal e ativista do Partido da Liberdade, Joshua Leavitt. O jornal de Leavitt, *The Emancipator*, argumentava que "a escravidão reina fomentando a rivalidade entre os partidos no Norte". O novo alinhamento das

---

23. Palfrey, *Papers on the Slave Power*, 8-9; Nathan Appleton et al., *Correspondence Between Nathan Appleton and John G. Palfrey* (Boston, 1846); Leonard Richards, *The Slave Power: The Free North and Southern Domination* (Baton Rouge, LA, 2000).

coalizões inter-regionais formadas por Van Buren, Jackson e seus oponentes significavam que se os democratas em Vermont, por exemplo, quisessem ganhar as eleições nacionais, tinham que evitar antagonizar com seus irmãos de partido do Alabama. Esses últimos deixaram claro que o apoio à escravidão era o preço da aliança partidária. Então, os democratas de Vermont motivaram os eleitores enfatizando suas diferenças em relação aos vizinhos whigs mais próximos, e não aos proprietários de escravos no Sul.

Entretanto, eis o pedaço mais distintivo do ataque de Leavitt: "[Eu] considero a escravidão", disse ele a uma audiência em Ohio, em 1840, "a principal fonte dos males comerciais e financeiros sob os quais o país está vergando." Na época em que fez o discurso, a economia dos Estados Unidos ainda não tinha se recuperado dos pânicos de 1837 e 1839, e Leavitt insistiu que a distorção da política pública do Poder Escravista era a principal causa da depressão. "Nos encontramos", anunciou, "sujeitos às operações exaustivas da escravidão", uma série de políticas e configurações que arrancavam a riqueza dos estados livres para os escravistas. Sem dúvida a fronteira escrava do Sudoeste tinha *parecido* lucrativa na década de 1830, quando o investimento e os migrantes forçados afluíam para o Vale do Mississippi em uma velocidade sem precedentes: "Todo mundo queria fazer depósitos no Vicksburgh, no Grand Gulf, no Brandon e em outros bancos do Sudoeste", lembrou-se Leavitt. Mas "o grande dreno de capital do Norte para o Sul" para atender às "demandas do comércio doméstico de escravos" – 100 milhões de dólares apenas para o Mississippi, calculou Leavitt – era apenas mais um dos "desfalques comuns da escravidão" – camadas de roubo e fraude, desde o roubo do trabalho até a desonestidade desenfreada dos proprietários de escravos com seus credores do Norte. Embora o comércio em toda economia nacional nunca tenha parecido "tão vasto e lucrativo" como em 1836, "a bolha estoura e todo o capital vai embora, afundado, de maneira irrecuperável". Os proprietários de escravos deviam incontáveis milhões para os comerciantes, investidores financeiros individuais, donos de indústrias e bancos do Norte, e eles não planejavam pagar grande parte disso, não, mas mesmo assim "o Sul não ganhou nada com isso". O problema do Sul era a escravidão, Leavitt insistiu, pois ela era essencialmente oposta à poupança, ao investimento produtivo e aos tipos de melhorias tecnológicas (especificamente a introdução das máquinas que poupavam trabalho) que estavam transformando o Norte.[24]

Palfrey repetiu as críticas de Leavitt, porque ele e outros brancos do Norte – e alguns sulistas também – começavam a acreditar que a realidade estava demonstrando a precisão de sua análise econômica. Todo mundo via que o Norte estava tomando a dianteira em

---

24. Joshua Leavitt, *The Financial Power of Slavery* (Nova York, 1841).

termos de prosperidade e população. Os políticos senhores de escravos vinham usando seu poder no Congresso fazia muito tempo para expandir os territórios não livres, dirigir o capital do Norte para o Sul, encerrar discussões na plenária, destruir os sistemas monetários, de maneira que os proprietários de escravos não tivessem que pagar a seus credores, e destruir as proteções tarifárias para o setor industrial do Norte. Mas agora os fabricantes empreendedores do Norte já não precisavam mais do Sul. Então, não havia justificativa para aderir ao domínio continuado do Sul sobre o processo político.

E no entanto, embora ainda presos ao que os nortistas cada vez mais consideravam uma depressão econômica autoinfligida na metade da década, os políticos do Sul ainda exigiam que o principal foco da política estrangeira dos Estados Unidos fosse a expansão do território escravista. E o Poder Escravista ainda exercia uma influência política desproporcional. Polk, o então ocupante da Casa Branca, era um proprietário de escravos, assim como seu predecessor. Os democratas do Norte ainda tentavam obedientemente silenciar os abolicionistas, e a necessidade de conseguir os votos do Sul para competir com os Democratas aprisionou os whigs do Norte em amarras similares. Leavitt insistiu que os nortistas precisavam aumentar, em prejuízo dos políticos, o custo eleitoral das alianças com o Sul. Isso significava atrair os eleitores para partidos ou facções terceiros contrários à expansão da escravidão, "revelando a verdadeira natureza da escravidão", como Leavitt colocou: mostrando como o Sul se opunha aos direitos políticos dos homens brancos do Norte e à prosperidade econômica. "A resistência direta à dominação política do Poder Escravista", então, substituiria os interesses partidários pelos regionais.[25]

De fato, quando Palfrey publicou seus próprios panfletos sobre o Poder Escravista, poucos anos depois de Leavitt, as circunstâncias econômicas e políticas cambiantes estavam prestes a fazer com que um número nunca antes visto de brancos do Norte suspeitassem que Leavitt e Palfrey poderiam estar certos sobre o Sul. O Congresso havia aprovado a declaração de guerra contra o México no dia 13 de maio de 1846. Poucos meses depois, no dia 8 de agosto, com a guerra bem encaminhada, o presidente Polk pediu ao Congresso 2 milhões de dólares para financiar as negociações de seu governo com o México. Os democratas do Norte tinham apoiado Polk e sua guerra. Mas os planos para as negociações dispendiosas sugeriam que ele agora estava pensando em arrancar ainda mais território do México. Ao mesmo tempo, estava se comprometen-

---

25. Reinhard O. Johnson, *The Liberty Party, 1840-1848: Antislavery Third-Party Politics in the United States* (Baton Rouge, LA, 2009); Eric Foner, *Free Soil, Free Labor, Free Men: The Ideology of the Republican Party Before the Civil War* (Nova York, 1970); Jonathan H. Earle, *Jacksonian Antislavery and the Politics of Free Soil, 1824-1854* (Chapel Hill, NC, 2004); Betty Fladeland, *James Gillespie Birney: Slaveholder to Abolitionist* (Ithaca, NY, 1955).

do com a Grã-Bretanha, abandonando a promessa de fazer valer uma reivindicação à atual Colúmbia Britânica. O representante Hugh White, um whig do interior de Nova York, aproveitou a oportunidade para desafiar os democratas nortistas a evitar que o projeto de lei liberando os 2 milhões de dólares pagasse pela expansão da escravidão. David Wilmot, um democrata novato da Pensilvânia, mordeu a isca. Ele apresentou uma emenda ao projeto de lei, a qual exigia que todo o território adquirido na guerra com o México se tornasse livre. Se aprovada, a "Cláusula Wilmot" bloquearia de maneira permanente a expansão geográfica da escravidão.[26]

Os afro-americanos já diziam havia anos que o poder da escravidão se baseava na aquisição de novos territórios. Na fronteira, os escravizadores podiam destruir antigos padrões de produção, desfazer famílias, securitizar os indivíduos arrancados delas como se fossem mercadorias, vender os instrumentos financeiros assim criados nos mercados ao redor do mundo e se aproveitar do *boom* resultante do entusiasmo. Alguns brancos haviam escutado a mensagem, incluindo Gamaliel Bailey, editor da publicação antiescravista *National Era*, que escreveu: "O que o passado nos ensina? Que a escravidão vive pela *expansão*." Bloquear novos territórios era bloquear as veias que pulsavam entusiasmo nos mercado de crédito. Bloquear as terras que poderiam vir do México era colocar um limite de prazo no estrangulamento político que os proprietários de escravos impunham à população do Norte, que era maior e se expandia com mais rapidez.[27]

Porque a Cláusula Wilmot prometia bloquear a expansão do Sul em todos os sentidos, ela acabou colocando uma pressão extrema sobre os dois principais partidos, que eram alianças inter-regionais complexas que dependiam do equilíbrio dos interesses dos políticos de ambos os lados da linha Mason-Dixon. Os whigs do Sul se opuseram à cláusula enquanto os do Norte – que sabiam que poderiam enfrentar a revolta dos whigs de consciência em casa – a apoiaram. Os democratas do Sul se opuseram, mas os do Norte – apoiadores da expansão nacional, embora aflitos sobre os eleitores em casa – congelaram ao ver os faróis das eleições intercalares que se aproximavam: por fim, a maioria entrou em pânico. Quando a cláusula foi votada na Câmara, apenas quatro democratas de estados livres se opuseram ao projeto de lei, que foi aprovado com 85 votos contra 80 em uma votação seccional. Então, em algo que parecia uma repetição dos debates do Missouri de 1819-1820, o Senado bloqueou a cláusula.

Mas 1819 e 1846 foram anos diferentes. Em 1819, muitos no Norte e no Sul viam um futuro em que o algodão exportado impulsionaria o crescimento econômico. Agora,

---

26. Sean Wilentz, *The Rise of American Democracy: Jefferson to Lincoln* (Nova York, 2005), 596.
27. *National Era*, February 4, 1847, June 24, 1847.

as expectativas do futuro econômico tinham evoluído. E, tal como Joshua Leavitt esperava, David Wilmot e outros democratas do Norte – sendo a maioria deles pessoas que odiavam tanto os whigs quanto os negros – estavam votando contra o Poder Escravista e com os whigs antiescravistas. Tais avanços poderiam desestabilizar os equilíbrios delicados na política interna dos Estados Unidos. Uma consequência imediata foi que a oposição ao expansionismo da escravidão se tornou uma identidade política viável para muitos candidatos do Norte. Em 1847, John G. Palfrey concorreu ao Congresso em uma eleição especial para preencher uma cadeira de um distrito antes dominado por whigs do algodão. Os partidários proclamaram que ele havia "mostrado sua fé através de suas ações ao emancipar um grande número de escravos herdados na Louisiana". Palfrey ganhou e se juntou ao time de novos congressistas, que também incluía um whig de Illinois recentemente eleito chamado Abraham Lincoln.

No entanto, por volta de 1847, nem as forças favoráveis nem as contrárias à Cláusula Wilmot poderiam conseguir o controle em Washington. Enquanto isso, do outro lado do Rio Grande, as tropas dos Estados Unidos venciam as batalhas contra as forças mexicanas. O general Zachary Taylor, um veterano das lutas contra a insurgência dos seminoles da Flórida, derrotou um exército mexicano no Norte do país. A Califórnia caiu nas mãos das tropas e dos colonos dos Estados Unidos. O General Winfield Scott desembarcou um exército de 12 mil homens na Costa do Golfo do México. Entre os oficiais júniores de Scott, havia nomes como Robert E. Lee, Ulysses S. Grant e Thomas Jackson. Retraçando a rota de Hernando Cortez de 1519, as tropas de Scott abriram caminho pelo Oeste até a Cidade do México. Depois de vencer uma batalha crucial em Cerro Gordo, circundaram o Oeste da cidade. No dia 12 de setembro, as tropas dos Estados Unidos invadiram o Castelo de Chapultepec, o último ponto forte da capital e, em seguida, ocuparam a cidade que havia sido uma capital um milênio antes da fundação de Washington.[28]

Quando chegaram as notícias de que os salões de Montezuma haviam sido conquistados, a administração de Polk ficou extasiada com a ideia de anexar todo o México. Mas os democratas do estado de Nova York, o maior e mais antigo ramo do partido, se dividiram sobre se os novos territórios deveriam ser abertos à escravidão. À medida que os eleitores do Sul se agitavam mais com a crise, John C. Calhoun se adiantou para adotar uma doutrina que já vinha desenvolvendo havia alguns anos, mas que era

---

28. Robert Merry, *A Country of Vast Designs: James K. Polk, the Mexican War, and the Conquest of the American Continent* (Nova York, 2009); Paul Foos, *A Short, Offhand, Killing Affair: Soldiers and Social Conflict During the Mexican-American War* (Chapel Hill, NC, 2002).

peculiarmente adequada à situação atual. Essa ideia ampliou de novo a influência da escravidão nas equações políticas de expansão, usando a interpretação constitucional para destacar o declínio relativo da força demográfica e financeira do algodão. Não foi uma reforma da anulação, anulação esta que Calhoun havia abandonado depois de sua derrota para Jackson na década de 1830. Era muito mais significativo do que a anulação.

Em 1819, Calhoun disse ao restante do gabinete de Monroe que acreditava que a Constituição permitiria ao Congresso proibir a escravidão em espaços controlados federalmente, como os novos territórios. Mas, em 1836, as petições abolicionistas pediam que o Congresso usasse seu poder sobre o território federal para acabar com o tráfico de escravos e até mesmo para proibir a própria escravidão no Distrito de Colúmbia. Em janeiro de 1836, o senador Calhoun respondeu a essas demandas com um discurso que esboçava uma ideia fundamental. Ele disse ao Senado que não encontrou na Constituição o direito de reivindicação ao qual as forças antiescravistas se referiam. Mas encontrou a Quinta Emenda, e ela limitava o poder federal sobre a propriedade dos indivíduos, decretando que ninguém poderia ser "privado de sua propriedade sem o devido processo legal". Calhoun agora agia para estabelecer um princípio abrangente além daquela frase. "O devido processo", insistia, poderia significar apenas o "julgamento pelo júri" de um criminoso específico. Eis aqui o oposto do devido processo: um decreto legislativo que apagasse as reivindicações de propriedade de toda uma classe de pessoas. E, por acaso, "os escravos deste Distrito não seriam uma propriedade?", perguntou Calhoun, e não formariam seus donos toda uma classe de proprietários? Presumivelmente, o Congresso não poderia impedir as pessoas de comprar ou vender tais propriedades, uma vez que a possibilidade de venda é geralmente uma das características da propriedade.[29]

Calhoun estava anunciando uma ideia que eventualmente seria conhecida como a doutrina do devido processo legal substantivo. O requisito do "devido processo" a que se refere a Constituição não poderia ser cumprido simplesmente através da aprovação de uma lei, pois uma lei que invadia os direitos dos proprietários batia de frente com algo fundamental demais para ser assim alterado. Na visão de Calhoun, a Quinta Emenda era um afloramento geológico que confirmava que sob a Constituição jazia uma placa

---

29. William Lee Miller, *Arguing About Slavery: The Great Battle in the United States Congress* (Nova York, 1996), 27-42 e passim; Richmond Enquirer, January 23, 1836. O primeiro uso registrado dessa doutrina em relação à escravidão é de James Gholson, que argumentou diante da convenção constitucional da Virgínia, em 1832, que a emancipação por legislação estadual violaria a restrição da Quinta Emenda ao confisco de propriedade privada sem uma compensação justa. Ver *Register of Debates*, 24th Cong., 4025-4026; Arthur Bestor, "State Sovereignty and Slavery: A Reinterpretation of Proslavery Constitutional Doctrine, 1846-1860", *Journal of the Illinois State Historical Society* 54 (1961): 117-180, esp. 172n113.

tectônica subjacente e substancial da lei natural que permitia aos proprietários manterem e disporem da propriedade. Em 1844, um congressista do Mississippi chamado William Hammett chegou a argumentar que esse direito federal também protegia os senhores de escravos das ações das Assembleias Legislativas Estaduais. Assim, as emancipações ordenadas pelo Estado e concluídas pelos estados do Norte eram inconstitucionais. Congressistas do Norte, chocados, espumavam de raiva com a afirmação de Hammett. Mas os proprietários de escravos pareceram aceitá-la instintivamente quando a ouviram.[30]

É irônico que, depois da Guerra Civil, os juristas a favor dos grandes negócios do Norte adotem uma versão da ideia de Calhoun. Da década de 1890 até a era do New Deal, a Suprema Corte usou, repetidas vezes, o devido processo legal substantivo para derrubar as tentativas legislativas de regulamentar a indústria da Idade Dourada, proteger os direitos dos trabalhadores ou quebrar os monopólios. O devido processo legal substantivo moldou (e continua moldando) a economia política dos Estados Unidos de maneira contínua. Assim como seus primos modernos, ao argumentar em favor do devido processo legal substantivo, Calhoun propôs uma doutrina radicalmente sem amarras sobre o direito do proprietário a seu domínio. Isso implicava que os proprietários de escravos estavam definitivamente protegidos das maiorias populares que poderiam tentar impedi-los de tirar pleno proveito dos recursos ilimitados de um continente conquistado e de um mercado mundial em constante crescimento. Também não está claro que os partidários do Sul tiveram o pior argumento em termos de precedentes disponíveis em seu tempo. A opinião do juiz Story no caso *Prigg v. Pennsylvania*, em 1843, deu um ponto de apoio à afirmação de que a Constituição reconhecia os direitos fundamentais dos senhores de escravos à propriedade dos seres humanos e obrigava o governo federal a proteger essas reivindicações, mesmo contra as legislaturas estaduais.[31]

A versão inicial do devido processo legal substantivo tinha fermentado lentamente desde 1836, mas permaneceu geralmente nas sombras. Como teria sido complicado se

---

30. *Washington National Intelligencer*, February 7, 1844; cf. numerosos casos desse tipo de raciocínio estão registrados em James L. Huston, *Calculating the Value of Union: Slavery, Property Rights, and the Economic Origins of the Civil War* (Chapel Hill, NC, 2003), 49-57.
31. *Washington National Intelligencer*, February 17, 1844; Donald Fehrenbacher, *The Slaveholding Republic: An Account of the U.S. Government's Relations with Slavery* (Nova York, 2001), 220-221. Story tentou limitar o escopo da sua decisão aos casos de escravos fugitivos, mas concordou que a proteção constitucional do direito de propriedade dos escravizadores era uma barganha sem a qual "a União nunca poderia ter sido formada". Para um apanhado pró-*Lochner* sobre o uso posterior do devido processo legal substantivo, ver David E. Bernstein, *Rehabilitating Lochner: Defending Individual Rights Against Progressive Reform* (Chicago, 2011); para uma visão crítica, ver Cass Sunstein, "Lochner's Legacy", Columbia Law Review 87 (1987): 873-919.

no início dos anos 1840, em meio às escapadas para o Texas [G.T.T., ou *Gone to Texas*] e ao repúdio escravista de pagamento das dívidas financeiras, os empresários proprietários de escravos tivessem alegado que os governos não podiam prejudicar os direitos de propriedade e os contratos. No entanto, em 1847, a guerra e a conquista tinham criado novos incentivos para que os políticos encontrassem justificativas para um novo território escravista. Naturalmente, o argumento de Calhoun foi ainda mais longe, vislumbrando uma versão alternativa e altamente radical da modernidade econômica.[32]

O desgaste no ambiente causado pela Cláusula Wilmot deu a Calhoun e seus aliados a oportunidade de usar sua lógica com o público que queria ouvir como o Norte estava tentando sufocar os direitos constitucionais do Sul, nas costas dos quais foi construído o próprio sucesso dos estados livres. Em fevereiro de 1847, Calhoun ofereceu ao Senado uma exposição cenográfica de seu argumento segundo o qual os senhores de escravos tinham o direito fundamental de usar, mover e explorar os seres humanos escravizados. Nele, o discurso mais significativo de sua longa carreira, explicou o argumento constitucional e político em torno do qual cada vez mais proprietários de escravos se uniriam pelos próximos 14 anos.[33]

Primeiro, Calhoun insistiu que todos os estados, livres ou escravistas, tinham o mesmo direto de posse sobre os territórios. Ele também rejeitou o direito de o Congresso exigir que as constituições dos novos estados tornassem a escravidão ilegal. E então, bateu o martelo: "*Resolvido. Que a promulgação de qualquer lei que diretamente, ou por seus efeitos, prive os cidadãos de qualquer um dos Estados da União de emigrar, com sua propriedade, para qualquer um dos territórios dos Estados Unidos, fará tal discriminação* [entre cidadãos de diferentes estados da União, apontando como dignos os dos estados livres e indignos os dos estados escravistas] *e será, portanto, uma violação da Constituição.*" Essa resolução recorria ao argumento do "sangue e tesouro comum" – ao afirmar que os estados escravistas tinham compartilhado igualmente com os livres os custos e os perigos da conquista –, mas, em última análise, dependia da afirmação de que a Constituição protegia a possibilidade de os proprietários de escravos manter, mover, vender, comprar e explorar as pessoas como se fossem propriedade. Ele sugeriu que o governo federal deveria aprovar leis para promulgar a instituição da escravidão no território federal, pois fazer o contrário seria privar os proprietários de escravos individualmente e, de fato, todos os brancos do Sul – que eram, afinal, potenciais pro-

---

32. Wilentz, *Rise of American Democracy*, 533-539.
33. Thomas Hart Benton, *Thirty Years' View, Or, A History of the Working of the American Government for Thirty Years, from 1820 to 1850* (Nova York, 1854-1856), 2:695-696.

prietários – de seus direitos. Assim, o *único* destino constitucional para os territórios era um futuro no qual os delegados federais capturassem os fugitivos na Califórnia, os advogados federais derrotassem os processos em prol da liberdade no Novo México e os oficiais aduaneiros federais regulamentassem e protegessem o tráfico interestadual de escravos em Utah.

Assim, Calhoun ofereceu uma alternativa viável à alegação de que o assédio político do Sul estava protegendo uma instituição economicamente atrasada. Os políticos sulistas agora poderiam afirmar que os direitos constitucionais ordenaram soluções políticas que acarretaram no próprio declínio em um poder político relativo. E, no momento em que Calhoun fez esse movimento, a visão de perpetuar a expansão da escravidão como uma economia alternativa, mas ainda moderna, tornou-se plausível mais uma vez. A segunda metade da década de 1840 trouxe um pequeno aumento nos preços do algodão. Os senhores de escravos sempre acreditaram que o novo território geraria um futuro de bonanças ao mesmo tempo criativas e destrutivas. Para não afirmar que a intervenção de Calhoun foi irrelevante, porque a fronteira mais ao Sudoeste era árida demais para satisfazer a sede dos proprietários de escravos por *booms* de algodão, basta recordar que um século mais tarde o Arizona seria o maior produtor de algodão do país. O Vale Central da Califórnia, usando uma força de trabalho que era exclusivamente livre, seria então o distrito agrícola mais lucrativo do mundo. E, depois dessas resoluções de 1847, os jornais e as revistas do Sul começaram a dar forma a uma fantasia na qual uma nova geração de empresários da mão direita explorava o Norte do México, terras ainda não conquistadas no Caribe ou as ilhas do Pacífico, como o Havaí, em cujo solo vulcânico a cana-de-açúcar tinha florescido desde que os primeiros colonos polinésios a plantaram.

"Não dou conselho algum", concluiu Calhoun, com a velha expressão dura. "Mas falo como um membro individual daquela seção da União. Lá tomei os primeiros fôlegos. Lá residem minhas esperanças." Eram esperanças que não se encontravam apenas na Carolina do Sul, como nos dias da anulação, mas também no Alabama, no campo de trabalho escravo de seu filho Andrew, as esperanças de um Sul em constante expansão. "Eu sou", disse Calhoun, "um fazendeiro – um fazendeiro de algodão. Sou um sulista e um senhor de escravos, do tipo misericordioso, creio eu – e ninguém é pior do que ninguém por ser um proprietário de escravos. Digo, por exemplo, que preferiria chegar a qualquer extremidade na Terra do que abrir mão de uma polegada de nossa igualdade, uma polegada do que nos pertence como membros desta grande república." Ele sabia que os outros concordariam.[34]

---

34. CG, February 19, 1847, 453-455.

Ainda assim, a partir de 1847, o jogo de Calhoun foi uma trapaça. Os laços de lealdade que ligavam os homens brancos do Sul que não eram fazendeiros aos partidos nacionais tinham sido forjados no calor da década de 1830. E muitos ainda esperavam que a liderança de seu partido apresentasse um candidato cuja candidatura fosse um consenso inter-regional viável para a eleição presidencial seguinte. James Polk não planejava ser um desses candidatos. O presidente tinha se cansado da pane total a respeito dos territórios. Ele também estava preocupado com as negociações na Cidade do México, que estavam acontecendo havia quase tanto tempo quanto aquelas no Congresso. Uma razão para o atraso de tais discussões foi o crescente desejo do governo de Polk de persuadir a opinião pública interna a exigir que os Estados Unidos absorvessem toda a nação conquistada.

Os whigs da Massachusetts de John G. Palfrey protestaram que a anexação do Texas tinha "estimulado o apetite" do (restante do) povo norte-americano por mais território. "Se o Poder Escravista continuar forte o suficiente", escreveu Palfrey, os estados a se originar do território do México seriam "admitidos na União com constituições, forçadas por meio do artifício e da intimidação, que reconheceriam e perpetuariam a escravidão", aumentando a força do Poder Escravista no Congresso. A única coisa sobre a qual Calhoun e Palfrey conseguiam concordar era que todo o México era demais. "Nós nunca sonhamos em incorporar em nossa União qualquer raça, exceto a caucasiana", proclamou Calhoun. "Mais da metade dos mexicanos é de índios e a outra metade é composta sobretudo por tribos mistas... O nosso, senhores, é o governo da raça branca." Palfrey também achava que as "raças sem nome e mestiças" do México não se encaixariam bem nos Estados Unidos.[35]

Assim como Calhoun tentou convencer os whigs e os democratas do Sul a se alinharem uns aos outros seguindo uma lógica seccional, Palfrey e seus companheiros, os whigs de consciência de Massachusetts, estavam criando uma divisão na convenção partidária estadual de 1848 ao insistir que deveriam rejeitar qualquer candidato presidencial que não declarasse clara oposição à adição de novos territórios escravistas. Quando a resolução foi rejeitada, Palfrey e seus aliados de consciência deixaram o partido. Enquanto isso, os democratas de Nova York também se dividiram. Uma facção, liderada por Martin Van Buren e apelidada pelos oponentes de "Incendiários de Celeiros" (em alusão a um suposto fazendeiro que queimou seu celeiro para matar os ratos), argumentava que a

---

35. *New Bedford Mercury*, October 1, 1847; *Gloucester Telegraph*, October 28, 1846; *CG*, January 4, 1848; Reginald Horsman, "Scientific Racism and the American Indian in the Mid-Nineteenth Century", *American Quarterly* 27 (1975): 152-168.

expansão da escravidão prejudicava os "trabalhadores brancos livres do Norte e do Sul". Proclamando lealdade ao "Livre Comércio, Trabalho Livre, Solo Livre e Homens Livres", esses democratas dissidentes se reuniram com grupos de whigs também dissidentes e ativistas do Partido da Liberdade para criar o Partido do Solo Livre (Free Soil Party). Nomearam Van Buren, um homem que tinha passado décadas esbanjando lealdade aos fazendeiros do Sul, como candidato presidencial. Seu companheiro de campanha era Charles Francis Adams, filho de John Quincy Adams, um dos primeiros whigs de consciência, que tinha morrido de um derrame fatal no chão da Câmara no começo de 1848.[36]

De volta a Washington, o Senado finalmente recebeu o Tratado de Guadalupe Hidalgo, resultado de negociações com os representantes do México derrotado. Além de confirmar a anexação do Texas, o tratado deu aos Estados Unidos 1,3 milhão de quilômetros quadrados adicionais do Estado-Nação conquistado – 13 acres para cada uma das 23 milhões de pessoas da União. Esta foi a terceira maior aquisição de território na história dos Estados Unidos, depois da compra da Louisiana e do Alasca. O Senado eliminou um artigo que prometia o reconhecimento das reivindicações de terras concedidas pelos governos espanhol ou mexicano. O tratado abriu o novo Sudoeste para uma imensa pilhagem imobiliária anglo-saxã. Como se isso não fosse incentivo suficiente para que os colonos começassem a desalojar os mexicanos e os índios, o ouro foi descoberto em Sutter's Mill, na Califórnia, em janeiro de 1848.

Contudo, os grandes ganhos prometidos por Guadalupe Hidalgo não transformaram uma guerra controversa em um sucesso. Ao longo de dois anos de debate a respeito do destino do território conquistado, os sulistas, ansiosos por proteger seu futuro acesso ao poder político e às possibilidades de investimento, haviam passado a argumentar que um Oeste escravista era o preço da união. Enquanto isso, os nortistas, convencidos de que os proprietários de escravos do Sul os tratavam da maneira como tratavam seus escravos, já haviam desestabilizado as previsões eleitorais. O sistema político vinha dependendo da estabilidade criada por duas alianças partidárias desde a guerra dos bancos, cada uma equilibrando os interesses regionais. Essas coalizões poderiam não sobreviver ao caos da eleição no próximo outono. Mesmo se sobrevivessem, não estava claro se os partidos conseguiriam persuadir sulistas ou nortistas suficientes a aceitarem compromissos e a resolverem a questão da organização dos novos territórios.

---

36. Joseph G. Rayback, *Free Soil: The Election of 1848* (Lexington, KY, 1971); Wilentz, *Rise of American Democracy*, 608-610.

Na realidade, 1848 estava colocando uma pressão imensa sobre os arranjos políticos dos dois lados do Atlântico. Os parisienses fizeram barricadas nas ruas e lutaram contra o exército francês. Quando a fumaça se dissipou, a burguesia aterrorizada acolhia um segundo Napoleão, sobrinho do primeiro, como líder de uma nova república que logo se tornaria um império. Do outro lado do Reno, as pessoas se levantaram contra os governantes de vários estados alemães exigindo, em alguns casos, uma nação liberal e unificada e, em outros, consequências mais radicais. Quando as revoluções malograram, os refugiados políticos deixaram o continente europeu, incluindo um chamado Karl Marx. Ele desembarcou em Londres e passou o resto da vida escondido nas bibliotecas britânicas, mas muitos dos "Quarenta e Oito" foram para os Estados Unidos. Enquanto isso, em julho, na pequena cidade de Seneca Falls, no Canal Erie, várias centenas de reformistas se reuniram para uma "Convenção dos Direitos da Mulher" improvisada. Entre os organizadores estava Elizabeth Cady Stanton. Frederick Douglass, fugitivo da escravidão e um dos mais eficazes condutores das críticas dos escravizados ao poder branco, estava presente. A convenção elaborou uma "Declaração de Direitos e Sentimentos", documento que reivindicava o direito de voto às mulheres.

O encontro de Seneca Falls ajudou a lançar um movimento pelos direitos das mulheres nos Estados Unidos. Esse acontecimento teria efeitos de longo prazo na política que seriam tão radicais quanto qualquer coisa feita na Europa em 1848. Naquela época, poucos políticos do sexo masculino levaram a reunião de Seneca Falls a sério. O fermento revolucionário na Europa foi mais amplamente discutido, ainda que parecesse distante. Muito mais urgente, a julgar pelo interesse obsessivo dos jornais e pela retórica inflamada dos políticos dentro e fora da cúpula do Capitólio, era a questão ainda não resolvida dos territórios mexicanos e seu potencial efeito nas eleições presidenciais no outono. Os líderes partidários nacionais, procurando conter conflitos desestabilizadores, tentaram nomear centristas que pudessem agradar às duas seções. A convenção whig escolheu Zachary Taylor, um dos generais vitoriosos da Guerra do México. Nascido na Virgínia, primo em primeiro grau de James Madison, Taylor era um fazendeiro do Sudoeste que possuía mais de cem pessoas na Louisiana. Além disso, tinha a virtude útil de não possuir uma biografia política. Os democratas fizeram algo semelhante. Sem ligar para o ato do sulista radical William Lowndes Yancey, que abandonou a convenção partidária em protesto, nomearam Lewis Cass, de Michigan.[37]

A campanha de Cass difundiu biografias de campanha específicas conforme a região, uma para o Norte e outra para o Sul, com uma previsível ênfase direcionada aos distin-

---

[37]. Joel Silbey, *Party over Section: The Rough and Ready Election of 1848* (Lawrence, KS, 2009).

tos públicos. Mas o novo Partido do Solo Livre ainda ganhou 10% dos votos populares nacionais, mostrando que a pressão iniciada pela Cláusula Wilmot tinha aberto fendas no sistema partidário. Ironicamente, os votos do Solo Livre ajudaram a colocar um proprietário de escravos na Casa Branca: em Nova York, Van Buren e os Incendiários de Celeiros atraíram votos suficientes dos democratas do Empire State,[38] para permitir que Taylor angariasse os 36 votos eleitorais do estado. O general também arrebanhou a maior parte do Sul. Os brancos do Sul supunham que o presidente eleito apoiaria a expansão da escravidão na Cessão Mexicana.

No entanto, Calhoun não confiava em Taylor ou no sistema partidário. Em janeiro de 1849, junto com outros quatro sulistas do Congresso, emitiu uma "Petição" impressa. O documento advertia que se as atitudes contra o Sul por parte do Norte continuassem a crescer, sem que a região reagisse, a expansão da escravidão – e a própria escravidão – terminariam. Um Congresso dominado por pessoas como John Palfrey, o filho, proibiria o tráfico interestadual de escravos. Então, não haveria injeções de capital novo ou vara capazes de manter a posse das cabeças escravizadas. Uma população negra em expansão afogaria os brancos em termos demográficos e, em seguida, viria a emancipação forçada. Depois disso, os brancos intrometidos do Norte exigiriam para os ex-escravos "o direito de votar e de ocupar postos públicos", resultando na "prostração da raça branca" – no servilismo político e no casamento inter-racial forçado –, "a maior humilhação que já recaiu sobre um povo livre e iluminado".[39]

A única maneira de evitar esse futuro desastroso era que os brancos do Sul se unissem, exigindo igualdade de acesso aos territórios. Como Calhoun argumentou em uma reunião política do Sul convocada para discutir a petição, "o Sul poderia levar seus escravos para a Califórnia e para o Novo México... O Congresso com certeza... colocaria [a escravidão] no mesmo nível de outras propriedades. Não era necessária nenhuma lei do Congresso para autorizar a escravidão lá". Uma frente do Sul unida por essa interpretação do devido processo legal substantivo forçaria o Norte a uma "previsão das consequências". Inevitavelmente, o Norte recuaria e a expansão da escravidão seria implantada de maneira permanente na paisagem constitucional da nação, mesmo que os novos territórios se tornassem estados escravistas. Acima de tudo, a vitória política compensaria os proprietários de escravos pelas perdas econômicas que haviam sofrido desde o final da década de 1830, o que lhes havia tirado o controle do timão econômico

---

38. Epíteto do estado de Nova York (N. do R. T.).
39. David Potter, *The Impending Crisis, 1848-1861* (Nova York, 1976), 83-85; "Address...", JCC, 26:239-241.

dos Estados Unidos, uma vez que novos recrutas de estados escravistas nos salões do Congresso bloqueariam todas as futuras medidas contrárias à escravidão.[40]

Alguém poderia se sentir tentado a ver os fanáticos pela expansão da escravidão como extremistas que estavam mais interessados em abstrações intelectuais do que em realmente expandi-la. Mas, em pouco mais de uma década, essas pessoas iriam lançar uma guerra para conseguir uma redefinição dos Estados Unidos, na qual o governo nacional assumisse um compromisso explícito e perpétuo de defender e difundir a escravidão. Essas pessoas falavam sério. E estavam esgrimindo essas ideias sobre a escravidão como um direito de propriedade fundamental protegido pela Constituição, com tudo o que implicava, nas suposições comuns da política do Sul. Em 1849, a propaganda feita até então pelos defensores do devido processo legal substantivo como um direito do Sul já estava funcionando. A "Petição" atraiu um amplo apoio da imprensa do Sul. Os editores lembravam aos brancos comuns que a luta para manter as fronteiras da escravidão abertas também era deles. Se a fronteira se fechasse, o risco de uma repetição da Revolução Haitiana aumentaria. Mesmo sem uma grande rebelião, os brancos pobres seriam tributados para compensar os proprietários de escravos pela emancipação mandatória. Mais tarde, o homem rico poderia usar a riqueza "para manter sua posição", mas o homem branco comum perderia "aquele espírito nativo, nascido livre e independente que agora possui". Os constituintes responderam a esse tipo de conversa e os políticos do estado do Mississippi organizaram uma "Convenção dos Senhores de Escravos" para outubro de 1849. O senador Henry Foote, aliado de Calhoun no Mississippi, começou a organizar uma convenção regional em 1850 – uma ameaça implícita, uma reunião que poderia se transformar em um corpo pronto para deliberar sobre o desmonte da nação.[41]

Enquanto isso, no Congresso, os democratas do Sul manobravam para comprometer o governo federal com as novas garantias de definições expansivas dos direitos de propriedade dos escravistas. Eles começaram com a recuperação dos escravos fugitivos. O juiz Story decidira, no caso *Prigg*, que o Sul detinha o poder constitucional sobre essa questão. Os democratas a favor da escravidão estavam determinados a fazer que o governo federal se apropriasse da imposição da cláusula da Constituição sobre os fugitivos. Se o compromisso do governo federal de proteger a posse dos bens dos senho-

---

40. "Remarks... ... Southern Caucus", January 15, 1849, JCC, 26:216-217.
41. J. Mills Thornton, *Politics and Power in a Slave Society: Alabama, 1800-1860* (Baton Rouge, LA, 1978) 206-207: *Montgomery Advertiser*, November 21, 1849, February 12, 1851; Collin S. Tarpley to John Calhoun, May 9, 1849, JCC, 26: 395-396; Calhoun to Tarpley, July 9, 1849, JCC, 26: 497-498; William W. Freehling, *The Road to Desunion* (Nova York, 1990), I: 497-486; Thelma Jennings, *The Nashville Convention: Southern Movement for Unity, 1848-1851* (Memphis, TN, 1890) 3-40.

res de escravos fosse operacionalizado quando tais propriedades fugissem para outro estado, o Congresso também acharia difícil negar aos senhores de escravos o direito de deslocá-los pelo território federal. O senador James Mason apresentou um projeto de lei que eliminaria o julgamento de fugitivos acusados por júris locais do Norte, um projeto que permitiria aos sulistas brancos acusar potencialmente qualquer pessoa de escapar da escravidão, com poucas provas de propriedade, arrastando-as para o Sul.[42]

Os senhores de escravos do Sul se agrupavam em torno de princípios centrais, elevando suas demandas e aumentando a pressão na busca de uma solução para a questão territorial. Enquanto isso, as notícias vindas da Califórnia deixaram claro que os veios de ouro, atingidos pela primeira vez em 1848, aumentariam drasticamente a capacidade do sistema financeiro norte-americano de promover o crescimento. Mas a migração febril de mais de 80 mil norte-americanos, chamados "os de Quarenta e Nove", para a Califórnia, em 1849, aumentou a tensão dos debates territoriais. A maioria dos migrantes era do Norte. Entretanto, os brancos do Sul que foram para lá costumavam levar escravos para trabalhar nas minas. O México havia abolido a escravidão na Califórnia cerca de vinte anos antes, mas os senhores de escravos não viam qualquer razão para que a Califórnia precisasse ser um estado livre. Poderia até ser dois estados: Norte e Sul; livre e escravista. Ainda assim, o Congresso não poderia criar um governo territorial até que resolvesse o impasse em andamento. Então, por ora, a insegurança sem lei reinava na Califórnia.[43]

O Congresso eleito em novembro de 1848 não tomaria posse oficialmente até dezembro de 1849. Mas, pouco depois de sua posse, em março de 1849, o presidente Taylor encorajou secretamente alguns colonos da Califórnia e do Novo México, principalmente os nortistas, a realizarem convenções. As constituições estaduais que escreveriam proibiriam a escravidão. Quando os whigs do Sul – que em breve enfrentariam seus próprios eleitores – descobriram, apressaram-se em condenar a traição de Taylor. Novamente em casa, os políticos e os editores começaram a planejar uma convenção de todo o Sul, programada para acontecer em Nashville, em julho de 1850. Em dezembro, quando o 31º Congresso Federal finalmente se reuniu, muitos se perguntavam se aquele seria o último encontro de todos os representantes dos estados em Washington. As alianças partidárias mais uma vez mostraram poucos sinais de coerência. A Câmara precisou

---

42. *CG*, January 8, 1849, 188; Ralph Keller, "Extraterritoriality and the Fugitive Slave Debate", *Illinois Historical Journal* 78 (1985): 113-128; Bestor, "State Sovereignty"; Fehrenbacher, *Slaveholding Republic*, 226-227.
43. *Jackson Mississippian*, November 30, 1849, October 5, 1849, in Freehling, *Road to Disunion*, 1:480-481.

de 64 votações para nomear um Presidente da Câmara e, por fim, mudou as regras para que um democrata da Geórgia ganhasse. Aliviados, voltaram-se para a questão de contratar um "porteiro" oficial – um empregado em posição semelhante à de um sargento de armas. Mas, em seguida, os representantes do Norte e do Sul também transformaram a questão em uma briga: deveriam contratar um homem a favor ou contra a escravidão? Então, em sua Mensagem Presidencial oficial, Taylor pediu corajosamente aos representantes e senadores reunidos para admitir a Califórnia e o Novo México sob constituições que proibiam a escravidão. O Congresso veio abaixo em meio a um caos de retórica fervilhante: ameaças de desunião (os sulistas); proclamações de alegria diante da perspectiva de rebelião de escravos (alguns homens do Solo Livre); alegações insistentes de que os nortistas não seriam intimidados (democratas e whigs dos estados livres); gritos de "má-fé" e "trapaça"; e reclamações sobre os insultos e a exclusão desonrosa dos territórios conquistados pelo sangue do Sul (os sulistas de novo).[44]

Depois de dois meses de gritaria que ameaçava romper toda a cortesia para sempre, uma tropa de velhos enrugados aproveitaram a brecha. Na noite de 21 de janeiro de 1850, Henry Clay tinha visitado Daniel Webster em suas acomodações em Washington para confirmar que seu velho colega whig apoiaria a jogada. No dia 29, o kentuckiano se pôs de pé no parlatório da Câmara do Senado, onde tinha passado grande parte das últimas quatro décadas. Clay apresentou oito resoluções que estabeleciam vantagens para uma seção com aquelas concedidas à outra e apresentou todas juntas, como uma pílula para ser engolida, era tudo ou nada. Os historiadores costumam dizer que o Compromisso de 1850, iniciado por essas resoluções, proporcionou ao Norte uma década crucial, durante a qual se tornou forte o suficiente para derrotar o Sul quando a guerra de fato aconteceu. Verdade ou não, Clay esteve perto de derrubar seus próprios esforços para salvar a União. Ele insistiu que a natureza unitária de suas propostas forçava os lados em guerra a se comprometerem com todos os acordos de uma só vez, mas os opositores o acusaram de ter motivos egoístas, apontando que uma única grande proposta identificava o compromisso com seu autor. Além disso, embora um verdadeiro acordo seja uma solução em que os dois lados ganham e consigam declarar vitória, também é possível que as partes conflitantes vejam um pacote de rendições alternadas como uma solução em que todos perdem. Esse resultado poderia não ser o fim do conflito, mas uma fonte fértil para novas disputas.[45]

---

44. *New Hampshire Patriot*, January 18, 1850; Jennings, *Nashville Convention*, 13-42; Holman Hamilton, "The 'Cave of the Winds' and the Compromise of 1850", *JSH* 23 (1957): 331-353.
45. Wilentz, *Rise of American Democracy*, 637-645; Potter, *Impending Crisis*.

Então, o que Clay propôs para conseguir o que se chamou, sinistramente, de uma "resolução final" do conflito territorial? Primeiro, admitir a Califórnia como um estado livre. Em segundo lugar, o Novo México e o resto do novo Sudoeste seriam organizados como territórios "sem decisão a respeito da escravidão" – isso significava que a escolha sobre a escravidão seria adiada até que a população real de um território pudesse escolher. A esperança era que os partidários do Sul aceitassem o plano como uma não exclusão da escravidão pelo Congresso. Clay e outros negaram que a escravidão pudesse prosperar no Novo México e em Utah. Muitos supunham que esse expediente permitiria que os próprios territórios pedissem tranquilamente a admissão como estados livres.

Embora a perda da Califórnia fosse uma pílula difícil de engolir para os sulistas, Clay também tinha algumas guloseimas para eles. Os Estados Unidos financiariam as dívidas não liquidadas da República do Texas. Isso deixaria os investidores de Nova Orleans felizes, 14 anos depois de eles terem financiado a guerra dos proprietários de escravos contra Santa Anna. Clay sugeriu algo que os abolicionistas haviam desejado durante anos: uma proibição do tráfico de escravos dentro do Distrito de Colúmbia. Mas combinou isso com uma resolução que determinava que o Congresso não tinha poder para obstruir o comércio interno de escravos entre os estados. E uma resolução final também poderia fazer que os partidários do Norte pensassem que tinham "perdido" o acordo. Era um pedido de uma lei férrea e explícita para os escravos fugitivos, como a que havia sido apresentada recentemente por James Mason. Os proprietários de escravos se queixaram de que suas concessões territoriais os haviam deixado cercados de estados livres que drenariam a população escrava por uma espécie de osmose descontrolada. Uma lei para escravos fugitivos colocaria os dentes em *Prigg*, tornando o governo federal servo dos senhores de escravos ao ajudá-los a controlar os seres humanos que possuíam, como se a interpretação de Calhoun do devido processo legal substantivo da Quinta Emenda fosse legítima.

Clay tinha, então, erguido sua proposta de acordo sobre as costas dos afro-americanos, os quais condenava a um futuro infinito de escravidão – cuja expansão seria limitada, mas ainda continuaria. E, ao juntar as questões, Clay manipulou os votos setentrionais para um acordo de legitimação dos pontos de vista extremistas do Sul, fazendo que a maioria no Congresso, composta por estados livres, normalizasse as ideias que para muitos nortistas pareciam antitéticas diante da Constituição. Consequentemente, o debate sobre seu projeto de lei foi longo e amargo. Taylor exigiu a admissão imediata da Califórnia, sem escravidão. Os sulistas exigiram metade da Califórnia, todo o Novo México e mais território para o Texas. Jefferson Davis, Henry Foote, James Mason e uma série de sulistas, pregando uma Constituição a favor da escravidão, desfilaram toda uma gama de reivindicações do devido processo legal substantivo na Câmara e no Senado. O clímax de seu drama aconteceu quando Calhoun, morrendo de tuberculose, foi carregado para o Senado em uma maca. O sul-carolinense tremia sob os cobertores enquanto Mason lia o discurso final para o colega. O texto não apresentou argumentos sobre o devido processo legal. Em vez disso, advertia de modo sentimental que o conflito prolongado sobre a escravidão e sua expansão estava rompendo os laços de união entre os brancos do Sul e do Norte. As associações religiosas, intelectuais e agora políticas estavam se rompendo ao longo das linhas que dividiam trabalho escravo e trabalho livre (ele não acrescentou as associações financeiras, que estavam sendo reparadas). A essência do discurso era a seguinte: os sulistas de coração mais duro estavam prontos para aceitar um projeto de lei para escravos fugitivos, sem dúvida, mas quase nada do acordo de Clay.

Poucos dias depois, William Seward, um senador de Nova York, proferiu um discurso insistindo que, com as garantias constitucionais ou não, uma "lei superior" – a lei de Deus – impelia os norte-americanos antiescravistas a bloquear a expansão da instituição. Ainda mais irritante para os senhores de escravos era o ar de arrogância de Seward em relação à outra "lei superior", que supostamente dera maior poder aos estados livres: as leis da economia política. O sistema de trabalho livre, afirmou, permitiu a Nova York, "por sua própria conta, [garantir] o comércio do continente e avançar firmemente rumo ao comando do comércio do mundo". Era como se os nova-iorquinos nunca houvessem comprado ou vendido um fardo de algodão.[46]

Ainda assim, os sulistas no Congresso e em casa estavam inseguros sobre quão longe deveriam ir. Nos estados onde a expansão era mais importante, o debate sobre enviar ou não os delegados à Convenção de Nashville – e quais delegados enviar – esquentou no início de 1850. Ao mesmo tempo, surgiram reuniões a favor do acordo em todo o Sul. Muitos brancos do Sul não estavam prontos para a secessão, que foi o que os extremistas sugeriram. Quando a Convenção de Nashville se reuniu no dia 3 de junho, um número muito menor de delegados do que os radicais haviam previsto estava presente. Nenhum veio da Louisiana e apenas um do Texas. O acordo de Clay iria pagar as dívidas do Texas, muitas detidas por credores estabelecidos na Louisiana.[47]

Ainda havia esperança para um acordo de Washington. Meses de debate tinham se passado com poucas mudanças de posições, mas, de qualquer maneira, o tempo

---

46. *CG*, Senate, 31st Cong., 1st sess., March 11, 1850, 269.
47. Holman Hamilton, "Texas Bonds and Northern Profits: A Study in Compromise, Investment, and Lobby Influence", *Mississippi Valley Historical Review* 43 (1957): 579-594.

moveu as peças no tabuleiro. Calhoun, exausto, morreu em 31 de março, privando os radicais do Sul da única figura que poderia tê-los soldado em uma arma. O confronto cada vez mais amargo de Clay com Taylor, cuja "traição" aos escravistas do Sul ajudou a aumentar o radicalismo no Congresso e na imprensa setentrional, terminou em 5 de julho, quando o presidente morreu repentinamente. O vice-presidente Millard Fillmore, um nova-iorquino do interior do estado, que mantinha laços estreitos com Clay, sucedeu o pouco ortodoxo Taylor. No entanto, os whigs ainda não haviam conseguido se unir em torno do projeto de Clay e o Senado o derrotou no final de julho. Os delegados da Convenção de Nashville, sentados junto ao telégrafo, não tinham nada a rejeitar.

A julgar pelas cartas à esposa, Clay tinha passado toda a primavera gozando da adulação premonitória. Agora, tinha desistido do acordo e viajou para o Norte, em direção a Newport, Rhode Island, sua cidade de férias favorita, onde um velho cansado podia jogar cartas, apostar nos pôneis e flertar. De volta a Washington, uma nova força, o senador democrata de Illinois, Stephen Douglas, indicou-se como líder geral do acordo. Ao separar o projeto que abrangia diversos assuntos em suas partes constituintes, ele organizou habilmente uma série de coalizões – sulistas e alguns nortistas para os aspectos pró-Sul, o oposto para elementos como a admissão da Califórnia como estado – e forçou o acordo ao Senado na forma de múltiplos projetos de lei. No início de setembro, levou os projetos de lei do Senado para a Câmara, de onde foram enviados de volta para a reconciliação. No dia 20 de setembro, quase dez meses depois do 31º Congresso ter acontecido, Fillmore sancionou os projetos do acordo na forma de lei. Os canhões explodiram em Washington, distrito de Colúmbia. Multidões fora das pensões e dos hotéis fizeram serenatas para os líderes do Congresso, que estavam do lado de dentro bebendo em um estupor de alívio.[48]

Em comunidades como Springfield, em Illinois, os jornais clamavam por uma "exaltação nacional". O jornal *The New Orleans Picayune* disse que a questão territorial estava "definida de uma vez por todas". Em dezembro, na mensagem de abertura para uma nova sessão do Congresso, o Presidente Fillmore se referiu ao Acordo de 1850 como "em seu caráter final e irrevogável". Em todo o país, tanto as pessoas do Norte como as do Sul pareciam estar se acalmando e aceitando os resultados. No Sul, os organizadores cancelaram as convenções secessionistas estaduais silenciosamente. É evidente que o eleitorado branco do Sul ficou aliviado por não ter que considerar a resistência armada à Cláusula Wilmot, embora isso, naturalmente, não tenha impedido os candidatos

---

48. Potter, *Impending Crisis*, 114.

democratas do Congresso no Mississippi, Alabama, Geórgia e Carolina do Sul de se saírem bem naquele outono ao se colocarem contra o Acordo.[49]

Ainda assim, as questões provocadas pela Guerra do México e a oposição mais persistente dos nortistas à expansão da escravidão não haviam sido resolvidas, apesar dos quatro anos de todo um processo político dedicado a resolvê-las. O Norte, recentemente confiante, que se irritou com o Texas e com todas as outras questões que homens como John Palfrey tinham marcado com o rótulo de "Poder Escravista", também havia deparado com a Cláusula Wilmot como um limite e, em seguida, se unido por trás dela. A cláusula prometeu encurralar a escravidão, deixando-a se deteriorar e acabar junto com as tentativas dos senhores de escravos de dominar o Norte e a nação. O Sul escravista, atingido pela depressão e pela lentidão demográfica, tinha visto um momento de grande perigo. E sistematizou o modo pelo qual derrotaria tal perigo e depois recuperaria o poder relativo perdido: o próprio governo federal seria concebido para proteger os direitos de propriedade dos senhores de escravos, que por sua vez eram protegidos (como os sulistas argumentavam) pela Constituição, especialmente nos territórios novos.

Em primeiro lugar, o que estava em jogo sobre a questão política acerca da expansão da escravidão como uma instituição legalmente definida nos territórios novos era o futuro de 3 milhões de pessoas escravizadas. Nenhum dos lados tinha conseguido impor sua solução a eles e a seu futuro. E ambos os lados ainda estavam bem armados e preparados, não só com adrenalina, mas com um poder literal. Durante um dos debates de 1850, o senador do Missouri Thomas Hart Benton, um velho agitador Potterite, avançou sobre Henry Foote enquanto o homem do Mississippi discursava. Foote sacou uma pistola, mas os colegas legisladores afastaram os dois homens. Entretanto, as armas carregadas foram cravadas em todo o Acordo. Um de seus elementos menos discutidos, porém um dos mais importantes, foi a "organização" dos territórios do Novo México e de Utah. A tentativa de Taylor de estabelecer o Novo México como um estado livre provocou a indignação do Sul. Por isso, Clay sugeriu que esses territórios fossem organizados sem proteções ou restrições à escravidão. A maioria dos livros didáticos fala do resultado final como se a proposta de Clay prevalecesse: o Novo México e Utah seriam espaços de testes para uma disputa demográfica entre os colonos escravistas e os do solo livre. No entanto, enquanto o comitê que definiu as legislações do Novo México e Utah, deu

---

49. Holman Hamilton, *Prologue to Conflict: The Crisis and Compromise of 1850* (Lexington, KY, 1964), 166; *CG*, December 2, 1850, 5; Potter, *Impending Crisis*, 125-128; Christopher J. Olsen, *Political Culture and Secession in Mississippi: Masculinity, Honor, and the Antiparty Tradition, 1830-1860* (Nova York, 2000).

às assembleias territoriais o poder de legislar sobre a escravidão, os membros a favor da escravidão e os do solo livre no comitê cooperaram para colocar algo mais na lei. Sua cláusula declarava que se alguém entrasse com uma ação judicial desafiando as leis de escravidão do território – talvez um senhor de escravos descontente, cuja propriedade não fosse protegida por um território que tivesse aprovado leis negando a ele o "direito" de possuir escravos –, o processo seria rapidamente encaminhado para a Suprema Corte. E então a Corte decidiria se a propriedade dos escravos e sua expansão estavam protegidos pela Quinta Emenda ou se a tal emenda, na verdade, protegia a propriedade que as pessoas tinham sobre si mesmas.[50]

Assim, ambos os lados no debate apostaram que sua interpretação constitucional particular prevaleceria nos tribunais. O fantasma de Calhoun teria apostado com confiança. A Suprema Corte havia afirmado recentemente que os redatores da Constituição tinham insistido em proteger a propriedade dos senhores de escravos além dos seus estados de origem. Agora o Congresso, com a lei dos escravos fugitivos, havia entrado em acordo. No fim das contas, o devido processo legal não poderia permitir as emancipações legislativas que os políticos do Norte, como Palfrey, acreditavam que impediriam o Poder Escravista de capturar o Novo México. Além disso, uma série de democratas sulistas e simpatizantes do Sul haviam indicado os membros da Corte. O que uma pessoa sensata esperaria que decidissem? E então, como reagiria o Norte cada vez mais confiante? As disposições do Acordo de 1850 sobre o Novo México e Utah não eram de modo algum definitivas. Ao contrário, elas construíram uma plataforma para futuras rodadas de conflito. Tampouco havia muito de definitivo sobre o Acordo, como depois se constatou.

---

50. Robert R. Russel, "What Was the Compromise of 1850?" *JSH* 22 (1956): 292-309.

10

Braços
1850-1861

PELO RESTO DE SUA VIDA, que foi bem mais longa e bem-sucedida do que qualquer um teria previsto quando ainda era menino, Richard Slaughter insistiu que essa história era verdadeira. Tudo começou com Richard e seu primo Ben, no Rio James, a 48 quilômetros rio acima de onde a escravidão americana teve início. O ano era mais ou menos 1850. Ben tinha 10 anos e Richard, 8 anos. Em uma Virgínia dedicada a criar catadores de algodão, e não algodão, os meninos escravizados eram um pouco mais velhos do que os seus irmãos no Alabama quando começavam suas carreiras como trabalhadores em tempo integral. Então, naquele dia, estavam perambulando, "pegando girinos, peixes vairão". Descendo pela margem de barro, Richard viu "um mocassim d'água enorme", uma serpente, venenosa "pendurada em um arbusto de sumagre, balançando a cabeça para a frente e para trás". Como tantas gerações de meninos do Sul, Richard e Ben adoravam caçar cobras. Assim, começaram a bater no animal com paus. A cobra abriu a boca como se fosse atacar. Em vez disso, "um bagre do tamanho do meu braço deu um salto e ficou se debatendo". "O bagre também tinha uma barriga grande", então os meninos o esmurraram. "Quando abriu a boca, lá estava uma pequena bolsinha de mulher", fechada como o coração de um senhor de escravos. Abriram o fecho. "Adivinha o que tinha dentro? Duas moedas grandes de cobre". "Agora, você pode não acreditar", disse Slaughter ao entrevistador, oitenta anos depois, "mas é a verdade".

Não havia mais ninguém além de Richard e Ben. De todo modo, a questão mais importante sobre um milagre não é se de fato aconteceu, mas o que significou. Sem um significado, um milagre não passa de um acaso conveniente. Richard e Ben certamente tinham escutado, em alguma igreja batista da Virgínia, o capítulo 17 do Evangelho de Mateus. A história do peixe tem um significado. Ela começa com os discípulos de Jesus perguntando se deveriam pagar impostos aos romanos. Os filhos de Deus não têm que pagar impostos, Jesus responde, "mas, para não escandalizá-los, vá ao mar e jogue o anzol. Tire o primeiro peixe que você pegar, abra-lhe a boca, e você encontrará uma moeda de quatro dracmas. Pegue-a e entregue-a a eles, para pagar o meu imposto e o seu".

Uma maneira de interpretar o texto de Mateus é como uma instrução para viver com santidade em um mundo de pecadores. Existe outra interpretação. Nela, o próprio peixe é a parábola, um sinal dizendo aos discípulos que Deus proverá o que precisam ter, o suficiente para sobreviver até mesmo em um regime opressivo. A graça se materializará em situações prosaicas, como quando os trabalhadores fisgam um peixe ou dois meninos matam uma cobra.[1]

Mas os peixes nadam em águas escuras. Nas profundezas se escondem monstros. Quando os antepassados de Richard e de Ben cruzaram as águas, haviam se passado 18 séculos desde que o Evangelho de Mateus fora escrito. Foram cuspidos na Costa da Virgínia e saíram imundos e ofegantes das entranhas de um navio negreiro, tendo sobrevivido de alguma maneira. Tiveram filhos. E os seus filhos tiveram mais filhos. Até o dia em que, finalmente, outro animal veio do abismo e ajudou os seus tataranetos. E a bolsa que trazia continha uma fortuna bifurcada como a língua das serpentes.

"Dei uma para o meu primo e fiquei com a outra", lembrou. Conforme os anos se passaram, a moeda de um centavo de Richard se transformou em uma moeda da sorte, como se uma mágica tivesse impedido que ele fosse engolido pela serpente. Na década de 1850, quando o comércio de escravos domésticos atingiu um novo pico, Richard chegou à idade adulta sem nunca ter sido vendido. Um dia, olhou para a beira daquele mesmo rio e viu barcos cheios de homens vestidos de azul. Eles marcharam até a casa grande de Richard Eppes e aquele foi o dia em que Slaughter reivindicou sua liberdade. Não demorou a vestir o seu próprio uniforme azul. Durante dois anos, carregou um mosquete no Exército dos EUA, lutando em batalhas, levando liberdade para seu povo. Mais tarde, ele foi viver a própria vida, mais afortunada. Aprendeu a ler e a escrever, viajou pelo mundo e, finalmente, retornou à Virgínia para se estabelecer como pescador nas mesmas águas em que havia brincado quando pequeno.[2]

Richard se apropriou da parábola. Mas Ben ficou com a outra moeda. Eppes "nunca vendeu ninguém, com exceção de um homem, até onde me lembro", disse Richard ao entrevistador. "E foi o meu primo Ben. Vendido para o Sul". Ben levou sua moeda azarada para Richmond. Uma terceira geração de comerciantes de jovens humanos agora trabalhava na antiga prisão de Bacon Tait, em Shockoe Bottom, onde outra rodada de inovações estava em andamento. Lá, um escravizador poderia enviar instruções como as que foram recebidas pelo corretor de escravos Richard Dickinson: "Se não vendeu

---

1. Robert Farrar Capon, *The Parables of Grace* (Grand Rapids, MI, 1988), 19-30.
2. Charles L. Perdue Jr., Thomas E. Barden, and Robert K. Phillips, eds., *Weevils in the Wheat: Interviews with Virginia Ex-Slaves* (Charlottesville, VA, 1976), 270-273.

Charles ainda, tente valorizá-lo", o que significava fazê-lo dizer todo o tipo de coisas que o fizessem parecer sério e trabalhador. "Provavelmente, vai ter que chicoteá-lo algumas vezes antes de conseguir". Entretanto, uma apólice de seguro feita nesse meio tempo, uma inovação econômica que, assim como o negócio dos corretores de escravos de explorar e vender o que não possuíam, reduzia os riscos. Então, Ben também desempenhou seu papel, falando cada vez melhor de si mesmo, como mais um produto vendável da antiga Virgínia. Alguns dias depois, suava em um vagão de carga, sendo arrastado em direção ao cinturão do algodão. Na década de 1840, a construção de estradas de ferro tinha passado ao largo do Sul. O Norte avançou e os estados escravistas estagnaram. Mas agora o Sul estava de volta na corrida, colocando trilhos mais rapidamente do que os estados do Nordeste durante a década de 1850. Estradas de ferro e cavalos carregavam fardos, fazendeiros e mãos, tudo a uma velocidade muito maior do que os pés em carne viva de Charles Ball que caminhavam em comboio para o Sul, para Congaree.[3]

Venderam Ben no Alabama. Com o passar dos anos, seus braços se esticaram e os quilos na balança foram subindo e subindo. Quando a pesagem terminou, ele se arrastou de volta para sua cabana, puxou um pano macio e furtivo escondido entre as toras e o desdobrou para ver a moeda escondida. Deitado na escuridão, esfregou o cobre e rezou ao mesmo tempo que sentia a conexão com o estado distante onde havia nascido. Lá fora, através dos bosques iluminados pelas estrelas, no rasgo escuro por onde corria a estrada de ferro, o cobre alongado, recém amarrado de poste a poste, matraqueava ao redor de Ben. O telégrafo trazia notícias imediatas sobre as lutas dos políticos pela expansão da escravidão, descrições mais rápidas do que os fugitivos que descreviam, cotações de preços de quilos de algodão, ordens de compra de meninos de 12 anos.

Por setenta anos, até então, dessa segunda fase da escravidão nos Estados Unidos, as pessoas que criaram Ben e Richard haviam lutado com a cobra. Lutavam, cada um do seu jeito, com o mal que os confrontava. Alguns correram, outros desistiram, outros morreram. E ainda houve alguns que morreram e renasceram em novas amizades, novos casamentos; um novo Deus, um novo eu. Mas, na década de 1850, a expansão da escravidão também reviveu. Duzentos e cinquenta mil estavam na trilha de escravos para o Sudoeste.

---

3. S. Wilkes to D. & H., July 11, 1855, R. H. Dickinson Papers, Chicago Historical Society; Sharon Ann Murphy, *Investing in Life: Insurance in Antebellum America* (Baltimore, 2010); Jonathan Levy, *Freaks of Fortune: The Emerging World of Capitalism and Risk in America* (Cambridge, MA, 2012); W. A. Britton Record Book, LLMVC; *NOP*, January 26, 1854; Calvin Schermerhorn, *Money over Mastery: Family over Freedom: Slavery in the Antebellum Upper South* (Baltimore, 2011).

Ao longo dos anos, desde a eleição de Abraham Lincoln em 1860, que provocou a secessão dos estados algodoeiros e levou à Guerra Civil e à emancipação, os autores derramaram enchentes de tinta tentando explicar as ações dos sulistas brancos. Eles já sabem como a história termina: com a vitória dos soldados vestidos de azul, de Abraham Lincoln e de Richard Slaughter. Muitas vezes, tomando alguma coisa emprestada da análise econômica de críticos de 1840, como Joshua Leavitt, eles supõem que o Sul era um sistema econômico pré-moderno e que, portanto, a sua derrota era inevitável, tanto no campo da concorrência econômica quanto no da guerra. Para citar novamente as palavras do abolicionista branco e orador Wendell Phillips, o Sul era uma Troia destinada a cair. Mas isso nos força a perguntar: que tipo de loucura levaria fazendeiros supostamente conservadores a iniciar uma guerra que aceleraria o colapso de suas próprias estruturas? E talvez seja ainda mais desconcertante perguntar: o que levou os três quartos da população branca do Sul que não possuíam escravos a lutar, e centenas de milhares a morrer, por uma loucura tão fadada ao fracasso?

A partir da década de 1780, os proprietários de escravos, juntamente com outros sulistas brancos que os apoiavam com seus votos e com a participação na coação de pessoas escravizadas, fizeram uma pressão consistente pela expansão do território da escravidão. Muitas décadas de experiência ensinaram todos esses brancos a associarem a expansão da escravidão à prosperidade, ao crescimento da própria riqueza e poder, e até mesmo do próprio prazer. O Compromisso de 1850 não permitia claramente uma expansão futura. Desse modo, os políticos escravocratas passaram a década de 1850 tentando implacavelmente avançar com a sua pauta, mesmo que muitos norte-americanos tivessem celebrado o Compromisso, porque supostamente oferecia uma resposta "final" para essa questão. Esses líderes estavam tentando implementar uma estratégia que Calhoun e outros tinham iniciado na década anterior: a de usar o capital político do Partido Democrata, o poder institucional do governo federal, a ameaça de desunião e o argumento constitucional para forçar o resto dos Estados Unidos a reconhecer o "direito" do Sul de expandir a escravidão até onde os escravizadores desejassem. Seus objetivos estavam evoluindo, mas ao longo da década de 1850, os proprietários de escravos concluíram que queriam ver a expansão da escravidão escrita nas leis da nação e nos estatutos de seus partidos políticos, imposta nos territórios pela política executiva e declarada como fato constitucional pela Suprema Corte. E se convenceram de que qualquer coisa a menos significaria a insegurança do seu futuro na União.

Enquanto a oposição antiescravista ativa pudesse moldar as políticas governamentais no futuro, nada seria capaz de tranquilizar os empreendedores e garantir-lhes a possibilidade de expansão infinita da escravidão. Isso apesar da ruptura entre os abolicionistas brancos idealistas mais antigos, que queriam manter o movimento antiescravista imaculado da política partidária, e os abolicionistas afro-americanos, cada vez mais independentes e pragmáticos, como Frederick Douglass, que procuravam injetar ideias antiescravistas na política partidária do Norte. De fato, durante a década de 1850, a posição de Douglass e outros que viram uma abertura no sistema político partidário que tinha vinculado os interesses nacionais à expansão da escravidão se mostrou correta. Um número cada vez maior de nortistas brancos ouviu as histórias trazidas pelos refugiados da fronteira do algodão, ou continuou com raiva das fraudes e dos repúdios pós-1837, ou reagiu à aplicação da Lei de Escravos Fugitivos de 1850. Por qualquer que fosse a razão, abandonaram a coligação dos Whigs que entrava em colapso. Como veículo eleitoral, a nova formação política que criaram, o Partido Republicano, poderia conter a maioria dos defensores dos estados livres e adversários dos escravizadores, pelo menos por algum tempo. E o crescimento econômico e demográfico do Norte tornou possível que um partido antissulista pudesse, em teoria, perder todos os votos no Sul e, ainda assim, vencer as eleições nacionais.

Mas os escravistas não viam o seu próprio sistema como algo antiquado, destinado a ser atropelado pelo futuro. Em vez disso, se viam como pessoas modernas que administravam um setor altamente bem-sucedido e inovador de uma economia mundial crescendo mais rápido do que nunca. Durante todo o tempo, através de todos os conflitos políticos persistentes da década de 1850, a produtividade da escravidão continuou a se expandir. A demanda por seus produtos se manteve aquecida na mais longa alta do preço do algodão no período pré-Guerra Civil. Os empreendedores da escravidão continuavam a ganhar mais dinheiro. A única pergunta era sobre o rumo que o Sul escolheria no caminho. Aquele que o manteria nos Estados Unidos, assegurando um compromisso nacional mais profundo com a expansão da escravidão? Ou aquele em que a região inteira se separaria para assumir as rédeas do controle da expansão?

Assim, do ponto de vista de um mundo pós-1865, quando Richard Slaughter vestiu o uniforme azul e colocou uma arma sobre os ombros, depois do dia em que os sobreviventes dançaram em Danville, pode ser difícil enxergar o mundo como ele era antes de os estados algodoeiros se separarem. Mas, da perspectiva do algodoal de 1850, do livro-caixa, do trem cheio de escravos e da senzala escura onde Ben apertava a sua moeda do azar, o futuro parecia uma longa curva de expansão serpenteando para cima. A cobra junto ao rio comia parábolas. E durante toda aquela década, ela não se saciou. Richard nunca mais viu seu querido primo novamente. Sim, como sempre fizeram nos estados vendedores, eles continuaram se casando e sendo dados em casamento, nasceram e deram à luz. Mas as mães desapareceram mais rápido do que nunca. Outras criavam os bebês e, em seguida, também desapareciam. Naquela época, Lulu Wilson, com a mãe e os irmãos, morava em uma cabana no Kentucky. Primeiro, os brancos desapareceram com o pai de Lulu em um barco a vapor. Enquanto os preços do algodão ficavam altos nos rincões do mapa, os irmãos mais velhos também escorriam rio abaixo. Proprietário esperto, muito esperto. Mostrava a mercadoria, negociava o acordo, mandava a criança com o comerciante, tudo em um dia de trabalho. Todas as vezes, quando a mãe de Lulu voltava do campo para casa, descobria que já estava tudo acabado. "Oh, Senhor", ela gritava, caindo no chão de terra da cabana, implorando de joelhos junto à cama vazia, "deixe-me ver o fim disso antes de morrer".[4]

Lulu nunca se esqueceu do grito, ou do medo de que a súplica e a perda nunca tivessem fim. Sua mãe tinha pouco poder, como indivíduo, para conseguir a liberdade. E menos ainda para salvar seus filhos. Sob a nova Lei de Escravos Fugitivos, aprovada como um elemento do Compromisso de 1850, os brancos e seu governo federal eram obrigados a perseguir os fugitivos de um extremo ao outro do país. A revolta coletiva contra a escravidão também parecia ter sido encerrada pelas patrulhas, milícias, paióis cheios de pólvora e de balas de canhão, que garantiam que qualquer futuro Nat Turner não passasse de um inseto à espera da martelada. E os rebeldes esperariam sozinhos. Uma retórica implacável convenceu quase todos os norte-americanos brancos de que a rebelião afro-americana era inaceitável. Sim, claro, os críticos brancos da escravidão descreviam a imoralidade desta prática e se escarneciam da economia supostamente atrasada que ela produzia. Talvez se sentissem melhor com isso. Mas não tinham um ponto de chegada para oferecer.

Talvez Frederick Law Olmsted, que durante a Guerra Civil dirigiria a Comissão Sanitária Americana (uma agência semigovernamental que tentava melhorar as condições de vida precárias dos soldados federais), se achasse um aliado dos escravos, mas ele era apenas mais um turista ianque no Sul. Enquanto viajava da Virgínia para o Texas, na década de 1850, reunindo material para um livro, milhares de outros habitantes do Norte percorriam o Sul: mecânicos de ferrovias, comissários de algodão, mulheres em trânsito para se casar com os filhos de fazendeiros que haviam encontrado em Nova York. A maioria deles não teve grandes dificuldades, especialmente quando seus serviços contribuíam para as folhas de pagamento dos brancos do Sul.[5]

---

4. Lulu Wilson, AS, 5.4 (TX), 192.
5. Frederick Law Olmsted, *The Cotton Kingdom: A Traveler's Observations on Cotton and Slavery in the American Slave States* (Nova York, 1861); Jonathan D. Wells, *The Origins of the Southern Middle Class, 1800-1861* (Chapel Hill, NC, 2004). Mais tarde, Olmsted se tornou o paisagista mais famoso dos Estados Unidos, sendo o criador do Central Park de Manhattan, entre outros lugares famosos.

Pelas trilhas do delta Norte do Mississippi, os homens pobres do Norte trouxeram as mercadorias fabricadas – fita, fio, fechaduras – para um deserto de algodão que ainda não tinha lojas. Os homens ricos não estavam interessados e espantaram os mascates ianques das casas grandes. Os ambulantes passaram por um campo onde cem pessoas (com as cabeças abaixadas) colhiam como máquinas. Gotejando de suor, os viajantes se sentaram em suas mochilas, na linha das árvores ao fim de uma fileira. Os vendedores ambulantes "eram maltratados pelos fazendeiros ricos", lembrava Louis Hughes, e "os odiavam e conversavam com os escravos... 'Ah! Você será livre algum dia'". Mas os de cabelos brancos levantaram os olhos de seus sacos, dizendo: "Nós não acreditamos nisso, meu avô disse que era para sermos livres, mas ainda não somos". Do outro lado do campo, o feitor relaxado se empertigou em sua sela. Os vendedores ambulantes jogaram seus sacos nos ombros e foram embora.[6]

Olmsted jamais conseguiria esconder o jeito como as suas orelhas se levantavam a cada vez que um companheiro na amurada do vapor ou algum dos homens no banco de trás do trem mencionava o assunto da escravidão. Ele estava sempre preparado para encontrar evidências de que a escravidão era ineficiente. Assim, quando viu 22 homens escravizados que tinham acabado de ser comprados por um escravista em Nova Orleans, a situação fez que pensasse, mas não simplesmente sobre o fato notável de que alguns sulistas brancos poderiam pegar 20 mil dólares norte-americanos emprestados e investi-los em um grupo de "mãos" que colheria algodão mais rápido que quaisquer quarenta outros homens livres. Ele acreditava que uma sociedade estabelecida sobre uma base escravista tinha uma capacidade limitada de expansão. Então, "Louisiana ou Texas", pensou, contando os dedos da mão direita em sua mente, "pagam para a Virgínia mais ou menos 20 mil dólares por esse lote de ossos e músculos", mas além do dique um barco a vapor de imigrantes alemães subia o rio estrepitosamente em direção a Iowa. Esses trabalhadores livres, que não custaram nada para serem importados, construíram uma sociedade diversa em sua produção e consumo, ligada por "moinhos e pontes, escolas e milhas de ferrovia", pois tinham incentivo para trabalhar, para economizar e para prosperar. A única coisa deixada para os 22 virginenses escravizados, quando, depois de vinte anos trabalhando o solo do Texas para o algodão, seus escravizadores novamente os fizessem marchar para o Oeste e para o Sul, para alguma nova fronteira, seriam as senzalas arruinadas, as famílias divididas e um emaranhado de dívidas.[7]

---

6. Louis Hughes, *Thirty Years a Slave: The Institution of Slavery as Seen on the Plantation and in the Home of a Planter* (Milwaukee, WI, 1897), 78.
7. Olmsted, *Cotton Kingdom*, 216-217, 229-230.

Olmsted escreveu quatro volumes sobre suas viagens, martelando no argumento de que a ineficiência da escravidão havia retardado o crescimento do Sul e o desenvolvimento nacional. Durante a década anterior, à medida que as finanças coletivas dos senhores de escravos entraram em colapso, os nortistas instruídos concluíram que essa crença era uma verdade fundamental. O ex-congressista e advogado de Illinois Abraham Lincoln insistiu: "o trabalho livre confere esperança, energia, progresso e abertura de condição a todos". O próprio Lincoln escapara do trabalho não remunerado nos milharais enlameados do seu pai em Indiana, indo até uma cidade na fronteira de Illinois, onde poderia trabalhar por um salário. No caminho para Nova Orleans, pilotando as barcaças do seu patrão, observou os escravos trabalhando nos campos atrás dos diques do delta. De volta a Illinois, leu livros das leis, concorreu nas eleições e se transformou em alguém que contratava outras pessoas.[8]

Embora a escravidão supostamente minasse a vontade de melhorar, os habitantes do Norte como Olmsted se deparavam constantemente com brancos do Sul pressionando pela eficiência. "Tempo é dinheiro, tempo é dinheiro!", ouviu um branco dizendo em um barco a vapor do golfo. Andando ansioso, enquanto os escravos e os irlandeses livres da costa carregavam os seus fardos de algodão, o homem estava preocupado em voltar ao Texas a tempo de plantar. A pressa do ciclo anual do algodão predispôs tais homens a se sentirem atrasados, a se forçarem a trabalhar mais para pressionar mais ainda outras pessoas. No entanto, talvez houvessem perdido muito tempo na década de 1840, ou quem sabe os críticos do Norte estivessem certos quando afirmaram que os proprietários de escravos tinham se afastado do caminho do progresso e entrado em um beco sem saída da história. Olmsted escutou aquelas perguntas espreitando em conversas durante os jantares nos barcos a vapor. Os brancos do Sul levantavam tais preocupações em um diálogo impresso que enchia os jornais e as revistas mensais, como a *DeBow's Review*, publicada em Nova Orleans por James DeBow.[9]

Em última análise, apesar do consenso no Norte sobre o atraso e a ineficiência da escravidão, e apesar dos tempos difíceis da década anterior, muitos leitores e vozes do Sul responderam à pergunta sobre se a região poderia continuar usando a escravidão como receita para o desenvolvimento econômico moderno com um retumbante *sim*. Tome Josiah Nott, um teórico racial e médico do Alabama, argumentou que eram os mosquitos, e não as névoas pantanosas, os transmissores da malária e da febre amarela. Em 1851, escreveu: "7 milhões de pessoas", no Norte, na Grã-Bretanha e na França,

---

8. "Address Before the Wisconsin State Agricultural Society", September 30, 1859, LINCOLN, 3:471-482.
9. Olmsted, *Cotton Kingdom*, 278; Robert McCardell, *The Idea of a Southern Nation: Southern Nationalists and Southern Nationalism, 1830-1860* (Nova York, 1979), 122-123; L. Diane Barnes, Brian Schoen, and Frank Towers, eds., *The Old South's Modern Worlds: Slavery, Region, and Nation in the Age of Progress* (Nova York, 2011).

"são dependentes de 3 milhões de negros nos estados do Sul para a sua existência". A emancipação, em tais circunstâncias, seria "o exemplo mais estupendo da loucura humana". Uma "rede de algodão" amarrava as pessoas escravizadas à teia do "progresso humano", e sem o trabalho forçado, essa rede se desfaria.[10]

De fato, ao longo da década, a habilidade das mãos de concorrer com o trabalho livre e servil com eficiência implacável só confirmou mais uma vez a ideia de que, quer Nott tivesse ou não razão, Olmsted estava errado. Nas mãos dos empreendedores do algodão, a escravidão foi uma maneira altamente eficiente de produzir crescimento econômico, tanto para os sulistas brancos quanto para outros de fora da região. Na década de 1850, a produção de algodão do Sul dobrou de 2 milhões para 4 milhões de fardos, sem sinal de abrandamento ou de alguma saciedade da sede ocidental por matérias-primas. O consumo mundial de algodão cresceu de 680 milhões e para 1,1 bilhão de quilos. No final da década, as mãos dos campos dos EUA ainda colhiam dois terços desse total, e quase todo o algodão destinado às fábricas da Europa Ocidental. Em 1860, os oito estados mais ricos dos Estados Unidos, classificados por riqueza por pessoa branca, eram a Carolina do Sul, o Mississippi, a Louisiana, a Geórgia, o Connecticut, o Alabama, a Flórida e o Texas: sete estados criados pela marcha do algodão para o Oeste e para o Sul, e mais um que, sendo o estado mais industrializado da União, lucrava desproporcionalmente com a adaptação do equipamento fabril do Norte à máquina de açoitar do Sudoeste.[11]

Embora a máquina de açoitar pudesse ser surpreendentemente boa em extrair aumentos de produtividade, alguns escravistas do Sul se preocupavam que a dependência da demanda mundial de algodão pudesse deixar a região vulnerável a dois perigos. O primeiro, os caprichos da economia global. O segundo, um futuro em que o crescimento populacional impulsionado pela imigração dos estados do Norte minaria continuamente o poder político do Sul. Os jornais e revistas regionais publicavam regularmente artigos argumentando que o Sul deveria criar uma economia diversificada que incluísse um setor industrial lucrativo capaz de proporcionar empregos que atraíssem mão de obra branca para o Sul. Em uma edição de 1855 da *DeBow's Review*, por exemplo, William Gregg descreveu seu complexo industrial em Graniteville, na Carolina do Sul, que, de acordo

---

10. "J.C.N.", "Future of South", *DeBow's Review* 2, n. 2 (1851): 132-146, 142; US Department of Commerce, US Census Bureau, 1860 Census, vol. 4, 295; J. D. B. DeBow, *Statistical View of the United States, Being a Compendium of the Seventh Census* (Washington, DC, 1854), 190-191.
11. James L. Huston, *Calculating the Value of Union: Slavery, Property Rights, and the Economic Origins of the Civil War* (Chapel Hill, NC, 2003), 26, 30, 32n10; Robert William Fogel, *Without Consent or Contract: The Rise and Fall of American Slavery* (Nova York, 1989), 85-86; Richard Easterlin, "Interregional Differences in Per Capita Income, Population, and Total Income, 1840-1950", *Trends in the American Economy in the Nineteenth Century* (Princeton, NJ, 1960).

com o que dizia, lucrava mais de 11%. Outros insistiam que a mineração, o forjamento de ferro e o trabalho nas fábricas poderiam empregar mão de obra negra escravizada. Em termos quantitativos, o trabalho escravo nas fábricas do Sul produzia uma taxa de lucro líquido tão alta quanto nos campos. Também foi tão produtivo quanto o trabalho livre no Nordeste. Os escravos ocupavam a maior parte das fundições de ferro em expansão da Virgínia. A partir da década de 1830, a atividade industrial havia aumentado significativamente no Sul e o trabalho escravizado era uma das razões.[12]

Os trilhos de ferro produzidos industrialmente remodelavam a paisagem da fronteira do algodão. Na década de 1840, as ferrovias do Sul tinham expandido de 1.099 quilômetros de comprimento total para 3.479 quilômetros. Mas esse aumento foi muito menor do que nos estados livres, que no mesmo período criaram uma rede de 11.265 quilômetros concentrada nos estados do Nordeste e do Atlântico. Durante a década de 1850, os bons tempos retornaram e os projetos de construção da estrada de ferro do Sul aumentaram a rede regional local para mais de 16 mil quilômetros de comprimento. Os cantos do Alabama e da Geórgia, do interior da Flórida e do Leste do Texas estavam a muitos dias de transporte por carroça até as docas dos barcos a vapor para que se tornassem um cinturão algodoeiro lucrativo. Mas as estradas de ferro serpenteando nos condados montanhosos fizeram das áreas dominadas por camponeses e brancos pobres locais prontos para serem transformados. As empresas que especulavam com as terras começaram a despejar os posseiros. À medida que a riqueza total do Sul aumentava, uma nova geração de brancos pobres era transformada em vagabundos indesejados, desprezados e temidos pelos fazendeiros que se deslocavam para as novas regiões abertas. Quando Olmsted visitou Columbus, na Geórgia, os homens lhe disseram que os 20 mil fusos de algodão da fábrica têxtil local eram cuidados por "branquelas" deslocadas, cujos empregos supostamente as salvaram das tentações de prostituição. As fábricas do Sul dariam uma ocupação aos que haviam acabado de ficar sem terras, atenuando o impacto disruptivo do mercado moderno sobre o ideal jeffersoniano do pequeno fazendeiro independente como sendo a espinha dorsal da república branca.[13]

---

12. "Southern Manufactures", *DeBow's Review*, June 1855, 777-791; "Autaugaville Factory, Alabama", *DeBow's Review*, May 1851, 560; Fogel, *Without Consent*, 106-108; Fred Bateman and Thomas Weiss, *A Deplorable Scarcity: The Failure of Industrialization in the Slave Economy* (Chapel Hill, NC, 1981).
13. Aaron Marrs, *Railroads in the Old South: Pursuing Progress in a Slave Society* (Baltimore, 2009), 5; William G. Thomas, *The Iron Way: Railroads, the Civil War, and the Making of Modern America* (New Haven, CT, 2011); Charles C. Bolton, *Poor Whites of the Antebellum South: Tenants and Laborers in Central North Carolina and Northeast Mississippi* (Durham, NC, 1994); J. Mills Thornton, *Politics and Power in a Slave Society: Alabama, 1800-1860* (Baton Rouge, LA, 1978); Lacy K. Ford, *Origins of Southern Radicalism: The South Carolina Upcountry, 1800-1860* (Nova York, 1988); "A Vagabond's Tale: Poor Whites, Herrenvolk Democracy, and the Value of Whiteness in the Late Antebellum South", JSH 79 (2013): 799-840.

Ainda assim, os fazendeiros de algodão do Sul perceberam que a própria dependência crescente nos mandatários financeiros de fora da sua região era um problema espinhoso. Os colapsos financeiros e o calote da dívida soberana que os estados do Sudoeste tinham executado durante a era do repúdio impossibilitaram que os banqueiros do Sul se recapitalizassem na década de 1840. Mas, depois de 1848, a demanda por algodão voltou a subir, levando ao mais longo período de preços elevados no século XIX. Embora os governos estaduais do Sul estivessem classificados como governos de alto risco para o investidor por causa de seus repúdios legislativos, todos os anos os empresários da região vendiam a grande maioria da mercadoria mais negociada do mundo, então havia como lucrar com o investimento na máquina de açoitar. Além disso, as 3,2 milhões de pessoas escravizadas nos Estados Unidos tinham um valor de mercado de 1,3 bilhão de dólares norte-americanos em 1850, um quinto da riqueza nacional e quase o mesmo que todo o produto nacional bruto. Os escravos eram mais líquidos do que outras formas de propriedade americana, mesmo que um acre de terra não pudesse fugir ou matar um feitor com um machado.[14]

No entanto, desde a crise das dívidas e dos calotes no início da década de 1840, as pessoas escravizadas não estavam mais sendo plenamente utilizadas como garantia pelos mercados financeiros mundiais. Uma história não contada da prosperidade dos EUA e do crescimento econômico global na década de 1850 foi a criação de um novo conjunto de fluxos de crédito que usavam corpos, vidas e mãos de pessoas escravizadas como base para empréstimos na economia do algodão e participação nos lucros pelos investidores em outros negócios. Essa nova ecologia financeira substituiu o caos da década de 1840, que tinha substituído as estruturas de crédito da década de 1830. Na década de 1830, a securitização de hipotecas sobre pessoas escravizadas – por meio de títulos que bancos controlados pelos fazendeiros e licenciados pelo Estado vendiam em mercados financeiros distantes – dominou e organizou o fluxo de crédito para a fronteira Sudoeste do algodão. O novo sistema da década de 1850 financiaria novas expansões maciças no Sudoeste dos Estados Unidos, permitindo ao mesmo tempo que os mercados de capitais mundiais aproveitassem as enormes garantias detidas pelos escravizadores. Mas o novo sistema não recuperaria para os escravizadores o que haviam perdido com o Pânico de

---

14. Robert E. Gallman, "The United States Capital Stock in the Nineteenth Century", in Stanley L. Engerman and Robert E. Gallman, eds., *Long-Term Factors in American Economic Growth* (Chicago, 1986), 165-214; Richard H. Kilbourne, *Debt, Investment, and Slaves: Credit Relations in East Feliciana Parish, 1825-1885* (Tuscaloosa, AL, 1995), 26-68. Kilbourne mostra como os agentes de fomento mercantil se tornaram atravessadores para relações de crédito garantidas por corpos escravizados.

1837, o Pânico de 1839 e com a repudiação, a saber, o controle sobre o fluxo de crédito e a amortização que os senhores de escravos antes exerciam.

A nova ecologia financeira foi criada por novas empresas fundadas por nortistas com pequenas quantidades de capital, que se mudaram para os portos do Sul após a crise de 1839 para comprar algodão. Foram empresas como, por exemplo, a Lehman Brothers, de Mobile, no Alabama. No ambiente perturbado deixado pela destruição das antigas empresas mercantis, esses novos organismos adquiriram um antigo nome, "factor" [consignatário], que tinha uma longa história no tráfico de escravos no Atlântico, e seu papel na economia do algodão evoluiu rapidamente. Começaram a emprestar dinheiro aos escravizadores, garantidos pelas colheitas futuras e por hipotecas dos escravos. As empresas de consignação também providenciavam o transporte, seguravam as colheitas em trânsito e financiavam suprimentos para os campos de trabalho dos clientes. Qualquer coleção de documentos pessoais e empresariais de meados do século XIX referente ao Sul está recheada de folhas da contabilidade geradas pelas empresas de fomento mercantil, papéis azuis, cobertos pela tinta ferrosa seca, de uma ferrugem vermelha e preta. Em meados da década de 1850, cada porto de algodão hospedava várias grandes empresas, como a Buckner, Stanton e Cia. de Nova Orleans, que se destacava sobre as demais.[15]

Na década de 1850, a empresa consignatária mediava entre os produtores de algodão e o mercado mundial, canalizando o crédito e assumindo o risco imediato dos empréstimos. As próprias empresas precisavam de crédito, e o seu financiamento veio de bancos de Nova York, como o Brown Brothers. Elas não poderiam emprestar sozinhas todos os recursos necessários para gerar uma colheita de algodão que aumentou o seu valor total em 450% entre 1840 e 1859. Os credores dependiam de relações pessoais que lhes permitiam avaliar a capacidade de crédito dos devedores em potencial, de maneira que produtores de algodão de pequena escala frequentemente eram mantidos sob rédeas curtas, quando tinham a sorte de serem amarrados. Os fazendeiros maiores e os comerciantes das cidades pequenas descobriram que poderiam usar seu próprio fluxo de crédito do fomento mercantil, reformulá-lo e repassá-lo para níveis mais capilares, ganhando dinheiro com seus próprios investimentos na escravização

---

15. Ralph Hidy, *The House of Baring in American Trade and Finance: English Merchant Bankers at Work, 1763-1861* (Cambridge, MA, 1949), 355-450; John Killick, "The Cotton Operations of Alexander Brown and Sons in the Deep South, 1820-1860", *JSH* 43 (1977); Harold D. Woodman, *King Cotton and His Retainers: Financing and Marketing the Cotton Crop of the United States, 1800-1925* (Lexington, KY, 1968), 39; Ballard Account with Nalle, Cox, 1852, Fol. 387, RCB; Pope & Devlin to W. M. Otey, July 4, 1852, Wyche-Otey Papers, SHC.

de outras pessoas. Assim, 1 dólar emprestado por Washington Jackson, de uma empresa consignatária da Filadélfia, se transformou em 2 dólares nas mãos do megafazendeiro Stephen Duncan, de Natchez, que os emprestou aos seus vizinhos. Os intermediários geralmente exigiam uma hipoteca sobre os escravos individuais como garantia e, assim como os moradores poderosos da região, estavam em posição de fazer cumprir essa exigência. As hipotecas sobre escravas vinham sendo feitas desde o século XVII, mas agora se tornaram onipresentes. Durante 1859, os escravizadores da Louisiana levantaram 25,7 milhões de dólares, 75% do valor do algodão produzido no estado no mesmo ano, com a hipoteca de escravos.[16]

A disposição de emprestar revela a fé contínua do mercado mundial na lucratividade a longo prazo da escravidão. O novo sistema de entrega de crédito era capilar, em oposição ao sistema arterial da década de 1830, e assim as inadimplências e as outras quebras no seu fluxo eram menos catastróficas. Certamente, os credores lucraram em todas as partes, até mesmo das senhorinhas nos sobrados de Mayfair que deixavam os homens de negócios de Londres colocarem suas heranças nas mãos de outros homens de negócios. Passando por uma cadeia de intermediários, esse dinheiro seria emprestado com a garantia de um escravo no Mississippi, geralmente gerando 8% de juros, o índice mais alto permitido em muitos estados que haviam aprovado leis contra a usura. Na década de 1850, os corpos escravizados como garantia beneficiaram os investidores em todo o mundo novamente. Mas o novo sistema também conectava cada devedor à economia mundial, antes de tudo, como um proprietário endividado, não como um membro de um grupo unificado que controlava um estado emissor de títulos formado por cidadãos soberanos e um banco estatal de acionistas, como aconteceu na década de 1830. A experiência incapacitante de hipotecar sem o controle local sobre a entrada e a saída do crédito em economias estaduais pode ter aumentado a receptividade dos senhores de escravos ao devido processo legal substantivo calhouniano. Desse modo, os gritos por diversificação dos intelectuais públicos do Sul não diziam respeito apenas ao local onde se fabricavam os seus sapatos (Massachusetts), mas de onde vinha o crédito e para quem os juros eram pagos (Londres, Nova York).

Havia uma possibilidade que, caso tivesse se concretizado, poderia ter transformado a relação entre os escravizadores e os mercados de crédito mundiais. No passado, a receita de conspiração entre financiadores, homens armados e políticos ambiciosos tinha funcionado para expandir tanto os Estados Unidos quanto o poder dos proprietários sulistas. Mais de uma vez, esses grupos haviam se unido para arrancar pedaços suculentos

---

16. Bonnie Martin, "Slavery's Invisible Engine: Mortgaging Human Property", *JSH* 76 (2010): 817-856.

das bordas dos impérios decadentes, como no caso da Flórida. Quando isso aconteceu, os senhores de escravos de repente passaram a controlar o território e o trabalho escravizado necessários para gerar ganhos especulativos. Nessas situações, muitas vezes eles foram capazes de obter crédito em termos favoráveis de investidores que estavam ansiosos para entrar na primeira leva do próximo grande negócio. Logo além da Costa da Flórida, existia uma possibilidade excepcionalmente atraente desse mesmo tipo. Se o Sul tivesse adquirido Cuba, a história da expansão da escravidão nos Estados Unidos, incluindo a história do investimento na expansão da escravidão, certamente não teria terminado em 1865.

Em 1850, Cuba era a única joia ainda não arrancada da coroa do Império espanhol. Cuba havia se tornado para o açúcar o mesmo que o Mississippi era para o algodão. A produção de açúcar no Novo Mundo tinha mudado de uma ilha para outra, com novas ilhas substituindo as antigas como as mais desejáveis para os investidores, mas a tecnologia física para produzir o açúcar evoluiu muito pouco ao longo de três séculos. Logo depois de São Domingos, os fazendeiros que fugiram da Revolução Haitiana levaram trabalhadores escravizados e experiência empresarial para Cuba. Não obstante, começaram a transformar a produção de açúcar em paralelo com as destruições criativas que a máquina de açoitar vinha provocando. Nesse caso, com a nova tecnologia das máquinas, os fazendeiros cubanos reconstruíram processos que romperam o gargalo de produtividade imposto pelo fato de que a sacarose na cana começa a decair quando não é extraída até 24 horas depois da colheita. Depois de aproveitar o poder do vapor para acelerar os moinhos de cana o suficiente para acompanhar quase qualquer número de cortadores escravizados colhendo a cana bruta, os senhores de escravos cubanos adicionaram as caldeiras a vácuo para ferver o caldo. Isso tirou o processo de cristalização do açúcar do controle artesanal de escravos qualificados. Os novos *ingenios*, como os cubanos chamavam os complexos de moinhos, aumentaram em 400% a área dos canaviais que podia ser transformada em cristais de sacarose, um aumento de eficiência que superou, em uma geração, o meio milênio anterior na produção de açúcar.[17]

---

17. Oscar Zanetti and Alejandro García, et al., *Sugar and Railroads: A Cuban History, 1837-1959* (Chapel Hill, NC, 1998); Dale W. Tomich, *Through the Prism of Slavery: Labor, Capital, and World Economy* (Lanham, MD, 2004), 75-95; Michael Zeuske and Orlando García Martínez, "La Amistad de Cuba, Ramón Ferrer, Contrabando do Esclavos, Captividad y Modernidad Atlántica", *Caribbean Studies* 37, n. 1 (2009): 119-187.

Cuba era enorme, tão grande como a Inglaterra e o País de Gales juntos. Em 1791, apenas 86 mil escravos produziram 16 mil toneladas de açúcar na ilha. Apesar de um tratado anglo-espanhol de 1835 que deveria acabar com o tráfico negreiro transatlântico, entre 1800 e a década de 1860, os escravistas cubanos importaram 700 mil africanos escravizados, com 300 mil chegando após a assinatura do tratado de 1835. Já em 1830, o novo sistema de *ingenio* havia transformado Cuba no maior produtor de açúcar do mundo e, fazendo uso do crédito britânico, o governo colonial começou a estender linhas férreas pela espinha dorsal da ilha, abrindo vastas áreas novas para exploração. Em 1850, a população escrava ultrapassava 435 mil, mais do que em qualquer estado escravista dos Estados Unidos, com exceção da Virgínia. Além disso, Cuba exportava 300 mil toneladas de açúcar por ano, um em cada quatro quilos de açúcar produzidos no planeta. Ainda assim, a grande ilha estava apenas parcialmente desenvolvida.[18]

Em 1848, o governo Polk ofereceu 100 milhões de dólares ao governo empobrecido da Espanha pela ilha. Naquele tempo, o conflito político sobre a Cessão Mexicana dissuadiu o Poder Executivo de continuar as negociações. Mas, nos quatro anos após 1848, começou a surgir uma pressão interna para que os Estados Unidos anexassem Cuba. Esta pressão veio tanto do Norte quanto do Sul. Uma era a comunidade de exilados cubanos em Nova York, cujo Havana Club proclamou que o governo de Madri negava direitos básicos aos cubanos livres, como o da liberdade de expressão e da assembleia política, negando-lhes também o direito ao livre comércio. Da mesma maneira, de tempos em tempos os oficiais da coroa espanhola usavam a ameaça da emancipação contra os o senhoriato cubano. Essa ameaça, por sua vez, causou uma reação defensiva entre os escravistas do Sul, que também queriam adquirir a ilha porque uma "colônia negra livre" "africanizada" tão perto da Costa da Flórida "destruiria a eficiência dos escravos continentais", como publicou um jornal do Tennessee. O jornal queria dizer que a liberdade em Cuba sugeriria às pessoas escravizadas do continente que sua emancipação estava próxima. Esses medos pareciam ser mais do que apenas imaginários, pois, em 1839, cinquenta e três africanos recentemente escravizados haviam se rebelado contra a tripulação branca e assumido o controle do navio negreiro cubano *Amistad* quando estavam sendo transportados de Havana para a fronteira açucareira oriental da ilha. Tentando navegar para a África, os rebeldes aportaram por acidente na Costa de Connecticut. As autoridades estaduais os acusaram de assassinato, mas os abolicionistas intervieram e encaminharam o caso para a Suprema Corte. Concluindo que a carga do

---

18. Jose Piqueras, ed., *2009 Trabajo Libre e Coactivo en Sociedades de Plantación* (Madrid, 2009); Tomich, *Prism of Slavery*, 81-83.

Amistad havia sido ilegalmente transportada através do Atlântico, a Corte tomou sua única decisão antiescravista anterior ao século XX e decidiu que os rebeldes haviam sido sequestrados e conquistado a sua liberdade e que poderiam voltar para a África.[19]

No entanto, depois da Cláusula Wilmot, os expansionistas do Sul estavam determinados a retomar a ofensiva. Um funcionário do Departamento de Estado nascido na Virgínia disse ao secretário de Guerra Jefferson Davis, em uma carta escrita por volta de 1853, que a expansão para Cuba era "essencial para o Sul, tanto do ponto de vista político quanto geográfico". Devido ao seu tamanho e população, a ilha poderia ser fatiada em vários estados, cada um dos quais enviaria senadores e deputados favoráveis à escravidão para Washington para reequilibrar o Congresso. Trazer as *plantations* de açúcar ultramodernas de Cuba para dentro do sistema tarifário norte-americano reduziria a participação da Louisiana no mercado de açúcar, mas, sendo assim, como os empresários do Sul anteciparam, seria possível simplesmente transferir as operações para "o solo intocado de Cuba" e, consequentemente, encontrar "os meios para vender o açúcar mais barato do mundo". O jornal *New Orleans Delta* acreditava que "arrancar [Cuba] da mestiçagem que no presente a atrofia e *enegrece*" faria com que a população escrava "entregasse as suas riquezas às mãos da *indústria organizada e estável e da empresa inteligente*". Seria o *"destino manifesto* realizado".[20]

Muitos democratas do Norte também apoiavam a aquisição americana da "Rainha das Ilhas", como a jornalista pró-expansão do *New York Sun*, "Cora Montgomery" (pseudônimo de Jane McManus Cazneau, filha de um congressista de Nova York), descreveu Cuba. Ela era um dos muitos jornalistas em Nova York que defendiam a expansão de uma maneira agressiva e cujo apoio ao "Destino Manifesto" (um termo cunhado pelos expansionistas) era francamente chauvinista. Mas a anexação também

---

19. Amy Greenberg, *Manifest Manhood and the Antebellum American Empire* (Cambridge, UK, 2005), 225-230; Robert E. May, "Lobbyists for Commercial Empire: Jane Cazneau, William Cazneau, and U.S. Caribbean History", *Pacific Historical Review* 48, n. 3 (1979): 383-412; Gregg Lightfoot, "Manifesting Destiny" (PhD diss., Universidade Cornell, 2014); Robert E. May, "Young American Males and Filibustering in the Age of Manifest Destiny: The United States Army as a Cultural Mirror", *JAH* 78 (1991): 857-886; A. D. Mann to L. Keitt, August 24, 1855, Keitt Papers, Duke; Robert E. May, *The Southern Dream of a Caribbean Empire, 1854-1861* (Baton Rouge, LA, 1973), 31-38; *Clarksville* (TN) *Jeffersonian*, January 29, 1853, September 28, 1853; Howard Jones, *Mutiny on the Amistad: The Saga of a Slave Revolt and Its Impact on American Abolition, Law, and Diplomacy* (Nova York, 1987).

20. *Democratic Review*, September 1, 1849, 203; Louis A. Perez Jr., *Cuba and the United States: Ties of Singular Intimacy* (Athens, GA, 1990); Olmsted, *Cotton Kingdom*, 331-333; New Orleans Delta, May 31, 1856; Charles Henry Brown, *Agents of Manifest Destiny: The Lives and Times of the Filibusters* (Chapel Hill, NC, 1980), 41.

atraiu o apoio de refugiados idealistas das revoluções europeias malsucedidas de 1848, ou ao menos foi o que afirmou Jane Cazneau. Ela escreveu que "os cubanos nativos anseiam pela anexação", pois esperavam que sua incorporação aos Estados Unidos fizesse da "Nova América" um império republicano multilíngue capaz de eclipsar a Velha Europa que havia expulsado os seus revolucionários e ainda lutava para algemar Cuba a um trono europeu. Acima de tudo, a cidade de Nova York tinha um profundo interesse econômico em Cuba. Os engenhos de açúcar movidos a vapor eram o produto industrial pesado mais significativo produzido na própria cidade. Os corretores de Wall Street, como August Belmont, o chamado "Rei da Quinta Avenida", que fundou (e financiou) o Comitê Nacional do Partido Democrata, sabia que Cuba era o terceiro maior parceiro comercial do continente e apoiava entusiasticamente a aquisição.[21]

Os sulistas brancos estavam felizes em ver os democratas do Norte exigindo um império maior para a escravidão. E na década de 1850, os escravizadores do Sul e os aliados do Norte não se davam por satisfeitos com apenas exigir novos territórios. Eles agiam. Quando o Poder Executivo whig não se mexeu para adquirir Cuba, entre 1849 e 1853, muitos expansionistas cubanos apoiaram táticas extralegais chamadas de "flibustaria" [filibustering], termo que em meados do século XIX ainda não significava comportamento legislativo obstrucionista, mas ainda guardava o significado do século XVII derivado da atividade de piratas do Caribe. Os exilados cubanos, o dinheiro de Wall Street, a imprensa de Nova York e os corretores do Mississippi apoiaram uma série de tentativas de expedições de "flibusteiros" destinadas a derrubar o governo colonial espanhol da ilha. As mais substanciais foram lideradas por Narciso Lopez, um fazendeiro cubano exilado, em 1850 e 1851. Através do apoio financeiro dos banqueiros de Nova York e do Vale do Mississippi (incluindo RC Ballard e de John Henderson, um escravista milionário de Nova Orleans), Lopez recrutou seus soldados de infantaria dentre a juventude da Louisiana, de Ohio, do Kentucky e dos estados do Nordeste. Mas sua segunda invasão terminou em desastre. O governo espanhol capturou a força militar

---

21. Yonathan Eyal, *The Young America Movement and the Transformation of the Democratic Party, 1828-1861* (Nova York, 2007), 159-162; Daniel Rood, "Plantation Technocrats: A Social History of Knowledge in the Slaveholding Atlantic World, 1830-1865" (PhD diss., Universidade da Califórnia em Irvine, 2010); Robert E. May, "Reconsidering Antebellum U.S. Women's History: Gender, Filibustering, and America's Quest for Empire", *American Quarterly* 57 (2005): 1155-1188; Philip S. Foner, *Business and Slavery: The New York Merchants and the Irrepressible Conflict* (Chapel Hill, NC, 1941); Irving Katz, *August Belmont: A Political Biography* (Nova York, 1968); Barbara Weiss, *The Hell of the English: Bankruptcy and the 19th-Century Novel* (Lewisburg, PA, 1986), 160.

e executou brutalmente Lopez e cerca de cinquenta prisioneiros norte-americanos na praça pública de Havana.[22]

"Sangue norte-americano foi derramado! Isso grita por vingança", bradou o *New Orleans Courier*. "Cuba deve ser anexada!" Protestos inflamados irromperam em cidades dos EUA, levando a tumultos em Nova Orleans que atacaram propriedades espanholas. O *New York Democratic Review*, órgão do movimento "Nova América", argumentou que o partido precisava de um candidato pelos "direitos dos Estados" que fizesse da eleição presidencial de 1852 um referendo sobre a política de expansão passiva dos whigs. Quando Franklin Pierce, de New Hampshire, conquistou a candidatura democrata, ele adotou a aquisição de Cuba como um item crítico de sua plataforma. August Belmont usou seu dinheiro para promover Pierce, que demoliu o candidato whig Winfield Scott, com 253 votos eleitorais contra 44. Uma faixa em um desfile celebrando a vitória proclamou "Os Frutos da Recente Vitória Democrática: Pierce e Cuba". E quando março de 1853 chegou, o discurso inaugural do novo presidente proclamou que sua administração "não seria controlada por presságios covardes sobre o mal da expansão".[23]

Os democratas do Sul e do Norte sentiram que era chegado o seu dia. Por fim, poderiam cumprir as esperanças do Destino Manifesto, produzindo uma expansão grande o suficiente para todos os interesses do seu partido e, claro, frustrando os planos dos Whigs, dos abolicionistas, dos negros livres e de todos os outros que desprezavam coletivamente. Pierce, descrito na imprensa como um "Homem do Norte com princípios do Sul", anunciou que o Poder Executivo não tentaria impedir os cidadãos que haviam escolhido "emigrar" para Cuba. A Espanha poderia refletir sobre o que aconteceu quando cidadãos norte-americanos "emigraram" para o Texas mexicano. Pierce escolheu expansionistas para serem emissários oficiais do governo nas cortes da Europa – como o Pierre Soulé, senador da Louisiana, que foi para a Espanha, e Belmont, enviado para os Países Baixos. Em abril de 1854, o secretário de Estado William Marcy instruiu os emissários a "separarem aquela ilha" da Espanha, autorizando-os a oferecer 130 milhões de dólares por Cuba. Belmont já planejava manipular os mercados financeiros europeus para forçar o governo da Espanha, fortemente endividado, a se submeter.

---

22. *Democratic Review*, January 1850, September 1849, 203; Robert E. May, *John Quitman: Old South Crusader* (Baton Rouge, LA, 1985); Christopher J. Olsen, *Political Culture and Secession in Mississippi: Masculinity, Honor, and the Antiparty Tradition, 1830-1860* (Nova York, 2000); S. Boyd to RB, April 10, 1850, April 14, 1850, Fol. 150, and April 24, 1850, Fol. 151, RCB.
23. Brown, *Agents of Manifest Destiny*, 53-54; J. S. Thrasher to D. M. Barringer, July 26, 1852, D. M. Barringer Papers, SHC; *Washington National Intelligencer*, March 5, 1853.

Em outubro, os ministros dos EUA se reuniram em Oostende, na Bélgica, onde elaboraram um documento de política denominado Manifesto de Oostende. O relatório, que Belmont e seus colegas enviaram de volta a Marcy e Pierce, proclamava que, se a Espanha se recusasse a vender Cuba, "a lei da autopreservação" (um eufemismo para a proteção da escravidão continental contra a suposta desestabilização que a emancipação na ilha iria infligir) dava aos Estados Unidos o direito legal de se apoderar da ilha. Mas, mesmo enquanto escreviam, do outro lado do Atlântico, Pierce estava descobrindo que a sobrevivência do próprio Partido Democrata dependia tão fortemente da aliança por trás da causa da expansão da escravidão que ele não teria a chance de esperar que a Espanha vendesse Cuba.[24]

EM 1852, UM ANO DEPOIS QUE SAMUEL BOYD, sócio de Rice Ballard, ajudou a comprar armas para que Narciso Lopez invadisse o território espanhol, outras coisas que vinha fazendo o pegaram. Boyd, um advogado e juiz de Natchez, e o ex-comerciante de escravos Ballard vinham comprando propriedades endividadas durante a depressão da década de 1840. Com o início da nova década, começaram a comprar dezenas de novas "mãos" através de um agente de consignação de escravos de Nova Orleans chamado C. M. Rutherford. As inovações financeiras anteriores à década de 1850 haviam trabalhado em conjunto com os novos negócios de escravos, dos comboios e dos homens da Geórgia aos supercomerciantes e à securitização das mãos. O crédito capilar dos comissários criou uma demanda à qual o comércio interno de escravos respondeu com um novo modelo de negócios. Ao contrário dos supercomerciantes dos anos 1830, que eram proprietários das mãos escravizadas de um lado ao outro do canal, os novos participantes, como Richard Dickinson, de Richmond, se comportavam mais como agentes de consignação ou comerciantes de mercadorias. Usando as ferramentas da comunicação mais rápida, como o telégrafo instantâneo ou o correio por via férrea, para avaliar a demanda e a oferta, eles mantinham escravos em suas prisões para os proprietários que queriam vender, classificavam os prisioneiros, forneciam roupas e seguro, encontravam compradores remotos e colocavam cativos como Ben Slaughter em trens rumo ao Sudoeste. Os vendedores muitas vezes esperavam até a venda final para obter o dinheiro, mas se beneficiavam dos preços mais previsíveis. Dickinson enviava empregados para os estados vendedores para coletar dados de mercado: "Mulheres nº 1 de 1.300 a 1.350 dólares e meninas do tamanho de Margaret e Edmony de 1.025 a

---

24. *Arkansas Gazette*, December 16, 1853; *Cleveland Plain Dealer*, October 26, 1853; *Alexandria Gazette*, November 4, 1853; J. F. H. Claiborne, ed., *Life and Correspondence of John A. Quitman* (Nova York, 1860), 2:206-208.

1.100 dólares... [Alguns] acham que os homens nº 1 valerão de 1.600 a 1.700 dólares". Ele reunia esses dados em circulares de preços regulares, que enviava para vendedores em potencial e comissários em toda a Virgínia. O novo padrão de comércio reduziu as oportunidades de arbitragem, mas não exigia que uma única parte intermediária assumisse todos os riscos. As exigências do capital para a entrada declinaram e havia uma demanda para preencher. O preço de um homem adulto em Nova Orleans subiu de 697 dólares em 1850 para 1.451 em 1860. A reorganização do comércio de escravos movimentou cerca de 70% dos 250 mil migrantes forçados da década.[25]

O aumento dos preços, o retorno do crédito e as eficiências da mais nova versão do comércio interno de escravos permitiram que os escravizadores ricos dos algodoais expandissem suas operações drasticamente. A produção de algodão dos EUA atingiu 4 milhões de fardos em 1859, uma prova incrível da capacidade aparentemente ilimitada tanto da economia do Sul de aumentar sua produção como da economia mundial de absorvê-la. Boyd e Ballard, que possuíam quase uma dúzia de campos de trabalho, fizeram a sua parte. Em um deles, perto de Natchez, Ballard possuía uma mulher chamada Virginia. Não se tratava de uma menina, porque tinha uma filha adolescente, e ela adotou o sobrenome Boyd, pois tinha um relacionamento com Samuel. Não é preciso muita imaginação para entender por que continuou com "o Velho", como o chamou mais tarde. No início da década de 1850, Boyd e Ballard enviavam pessoas escravizadas para criar novos campos de trabalho na terra que possuíam na Costa Oeste do Rio Mississippi fortemente arborizada: Elcho, Brushy Bayou, Pecan Grove e Outpost, no Nordeste da Louisiana, e Wagram, no Arkansas. Em 1852, os sócios venderam 2 mil fardos às empresas de consignação. Em 1855, um memorando mostrando o rendimento de apenas seis dos dez campos dos sócios registrava 3.319 fardos produzidos – 607 mil quilos de algodão descaroçado limpo.[26]

Os sócios não estavam sozinhos. Em contraste com as décadas de 1810 e 1830, na década de 1850 as fronteiras do império da escravidão não se expandiam, embora os

---

25. C. M. Rutherford to RB, February 19, 1853, Fol. 187, RCB; May 18, 1860, Hector Davis Acct. Book, Chicago Historical Society; Bolton Dickens Acct. Book, NYHS; Philip Thomas to Wm. Finney, December 24, 1858, January 12, 1859, November 8, 1859, William Finney Papers, Duke; D. M. Pulliam to L. Scruggs, July 27, 1857, D. M. Pulliam Letters, Duke; Schermerhorn, *Money over Mastery*, 178-180; Michael Tadman, *Speculators and Slaves: Masters, Traders, and Slaves in the Old South* (Madison, WI, 1989), 77-79, appx. 2; Laurence J. Kotlikoff, "Quantitative Description of the New Orleans Slave Market", in William Fogel and Stanley L. Engerman, eds., *Without Consent or Contract: Technical Papers* (Nova York, 1992); Maurie McInnis, *Slaves Waiting for Sale: Abolitionist Art and the American Slave Trade* (Chicago, 2011).
26. Rects. Sales, 1852, Fol. 384; Memo of Sales, 1855, Fol. 397, RCB.

brancos do Sul tivessem esperança em Cuba. No Vale do Mississippi, grande parte da expansão da produção de algodão foi impulsionada pela alta capitalização para encher os vastos trechos da terra rica e inexplorada. Neste conjunto de fronteiras internas, alguns dos empreendedores que haviam sobrevivido à última quebra em boas condições conseguiram uma espécie de status de superfazendeiros. Ballard não foi o único que transformou os lucros do antigo comércio negreiro em novos grandes projetos. Por exemplo, veja Joseph Acklen, o advogado do Tennessee, que se casou com a viúva do ex-parceiro de negócios de Ballard, Isaac Franklin, em 1849. Franklin expandira o "Angola" e vários outros campos de trabalho na Paróquia de West Feliciana, na Louisiana. Até 1860, Acklen havia expandido suas posses com uma centena de pessoas recém-compradas à força de trabalho adquirida pelo casamento e o seu complexo, Angola, produzia mais de 3.100 fardos por ano. Do outro lado do rio, onde exércitos de pessoas escravizadas estavam sendo mobilizadas para transformar as paróquias de Carroll, Concordia e Tensas em um novo lobo do pulmão algodoeiro, os quatro campos pertencentes à família Routh produziam 5 mil fardos por ano por volta de 1859. De volta no estado do Mississippi, outra nova fronteira se abriu em um vasto trecho, de Vicksburg para o Norte até Memphis, uma zona quase inexplorada antes do fim da década de 1840. O condado de Issaquena, por exemplo, não existia antes de 1849. Em 1860, o tamanho médio das escravarias no contado atingia incríveis 118.[27]

Issaquena é hoje um dos condados mais pobres dos Estados Unidos, mas naquela época toda a região estava sendo transformada, com a rapidez da indústria, em uma paisagem de infinitos algodoais geradores de riqueza. Os chickasaws tinham sido expulsos durante a década de 1830, deixando uma cidadela de 18 mil quilômetros quadrados desabitada, "um caos de videiras, cana e arbustos" intocada por machado ou arado, e patrulhado pelos animais selvagens: ursos, lobos, pumas e até mesmo alguns jaguares. Mas as raízes das árvores (seus troncos de dois metros de diâmetro) cresciam em uma das melhores terra para o cultivo de algodão na superfície do planeta: "solo puro infinitamente profundo, escuro e nutritivo", como diria o jornalista David Cohn um século depois. Ao contrário de todas as fronteiras anteriores da escravidão norte-americana, a maioria dos empreendedores no delta era proveniente de um pequeno grupo dos homens mais capitalizados do país. Poucos se estabeleceram na região. Em vez disso, operavam campos de trabalho

---

27. Joseph K. Menn, *The Large Slaveholders of Louisiana, 1860* (New Orleans, 1964); Wendell Stephenson, *Isaac Franklin: Slave Trader and Planter of the Old South; With Plantation Records* (University, LA, 1938); William K. Scarborough, *Masters of the Big House: Elite Slaveholders of the Mid-Nineteenth-Century South* (Baton Rouge, LA, 2003), 124-135.

escravo enormemente produtivos como se fosse por controle remoto. É possível ver isso na demografia do novo delta. De 1850 a 1860, a população escravizada em seus seis condados principais quase dobrou, de 17 mil para 30 mil. A população branca, que ainda não havia atingido os 7 mil habitantes, representava cerca de 20% da população escrava, um fato que revela o compromisso com a produção especializada de algodão em larga escala tão forte quanto o dos escravizadores de São Domingos com o açúcar.[28]

Conforme o número de pessoas escravizadas crescia na fronteira interna, também crescia a demanda sobre elas. Em 1849, as posses de Robert Turnbull, um residente de Westchester, em Nova York, em Issaquena somavam 200 escravos que produziam 300 fardos de algodão. Em 1859, a propriedade de Turnbull explorava 400 cativos que produziam 2 mil fardos de algodão, um aumento de 1,5 para 5 fardos por pessoa escravizada, provando o quanto as pessoas eram obrigadas a se esforçar nos novos campos. George Young nasceu em um campo de trabalho semelhante naquela mesma década. Se tivesse certidão de nascimento, esta registraria uma data um ou dois anos depois do Manifesto de Oostende. Mas os antepassados de Young sempre diziam que havia nascido no "Ano de Lawler" porque as pessoas escravizadas às vezes se lembravam dos anos pelos nomes dos feitores que mudavam anualmente, e Lawler foi violento de uma maneira inesquecível. De fato, em todo o Sul, a década de 1850 pertenceu a Lawler. Enquanto o centro de gravidade da escravidão se deslocava para o Sul e o Oeste, o número de afro-americanos escravizados que viviam nos distritos algodoeiros cresceu de 1,6 milhão para 2,2 milhões. A reaceleração da migração forçada, o deslocamento da população para ambientes patogênicos e o ritmo crescente do trabalho provocaram fome, alienação e morte. A expectativa de vida dos afro-americanos, que havia subido nos anos 1840, quando o mercado estava menos frenético, voltou a cair como nas décadas de 1810 e 1830.[29]

Virginia Boyd conseguia evitar os lugares mais lawlerescos enquanto Samuel Boyd quisesse mantê-la por perto. Os dois certamente estiveram juntos no verão de 1852, em algum lugar perto de Natchez. Poucos meses depois, ela descobriu que estava grávida. Mas então alguém, talvez a esposa de Samuel em Natchez, descobriu o que andavam fazendo. Ballard também descobriu. O velho "mestre dos Cuffs" entrou em ação. Escreveu então uma carta ordenando ao feitor que Virgínia fosse enviada a Karnac, um campo de trabalho do qual era sócio com Boyd, perto de Port Gibson, no Rio Mississippi.

---

28. James Cobb, *The Most Southern Place of Earth: The Mississippi Delta and the Roots of Regional Identity* (Nova York, 1992), 3-5, 30.
29. George Young, AS, 6.1 (AL), 432; Scarborough, *Masters of the Big House, 124-135*; Jack Ericson Eblen, "New Estimates of the Vital Rates of the United States Black Population During the Nineteenth Century", *Demography* 11 (1974): 301-319.

E, como Ballard avisou a Boyd, Virginia deveria ser mandada para mais longe ainda. Samuel não discutiu, chegando até mesmo a responder que não queria "ser incomodado por ela e, em caso de mau comportamento, coloque-a no tronco até se livrar dela".[30]

Entretanto, de alguma forma as informações de uma das cartas de Ballard haviam se desviado, porque Virginia, que era alfabetizada, claramente descobriu muitos detalhes sobre seus planos. Ela tentou enviar um bilhete para Boyd.

Em resposta, as cartas de Ballard começaram a voar ao seu redor, tecendo uma teia que a envolveu com força. Seus agentes a levaram rio acima, até Karnac, deixando a sua filha nos arredores de Natchez; e então, em fevereiro, para Nova Orleans, onde o agente de Ballard, C. M. Rutherford, a esperava. Seria mandada longe o suficiente para não incomodar Boyd nunca mais; para Mobile, ou para o mercado de escravos em Houston. Virginia disse a Rutherford que a criança viria em breve, na tentativa de adiar o exílio inevitável, e fugia da sua loja sempre que podia tentar encontrar seu próprio comprador em Nova Orleans. Entretanto, Samuel Boyd pode ter pensado duas vezes, pois (como Ballard descobriu), ele havia viajado para Nova Orleans. Mas em abril, Virginia foi consignada a bordo de um navio destinado ao Texas, sob a vigia de um homem branco, como uma fugitiva escoltada por um policial.

O Texas não era uma boa opção para Virginia Boyd, mas era para os homens brancos que tentavam prosperar. Na década de 1850, 100 mil pessoas escravizadas foram levadas para o Leste do Texas, uma região do tamanho do Mississippi ou do Alabama. Muitos desses empreendedores brancos migrantes eram pequenos proprietários de escravos, como S. G. Ward. Em 1850, Ward saiu do condado de Warren, na Carolina do Norte, e, como explicou em uma carta: "carreguei todos os meus negros, salvo 3 ou 4 e algumas crianças, para o Texas", para alugá-los para o seu irmão, "porque não estavam dando lucro nenhum por aqui". A aplicação imediata de técnicas de produção amplamente comprovadas prosperou na fronteira do Texas Oriental, seguindo a velha receita de uma sociedade composta de homens subcapitalizados comprometidos com a destruição criativa: "O algodão é a ideia principal aqui e os homens negligenciam tudo mais", escreveu um migrante. Eles "investem todo o seu dinheiro em negros e terra. Frequentemente se vê homens que valem 100 mil dólares, mas que não parecem melhores do que nossos próprios montanheses[31]".[32]

---

30. Folders 183-196, December 1852-August 1853, RCB.
31. A expressão "montanheses" [*mountain people*] designava na época as famílias sulistas pobres, geralmente desprovidas de propriedade escrava, que habitavam as terras inférteis dos Apalaches. (*N. do R. T.*)
32. S. G. Ward to E. Malone, May 24, 1850, Ellis Malone Papers, Duke; Wm. Williams to G. W. Allen, September 12, 1850, G. W. Allen Papers, SHC; J. Ewell to Alice Ewell, February 5, 1861, John Ewell Papers, Duke.

Virginia deveria ser vendida para um daqueles homens. Havia perdido tudo, exceto o filho que ainda estava para nascer e a sua alfabetização. De alguma forma, conseguiu caneta e papel e convenceu alguém a enviar uma carta. No dia 6 de maio de 1853, escreveu uma mensagem notável a Ballard da "cidade de Houston em um estaleiro de comerciantes negros". Confrontou-o com o que achava que deveria significar a relação entre ela e o pai de seu filho: "Você acha que depois de tudo o que aconteceu entre mim e o velho (eu não digo nomes) isso é me tratar bem, me mandar embora para ser vendida com estranhos... para que o pai dos meus filhos venda a própria cria, sim, o próprio sangue". "É possível", perguntou, testando todos os truques de retórica que conhecia na tentativa de fazer Ballard mudar de ideia, "que qualquer norte-americano nascido livre mancharia o seu caráter com um estigma como esse?" O que diriam os críticos da escravidão? E não seria possível que se importasse com ela, como o pai amoroso que era? "Você tem uma família de crianças e não sente empatia por outras em perigo". Ela implorou para se reunir com sua filha, para que seus filhos fossem libertados, para que pudesse juntar dinheiro para comprar a própria liberdade. "Se eu sou uma serva", e os defensores da escravidão estavam publicando artigos insistindo que o Sul era construído sobre uma relação paternalista entre mestres bondosos e "servos" fiéis, não escravos, então "me é devido algo melhor do que a minha situação presente". E encerrou com uma afirmação que era ao mesmo tempo promessa e ameaça, dizendo que ele não se preocupasse, pois ela sabia como enviar cartas de volta ao condado de Adams. Mas "vou procurar nunca deixar nada ser exposto, a menos que seja forçada pelos maus-tratos".

Em agosto, C. M. Rutherford escreveu para Ballard, que estava em Louisville, no Kentucky, longe da planície fluvial da malária, onde as quase mil pessoas que tinha com Boyd trabalhavam em mais uma temporada anual da colheita de algodão. "Eu recebi uma carta" de Houston hoje, disse Rutherford, "informando-me da venda de Virginia e seu filho". Essa era a criança recém-nascida. A filha adolescente, propositadamente não enviada ao Texas com sua mãe, deveria ser vendida no Mississippi por pelo menos mil dólares. Boyd criara um problema. Ballard o resolvera. Na verdade, ele distribuiu algum dinheiro a todos os homens brancos envolvidos; Rutherford, por exemplo, recebeu uma comissão de 200 dólares. E se Virginia Boyd enviou mais cartas, estas não sobreviveram. Ela não aparece no Censo dos EUA de 1870, o primeiro a registrar os nomes individuais da maioria dos afro-americanos. Embora possa ter mudado o nome, também é possível que uma vez que "o autor do meu sofrimento", o pai do seu filho, "[a] tivesse lançado à caridade de estranhos", a mera caridade tenha sido insuficiente.

Muito provavelmente, Virginia morreu extenuada em algum campo do Texas. Fosse no Leste do Texas ou entre as florestas derrubadas do delta do Mississippi, esperava-se que as pessoas levadas para as mais novas fronteiras do algodão produzissem lucros vultosos. Sarah Benjamin relembrou dos jogos que ela e todas as outras crianças haviam jogado no pátio do descaroçador durante a década de 1850: "Alguns de nós éramos senhores de escravos e outros, especuladores". Enquanto isso, todos os adultos estavam no campo em um ritmo tão acelerado quanto a alta dos preços sob o sol brutal de agosto. À noite, os pais de outra criança, Sarah Wells, relataram que o feitor lhes havia dito que os chicotearia se "não colhessem 250 libras [113 quilos] de algodão por dia". Em seguida, caíram profundamente no sono. As crianças haviam testemunhado mais sobre como as coisas funcionavam do que os adultos queriam acreditar. Além do mais, muitos que chamaríamos de crianças estavam arrastando sacos nos campos: Sarah Ashley, nascida no Mississippi em 1844, estava nos campos do Texas aos 12 anos de idade e tinha que colher seus 136 quilos, e também levá-los para o galpão do algodão. No total, o número de quilos de algodão produzido por escravo na região do algodão aumentou 30% entre 1850 e 1860.[33]

Um exemplo típico dos empreendedores que ajudaram a moldar esta nova fronteira foi o escravizador da Carolina do Norte Paul Cameron, que comprou terras no condado de Greene, no Alabama, na década de 1840, transferindo para lá dezenas e dezenas dos afro-americanos escravizados que possuía. Mas esse projeto decepcionou Cameron, embora já fosse o segundo homem mais rico em seu estado natal. No início da década de 1850, o campo de trabalho no condado de Greene ainda produzia apenas 180 fardos de algodão por ano. Cameron começou a rabiscar nomes de escravos nas margens das cartas: equipes potenciais para o projeto que agora tinha em mente. Os especuladores da terra souberam dos seus planos e começaram a escrever cartas para tentar cair nas suas graças. Cameron finalmente comprou uma enorme área do condado de Tunica, no delta do Mississippi. No final de 1856, selecionou alguns dos escravos adultos mais jovens do Alabama e da Carolina do Norte e os transferiu para Tunica. Ali, deveriam construir diques, limpar clareiras e produzir algodão sob o tipo de comando rígido necessário para obter o rendimento de dez fardos por mão do qual tinha ouvido falar. Cameron contratou um feitor chamado Jeter. A reputação local de Jeter era de "rígido demais", até mesmo para os escravistas do delta, e o agente de Cameron retornou do novo local dizendo: "Seus escravos estavam muito insatisfeitos quando parti".[34]

---

33. Statement of G. S. Bumpass, Bolton, Dickens, & Co., Acct. Book, NYHS; Sarah Benjamin, AS, S2, 2.1 (TX), 256-257; Sarah Wells, AS, 11.1 (AR), 89; Sarah Ashley, AS, 16.1 (TX), 34-35.
34. "List of Slaves Oct. 1845", vol. 124; Fols. 932-937, passim; Benjamin Barber to Paul C. Cameron (PC), August 1, 1853, Fol. 1103; John Beard to PC, February 14, 1853; J. W. Bryant to PC, February 2, 1853, Fol. 1126; John Webster to PC, November 24, 1856, Fol. 1163, and December 24, 1856, Fol. 1164, all in PCC.

Não demorou para que Jeter os conduzisse para além do que podiam suportar. Um dia no campo, Jacob atacou Jeter e o segurou. Os outros homens pegaram seu chicote e tentaram açoitá-lo. Eles sabiam que sofreriam as consequências, mas não tinham como suportar a sua violência selvagem e imprevisível. Mas todo feitor se armava de várias maneiras antes de sair de casa pela manhã, e Jeter tinha uma faca escondida para puxar. Ele tentou esfaquear Jacob, que escapou para o bosque. Jeter saltou em seu encalço, correu para pegar seus cachorros e não só não demorou a recuperar Jacob como também derrotou outros rebeldes. "A subordinação completa" havia sido alcançada, relataram os agentes comerciais de Cameron em Memphis.[35]

Contudo, a realidade é que, apesar de todas as chicotadas que dava nos braços que tremiam de calafrios por causa da malária, Jeter nunca chegou a derrotar o povo de Cameron. Então, uma vez que a terra estava trabalhada, arada e pronta para produzir dez fardos por mão, Cameron dispensou Jeter e conseguiu outro feitor. O chefe agora queria que cada mão chegasse a colher 90 quilos de algodão por dia. O novato tentou fazer isso acontecer, mas os escravos resistiram. Na dura temporada de colheita de 1859, a melhor de todas para os proprietários de escravos, o ano mais lawleresco entre todos os outros até então, quando as pessoas escravizadas colheram 4,5 milhões de fardos de algodão, Lem e Betsy se esgueiraram da senzala no meio da noite, alcançaram o rio e roubaram uma canoa. Duas semanas depois, o feitor de Cameron, W. T. Lamb, recebeu a mensagem de que tinham sido pegos no Arkansas. "Depois de capturá-los", Lamb escreveu a Cameron, "vou administrar Lem da melhor maneira que puder (mas não cruelmente)". Duas semanas se passaram antes que deixasse Lem sair da caixa de ferro e "colocasse peias" nele, peças pesadas presas nos tornozelos. Lamb também martelou grampos pesados de ferro nas toras externas da própria casa e (isso foi em dezembro) deixou Lem acorrentado durante a noite toda. Lamb sugeriu que Cameron poderia usar o mercado de escravos para acabar com o risco representado por esse "negro problemático que você provavelmente poderia perder por se afogar ou por encontrar a morte de outra maneira". (Talvez já fosse tarde demais; um avaliador já havia avisado que a saúde de Lem era "tão ruim e ele tinha sido cortado tão forte com o chicote que era impossível vendê-lo por qualquer coisa que equivalesse ao seu valor").[36]

---

35. S. Tate to PC, December 26, 1856; Jas. Williamson to PC, December 26, 1856, Fol. 1164, and January 2, 1856; S. Tate to PC, January 16, 1857, Fol. 1165, todos em PCC.
36. W. T. Lamb to PC, September 16, 1860, Fol. 1210, and December 4, 18, 24, 1859, Fol. 1201; A. Wright to PC, November 6, 1858, Fol. 1188, all in PCC.

Em uma carta que escreveu a seu amigo Paul Cameron, o advogado D. F. Caldwell disse: "Eu sempre quis que meus escravos estivessem na África". No início da década de 1850, homens como Caldwell e Cameron geralmente ainda eram whigs, assim como suas irmãs e esposas. As mulheres ricas do Sul tinham dado preferência aos whigs por muitos anos, mesmo sem poder votar. De sua política, os homens e as mulheres brancas dessa classe herdaram a crítica educada e hipócrita da instituição da escravidão. Mas, quando terminou seu trabalho jurídico, no dia seguinte ao Natal de 1854, Caldwell escreveu a Cameron, que estava indo para o Alabama, para verificar sua colheita de algodão. Ao seu desejo de que as pessoas das quais era proprietário fossem "devolvidas" à África, acrescentou apenas uma pequena ressalva: "desde que eu pudesse obter dois terços do seu valor". Na época em que Caldwell retornou, quatro semanas mais tarde, havia vendido um de seus dois campos de trabalho no Alabama e agora estava de olho "nas terras baixas do Mississippi".[37]

É claro que os grandes investimentos exigiam mais ainda os aumentos da produtividade. Homens como Paul Cameron podiam consegui-los à distância, do extremo distante de seu estado de origem, ajustando a máquina de açoitar por controle remoto. E enquanto podiam ganhar dinheiro com a escravidão e perderiam as suas riquezas caso ela terminasse, Cameron e seus pares agiriam como as grandes riquezas sempre agem: investir, expandir as operações e as suas margens, encontrar novas fontes de crédito e novos mercados. Cameron, Caldwell, Ballard e outros megafazendeiros, já entre os norte-americanos mais ricos, enriqueceram ainda mais como seus investimentos, agora revigorados, que começavam a dar retorno. Na verdade, investiram muito mais em seres humanos cativos na década de 1850, de maneira que se pode deixar de lado qualquer crença de que homens como Cameron ou Caldwell realmente temiam (quanto mais que desejavam) o fim da escravização dos afro-americanos. Ao contrário, pareciam cada vez mais confiantes no futuro da escravidão.[38]

Pelo menos em certa medida, o sucesso dos mais ricos também veio à custa de outros brancos; não apenas expulsando os agricultores de subsistência das terras tornadas comercializáveis pela ferrovia, mas também aumentando as barreiras para a entrada na produção de algodão em larga escala através do aumento dos preços das mãos, da terra de alta qualidade e do crédito. Ao longo da década de 1850, a produção de algodão e a posse de escravos tornaram-se cada vez mais concentradas entre os que possuíam 15

---

37. D. F. Caldwell to PC, Fol. 1136, PCC.
38. Fol. 33, A. H. Arrington Papers, SHC; L. C. Gray and Esther K. Thompson, *History of Agriculture in the Southern United States to 1860* (Washington, DC, 1933), 1:530.

ou mais escravos.³⁹ Essa distorção dos benefícios que os sulistas brancos obtinham da escravidão e do investimento nela inspirou maus agouros nos escravizadores, economistas políticos práticos que dependiam da unidade branca. O mesmo ocorreu com o deslocamento contínuo de seres humanos escravizados para o Sul. Talvez a porcentagem decrescente de escravos e senhores de escravos nos estados superiores do Sul levasse, por fim, as Assembleias Legislativas dos estados fronteiriços a serem preenchidas por não escravistas, que poderiam decidir impor emancipação. Essas preocupações inspiraram o interesse na diversificação econômica com a finalidade de criar indústrias de trabalho escravo na Virgínia, no Kentucky e no Missouri, elevando o preço interno dos escravos e retardando a migração. Outros escravizadores do Sudoeste sugeriram que o Sul forçasse o Congresso a reabrir o comércio internacional de escravos, a fim de reduzir o preço dos mesmos e permitir que outros brancos tivessem poder de compra dentro do sistema.⁴⁰

O Compromisso de 1850 não significava nem a paz nem o fim da pressão pela expansão da escravidão. Os sulistas brancos presumiram que o novo território era o que precisavam para dar início a uma nova expansão econômica inclusiva. O único problema era que não conseguiam entrar em um acordo sobre onde concentrar seus esforços. Muitos queriam Cuba. Alguns falavam em dividir a Califórnia em dois estados. Entretanto, quase por acaso, os políticos do Sul se agruparam em torno de uma estratégia diferente, baseada na insistência do devido processo legal substantivo de Calhoun de que a escravidão deveria ser legal em todos os territórios dos EUA. Sua escolha determinou tanto o destino de Ben Slaughter quanto o de Richard.

EM 1853, QUANDO FRANKLIN PIERCE tomou posse como o décimo quarto presidente, James Gadsden, oriundo da Carolina do Sul, já vinha promovendo havia cinco anos a ideia de uma estrada de ferro transcontinental que ligasse Nova Orleans a Los Angeles. A linha espalharia a escravidão, como Gadsden esperava, porque acreditava que "a escravidão negra, sob a orientação de senhores inteligentes e instruídos", havia sempre "sido a pioneira e a base da civilização dos países selvagens", e também que "sem uma mão de obra duradoura e bem regulada, a agricultura no Pacífico nunca

---

39. Lee Soltow, *Men and Wealth in the United States, 1850-1870* (New Haven, CT, 1975), 57, 142; Gavin Wright, *The Political Economy of the Cotton South: Households, Markets, and Wealth in the Nineteenth Century* (Nova York, 1978), 30-36; James Oakes, *The Ruling Race: A History of American Slaveowners* (Nova York, 1982).
40. Manisha Sinha, *The Counterrevolution of Slavery: Politics and Ideology in Antebellum South Carolina* (Chapel Hill, NC, 2000); Ronald Takaki, *A Proslavery Crusade: The Agitation to Reopen the African Slave Trade* (Nova York, 1971).

será desenvolvida". A Constituição Estadual da Califórnia proibia a escravidão, mas um grupo de políticos conhecido como "Chivalry" ("fidalguia") estava pressionando o estado a reconsiderar a questão. Na verdade, apesar da legislação em vigor, cerca de mil afro-americanos já estavam sendo submetidos a um trabalho extremamente bem regulado como escravos nas regiões mineradoras da Califórnia. A Chivalry também não planejava parar com a conversão da Califórnia em um estado escravo. Eles planejavam adquirir terras do outro lado da fronteira mexicana para um assentamento de escravos que, segundo Gadsden, "acrescentaria algodão, trigo e arroz à exportação de ouro". O governo Pierce participou do projeto, enviando Gadsden à Cidade do México para negociar uma quantidade de terras suficiente para garantir que uma rota ferroviária do Sul corresse significativamente no interior do território dos EUA. Além disso, o secretário de Guerra, Jefferson Davis, enviou grupos de topógrafos militares para mapear o caminho para o cavalo de ferro.[41]

Gadsden chegou à capital mexicana ao mesmo tempo que uma quadrilha de mercenários aventureiros, recrutados em San Francisco por um megalomaníaco do Tennessee chamado William Walker, invadiu o Noroeste do país. Walker declarou a república independente da Baixa Califórnia. No entanto, apenas 62 habitantes renunciaram a cidadania mexicana e juraram fidelidade à bandeira. Não demorou para que Walker e o seu bando de flibusteiros ouvissem que o exército mexicano estava a caminho e atravessassem o deserto de Sonora em direção aos Estados Unidos. Por fim, chegaram se arrastando ao Forte Yuma, "quase nus e passando fome", como um observador registrou.[42]

A incursão de Walker prejudicou a chance que Gadsden tinha de transformar a rota pelo Sul na primeira escolha. Os oficiais mexicanos se recusaram a vender mais do que uma fração do que Gadsden queria adquirir tanto para as colônias de algodão da Baja quanto para a ferrovia. E embora parecesse que todos os políticos acreditavam que o governo federal deveria ajudar a construir uma ligação ferroviária entre o Vale do Mississippi e a Costa do Pacífico, todos também perceberam que a rota escolhida criaria um eixo geográfico específico ao ligar a Costa Oeste aos mercados nacionais pelo Sul. A futura orientação da economia política americana estava em jogo. Na primavera

---

41. "Isthmus", *DeBow's Review*, July 1852, 43-52; Jere Robinson, "The South and the Pacific Railroad, 1845-1855", *Western Historical Quarterly* 5 (1974): 163-186; Stacey L. Smith, "Remaking Slavery in a Free State: Masters and Slaves in Gold Rush California", *Pacific Historical Review* 80 (2011): 28-63; Susan Lee Johnson, *Roaring Camp: The Social World of the California Gold Rush* (Nova York, 2000); John C. Parish, "A Project for a California Slave Colony in 1851", *Huntington Library Bulletin*, n. 8 (1935): 171--175; Leonard L. Richards, *The California Gold Rush and the Coming of the Civil War* (Nova York, 2007).
42. Brown, *Agents of Manifest Destiny*, 174-218.

de 1853, a oposição no Congresso bloqueou o financiamento federal para uma linha ferroviária intercontinental do Sul. Os defensores da rota do Sul prometeram estragar as chances dos defensores da rota do Norte, que estavam sendo defendidos, sobretudo, pelo senador Stephen Douglas, de Illinois.[43]

O valor dos terrenos de Douglas em Chicago aumentariam drasticamente se o governo federal se comprometesse com a rota do Norte, mas o sucesso em uma escala transcontinental também superaria o valor político de todos os projetos de melhoria interna anteriores. Os repórteres políticos se referiam a Douglas como "o Pequeno Gigante", porque, parrudo e com meros 1,65 m de altura, conseguia dominar, com a energia e a agressividade, um congresso cheio de homens mais altos, mais bonitos e mais bem-nascidos. O que ele precisava fazer era apenas resolver um problema legislativo para formar uma coalizão em torno de uma rota, embora estivesse tentando resolver esse problema desde que Polk era presidente.

Douglas havia proposto diversas vezes um projeto de lei para organizar um território federal a Oeste do Missouri e de Iowa, porque a ferrovia precisava percorrer um território e não uma terra indígena "desorganizada". Mas, em cada um dos oito anos anteriores, os sulistas o impediram, porque a criação de um território livre no flanco ocidental do Missouri transformaria o estado em uma península escravista. Apenas 10% dos lares brancos do Missouri ainda possuíam escravos. Os brancos da classe trabalhadora de St. Louis geralmente votavam contra os que consideravam ser os representantes do poder dos escravistas. No entanto, muitos residentes ricos do Missouri continuaram investindo na escravidão, como o senador norte-americano David Atchison, um democrata cuja base eleitoral estava nos condados ocidentais escravistas do estado, chamado pelos moradores locais de "Little Dixie". Seu interesse era preservá-los do dilema relatado por um homem do Missouri que se mudou "para o Mississippi por causa dos pretos", porque "estava perto da fronteira com Illinois e seus negros se tornaram muito problemáticos fugindo para lá".[44]

A luta pela fronteira ocidental estava sendo travada por pessoas escravizadas desde muito antes de 1853. Durante a década anterior, centenas de afro-americanos, pessoas como Elsa Hicks, haviam entrado com processos judiciais pedindo sua alforria nos tribunais de St. Louis. Em 1834, o proprietário de Hicks a levou da Virgínia para Wisconsin.

---

43. David Potter, *The Impending Crisis, 1848-1861* (Nova York, 1976), 146-156; William Cronon, *Nature's Metropolis: Chicago and the Great West* (Nova York, 1991).
44. J. A. Reinhart to Jn. Dalton, January 20, 1851, Placebo Houston Papers, Duke; William W. Freehling, *The Road to Disunion* (Nova York, 1990), 1:540.

Sete anos mais tarde, ele a levou para St. Louis, de volta ao território escravo, como escrava. Essa foi, segundo a sua petição, uma ação "contrária à Ordenança de 1787, aprovada pelo Congresso dos Estados Unidos, que havia estabelecido o território do Noroeste como livre". Ao afirmar que residir em um território livre tinha mudado seu próprio status, Hicks tinha os precedentes legais a seu favor. Na década de 1840, os tribunais estaduais e federais haviam decidido diversas vezes que, quando os proprietários levavam as pessoas escravizadas para um território livre com a intenção de "mudar-se" em vez de apenas "hospedar-se", essas mesmas pessoas escravizadas se tornavam livres. Tanto ali quanto na possibilidade de um novo território livre na fronteira ocidental do Missouri, que dissolveria mais rapidamente a escravidão no estado, surgiu a mesma questão ressaltada pela ideia de Calhoun sobre o devido processo legal. A Constituição protegia a propriedade de escravos em lugar nenhum ou em todo lugar?[45]

Em 1854, os migrantes forçados Harriet Scott e seu marido, Dred, já estavam esperando havia anos para saber qual seria o resultado do próprio processo de alforria. Nascido na Virgínia, em 1795, Dred foi levado para uma fazenda algodoeira no Alabama, e mais tarde, na década de 1820, para o Missouri. Seus donos o venderam para um médico do exército chamado Emerson, que depois se mudou para o que hoje corresponde a Minnesota, território livre em virtude do limite de exclusão da escravidão do Compromisso do Missouri. Foi onde Dred conheceu Harriet Robinson. Os dois se casaram, ela mudou o nome para Scott e Emerson a comprou. O médico desceu o Rio Mississippi com o casal em um barco a vapor até chegar em Forte Jesup, na Louisiana. Lá, ele cortejou uma mulher chamada Eliza Irene Sanford, que viera de St. Louis para visitar a cidade. Os dois também se casaram. O médico morreu em 1843. Depois disso, Harriet, Dred e seus filhos passaram a viver com a viúva em St. Louis.

A experiência dos Scotts de múltiplas migrações para as muitas fronteiras da escravidão não era incomum, e os dois sabiam das dezenas de ações judiciais movidas por pessoas escravizadas cuja mercantilização as havia levado a um território livre. Na realidade, Harriet e Dred antes pediram à viúva de Emerson, Eliza, que os deixasse comprar sua liberdade, evitando a ação judicial. Mas ela defendeu a posição política dos seguidores de Calhoun, afirmando "direito" de levar sua propriedade para onde quisesse. Quando os Scotts responderam exigindo alforria na justiça, Eliza retrucou com um afinco que ultrapassava seu próprio interesse financeiro nos dois. Quando perdeu, em um nível do

---

45. Case 55, April 1845 term, Office of Circuit Court Clerk–St. Louis, Missouri State Archives–St. Louis, http://stlcourtrecords.wustl.edu, um excelente recurso, iniciativa de Lea VanderVelde, acessado em 24 de junho de 2011.

Judiciário, apelou ao tribunal superior seguinte. O que estava tentando impor era uma Constituição que universalizasse a escravidão em sua própria casa.[46]

Em março de 1853, no Congresso, o senador Atchison chamou o Compromisso do Missouri e a Ordenança do Noroeste de os dois maiores "erros cometidos na história política deste país". Juntos, os acordos ilegalizaram a escravidão em três lados de seu estado natal e tornaram possível o processo de alforria dos Scotts. Já era bastante radical chamar o compromisso de 1820 de erro, pois este era o pacto central entre o Norte e o Sul na história da escravidão. Mas, no final do ano, Atchison e seus aliados no Congresso perceberam que poderiam usar o desejo de Douglas de construir uma ferrovia como o suporte sobre o qual poderiam dobrar uma alavanca que derrubaria o Compromisso do Missouri. Os aliados de Atchison em Washington incluíam seus três "companheiros de mesa", senadores com quem compartilhava uma casa alugada na rua F: James Mason e Robert M. T. Hunter, da Virgínia, e Andrew Butler, da Carolina do Sul. Os três sulistas eram discípulos ideologicamente comprometidos com a doutrina do devido processo legal substantivo de Calhoun; Mason, por exemplo, havia escrito a Lei dos Escravos Fugitivos de 1850. Juntos, os companheiros da rua F decidiram lutar, como Eliza Emerson, pela proteção do poder dos escravizadores, no Missouri e em toda parte, forçando o democrata de Illinois e seu partido a se comprometerem com a doutrina da escravidão como um direito de propriedade protegido pela Quinta Emenda que deveria ser imposto em todos os territórios federais.[47]

A ferrovia era a principal prioridade na pauta de Douglas quando uma nova sessão do Congresso foi inaugurada no início de dezembro de 1853. Ele não demorou para fazer com que um novo projeto de lei para o território do Nebraska fosse aprovado em comitê. Entretanto, em algum momento antes de 4 de janeiro de 1854, Atchison disse ao senador de Illinois que os senadores do Sul não apoiariam a organização de um território livre. Douglas reconheceu imediatamente que estava preso em uma armadilha dos sulistas, reescreveu o projeto de lei e, no dia 4 de janeiro, ofereceu ao Congresso uma versão que incluía, ao contrário da proposta aprovada em comitê, a linguagem usada em 1850 para o Novo México, afirmando que a escravidão no território de Nebraska seguiria o que "sua Constituição pudesse prescrever na época da sua admissão". Mais uma vez, os sulistas disseram a Douglas que não era o suficiente. Então, ele publicou uma

---

46. Don E. Fehrenbacher, *The Dred Scott Case: Its Significance in American Law and Politics* (Nova York, 1978); Lea VanderVelde, *Mrs. Dred Scott: A Life on Slavery's Frontier* (Nova York, 2009).
47. Freehling, *Road to Disunion*, 1:547-549; Thomas G. Balcerski, "The F Street Mess Reconsidered: A Homosocial History of the Kansas-Nebraska Act", Trabalho não publicado apresentado outono de 2010, no Americanist Colloquium, Universidade Cornell.

pequena nota na edição de 10 de janeiro do jornal *Washington Union*, alegando que o "erro de transcrição" tinha omitido outra cláusula do projeto de lei. Essa cláusula era uma oferta de resgate por sua ferrovia sequestrada. Ela afirmava que "todas as questões relativas à escravidão nos Territórios... deveriam ser deixadas para os seus residentes". Douglas ainda tentava fazer apenas o que era forçado a fazer e nada mais, porém os sulistas sacudiram a cabeça de novo. O projeto de lei ainda não revogava explicitamente o Compromisso do Missouri.

A oportunidade seguinte de falar sobre o projeto de lei territorial aconteceu no dia 16 de janeiro. Archibald Dixon, um senador whig do Kentucky, tomou a palavra e propôs uma emenda. As partes da lei do Missouri de 1820 que negavam "aos cidadãos dos vários Estados e Territórios" a "liberdade de tomar e manter seus escravos dentro de quaisquer dos Territórios dos Estados Unidos, ou dos Estados a serem formados a partir deles" deveriam ser invalidadas a partir de agora "como se tal lei... nunca houvesse sido aprovada". Tratava-se de uma revogação explícita do Compromisso. Na verdade, isso significava que a escravidão deveria ser protegida por lei em todos os territórios e estados formados pela compra da Louisiana. Douglas consentiu em incorporar a emenda de Dixon, mas advertiu: "ela causará uma tempestade infernal".[48]

No sábado, 21 de janeiro, o gabinete discutiu o projeto de Douglas. Nem mesmo o procurador-geral Caleb Cushing, um democrata de Massachusetts, há muito conhecido pela devoção servil aos interesses do Sul, conseguia engoli-lo. Sabia que os democratas perderiam dezenas de distritos do Norte e talvez até mesmo a sua maioria na Câmara. Mas os sulistas, especialmente o Secretário de Guerra Jefferson Davis, adoraram o novo projeto. E decidiram que queriam que o presidente Pierce, o líder oficial do Partido Democrata, se comprometesse com a causa. Então, no dia seguinte, Mason, Atchison, Hunter, Douglas e Davis se dirigiram à Casa Branca, amontoados em duas carruagens, para visitar o Presidente Pierce. Encontraram-no em sua sala de visitas, guardando o sabá, e apresentaram a situação.

Em sua posse, Pierce expressou as esperanças dos democratas do Norte quando disse: "Espero fervorosamente que a questão [da expansão da escravidão] esteja em repouso e que o fervor regionalista ou de fanáticos jamais ameace novamente a durabilidade de nossas instituições ou obscureça a nossa prosperidade". A maioria dos norte-americanos brancos, abalada pela luta constante da capital entre 1846 e 1850,

---

48. Robert W. Johannsen, *Stephen A. Douglas* (Nova York, 1973); *CG*, 28:1, 33rd Cong. 1st sess., 115, January 4, 1854; Susan Bullit Dixon, *The True History of the Missouri Compromise and Its Repeal* (Cincinnati, 1899), 442-445; Potter, *Impending Crisis*, 160.

concordou. No entanto, demorou apenas uma hora para que Pierce fosse persuadido a serrar os mais importantes pilares de sustentação da república. Pierce chegou a sacar a sua caneta e elaborar pessoalmente a linguagem que iria condená-lo, junto com o seu partido e os delicados equilíbrios políticos que existiram antes da Guerra Civil. O Compromisso do Missouri, como escreveu, "tinha sido substituído pelos princípios da legislação de 1850"; em outras palavras, o resto do Oeste seria algo como o Novo México após o Compromisso de 1850: aberto à escravidão até que eleições locais ou decisões judiciais determinassem o contrário. O presidente estava apostando todas as suas fichas. O que restava era convencer um número suficiente de congressistas do Norte a votarem a favor.[49]

No dia seguinte, segunda-feira, 23 de janeiro, Douglas apresentou formalmente o projeto sob um novo nome, pois agora estava propondo dois territórios. Um deles, o Kansas, se estendia para Oeste a partir da fronteira do Missouri. O outro, o Nebraska, da latitude de Iowa ao Norte até o Canadá. Os ouvintes acharam que Douglas estava sugerindo que o Kansas fosse território escravista e a parte mais ao Norte do Nebraska, um território livre. Os observadores também podem ter pensado que apenas um mês antes tinham admitido que o Kansas estava muito ao Norte para ser um território escravista. Douglas e Pierce tentaram fazer o projeto de lei parecer palatável no Norte publicando na imprensa que "o grande princípio do projeto de Nebraska" não era a extensão da escravidão, mas a autodeterminação. Entretanto, os mesmos observadores também podiam considerar que a escravidão entrara em todos os lugares onde foi permitida desde 1787.[50]

Contudo, os oponentes da escravidão também viram uma oportunidade no projeto de lei Kansas-Nebraska. Um grupo de deputados se apoderou dele, publicando um documento chamado "Apelo dos Democratas Independentes", embora seus autores primários não fossem realmente democratas, mas Joshua Giddings e Salmon Chase, partidários do Solo Livre de Ohio. O "Apelo" utilizava os argumentos do Solo Livre da década de 1840, agora sustentados e comprovados pela traição covarde de Douglas. A escravidão legalizada no território do Nebraska (pois, para o "Apelo", o Kansas não poderia contê-la) estenderia o domínio dos senhores de escravos por todo o Norte até a fronteira canadense e encurralaria a liberdade. Derrubando compromissos que já haviam sido "consagrados", o "crime monstruoso" de Douglas permitiria que a escravidão

---

49. Michael F. Holt, *Franklin Pierce* (Nova York, 2010), 77-80, 53; Dixon, *True History*, 457-460.
50. Douglas to N. Edwards, April 13, 1854, in Robert W. Johannsen, ed., *The Letters of Stephen A. Douglas* (Urbana, IL, 1961), 322-323; Johannsen, *Stephen A. Douglas*, 420.

impedisse a entrada dos trabalhadores assalariados e dos agricultores independentes nos novos territórios, pois "o trabalho não pode ser respeitado quando qualquer classe de trabalhadores é mantida em cativeiro". Os "Democratas Independentes" prometeram combater a lei Kansas-Nebraska até o fim no Congresso. E "se derrotados na luta iminente", escreveram, "não nos submeteremos. Iremos para casa com os nossos eleitores, desfraldaremos mais uma vez o pavilhão da liberdade e convidaremos o povo a socorrer o país do domínio da escravidão. Não nos desesperaremos porque a causa da liberdade humana é a causa de Deus".[51]

A batalha que se seguiu à introdução e à denúncia da Lei Kansas-Nebraska foi a mais explosiva na história do debate legislativo sobre a expansão da escravidão. Todos os grandes leões do Senado rugiram: Charles Sumner de Massachusetts, William Seward de Nova York e Chase, contra o projeto de lei; e a seu favor, Douglas, Douglas e Douglas mais uma vez. Os partidários do Sul se sentaram e deixaram que Douglas fizesse o seu trabalho. Sua figura atarracada e furiosa estava na bancada quase todos os dias, denunciando os ministros que pregavam sermões contra ele, amaldiçoando o *New York Tribune,* jornal contrário à expansão da escravidão, e lembrando os pormenores do debate sobre o Compromisso do Missouri para sustentar seu ponto de vista. Finalmente, em 3 de março, conseguiu forçar uma votação no Senado em que ganhou de 37 a 14. A maioria dos nãos foi dos whigs do Norte, enquanto 14 democratas do Norte se juntaram a 23 sulistas ao votar sim.[52]

A batalha passou para a Câmara. A essa altura, protestos "anti-Nebraska" estavam sendo realizadas em todo o Norte. "Fomos para a cama uma noite whigs antiquados, conservadores, defensores do compromisso e da União", lembrou o ex-fazendeiro de algodão e então fabricante de têxteis whig Amos Lawrence, "e acordamos abolicionistas loucos". Em Nova York, os comerciantes que haviam lutado pelo Compromisso de 1850 organizavam reuniões públicas contra o projeto de lei de 1854. Havia boatos sombrios de um novo partido político.[53] Os democratas do Norte se esforçaram contra a pressão partidária, mas Douglas e o governo os perseguiram implacavelmente. Final-

---

51. "Appeal of the Independent Democrats, to the People of the United States. Shall Slavery Be Permitted in Nebraska?" (Washington, DC, 1854); Sean Wilentz, *The Rise of American Democracy*: Jefferson to Lincoln (Nova York, 2005), 673-674.
52. *CG*, March 3, 1854, 532; Roy F. Nichols, "The Kansas-Nebraska Act: A Century of Historiography", *Mississippi Valley Historical* Review 43, n. 2 (1956): 187- 212; Alan Nevins, *Ordeal of the Union* (Nova York, 1947), 2:129-130.
53. Thomas O'Connor, *Lords of the Loom: The Cotton Whigs and the Coming of the Civil War* (Nova York, 1968), 98; Foner, *Business and Slavery*, 91-100.

mente, os líderes da bancada de Douglas agiram no sentido de impedir uma manobra de obstrução. Em 22 de maio, a Lei Kansas-Nebraska foi aprovada na Câmara por 113 votos a 100, com 44 democratas do Norte a favor e 42 contra. Depois de três meses violentos, Douglas, com os braços presos por seus captores da rua F, tinha revogado o Compromisso do Missouri.

A lei destruiu o sistema bipartidário existente nas duas décadas anteriores. O Partido Whig dividiu-se ao longo das linhas Norte-Sul e desmoronou nas eleições intercalares[54] de outono. O novo partido "Know-Nothing", também conhecido como o Partido Americano, que capturou 62 distritos do Congresso, reuniu muitos ex-whigs com uma mensagem "nativista" ou anti-imigração. Mas 37 dos 44 congressistas democratas do Norte que haviam apoiado a Kansas-Nebraska perderam a eleição, a maioria perante a foice de outro partido novo: os Republicanos, que surgiram de repente em 1854, coalescendo em torno dos ideais do "Apelo dos Democratas Independentes" e conquistando 46 assentos da Câmara. Comparados com os seus antecessores do Solo Livre ou Liberdade, o apelo dos Republicanos era mais amplo. Eles se opunham à expansão da escravidão tanto por motivos morais quanto porque acreditavam que a fronteira do homem branco não deveria ser profanada por escravos negros. Além disso, também adotaram uma política pró-industrial e, por fim, acabariam por incorporar muitos dos nativistas.[55]

Logo ficou evidente que a coalizão republicana tinha o potencial de conquistar uma maioria dominante de eleitores do Norte. A Lei Kansas-Nebraska destruiu não só o Compromisso do Missouri, mas também muitas das outras estruturas que tinham encorajado a conciliação sobre a expansão da escravidão. Entretanto, a ascensão dos republicanos ainda não anunciava um novo equilíbrio entre dois partidos nacionais. Os eleitores e os políticos do Sul acreditavam mais do que nunca que seriam capazes de transformar a expansão da escravidão em uma norma. Nos debates, Douglas tinha tentado destacar a suposta essência democrática da "soberania popular", insistindo que os cidadãos do Kansas eram livres para escolher ir contra a escravidão. Era uma cortina de fumaça para o que o ato significava como programa e como jogo político. Salmon Chase insistiu que "cavalheiros do Sul" no Congresso agora estavam reivindicando que "poderiam levar seus escravos para o Kansas e mantê-los lá em virtude da Constituição" sem que a decisão dos eleitores importasse. Os membros sulistas da

---

54. As eleições para o Congresso Federal norte-americano ocorrem a cada dois anos. Nesse sistema, alguns pleitos acontecem no meio do mandato presidencial, de quatro anos, e recebem o nome de eleições intercalares. (*N. do R. T.*)
55. Potter, *Impending Crisis*, 175.

Câmara, especialmente, concordavam. Eles insistiam que a revogação do Compromisso do Missouri significava o reconhecimento da doutrina do devido processo legal substantivo por parte do governo federal. Eles planejavam obter a confirmação final do direito dos escravizadores de levar sua "propriedade" para o território federal, quer por vitória na competição demográfica pelo controle das planícies do Kansas, quer pelo sucesso em conseguir que a Suprema Corte anulasse uma lei territorial proibindo a escravidão.[56]

Salmon Chase também insistiu que aqueles "cavalheiros do Sul" não falavam pela "grande maioria" dos sulistas brancos. No entanto, a imprensa do Sul, pelo menos, concordou com a visão da rua F. Ela queria a expansão da escravidão. O *Nashville Union and American* disse que a Lei Kansas-Nebraska "salvou [o Sul] da proscrição inconstitucional e do insulto pelo Congresso", enquanto um editor da Flórida o descreveu como um "mero ato de justiça", um reconhecimento "do direito de todos os cidadãos de levar a sua propriedade" pelos territórios. Para muitos brancos do Sul, o Kansas-Nebraska confirmou a doutrina do devido processo legal substantivo como uma lei, mesmo sabendo que nem todos os nortistas concordariam. A partir de 1854, o direito de expandir a escravidão para os territórios seria um artigo de fé na política popular do Sul. E, como não era de se admirar, muitos deles já haviam vivenciado a sua essência, usando afro-americanos escravizados como ferramentas para as suas atividades empreendedoras. Mesmo para os que não possuíam escravos, o uso ilimitado de afro-americanos escravizados como bens móveis estava associado à liberdade, à modernidade e à vida econômica liberal.[57]

No entanto, o público branco do Sul não estava certo sobre a melhor maneira de proceder: a aplicação imediata das ideias que John Calhoun defendeu era mais importante do que permanecer na União, ou era necessário mais paciência com a extração definitiva do direito natural de alguém transportar os seus escravos? Uma porta já havia se fechado. O Kansas não cultivaria algodão, muito menos açúcar, mas a passagem da Lei Kansas-Nebraska destruiu qualquer chance de se conseguir Cuba. A ilha, momentaneamente ao alcance da Nova América, traria benefícios tangíveis aos escravizadores. Os escravizadores do Sul a explorariam juntamente com os aliados brancos do Norte, e Cuba se transformaria em dois ou três estados democratas. O restante do século XIX teria então procedido de forma muito diferente.

---

56. *CG* [appendix], March 30, 1854 (L. Keitt), 464-467; February 23, 1854 (Robert Toombs), 347-349; April 24, 1854 (Peter Phillips), 532-534; May 10, 1854 (James Dowdell), 705-706; April 27, 1854 (Wm. Smith), 553.
57. *Washington National Intelligencer*, June 7, 1854; *Nashville Union*, June 7, 1854, September 20, 1854; Jonathan Atkins, *Party, Politics, and Sectional Conflict in Tennessee, 1832-1861* (Knoxville, TN, 1997), 193; *Tallahassee Floridian*, January 28, 1854; *Alexandria Gazette*, April 15, 1854.

Mas enquanto apoiadores da aquisição de Cuba da Nova América e do Vale do Mississippi tinham esperado que a ilha caísse nas mãos dos EUA, por meios diplomáticos ou não tão diplomáticos, os colegas da rua F e seus aliados já tinham começado a agir. Mesmo antes de os democratas serem massacrados nas eleições do outono de 1854, o conflito sobre o projeto de lei Kansas-Nebraska levantou dúvidas sobre a possibilidade de adquirir Cuba durante a presidência de Pierce. "Chega de estados escravistas", proclamou um artigo de jornal de Nova Jersey. "Houve uma época em que o Norte teria consentido em anexar Cuba, mas o mal de Nebraska tornou a anexação impossível para sempre". O Manifesto de Oostende, escrito pelos embaixadores de Pierce no Velho Mundo para pressionar Madri e Washington a vender Cuba, chegou aos EUA ao mesmo tempo que a impressionante derrota eleitoral dos democratas no Norte, em 1854. O *New York Tribune* rapidamente vazou seu conteúdo. A reação dos nortistas foi de zombaria. O governo, apesar de ter focado em Cuba em 1852, rapidamente desmentiu o manifesto e apreendeu o navio da junta cubana ancorado em Nova York. Nos anos seguintes, outros esquemas de flibustaria atrairiam jovens aventureiros, como William Walker, cuja invasão da Nicarágua em 1856 terminou em sua execução. Mas Cuba tinha sido o verdadeiro prêmio, e os expansionistas proprietários de escravos a haviam tirado de seu próprio alcance forçando os aliados do Norte a arriscar todo o seu capital político no projeto de lei Kansas-Nebraska.[58]

Agora, concluíram os sulistas mais rígidos, como James Mason: o Kansas controlava o "destino" do Sul. Contudo, os colonos de terra livre já superavam em número os pró-escravidão nas planícies. Supostamente, "nove décimos do número total de reclamantes [de terra]" que haviam se estabelecido no domínio público do Kansas no verão de 1854 planejavam votar para excluir a escravidão. Naquele outono, o presidente Pierce instituiu uma equipe de funcionários do governo territorial, criada por sulistas e nortistas obedientes, como o governador Andrew Reeder, que disse aos congressistas do Sul que ele mesmo esperava levar escravos ao Kansas. Ele agendou uma eleição de 1855 para a assembleia territorial. O senador Atchison exortou os brancos do Missouri a "cumprir seu dever" e garantir "paz e tranquilidade" nas urnas do Kansas. Os 5 mil missourianos que cruzaram a fronteira para votar ilegalmente representaram 75% das cédulas. Todos os legisladores eleitos, exceto um, eram a favor da escravidão. Reeder,

---

58. *Trenton Gazette*, October 5, 1854; *New York Weekly Herald*, December 16, 1854; *Tallahassee Floridian and Sentinel*, November 18, 1854; Brown, *Agents of Manifest Destiny*, 267-457; Freehling, *Road to Disunion*, 2:166; *NOP*, December 13, 1854.

sentindo-se traído pela forma como os radicais do Sul tinham derrubado até a fachada da soberania popular, acabou renunciando.[59]

Enquanto isso, a imprensa do Norte e os republicanos no Congresso acusaram os democratas de terem adotado a ideia de que "a subjugação de brancos livres pode ser necessária para que a escravidão africana tenha êxito" no Kansas. Em resposta à trapaça eleitoral, Amos Lawrence usou sua fortuna da indústria têxtil para financiar a "New England Emigrant Aid Company", uma operação que pagava colonizadores do estado livre para se mudarem para o Kansas, e os armava também. Em contrapartida, embora um editor do Alabama tenha afirmado que "toda correspondência traz notícias dos jovens galantes vestindo suas armaduras para a luta que dará o Kansas ao Sul", poucos senhores de escravos do Sul estavam dispostos a assumir o risco. Em vez disso, os expansionistas da escravidão confiavam nos homens do Missouri, que os nortistas chamavam de "rufiões da fronteira" [*border ruffians*] e "biltres" [*pukes*] para ganhar a batalha através da intimidação e do voto ilegal.[60]

Acima de tudo, os expansionistas da escravidão contavam com seu controle das alavancas do poder em Washington para tornar permanentes os resultados das eleições fraudadas pelos rufiões da fronteira. Stephen Douglas já estava obedientemente promovendo a transformação do Kansas em estado no Congresso. Parecia que outra eleição fraudulenta logo faria do Kansas o décimo sexto estado escravista. Em 21 de maio de 1856, as forças favoráveis à escravidão saquearam e incendiaram a cidade livre de Lawrence. Em resposta, o senador de Massachusetts, Charles Sumner, fez um discurso ultrajado em que denunciou o governo, Douglas e o Sul pelo que chamou de "o crime contra Kansas". Atacou de uma maneira que pareceu pessoal o senador Andrew Butler, do grupo da rua F. Alguns dias depois, o primo de Butler da Carolina do Sul, o deputado Preston Brooks, agrediu Sumner em sua mesa do Senado com uma bengala, deixando o homem de Massachusetts sangrando e inconsciente. "Lamentamos muito que a insolência de homens como Sumner torne essas cenas ocasionalmente necessárias" em defesa da honra, escreveu um editor da Geórgia. Os jornais do Norte, inclusive os racistas, como o *New York Herald*, tiveram uma visão diferente: a de que os "lordes de escravos" do Sul respeitavam tão pouco os brancos dos estados livres que os açoitariam "feito *niggers no campo*", até mesmo no Senado.[61]

---

59. *New York Tribune*, September 25, 1854; Nicole Etcheson, *Bleeding Kansas: Contested Liberty in the Civil War Era* (Lawrence, KS, 2004), 67.
60. Etcheson, *Bleeding Kansas*, 97; *New Hampshire Sentinel*, December 28, 1855; *Eufaula* (AL) *Spirit of the South*, in *Charleston Mercury*, January 25, 1856.
61. *Augusta Constitutionalist* repr., *Charleston Mercury*, May 28, 1855; *New York Weekly Herald*, May 24, 1856.

Durante 1855, os colonos dos estados escravocratas haviam assassinado vários homens livres do Kansas como parte de uma campanha de intimidação. "Os valentões teimosos no Oeste [pensam] que os homens do Norte e do Leste não vão lutar. Nunca erraram tanto", escreveu um editor da terra livre, pois "os homens do Estado Livre no Kansas vão lutar antes que sejam privados do direito de voto... Guardem essas palavras". Quando uma das lideranças pela terra livre no Kansas aconselhou paciência, John Brown, recém-chegado e natural de Connecticut, chamou-o de "uma velha completa". Brown trouxe seus muitos filhos, o apoio financeiro do rico magnata fundiário de Nova York, Gerrit Smith, e também armas. Na noite de 24 de maio de 1856, Brown e seus filhos cometeram uma série de assassinatos. Entraram em cabanas de defensores da escravidão ao longo do Riacho Pottawatomie, no Kansas, arrastaram os homens para fora e os executaram. Brown, que acreditava ser o agente de um Deus vingativo que odiava a escravidão, pretendia que os assassinatos fossem um ato de terrorismo político exemplar. A inevitável erupção da violência obrigaria os homens do estado livre a lutar por suas convicções. Realmente, os colonos passaram o verão caçando uns aos outros pelo território. Enquanto outro governador fugia, as unidades próximas do Exército dos EUA bloqueavam o acesso dos nortistas armados ao Kansas. No verão de 1856, a imigração para o território era praticamente nula.[62]

O DRAMA DO "KANSAS SANGRENTO" aconteceu no contexto da eleição presidencial de 1856. Foi a primeira eleição disputada pelo novo Partido Republicano, que lançou John Frémont à presidência. Embora fosse o neto de um fazendeiro da Virgínia, a plataforma de Frémont focalizava em uma única questão, a saber, bloquear a expansão da escravidão. O Partido Americano, ou Know-Nothing, que lançou o ex-presidente Millard Fillmore de Nova York, estava dividido entre suas asas Norte e Sul. A prosperidade econômica geral também havia diminuído a percepção da relevância da sua mensagem anti-imigração. A convenção democrata rejeitou tanto Franklin Pierce, que caíra em desgraça, quanto o desacreditado Stephen Douglas, em favor de James Buchanan, da Pensilvânia, que havia passado os últimos quatro anos como embaixador no exterior. Mas os delegados do Sul o conheciam bem. E esperavam que se submetesse às suas ordens.[63]

Durante o verão de 1856, os ativistas democratas locais começaram a relatar que os membros estavam voltando ao partido. Os estados em que a escravidão era legal continham 120 dos 149 votos eleitorais necessários para a vitória. Os whigs do Sul tinham desaparecido, de modo que os democratas poderiam esperar vencer os 120

---

62. Repr. *St. Albans* [VT] *Herald*, September 20, 1855; Etcheson, *Bleeding Kansas*, 109, 113-138.
63. Potter, *Impending Crisis*, 248-265.

votos dos estados escravistas. Isso fez com que precisassem apenas de alguns estados do Norte para a vitória. No dia da eleição, conseguiram ganhar a Pensilvânia (estado de origem de Buchanan), Nova Jersey, Indiana e Illinois, e, portanto, a presidência. Mas os expansionistas do Sul puderam ver que o antigo equilíbrio tinha desaparecido. As mudanças demográficas significavam que um presidente republicano poderia ser eleito sem um único voto eleitoral no Sul. E Buchanan ganhara uma minoria do voto popular, embora Frémont tivesse recebido apenas 600 votos de sulistas corajosos ou desatentos o suficiente para lançar suas cédulas em um partido regional voltado contra a sua região.[64]

Entretanto, alguns democratas do Norte se convenceram de que Buchanan seria menos subserviente ao poder escravista do que Pierce. Eles interpretaram mal a vontade dos sulistas de implementar estratégias destinadas a forçar toda a nação a aceitar a propriedade dos escravos como uma instituição verdadeiramente nacional enquanto ainda tinham poder de influência para conseguir o que queriam. Harriet e Dred Scott, no entanto, entendiam de uma maneira muito mais clara aquilo com que estavam lidando. Em 1852, os magistrados ativistas pró-escravidão da Suprema Corte do Missouri, revertendo a sua própria jurisprudência em dezenas de processos de alforria bem-sucedidos, decidiram que as leis antiescravistas dos territórios não invalidavam as reivindicações de propriedade de Eliza Emerson, uma cidadã do Missouri. Os Scotts apelaram para o tribunal federal e Emerson entregou sua reivindicação de propriedade ao irmão, mudando o nome do caso para *Dred Scott versus Sanford*, que alcançou a Suprema Corte dos EUA em 1856. Algumas das questões eram técnicas, mas os grandes temas levantados pelo caso eram os mais relevantes possíveis. O Congresso teria realmente competência para aprovar leis restringindo a escravidão, como a lei do Compromisso do Missouri? O governo federal poderia extinguir ou limitar as reivindicações de propriedade dos escravistas?[65]

Ao longo dos trinta anos anteriores, uma série de presidentes, começando com Andrew Jackson, tinha enchido a Suprema Corte com uma maioria do Sul. Embora o Presidente da Suprema Corte Roger B. Taney houvesse emancipado voluntariamente toda a sua propriedade humana décadas antes, a Corte, sob a sua liderança, nos casos que remontam a *Prigg versus Pensilvânia* e outros, avançou claramente no sentido de estabelecer as reivindicações de propriedade dos escravizadores como um direito fundamental e natural. A Suprema Corte priorizava cada vez mais as reivindicações dos escravistas

---

64. Joel Silbey, *The Partisan Imperative: The Dynamics of American Political Life Before the Civil War* (Nova York, 1985); *Richmond Enquirer*, October 20, 1856; Freehling, *Road to Disunion*, 2:104.
65. Austin Allen, *Origins of the Dred Scott Case: Jacksonian Jurisprudence and the Supreme Court, 1837-1857* (Athens, GA, 2006), 146-147; VanderVelde, *Mrs. Dred Scott*, 288-289; Kenneth Stampp, *1857: A Nation on the Brink* (Nova York, 1990), 149-170.

empreendedores em detrimento dos direitos das maiorias legislativas, incluindo os do Congresso. A Corte estava prestes a aceitar os enunciados de Calhoun e outros de que os direitos de propriedade dos senhores de escravos significavam que nem o governo federal nem os governos estaduais poderiam limitá-los em sua mobilidade ou se recusar a ajudar que reforçassem o poder sobre os migrantes forçados ou fugitivos.[66]

Em 4 de março de 1857, James Buchanan, o décimo quinto presidente consecutivo para o qual a questão da migração forçada tinha sido um problema, fez um juramento de posse. Em seu discurso inaugural, Buchanan anunciou que não havia necessidade de os norte-americanos se exaltarem por causa do Kansas, ou se havia sido justa a revogação do Compromisso do Missouri pelo Congresso. Isso porque a Suprema Corte não demoraria a resolver todas as questões fundamentais sobre a escravidão e a expansão. Dois dias depois, a Corte de Taney chegou a uma decisão. Seis dos nove magistrados concordaram que os Scotts não tinham legitimidade de parte para exigir a própria liberdade em direito. Taney emitiu uma opinião que definiu o caso contra a liberdade dos Scotts da forma mais extrema, incluindo a alegação de que a maioria da Corte concordava com ele sobre a inconstitucionalidade do Compromisso do Missouri. Enquanto o magistrado Peter Daniel (um virginense) reafirmou a doutrina da "propriedade comum" para explicar por que o Congresso não podia excluir a escravidão dos territórios, o argumento de Taney era uma longa e sofisticada interpretação do devido processo legal substantivo calhouniano. "O Governo Federal não pode exercer qualquer poder sobre uma pessoa ou propriedade" pertencente a um migrante nos territórios, incluindo os migrantes forçados que trouxe consigo. "Além do que [a Constituição] confere, nem negar legalmente qualquer direito que tenha guardado", incluindo o direito de ter sua propriedade protegida contra buscas e apreensões arbitrárias, como a da emancipação legislativa.[67]

A decisão foi alvo de críticas fortíssimas imediatamente. Muitos republicanos rejeitaram e consideraram ilegítima a tentativa da Corte de anular a oposição que a maioria fazia à expansão da escravidão. Eles insistiram que a Constituição dava ao Congresso o poder de formular leis básicas para os territórios. Alguns consideraram a própria Corte como ilegítima. O *New York Tribune* de Horace Greeley, o jornal mais famoso dos Estados Unidos na época, descreveu a decisão da Corte como "falsas declarações e sofismas superficiais", à altura do que o que se escutaria em qualquer "bar de Washington". O conceito do devido processo estava presente desde a Carta Magna, apontou um

---

66. Fehrenbacher, *Dred Scott*, 50-61.
67. Allen, *Origins of the Dred Scott Case*, 179.

crítico, mas só na década de 1830 alguém descobriu que ela impedia o Poder Legislativo de abolir o uso de seres humanos como propriedade.[68]

Os historiadores, em geral, apoiam a insistência dos dissidentes de que Taney estava incorreto ao afirmar que os Scotts não poderiam entrar com um processo porque nenhum afro-descendente jamais havia sido considerado cidadão dos EUA. Na verdade, pelo menos cinco estados claramente reconheciam os afro-americanos livres como cidadãos em 1789, quando ratificaram a Constituição. Em outros aspectos, tanto os historiadores como os críticos contemporâneos são menos persuasivos. Por exemplo, alguns insistem que a cláusula do devido processo na Quinta Emenda, que menciona "propriedade", não inclui a propriedade dos escravos e, portanto, não protege a escravidão contra o embargo pelo legislador do Congresso. Mas, como observou o juiz Peter Daniel, com sua cláusula do escravo fugitivo, a Constituição descreve mais as pessoas escravizadas como um determinado tipo de "propriedade" do que o faz com qualquer outro tipo de mercadoria. Nesse caso, parece pouco razoável pensar que os escravistas que escreveram a cláusula do devido processo não teriam a intenção de abranger os seres humanos escravizados.

Alguns críticos insistiram que, em suas afirmações mais radicais, Taney não falou por toda a Corte. No entanto, o fato é que ele poderia reunir uma maioria dos magistrados para quase todas as suas conclusões. Outros críticos insistiram que Taney escreveu como um mero partidário. O resultado de *Dred Scott* foi sem sombra de dúvida uma decisão política, mas o mesmo vale para a maioria das decisões da Suprema Corte. Os magistrados poderiam facilmente ter decidido contra os Scotts por motivos processuais e deixado as questões mais profundas de lado. Em vez disso, como a viúva Eliza Emerson, e como os congressistas que exigiam a Lei Kansas-Nebraska, Taney e seus aliados da Corte procuraram um Armageddon constitucional: uma batalha final para resolver todas as questões e inaugurar uma era na qual os escravizados não teriam aliados. Queriam ficar no lugar de Deus, ouvir a oração de uma mulher do Kentucky: "Vou viver para ver o fim?" E responder: "Não, você não vai".[69]

Além disso, Taney e seus aliados transformaram a decisão de *Dred Scott* em um gesto de apoio a todos, menos afro-americanos e republicanos. O ataque de Taney contra a cidadania negra reciclou a estratégia retórica de Stephen Douglas de focalizar a raiva branca do Norte contra os negros. Quando o *Picayune* de New Orleans disse que o caso

---

68. *New York Tribune*, March 7, 9-12, 16-17, 19-21, 25, 1857, April 11, 1857; Fehrenbacher, *Dred Scott*, 403-414.
69. Fehrenbacher, *Dred Scott*, é a crítica mais óbvia e agrupa as opiniões de diversos historiadores.

Scott versus Sandford (o tribunal escreveu errado o sobrenome do escravizador) tornou inconstitucional "toda a base da organização republicana negra", os jornais democratas do Norte concordaram num ponto: que a Corte havia esmigalhado "a plataforma antiescravista do falecido Grande Partido Republicano do Norte", para citar o *New York Herald*. Ao passo que alguns republicanos furiosos defendiam a ação extralegal para anular o uso do Judiciário para promover a agenda política de uma minoria, eles não deveriam ter ficado surpresos com a decisão do tribunal. A decisão reafirmou uma das tradições mais significativas na história dos Estados Unidos. Tratava-se da construção do futuro dos brancos nas costas dos afro-americanos escravizados, e pelas suas mãos, um processo pilotado pelos sulistas, que sempre encontraram muitos aliados do Norte. As concessões mais importantes da Constituição foram criadas pelos escravistas e seus aliados mais próximos do Norte para sustentar a expansão da escravidão. O sistema constitucional sustentara esse processo por setenta anos. E a Corte de Taney insistia mais claramente do que nunca que o preço da união ainda era o direito dos senhores de tratar as pessoas escravizadas como bens totalmente móveis.[70]

"*Todos os poderes da terra parecem estar se juntando rapidamente contra ele. Mamon o persegue... A filosofia vai em seu encalço e a teologia do dia não demora a se juntar ao clamor.*" E a lei havia abatido Dred, Harriet Scott e suas filhas. Foi o que disse o ex-deputado Abraham Lincoln em um discurso em Illinois, no verão de 1857. Ele pressionou seus ouvintes para que enxergassem como os escravistas estavam apertando cada vez mais o cerco em torno de 4 milhões de seres humanos, um Gulliver coletivo amarrado à terra, esticando-se sob3re um continente que agora se converteria em uma máquina de açoitar gigante. "*Uma a uma, eles fecharam as pesadas portas de ferro sobre ele*", disse Lincoln, continuando a metáfora. A política partidária, a constituição, metade das igrejas do país e uma vasta gama de interesses empresariais haviam sido torcidos e alavancados para prender os escravos como se estivessem em uma cela de prisão "*trancada com uma fechadura de cem chaves, que não pode ser aberta sem todas as chaves. As chaves estão nas mãos de cem homens diferentes, espalhados por cem lugares diferentes e distantes, onde meditam sobre qual invenção, em todos os domínios da mente e da matéria, poderia ser produzida para tornar a impossibilidade da fuga ainda mais completa*". (Destaque do autor.)[71]

---

70. *Washington Union*, March 6, 11, 12, 1857; *New York Journal of Commerce*, March 11, 1857; *New York Herald*, March 8, 1857; NOP, March 20, 1857; Fehrenbacher, *Dred Scott*, 418-419.
71. Speech at Springfield, Illinois, June 26, 1857, LINCOLN 2:404.

Em 1849, ao retornar para Illinois depois do seu único mandato no Congresso, Lincoln tinha se afastado do turbilhão político. Mas em 1854 a notícia da Lei Kansas-Nebraska de Douglas o havia deixado "estupefato". Ele ajudou a organizar o Partido Republicano de Illinois e, livre da necessidade de cooperar com os whigs do Sul, conseguiu encontrar a sua própria voz. Em cada discurso que deu, começou a insistir que a expansão da escravidão escaparia sempre às categorias e às concessões que a América branca mantinha na tentativa da sua contenção ou do seu enquadramento. A destruição e a recriação empresarial de tudo o que a migração forçada tocava ia além dos abolicionistas brancos que criticavam moralmente a escravidão como um pecado. E ultrapassava a arrogância regional que insistia que a escravidão era arcaica, porque, fosse ou não eficiente, havia atracado os sulistas à expansão contínua da instituição. "Seríamos como são", advertiam os nortistas, se toda a nossa riqueza fosse investida diretamente na máquina de algodão. O que estava acontecendo, insistia Lincoln, era que para proteger o futuro crescimento da escravidão, os princípios e as instituições que haviam oferecido a pessoas como Lincoln oportunidades de liberdade sem precedentes na história dos lavradores e lenhadores comuns estavam sendo distorcidas. Fechando todas as portas e trancando cada ferrolho, as possibilidades sequer sonhadas seriam substituídas pela escravidão permanente. Um sofrimento imensurável era o futuro para aqueles que estavam aprisionados. E para os milhões de pessoas em todo o mundo que esperavam que a modernidade trouxesse a libertação das tiranias anciãs, a morte da promessa de liberdade para todos nos Estados Unidos significava a morte das esperanças mundiais pela sua libertação.

Os medos de Lincoln poderiam ter se tornado realidade. Muitos fatores já tinham tornado a situação dos expansionistas do Sul mais promissora do que em qualquer momento desde 1837. O apoio à expansão nacional permaneceu elevado e um período de prosperidade econômica sem precedentes sustentou as receitas dos escravizadores em patamares até então inimagináveis. Os escravistas tinham no bolso uma decisão da Suprema Corte e uma lei do Congresso (Kansas-Nebraska) que abriam novas possibilidades. Os democratas, do Norte e do Sul, poderiam ter se dado por satisfeitos em considerar a decisão *Dred Scott* como o último tijolo sobre um edifício constitucional e político-econômico que encerrava o debate sobre a expansão da escravidão. Isso poderia transformado "a Democracia", o Partido Democrata, na organização política nacional dominante.

Uma vez que os mecanismos de 4 milhões de fechaduras foram armados, todo o arsenal de defesa contra a liberdade poderia jamais ter sido destravado. Mas, novamente, como em 1837, o uso excessivo da alavancagem, desta vez política em vez de financeira, criou um resultado desastroso para os escravistas do Sul. No verão de 1857, o Kansas realizou uma eleição para deputados de uma constituinte estadual. A maioria, proveniente dos estados livres, boicotou a eleição, enquanto os missourianos voltaram a invadir a fronteira para votar ilegalmente. De 19 mil residentes masculinos reais, 85% não votaram. Então, quando os 60 delegados se reuniram em outubro de 1857 na cidade de Lecompton, sua decisão foi unânime a favor da escravidão. Eles então escreveram a Constituição estadual mais favorável à escravidão da história dos EUA. O seu artigo VII reproduzia a doutrina calhouniana: "O direito de propriedade é anterior e superior a quaisquer sanções constitucionais, e o direito do proprietário de um escravo a tal escravo e aos seus descendentes é o mesmo, e tão inviolável quanto o direito do proprietário de qualquer outra propriedade". (No item número 23 na "Declaração de Direitos" da Constituição lê-se: "Pretos livres não devem ter permissão para viver neste estado sob quaisquer circunstâncias"). A convenção decretou que os cerca de 200 escravos que já estavam no Kansas nunca poderiam ser libertados, mesmo por emenda constitucional.[72]

Os estadistas livres também boicotaram a votação de ratificação e o eleitorado pró-escravista que participou aprovou a Constituição de Lecompton, registrando uma contagem de 6 mil contra 600. Enquanto os nortistas assistiam essa paródia grotesca todos os dias nas páginas de seus jornais atualizados por telegrafia, os democratas do Sul pressionavam pela aceitação imediata por parte do Congresso do documento antidemocrático, que seria o último passo para confirmar o Kansas como um estado escravista. O governo Buchanan baixou a cabeça e assentiu. Mas os democratas do Norte, liderados por Stephen Douglas, perceberam que "a fraude de Lecompton" tornava absurda sua afirmação anterior de que a ideia de "soberania popular", que usaram para vender o projeto de lei Kansas-Nebraska, consistia em dar a escolha ao eleitor. Se estes democratas quisessem ganhar eleições em Illinois, em Nova York, ou em New Hampshire, tinham que repudiar Lecompton. Douglas sabia que estava lutando por sua sobrevivência política. E voltou sua energia ribombante contra os democratas que eram leais a Buchanan e à sua administração pró-Sul.

Ao mesmo tempo que o Partido Democrata começou a se digladiar e despedaçar no Congresso, a luta no Kansas começou a gerar consequências econômicas. O número de emigrantes tomando o trem de Chicago para o Oeste em direção ao Kansas despencou de 100 mil, em 1856, para 10 mil, em 1858. O mercado de posse de terra do Kansas

---

72. "Lecompton Constitution", Daniel Wilder, *Annals of Kansas* (Topeka, 1875), 183; Stampp, *1857*, 171, 271.

desapareceu, implodindo esquemas especulativos, enquanto as ações das ferrovias despencaram. Os principais bancos do Norte entraram em colapso sob o peso de investimentos fracassados em ambos. Os colapsos se transformaram no Pânico de 1857, que deixou centenas de milhares desempregados no Norte. No entanto, as empresas de consignação continuaram comprando algodão do Sul, pois a demanda internacional continuou alta. Ao lembrarem como os cobradores de dívidas do Norte haviam balançado a cabeça durante a década de 1840, os autores pró-escravidão riram que, dessa vez, "os *frutos do trabalho escravo do Sul* fornecerão os meios para a libertação do endividamento comercial". Ainda assim, enquanto os nacionalistas do Sul saboreavam a desgraça alheia, os republicanos, fiéis ao próprio dogma, insistiam que de alguma forma os "senhores de escravos" deveriam ter causado o pânico. E Lecompton manteve o vento político em suas velas. Os democratas do Norte concorrendo à reeleição em 1858, incluindo Stephen Douglas, estavam vulneráveis.[73]

Abraham Lincoln decidiu concorrer contra Douglas por uma vaga no Senado. Lincoln usou a eleição para testar seus argumentos, em particular a afirmação de que qualquer política que permitisse que a migração forçada adicional ocorresse, como a "soberania popular" de Douglas, levaria inevitavelmente à subordinação de toda a liberdade política e econômica às necessidades dos proprietários de escravos. Nos sete debates entre Lincoln e Douglas, de agosto a outubro de 1858, o republicano fundamentou o argumento antiescravista sobre uma base que era verdadeira se o ouvinte fosse um racista declarado como David Wilmot, um abolicionista, ou algo intermediário. Lincoln insistiu que a escravidão contradizia o que entendia como as verdades fundamentais da identidade americana, particularmente as reivindicações dos direitos naturais na Declaração: "Se a escravidão não estiver errada, nada está errado". Lincoln reconheceu a dificuldade de acabar com a escravidão em um dia, uma semana ou um ano. A escravidão, disse, era como um câncer metastático horrível crescendo no pescoço de um homem. "Ele não ousa cortá-lo. Ele sangra até a morte se o fizer diretamente". A escravidão, ele continuou, também era como uma cascavel que rastejava na "cama onde as crianças estão dormindo. Seria correto golpeá-la ali mesmo? Poderia machucar as crianças". Ou a serpente desperta "poderia mordê-las". Mas deixe-a enrolada na cama, deixe o câncer crescer, e o resultado também será a morte. Permita a expansão e, como os últimos setenta anos

---

73. Charles Calomiris and Larry Schweikart, "The Panic of 1857: Origins, Transmission, and Containment", *Journal of Economic History* 54, n. 4 (1991): 807-834; *Mississippi Free Trader*, November 6, 1857; James L. Huston, *The Panic of 1857 and the Coming of the Civil War* (Baton Rouge, LA, 1987), 63 (cf. 60); Foner, *Business and Slavery*, 139-147.

haviam mostrado, se aprofunda a severidade da escravidão americana, se enraíza mais firmemente seu "imenso interesse pecuniário".[74]

Porque a União, Lincoln insistiu, não pode "permanecer metade escravista e metade livre permanentemente... ela se tornará uma coisa ou outra". Seus adversários, os políticos escravistas expansionistas do Sul, concordaram com a análise da escravidão como um sistema que precisava de crescimento geográfico para funcionar. E, advertiu Lincoln, tentariam assegurar que o crescimento acontecesse tentando transformar os Estados Unidos inteiros em território escravo. Isso limitaria os direitos de todos os norte-americanos, tornando as pessoas nos estados livres subservientes ao policiamento do pensamento da ortodoxia escravista assim como no Sul. Os historiadores têm descartado a ideia de que a escravidão pudesse ter regressado para os estados livres. Mas talvez a afirmação não fosse tão pouco plausível. No debate de Ottawa, em Illinois, Lincoln perguntou: "O que é necessário para a nacionalização da escravidão? É simplesmente a próxima decisão como *Dred Scott*. É apenas para a Suprema Corte decidir que nenhum *Estado* sob a Constituição pode bani-la, assim como já decidiram que segundo a Constituição nem o Congresso nem a assembleia territorial podem fazê-lo". Mesmo enquanto Lincoln e Douglas discutiam, o caso *Lemmon versus o Povo de Nova York* estava se encaminhando para a Suprema Corte. Nele, um senhor de escravos da Virgínia que levava os seus escravos para o Texas via Nova York protestou que este último estado tinha violado os seus direitos quando os declarou livres, porque foram mantidos em Manhattan durante uma visita prolongada. Uma Suprema Corte dirigida por Taney poderia muito bem decidir, na base do devido processo legal substantivo, que nenhum estado poderia negar aos cidadãos escravistas dos Estados Unidos o direito de possuir sua propriedade humana.[75]

Lincoln reconheceu que a maioria dos brancos do Norte relutava em imaginar uma sociedade em que os afro-americanos pudessem reivindicar os direitos dos livres, menos ainda os direitos de igualdade. Nos últimos anos, os críticos de Lincoln escolheram certas citações dessas constatações para "provar" que Lincoln era um "racista". Ele usou qualificações cautelosas, especialmente durante os debates em "Little Egypt", no Sul de Illinois, onde Douglas foi particularmente bem-sucedido em usar provocações raciais para inflamar multidões virulentamente contra os negros. Mas ele se manteve firme em suas ideias centrais. A escravidão minava o futuro da liberdade para brancos e negros. Não poderia ser permitido que se expandisse ou chegaria em todo lugar e mudaria tudo.

---

74. "Speech at Hartford, Conn., Mar. 5, 1860", LINCOLN, 4:5-6.
75. "House Divided Speech", June 18, 1858, LINCOLN, 2:461; August 21, 1858, LINCOLN, 3:27.

Embora sua excisão não devesse ser apressada de forma destrutiva, ela deveria começar, e começaria com a derrota dos democratas de Douglas que há muito tempo permitiam que os expansionistas do Sul ganhassem o que queriam.[76]

Douglas lutou tanto em seu estado natal quanto em Washington para provar que a ala Norte do Partido Democrata não tinha sido transformada em uma fachada pela qual os escravistas defraudavam os votos dos nortistas. No final de 1857 e na primeira metade de 1858, os sulistas no Congresso e o governo servil de Buchanan exigiram uma votação sobre a admissão de Kansas como um estado escravista regido pela Constituição de Lecompton. Douglas e os legalistas entre os democratas do Norte no Congresso fincaram a sua bandeira. Em abril de 1858, depois de um furioso debate que descambou para uma briga entre trinta congressistas, que, entre outras coisas, desarrumou a peruca anteriormente insuspeita de William Barksdale, deputado do Mississipi, a Câmara rejeitou o projeto de lei de Lecompton. O Senado insistiu (ignorando os protestos de Buchanan) em devolver a Constituição proposta aos residentes de fato do território para que tivessem outra oportunidade de rejeitá-la ou ratificá-la. Em agosto, os eleitores do estado livre do Kansas finalmente compareceram às urnas, agora que tinham uma chance justa, e recusaram a Constituição de Lecompton.[77]

A posição de Douglas contra Lecompton assegurou que os democratas de Illinois votariam na linha do partido em novembro de 1858. O partido extraiu uma vitória estreita que significou a sua reeleição como Senador dos EUA. Mas os estrategistas democratas do Sul, vendo que elementos poderosos da ala do Norte estavam tentando reunir coragem suficiente para se preservar, planejaram um teste que exigiria o compromisso com a expansão da escravidão ou então o rompimento completo do partido nacional.[78]

EM MAIO DE 1858, MORADORES PRÓ-ESCRAVIDÃO do Kansas assassinaram cinco colonos fora de suas cabanas em um assentamento do estado livre. John Brown respondeu com uma invasão ao Missouri, matando um proprietário escravista e levando 11 pessoas escravizadas para o Canadá. No início do ano seguinte, Brown foi para Boston e se encontrou com um grupo de abolicionistas ricos que admiravam seu trabalho no Kansas. Eles incluíam Gerry Smith, o ministro abolicionista unitário Theodore Parker

---

76. Para exemplos de leituras seletivas sobre Lincoln com o viés de "provar" o seu racismo, ver George Frederickson, *Big Enough to Be Inconsistent: Abraham Lincoln Confronts Slavery and Race* (Cambridge, MA, 2008); Lerone Bennett, *Forced into Glory: Abraham Lincoln's White Dream* (Chicago, 2000).
77. LINCOLN, 2:461; Freehling, *Road to Disunion*, 2:130-135; Robert Remini, *The House: The History of the House of Representatives* (Nova York, 2006), 155; *Alexandria Gazette*, April 4, 1858.
78. Douglas to J. McClernand, February 21, 1858, in Johannsen, *Douglas Letters*, 417.

e Thomas Wentworth Higginson, epítome de um aristocrata de Boston. Os "Seis Secretos", como se chamavam, seduzidos pela maneira de Brown de se comportar como um profeta do Velho Testamento, concordaram em apoiar o plano que ele desenvolvera. Brown propôs reunir um grupo de ataque e tomar de assalto o arsenal federal em Harpers Ferry, na Virgínia, onde as Montanhas Blue Ridge encontram o Rio Potomac. Se controlasse o arsenal, acreditava Brown, os escravos em um raio de oitenta quilômetros se reuniriam à sua vanguarda.

Os apoiadores se arrepiaram, emocionados com a retidão da sua coragem indireta. Aqui estava um nortista realmente disposto a enfrentar a ameaça do Sul com uma violência e sem piscar. Eles concordaram em enviar dinheiro e armas para Brown e ele estabeleceu um esconderijo perto de Chambersburg, na Pensilvânia. A partir daí começou a recrutar sua tropa: seus filhos, cerca de uma dúzia de outros homens brancos e cinco afro-americanos. Os Seis Secretos também marcaram uma reunião sigilosa entre o flagelo do Kansas e Frederick Douglass, o afro-americano mais proeminente da época. Em uma pedreira nos arredores de Chambersburg, Brown tentou persuadir Douglass a se juntar a ele. Douglass a quem duas décadas de escravidão deram uma compreensão muito mais realista do poder gigantesco dos escravizadores, o advertiu de que os ataques do Kansas contra alvos fáceis, mais a propaganda abolicionista, haviam levado Brown e seus apoiadores à ilusão de que a sociedade escravista se desintegraria facilmente. Um ataque abolicionista contra o governo federal não só seria fútil, mas poderia voltar a opinião pública contra um movimento que muitos brancos do Norte já viam como irresponsavelmente radical.

Na noite de 16 de outubro de 1859, sem Douglass, Brown e 18 guerreiros entraram em Harpers Ferry, uma cidadezinha da Virgínia (hoje Virgínia Ocidental) empoleirada em penhascos que se elevavam sobre as principais rotas para o rico Vale do Shenandoah, incluindo a rota de escravos para o Kentucky. Brown e seus homens se apoderaram rapidamente do arsenal federal da cidade, que continha uma enorme quantidade de armas. Ele enviou destacamentos para as fazendas mais próximas, na intenção de recrutar rebeldes dispostos a se levantar contra a escravidão. Além disso, cortou as linhas do telégrafo e parou o trem noturno que vinha do Oeste.

A ofensiva deu errado desde o início. Os homens de Brown mataram um maquinista (ironicamente, um afro-americano livre) e então, inexplicavelmente, permitiram que o trem continuasse até chegar a Washington com a notícia do ataque. Os grupos de recrutamento de Brown retornaram apenas com quatro pessoas das senzalas próximas. Na manhã seguinte, a milícia local invadiu a cidade, atirando em um dos homens de Brown, um ex-escravo chamado Dangerfield Newby. Quando caiu, Newby apertou as cartas desesperadas que levava no bolso. Eram da sua esposa, Harriet, escravizada com os filhos no Norte da Virgínia. A última que ela escrevera datava do dia 16 de agosto: "Dizem que o senhor está precisando de dinheiro, se é assim não sei a que hora ele pode me vender, então todas as minhas esperanças brilhantes de futuro irá pelos ares". O preço dos escravos no mercado de consignação de Richmond subira para mais de mil em se tratando de mulheres como Harriet, e o proprietário dela mudou de ideia sobre deixar que Newby comprasse a liberdade. Agora, alguns milicianos pararam para mutilar o cadáver de Newby, cortando os testículos e orelhas como troféus. O restante obrigou Brown e os homens remanescentes a montarem sua defesa no arsenal.[79]

Na manhã seguinte, os fuzileiros navais dos EUA, vindos de Washington sob as ordens de um coronel do exército chamado Robert E. Lee, invadiram a fortaleza. Os federais mataram muitos invasores, incluindo dois dos filhos de Brown, e o capturaram gravemente ferido. Embora os crimes de Brown fossem claramente federais, Buchanan permitiu que o estado da Virgínia o julgasse. O julgamento foi uma farsa processual, mas não faltavam evidências para a sua condenação por incitar a insurreição. Antes de ser sentenciado, Brown foi autorizado a falar. O Novo Testamento, sobre o qual jurara contar toda a verdade, lhe ordenava: "Lembrai-vos dos encarcerados, como se vós mesmos estivésseis presos com eles". Como se ele próprio estivesse encarcerado, pegou em armas para defender o direito dos escravos à liberdade. Se seu sacrifício acelerasse a chegada da justiça, então alegremente "misturaria mais meu sangue com o sangue de meus filhos e com o sangue de milhões neste país de escravos cujos direitos são ignorados por leis iníquas, cruéis e injustas". No dia 2 de dezembro de 1859, com centenas de milícias protegendo o local da execução, em Charles Town, de uma tentativa de resgate que nunca aconteceu, o estado de Virgínia enforcou John Brown. A esposa de Brown recuperou o cadáver do marido e o mandou ser enterrado na sua fazenda em Nova York. Os corpos dos dois afro-americanos executados com ele, o fugitivo da Carolina do Sul Shields Green e o homem livre John Copeland, foram levados por estudantes de medicina e usados como cadáveres para dissecação.[80]

Por setenta anos, as elites econômicas e políticas do Sul e do Norte, e muitos cidadãos brancos médios, haviam cooperado para extrair lucros e poder da exploração e

---

79. Harriet Newby to Dangerfield Newby, August 16, 1859, in *Governor's Message and Reports,* 116-117, Library of Virginia, Richmond, www.lva.virginia.gov/public/trailblazers/res/Harriet_Newby_Letters.pdf, acessado em 7 de março de 2014.
80. Quatro escaparam e outros três fugiram do esconderijo da fazenda em Maryland onde haviam ficado na retaguarda. Dois desses sete foram capturados e enforcados. Quatro dos cinco sobreviventes lutaram pela União, dos quais dois foram mortos.

do transporte forçado dos corpos e mentes das pessoas escravizadas. Desde sempre, as forças da escravidão tinham feito o restante dos Estados Unidos escolher entre a expansão lucrativa do país escravista ou a desaceleração econômica, entre escravidão e desunião, entre apoiar um partido transformado em um hospedeiro colonizado para o dogma viral pró-escravista e a derrota nas eleições nacionais, entre as contas para expandir a escravidão para o Kansas e perder a oportunidade de se construir uma estrada de ferro transcontinental.

John Brown e seu bando de revolucionários fracassados indicaram que o jogo estava mudando. A clareza dos argumentos de Lincoln também havia levantado a advertência, mas ele perdera em 1858, e talvez os nortistas pudessem retroceder novamente com a contenção da expansão do cativeiro em 1860. Mas, de alguma maneira, ao perderem, Dangerfield Newby, Shields Green, John Copeland e John Brown acabaram ganhando. Naquele momento, os sulistas acreditavam que deveriam escolher: entre correr os riscos criados pela ameaça de deixar a União, ou permanecer e arriscar outro Harpers Ferry. Alguém descobriu um mapa no esconderijo de Brown em Maryland. Os jornais detalharam ansiosamente os alvos adicionais marcados nele. Os brancos começaram a olhar para os vizinhos de origem incerta, observando-os como possíveis John Browns, vendo cada narrativa de jornal sobre um assassinato local como parte de uma trama mais ampla. William Keitt, senhor de escravos da Flórida e irmão do político secessionista Lawrence Keitt, teve a garganta cortada no meio da noite por seus próprios escravos. Um viajante da Carolina do Sul foi capturado nas profundezas do Alabama por uma turba local, –mas quando finalmente provou que possuía escravos em casa, deixaram-no partir. Um comerciante de mapas de Massachusetts, vendendo seus produtos na Geórgia, foi apanhado pelos "comitês de vigilância". Um irlandês em Colúmbia, na Carolina do Sul, ousou expressar a opinião de que a escravidão reduzia os salários para os trabalhadores brancos. Uma multidão o desnudou. Os legisladores estaduais ordenaram a um escravo que o golpeasse. Em seguida, derramaram piche fervendo na sua pele esfolada e o cobriram de penas. O jornal do Norte que entrevistou o irlandês quando retornou a Nova York informou que "ele sempre votara no Partido Democrata".[81]

Boatos de conspirações de escravos e notícias de linchamentos se sobrepuseram durante o inverno e a primavera de 1859-1860. Junto com os boatos, existiam histórias

---

81. *Charleston Mercury*, January 4, 1860: Freehling, *Road to Disunion*, 2:214; *Barre Gazette*, December 23, 1859; *Farmers' Cabinet*, January 11, 1860; Ollinger Crenshaw, "The Psychological Background of the Election of 1860", *North Carolina Historical Review* 19 (1942): c. 260; Peter Wallenstein, "Incendiaries All... etc.", in Paul Finkelman, ed., *His Soul Goes Marching On: Responses to John Brown and the Harpers Ferry Raid* (Charlottesville, VA, 1995).

sobre brancos do Norte derramando louvores de santidade sobre John Brown enquanto este era enforcado. Os políticos republicanos nacionais repudiaram o ataque, mas mesmo os oponentes moderados da expansão da escravidão adotaram Brown como um símbolo de resistência intransigente contra senhores de escravos que tanto odiavam. A cidade de Albany, em Nova York, disparou cem salvas em homenagem a John Brown no dia 2 de dezembro, começando na hora para a qual sua execução estava marcada. A cultura pública da classe média do Norte o descrevia à imagem de Cristo. Ralph Waldo Emerson escreveu que John Brown "tornaria a forca tão gloriosa quanto a cruz". E Henry David Thoreau, conhecido como um defensor pacifista da não violência que se recusara a pagar seus impostos em protesto contra a Guerra do México, disse que "por virilidade e força masculina, e pela simples verdade", todas as palavras dos políticos não poderiam se igualar às "poucas observações casuais do louco John Brown". Brown foi, segundo Thoreau, "o primeiro homem do Norte que o senhor de escravos aprendeu a respeitar".[82]

Brown certamente havia obrigado os senhores de escravos a fazer novos cálculos. E agora a longa maré da expansão da escravidão em todo o continente e a hegemonia sobre a política nacional pareciam se erguer como a crista de uma onda... mas a onda quebraria ou seguiria em frente? A colheita de algodão em 1859 foi fabulosa, quase 910 milhões de quilos de fibra limpa em 4 milhões de fardos. A produtividade da escravidão era mais alta do que nunca, cerca de 320 quilos por homem, mulher e criança escravizados no país do algodão, 22 vezes a taxa em 1790. As velhas regras da gravidade política, a forma como 4 milhões de escravos multiplicados por três quintos de um voto cada, mais 4 milhões de fardos de algodão (e crescendo), somados à necessidade dos políticos do Norte de manter coalizões inter-regionais, tudo funcionara para manter uma minoria nacional no controle da política nacional.

Mas enquanto se preparavam para a próxima convenção nacional do partido de 1860, os democratas do Sul temiam também que o fracasso de Lecompton, a ascensão dos republicanos e a possibilidade de um consenso emergente no Norte parecia ter detido o projeto de inscrever permanentemente a expansão da escravidão empreendedora nas regras do sistema político norte-americano. Eles haviam dito a si mesmos que tinham como recurso final o direito de se separar da União. A secessão se tornou um truísmo do discurso público do Sul e a desunião passou a parecer muito mais atraente do que durante a crise de 1850. A década de crescimento econômico havia apagado os temores

---

82. Henry David Thoreau, "A Plea for Captain John Brown", 1859, www.gutenberg.org/files/2567/2567-h/2567-h.htm, acessado em 26 de outubro de 2013.

dos sulistas de que tinham do seu sistema econômico ser fraco ou decadente. Porque o "algodão é rei", como James H. Hammond, da Carolina do Sul, bradou em discurso em 1858 no Senado, "nenhum poder na terra ousa travar guerra contra o algodão". O Norte não se atreveria a resistir a secessão e o algodão permitiria que o Sul continuasse indefinidamente a sua década de prosperidade.

Embora os senadores do Mississippi Jefferson Davis e Albert Gallatin Brown tenham introduzido resoluções do Senado operacionalizando *Dred Scott*, exigindo que o governo federal impusesse um código de escravos em todos os territórios, muitos cidadãos politicamente ativos do Sul, no início de 1860, tinham abandonado a ideia de buscar soluções na política normal. As Assembleias Legislativas Estaduais do Sul estavam armazenando seus arsenais de milícias. Alguns deputados do Sul em Washington planejavam um golpe: eles tomariam o Capitólio para, em seguida, convocar seus estados de origem a enviarem milícias na defesa de um governo provisório. A Assembleia Legislativa Estadual da Carolina do Sul enviou um emissário para a da Virgínia, abalada por Harpers Ferry, para discutir uma secessão cooperativa da União. A assembleia do Mississippi pediu uma convenção de todo o Sul, a ocorrer em Atlanta, para considerar a saída em massa da União. As da Flórida e do Alabama votaram pela secessão cooperativa.[83]

No fim, o golpe que os democratas do Sudoeste armaram foi contra o próprio partido. A sorte, ou o destino, tinha marcado Charleston, na Carolina do Sul, como o local da convenção nacional do Partido Democrata, em abril de 1860. Lá, os herdeiros de setenta anos de empreendedorismo nas fronteiras do algodão e do açúcar planejavam forçar o partido a se curvar diante da sua vontade e se comprometer a fazer da expansão eterna da escravidão uma questão de política nacional. Caso contrário, assim o partido do estado do Alabama tinha instruído seus delegados, deviam abandonar a convenção, o que Robert Barnwell Rhett, da Carolina do Sul, chamou de "a demolição do partido".[84]

Os sulistas abriram a convenção insistindo que a plataforma do partido nacional tinha que incorporar o código escravos federal de que Brown e Davis haviam proposto no Senado dos EUA. Os delegados do Norte, que eram maioria no salão de convenções, se recusaram. Se levassem uma plataforma de código de escravos diante do eleitorado do estado livre, quando a poeira baixasse "nenhum [candidato] sobraria do Partido Democrata do Norte para dizer que ainda existiam democratas por lá", advertiram. Está "nos

---

83. Potter, *Impending Crisis*, PIC, 403; Nevins, *Ordeal of the Union*, 2:179; *Baltimore Sun*, April 17, 1860; Ph. Thomas to Finney, January 24, 1859, W. Finney Papers, Duke; Freehling, *Road to Disunion*, 2:220-221, 246-287.
84. *Montgomery Confederation*, April 26, 1860; Robert B. Rhett to William P. Miles, January 29, 1860, Miles Papers, SHC; Thornton, *Politics and Power*, 381-391.

dizendo", declarou um delegado de Ohio, "que somos uma classe inferior de seres, que não assumiremos ou expressaremos nenhuma opinião", exceto servir os interesses dos sulistas. "Cavalheiros", continuou, "estão enganados. Nós não o faremos". As delegações do Alabama, Mississippi, Louisiana, Carolina do Sul, Flórida, Arkansas e Texas saíram furiosas. Os georgianos se queixaram, dizendo que seus colegas algodoeiros até podiam ter se retirado, mas por uma questão diferente, a reabertura do comércio internacional de escravos, e, em seguida, também se foram. Caleb Cushing, presidente da convenção, decidiu que um candidato presidencial precisava de dois terços dos delegados *originais*. Para Stephen Douglas, que, após desafiar Buchanan em Lecompton, conquistara o apoio praticamente unânime dos democratas do Norte, era matematicamente impossível obter o número necessário de delegados.[85]

Os delegados remanescentes decidiram se reunir novamente em Baltimore, no dia 18 de junho. Lá, os democratas do Norte se recusaram a readmitir os separatistas de Charleston, que decidiram se encontrar do outro lado da rua. Os delegados do Norte na convenção principal expressaram sua raiva dizendo que os senhores de escravos queriam "o governo ou a ruína"; "Governando *niggers* toda a vida, [eles] achavam que podiam governar homens brancos da mesma forma". Assim, lançaram Douglas candidato. Na outra convenção, os democratas secessionistas escreveram uma plataforma proclamava a escravidão uma instituição válida em toda parte e para todo o sempre. Eles lançaram como candidato o kentuckiano John Breckinridge, vice-presidente de Buchanan. Enquanto isso, um grupo de velhos whigs, a maioria com bem mais de 60 anos, acrescentou um terceiro candidato à presidência ao lançar John Bell, do Tennessee, como candidato do então Partido da União Constitucional. Muitos dos estados fronteiriços votariam a favor de Bell como uma possível saída da loucura.[86]

Mas os republicanos negros, como os democratas racistas os chamavam, já haviam lançado seu candidato. Reunidos em Chicago, os chefes do partido rejeitaram suas figuras nacionais mais proeminentes, William Seward e Salmon Chase. Embora fossem populares entre a base nas cidades onde o partido era mais forte, esses homens eram considerados como abolicionistas radicais na Pensilvânia e no Noroeste. Os republicanos precisavam de uma maioria no colégio eleitoral. Assim, o partido se voltou para Abraham Lincoln. Para os eleitores da parte Sul do Norte, ele podia parecer um moderado que não exalava o triunfalismo moral de Chase e Seward. No entanto, também saberia defender a pla-

---

85. *Wisconsin Daily Patriot*, May 9, 1860; *Cleveland Plain Dealer*, May 9, 1860.
86. William Hesseltine, *Three Against Lincoln: Murat Halstead Reports the Caucuses of 1860* (Baton Rouge, LA, 1960), 230; Freehling, Road to Disunion, 2:318; *Annapolis Gazette*, June 21, 1860.

taforma republicana contra novos compromissos. Em 1858, contra Douglas e em um discurso no New York Cooper Institute no começo de 1860, reimpresso muitas vezes, Lincoln argumentou que acabar com a expansão aniquilaria a escravidão durante o próximo século. Essa solução e esse cronograma significavam que os eleitores brancos não precisariam se adaptar a uma transformação imediata das hierarquias raciais.[87]

A indicação de Lincoln pode ter decidido o resultado da eleição de 1860. O Sul iria dividir seus votos entre Breckinridge e Bell. Os republicanos contavam com a Nova Inglaterra, Ohio, Illinois e o extremo Noroeste. Se também ganhassem em Nova York e na Pensilvânia, conquistariam a presidência. O partido organizou clubes de "Wide-Awakes" ("despertos"), homens jovens que apoiavam Lincoln, que se ocuparam de aumentar o barulho e fazer campanha "onde quer que a luta seja mais quente", como disse o clube de Hartford, em Connecticut. As lideranças estaduais do partido, tais como Simon Cameron, da Pensilvânia, e Thurlow Weed, de Nova York, também recorreram aos seus truques sujos para levar os eleitores às urnas. No dia 6 de novembro, Lincoln ganhou todos os estados livres, exceto Nova Jersey. Em uma disputa entre quatro, ganhou 40% dos votos populares, coletando 180 dos 303 votos eleitorais.[88]

Apesar das afirmações dos democratas de que a vitória republicana significaria tanto o fim da escravidão como a entrega das mulheres brancas aos homens negros, Breckinridge não venceu no Alto Sul. Algum sentimento favorável à União sobreviveu por lá. Sem esses estados e suas grandes populações brancas, o Sul independente seria menor, com um exército muito mais fraco. Agora que o eleitorado nacional escolhera um presidente "Republicano Negro", os estados do algodão recuariam das ameaças feitas por seus políticos de se separar da União? Em caso positivo, os cidadãos brancos realmente pegariam em armas se o governo federal agisse, como Jackson fizera no inverno da anulação de 1832-1833, para coagir os estados?

No final de outubro, o governador da Carolina do Sul, William Gist, havia escrito a seus companheiros executivos dos estados escravistas para perguntar se estavam preparados para chamar convenções de secessão caso Lincoln ganhasse. Os republicanos declararam francamente que pretendiam bloquear a expansão da escravidão, com o

---

87. David Donald, *Lincoln* (Nova York, 1995); Douglas Wilson, *Honor's Voice: The Transformation of Abraham Lincoln* (Nova York, 1998); Harry V. Jaffa, *Crisis of the House Divided: An Interpretation of the Issues in the Lincoln-Douglas Debates* (Garden City, NJ, 1959); Harry V. Jaffa, *A New Birth of Freedom: Abraham Lincoln and the Coming of the Civil War* (Lanham, MD, 2000); e especialmente William Lee Miller, *Lincoln's Virtues: An Ethical Biography* (Nova York, 2002).
88. Jon Grinspan, "'Young Men for War': The Wide Awakes and Lincoln's 1860 Presidential Campaign", *JAH* 96 (2009): 357-378; Potter, *Impending Crisis*, 432-447.

objetivo de extingui-la um dia em definitivo. O Alabama, o Mississippi, a Geórgia e a Flórida responderam afirmativamente, mas esperavam que a Carolina do Sul assumisse a liderança. Por fim, no dia 10 de novembro, a Assembleia Legislativa da Carolina do Sul estabeleceu uma data no início de dezembro para uma convenção estadual de delegados para considerar a secessão. Os outros estados algodoeiros fizeram o mesmo. A eleição da Carolina do Sul se realizou, a convenção se reuniu e, no dia 20 de dezembro, os delegados votaram pela secessão por unanimidade. Dali a três semanas, convenções no Mississippi e na Flórida também votaram pela secessão. O Alabama, a Geórgia e a Louisiana seguiram o mesmo caminho. No dia 1º de fevereiro de 1861, o Texas também se separou.[89]

Talvez a maioria dos brancos nos estados algodoeiros realmente sentisse os mesmos imperativos que os empreendedores ameaçados pelo fechamento da expansão, ou talvez não. Mas os líderes políticos manipularam as eleições da convenção para garantir o resultado desejado. As opções oferecidas aos eleitores se limitavam a um caminho ou outro para a secessão: você quer "imediata" ou quer "cooperativa"? – sendo que a última significava que preferiam esperar a separação de outros estados. Mesmo aqueles que escolheram a secessão "cooperativista" foram ridicularizados como "submissos" dispostos a se curvar à tirania ianque. Os delegados da convenção também eram significativamente mais ricos do que a população branca geral. A média de escravos era de 15 para os delegados do Mississippi, 13 para o Alabama, 14 para a Geórgia 37 para a Carolina do Sul. Os cooperacionistas eleitos dos distritos que não eram de fazendeiros muitas vezes foram às capitais dos estados sob instrução de seus constituintes para desacelerar a secessão. No entanto, uma vez cercados por seus pares econômicos, mudaram de posição e deram às suas convenções resultados quase unânimes.[90]

Ainda assim, mesmo que os proprietários de escravos que dominavam as convenções manipulassem o processo de secessão com a intenção de defender o Estado escravista que

---

89. Sinha, *Counterrevolution*, 219-220.
90. Ralph Wooster, "An Analysis of the Membership of Secession Conventions in the Lower South", *JSH* 24, n. 3 (1958): 360-368; Stephanie McCurry, *Confederate Reckoning: Power and Politics in the Civil War South* (Cambridge, MA, 2010); Wilentz, *Rise of American Democracy*, 768-773, 944n3; Stephen Channing, *Crisis of Fear: Secession in South Carolina* (Nova York, 1970); William L. Barney, *The Secessionist Impulse: Alabama and Mississippi in 1860* (Princeton, NJ, 1974); Michael P. Johnson, *Toward a Patriarchal Republic: The Secession of Georgia* (Baton Rouge, LA, 1977); Edward E. Baptist, *Creating an Old South: Middle Florida's Plantation Frontier Before the Civil War* (Chapel Hill, NC, 2002); Douglas R. Egerton, *Year of Meteors: Stephen Douglas, Abraham Lincoln, and the Election That Brought the Civil War* (Nova York, 2010); Shearer Davis Bowman, *At the Precipice: Americans North and South During the Secession Crisis* (Chapel Hill, NC, 2010).

estavam criando, em última análise era necessário apelar para os camponeses brancos e pobres cujas dúvidas (e, em alguns casos, o compromisso com a União) haviam suprimido processualmente. Desde o fim da Guerra Civil, os defensores dos confederados alardeariam a mentira de que os estados do Sul se separaram e os sulistas lutaram para defender um princípio constitucional abstrato dos "direitos dos estados". Essa mentira tenta higienizar o passado. Todos os participantes das convenções explicitaram outra coisa: estavam se separando porque pensavam que a secessão protegeria o futuro da escravidão. A vitória de Lincoln levou os proprietários de escravos das áreas mais recônditas do Sul a afirmar que apenas a secessão poderia salvar o Sul de ser "despojado", como disse um editor do Alabama, ex-apoiador de Douglas, "de 2,5 bilhões [de dólares] em propriedades de escravos e soltar entre nós 4 milhões de negros livres".[91]

Do Missouri ao Texas, de Wilmot ao Kansas-Nebraska e Lecompton, os debates políticos tinham sido sobre se a escravidão poderia ou não se expandir, não sobre se o governo federal interferiria ou não nos estados onde existia. Mas os secessionistas temiam que não pudessem convencer a maioria branca não escravista a abandonar a União apenas para proteger o acesso dos empreendedores às futuras fronteiras do algodão. Em vez disso, proclamaram que ao eleger os republicanos, o Norte havia declarado seu compromisso com a "igualdade entre as raças branca e preta", como disse um emissário da convenção do Mississippi aos seus colegas da Geórgia. Não apenas o Partido Republicano tinha declarado a abolição como sendo o seu objetivo, mas "agora exige... igualdade no direito ao voto, igualdade nas honras e emolumentos do cargo, igualdade no círculo social, igualdade no direito ao matrimônio". A emancipação não significaria apenas que os não fazendeiros perderiam a chance de subir na vida, uma possibilidade que a posse até mesmo de um único escravo poderia representar. Pior ainda, as distinções diárias que davam status a todos os brancos, especialmente os homens, desapareceriam. A vitória de Lincoln deixava apenas uma escolha. Sem a secessão, a "mão" que trabalhava no campo do vizinho se casaria com a sua filha. Sem a secessão, você oferecerá suas "esposas e filhas para serem poluídas e violadas para satisfazer a luxúria de africanos semicivilizados". A dominação republicana, concluiu o emissário,

---

91. John Forsyth to Stephen Douglas, December 28, 1860, in Johannsen, *Stephen A. Douglas*, 246. Charles B. Dew, in *Apostles of Disunion: Southern Secession Commissioners and the Causes of the Civil War* (Charlottesville, VA, 2001), explica o argumento dos revisionistas dos "direitos dos estados" e, em seguida, o implode ao demonstrar que a mensagem da convenção era que, ao eleger Lincoln, os republicanos "revolucionários" haviam sinalizado que planejavam destruir a escravidão e a supremacia branca. Ver também David Blight, *Race and Reunion: The Civil War in American Memory* (Cambridge, MA, 2003) para as raízes da reinterpretação das causas da secessão.

significava um "saturnal de sangue", uma "guerra de extermínio" que levaria à destruição dos brancos por "assassinatos", "miscigenação" ou estupro.[92]

Se os temores raciais levassem a população branca sulista desprovida de escravos a aceitar o argumento pró-escravidão, os proprietários de escravos poderiam continuar se preparando para que o escravismo retomasse o seu curso de expansão modernista, capitalista, empreendedora, criativa, destrutiva e empoderadora da mão direita. Poderiam continuar a empregar os aparelhos de migração forçada e do comércio negreiro que transformavam os corpos negros em mercadorias, despedaçando-os retoricamente para um uso mais proveitoso pelos brancos e criando mulheres negras isoladas e passíveis de estupro. No entanto, a retórica do medo fazia que os oradores se perguntassem se os homens brancos comuns temiam a economia volátil, altamente desigual, extrativista e explorativa do Sul, e se sabiam que sem a rede de segurança dos privilégios raciais, e a escravidão era o cordão mais forte dessa rede, cairiam em completa pobreza e degradação. Talvez os temores dos oradores também projetassem sua própria mistura de desejos e ansiedades sobre a vida em uma economia moderna migratória em expansão onde as fortunas eram feitas e perdidas em um segundo; a confusão da força sexual e do poder político; e a mistura de prazer sexual com o uso de corpos escravizados para a geração de riqueza.

Embora esses argumentos funcionassem bem nos sete estados dedicados à cultura algodoeira, as maiorias não escravistas da área mais ao Norte dos estados do Sul puxaram os freios. A eleição de 4 de fevereiro para uma convenção do estado de Virgínia produziu apenas 32 secessionistas imediatos do total de 153 delegados. Apesar da fidelidade de James Mason e outros à ideologia de Calhoun, cidadãos menos ricos e menos ideologicamente comprometidos do estado não estavam prontos. No mesmo mês, os eleitores no Arkansas, Tennessee, Kentucky, Missouri e Carolina do Norte também rejeitaram a secessão, pelo menos por ora.[93]

Enquanto isso, em Washington, senadores e representantes se esforçaram para ressuscitar um compromisso inter-regional em nível federal. John Crittenden, do Kentucky, reuniu um comitê de 13 senadores cuja missão era encontrar uma saída para a crise. Na tradição de Henry Clay, Crittenden apresentou uma série de seis emendas constitucionais e quatro resoluções. A mais significativo foi a emenda que

---

92. Dew, *Apostles of Disunion*, 56-58, 85. "Igualdade", etc., foi extraído do discurso de William Harris, Comissário do Mississippi, para a Assembleia Legislativa da Geórgia, 17 de dezembro de 1860.
93. Daniel W. Crofts, *Reluctant Confederates: Upper South Unionists in the Secession Crisis* (Chapel Hill, NC, 1989); Potter, *Impending Crisis*, 508-510.

iria restaurar a linha do Compromisso do Missouri e obrigar o governo federal a garantir a existência da escravidão ao Sul do paralelo 36°30' Norte para sempre. Outro teria proibido qualquer mudança futura nessas emendas, na cláusula dos três quintos ou na cláusula do escravo fugitivo da Constituição.[94] Se aprovadas pelo Congresso, e três quartos das Assembleias Legislativas Estaduais também teriam de aprová-las para adicioná-las à Constituição, as propostas de Crittenden teriam tornado a escravidão perpétua nos Estados Unidos. Teriam acrescentado novas atrativos à flibustaria. Aqui estava o padrão de compromisso, reafirmado: uma resposta para aplacar o Sul após uma aposta suicida.

A aprovação dessas emendas talvez não tivesse persuadido os estados algodoeiros a reverter a corrida por independência política. A população branca desses sete estados estava mergulhada em um nível violento de fervor político que tornava difícil para qualquer um sugerir uma mudança de curso. O compromisso com a ideia de que os sulistas constituíam uma comunidade política separada já estava se tornando a sua própria justificação. Enquanto isso, em dezembro de 1860 e janeiro de 1861, os líderes políticos do Sul em Washington, como Jefferson Davis, do Mississippi, permaneceram indiferentes aos diversos planos para um acordo.

Enquanto muitos líderes do Partido Republicano participaram ansiosamente das negociações do acordo, o presidente-eleito assumiu uma posição diferente. Para Thurlow Weed, mestre da máquina republicana de Nova York, Lincoln escreveu: "Que não haja acordo sobre a questão da *expansão* da escravidão. Se houver, todo o nosso trabalho está perdido e, sem demora, precisará ser refeito". O povo tinha falado. Eles votaram a favor de uma plataforma que se opusesse a toda expansão da escravidão. Lincoln se recusou a abandonar os resultados da eleição. Sua insistência de que "o puxão tem de vir, e melhor agora", fortaleceu a determinação dos republicanos do Congresso, que decidiram rejeitar a extensão do paralelo 36°30', embora tenham oferecido aceitar o Novo México como um estado escravista.

Alguns historiadores criticam Lincoln por essas medidas. Ele e outros nortistas declaradamente interpretaram mal o Sul, acreditando que os secessionistas eram apenas valentões metendo medo para forçar o Norte a recuar novamente. O resultado do fracasso de um acordo, como argumenta essa linha de pensamento, foi a morte em massa. Tais críticos da "interferência" de Lincoln no acordo reforçam suas reivindicações com análises de custo/benefício que supõem que a escravidão teria terminado em algumas décadas mesmo sem a guerra. Assim, o ganho positivo mais importante da guerra é

---

94. Potter, *Impending Crisis*, 528-533.

considerado como trinta anos de liberdade para vários milhões de pessoas, contra, na coluna das perdas, as mortes de cerca de 700 mil norte-americanos, mais o enorme custo financeiro da guerra.[95]

No entanto, a suposição de que a escravidão teria terminado se baseia na ideia de que era uma forma ineficiente de mão de obra que logo seria eliminada pelas realidades econômicas. Em 1860, esse sistema havia crescido por setenta anos a um ritmo sem precedentes na história humana. Tinha quebrado seus supostos limites várias e várias vezes. Além disso, em termos muito práticos, o próprio plano de Crittenden teria dificultado brutalmente o fim da escravidão. E, como Lincoln escreveu em janeiro, escolham Crittenden e a experiência histórica nos diz que "não se passará um ano até que tenhamos que aceitar Cuba como condição de que permaneçam na União". De qualquer maneira, os estados secessionistas não enviaram emissários a Washington ou a Springfield naquele inverno, nem ofereceram concessões que incluíssem renunciar à desunião.[96]

No dia 4 de março, Lincoln se colocou diante de uma multidão em Washington para fazer o mesmo juramento de Andrew Jackson. Trinta e dois anos antes, a multidão absorvera Jackson para coroar uma democracia; agora, aquela democracia estava deixando de existir. Desde o final de janeiro, homens armados haviam tomado a maior parte das instituições federais nas partes mais baixas do Sul. Os deputados dos sete estados algodoeiros se reuniram em Montgomery, no Alabama, e proclamaram o nascimento dos "Estados Confederados da América". Eles escolheram o senador do Mississippi Jefferson Davis seu presidente. Em uma postura pouquíssimo jacksoniana, o novo ex-presidente James Buchanan não fez nada para deter o processo. E no Dia da Posse, uma crise estava se tornando mais aguçada. As tropas federais evacuaram seu forte perto do antigo cais de comércio de escravos do Porto de Charleston e se mudaram para o Forte Sumter, uma nova instalação que ficava muito mais distante da costa. Os oficiais confederados exigiram a rendição do forte. Até então, o coronel Robert Anderson, seu comandante, havia se recusado, mas suas tropas estavam ficando sem mantimentos.

O advogado ossudo natural do Kentucky fez o juramento perante o velho e decrépito Roger Taney. Em seguida, Lincoln, um gigante de 1,93 m de altura atrás do pódio, se virou para encarar a multidão. Esse presidente, oponente de longa data de Jackson e seus seguidores, assumia o cargo como o homem mais "comum" a ocupá-lo desde então – e até hoje. Nenhum presidente tinha sido mais pobre na sua juventude. Mas lá

---

95. Potter, *Lincoln and His Party in the Secession Crisis* (New Haven, CT, 1942).
96. Lincoln to James T. Hale, January 11, 1861, LINCOLN 4:172.

estava Lincoln. E também havia outra ironia. O presidente-eleito tinha feito do arqui-inimigo de Jackson, Henry Clay, seu "modelo do estadista ideal". Mas em preparação para encarar os escravistas rebeldes, Lincoln estava estudando as palavras de Andrew Jackson sobre a crise da anulação de 1832-1833.

Assim como havia indicado para seus colegas republicanos hesitantes, quando recusou a rendição disfarçada de acordo, Lincoln dizia agora à nação e ao mundo que o consentimento à secessão significava concordar com o princípio de que o perdedor poderia anular o resultado de uma eleição. A demanda dos secessionistas, argumentou Lincoln, rasgava o tecido do governo democrático, substituindo-o pelo princípio de que a ameaça de um senhor de escravos seria o veto supremo da mão direita. A alegação de que os estados controlados por empreendedores escravistas poderiam romper os Estados Unidos com a revogação unilateral do contrato da Constituição equivaleria a rabiscar um "G.T.T." [*Gone to Texas*] em cada documento fundamental da União.

Ao mesmo tempo, Lincoln advertiu: "Os males inevitáveis para os quais estão se dirigindo são maiores do que todos os reais dos quais estão fugindo". Se os escravizadores queriam proteger sua propriedade e poder, não estavam tomando decisões producentes. Na Guerra de 1812, milhares de escravos tinham fugido para os britânicos. Um exército criado nos estados livres desorganizaria, uma vez instalado em solo escravista, o poder dos escravistas pelo mero fato de estar ali. É certamente estranho que poucos políticos escravistas considerassem essa possibilidade. Entre as poucas exceções a essa cegueira autoinduzida estavam ex-megafazendeiros whigs como Stephen Duncan e Paul Cameron, que permaneceram unionistas nas profundezas da crise. Mas, em geral, quanto mais pessoas escravizadas pertenciam aos delegados de secessão, mais radicais eram suas demandas.

Diante de uma clara decisão dos senhores de escravos e dos brancos não proprietários que pareciam apoiá-los, Lincoln aconselhou paciência. Ele insistiu que a União permanecesse intacta, mas que não usaria seu poder executivo como presidente para retomar os bens federais apreendidos, enviar tropas para os estados ou nomear funcionários para gabinetes que fossem "antipáticos" às comunidades locais. Nisso ele aceitava os limites do que era possível no momento. Em março de 1861, o exército dos EUA era formado por poucas dezenas de milhares de soldados. Além disso, os estados das partes superiores do Sul permaneciam em cima do muro. Se Lincoln parecesse coagi-los, a vantagem passaria para as mãos dos secessionistas nesses estados vacilantes. Assim, o novo presidente jogou habilmente a bola de volta para o campo dos escravizadores. "Em *suas* mãos, meus compatriotas descontentes, e não nas *minhas*, está a questão solene da guerra civil". Talvez a lealdade nacionalista e a razão persuadissem estados como a Virgínia, a Carolina do Norte, o Missouri e o Kentucky a não se juntarem às fileiras da secessão. Assim, encerrou com sua famosa invocação dos laços emocionais de uma história comum: "Embora a paixão possa ter forçado, ela não deve romper nossos laços de afeição. Os acordes místicos da memória, que se estendem de todos os campos de batalha e túmulos patrióticos... ainda insuflarão o coro da União, quando novamente tocados, como certamente serão, pelos melhores anjos da nossa natureza."

Naquele momento, os caminhos do futuro não estavam iluminados. Parecia improvável que os separatistas aceitassem o novo status quo oferecido por Lincoln e continuassem a fazer parte de uma nação que tinha decidido insistir que os seus desejos e sonhos se encolheriam em vez de se expandir. A sua rejeição inevitável significava que, de repente, o futuro de milhões de afro-americanos escravizados e de seus escravizadores, esses corpos geminados que se espalharam por um subcontinente em um vasto abraço de sofrimento e poder, era mais incerto do que tinha sido desde o momento em que Andrew Jackson avistou, através os canaviais derrubados e do atoleiro de janeiro, as fileiras vermelhas de Pakenham. Ou, talvez, tão aberto quanto em qualquer um dos milhões de momentos em que os homens e as mulheres escravizados forçaram suas mentes, nervos e mãos a colher mais meio quilo, ou mais um quilo, antes de o crepúsculo cair, para acertar as marcas de giz na lousa e poupar suas costas dos vereditos do chicote. Nesses momentos, os empreendedores haviam revolucionado o mundo. É o que sempre tinham feito. Desta vez, em lugar de tentar varrer os antigos padrões do mercado, as formas tradicionais de se fazer as coisas ou as famílias dos afro-americanos, era a União que tentariam colocar de lado. E então, como em todas essas outras criações e destruições, tentariam substituí-la por um novo arranjo, muito mais propício ao seu lucro e poder.

Quando o ataque de John Brown começou a tornar a possibilidade de um recurso às armas uma fantasia menos distante, Henry David Thoreau escreveu estas palavras proféticas sobre a execução iminente do mártir: "Quando planta... um herói em seu campo, uma safra de heróis certamente brotará". Ainda assim, o Sul branco não acreditava que o Norte lutaria. A cautela de Lincoln parecia pouco heroica. Talvez alimentasse a confiança dos líderes confederados na guerra como uma solução. Mas no mês seguinte à posse, o novo presidente demonstrou que era suficientemente esperto para superar os assassinos no campo da paz. Em vez de abrir caminho à força até o porto de Charleston, Lincoln enviou uma frota de reabastecimento de Nova York com instruções para reabastecer a guarnição do Forte Sumter, mas não para reforçá-la com tropas e armas.

Os decisores no Sul escolheram mudar o jogo para um tabuleiro diferente. Afirmariam a sua independência eliminando a presença da União ao largo da costa do estado onde a fronteira do algodão começara. No dia 10 de abril, o comandante confederado local recebeu a ordem de Montgomery: mande as tropas da União evacuarem o Forte Sumter imediatamente. Se recusarem, comecem o bombardeio antes que os suprimentos possam chegar. Às 4:30 da manhã de 12 de abril, o primeiro canhão explodiu. Forte Sumter se rendeu no alvorecer do dia 14, depois de 33 horas de bombardeios que não produziram uma única fatalidade.[97]

---

97. Thoreau, "Plea for Captain Brown." Um soldado confederado seria morto após a rendição do forte, enquanto disparava os canhões em salvas de comemoração.

Posfácio

O cadáver: 1861-1937

LIZA MCCALLUM SAIU LENTAMENTE do escritório do advogado. Haviam se passado apenas alguns dias do falecimento do seu segundo marido, Cade. Agora ele descansava em um túmulo caiado sobre o solo de Nova Orleans. O vento de fevereiro, frio para a Louisiana, doía nos ossos da mulher de 73 anos. Uma lufada soprou pela cidade dos mortos, varrendo os flocos como se fossem minúsculas folhas de papel sobre o muro caiado e na direção de Liza, que caminhava lentamente nas proximidades da Rua Oak.

Ela provavelmente pensava sobre a mecânica fria de como sobreviver. Desde 1890, Cade recebia uma pensão do governo federal como ex-soldado do Exército da União. Para transferir a pensão para Liza, seria preciso provar que haviam sido legalmente casados. Portanto, o advogado enviaria o seu testemunho para Washington, onde os burocratas o julgariam. Um escriturário arquivaria, por fim, o documento com todos os outros papéis que formavam o caso McCallum. Então, colocaria o maço 11 da lata 53367 de volta no lugar, entre o 53366 e o 53368 na prateleira de um depósito cheio de prateleiras.

Nessas prateleiras, ainda dormem as biografias de um milhão de homens que defenderam a nação contra aqueles que lutaram pelo direito dos senhores de escravos de expandir a escravidão. Os maços e as latas também contêm histórias de famílias de soldados, amigos, companheiros de guerra e comunidades. No entanto, elas também contêm uma bruma silenciosa, uma névoa que desce das páginas e pesa sobre o ar escuro em torno das prateleiras. Por exemplo, a própria história de vida de Liza, contada nos depoimentos que deu para apoiar o pedido da pensão de Cade, também revelou, entre outras coisas, que a mulher simplesmente não teria como conhecer toda a biografia do marido. Cade McCallum, como Liza disse ao advogado, nascera em algum lugar perto do Atlântico. Um amigo do exército, que também depôs para o pedido de pensão, disse certa vez que Cade nascera na Carolina do Norte, mas Liza só se lembrava de histórias sobre pegar peixes em um barco. Talvez ele tivesse dito Maryland. Como cada um dos milhões de indivíduos cujas biografias compunham a grande epopeia da expansão do corpo da escravidão, ele poderia ter explicado a Liza como a migração forçada havia destruído a vida em que nascera. Poderia ter contado essa história todas as noites durante décadas. Mas quando ambos fechavam os olhos para dormir, ninguém, a não ser Cade, para tomar emprestado as palavras de outro sobrevivente da escravização, poderia realmente "se dar conta do quão terrível isso era" para ele em sua própria vida. Talvez metade de cada história jamais seja contada.[1]

No entanto, Liza conhecia alguns fatos principais. Sabia que em 1850, quando Cade já era um homem adulto, o escravizador dele o mandara para Richmond. Transformado em dinheiro, enviado para Nova Orleans e vendido como uma mão, por volta de 1861, Cade estava no campo de trabalho escravo da Paróquia de Iberville. De acordo com o que se lembrava, o campo pertencia a uma mulher chamada "Madame Palang". Liza, por sua vez, em 1861, era a propriedade e o principal investimento de capital de um comerciante de Boonville, no Missouri. Quando surgiu a notícia sobre o ataque ao Forte Sumter, o governo do estado do Missouri imediatamente se dividiu em duas metades, uma a favor da União e a outra dos Confederados. Quando o exército da União ganhou o controle sobre a área em torno de St. Louis, os escritores antiescravistas que publicavam na imprensa do Norte pressionaram o presidente Lincoln a usar os poderes da guerra para a emancipação, em apoio ao decreto de emancipação escrava no Missouri emitido por um General da União, John Frémont. Lincoln se recusou a ouvir a imprensa e revogou o decreto de Frémont, anunciando: "Espero ter Deus do meu lado, mas preciso do Kentucky". Como o Missouri, o estado do Kentucky também era fronteiriço e poderia se alinhar com o Sul caso o governo federal encetasse uma política emancipacionista inequívoca. Mas o escravizador de Liza já enxergava como (assim como na Fortaleza Monroe, na Virgínia) a presença de tropas da União em St. Louis poderia tentar os escravos afro-americanos a escaparem. Ao ouvir sobre um homem chamado Daniel Berger, que estava comprando escravos para levar para o Sul, trocou Liza por dólares norte-americanos. No final do verão de 1861, ela estava "no pátio dos comerciantes" na cidade de Plaquemine, coincidentemente na Paróquia de Iberville.

Naquela época, Cade McCallum ainda estava na fazenda de Palang, embora provavelmente já não colhesse mais algodão. Em 1861 e 1862, os produtores de algodão do Sul, acreditando que seu monopólio coletivo no mercado internacional do algodão lhes dava poder para influenciar as potências europeias a ficarem ao seu lado caso induzissem uma "fome de algodão", deixaram de plantar e vender o que tinham de mais importante. Em vez disso, a maioria cultivou alimentos para os exércitos confederados. No início de 1862, o número de fardos recebidos em Liverpool caiu para 3% do que

---

1. Delia Garlic, AS, 6.1, (AL), 129.

fora fornecido em 1860. A escassez repentina de algodão no mercado mundial elevou os preços e, ironicamente, tornou o algodão de outras zonas de produção competitivo em comparação com o trabalho das mãos escravizadas pela primeira vez no século XIX. Na África Ocidental e no Brasil, a produção de algodão deu um salto. No Egito, os agricultores transformaram o rico solo do delta do Nilo em uma enorme fazenda de algodão. Eles levaram os lucros que tiveram em 1861 para o Cairo e compraram escravos trazidos do Nilo pelo Sudão, ou através do deserto em caravanas de Darfur. Um historiador estima que o comércio de escravos para o Egito se expandiu de menos de 5 mil por ano, na década de 1850, para mais de 20 mil, em 1865.[2]

Mesmo antes do fim de 1861, a Confederação perdeu o controle de Sea Islands da Carolina do Sul, sua mais antiga região algodoeira. Quando os navios da União, carregando uma força invasora, chegaram na Costa ao Sul de Charleston, no verão de 1861, os escravistas fugiram. As forças da União ocuparam a costa em torno de Hilton Head. Os afro-americanos, que constituíam mais de 90% da população local, começaram a falar sobre a divisão das *plantations*, onde tinham trabalhado por gerações, em pequenas propriedades. Mas os políticos federais e regionais do Norte temiam que o Sul seguisse o precedente jamaicano. Lá, depois da emancipação em todo o Império Britânico em 1834, as pessoas anteriormente escravizadas se recusaram a participar do trabalho nos canaviais, destruindo a economia de exportação de *commodities* da Jamaica. Para evitar a repetição desse processo, à medida que a safra de 1862 se aproximava, o Departamento do Tesouro reivindicou autoridade sobre as terras abandonadas e as alugou para empreendedores do Norte, que se propuseram reorganizar e reativar a produção algodoeira nas Sea Islands.

Com frequência, os novos arrendadores tinham intenções que ultrapassavam o mero lucro. Por exemplo, um grupo de empreendedores de Vermont assegurou ao Tesouro que a "habilidade e a energia da Nova Inglaterra" poderiam "direcionar essas pessoas [para] cultivar algodão 25% mais barato quando empregadas com salários justos do que quando compelidas a fazê-lo na condição de escravas". Assim, poderiam provar não apenas que os senhores de escravos faziam uma política imperialista, destruindo os direitos de outros brancos, mas também que tinham operacionalizado um sistema ineficiente e atrasado. Na verdade, acreditavam que "uma oportunidade tão faforável [sic] para prová-lo provavelmente não ocorreria novamente por séculos". Caso 6 dólares

---

2. Sven Beckert, "'Emancipation and Empire': Reconstructing the Worldwide Web of Cotton Production in the Age of the American Civil War", *AHR* 109 (2004): 1405-1438; Gabriel Baer, "Slavery in Nineteenth--Century Egypt", *Journal of African History* 8, n. 3 (1967): 426.

norte-americanos por mês se provassem uma motivação insuficiente para convencer os afro-americanos recém-libertados a entrar no mercado de trabalho assalariado dos algodoais, em vez de cultivar milho e inhame para comer, os cidadãos da Nova Inglaterra também pediam permissão para usar "a bola e a corrente" dos grilhões para impor "autoridade".[3]

O experimento não funcionou, pelo menos não nos termos dos arrendadores do Norte. Eles assinaram contratos para pagar os trabalhadores por mês, para descobrir que, no final de 1862, metade do algodão estava apodrecendo nos campos, um algodão que poderia ter sido recolhido apenas na velocidade do chicote. Sem querer admitir que o trabalho assalariado talvez não fosse tão eficiente em todos os casos como o escravo, alguns experimentaram pagar os colhedores por quilo, reter os salários mensais até o fim da safra, dar sermões dizendo o que aconteceria se não trabalhassem bem: "Vou dizer para o Sinhô Lincoln que são preguiçosos demais para ser livres." Contudo, nem os experimentos das Sea Islands nem os regimes de trabalho de continentes distantes chegaram perto de fazer que a indústria de Lancashire se recuperasse. O algodão permaneceu escasso no mercado mundial e os preços, estratosféricos.[4]

Por todo continente, a União e a Confederação travaram batalhas maiores e mais sangrentas praticamente a cada mês. No final de 1862, as duas repúblicas em guerra, uma totalmente escravista e a outra apenas parcialmente, somavam quase um milhão de homens pegando em armas. A União mal rechaçou uma invasão sulista em uma batalha em que 3.600 soldados morreram e 17 mil ficaram feridos em um único dia de setembro, em Antietam Creek, no Oeste de Maryland.

A maior parte da imprensa se concentrou no teatro de guerra oriental. Grande parte da memória histórica da nação ainda está concentrada no drama e nos generais desse front. No entanto, a guerra também foi decidida na fronteira do algodão do Vale do Mississippi, o teatro onde muitos dos dramas fundamentais do desenvolvimento econômico norte-americano haviam se desenrolado. E o principal evento ocorreu no final de abril de 1862, quando uma frota da União, bem-sucedida onde os ingleses haviam

---

3. Vermont Investors to Sec'y of the Treasury, February 3, 1862, *Freedom: A Documentary History of Emancipation, 1861-1867* (Freedom and Southern History Project, Universidade de Maryland, 1985-2013), ser. 1, vol. 3, 124-151; E. S. Philbrick to a Massachusetts Businessman, April 12, 1862, FSSP, ser. 1, vol. 3, 182-187; HQ 2 Brigade Expeditionary Corps to Supt. Contrabands at Beaufort, SC, April 4, 1862, FSSP, 1/3, 180-181.
4. E. S. Philbrick to MA businessman, April 12, 1862, FSSP, ser. 1, vol. 3, 182- 187; R. Saxton, Military Govr., Gnl. Order #12, December 20, 1862, FSSP, 1/3, 222-224; E. S. Philbrick to Direct-tax Commissioner for SC, January 14, 1864, FSSP, 1/3, 278-279.

falhado, ultrapassou uma sequência de fortes no Rio Mississippi e chegou a Nova Orleans. Os oficiais confederados fugiram da maior cidade do Sul e as tropas da União desembarcaram no mesmo dique onde Rachel e tantos outros haviam desembarcado.

Logo depois que a União capturou Nova Orleans, os "contrabandos" começaram a deixar os campos de trabalho escravo próximos e se juntar ao exército em Camp Parapet, a Oeste da cidade. O comandante do acampamento da União resistiu às súplicas dos escravistas para que mandasse de volta as pessoas vinculadas aos senhores "leais". Tantos milhares de fugitivos lotaram as instalações que o exército não demorou a construir um segundo acampamento no condado de St. Charles, em Bonnet Carré, não muito longe do epicentro da revolta de escravos de 1811.

Desde o início da guerra, Lincoln trabalhava para convencer os políticos dos estados fronteiriços leais a concordarem com planos de emancipação gradual ou indenizada. Seus esforços já representavam um apoio mais ativo à liberdade do que os de todos os presidentes anteriores juntos. Em abril de 1862, o Congresso aprovou uma lei libertando, em troca de pagamentos para os escravizadores que somavam 1 milhão de dólares norte-americanos, todas as 3 mil pessoas escravizadas no Distrito de Colúmbia. Os políticos de Maryland, de Delaware e do Kentucky se recusaram a ceder, defendendo a escravidão permanente. No entanto, depois que a União venceu com aperto em Antietam, Lincoln sentiu que poderia agir mais decisivamente contra a escravidão. Foi quando publicou um documento que havia escrito meses antes.[5]

A Proclamação Preliminar de Emancipação se tornaria a ordem executiva mais importante já emitida por um presidente norte-americano. Ela anunciava que, a partir de 1º de janeiro de 1863, qualquer escravo em áreas controladas pelos rebeldes seria livre. A Proclamação não era completa. Excluía os escravizados no território da União, o que significava não apenas os estados fronteiriços, mas também os condados ocidentais da Virgínia, que formavam um território separado pró-União. Também estava isento o Sul da Louisiana, onde os líderes da União tentavam criar um governo estatal "reconstruído" e não queriam antagonizar os brancos locais.

No entanto, a Proclamação de Emancipação ofereceu a possibilidade de liberdade para pessoas escravizadas na prisão gigante que era a Confederação. Assim, a maré correu na frente do exército vestido de azul. O dono de Liza na Paróquia de Iberville tentou afastá-la dessa maré, para o Texas. Os afro-americanos chamaram esta manobra de "refúgio". Após o início de 1862, milhares de pessoas estavam sempre sendo

---

5. James Oakes, *Freedom National: The Destruction of Slavery in the United States, 1861-1865* (Nova York, 2013), enfatiza o compromisso do Partido Republicano com uma ideia nacional de emancipação.

refugiadas por todo o Sul, para dificultar que fizessem a jornada até as linhas da União. Mas, quando a coluna de escravos estava passando por Opelousas, tropas da União a tomaram de assalto, dispersando os guardas confederados. Marchando com as pessoas recém-libertadas de volta ao rio, os soldados puseram Liza e centenas de afro-americanos libertados em barcos com destino a Nova Orleans.

A Proclamação oficialmente libertou Liza, pois ela estava na zona confederada. Mas depois de ter desembarcado no dique de Nova Orleans, ela e outros foram conduzidos para os armazéns de algodão da cidade. "De lá", Liza lembrou décadas mais tarde, "fomos todos espalhados" pelas diferentes fazendas controladas pela União para fazer trabalho forçado: "Fui para as terras dos McCall, perto de Donaldsonville". Lá, conheceu um homem chamado Thomas Faro. Começaram um relacionamento. Saíam todos os dias para o campo, demonstrando aos oficiais da União "a disposição para trabalhar" que lhes permitia receber as rações governamentais. Outros resistiam, e passavam fome. Isso não era bem liberdade. Ainda assim, as pessoas escravizadas batiam na porta da liberdade havia décadas, de todas as maneiras possíveis. Finalmente, de uma vez só, a Proclamação de Emancipação destrancara a porta. Em seguida, os afro-americanos forçariam até abri-la completamente.

Essa oportunidade era ainda mais tangível porque, como Lincoln fez da emancipação a política para uma guerra de longo prazo que só poderia terminar com a queda do império da escravidão, outra política também mudou. Desde o início da guerra, os negros livres do Norte pediam pelo direito de se alistar. O governo federal, com medo da reação dos estados fronteiriços, resistia. Os políticos sabiam que, assim como muitos brancos do Norte odiavam a ideia da desunião, muitos temiam ainda mais que Frederick Douglass tivesse razão quando insistiu: "se o homem negro vestir os brasões de latão dos EUA... Um mosquete no ombro e balas no bolso, e não há nenhum poder na terra, ou debaixo dela, que possa lhe negar ter merecido o direito de cidadania nos Estados Unidos".[6]

No dia 1º de janeiro de 1863, Lincoln reafirmou a Proclamação de Emancipação. Também confirmou que o Poder Executivo cumpriria o mandato do Congresso do verão de 1862, permitindo que o Exército da União recrutasse afro-americanos. Muitos já estavam treinando sob a autoridade individual dos estados, como os soldados do famoso 52º Regimento de Massachusetts. As novas U.S.C.T. (United States Coloured Troops – Tropas de Cor dos Estados Unidos) também incluíam inúmeros novos alistados de lugares como a Fortaleza Monroe e Camp Parapet. Não demorou para que alguns

---

6. Frederick Douglass, "Should the Negro Enlist in the U.S. Army", discurso feito no dia 6 de julho de 1863.

homens escravizados, atraídos pelo boca a boca de um lado para o outro das linhas de batalha, deixassem a escravidão e se alistassem imediatamente no Exército da União. Em uma noite de 1863, por exemplo, Cade McCallum e seu amigo James Douglass escaparam das senzalas de Madame Palang e partiram para o Leste pelas matas profundas. Ao Norte, a União estava tentando cercar Vicksburg. Chegaram ao Mississippi e encontraram uma minúscula embarcação alojada do lado Oeste.

Douglass, que não sabia nadar, subiu no barquinho. McCallum, na água, segurou a borda do barco enquanto o empurrava até a correnteza. Eles desceram o rio, à deriva. À luz da manhã, alguém tentou atirar neles da margem ocidental, controlada pelos confederados. Douglass se deitou no fundo da embarcação. McCallum se abaixou como uma tartaruga. Mais um par de balas silvou. Em seguida, o tiroteio parou.

Em torno de uma curva surgiu uma canhoneira da União. Vendo as estrelas e as listras, Douglass e McCallum saudaram a tripulação e começaram a chutar e estapear as águas para se aproximar dela. Os marinheiros puxaram os dois homens para a lateral inclinada e couraçada do *Essex* e disseram aos fugitivos encharcados que tinham uma escolha. Podiam ir para Bonnet Carré e trabalhar nas fazendas. Ou poderiam servir no Exército dos EUA. Douglass e McCallum se alistaram imediatamente no 80º regimento das U.S.C.T.

Nos dois anos seguintes, quase 200 mil outros soldados afro-americanos, muitos ex-escravos, realizaram feitos incríveis, que definiram o restante das suas vidas. O 80º regimento de McCallum e Douglass participou do cerco de Port Hudson, uma das primeiras batalhas da Guerra Civil em que as tropas negras desempenharam um papel importante. A vitória da União ali ajudou a assegurar a queda de Vicksburg em julho 1863, que partiu a Confederação ao meio ao longo do Mississippi. Ao mesmo tempo, em Gettysburg, a União derrotava a segunda invasão do Sul aos territórios do Norte.

A escravidão começou a desmoronar com mais rapidez. As tropas vestidas de azul abrangiam cada vez mais do cinturão algodoeiro. Uma coluna invadiu as baías do centro da Louisiana, onde recolheram Eliza e Andre Dupree, Felo Battee e centenas de outros afro-americanos das paróquias onde Solomon Northup trabalhara depois de ter sido sequestrado da sua liberdade. Os soldados "nos tocaram feito gado", Battee lembraria mais tarde. Ele e os homens libertados foram reunidos no topo dos vagões, enquanto as mulheres se espremiam dentro deles. O trem transferiu Eliza Dupree e as outras mulheres para navios a vapor que partiam para as "unidades rurais governamentais" arrendadas, enquanto os soldados levaram André Dupree, Battee e os homens restantes por terra até o Mississippi, oferecendo-lhes a mesma escolha que tinha sido apresentada James Douglass e Cade McCallum.

Andre Dupree e Felo Battee se juntaram-se ao 81º regimento das U.S.C.T. Enquanto isso, Eliza Dupree apreciava as rações abundantes no campo de trabalho de "Old Hickory" (a comida estava escasseando nas áreas confederadas), mas não tinha interesse em trabalhar sob supervisão armada por mais tempo. Escapou, caminhou 80 quilômetros até Baton Rouge e conseguiu emprego em um hospital militar. Poucos meses depois, enquanto mexia uma panela de ferro gigante com a roupa que fervia fora das tendas, Andre caminhou até ela através das ondas de vapor. Seu regimento estava em Camp Parapet, completando seu treinamento. Alguém o informara sobre o paradeiro dela, e ele foi encontrá-la em um dia livre.[7]

Em 1864, o exército confederado avariado estava fraco demais para lançar grandes ofensivas, mas ainda conseguia forçar a União a derramar oceanos de sangue para cada avanço na Virgínia, no Tennessee e na Geórgia. A resolução pró-guerra da imprensa branca do Norte começou a fraquejar. O voluntariado caiu. A resistência ao recrutamento aumentou. Os mais titubeantes começaram a falar em uma paz negociada, que era exatamente com o que Jefferson Davis e a Confederação agora jogavam. Em vez disso, Andre Dupree, James Douglass, Cade McCallum e outros 200 mil homens afro-americanos mantiveram a fé, tornando-se o incremento que ajudou a União desgastada pela guerra a persistir em seu esforço até 1864 e 1865. Pagaram um alto preço coletivo: 40 mil soldados negros morreram, e um número semelhante de afro-americanos pode ter morrido nos campos e no caos do Sul devastado pela guerra. Um dia, um companheiro de guerra de Andre, Sylvester Caffery, foi visitar Eliza e disse-lhe que Andre tinha morrido de cólera.

No entanto, houve nascimento e morte nos campos de refugiados e do exército. Ali, os outrora escravizados se encontraram pela primeira vez, ou novamente. Ali, lançaram as bases para a reivindicação dos afro-americanos à identidade cívica e política em uma sociedade pós-escravidão. Tome o exemplo de Lucinda Howard, que havia sido mandada da Virgínia para Nova Orleans para ser vendida antes da guerra, junto com Emily e Margaret, suas irmãs. Um agente comprou as três para uma sra. Welham, dona do campo de trabalho "Oneida", na Paróquia de St. James. Lucinda tinha apenas 15 anos quando os ianques chegaram em 1862. Ela fugiu primeiro. Quando suas irmãs e outras meninas que conhecia a seguiram, encontraram Lucinda no acampamento de Bonnet Carré, fazendo o trabalho pesado da reparação do dique e ganhando um

---

7. Dep. of Felo Battee, May 29, 1865, in Thomas Hamilton, #255536, e Andre Dupree, #492774, ambos Record Group 15, Records of the Department of Veterans Affairs, National Archives, Washington, DC.

salário. Também encontraram o seu homem, um soldado negro chamado Abram Blue. E estavam com ela quando o superintendente da polícia militar, o comandante que governava os civis que viviam no campo, casou Lucinda com Abram "sob a bandeira", como se costumava dizer.

A certidão que o comandante lhes deu comprovava que Abram e Lucinda haviam sido casados em uma cerimônia legal sancionada pelo próprio Estado nacional. Ao contrário dos casamentos anteriores à guerra, dissolvidos de acordo com a vontade dos senhores de escravos, essas cerimônias tinham força de lei. Elas consagravam a vontade de um homem e uma mulher escolherem permanecer juntos, de não serem separados pelos desejos de uma pessoa branca e de tomar as decisões para suas próprias vidas e seu próprio sangue. Abram e Lucinda trouxeram com eles a certidão quando se juntaram a uma nova igreja no Mississippi depois da guerra. Essa certidão mostrava que sua união era séria, que não estavam apenas vivendo juntos. Isso fez de Abram o pai legítimo dos 15 filhos que Lucinda teve. E deu a ela o reconhecimento de alguém que já tinha conquistado a sua cidadania ao apoiar Abram, um cidadão-soldado. Isso daria a ela o direito a pedir a sua pensão, pois também tinha suado em prol da nação.[8]

Em 1864, as pessoas outrora escravizadas estavam marchando por quase todos os estados do Sul, não em farrapos e acorrentadas, mas portando armas e usando uniformes azuis, confiantes de que o governo federal apoiaria suas reivindicações de direitos. Sua presença encorajou as pessoas ainda escravizadas a se recusarem a trabalhar para seus proprietários ou a fugir para a mata. O número crescente de alistados nas U.S.C.T. também forneceu um incremento crucial para um Norte que estava ficando sem soldados. O Congresso aprovou a Décima Terceira Emenda em março de 1865, pouco antes da segunda posse de Lincoln. A emenda acabava com a escravidão nos Estados Unidos para sempre, libertando as pessoas mesmo em áreas não cobertas pela Proclamação de Emancipação, como os 425 mil afro-americanos que permaneciam escravizados nos estados fronteiriços. Logo em seguida, Richmond caiu e o Exército do Norte da Virgínia de Robert E. Lee se rendeu em Appomattox, na parte Sul da Virgínia, no dia 9 de abril de 1865. O presidente confederado Jefferson Davis já tinha fugido para Danville. Como os vendidos e roubados que Lorenzo Ivy tinha visto passar, e dos quais falou em sua entrevista com Claude Anderson, que trabalhava para a Works Progress Administration, Davis agora carregava todos os pertences em uma pequena sacola.

---

8. Abram Blue, #131.901, #946.653, Record Group 15, Records of the Department of Veterans Affairs, National Archives, Washington, DC; cf. Nancy Bercaw, *Gendered Freedoms: Race, Rights, and the Politics of Household in the Delta, 1861-1875* (Gainesville, FL, 2003).

Depois de quatro anos, a guerra acabou. Embora 700 mil norte-americanos tivessem morrido, havia alegria em meio à tristeza. À medida que as tropas da União se espalhavam pelas áreas remanescentes dos estados escravistas em maio e junho de 1865, encontraram propriedades onde as pessoas ainda estavam sendo mantidas na escravidão. Várias e várias vezes, a cena de celebração se repetiu, em dias que ainda são lembrados por comunidades afro-americanas em todo o país como o feriado de 19 de junho, o Dia da Libertação [*Juneteenth*]. As pessoas irromperam espontaneamente em canto e dança. Alguns diziam aos escravizadores o que realmente pensavam. Outros pegavam a estrada com tudo o que tinham, à procura dos perdidos, de volta ao Tennessee ou à Virgínia, ou simplesmente procuravam fugir. Houve os que literalmente pegaram suas cabanas e as levaram para longe da vista da casa grande. Quando os proprietários conseguiam a atenção daqueles que antes comandavam, às vezes se ofereciam para dividir o produto da colheita meio a meio. E mais de um ex-senhor, com seu mundo virado de cabeça para baixo, cometeu suicídio no dia do jubileu.

É claro que houve uma última vítima. Na foto sobrevivente de 4 de março de 1865, o triunfante e solene dia da segunda posse de Lincoln, é possível ver uma figura de bigode encostada em um pilar em meio à multidão gigantesca de pessoas cobrindo o pórtico do Capitólio. John Wilkes Booth estava presente para o surpreendente segundo discurso de posse de Lincoln. Este talvez tenha sido o maior discurso já proferido em língua inglesa. Ele foi, em si mesmo, uma história da metade não contada. Ele apontou a escravidão, bem como a pressão incessante para sua expansão, como a razão pela qual os oceanos de sangue tinham afogado os campos de batalha da Guerra Civil. Depois de proferir a última página de seu breve texto, Lincoln teve apenas quarenta dias de vida.

Após a queda de Richmond, o presidente foi fazer uma visita. Atravessou Shockoe Bottom, admirado, entre as multidões de pessoas que comemoravam a liberdade nas próprias docas por onde milhares de parentes haviam sido enviados para os algodoais. Quatro milhões de afro-americanos, a maioria deles escravizados quando as primeiras balas de canhão afundaram no Forte Sumter, se levantaram durante os quatro anos de guerra reivindicando liberdade, cidadania e as relações que ninguém poderia vender. Quando retornou a Washington, Lincoln fez outro discurso, em que reconheceu essa reivindicação indiscutível. Em seguida, o presidente anunciou seu apoio para que o voto se estendesse aos homens afro-americanos. Seus serviços em batalha tinham salvado a nação. Booth também estava na multidão durante aquele discurso. Ele se voltou para um amigo e, sobre o pronunciamento de Lincoln, grunhiu: "isso significa cidadania dos *niggers*. Agora, por Deus, eu vou dar um fim nele". E na Sexta-feira Santa de 1865, 14 de abril, assassinou o presidente.

Abraham Lincoln foi a última vítima da Guerra Civil ou uma das primeiras de um longo movimento de direitos civis que ainda não terminou. Foi sucedido por seu vice-presidente, Andrew Johnson, que infelizmente era um alcoólatra racista determinado a minar a emancipação. Johnson passou o verão assinalando aos brancos do Sul que poderiam construir uma nova supremacia branca, que se parecia muito com a que os afro-americanos haviam lutado para destruir. No outono de 1865, os eleitores brancos do Sul deixaram claro que não pretendiam fazer as pazes com a liberdade. Nas eleições destinadas a reinstalar os estados do Sul no Congresso Federal, enviaram uma série de confederados hostis de volta a Washington. Ao mesmo tempo, os brancos das Assembleias Legislativas Estaduais do Sul estavam tentando manter o status dos afro-americanos o mais próximo possível da escravidão, aprovando leis contra a vadiagem para limitar a mobilidade, propondo leis de aprendizagem que prendendo os jovens negros a famílias brancas como trabalhadores não livres, e fazendo ameaças preocupantes sobre trazer de volta o chicote à medida que as taxas de colheita de algodão diminuíam.

Irritados com má vontade dos brancos do Sul de admitir que haviam perdido o veredito de guerra, os republicanos do Norte no Congresso, liderados por uma facção chamada de "Radicais", assumiram o controle da Reconstrução. Desprezando as objeções de Johnson, recusaram-se a empossar os deputados e senadores recém-eleitos do Sul. Aprovaram uma série de projetos de lei que tiravam o direito de voto da maioria dos ex-oficiais confederados e ampliaram o poder do exército e da "Agência dos Libertos" para impor novos sistemas de trabalho no Sul algodoeiro. A Agência dos Libertos enviou agentes aos condados do Sul para atuarem como mediadores entre os proprietários de terras descapitalizados e aqueles que até então eram escravizados. Acima de tudo, o que os afro-americanos queriam era evitar qualquer coisa parecida com o sistema de cotas crescentes [*pushing system*] ou a máquina de açoitar: eles queriam o fim do chicote do feitor, das pesagens e registros do que colhiam e tudo que se assemelhasse a isso. Queriam que as mães tivessem oportunidade de cuidar de seus bebês e cuidar dos jardins. Queriam que os homens pudessem arar sem que outros homens cavalgassem atrás deles com armas nos quadris. Queriam que as crianças fossem à escola em vez de trabalhar no campo durante todo o ano. E os afro-americanos em todo o Sul geralmente queriam ter suas próprias terras, nas quais poderiam praticar agricultura de subsistência e viver como o que, em outro país, chamaríamos de pequenos produtores rurais independentes.

O sonho de terras dos libertos em grande parte não se realizou. A economia dos EUA ainda precisava dos lucros de exportação gerados pelo poder do Sul no mercado mundial do algodão. Portanto, tal como havia sido pressagiado na Carolina do Sul e na Louisiana durante os primeiros anos da guerra, nem os legisladores de políticas federais do pós-guerra nem os latifundiários brancos estavam interessados em ver os libertos se tornarem pequenos agricultores proprietários de terras. Em vez disso, os representantes da Agência dos Libertos, incluindo muitos com visões políticas "radicais", forçaram os ex-escravizados e os antigos escravizadores a assinar e manter contratos de trabalho assalariados para 1866. Nos anos seguintes, surgiu um sistema intermediário em todo o Sul que consistia em várias permutações de "parceria na colheita" ou "meação", o que significava que as famílias afro-americanas trabalhavam em parcelas individuais de terra como arrendatários, em troca de pagar ao senhorio uma parte da colheita de algodão que cultivavam. Proprietários de terras e comerciantes locais adiantavam bens a crédito para os meeiros, mas com altas taxas de juros, muitas vezes prendendo-os em dívidas permanentes. Para os meeiros, entretanto, não havia balança, giz ou chicote no final do dia. E isso não era pouco.[9]

No entanto, os radicais também convenceram o Congresso a aprovar a Décima Quarta Emenda, que ao transformar ex-escravos em cidadãos iguais de uma república multirracial fez o que nenhum outro acordo jamais conseguira depois da escravidão e inscreveu na Constituição uma norma nacional de direito à cidadania por nascimento que acabaria por permitir que as gerações futuras, descendentes de escravos e imigrantes, minassem a supremacia racial e cultural dos brancos. Embora a Décima Quarta Emenda não estendesse o voto às mulheres, o Congresso, as constituintes estaduais e a imprensa debateram a possibilidade. Naquela época estonteante do pós-guerra, de reescrever os negócios básicos da economia política americana, tudo parecia possível.[10]

No curto prazo, o sufrágio afro-americano permitiu que os ex-escravos do sexo masculino fizessem política nas Assembleias Legislativas Estaduais, onde outrora haviam sido negociados para securitizar seu próprio sangue e semente. Os afro-americanos representaram os estados do Sul no mesmo Congresso onde acordos anteriores haviam mantido a porta aberta para mais tráfico de escravos, mais primeiros dias nos algodoais, mais terra manchada junto ao galpão do descaroçador. Entre 1866 e o início da década de 1870, a Reconstrução no Sul parecia ser capaz de produzir uma sociedade radicalmente transformada. A resistência branca era brutal e difundida, mas o compromisso

---

9. Isso, somado a um declínio lento e prolongado nos preços dos artigos agrícolas depois de 1870, ajudou a assegurar que, para muitas pessoas, a meação se tornasse um tipo de escravidão por dívida que, por fim, aprisionou três gerações consecutivas de afro-americanos nos condados algodoeiros em uma situação de pobreza extraordinária. Ver Gavin Wright, *Old South, New South: Revolutions in the Southern Economy After the Civil War* (Nova York, 1986).
10. Laura Free, *Gendering the Constitution: Manhood, Race, Woman Suffrage, and the Fourteenth Amendment* (Philadelphia, 2014).

nacional com a emancipação mantinha as tropas federais ocupando o Sul. Após 1873, entretanto, quando a economia industrial entrou em uma profunda depressão, a consciência da América branca vacilou. Consumidos por disputas trabalhistas no Norte, era cada vez mais improvável que os líderes republicanos vissem os trabalhadores livres do Sul como pessoas com quem compartilhavam interesses.

Os afro-americanos estavam observando a promessa de emancipação, os dias inebriantes de águias em brasões de latão e de casamentos sob a bandeira começarem a decair e a desaparecer lentamente, como foi o caso de Thomas Faro e Liza, que se mudaram para Nova Orleans depois da guerra. Ela montou um negócio de venda de alimentos para os viajantes em barcos a vapor e teve dois filhos com Thomas. Os dois lutaram para ter vidas livres, mas o mundo virou, agravando as tragédias universais da vida humana, amplificando fracassos e acelerando a decadência da esperança.

Thomas morreu na década de 1870 durante uma epidemia de varíola que varreu a Louisiana negra. Então, Liza se mudou para a Paróquia de St. John the Baptist e conseguiu um trabalho estável na fazenda de John Webb. Lá conheceu Cade McCallum, que trabalhava como supervisor. A guerra tinha castigado seu corpo, e ele só podia fazer o trabalho duro esporadicamente, mas ainda assim impunha respeito aos trabalhadores. Um dia, no final da década de 1870, Amos Gale, antigo companheiro de exército de Cade, veio vê-lo na "época do corte do arroz". Conheceu Liza, que havia se mudado com Cade junto com os dois filhos. Embora não houvesse nada para comer na casa, exceto "um jacaré seco pendurado no alto", Cade e Liza o cortaram, limparam e compartilharam com Amos.

Fora da cabana, a escuridão estava caindo. Por todo o Sul, os cavaleiros noturnos saíam, encapuzados de branco, queimando, estuprando, espancando e matando. Fraudaram as eleições de um estado após o outro. Incendiaram as casas de negros ousados o suficiente para comprar terras, ou até mesmo corajosos o suficiente para pintar a própria casa. Cavalgaram até Washington e fizeram negócios. Para resolver a eleição presidencial de 1876, então contestada, os republicanos do Norte fizeram uma barganha corrupta com os governantes democratas do Sul para permitir que estes últimos tivessem um "autogoverno autônomo". Os "Redentores", como os brancos democratas do Sul se denominavam, mudaram as leis o quanto puderam para fazer que a Reconstrução retrocedesse. Em 1900, tinham tirado o voto da maioria dos homens negros, e de muitos dos homens brancos menos confiáveis também. Além disso, armaram a cerca da segregação; "Jim Crow", como as pessoas viriam a chamá-la, consistia em uma série de regras mesquinhas e brutais. Proibia os afro-americanos, por exemplo, de beber dos mesmos bebedouros que os brancos, comer nos mesmos restaurantes e frequentar as mesmas escolas. Em outras palavras, proibia que os negros desfrutassem o direito civil de se moverem em espaços públicos como iguais, ou terem acesso às mesmas oportunidades educacionais e econômicas que os brancos.

Os brancos do Sul construíram monumentos aos generais derrotados na guerra pela escravidão, comemoram os velhos tempos das fazendas e escreveram histórias nas quais insistiam que o objetivo da guerra fora defender seus direitos políticos contra um Estado opressor. No último dos objetivos, foram tão bem-sucedidos que convenceram a maioria dos norte-americanos brancos, incluindo a maioria dos historiadores, de que a escravidão tinha sido benigna e de que "os direitos dos estados" haviam sido a causa da Guerra Civil. No entanto, o reino que os senhores brancos do Sul haviam recuperado estava faminto. Eles próprios eram muito mais pobres do que no passado. Sua violência era mais autodestrutiva e menos proveitosa.

Até a nova história sobre o velho passado era uma espécie de ouro de tolo. A valorização das causas perdidas, o elogio delirante da traição cometida pela geração anterior: essas coisas não adaptavam ninguém ao mundo moderno. Os empreendedores brancos promoveram vigorosamente um "Novo Sul". Mas os decisores econômicos da região lutaram para se adaptar às duas realidades pós-escravidão. Em primeiro lugar, nem os afro-americanos nem ninguém mais faria trabalho manual no ritmo vertiginoso e traumatizante da máquina de açoitar. Muitos pequenos proprietários rurais brancos, empobrecidos pela guerra e incapazes de pagar dívidas ou impostos, perderam suas terras e se tornaram arrendatários ou meeiros. O número total de fardos produzidos nos Estados Unidos não superou o pico de 1859 até 1875, apesar de ter acontecido um aumento significativo no número de produtores algodão no Sul depois da emancipação. A produtividade do algodão caiu significativamente. No final da década de 1850, muitos colhedores de algodão escravizados atingiam um pico de bem mais de 90 quilos por dia. Na década de 1930, depois de meio século de experimentação científica maciça, tudo para tornar o floco de algodão mais fácil de colher, os bisnetos dos escravizados geralmente colhiam apenas de 45 a 55 quilos por dia.[11]

Em segundo lugar, tanto porque a produtividade estava agora diminuindo em vez de aumentar, e devido ao isolamento político-econômico que os governantes brancos

---

11. Harry Bates, *Cotton: History, Species, Varieties, Morphology, Breeding, Culture, Diseases, Marketing, and Uses* (Nova York, 1927), 151-152, 323; Warren C. Whatley, "Southern Agrarian Labor Contracts as Impediments to Cotton Mechanization", *Journal of Economic History* 47, n. 1 (1987): 45-70; William L. Shea and Edwin Pelz, "A German Prisoner of War in the South: The Memoir of Edwin Pelz", *Arkansas Historical Quarterly* 44, n. 1 (1985): 42-55, esp. 52-53; Steven Hahn, *A Nation Under Our Feet: Black Political Struggles in the Rural South from Slavery to the Great Migration* (Cambridge, MA, 2003), 424--425; David Blight, *Race and Reunion: The Civil War and American Memory* (Cambridge, MA, 2003).

sulistas infligiram à sua região para proteger o poder branco, o Sul decaiu para um estado colonial subordinado na economia nacional. Embora muitos sulistas quisessem desenvolver uma economia moderna mais diversificada que fosse além do algodão, isso não aconteceu por quase um século depois da emancipação. Apesar das constantes tentativas de industrialização, o Sul só produzia recursos naturais e trabalhadores miseráveis. A região não dispunha de capital local suficiente, fosse do tipo financeiro ou humano com educação de qualidade, e não conseguia desenvolvê-lo. Embora uma indústria têxtil surgisse no piemonte das Carolinas e da Virgínia, e uma indústria do ferro e do carvão no Alabama, elas ofereciam empregos com salários baixos. As indústrias não têxteis sofreram com a concorrência dos setores do Norte mais fortemente capitalizados, que literalmente manipulavam as regras, como com os esquemas de preços que as corporações usavam para garantir que o aço de Pittsburgh custasse menos do que o de Birmingham. As indústrias extrativas, incluindo a mineração de carvão e madeira, devastaram a paisagem e dependiam de uma mão de trabalho oprimida com uma chocante violência. O tamanho pequeno persistente e a pobreza da classe trabalhadora não agrícola também limitavam o desenvolvimento urbano e da classe média. Assim, na década de 1930, gerações após a Guerra Civil, a maioria dos sulistas negros e brancos eram pobres e trabalhavam em propriedades rurais, e geralmente em propriedades rurais que não eram deles.[12]

LIZA TINHA POUCO MAIS DE 40 ANOS quando se juntou a Cade. Foi como Sara para seu Abraão, e ainda teve dois filhos com ele. Em 1882, o casal finalmente se casou oficialmente. Alguns anos mais tarde, se mudaram para Nova Orleans. Em 1890, com 68 anos de idade, ele solicitou uma pensão para inválidos do governo federal, que se

---

12. Seria impossível listar todos os grandes trabalhos sobre a história do Sul pós-Gerra Civil, mas esses dois parágrafos se baseiam acima de tudo em tradições acadêmicas em que se incluem as seguintes obras: W. E. B. DuBois, *The Souls of Black Folk* (Chicago, 1903); W. E. B. DuBois, *Black Reconstruction in America: An Essay Toward the Part Which Black Folks Played in the Attempt to Reconstruct Democracy in America, 1860- 1880* (Nova York, 1935); C. Vann Woodward, *Origins of the New* South, 1877-1913 (Baton Rouge, LA, 1951); Eric Foner, *Reconstruction: America's Unfinished Revolution, 1863-1877* (Nova York, 1988); Edward L. Ayers, *The Promise of the New South: Life After Reconstruction* (Nova York, 1992); Glenda Gilmore, *Gender and Jim Crow: Women and the Politics of White Supremacy in North Carolina, 1896-1920* (Chapel Hill, NC, 1996); David Cecelski and Timothy Tyson, eds., Democracy Betrayed: The Wilmington Race Riot of 1898 and Its Legacy (Chapel Hill, NC, 1998); Laura F. Edwards, *Gendered Strife and Confusion: The Political Culture of Reconstruction* (Urbana, IL, 1998); Gregory Downs, *Declarations of Dependence: The Long Reconstruction of Popular Politics in the South, 1861-1908* (Chapel Hill, NC, 2011).

comprometeu a sustentar os soldados idosos e suas viúvas depois que eles morressem. Em seu pedido, enumerou muitas doenças. Algumas eram típicas da velhice. Outras especialmente frequentes entre os que haviam sofrido com a migração forçada, o trabalho árduo e o serviço de soldado na lama e na chuva: distúrbios intestinais, antigos ferimentos e um coração palpitante que o deixava esgotado. Depois de 16 anos no bairro de Carrolton, acabou falecendo. Era fevereiro de 1906. A família o enterrou no seu uniforme azul. Os velhos veteranos do bairro apareceram para dar os pêsames e o acompanharam lentamente até o túmulo.

Naquele dia frio, quando Liza voltou do cemitério para a casa onde agora teria que morar com seu filho e a família dele, não apenas Cade McCallum estava morto em seu túmulo, mas, pior, ele e Liza pareciam derrotados. A escravidão tinha acabado, mas as Leis Jim Crow, não. Quase todos os afro-americanos foram excluídos das urnas e do poder político que elas poderiam lhes render. Acomodações e escolas públicas segregadas prometiam que eles e seus descendentes seriam cidadãos de segunda classe no futuro. Os jovens que tomavam o trem em direção ao Norte, para Chicago e Nova York, descobriam que, mesmo fora do Sul, enfrentavam locais de trabalho e bairros segregados, uma porta de oportunidade apenas intermitente e parcialmente aberta.

Mas o corpo da América africana, esticado, acorrentado e esticado novamente, o corpo cuja língua, espírito e sangue tinham se desenvolvido ao lado da expansão da escravidão, ainda vivia. Acontece que a história em que Cade, Liza e milhões de outros haviam sido apanhados, a história que lhes tinha sido roubada, e as pessoas as quais sempre estavam tentando roubar, não tinha acabado, e, em muitos aspectos, ainda não acabou. A escravidão e sua expansão construíram padrões duradouros de pobreza e exploração. Esse legado certamente era cristalino no Sul de Liza no início do século XX. Por exemplo, as famílias afro-americanas não tinham praticamente nenhum patrimônio, enquanto uma parcela substancial da riqueza mantida pelos lares brancos, mesmo após a emancipação, podia ser atribuída à renda gerada pelo trabalho escravizado e pelo financiamento arrancado dos seus corpos antes de 1861.

De maneira mais ampla, a história dos pés, das cabeças, das mãos, das línguas, da respiração, da semente, do sangue, das costas e dos braços tinha constituído toda a América africana, os Estados Unidos e o mundo moderno. A modelagem começou na década de 1780. A possibilidade de lucros da migração forçada manteve os Estados Unidos juntos durante os anos de vacas magras após a Revolução Americana. As concessões da Constituição construíram uma união sobre a escravidão e incorporaram sua expansão – temporariamente para alguns, permanentemente para outros – ao tecido da economia política americana. Pelos setenta anos que se seguiram, o tempo de toda uma vida bíblica, as pessoas escravizadas foram tocadas e mandadas à força para o Sul e para o Oeste. As mãos e a criatividade dos afro-americanos, que se voltavam contra si e, algumas vezes, até mesmo uns contra os outros, produziram mercadorias e construíram um arquipélago de campos de trabalho escravo, literalmente um organismo de produção econômica.

A partir dos mercados construídos sobre o trabalho e os corpos de pessoas escravizadas e da infraestrutura estabelecida para embarcar o produto para dentro e para fora, veio o crescimento econômico. Entretanto, a partir desse crescimento econômico não veio apenas a riqueza, mas também o poder político nos conselhos da nação. Os homens brancos pobres insistiam que também deveriam gozar das recompensas psíquicas do poder da mão direita na fronteira da escravidão, e daí veio uma derrota temporária para os fazendeiros arrogantes. Ainda assim, os empreendedores políticos inteligentes, especialmente Andrew Jackson, também transformaram energias populistas agressivas em canais do poder político. Eles criaram uma nova aliança política inter-regional que rendeu décadas a mais de compromissos e que permitiu que o Sul mantivesse o seu poder desproporcional dentro do governo federal. Ainda assim, tanto o Sul quanto o Norte dependiam da expansão da escravidão. Os produtos gerados a partir das possibilidades de exploração conjunta explicam grande parte da surpreendente ascensão do país ao poder no século XIX. Entre as altas e as crises da economia, surgiu um sistema financeiro que catalisava continuamente o desenvolvimento do capitalismo americano. Na década de 1840, os Estados Unidos haviam se tornado um império e um poder econômico mundial; a segunda maior economia industrial, do mundo, na verdade. Tudo nas costas do algodão.

A dependência do algodão se estendia para muito além das praias da América do Norte. Um mundo ávido por uma fatia dos superlucros da máquina de açoitar que tinha financiado a ocupação do continente e a migração forçada de afro-americanos escravizados para os campos de algodão do Sudoeste ajudou a possibilitar a economia mundial moderna. O aumento de produtividade constante das mãos na fronteira do algodão manteve as matérias-primas baratas fluindo para a mais nova e mais importante indústria do mundo formada pelas fábricas de artigos de algodão da Grã-Bretanha, da Europa Ocidental e do Norte. O roubo dos dias, dos anos, do trabalho e dos segredos criativos da mão esquerda ajudou a proporcionar a velocidade de escape para o incipiente mundo moderno fazer o que nenhuma outra sociedade tinha feito antes na história e escapar do campo gravitacional malthusiano. A expansão da escravidão foi a força motriz na história dos EUA entre a elaboração da Constituição e o início da Guerra Civil. Ela tornou a nação grande e unificada, e os brancos do Sul, desproporcionalmente poderosos. Os proprietários de escravos tinham colocado a mão direita contra a esquerda para alcançar não apenas a produtividade, mas também o poder que poucas outras classes dominantes na história humana tinham possuído.

Contudo, da epopeia de roubo e sobrevivência, de desejo e inovação, também veio a Guerra Civil. Os lucros e o poder da expansão incentivaram os sulistas a pressionar por mais expansão. Isso transformou alguns brancos do Norte em aliados que reconheciam a sua dependência em relação ao lucro do algodão e estavam dispostos a fazer o que fosse necessário para manter o seu fluxo. Estes eram os aliados dos brancos do Sul. Mas o poder do Sul assustava outros brancos do Norte. Alguns temiam que a escravidão, suficientemente aceitável enquanto permanecia como uma instituição do Sul, invadisse os lugares em que viviam ou onde queriam viver. Outros acreditavam que a escravidão corrompia tudo e que a sua expansão alimentava a podridão na sociedade, na liberdade e na alma americanas, e qualquer outra coisa que fosse, para eles, símbolo de tudo o que era bom. Outros ainda acreditavam que os desastres financeiros do final da década de 1830 e do início da década de 1840 mostraram que a escravidão estava economicamente perdida e fadada ao fracasso e representava um obstáculo para o futuro da economia capitalista.

Todos esses grupos se uniram no Partido Republicano de fins da década de 1850 por trás de uma posição política com a qual conseguiam concordar: a expansão da escravidão deveria ser interrompida. Para os brancos do Sul, que sempre foram capazes de encontrar novas fronteiras, a vitória desse partido em uma eleição nacional era inaceitável. Estimulados por seus outros sucessos na década de 1850, pelo consenso quase absoluto entre os brancos do Sul por trás do bloco político dos escravocratas e pelo poder esmagador que tinham dentro do Partido Democrata nacional, os políticos escravistas tomaram decisões que levaram à secessão e à guerra.

Diz-se que a guerra civil foi "desnecessária", porque a escravidão já estava destinada a terminar, provavelmente em algumas décadas depois da eleição de 1860. Mas isso não passa de um dogma. As evidências apontam na direção oposta. A escravidão rendeu uma produção cada vez mais eficiente, em contraste com o trabalho livre que tentou (em vão) competir com ela, bem como o trabalho livre que a sucedeu. Se o trabalho escravo com o algodão tivesse atingido um teto, os escravistas teriam encontrado novas mercadorias. Eles já tinham adaptado a escravidão antes, e com resultados incrivelmente lucrativos. O trabalho forçado, que é a escravidão em tudo menos o nome, continuou a ser tremendamente importante para a economia mundial até o século XXI. E as lições que os escravizadores aprenderam colocando a mão esquerda a serviço da direita, forçando as pessoas comuns a revelarem seus segredos para que pudessem ser comercializados, desgastados em ecos instáveis que temos chamado por muitos nomes (administração científica, hora extra não remunerada, estudos de gestão) e ouvido em muitos lugares. Embora estes não fossem a escravidão, são mais uma maneira pela qual o mundo humano ainda sofre, sem saber, com os crimes cometidos contra Rachel, William, Charles Ball e Lucy Thurston; chora por eles sem sabê-lo, ainda que também vivamos sobre os lucros que lhes foram roubados.[13]

Nem é óbvio que os que estavam engajados na expansão da escravidão teriam sido derrotados politicamente, superados em número ou encurralados. Na década de 1850, os promotores da expansão da escravidão a tornavam defensável em termos constitucionais que o Norte achou bastante aceitáveis até muito depois da guerra. Além disso, o vasto corpo escravizado era a maior reserva de riqueza na economia norte-americana. Enquanto a lei e a política normal reinam, os detentores de riqueza normalmente encontram maneiras de preservar sua riqueza. Uma rebelião interna bem-sucedida era impossível. Sendo assim, a guerra era a única maneira pela qual a escravidão terminaria nos Estados Unidos. Guerra em que os escravistas, na arrogância da mão direita, apostaram, e que foi, para eles, um erro imenso.

MAS CADE MCCALLUM AINDA ESTAVA MORTO e sepultado. Assim como muitos dos homens e mulheres que, junto com ele, haviam se agarrado à chance que, graças à arrogância dos escravizadores, finalmente havia chegado para os homens e as mulheres escravizados, uma geração que garantira que finalmente veria o fim da escravidão. Mas mortos também, ao que parecia, estavam os sonhos de igualdade, independência, redenção dos furtos das viagens mais profundas e mais longas da escravidão. Liza, arrastando-se rua acima no frio, não teria enxergado muitas chances de reverter esse processo de decadência. Em 1937, quando Claude Anderson veio falar com Lorenzo Ivy, ela ainda poderia ter dito a mesma coisa.

De fato, embora tivessem perdido muito do poder que tinham na derrota da Guerra Civil, os ex-senhores e seus descendentes recuperaram uma parte no início do século XX. As elites brancas do Sul continuaram a exercer um poder desproporcional por mais cem anos. A vontade de muitos sulistas brancos de se unirem em torno da ideia de se ater ao poder racial fez do Sul uma região que oscilava entre os dois partidos, e dos sulistas brancos um grupo de interesse definido, disposto a se juntar a qualquer

---

13. Bill Cooke, "The Denial of Slavery in Management Studies", Paper n. 68, Institute for Development Policy and Management, Universidade de Manchester, http://ageconsearch .umn .edu /bitstream /30566 /1 /dp020068 .pdf, acessado em 18 de dezembro de 2013.

partido nacional que atendesse às suas demandas. Essa foi apenas uma das maneiras pelas quais o fruto amargo das elites do Sul, com sua defesa da escravidão e do próprio poder, continuou a ofender a democracia em todo o país. Em outro caso, o Judiciário federal aceitou o argumento de Calhoun sobre a separação entre a propriedade escrava e o controle da maioria, fazendo dele, na forma da chamada Doutrina Lochner, uma defesa do poder industrial desenfreado em face das tentativas de regular a segurança dos trabalhadores, a saúde do consumidor e o impacto ambiental. Em outro caso, o racismo científico teve uma longa história após a queda da Confederação. Foi usado para justificar o antissemitismo, o extermínio de povos nativos ao redor do mundo, as formas brutais de colonialismo e a exclusão de imigrantes. E continuou a ser usado para justificar a discriminação contra os descendentes dos escravizados.

Enquanto isso, a raiva inflexível dos ex-confederados contra a Reconstrução se transformou nas suspeitas dos seus netos sobre o New Deal e a insistência da parte dos democratas brancos do Sul de que as medidas contra a Grande Depressão não poderiam fazer nada para aliviar a pobreza negra ou diminuir a supremacia branca. Comparado ao domínio da política dos EUA durante grande parte do período anterior à guerra, e a sua capacidade de consumir quantidades desproporcionais dos frutos do crescimento econômico nacional do pré-guerra, a classe alta branca do Sul do pós-guerra conseguiu apenas um triunfo truncado. No entanto, os brancos ainda mantinham os negros que trabalhavam para eles na pobreza, forçando os afro-americanos a receber em silêncio os insultos implícitos e explícitos na vida em um Sul regulado pelas Leis Jim Crow, para que não morressem brutalmente nas mãos de turbas, com ou sem distintivos. Não é de admirar que a única chance de liberdade que tantos afro-americanos enxergavam era ir embora.[14]

Ainda assim, havia coisas que nem mesmo os escravistas do período anterior à Guerra Civil, apesar de todo o seu poder, tinham sido capazes de controlar. Podiam criar um sistema que parecia reduzir os afro-americanos a partes do corpo: pés caminhando como uma máquina acorrentada, mãos no leilão e mãos na colheita, mentes e sistemas nervosos produzindo receitas, entretenimento e prazer. No entanto, havia duas maneiras de se olhar para o corpo da América africana, suturado no trauma da expansão da escravidão. O corpo tinha duas formas, duas instâncias. Uma beneficiava

---

14. Ira Katznelson, *Fear Itself: The New Deal and the Origins of Our Time* (Nova York, 2013). Dentre vários trabalhos excelentes sobre linchamento, ver Crystal Feimster, *Southern Horrors: Women and the Politics of Rape and Lynching* (Cambridge, MA, 2009); Mari Nagasue Crabtree, "The Devil Is Watching You: Lynching and Southern Memory, 1940-1970" (PhD diss., Universidade de Cornell, 2014).

os escravizadores, e, na verdade, os Estados Unidos dos brancos, tanto o Norte quanto o Sul, tinham concordado repetidamente em explorar conjuntamente esse corpo, que era a nova escravidão dos algodoais. Essa república africana, criada pela expansão, foi marcada por um enorme sofrimento. Nela, centenas de milhares de pessoas morreram cedo e sozinhas, separadas de seus entes queridos. Milhões de pessoas perderam outros milhões de pessoas. Na beira da água, elas se despediam.

Mas as línguas também falavam palavras que os escravistas não ouviam. Os pulmões respiravam um espírito que não cederia. Homens e mulheres escravizados vigiavam e acalmavam o próprio sangue, e treinavam as sementes para que esperassem. Mesmo quando os escravizadores perceberam, em momentos específicos, que o povo escravizado tinha criado outra coisa, uma identidade, uma unidade política, uma cultura comum, uma história e um sentido que os moldava e unificava, eles esqueciam ou queriam esquecer. Então, as pessoas sobreviveram e se ajudaram mutuamente a sobreviver. Mais do que sobreviver, a construir. Assim, outro corpo cresceu como o gêmeo invisível daquele estirado e usado pelos brancos. Por fim, a espera teve uma recompensa. O corpo se ergueu. Os afro-americanos pegaram nas armas e derrotaram os escravizadores.

A sobrevivência, e esse tipo de sobrevivência, tornaram a vitória possível. Ao contrário de seus predecessores no continente norte-americano, e ao contrário das suas correspondentes na maior parte do Novo Mundo, a única alternativa da cultura afro-americana que emergiu do crisol da migração forçada do século XIX nos Estados Unidos seria pensar em si como uma unidade. A assimilação, procurada pelos africanos escravizados e seus descendentes no Brasil e em muitas sociedades de língua espanhola, era impossível. A fuga através da alforria individual, uma opção buscada por escravizados esforçados em todo o resto do Novo Mundo, geralmente não era possível. A fuga através da revolta, dependente de velhas identidades e conceitos africanos, a opção haitiana, era igualmente impossível. Com todas essas opções fechadas, os afro-americanos escravizados tiveram que desenvolver um sentido de unidade ou desmoronar. E desenvolveram essa unidade, dobrando uma narrativa da história que os ligou em torno de uma avaliação clara da sua situação como vítimas de um grande crime. Tiveram de reconhecer que, sem solidariedade, viveriam apenas ao capricho de um conjunto de estruturas e práticas destinadas a explorá-los de todas as formas possíveis.

Essa agenda política que os povos escravizados desenvolveram, e que exportaram nas palavras dos sobreviventes e fugitivos, não consistia na assimilação ou na alforria, mas na destruição da máquina de açoitar, com tudo que a moveu, e a transformação dos Estados Unidos em um lugar que se redimiria dos seus roubos. Essa agenda, contrabandeada para o Norte nas mentes e nas línguas de uns poucos fugitivos intrépidos e sortudos, ressuscitou um movimento antiescravista que estava morto nos Estados Unidos. Essa pauta colocou um grupo de brancos progressistas em colisão política com os senhores de escravos e seus muitos aliados do Norte. Mesmo enquanto essa trajetória política avançava, nos espaços sagrados e seculares, durante o dia e durante a noite, na dor e na alegria, as pessoas escravizadas ainda estavam descobrindo novos caminhos para proteger e defender a alma humana em meio ao caos da destruição criativa ainda forte. Pessoas sobreviveram e se formaram do terror, do roubo e da morte. Aprenderam a ser rápidas, mas não apressadas, a se perder sem perder a alma. Tudo isso também foi o legado da expansão da escravidão. Esse era o corpo coletivo que sobreviveu à migração forçada mesmo quando muitos corpos não sobreviveram, ou morreram na guerra que determinou que a extinguiu, ou sofreram com o empobrecimento e a privação de direitos após a Reconstrução.

Na guerra, os sobreviventes acabaram com a escravidão. Quando os sobreviventes começaram a morrer, o que puderam passar para os descendentes em termos de riqueza material foi muito pouco. Muito tinha sido roubado deles. Mas os afro-americanos tinham uma história que fazia deles um povo. Tinham uma unidade que era, em última análise, política. Isso os levou a escolher a solidariedade no lugar dos acordos individuais. Tinham inserido a sua reivindicação por cidadania na Constituição, um precedente que se tornaria mais poderoso conforme o século fosse passando e os Estados Unidos confrontassem inimigos ansiosos por apontar a hipocrisia da linguagem de primeira categoria e a prática de quinta da igualdade civil e política. Haviam criado, com os aliados brancos, na forma do abolicionismo, o modelo ideológico da dissidência americana, do progressismo e da fé na mudança social que, buscada com um zelo religioso, poderia tornar a república norte-americana mais fiel ao seu eu ideal.

Ao mesmo tempo, a criatividade continuou a ferver nas terras devastadas pela migração forçada após o colapso da Reconstrução. As formas culturais afro-americanas permearam e retrabalharam a cultura popular americana, que em seguida exportou essas formas culturais para todo o planeta. Durante o século que se seguiu ao enterro de Cade McCallum, os afro-americanos transformaram o mundo usando todas essas ferramentas e trabalhando em todos os ramos. Remodelaram a geografia social, cultural e política dos Estados Unidos de acordo com a própria vontade no curso da Grande Migração. Mudaram o Sul, os Estados Unidos e o mundo para sempre através do movimento dos direitos civis. E construíram uma tradição de organização comunitária que acabou por levar o eleitorado americano, em um fato surpreendente, a eleger um presidente negro que era filho de um imigrante africano. Como força política, a solidariedade que os afro-americanos construíram inicialmente enquanto ainda estavam escravizados permanece coesa de um modo impressionante, gerações mais tarde, apesar dos dois séculos de tentações para se desistir, se desviar ou se dissolver no niilismo.

Os descendentes de afro-americanos escravizados puderam realizar esses feitos poderosos por muitas razões, mas a raiz de todas elas era que aqueles que sobreviveram à escravidão tinham transmitido o que aprenderam. Os dons, as criações, o sopro de espírito, as canções que salvaram vidas, as lições compradas com moedas de dez centavos, as virtudes comuns e a determinação de sobreviver ao lobo. As lições vieram na forma dos braços fortes que seguravam os bebês nas cabanas dos meeiros, das notas das canções, do balanço das igrejas, das piadas contadas ao redor do balde de água nos dias quentes da colheita de algodão e das lições ensinadas tanto em escolinhas minúsculas quanto em lugares como Hampton. Dia após dia, ano após ano, a metade não contada foi contada. E, no túmulo, o corpo se agitou.

O vento varreu as nuvens da frente do sol. Claude Anderson rabiscou as últimas palavras com seu lápis e então notou que o velho tinha parado. A luz do sol tinha avançado muito pelo piso de pinho. Já deve ter passado bastante do meio-dia. Ao olhar para cima, Anderson viu que Lorenzo Ivy devolvia o olhar com um sorriso calmo, que não correspondia ao catálogo de horrores que tinha acabado de detalhar. Do lado de fora, as crianças chamavam pelas outras em uma brincadeira agitada. Anderson ouviu dois pares de pés descalços descendo a rua em perseguição. Ele ainda sentia a poeira batendo nos próprios calcanhares, poucos anos antes.

Em algum lugar, do outro lado do mar, as pessoas olhavam através dos arames farpados das torres de segurança. A história contada para justificar as metralhadoras era sobre a raça subumana dos prisioneiros. Era uma história contada com expressões que os defensores da escravidão haviam cunhado para reivindicar sua justa posse de Ivy quando era uma criança. Em algum lugar, do outro lado do mar, um homem em um *gulag* se encolhia sob um cobertor tecido com o algodão colhido pelos primos perdidos de Anderson e de Ivy. Em algum lugar, do outro lado do oceano, uma criança em uma porta de taverna ouviu um disco tocar, ouviu uma combinação chocante de precisões e quebras, um trompete cantando uma nova canção. Em algum lugar, na verdade na outra ponta da mesma velha trilha de escravos que os levava através de Danville e pela montanha, uma mãe se acomodou na Rodovia 61 do Mississippi com os filhos. Expulsa pela chegada do trator, ela apertava nas mãos uma folhinha com um endereço de Chicago. E em algum lugar, não muito distante de Danville, estudantes de Direito, a três gerações da escravidão, se reuniam para planejar a próxima ação contra Jim Crow e o linchamento.[15]

---

15. Susie King, AS, 2.4 (AR), 213; Charles L. Perdue Jr., Thomas E. Barden, and Robert K. Phillips, eds., *Weevils in the Wheat: Interviews with Virginia Ex-Slaves* (Charlottesville, VA, 1976), esp. 151-154.

Outra mudança do vento sacudiu as cortinas, outro minuto tinha empurrado o sol um pouco mais, para um ângulo que realçou de repente as rugas profundas no rosto aliviado de Ivy. Ele se levantou, rangendo de uma maneira audível. Algumas vezes os velhos queriam mascar tabaco, e Anderson costumava dar rapé às mulheres. A mão de Ivy apenas pediu um aperto. "Eu sei muito mais e posso te contar outro dia, vou escrever. Basta me enviar um envelope, como você disse, e eu vou escrever tudo e enviar para você". Anderson lhe agradeceu e atravessou a porta aberta na casa do velho. Desceu os degraus, abriu a porta de seu Ford preto, deixou os blocos de anotação sobre o banco do passageiro e acomodou-se no banco do motorista. Ligou o motor e botou a cabeça para fora da janela aberta. O velho ainda estava na varanda. "Passe bem", foi o que Lorenzo Ivy disse antes de voltar para dentro.

Agradecimentos
à edição Basic Books, 2014

Qualquer livro que demore tanto para ser escrito inevitavelmente nos faz incorrer em muitas dívidas. O poder dos juros compostos acabará por tornar essas dívidas completamente impagáveis. Considerarei isso como uma declaração de falência. Nesta lista de dívidas, devo começar com o fato de que este livro nunca teria visto a luz do dia sem o apoio incansável de Lara Heimert, editora e diretora da Basic Books. Não tenho como agradecer o suficiente pelo seu apoio, paciência, leituras cuidadosas e perguntas pontuais. Outras fontes de apoio e experiência na editora e no processo de produção incluem Sandra Beris e Leah Stecher da Basic, o editor de produção Roger Labrie e o copidesque Kathy Streckfus. Linda Beltz Glaser e Syl Kacapyr, de Cornell, ajudaram com ideias de desenvolvimento, David Ethridge fez os mapas e Lillian Baptist ajudou a criar o conceito da capa.

A pesquisa foi financiada principalmente pela Universidade de Cornell, o Fundo Nacional para as Humanidades e da Universidade de Miami, mas também pela Universidade de São Paulo, a Universidade de Tulane, o Instituto Gilder Lehrman de História Americana da Carolina do Norte, a Universidade da Carolina do Norte e a Universidade de Duke.

Nenhum trabalho de história é possível sem a ajuda dos bibliotecários, arquivistas e das instituições que tornam a pesquisa original viável. O apoio e o auxílio vieram da: Biblioteca da Universidade de Cornell e todo o seu corpo de funcionários; Biblioteca da Universidade de Duke e seu corpo de funcionários, especialmente Elizabeth Dunn, Nelda Webb e Janie Morris; a Coleção sobre História Sulista da Universidade da Carolina do Norte, especialmente Laura Clark Brown, Tim West, Tim Pyatt, Shayera Tangri e John White; Biblioteca da Howard-Tilton, da Universidade de Tulane, e do seu Departamento de Coleções Especiais; os Arquivos Cartoriais de Nova Orleans; a Biblioteca Pública de Nova Orleans, especialmente Greg Osborne; a Biblioteca Pública de Nova York; a Sociedade Histórica de Nova York; a Biblioteca Hill Memorial da Universidade do Estado da Louisiana; os Arquivos Nacionais (Washington, DC, e Forte Worth); a Sociedade Histórica de Chicago; a Biblioteca Newberry; a Sociedade Histórica da Virgínia; e a

Biblioteca da Universidade de Miami. A Coleção Histórica de Natchez merece uma menção especial pelo apoio intelectual e moral dado aos acadêmicos por Mimi Miller, assim como o Centro para Estudos do Cinturão Negro da Universidade do Alabama do Oeste. Agradeço a Zachary Kaplan, Gregg Lightfoot e Sam Robinson pela assistência na pesquisa. Os agradecimentos também vão para Jonathan Pritchett, James Wilson, Richard H. Kilbourne, Dale Tomich e Mimi Miller por compartilharem os dados, ao CISER (Instituto de Cornell para a Pesquisa Social e Econômica) por ajudar a armazenar e analisar dados, especialmente Bill Block, Lynn Martin e Jeremy Williams; e também para Jordan Suter, Nancy Brooks, Peter Hirtle, Bob Kibbee e Michelle Paolillo por ajudarem na análise dos dados.

Recebi contribuições úteis das plateias e de companheiros de conferências em inúmeras palestras sobre partes do conteúdo deste livro. Portanto, agradeço àqueles que participaram, e organizaram, eventos do tipo, incluindo a Associação Histórica Sulista, a Associação de História de Ciências Sociais, a Fundação Humboldt, a Sociedade Filosófica Americana, o Centro Fernand Braudel na Universidade de Binghamton, a Universidade Federal de São Paulo, a Universidade do Estado do Rio de Janeiro, a Universidade de São Paulo, Conferência sobre a História Anglo-americana no século XIX, Universidade de Cambridge, Sociedade de Humanidades da Universidade de Cornell, Universidade de Harvard, Universidade de Brown, Universidade da Carolina do Norte, Universidade de Tulane, Universidade da Pensilvânia, Universidade do Sul do Mississippi (Gulfport), Universidade das Índias Ocidentais (St. Augustine), Universidade de Georgetown, a Biblioteca Huntington e a Universidade de Colúmbia.

Além disso, existe o grupo de pessoas que leram e comentaram todas ou algumas partes significativas do livro enquanto estava sendo escrito e revisado. Essas pessoas são Sarah Franklin, Rafael Marquese (USP), Waldomiro Lourenço (UFSC), Leonardo Marques (UFF) e Tâmis Parron (UFF). O grupo também conta com Richard Dunn, Chuck Mathewes, Joshua Rothman, Tom Balcerski, Eric Tagliacozzo, Adam Rothman, Julia Ott, Dale Tomich e Tony Kaye. Agradeço a outras pessoas que não apenas se engajaram com os argumentos no livro, mas com quem aprendi, em uma jornada que vem de tanto tempo que alguns de vocês provavelmente se esqueceram. Mas eu me lembro: Lauren Acker, Rosanne Adderley, Ligia Aldana, Tony Badger, Whitney Battle-Baptiste, Sven Beckert, Catherine Biba, Ser Seshs Ab Heter-Clifford M. Boxley, Jeff Brosco, Vince Brown, o falecido Clark Cahow, Corey Capers, Mickey Casad, Catherine Clinton, Mari Crabtree, Fred D'Aguiar, Edwidge Danticat, Christine Desan, Doug Egerton, o falecido Robert F. Engs, Freddi Evans, Susan Ferber, Laura Free, Johan Grimm, Gwendolyn Midlo Hall, Will Harris, Maurice Jackson, Walter Johnson, James Lake, Triwa Lee-

-Chin, Jonathan Levy, David Libby, Gregg Lightfoot, Mary Maples Dunn, Stephanie McCurry, John H. McNeill, Delores McQuinn, Alice Michtom, Stephen Mihm, Daegan Miller, Duncan Morgan, Brent Morris, Chris Morris, Viranjini Munansinghe, Michael O'Brien, Sarah Pearsall, Dylan Penningroth, David Perry, Larry Powell, Marcus Rediker, Elizabeth Pryor Stordeur, Olivia Robba de Rocha, Pharissa Robinson, Seth Rockman, Dan Rood, Ricardo Salles, Manisha Sinha, Adriane Lentz-Smith, Jason Scott Smith, Nicole Spruill, Daisybelle Thomas-Quinney, Darla Thompson, Phil Troutman, Rob Vanderlan, Harry Watson, Jonathan Wells, Mark Wilson, Betty Wood, Kirsten Wood e Michael Zakim.

Aqui, na Universidade de Cornell, tenho a sorte de trabalhar ao lado de um grupo maravilhoso e solícito de colegas. Sou especialmente grato pela amizade e pelo debate intelectual que tive com Holly Case, Derek Chang, Duane Corpis, Jeff Cowie, Ray Craib, Maria Cristina Garcia, Robert Harris, Louis Hyman, o falecido Michael Kammen, Walter LaFeber, Fred Logevall, Tamam Loos, Vladimir Micic, Larry Moore, Mary Beth Norton, Jon Parmenter, Gabriele Piccoli, Mary Roldan, Aaron Sachs, Nick Salvatore, Suman Seth, Joel Silbey e Eric Tagliacozzo.

Agradeço a confiança do Departamento de História de Cornell, especialmente a uma série de catedráticos que me apoiaram: Sandra Greene, Victor Koschmann, Barry Strauss e Isabel Hull. Além de fazer um ótimo trabalho, o pessoal da História – especialmente Katie Kristof e Maggie Edwards – me ensinou muito sobre amizade. Na minha outra vida no campus, no campus ocidental e, especialmente, na Casa Carl Becker, tenho que agradecer a Cindy Hazan e a Laura Schaefer Brown, principalmente, mas também a Renee Alexander, Garrick Blalock, Rick Canfield, Isaac Kramnick e Elmira Mangum. Antes de qualquer coisa, quando se trata da Casa Becker, sou profundamente grato a nossa incrível reitora adjunta, Amanda Carreiro. Junto com ela, agradeço aos nossos assistentes Jesse Hilliker e Victoria Gonzalez, assim como Tony Kveragas e Eileen Hughes e aos maravilhosos bolsistas-discentes, tanto de graduação quanto de pós-graduação, com os quais trabalhei. Entre os últimos, gostaria de citar, particularmente, Neal Allar, Tinenenji Banda, Fritz Bartel, Joyce Chery, Ryan Edwards, Kelsey Fugere, Jeremy Fuller, Aziza Glass, Darvin Griffin, Louis Hopkins, Janice Chi-lok Lau, Javier Perez Burgos, Jon Senchyne e Kavita Singh.

Há muitos anos que recebo os ensinamentos, orientações e conselhos de Drew Gilpin Faust, Richard Dunn, o falecido John Hope Franklin, David Johnson, Robert F. Moore e meus pais, Ed e Lynda Baptist. Teria me esquecido de mim mesmo sem os meus amigos Luther Adams, Stephen Bumgardner e Justin Warf, sempre presentes para me lembrarem de quem sou.

Quando o livro estava para ser impresso, minha amiga Stephanie M. H. Camp faleceu. Ela era uma grande historiadora da escravidão e, neste livro, veria muitas coisas às quais deu forma. Mas, para mim, ela foi uma irmã mais velha e mais sábia, sempre disponível quando as coisas não estavam bem. Sentirei falta da sua graça e da sua gargalhada enquanto eu viver. Ainda ouço a sua voz nas palavras que escreveu e posso vê-la na inspiração que deu para tantos outros. Sentir essas coisas é um tipo especial de benção, ao mesmo tempo doce e dolorosa, uma mão esquerda que me segura na sua palma.

Este livro teria permanecido para sempre sepultado no meu computador se não fosse o apoio incansável, o entusiasmo e o amor de Donnette. Agora o livro vive, porque ela ajudou a soprar de volta seu espírito para dentro de mim.

Acima de tudo, o livro é para os meus filhos, Lillian e Ezra, que conhecem essas histórias de outros tempos. De muitas maneiras, trata-se de uma história que nos construiu. Mas as histórias mudam a cada dia que passa. Agora estamos escrevendo os nossos próprios capítulos.

Abreviações

AHR – American Historical Review
AS – George P. Rawick, ed., *The American Slave: A Composite Autobiography*, 18 vols. (Westport, CT, 1971-1979)
ASAI – Theodore Weld, *American Slavery As It Is* (Nova York, 1839)
BD – Baptist Database, coletado dos arquivos cartoriais de Nova Orleans
BIELLER – Alonzo Snyder Papers, LLMVC
CAJ – *Correspondence of Andrew Jackson*, ed. John Spencer Bassett, 7 vols. (Washington, DC, 1926-1935)
CATTERALL – Helen T. Catterall, ed., *Judicial Cases Concerning American Slavery and the Negro*, 5 vols. (Washington, DC, 1926-1937)
CG – Washington *Congressional Globe*
CHSUS – Susan B. Carter, Scott Sigmund Gartner, Michael R. Haines, Alan L. Olmstead, Richard Sutch, and Gavin Wright, eds., *Cambridge Historical Statistics of the U.S.* (Cambridge, MA, 2006)
Duke – David M. Rubenstein Rare Books and Manuscripts Library, Universidade de Duke, Durham, North Carolina
GHQ – *Georgia Historical Quarterly*
GSMD – *God Struck Me Dead* [vol. 19 of AS]
HALL – Gwendolyn Midlo Hall, ed., *Afro-Louisiana History and Genealogy, 1719-1820*, www.ibiblio.org/laslave/, acessado em 6 de janeiro de 2014
HAY – Haywood Family Papers, SHC
HSUS – *Historical Statistics of the United States: 1789-1945* (Washington, DC, 1949)
JAH – *Journal of American History*
JCC John C. Calhoun, *The Papers of John C. Calhoun*, ed. Clyde Wilson, 28 vols. (Colúmbia, SC, 1959-2003)
JER – *Journal of the Early Republic*
JKP – James K. Polk Papers, Biblioteca do Congresso
JQA – John Quincy Adams, *Memoirs of John Quincy Adams*, ed. Charles Francis Adams (Filadélfia, 1875-1877)
JRC – Jackson, Riddle, & Co. Papers, SHC

JSD – J. S. Devereux Papers
JSH – Journal of Southern History
LC – New Orleans *Louisiana Courier/Courier de Louisiane*
LG – New Orleans *Louisiana Gazette*
LINCOLN – Abraham Lincoln, *Collected Works of Abraham Lincoln*, ed. Roy E. Basler, 9 vols. (New Brunswick, NJ, 1953)
LLMVC – Lower Louisiana and Mississippi Valley Collections, Universidade do Estado da Louisiana, Baton Rouge
MCLANE – *Documents Relative to the Manufactures in the United States*, transmitidos para a Câmara dos Representantes pelo secretário do Tesouro Louis McLane (Washington, DC, 1833)
MW – R. W. Clayton, ed., Mother Wit: *The Ex-Slave Narratives of the Louisiana Writers' Project* (Nova York, 1990)
NA – National Archives
NOP – New Orleans Picayune
NOPL – New Orleans Public Library
NR – Niles Register
NSV – Benjamin Drew, ed., *The Refugee: A North-Side View of Slavery* (Reading, MA, 1855)
NYHS – New York Historical Society
NYPL – New York Public Library
PALF – Palfrey Family Papers, LLMVC
PCC – Cameron Family Papers, SHC
RASP – Records of Antebellum Southern Plantations, séries de microfilmes coletados de múltiplos arquivos. Ver: www.lexisnexis.com/academic/upa, acessado em 6 de janeiro de 2014
RCB – Rice C. Ballard Papers, SHC
SCPOA – St. Charles Parish Original Acts
SHC – Southern Historical Collection, Universidade da Carolina do Norte, Chapel Hill
ST – John Blassingame, ed., *Slave Testimony: Two Centuries of Letters, Speeches, Interviews, and Autobiographies* (Baton Rouge, LA, 1977)
TASTD – Trans-Atlantic Slave Trade Database, www.slavevoyages.org/tast/assessment/estimates.faces, acessado em 16 de junho de 2012
TP – Clarence E. Carter, ed., *Territorial Papers of the United States*, 26 vols. (Washington, DC, 1934-1975)
Tulane – Special Collections, Howard-Tilton Library, Universidade de Tulane
VHS – Virginia Historical Society
WCCC – William C. C. Claiborne, *Official Letterbooks of W. C. C. Claiborne*, ed. Dunbar Rowland, 6 vols. (Jackson, MS, 1917)

Índice

abolição/abolicionistas, 249-266, 349, 404, 405, 444-445
Adams, John, 80
   democratas do Norte, tentativas de silenciar, 421
   jornais, 318
Adams, John Quincy, 250, 301, 330, 429
   como secretário de Estado, 211-216
   expansão da escravidão e, 386, 389, 394
   regra da mordaça e, 349, 386, 407
Adams-Onis Treaty, 216
afro-americanos, 523-528
   casamentos durante a Guerra Civil e, 513
   como soldados na Guerra Civil, 510-513
   Cristianismo e, 280-285
   cultura dos, 201-210, 217-229, 231-232, 251-257, 525, 526
   direito ao voto e, 514-515, 516-517, 520
   direito de cidadania por nascimento para, 516
   expectativa de vida de, 172, 462
   Grande Migração e, 526
   pensões para veteranos da Guerra Civil, 505-506, 513, 520
   primeiro presidente negro e, 526
   solidariedade e, 399, 526, 527
   tratamento de, pós-Guerra Civil, 515-519
   Ver também pessoas escravizadas

Agência dos Libertos, 515-516
agenda política, das pessoas escravizadas, 251-258, 525-526
Alabama, 50
alimentos entorpecentes, 119
altruísmo/compartilhamento, entre pessoas escravizadas, 207-210
Amar (rebelde escravizado), 95-96, 101-102, 104-105
América colonial, 30-31
América do Norte, colônias escravas em, 31-32
American Colonization Society (ACS), 259-260
americanos nativos, 78, 103, 108-109, 112, 302, 406, 461
   Lei de Remoção dos Indígenas e, 304, 328
An Appeal to the Coloured Citizens [Um apelo aos cidadãos de cor do mundo] (D. Walker), 262-263
Anderson, Claude, 253, 513, 523, 527-528
Anderson, David, 115, 130
Anderson, William, 186, 205
Andrews, Ethan Allen, 246, 318
Andry, Gilbert, 96, 102
Andry, Manuel, 95, 96, 97, 100
apanhadores de escravos, 399
Appleton, Nathan, 409, 419

argumento a favor da escravidão, 498-499
Armfield, John, 316, 318
Artigos da Confederação, 36
Ashburton, Lord (Alexander Baring), 387, 388
Associação Consolidada dos Fazendeiros da Louisiana (C.A.P.L.), 324-327, 328, 335, 348
associados de Boston, 409-410
ataque a Harpers Ferry, 489-494
Atchison, David, 470-473

Ball, Charles, 207-209, 269, 276, 368
  cantando no círculo e, 228-229
  como capinador no campo de trabalho de Hampton, na Carolina do Sul, 157-174
  como colhedor de algodão no campo de trabalho escravo de Hampton, na Carolina do Sul 175-183
  como condutor no campo de trabalho escravo de Hampton, na Geórgia, 228-229
  como escravo fugitivo, 229-230
  migração forçada de Maryland para a Carolina do Sul e, 27-28, 47-70, 82
Ballard, Rice, 311, 316-319, 321, 351, 364, 376, 457-464, 467
bancos
  comércio de escravos, algodão, política e, 305-310, 315-317, 323-340
  e Pânico de 1837, levou ao, 351-357
  Jackson, Andrew e, 328-335, 336, 346, 350-352
  na década de 1850, 452-453
  Pânico de 1837 e, 358-364, 370-379
  Ver também Second Bank of the United States

Bank of England, 127, 324, 326, 355
Baring Brothers, 127, 135, 324, 326, 329
Batalha de Forte Sumter, 503-504
Batalha de Horseshoe Bend, 108-109
Batalha de Nova Orleans, 110-113, 211
Batalha de Tippecanoe, 362
Belmont, August, 457-459
Bibb, Henry, 167, 170, 195, 206, 404
Biddle, Nicholas, 304, 308, 316, 324, 328-334, 336
  Pânico de 1837 e, 360-361
  Pânico de 1839 e, 378
Bieller, Jacob, 320, 342, 351, 373-374
Bieller, Nancy, 373-374
Bonaparte, Napoleão, 79-81, 109
Bonny, Barthelemy, 233, 236, 249
Booth, John Wilkes, 514
Boston, pessoas emancipadas em, 399-407
Boswell, William, 233, 236, 249, 251
Boyd, Samuel, 459-407
Boyd, Virginia, 460-464
Brasil, 75, 386-387, 525
Breckinridge, John, 41-45, 485-496
Brown Brothers de Nova York, 355, 360
Brown, James, 88, 95
Brown, John (abolicionista), 489-493, 503
Brown, John (escravo), 57, 187, 209, 254, 276, 480
Brown, William Wells, 221, 265, 404
Buchanan, James, 480, 481, 486, 489, 491, 501
Butler, Andrew, 472, 479
Bynum, Jesse, 292, 296
Byrne Hammon e Cia, 352

Calhoun, John C., 135, 215, 300, 444, 477
  argumento pró-escravista de, 424-427
  Compromisso de 1850 e, 428-429, 431, 436-437, 439
  devido processo legal substancial e, 424-427, 435, 472, 482
  expansão da escravidão e, 389-394
Califórnia, 433-437
Cameron, Paul, 465-467, 502
Campbell, Israel, 184-185, 187, 189, 2828-285
campo de trabalho escravo de Destrehan, 98, 99, 100, 156
Canadá, 74, 107
canções/música/dança, e pessoas escravizadas, 202-203, 219-228
capitalismo, 15-16, 75-76, 118-124, 127-136, 178-183, 195-198, 240-249, 257, 304-310, 316-322, 338, 380, 409-417
  destruição criativa e, 128, 248
  e escravidão, expansão de ambos, 66, 521
  o poder da mão direita e, 133
capitalismo financeiro, 66, 133-134, 232-339, 352-353
Carolina do Sul, 64, 75
certificado de bom caráter, 237, 238, 239, 240, 242
Chase, Salmon, 474-477, 495
Chew, Beverley, 129, 131
chicoteamento/tortura, 169-171, 173, 186-187, 396
  humilhação e, 341-345
  métodos de, 196-197
  técnicas de modificação de comportamento e, 344-345

Ver também pesagem/cotas/chicoteamento/tortura, e produtividade de algodão
Child, Lydia Maria, 405, 406
ciclo de crescimento e falência, 311-312
cidadania, direito por nascimento, para afro-americanos, 516
Claiborne, William C., 83-92, 97-99, 103, 105
Clarkson, Mary, 320, 374
Cláusula Wilmot, 422-423, 426, 431, 437, 456
Clay, Cassius, 405
Clay, Henry, 135, 196-197, 215-217, 291, 499-502
  bancos e, 329-332, 334, 337
  Compromisso de 1850 e, 433-436, 438
  Groves versus Slaughter e, 376
  Texas e, 392-393
código dos escravos, 64
código federal de escravos, 494
colapso econômico de 2008, 326, 352
Colbert, January, 341-342
Colbert, William, 341-342
colheitadeira de algodão, mecânica, 164, 181
  habilidade/experiência em, 189-192
Collins Axe Works, 413-415
colônias de escravos, na América do Norte, 31
comerciante(s) de escravo(s)
  como homem de um olho só, 321-323
  desejo sexual, risco financeiro e, 310-312, 313-314, 322-323
  e exploração sexual, das mulheres escravizadas, 287-289, 310-323

métodos de sequestro usados por, 254-255, 257, 260-267
Ver também comércio profissional de escravos/comerciantes de escravos
comércio de algodão
  crédito, escravidão e, 134-138, 154
  em Nova Orleans, 116-118, 122, 123-124, 129
  Ver também comércio de escravos
comércio de escravos
  bancos, algodão, política e, 304-310, 315-316, 323-340
  desejo sexual, risco financeiro e, 310-312, 313-314, 322-323
  e exploração sexual, de mulheres escravizadas, 287-290, 310-323
  proibição internacional, 82, 249, 386-388, 391
  Ver também tráfico de escravos no Atlântico; comércio internacional de escravos; comércio profissional de escravos/comerciantes de escravos; comerciante(s) de escravo(s)
comércio internacional de escravos, 81-82, 87, 392, 468, 471
  proibição do, 82, 249, 385-388, 391. Ver também escravidão, proibição de
  Ver também tráfico de escravos no Atlântico; travessia atlântica; comércio profissional de escravos/comerciantes de escravos; comércio de escravos
comércio profissional de escravos/comerciantes de escravos, 234-242, 256
  certificado de bom caráter e, 237, 238-239, 240, 242
  e proibições, brechas em, 278-282

empresários multitarefa versus, 237. Vver também empresários
expansão da escravidão para o Sudoeste e, 234, 241, 242-246, 249
migração forçada e, 236
sistema de comércio inovador de, 234-242
Ver também tráfico de escravos no Atlântico; comércio internacional de escravos; comércio de escravos; comerciante(s) de escravo(s)
competições de debulhar milho, e pessoas escravizadas, 217-220
Comissão Sanitária Americana, 446
compra da Louisiana, 81, 83, 109, 212, 302
Compromisso de 1850, 428-439, 444, 445, 468, 475
Compromisso do Missouri, 217, 250, 471-477, 481, 500
Compromisso dos Três Quintos, 39, 51, 211-212, 418
conceito de "cabeça", 146
conceito de "mão", 144-152
Confessions of Nat Turner, The [As confissões de Nat Turner] (Nat Turner), 277
conflito, entre pessoas escravizadas, 205-207
Congresso, EUA
  e a expansão da escravidão, nos estados livres do Norte versus estados escravistas do Sul, 428-439
  e representação dos escravos na Câmara dos Deputados, 38-39, 51, 211-212, 418
  expansão da escravidão e, 335-340, 385-395
conspirações dos escravos, rumores de, 262, 282-283, 492

Constituição de Lecompton (Kansas), 486, 489
Constituição, EUA, 38, 41, 403, 404
   devido processo legal substantivo e, 424-427
   e escravidão, proibição na, 424-427
   o interesse como princípio que governava e dava forma à, 39-41
Convenção Constitucional de 1787, 38-39, 72
Convenção de Seneca Falls (1848), 430
Convenção dos Direitos da Mulher, Seneca Falls (1848), 430
Cornish, Samuel, 261, 266
cotas
   diárias, por pessoa escravizada, 177, 493, 518
   Ver também pesagem/cotas/chicoteamento/tortura, e produtividade de algodão
crédito, 134-138, 144, 154, 305-309, 323-324, 324-327, 328, 335, 355-356
Crise do Missouri, 204, 213-217, 249, 272
crise financeira de 2008, 236, 352
cristianismo afro-americano, 280-285
Cuba, 90-91, 386-387, 454-459, 477-478
cultura afro-americana, 525, 526
Cushing, Caleb, 473, 495

Daniel, Peter, 482, 483
Davenport, Carey, 255
Davis, Jefferson, 435, 456, 469, 473, 494, 500, 501, 512, 513
debates entre Lincoln e Douglas, 487-489
debêntures, 335, 376-377. Ver também títulos
Décima Quarta Emenda, 516

Declaração da Independência, 34
delegados, estados livres e estados escravistas, 216
democracia, apenas para homens brancos, 331
democratas do Norte, e tentativas de silenciar abolicionistas, 421-422
democracia exclusiva dos homens brancos, 331-332
descaroçador de algodão, 49, 123, 164
desejo sexual, comércio de escravos, e risco financeiro, 309-312, 313-314, 322-323. Ver também exploração sexual, de mulheres escravizadas
Deslondes, Charles, 95, 100, 101, 102
Destino Manifesto, 391, 456, 458
destruição criativa, e capitalismo, 127, 248
Deus/protestantismo evangélico e pessoas escravizadas, 266-277
devido processo legal substantivo, 424-427, 435, 472, 482, 483
Devereux, Adaline, 371
Devereux, John, 370-371, 374-375, 395-397
Devereux, Julien, 370-371, 374-375, 395-397
Dickinson, Richard, 442, 459
difusão da escravidão, 61, 66-68, 83, 211
Douglas, Stephen, 391, 392, 437, 470, 472-476, 479-480, 495-496
   Constituição de Lecompton e, 486
   debates Lincoln-Douglas, 487-489
   Lei Kansas-Nebraska e, 483, 485
Douglass, Frederick, 242, 246, 264, 430, 445, 510
   ataque a Harpers Ferry e, 490
Douglass, James, 511, 512

Doutrina Lochner, 524
Dred Scott versus Sanford, 481-485
Duncan, Stephen, 308, 309, 337, 359, 453, 502

Edwards, Bryan, 313
eleição de 1860, 495-501
eleições, 308
   igualdade masculina branca, 296-299
elites brancas do Sul, poder pós-guerra de, 524
brancos sulistas, e Reconstrução, resistência à, 516-517, 524
Ellsworth, Oliver, 40
emancipação, 507, 509-510, 513
   do Norte dos EUA, 31, 36
   Haiti, 78-83
   Império britânico, 386-387
Emerson, Eliza, 471-472, 481, 483
Emerson, Ralph Waldo, 493
empreendedores, 126-133, 136, 236
   destruição criativa e, 128
   e futuro comércio de escravos, criação de mercado para, 154-155
   Ver também comércio/comerciante profissional de escravos
escravidão
   abolição da, 513
   argumento pró-escravista para, 498-499
   como roubo, 251-257, 267
   e capitalismo, expansão de ambos, 66, 521
   expansão de, afirmações falsas sobre, 61-62
   expansão de, legado de, 526
escravos. *Ver* homens escravizados; pessoas escravizadas; mulher escravizada

escravos fugidos/fugitivos, 44-45, 174, 199, 229-230, 232, 242, 257-258, 446
   como escravos sentenciados, como punição, 116
   durante a Guerra Civil, 509
   em Boston, 399-400
   nos estados do Norte, 233, 403-405
estados do Sudeste, número de pessoas escravizadas transferidas dos estados do Sudoeste para, 248-249
estados do Sudoeste, número de pessoas escravizadas transferidas dos estados do Sudeste para, 248-249
estados do Sul *versus* estados do Norte
   e expansão da escravidão, 427-439
   e produção de algodão, papel de, 416
estados do Sul, pobreza em, pós-guerra, 518
estados importadores de escravos, e migração forçada, por década, 1790-1859, 29-30
Espanha, 458, 459
especulação de terra, 49-52
especuladores de escravos, 241-249
   nas décadas de 1850 e 1860, 460
expansão da escravidão
   afirmações falsas sobre, 61-62
expansão do Sudoeste, 234, 241, 242-246, 249-250
expectativa de vida, 172, 462
exploração sexual, de/agressão sexual sobre, mulheres escravizadas, 57, 287-289, 310-323, 396, 460. *Ver também* desejo sexual, comércio de escravos e risco financeiro

fábricas de algodão do Norte, 403, 408
falência e Pânico de 1837, 363-364

Falls, Robert, 241, 248, 275, 343-344
família Latimer, 399, 419
Faro, Thomas, 510, 517
Fedric, Francis, 43-44, 46, 219, 220, 223
feitores, 160-162, 163-171, 188, 189
ferrovia, 243, 450, 455, 468-469, 472, 492
Fillmore, Millard, 437, 480
Finney, Starling, 57, 254
First Bank of the United States, 135. *Ver também* Second Bank of the United States
Fitz, William, 152, 154-156
Fletcher versus Peck, 64-67, 137
Flórida Ocidental, 85, 97, 107
Flórida, 107, 109, 215, 216-217
Foote, Henry, 432, 435, 438
Fortier, Jacques, 98, 99
Franklin, Benjamin, 38
Franklin, Isaac, 307, 310, 311, 315-318, 319, 321, 333, 351-352, 461
Franklin, James, 317, 321
Frémont, John, 480, 506

Garnet, Henry Highland, 242
Garret, Daniel, 105
Garrison, William Lloyd, 261, 265, 280, 318, 404
George III, 80
Geórgia, 48, 49, 50, 51-56, 62, 64
Georgia-Mississippi Land Company, 51
Giddings, Joshua, 386, 395, 474
Glen, Tyre, 245, 290, 307, 364
Gowens, Henry, 186, 196
Grã-Bretanha, 31, 422, 507
  e setor industrial, domínio em, 407
  indústria têxtil de algodão e, 121-123, 181-182, 408-409, 411-412

proibição do tráfico internacional de escravos e, 82, 249, 386-388, 391
  Texas e, 390-391, 393
Grande Migração, 526
Grandy, Moses, 244, 246
Grant, Ulysses S., 423
Gray, Thomas R., 277
Greeley, Horace, 482
Grimes, William, 54, 206
Groves versus Slaughter, 376, 392
Groves, Moses, 375-377
Guerra Civil/período de Guerra Civil, 501, 505-514, 522
  abolição da escravidão e, 513,
  afro-americanos como soldados em, 510-513
  ameaça da, e crise do Missouri, 213-215
  Batalha de Forte Sumter, 503
  casamentos afro-americanos durante a, 513
  direito ao voto para afro-americanos e, 514-517, 520
  direitos dos estados como causa da, mentira de apologistas sobre, 498, 518
  fim da, 514
  pensão dos veteranos e, 505-506, 513, 520
  pós-Guerra, e tratamento de afro-americanos, 515-519
  produção de algodão durante a, 506-509
Guerra de 1812, 107-109, 112, 502
Guerra dos Bastões Vermelhos (contra os creeks), 108-109, 112. *Ver também* americanos nativos
Guerra Mexicano-Americana, 394-395, 421-423, 429, 438
Guerras Napoleônicas, 109

Hamilton, Alexander, 38, 60, 83
Hammond, James Henry, 315, 494
Hampton, Wade, 51, 70, 97, 99, 157, 160, 187, 269, 276
Harrison, Thomas, 351, 352, 353
Harrison, William Henry, 348, 362, 363
Hayden, William, 46, 125
Hemings, Sally, 35, 312
Henderson, Stephen, 86, 95, 98, 101, 129
Henry, Patrick, 50
homens brancos
   democracia exclusiva dos homens brancos e, 331-332
   e autoridade social das mulheres brancas, desdém por, 319
   elite sulista, poder pós-guerra de, 523-524
   sulistas, e Reconstrução, resistência à, 516-518, 524
   sulistas, mulheres mulatas e, 85
homens da Geórgia, 52-56, 58-59, 64, 66, 57, 250
homens escravizados
   como maridos e pais, 364-370
   masculinidade e, 292, 342, 365-368
   resistência, honra, masculinidade e, 366-368
Hope and Company, 127, 135
Houston, Sam, 347
Hughes, Louis, 141, 238, 447
humilhação de pessoas escravizadas, 341-345
Hunter, Robert M. T., 472, 473

igualdade masculina branca, 287-298
   e Jackson, Andrew, como presidente, 298-305

eleições e, 296-298
políticos e, 298, 300
violência e, 287-296
Ilhas Caribenhas, 30, 31, 75, 386
imigração europeia, para o Norte, 417
imigração/imigrantes, 423, 447, 450, 476, 480, 516
e indústria do Norte, 417
Império britânico, emancipação de escravos e, 507. *Ver também* Grã-Bretanha; impérios europeus
Império espanhol, 335. *Ver também* impérios europeus
impérios europeus, 35, 74-77, 78-79, 84, 93, 107, 216, 335, 507
legado da, 526
indústria do Norte, 415-427
e a produção de algodão, papel dos, 416
expansão da escravidão e, 428-439
expansão da, 409-418
imigração e, 418
indústria têxtil de algodão, 121-124, 408-409, 411, 416-417
inovação/inovações, 443
das pessoas escravizadas, 223
e comércio profissional de escravos/comerciantes de escravos, sistema comercial inovador de, 234-242
mecânica, 164, 180
na tortura, 170-173, 183
na violência, 165-167
sistemas de trabalho e, 162-166, 170-174, 183, 188-189, 205
Ivy, Lorenzo, 9-12, 17-25, 513, 527-528

Jackson, Andrew, 88, 137, 419-420, 424, 481, 502, 503

bancos e, 328-335, 336, 346, 350-352
Batalha de Nova Orleans e, 110-113
campo de trabalho forçado de "Hermitage", 206
como presidente, 316, 345-346
como presidente, e igualdade masculina branca, 298-305
e B.U.S., veto do, 351, 352
Guerra de 1812 e, 106-113
Texas e, 346, 350, 386
Jefferson, Thomas, 87, 211
como senhor de escravos, 35
compra da Louisiana e, 81, 83, 119
contradições da escravidão e, 32, 35-36, 37, 59, 60-61, 85
Crise do Missouri e, 204
difusão e, 61, 67, 82
e Hemings, Sally (uma mulher escravizada), criando os filhos com, 35, 312, 313
embargo ao comércio exterior e, 89
Jackson, Andrew, e, 106
liberdade religiosa e, 268
moralidade e, 312
Nova Orleans e, 80, 88
Ordenança do Noroeste e, 36-37, 41
proibição do comércio internacional de escravos e, 82
separação familiar e, 259
vendas de terras do Yazoo e, 65-66
Jim Crow. Ver leis Jim Crow
Johnson, Andrew, 515

Kansas, 485-486, 489
Kendall, Amos, 329
Kenner, William, 86, 95, 97, 101, 123, 129, 131, 134, 146, 154

Kentucky, migração forçada dos escravos de Breckinridge para o, 41-46
Keynes, John Maynard, 311
Kilpatrick, Joe, 365, 369
Knight, John, 147, 321, 334, 378

Latrobe, Benjamin, 130, 163
Lawrence, Abbot, 409, 419
Lawrence, Amos, 475, 479
Leavitt, Joshua, 419-420, 421, 444
LeClerc, Charles, 79, 80
Lee, Robert E., 423, 491, 513
Lei de Depósito de 1836, 352
Lei de Escravos Fugitivos, 45, 435, 439, 445, 446, 472
Lei de Falências, 362-363
Lei de Remoção dos Indígenas, 303-304, 328, 346. *Ver também* Norte-Americanos Nativos
Lei Kansas-Nebraska, 474-480, 483, 485
leiloeiros de escravos, 138-139
conceito de "mão" e, 144-152
crédito em, 144
escravo inspecionado em, habilidade/especialidade das pessoas escravizadas e, 149-150
interrogatório dos escravizados em, 141-144
leilões de escravos, 69
na Casa de Café da Maspero, 116, 124-133, 138-155
separação familiar e, 153-154
sexualização dos corpos das mulheres escravizadas em, 143-144, 320. *Ver também* exploração sexual, das mulheres escravizadas
transações individuais *versus*, 247

leis Jim Crow (ou segregação racial), 517, 520, 524
liberdade religiosa, 268
Lemmon versus o Povo de Nova York, 488
Lincoln, Abraham
   assassinato de, 514
   direitos de voto para os afro-americanos e, 514-515
   eleição de 1860 e, 495-499
   família de, 34, 35, 46, 331
   interferência com o acordo e com os secessionistas e, 500-504
   Proclamação de Emancipação e, 509-510
   segunda posse de, 514
língua das pessoas escravizadas, 205, 207
Livingston, Robert, 80, 81
Lockhead, John, 348
Long, John Dixon, 243
Lopez, Narciso, 457, 459
Lorsselle, Nicholas, 145
Losson, John, 52
Louisiana, 104, 212, 216. *Ver também* território de Orleans
Louverture, Toussaint, 78-83
Lundy, Benjamin, 259-260, 292, 349
Luther, Martin, 159
Lynch, Charles, 382

Madison, James, 38, 66, 107, 109, 137, 268, 430
Manifesto de Oostende, 459, 462, 478
Manufacturing Ousatonic Company, 410
máquina de açoitar, como uma metáfora, 196-197
   Ver também pesagem/cotas/chicoteamento/tortura, e produtividade de algodão

Marcy, William, 458-459
Marshall, Alfred, 165
Marshall, Amos, 406
Marshall, Hettie, 231
Marshall, John, 62, 64-66
Marshall, Thomas, 279
Marx, Karl, 430
Maryland, 30, 34, 39, 46
masculinidade, homens escravizados e conceitos de, 292, 342, 365-367
Mason, George, 39
Mason, James, 433, 435, 436, 472, 473, 478, 499
Massacre de Pottawatomie, 480
May, John, 33
Maydwell, John, 245
McBryde, Duncan, 357
McCallum, Cade, 505-506, 511-512, 517, 519-520, 523
McCallum, Liza, 505-506, 509-510, 517, 519-520, 523-524
McCullogh versus Maryland, 307
McCutcheon, Samuel, 94, 100
McCutcheon, William, 199
McDonough, John, 126-129
McLane, Louis, 332, 408, 411
McLean, Hector, 115, 138, 140, 152, 154-155
McNeill, Alexander, 140, 142, 149, 368
McNutt, Alexander, 378, 381
meação, 516
"meninas caprichosas", mulheres escravizadas como, 317-318, 320-321. *Ver também* exploração sexual, de mulheres escravizadas
mercado de ações e títulos, **65**

Mercer, William N., 122
México, 427-429, 468-469
migração forçada, 27-28, 67-70, 204, 218, 252, 256
 comércio profissional de escravos/comerciantes e, 236-237
 de Ball, Charles, de Maryland para a Carolina do Sul, 47-70
 dos escravos de Breckinridge para o Kentucky, 41-46
 escapar de, 56-57
 estupro e, 57
 história oral de, 231-233
 ligações financeiras com, 32
 por década, 1790-1859, 29
Miller, George, 60
Miltenberger, Christian, 92
Minor, John, 134
Minor, Stephen, 130
missão dos escravos, 281
Mississippi, 50
Mitchell, Hettie, 253
moeda, papel, 305-309, 351
Monroe, James, 80, 81, 211, 215, 216
moralidade, 312
Morgan, Charles, 413
Morris, Gouverneur, 39
Morris, Robert, 50
Mossy, Toussaint, 138-139, 142, 145, 146, 151, 155
movimento dos direitos civis, 515
movimento pelos direitos das mulheres, 430
mulheres brancas, autoridade social das, desdém por, e homens brancos, 319
 propriedade de terras e atitudes pró-escravidão, 373-374

mulheres escravizadas
 como "meninas caprichosas", 317-321
 como mães, 152-153, 246, 460, 462-465
 como praticantes de magia/espiritualidade, 206, 272-275, 382-383
 como trabalhadoras, 186, 192
 e prostituição forçada, 318
 estupro de, 57, 312-314
 exploração sexual de/violência sexual contra, 287-289, 310-323, 396, 460. Ver *também* desejo sexual, comércio de escravos, risco financeiro
mulheres mulatas, homens brancos e, 84, 318, 320

navios negreiros, 71-75, 76
 pessoas escravizadas transferidas para os estados do Sul e, 249
Necaise, Henri, 384
Nettles, Hattie Ann, 223
New Deal, 524
New England Emigrant Aid Company, 479
New England-Mississippi Land Company, 52
Northup, Solomon, 190, 194
Notes on the State of Virginia [Notas sobre o estado da Virgínia] (Jefferson), 34
Nott, Josiah, 448
Nova Orleans, 77, 80-83, 115-118, 212
 Casa de café da Maspero e leilão de escravos em, 116, 124-126, 129-133, 138-156. Ver leilões de escravos
 comércio de algodão em, 117, 121-124, 129
 como porta de saída para o tabaco, algodão, cânhamo, 123

distribuição de pessoas escravizadas vendidas por faixa etária, 147-149, 152-153
empresários em, 126-133
número de pessoas escravizadas importadas e vendidas, 116-118
número de pessoas escravizadas vendidas, 148, 149
preço dos escravos em, 234, 235, 236, 238
Ver também território de Orleans

Odom, Helen, 254
Olmsted, Frederick Law, 446-449
Ordenança do Noroeste, 36-37, 41, 60, 213, 471, 472
Ordenança do Sudoeste, 42
Osborn, Charles, 259
O'Sullivan, John L., 391, 392

Pakenham, Edward, 110-111, 131, 329, 503
Pakenham, Richard, 390
Palfrey, irmãos/família, 131, 400-402, 403-407
Palfrey, John G., 400-407, 409, 415, 418-423, 428, 431
Palfrey, John, 86, 89, 94, 101, 400, 405-406, 438, 439
Pânico de 1819, 215, 303, 304, 307
Pânico de 1837, 358-364, 368, 401, 420-421
   bancos e, 358-364, 370-379
   falência e, 363-364
   período anterior ao, 352-357
   títulos e, 372, 374, 376-379
   venda e roubo de escravos durante, 380-385
Pânico de 1839, 361-363, 378, 420-421, 452
Pânico de 1857, 487

papel-moeda, 305-310, 350
Papers on The Slave Power [Papéis sobre o poder escravista] (John Palfrey), 419
Parker, Allen, 247
Parker, John, 57
Parker, Theodore, 489-490
Patterson, Delicia, 142
Peace Dale Manufacturing Firm, 412
Peel, Robert, 387
Pelham, John, 296
pesagem/cotas/chicoteamento/tortura, e produtividade de algodão, 184-189, 193-200, 264, 465-467. *Ver também* chicoteamento/tortura
Perret, Charles, 100
pessoas emancipadas, em Boston, 399-407
pessoas escravizadas
   agenda política de, 525-526
   altruísmo/compartilhamento entre, 207-210
   alturas médias de adultos e, 244, 247
   bens de, 210-211
   canções/música/dança e, 202-203, 219-228
   comida fornecida a, 167
   como mortos-vivos, 201-205
   competições de debulhar milho e, 218-219
   conflito entre, 205-207
   índices de mortalidade infantil e, 171-173
   inovação de, 191, 195, 197, 223
   linguagem de, 204, 207
   número de importados para/vendidos em Nova Orleans e, 117-118, 149
   número de transferidos de estados do Sudeste para os do Sudoeste e, 249
   população de, 63, 93, 325, 347, 375, 415-416, 455, 461-462

protestantismo evangélico/Deus e, 266-277
riqueza nos EUA e, 324-325
roupas de, 161, 172
salários e, 182-183
saúde/doença e, 162, 171
solidariedade de, 233
Ver também afro-americanos
Phillips, Wendell, 444
Picquet, Louisa, 320
Pierce, Franklin, 458-459, 473, 474, 478, 480
Pierce, Granville Sharp, 233, 236-237, 251, 252, 256
Pinckney, Charles C., 39
plano Crittenden, 499-500, 501
Plummer, Franklin, 297-298, 334, 337, 338
Poindexter, George, 296-297, 329, 336, 376
política
 do algodão, bancos, comércio de escravos e, 305-310, 316, 323-340
 igualdade masculina branca e, 298, 300
pobreza no Sul pós-guerra, 518-519
poder da mão direita, e capitalismo, 133
poder da mão esquerda, 159-160
"poder escravista", políticos sulistas como o, 402-403, 419-423, 428, 438, 439
política pública, distorção da, e poder escravista, 419-420, 421
Polk, James K., 309, 332, 334, 392-395, 418, 421, 428
população de pessoas escravizadas, 63, 93, 325, 347, 375, 415, 455, 462
Potter, Robert, 290-294, 331, 347, 366
preço(s) de escravo(s), 234, 235, 236-237, 238, 241, 350-353, 402

preços do algodão, 234, 235, 236, 351-352, 402, 405
Prigg versus Pensilvânia, 403, 419, 425, 432, 435, 481
Prigg, Edward, 403
Prime, Ward e King, 356, 359-360
Proclamação de Emancipação, 509-510, 513
produção de açúcar, 31, 50, 75-76, 77, 81, 86-87, 89-91, 454
produção de algodão, 49-50, 158-161, 175-183, 233, 354, 521
bancos, comércio de escravos, política e, 304-309, 315-317, 323-340
 cota diária por pessoa escravizada e, 176, 493-494, 518
 crescimento econômico e, 304
 durante a Guerra Civil, 506-508
 e a indústria do Norte, expansão da, 408-416, 417
 e capitalismo, 15-16, 75-76, 118-124, 127-136, 178-183, 195-198, 240-249, 257, 304-310, 316-322, 338, 380, 409-417
 na década de 1850, 448-449, 460, 492-494
 papel da, nos estados do Norte *versus* do Sul, 416-417
 pessoas escravizadas transferidas para os estados do Sul e, 248-249
 pós-escravidão, 518
 sistemas de trabalho, 162-166, 170-171, 174, 183, 188-189, 205
produção têxtil do Norte, 411-412, 416-418
produtividade do algodão, e pesagem/cotas/chicoteamento/tortura, 184-189, 192-200, 264, 465-467
protestantismo evangélico/Deus, 266-277

quakers, 258-259
questões de gênero, 167, 175, 186

Rachel (escrava), 115-117, 130-131, 144-145
   no leilão de escravos de Nova Orleans, 124-127, 138, 151, 154-155
racismo científico, 524
Randolph, John, 66
Randolph, Thomas, 279
rebelião de escravos de 1811 (Costa Alemã, território de Orleans), 94-105, 267
rebelião de escravos de 1822 (conspiração de escravos de Denmark Vesey), 262, 303
rebelião de escravos de 1831 (Rebelião de Nat Turner), 276-278, 280
rebelião de escravos no *Amistad*, 455-456
rebelião de escravos, 72, 146, 446
rebelião de escravos, no *Amistad* (navio negreiro cubano), 455
rebelião de escravos/Revolução Haitiana de 1791 (São Domingos), 77-83, 87, 95-97, 102-103, 112-113
representação dos escravos, na Câmara dos Deputados, 38-39, 51, 211-212, 418
   tribunal e execuções, 100-103
rua Felix, 382
reconstrução, 515, 526
   resistência sulista branca a, 516-517, 524
Reeder, Andrew, 478
Regra da Mordaça, 349, 386, 407, 424
Relf, Richard, 129, 131
religião
cristianismo, 280-285
protestantismo evangélico, 266-277
resistência secreta/poder da mão esquerda, 159

resistência, 146, 159, 163, 166, 203, 344, 366-367
Revolução Americana, 31, 32, 103
Revolução Francesa, 37, 78-79
Revolução Haitiana, 1791-1804, 77-83, 95, 102-105. *Ver também* rebelião de escravos/Revolução Haitiana de 1791 (São Domingos)
Reynolds, Samuel, 242
Rhett, Robert Barnwell, 494
Rice, David, 42
Richards, John, 132
riqueza, Estados Unidos, pessoas escravizadas e, 324, 325
risco financeiro, desejo sexual, e comércio de escravos, 309-312, 313-314, 322-323. *Ver também* exploração sexual, de mulheres escravizadas
Rives, Francis, 136-137, 154, 245, 276
Rives, William, 361
Roberts, John, 371-372, 384
Robertson, William, 145
Rogers, Charlotte, 207
roupas, de pessoas escravizadas, 161, 172
   comboio(s), 27, 54, 64, 68
   conflitos e alianças em, 57
   no Capitólio dos EUA, 59
Royall, Anne, 137, 340
Runnels, Hiram, 372
Rust, George, 381
Rutherford, C. M., 459, 463, 464
Rutledge, John, 40, 42

salários e pessoas escravizadas, 182-183
Sanford, Eliza Irene, 471
Santa Anna, Antonio López de, 347

saúde/doença, e pessoas escravizadas, 162, 171
Schumpeter, Joseph, 128
Scott, Dred and Harriet, 471-472, 481-484
Scott, Winfield, 423, 458
secessão/secessionistas, 493-504, 522
Second Bank of the United States (B.U.S.)
    comércio de escravos, algodão, política e, 306-309, 315-316, 323-324, 327, 328-336, 338
    criação do, 135-136
    Pânico de 1819 e, 215, 303, 304
    Pânico de 1837 e, 360-361
    veto de Jackson do, 350, 352
segregação racial (ou Leis Jim Crow), 517, 520, 524
Seneca Falls. Ver Convenção de Sêneca Falls
separações familiares, 152-153, 204-205, 231, 243, 252-253, 258
sequestradores, comerciantes de escravos como, 254-257, 259-267
Seward, William, 436, 475, 495
Sharp, Granville, 249
Shepherd, Joseph, 204
Shepherd, Richard, 126-129
Sidney, Allen, 166
Simmons, Betty, 384
sistema de cotas crescentes [pushing system] 164-167, 170-173, 174, 188-189, 205
sistema de trabalho por tarefas, 163-164. Ver também sistemas de trabalho
sistemas de trabalho, e produção de algodão, 162-166, 170-172, 174, 183, 188-189, 205
Slaughter, Ben, 441-444, 445, 459
Slaughter, Richard, 441-444, 445
Slaughter, Robert, 376-377

Slidell, John, 394
Smith, Adam, 413
Smith, Gerrit, 480, 489-490
Smith, Margaret Bayard, 303
Smylie, James, 281
solidariedade, 233, 399, 526, 527
Somersett, James, 249
Soulé, Pierre, 458
South Carolina Yazoo Company, 50-51
Southgate, William, 357
Springs, John, 49, 305
Stanton, Elizabeth Cady, 430
Stevens, John, 356, 359
Stille, James, 151, 155, 157, 199
Story, Joseph, 403-405, 419, 425, 432
Stout, Jonathan, 44
Strickland, George, 225
Sudeste, *versus* Sudoeste, piratas sexuais e, 319-321
Sudoeste, 412, 435, 443
    versus Sudeste, piratas sexuais e, 319-321
Sumner, Charles, 403, 475, 479
Suprema Corte, EUA., 481-484
Surget, Francis, 308

tabaco, 30, 31, 34, 45, 47, 49, 123, 163, 212
Tait, Bacon, 319, 442
Tallmadge, James, 213-214
Taney, Roger, 329, 332, 481-484, 488, 501
Tappan, Arthur, 394
Tappan, Benjamin, 393
Tappan, Lewis, 394
Taylor, Zachary, 394, 425, 430, 431, 433, 435
taxa de mortalidade infantil, e pessoas escravizadas, 171, 172, 173

Tecumseh, 362
território de Orleans (atual Louisiana)
   origens dos escravos importados para, 1800-1820, 83-93
   Ver também Nova Orleans
território de Orleans, Costa Alemã, rebelião de escravos de 1811. Ver rebelião de escravos de 1811
território do Mississippi, 60, 61, 65-66
território Noroeste, 37, 212
Terry, Champ, 357
Texas, 216-217, 346-350, 385-397, 428, 429
Thistlewood, Thomas, 314
Thompson, Darwin, 372
Thompson, Indiana, 372
Thompson, John, 42-44
Thompson, Samuel, 363, 364
Thompson, William, 269, 372
Thoreau, Henry David, 493, 503
Thurston, Lucy, 201-205, 228, 367
títulos, 65, 336, 383
   debêntures, 335, 377
   Pânico de 1837 e, 371, 374, 377-379
   títulos de escravos, 324-327, 335
   títulos de escravos, 324-327, 335. Ver também títulos
Todd, Francis, 261
Todorov, Tzvetan, 366, 367
Torrey, Jesse, 59
tortura, 170-171, 183, 192-197
   técnicas de modificação do comportamento e, 343-344
   Ver também chicoteamento/tortura
tradições espirituais, africanas, 206
tráfico de escravos no Atlântico, 39-40, 71-75, 82, 456. Ver também comércio internacional de escravos; travessia atlântica; comércio profissional de escravos/comerciantes de escravos; comércio de escravos
transações individuais, *versus* leilões de escravos, 247
Tratado de Dancing Rabbit Creek, 328
Tratado de Forte Jackson, 112
Tratado de Ghent, 112, 127
Tratado de Guadalupe Hidalgo, 429
Tratado de Paris, 34
Tratado de San Ildefonso, 109
Tratado de San Lorenzo, 45, 51
travessia atlântica, 39, 74-75, 82, 250, 256, 386. Ver também tráfico de escravos no Atlântico; comércio internacional de escravos
Trelick, Josiah, 382
Trepagnier, Etienne, 96, 97
Trepagnier, Jean-François, 98, 100, 101
Trouard, Achille, 97
Tubbee, Okah, 170
Turnbull, Robert, 462
Turner, Nat, 276-280, 375
Tyler, John, 362, 363, 388, 390-391, 393

Upshur, Abel P., 388, 390-391
Urquhart, Thomas, 129
uísque, 44

Van Buren, Martin, 299, 301, 320, 329, 428-429, 431
   inauguração de, 245, 355
   Pânico de 1837 e, 359-360, 361
   Texas e, 391-392"
Vênus Negra", 313

Vesey, Denmark. *Ver* rebelião de escravos de 1822 (conspiração de escravos de Denmark Vesey)
Vester, Willie, 170
violência, 166
  igualdade masculina branca e, 287-296
  direito ao voto, afro-americanos, 514, 516, 517-518, 520
Virginia Yazoo Company, 50-51
Virgínia, 30, 34-35, 39-40, 41, 46, 64, 74, 75, 238

Walden, Henry, 344
Walker, David, 262-265, 267, 280
Walker, Quock, 35
Walker, Robert, 328, 334, 337, 338, 376, 392, 415
Walker, William, 469, 478
Walsh, Alonzo, 306
Washington, Bushrod, 66-67
Washington, George, 38, 66-67
Watkins, Billy, 186
Watson, Henry, 140, 142, 149
Watson, Joseph, 255
Webb, John, 517
Webster, Daniel, 299-300, 376, 388, 434
Weed, Thurlow, 496, 500
Wellington, Lord, 107
Wells, Sarah, 185-186
Welsh, John, 334

Whitaker, Wilson, 141
White, Hugh, 422
Whitman, Walt, 222, 226
Whitteker, Anna, 337
Wilkinson, James, 85
William (escravo), 115, 131, 138, 140, 145, 147, 151, 153, 154, 155, 157, 199-200, 266, 267
Williams, Ned, 115
Willis, Charlotte, 143
Wilmot, David, 422-423, 487
Wilson, Hawkins, 369
Wilson, Lulu, 446
Wily, Thomas, 155
Wimprenn, Hans, 100
Woolfolk, Austin, 241, 246-248, 258, 260, 266, 292
Woolfolk, John, 242, 246
Wootton, Thomas, 52
Wurts, John, 334

Yazoo (companias)/vendas de terras, 50-52, 60-62, 64-66, 94
Yazoo Tennessee Company, 50-51
Yancey, William Lowndes, 430
Young, George, 462
Young, Hugh, 71

Zombi/Zumbi, pessoas escravizadas como, 201-204, 228

Este livro foi composto na tipografia Sabon LT Std, em corpo 10,5/14, e impresso em papel off-white no Sistema Cameron da Divisão Gráfica da Distribuidora Record.